DAS BUNDESBUCH

DOCUMENTA ET MONUMENTA
ORIENTIS ANTIQUI (DMOA)

STUDIES IN NEAR EASTERN ARCHAEOLOGY AND CIVILISATION

EDITED BY

P. M. M. G. AKKERMANS, C. H. J. DE GEUS, E. HAERINCK
TH. P. J. VAN DEN HOUT, M. STOL, D. VAN DER PLAS

VOLUME XXIV

DAS BUNDESBUCH

DAS BUNDESBUCH

Ein Kommentar

VON

CORNELIS HOUTMAN

BRILL

LEIDEN · NEW YORK · KÖLN

1997

BS
1245.3
.H68
1997

This book is printed on acid-free paper.

Library of Congress Cataloging-in-Publication Data

Houtman, C., 1945-
  Das Bundesbuch : ein Kommentar / von Cornelis Houtman.
      p.   cm. — (Documenta et monumenta Orientis antiqui, ISSN
  0169-7943 ; v. 24)
    Includes bibliographical references (p.   ) and indexes.
    ISBN 9004108599 (cloth : alk. paper)
    1. Book of the Covenant—Commentaries.   I. Title.   II. Series.
  BS1245.3.H68   1997
  222'.1207—dc21   97–14445
                                                                CIP

Deutsche Bibliothek – CIP-Einheitsaufnahme

Houtman, Cornelis:
Das Bundesbuch : ein Kommentar / von Cornelis Houtman. – Leiden ; New York ;
Köln : Brill, 1997
    (Documenta et monumenta orientis antiqui ; Vol. 24)
    ISBN 90-04-10859-9
NE: GT

ISSN 0169-7943
ISBN 90 04 10859 9

© *Copyright 1997 by Koninklijke Brill, Leiden, The Netherlands*

*All rights reserved. No part of this publication may be reproduced, translated, stored
in a retrieval system, or transmitted in any form or by any means, electronic,
mechanical, photocopying,recording or otherwise, without prior written
permission from the publisher.*

*Authorization to photocopy items for internal or personal
use is granted by Koninklijke Brill provided that
the appropriate fees are paid directly to The Copyright
Clearance Center, 222 Rosewood Drive, Suite 910
Danvers MA 01923, USA.
Fees are subject to change.*

PRINTED IN THE NETHERLANDS

INHALTSVERZEICHNIS

Der Name Bundesbuch (S. 8) – das Bundesbuch besteht aus unterschiedlichem Material (S. 9) – die Komposition und Struktur des Bundesbuches (S. 10) – zwei Hauptteile (S. 10) – Ansporn zu einem hohen moralischen und von Barmherzigkeit geprägten Verhalten (S. 11) – die Unterscheidung von kasuistischem und apodiktischem Recht (S. 12) – gleiche Zielsetzung: die Errichtung einer stabilen und lebbaren Gesellschaftsordnung, die durch Gerechtigkeit gekennzeichnet ist (S. 13) – die apodiktischen Vorschriften berühren die Fundamente der Gesellschaft, der Rechtsordnung (S. 13) – die Entstehungsgeschichte des Bundesbuches (S. 15) – die Moral trägt im Bundesbuch betont den Stempel einer besonderen Offenbarung (S. 16) – in seiner gegenwärtigen Form existierte das Bundesbuch nie außerhalb von Genesis-Könige (S. 16) – die *mišpāṭîm* haben den Charakter eines juridischen 'Handbuches' (S. 17) – die *mišpāṭîm* stellen kein Gesetzbuch in unserem Sinne dar (S. 18) – im Falle eines konkreten Vergehens wird anders verfahren, als dies in den Gesetzestexten gefordert wird (S. 18) – die *mišpāṭîm* hat man als Neuformulierung bzw. Korrektur des Gewohnheitsrechts zu betrachten (S. 20) – die *mišpāṭîm* repräsentieren kein praktiziertes, sondern ein gewünschtes Recht (S. 20) – als Bestandteil der JHWH-Offenbarung erhoben sie Anspruch auf Gültigkeit und Normativität (S. 21) – der Ursprung der *mišpāṭîm* (S. 21) – die *mišpāṭîm* sind mit Blick auf den männlichen Israeliten formuliert und setzen eine Gesellschaft mit patriarchalem Charakter voraus (S. 22) – die Datierung des Bundesbuches (S. 23) – es muß auf jeden Fall jünger als das Deuteronomium sein (S. 26) – durchdrungen vom Ethos der Humanität präsentiert sich das Bundesbuch als würdige Vorbereitung auf den Höhepunkt Deuteronomium (S. 27) – Bekanntschaft mit den Rechtsüberlieferungen aus dem Alten Orient (S. 27) – die Implikationen dieser Abhängigkeit (S. 28) – Partizipierte Israel an einer Art 'common law' des Alten Orients oder besaß Israels 'law' einen eigenen

Charakter? (S. 29) – Hatte der Glaube Israels einen Einfluß auf die Formulierung der Regeln und führte dies zu markanten Unterschieden im Vergleich
mit den Vorschriften aus Israels Umwelt? (S. 30) – das Bundesbuch wird
durch den Rahmen als göttliches Recht qualifiziert (S. 30) – verschiedene Vorschriften, die wahrscheinlich den literarischen Niederschlag von Gelehrten
darstellen, die über das Gewohnheitsrecht und die allgemeine Moral reflektierten und es weiterentwickelten, wurden sakralisiert und erhielten den Charakter
einer besonderen Offenbarung (S. 32) – unter das göttliche Recht des Bundesbuches fallen soziale und kultische Vorschriften, aber auch echte Gesetzestexte
(S. 32) – in bezug auf die gewünschte soziale Moral, die Fundamente der Gesellschaft bestanden in Israel keine anderen Vorstellungen als anderenorts im
Alten Orient (S. 33) – durch das Rahmenwerk, das aus der Redaktion des
großen Werkes Genesis bis Könige stammt, erhielt die ganze Sammlung das
'JHWH-Siegel' (S. 34) – das Bundesbuch als ganzes kann mit der Gattungsbezeichnung Programm bezeichnet werden (S. 34) – die Frage nach dem gegen-
seitigen Verhältnis der verschiedenen Gesetzeskomplexe im Pentateuch (S. 35)
– im Lichte der Stoffanordnung, dem Aufbau des Pentateuch, muß das
Deuteronomium als Schwerpunkt betrachtet werden. Es bietet die autoritative
Interpretation der sinaitischen Gesetzgebung (S. 37) – aus den Abschnitten des
Pentateuch, die sich auf die Zeit nach der Offenbarung JHWHs am Sinai
beziehen, wird ersichtlich, daß JHWHs Offenbarung am Gottesberg nicht als
definitiv und vollständig betrachtet werden darf (S. 39) – die Frage nach dem
Eigencharakter von Israels Vorschriften (S. 39) – das Verhältnis der Sinai-Vorschriften zur neutestamentlichen Botschaft (S. 42) – die Auslegungsgeschichte,
sowohl von jüdischer als auch christlicher Seite (S. 42) – die Fragen des
Wertes, des moralischen Gehaltes und der Gültigkeit der Vorschriften des
Bundesbuches (S. 44) – die Vorschriften des AT, auch die des Bundesbuches,
sind in einen Prozeß der Aktualisierung und Neuinterpretation hineingenommen,
der bereits im AT nachzuweisen ist und der die Grenzen des Kanons durchbricht und sich bis heute fortsetzt (S. 46).

KAPITEL IX

EPILOG. EIN BLICK IN DIE ZUKUNFT (23,20-33)   326

VORWORT

Die Rechtsüberlieferungen des Alten Vorderen Orients erfreuen sich einer noch stets zunehmenden Aufmerksamkeit, nicht nur unter Orientalisten, sondern auch unter Rechts- und Kulturhistorikern und Ethikern im allgemeinen. Das Bundesbuch (Exodus 20,22-23,33), eine der Gesetzessammlungen der hebräischen Bibel / des Alten Testaments, partizipiert an diesem wachsenden Interesse. In den letzten Jahren erschienen verschiedene Abhandlungen hierüber. Ein detaillierter Kommentar fehlte jedoch bisher. Dieses Buch will dem Abhilfe schaffen. Es ist so aufgebaut, daß es nicht nur für Fachwissenschaftler, sondern auch für Interessenten an den Rechtsüberlieferungen des Alten Vorderen Orients, der Ethik der Bibel und der Rechtsgeschichte im allgemeinen ein Führer sein kann.

Einleitend zum Gebrauch des Kommentars gebe ich folgende Hinweise: Auf Texte und Abschnitte im Buch Exodus wird in der Regel nur mit Kapitel und Versangabe verwiesen (z.B. 20,18-21 = Ex. 20,18-21). Aufgrund der Anlage der vorliegenden Abhandlung und der vielen Querverweise darin konnten die Register beschränkt werden. Im Sachregister werden fast ausschließlich die Themen genannt, die mittels Nachschlagen im Inhaltsverzeichnis nicht bequem aufgespürt werden können. Das Stellenregister beinhaltet, was die biblischen Belege betrifft, hauptsächlich Verweise auf Texte in den anderen alttestamentlichen Gesetzessammlungen, die als Parallelen zu den Vorschriften des Bundesbuches betrachtet werden können.

Ohne den Einsatz meiner Assistenten Dr. Werner Gugler und Walter Hilbrands wäre dieses Buch in dieser Form nicht zustande gekommen. Sie haben sich der Übersetzung aus dem Niederländischen angenommen. Ich bin ihnen dafür sehr verbunden.

Kampen, im Januar 1997   C. Houtman

ABKÜRZUNGEN

Die Abkürzungen richten sich nach dem Verzeichnis von S. Schwertner, *Theologische Realenzyklopädie (TRE). Abkürzungsverzeichnis*, Berlin/New York 1994². Darüber hinaus werden folgende Abkürzungen verwendet. Diese Liste enthält auch weitere Angaben u.a. bzgl. der konsultierten Grammatiken (nur mittels Autorenname angegeben) und der für Sammlungen von Rechtstexten aus dem Alten Orient verwandten Abkürzungen, die bei der Besprechung der Vorschriften des Bundesbuches relevant sind:[1] die sumerischen Texte CU und LE, die akkadischen Sammlungen CE, CH, MAG und NBG, und ferner die HG.

ABD	*The Anchor Bible Dictionary*
Aq.	Aquila; siehe Field
ARTU	J.C. de Moor, *An Anthology of Religious Texts from Ugarit*, Leiden 1987
AuS	G. Dalman, *Arbeit und Sitte in Palästina*, I-VII, Gütersloh 1928-42
BB	*Bibliotheca Biblica*, II, Oxford 1722
BAE	*La Bible de l'Alexandrie. L'Exode*, Paris 1989; französische Übersetzung der LXX, Anmerkungen usw. von A. Le Boulluec und P. Sandevoir.
BDB	F. Brown, S.R. Driver, C.A. Briggs, *A Hebrew and English Lexicon of the Old Testament*, corrected impression, Oxford 1952
BL	H. Bauer, P. Leander, *Historische Grammatik der hebräischen Sprache des Alten Testamentes*, Halle 1922
BRL	*Biblisches Reallexikon*, Hg. v. K. Galling, Tübingen 1977²
Brockelmann, C.	*Hebräische Syntax*, Neukirchen Kreis Moers 1956
CE	Codex Eschnunna (Anfang 2.Jt.)
CH	Codex Hammurapi (18.Jh.)
CU	Codex Urnammu (Ende 3.Jt.)
CV	Canisiusvertaling; Ausgabe 1936-39
DDD	K. van der Toorn u.a. (Hg.), *Dictionary of Deities and Demons in the Bible*, Leiden 1995
Dtr	Deuteronomist
E	Elohist
ExR.	*Exodus Rabba*; Text: *Midrasch Rabba*, Wilna 1887; Übersetzung: H. Freedman, M. Simon (Hg.), *Midrash Rabbah*, London 1939
Field, F.	*Origenis Hexaplorum quae supersunt sive Veterum Interpretum Graecorum in totum Vetus Testamentum Fragmenta*, I-II, Oxonii 1875-76
FT	Fragment-Targume; Text und Übersetzung: M.L. Klein, *The Fragment-Targums of the Pentateuch*, Rome 1980
Ges.[18]	*Wilhelm Gesenius' hebräisches und aramäisches Handwörterbuch über*

---

[1] Texte und Übersetzungen finden sich bei M.T. Roth, *Law Collections from Mesopotamia and Asia Minor*, Atlanta 1995 (mit einem Beitrag von H.A. Hoffner; Hg. von P. Michalowski); Übersetzungen bei *ANET* und *TUAT*, I/1 (mit Angaben zu Texteditionen und einführender Lit.); vgl. *RLA*, III, S. 243ff.; Boecker*, S. 44ff.; W.H.Ph. Römer, "Einige Bemerkungen zum altmesopotamischen Recht sonderlich nach Quellen in sumerischer Sprache", *ZAW* 95 (1983), S. 319-336.

	das Alte Testament, 18.Aufl., Hg. von R. Meyer & H. Donner, Berlin 1987-
Ges-B	W. Gesenius, F. Buhl, *Hebräisches und aramäisches Handwörterbuch über das Alte Testament*, Leipzig 1921[17]
Ges-K	W. Gesenius, E. Kautzsch, *Hebräische Grammatik*, Leipzig 1909[28]
GNB	*Groot Nieuws Bijbel. Vertaling in omgangstaal*, Ausgabe 1983
HG	Hethitische Gesetze (1600-1200)
H	Heiligkeitsgesetz
J	Jahwist
JLA	*Jewish Law Annual*
Joüon, P.	*Grammaire de l'Hébreu Biblique*,[2] Rome 1947[2]
Josephus	H.St.J. Thackeray, R. Marcus, L.H. Feldman, *Josephus with an English Translation*, London/Cambridge Mass. 1926-1965; E. Nodet (Hg.), *Flavius Josèphe. Les Antiquités Juives*, I-III, Paris 1992
KJV	Authorised King James Version
KöSynt	F.E. König, *Historisch-comparative Syntax der hebräischen Sprache*, Leipzig 1897
KöW	E. König, *Hebräisches und aramäisches Wörterbuch zum Alten Testament*, Leipzig 1922[2+3]
KTU	M. Dietrich u.a. (Hg.), *Die keilalphabetischen Texte aus Ugarit*, I, Neukirchen-Vluyn 1976
LE	Codex Lipit-Eschtar (Anfang 2.Jt.)
LXX	Septuaginta; Ausgabe: A.E. Brooke, N. McLean, *The Old Testament in Greek I/2. Exodus and Leviticus*, Cambridge 1909, und J.W. Wevers, *Septuaginta Vetus Testamentum Graecum Auctoritate Academiae Scientiarum Gottingensis editum II/1. Exodus*, Göttingen 1991; französische Übersetzung und Anmerkungen in *BAE*; Kommentar und Anmerkungen in Wevers*, *Notes*; ders., *Text History*
LV	Leidse vertaling, Ausgabe 1899-1901; vgl. H. Oort (Hg.), *Textus Hebraici emendationes quibus in Vetere Testamento Neerlandice vertendo usi sunt A. Kuenen, I. Hooykaas, W.H. Kosters, H. Oort*, Lugduni Batavorum 1900
MAG	Mittelassyrische Gesetze (12./11.Jh.)
Mandelkern, S.	*Veteris Testamenti Concordantiae Hebraicae atque Chaldaicae*, Leipzig 1937
Mek.	J.Z. Lauterbach, *Mekilta de-Rabbi Ishmael*, Philadelphia 1931-35
Meyer, R.	*Hebräische Grammatik*, Berlin 1966-72[3]
MidrTanch. Ex.	*Midrasch Tanchuma*; Text: S. Buber, *Midraš Tanḥuma B.*, Wilna 1885; Übersetzung: H. Bietenhard, *Midrasch Tanḥuma. R. Tanhuma über die Tora, genannt Midrasch Jelammedenu*, I, Bern usw. 1980
MS(S)	Manuskript(e)
MT	masoretischer Text
NBG	Neubabylonische Gesetze
NEB	The New English Bible
NV	Nieuwe Vertaling = Die Übersetzung der niederländischen Bibelgesellschaft (1951)
Origenes	*Homiliae in Exodum*, Text: *PG*, XII, Sp. 298ff.; Übersetzung: *Origène*

---

[2] Englische Übersetzung: *A Grammar of Biblical Hebrew*, übersetzt und revidiert von T. Muraoka, Roma 1991.

	Homélies sur l'Exode, Paris o.J. (Übersetzung: P. Fortier; Einführung: H. de Lubac); *Origen Homilies on Genesis and Exodus* (Übersetzung R.E. Heine), Washington DC 1982
P	Priesterschrift
Pesch.	*The Old Testament in Syriac According to the Peshiṭta Version I/1. Genesis-Exodus* (Exodus herausgegeben von M.D. Koster), Leiden 1977; vgl. M.D. Koster, *The Peshiṭta of Exodus. The Development of its Text in the Course of Fifteen Centuries*, Assen/Amsterdam 1977
Philo	F.H. Colson, G.H. Whitaker, *Philo with an English Translation*, London/Cambridge Mass. 1929-1962; R. Marcus, *Philo. Supplement II: Questions and Answers on Exodus*, London/Cambridge Mass. 1953; A. Terian (Hg.), *[Philo Alexandrinus] Quaestiones et solutiones in Exodum I et II, e versione armeniaca et fragmenta graeca*, Paris 1992
Pseudo-Philo	*Liber Antiquitatum Biblicarum*, Ausgabe: *Pseudo-Philon, Les Antiquités Bibliques*, Paris 1976 (Text, Übersetzung und Anmerkungen); Übersetzung in Charlesworth (Hg.), II, S. 297ff.
PT	Palästinischer Targum, Text und Übersetzung: M.L. Klein, *Genizah Manuscripts of Palestinian Targum to the Pentateuch*, Cincinnati 1986
Qm	= 4QPaleoEx^m; s. P.W. Skehan, E. Ulrich, J.E. Sanderson (Hg.), *Qumran Cave 4. IV. Paleo-Hebrew and Greek Biblical Manuscripts*, Oxford 1992 (= DJD, IX), S. 53-130
RTAT	W. Beyerlin (Hg.), *Religionsgeschichtliches Textbuch zum Alten Testament*, Göttingen 1975 (1985²)
Sam.Pent.	Samaritanischer Pentateuch, Ausgabe: A. von Gall, *Der hebräische Pentateuch der Samaritaner*, Gießen 1914-18
SamT	Samaritanischer Targum, Ausgabe: A. Tal, *The Samaritan Targum of the Pentateuch*, Tel Aviv 1980-1983
SS	C. Siegfried, B. Stade, *Hebräisches Wörterbuch zum Alten Testament*, Leipzig 1893
Symm.	Symmachus; siehe Field; vgl. Salvesen*
SV	Statenvertaling
Theod.	Theodotion; siehe Field; vgl. O'Connell*
TNf	Targum Neofiti 1, Text und Übersetzungen in A. Díez Macho, *Neophyti 1. Targum Palestinense MS de la Biblioteca Vaticana*, Madrid/Barcelona 1968-78; französische Übersetzung und Anmerkungen in R. Le Déaut, *Targum du Pentateuque*, Paris 1978-80; vgl. B. Barry Levy, *Targum Neophyti 1. A Textual Study. Introduction, Genesis, Exodus*, Lanham usw. 1986
TO	Targum Onqelos; Text: A. Sperber, *The Bible in Aramaic*, Leiden 1959-68; Text und Übersetzung: I. Drazin, *Targum Onkelos to Exodus*, Denver 1990; Übersetzung: B. Grossfeld, *The Targum Onqelos to Exodus*, Wilmington 1988
TPsJ	Targum Pseudo-Jonathan; Text: M. Ginsburger, *Pseudo-Jonathan (Thargum Jonathan ben Usiël zum Pentateuch)*, Berlin 1903; französische Übersetzung: R. Le Déaut; siehe unter TNf
TR	Tempelrolle (11Q Temple); Text: Y. Yadin, *Mgylt-hmqdš*, Jerusalem 1977
TzUR	N.C. Gore, *Tzeenah u-Reenah. A Jewish Commentary on the Book of Exodus*, New York usw. 1965
Vulg.	Vulgata, Ausgabe: *Biblia Sacra iuxta Latinam Vulgatam versionem ad codicum fidem cura et studio monachorum Abbatiae Pont. S. Hieronymi*

	in Urbe O.S.B., 1926-
Waltke&O'Connor	B.K. Waltke, M. O'Connor, *An Introduction to Biblical Hebrew Syntax*, Winona Lake 1990
Williams, R.J.	*Hebrew Syntax. An Outline*, Toronto/Buffalo 1976^2
WV	Willibrord-Vertaling, Ausgabe 1975
Zo.	F. Zorell, L. Semkowski, *Lexicon Hebraicum et Aramaicum Veteris Testamenti*, Roma 1940-1954, 1984
ZABR	*Zeitschrift für Altorientalische und Biblische Rechtsgeschichte*

KAPITEL I

DER RAHMEN DES BUNDESBUCHES

Die als Bundesbuch bekannte Sammlung von Vorschriften[1] bildet einen Teil des zweiten Buches des Alten Testaments, welches Exodus genannt wird. Eingebettet wird sie von erzählenden Textabschnitten, in denen beschrieben wird, wie das Volk Israel, nachdem es von seinem Gott, JHWH, aus der Sklaverei aus Ägypten befreit wurde, beim Berg Sinai angekommen ist, um dort für längere Zeit zu lagern (vgl. Ex. 19,1 - Num. 10,10). Auf die Beschreibung von Israels Aufenthalt am Sinai folgt JHWHs Angebot an Israel, eine dauerhafte Beziehung einzugehen, sowie Israels positive Reaktion darauf (19,3-8). Im Anschluß daran wird berichtet, daß die beiden zukünftigen Bundespartner sich auf die Begegnung vorbereiten und sich so weit wie möglich nähern. Die Begegnung hat JHWHs Bekanntgabe der Grundlagen zum Ziel, auf denen die Beziehung ruhen muß, bzw. der Forderungen, denen Israel als JHWHs 'teurer Besitz' und 'Priesterstaat und heilige Nation' entsprechen muß.[2] In Ex. 24,3-8 wird erzählt, wie Israel auf der Basis von JHWHs Konditionen, JHWHs Vorschriften, den Bund mit ihm eingeht und bekräftigt.[3]

Das Bundesbuch umfaßt 20,22b-23,33 und wird in der Form eines von seiten JHWHs an Mose gerichteten Monologs präsentiert (20,22a). Dem geht eine Art Einleitung voraus (20,18-21), in der die Art der Bekanntmachung der Vorschriften des Bundesbuches motiviert wird − durch Moses Vermittlung und nicht unmittelbar aus dem Mund JHWHs. Der Einleitung des Bundesbuches geht der Dekalog, das direkte Reden JHWHs an Israel, voraus (20,1-17). Dieses Reden JHWHs beginnt völlig abrupt (20,1) nach einer augenscheinlichen Lakune im Text (19,25). Auf den Monolog des Bundesbuches folgt mehr oder weniger am Rande eine kurze Anmerkung (24,1f.) als Vorbereitung auf eine der folgenden Episoden im Bericht (24,9-11). Bevor wir auf das Bundesbuch selbst eingehen, präsentieren wir eine Erklärung sowohl der Einleitung als auch der Schlußanmerkung zu JHWHs Monolog. Zunächst widmen wir der Einleitung Aufmerk-

---

[1] Zum Namen siehe 2.2.

[2] Zur Auslegung von Ex. 19 siehe Houtman*, *Exodus*, II, S. 423ff.

[3] Die Kapitel, die den erzählenden Rahmen des Bundesbuches bilden, sind literarisch sehr komplex und Gegenstand anhaltender Diskussion, s. Houtman*, *Exodus*, II, S. 426ff. Eine äußerst gekünstelte Sichtweise der Einheit von Ex. 19-24 wird van Sprinkle*, S.17ff., vertreten.

samkeit. Dort bringt der Schreiber/Redaktor seine Sicht von der Art und
dem Charakter des Bundesbuches zum Ausdruck. In der Übersetzung
lautet der Abschnitt wie folgt:

20,18 *Das ganze Volk war Zeuge von den Donnerschlägen, von den
Flammen, vom Hörnerschall und vom in Rauch gehüllten Berg. Das Volk
stand unter den Eindruck davon. Sie wichen zurück und hielten sich
abseits.*
19 *Sie sprachen zu Mose: 'Rede du mit uns, daß wir hören können.
Aber laß Gott nicht mit uns reden, sonst müssen wir noch sterben'.*
20 *Mose antwortete dem Volk: 'Fürchtet euch nicht! Nur um euch auf
die Probe zu stellen, ist Gott gekommen und daß ihr mit heiliger Ehrfurcht vor ihm erfüllt werden sollt, so daß ihr euch nicht durch Fehlverhalten schuldig macht'.*
21 *Da blieb das Volk abseits, aber Mose näherte sich bis zur dunklen
Wolke, wo sich Gott befand.*

Um die Passage (vgl. 19,9.16-19) gut verstehen zu können, ist es notwendig, das Verhältnis von 20,18-21 zu 20,1-17 und 20,22-24,2 gut vor
Augen zu haben. 20,18-21 besitzt eine relative Selbständigkeit, die bereits
von den Masoreten markiert wurde (20,18 [*pᵉtûḥâ*]; 20,22 [*pᵉtûḥâ* oder
sᵉtûmâ]; s. Perrot*, S. 58). Die Passage bildet ein Intermezzo zwischen
den beiden Komplexen von JHWH-Vorschriften, dem Dekalog und dem
Bundesbuch, und prägt den Charakter und das Verhältnis zwischen
beiden.
Es wurde erörtert, daß 20,18-21 seine Funktion als Intermezzo infolge
redaktioneller Überarbeitung des Texts erhalten hat. Ursprünglich folgte
20,18-21 (bzw. 20,18b-21; z.B. Noth, Hyatt) auf 19,19, so behauptet man.
Diese These wurde erstmals von A. Kuenen[4] vertreten und hat seither
große Zustimmung gefunden.[5] Hierbei ist es erwähnenswert, daß diese

---

[4] "Bijdragen tot de critiek van Pentateuch en Jozua", *ThT* 15 (1881), S. 164-223 (S.
189ff.). Nach Kuenen macht 20,18-21 einen Bestandteil einer Dekalog-Erzählung aus, die
19,10-19; 20,18-21.1-17; 24,12-14.18 umfaßte. Das Bundesbuch soll ursprünglich mit der
Überlieferung von Israels Aufenthalt in den Steppen Moabs verbunden gewesen sein. K.
Budde, "Die Gesetzgebung der mittleren Bücher des Pentateuchs, insbesondere der Quellen J
und E", *ZAW* 11 (1891), S. 193-234, hingegen äußert sich dahingehend, daß das Bundesbuch ursprünglich nach 33,6 plaziert war (S. 225ff.), während Baentsch*, S. 35f., 86ff.,
meint, daß lediglich vage Vermutungen über den ursprünglichen Platz möglich sind.
[5] Vgl. Houtman*, *Exodus*, II, S. 429. Etwas anders Beyerlin*, S. 8f., 17f., der meint, daß
Ex. 20,18-21 eine Variante der E-Version von Ex. 19 sei (bereits Greßmann*, S. 197f.,
verteidigte die Selbständigkeit von 20,18-21); ferner gehe 20,18-21 dem Dekalog vorab, sei
aber nicht die Fortsetzung von 19,19. Selbst konservativere Exegeten haben Kuenens These
übernommen und arbeiteten diese auf ihre Art aus. So betont z.B. P. Karge, *Geschichte des*

Theorie auf Hinweise im Text gründet, auf die bereits Nachmanides hingewiesen hatte; so z.B.: 20,18 berichtet lediglich von Donnerschlägen usw., aber nicht vom Reden Gottes; 20,19 zufolge hat Gott noch nicht zu den Israeliten gesprochen; sonst hätte man lesen müssen: 'laß Gott nicht *wieder* mit uns reden' ('*wd*, vgl. Dtn. 5,25, fehlt; in TPsJ wurde *twb*, 'wieder', in der Übersetzung aufgenommen). Sie führten Nachmanides zu der Schlußfolgerung, daß Ex. 19-20 keine chronologische Abfolge der Ereignisse am Tag der Sinai-Offenbarung bietet, sondern daß die Proklamation des Dekalogs im Anschluß an das in 20,21 Erzählte stattfand. Kuenen und seine Nachfolger meinen, daß Nachmanides' historische Reihenfolge die ursprünglich literarische Reihenfolge des E-Segments im Text sei.[6] Ihrer Meinung nach wurde der Dekalog bei der Aufnahme des Bundesbuches nach vorn versetzt; auf diese Weise sei 20,18-21 zur Einleitung zum Bundesbuch geworden.

Zunächst muß festgehalten werden, daß im Text, so wie er uns vorliegt, 20,19 auch sehr gut paßt, wenn der Dekalog vorangeht. 20,19 setzt in jedem Fall die Intention von JHWH, unmittelbar zu den Israeliten zu sprechen, voraus. Zwar wird ein (beabsichtigtes) Reden JHWHs im vorangehenden Abschnitt (ohne 20,1-17) erwähnt. Im uns bekannten Text ist das Reden JHWHs jedoch an Mose und nicht an Israel gerichtet (19,9.19). Auch kann 20,20 eine sinnvolle Funktion erfüllen, wenn die Proklamation des Dekalogs vorausgesetzt wird.[7] Ferner wird in 20,22, das seinerseits in

---

Bundesgedanken im Alten Testament, Münster i. W. 1910, S. 303ff., daß der Dekalog Gegenstand des Sinaibundes sei. Kuenens Auffassung, daß eine alte Tradition von der Verkündung eines Gesetzes durch Mose vor dem Durchzug durch den Jordan bestand (das Bundesbuch), modifiziert er wie folgt: auch das Bundesbuch sei Mose auf dem Sinai bekanntgemacht worden (vgl. Dtn. 5,28-31). Die typisch für den Aufenthalt in Kanaan bestimmte Gesetzgebung wurde von Mose erst kurz vor seinem Tod verkündet. Auch Cazelles*, S. 176, situiert die Verkündung des Bundesbuches durch Mose vor dem Jordandurchzug. Andere haben die These verteidigt, daß das mit der Offenbarung am Sinai verbundene Bundesbuch ursprünglich das Gesetzbuch des in Jos. 24,25-27 beschriebenen Bundesschlusses in Sichem sei. Siehe H. Holzinger, *Einleitung in den Hexateuch*, Freiburg i.B./Leipzig 1893, S. 179; W. Staerk, *Das Deuteronomium*, Leipzig 1894, S. 106ff.; Menes*, S. 24, 42. und z.B. J. L'Hour, "L'Alliance de Sichem", *RB* 69 (1962), S. 5-36, 161-184, 350-368; vgl. De Vaux*, *HAI*, I, S. 374, 612. Nach L. Waterman, "Pre-Israelite Laws in the Book of the Covenant", *AJSL* 38 (1921), S. 36-54, stammen die *mišpāṭim* (21,1-22,16) aus der vorisraelitischen kanaanitischen Gesetzgebung, die in einen bei Sichem mit frühisraelitischen Klans geschlossenen Bund eingebracht wurden. Dieses historische Ereignis soll den Hintergrund für Jos. 24 bilden.

  [6] Diese Passage wird gewöhnlich E zugeschrieben; s. Zenger*, *Sinaitheophanie*, S. 212f.; er selbst nimmt einen anderen Standpunkt ein (S. 66ff.); s. ders.*, *Israel*, S. 139ff., 179ff.

  [7] Zum Verständnis von 20,20 ist die Interpretation von 'auf die Probe stellen' (*nsh*, s. *THAT*, II, Sp. 69ff.; *ThWAT*, V, Sp. 473ff.), von fundamentaler Bedeutung. Wenn JHWH Subjekt und Israel Objekt von *nsh* ist (15,25; 16,4; Dtn. 4,34; 8,2.16; 13,4 u.a.), ist das

enger Verbindung mit 20,23 steht, auf 20,18.19 zurückgegriffen. Will
man die Auffassung von Kuenen akzeptieren, müßte man voraussetzen,
daß der Text bearbeitet worden ist.

Die Entstehungsgeschichte des Textes ist wahrscheinlich jedoch anders
verlaufen, als Kuenen behauptet. Ich bin eher geneigt anzunehmen, daß
das Bundesbuch bereits vor dem Dekalog einen Platz in der Überlieferung
von JHWHs Sinaioffenbarung erhalten hat, als daß das Bundesbuch erst
sekundär mit 20,18-21 verbunden wurde. M.E. spricht viel für die Annahme, daß der Dekalog (und die damit zusammenhängende Tradition [s.
24,12; 27,8; 31,18; 32,15f.19; 34,1.4.28f.; 38,7; Dtn. 4,13; 5,22; 9,9ff.;
10,2f.; vgl. Houtman*, *Exodus*, III, S. 293ff., 363, 633f. u.a.]) erst in

---

Prüfen der Hingabe und des Vertrauens auf JHWH das Ziel. JHWH will wissen, ob Israel
ihm ganz zugetan ist (vgl. Dtn. 13,3). In 15,25; 16,4 wird beschrieben, wie JHWH Israels
Treue gegenüber seinen Vorschriften prüft. JHWH bringt das Volk in heikle Situationen, um
in Erfahrung zu bringen, ob es ihm ganz geweiht und zum Gehorsam bereit ist (vgl. Dtn.
8,2f.5.16 und vor allem auch Jdc. 2.22; 3,4). In 20,20 ist *nsh* schwierig zu verstehen. Im
Anschluß an Mek., II. 272, wird der Begriff von Raschi von *nēs* (17,15) abgeleitet: 'um
euch groß zu machen' (siehe die Kritik von Nachmanides); Klostermann*, NF, S. 465,
schlägt vor zu lesen *l' b'bwr lhkwt*, 'nicht mit der Absicht, euch niederzuschlagen';
Greßmann*, S. 198, meint, daß eine sinnvolle Interpretation nur in einem rekonstruierten
Kontext möglich ist. Dergleiche Vorschläge entbehren einer hinreichenden Grundlage.
Zudem unterstützt die sonstige Verwendung von *nsh* nicht die Auffassung, daß das Verb
hier verstanden werden muß im Sinne von 'zu einer Entscheidung provozieren' (Holzinger;
vgl. CV: 'voor de keus stellen') oder 'to give experience'; siehe M. Greenberg, "nsh in
Exodus 20.20 and the Purpose of the Sinaitic Theophany", *JBL* 79 (1960), S. 273-276 (vgl.
auch L. Ruppert, *VT* 22 [1972], S. 60f.; H.C. Schmitt, *BN* 34 [1986], S. 91ff.). Der
letztgenannten Interpretation geht es darum, daß JHWH in der Theophanie Israel eine
Kostprobe seiner Größe bieten will (vgl. auch te Stroete). Was JHWH prüfen will, wird
nicht gesagt und muß durch Interpretation festgestellt werden. Gedacht wird an den Respekt
Israels vor JHWH. Indem Israel die Distanz zu JHWH in acht nimmt, hat es die Probe
bestanden (Beer, Noth). Bei dieser Auslegung wird *nassôt* im Licht der Fortsetzung des
Verses interpretiert. Daß scheint mir richtig, aber wenn man dem Text in seiner vorliegenden Gestalt Rechnung trägt, wird man 'heilige Ehrfurcht vor ihm' auch als 'heilige
Ehrfurcht vor JHWHs Vorschriften' verstehen müssen − beides ist miteinander verbunden
(z.B. Dtn. 5,29; 6,2.24; 8,6; 10,12; 13,4; 14,23 u.a.) −, umso mehr, da auch die Schlußwor-
te 'so daß ihr ...' Bekanntheit mit den Vorschriften JHWHs voraussetzen. Die Theophanie
hat zum Ziel, Israel so unter den Eindruck der Realität von JHWHs Macht zu bringen, daß
es seine Autorität und die Autorität seiner Vorschriften nicht in Abrede zu stellen braucht.
Fehlverhalten und die Übertretung seiner Vorschriften kommen fehlendem Respekt vor
JHWH gleich. So gesehen, muß *nassôt* in seinem jetzigen Zusammenhang auf JHWHs
Prüfung bezogen werden, um in Erfahrung zu bringen, ob Israel ihm wohl hingegeben ist
und bereit ist, seine Vorschriften ernst zu nehmen (Dtn. 8,2; vgl. Dillmann, Strack, Hertz).
Aus dem Umstand, daß Moses Antwort beruhigend gemeint ist, muß man schlußfolgern, daß
das Volk auf die von JHWH gewünschte Weise reagiert hat. Es ist voller Ehrfurcht vor
JHWH (20,18 Schluß) und will den Kontakt mit Gott beibehalten, wenn auch nicht direkt,
sondern durch die Vermittlung von Mose (20,19).

einem späten Stadium einen Platz in der Überlieferung innerhalb des Rahmens der deuteronomi(sti)schen Harmonisierung der Sinaierzählung erhalten hat (s.u.).[8] Der Dekalog setzt die Existenz umfangreicher Sammlungen von Vorschriften voraus und ist als eine bündige Zusammenfassung davon gedacht in einer Anzahl klarer und essentieller Faustregeln als Voraussetzung des Lebens mit JHWH. Sie werden in der Form direkter Rede von JHWH an Israel präsentiert und erhalten dadurch besondere Autorität.[9] In diesem Zusammenhang ist erwähnenswert, daß die Auffassung verteidigt wurde, das Bundesbuch beinhalte eine Auslegung, einen Kommentar zum Dekalog.[10] Das Verhältnis ist, wie bereits dargelegt, umgekehrt: der Dekalog bringt die Essenz vom Bundesbuch zum Ausdruck und 'steuert' durch seine Position vor dem Bundesbuch dessen Interpretation.

In der gegenwärtigen Form bietet der Text dasselbe Bild wie in Deuteronomium: der Dekalog ist direkt von JHWH zu Israel gesprochen (Dtn. 4,11ff.; 5,4.22ff.; 9,10; 10,4). Die übrigen Vorschriften sind unter Vermittlung des Mose gegeben worden (Dtn. 5,23ff.). Als unmittelbare Offenbarung besitzt der Dekalog einen ganz besonderen Status, der auch dem Umstand entnommen werden kann, daß dessen Text von Gott selbst auf die Steinplatten geschrieben wurde (s. 34,28). Auch das Bundesbuch ist voll und ganz Gottes Wort und fordert daher von Israel Anerkennung und Gehorsam für sich. Nachdem zuvor schon von JHWHs eindrücklicher Legitimation des Mose als sein Sprachrohr berichtet wurde (19,9.19; vgl. auch 33,11; 34,29-35), wird nun mitgeteilt, daß Israel mit Nachdruck

---

[8] Signifikant sind in diesem Zusammenhang Ex. 34,27f., wo beide Traditionen vereinigt sind. Nach Israels Abfall von JHWH aufgrund der Sünde des Goldenen Kalbes bekundet JHWH auf Moses Fürsprache hin seine Bereitschaft, den Bruch wiederherzustellen. Die Geschichte wiederholt sich: wieder legt Mose den Text des Bundesbuches vor (34,27; vgl. 24,4); wieder graviert JHWH den Dekalog in die Tafeln (34,28; vgl. 24,12.18; 31,18 und s. Houtman*, *Exodus*, III, S. 690, 692, 700f.).

[9] Siehe Houtman*, *Exodus*, III, S. 18-21. Einen gegensätzlichen Standpunkt nimmt Crüsemann*, S. 407ff., ein. Seiner Auffassung zufolge liegt der Unterschied zwischen Dekalog und allem folgenden einzig und allein in der Direktheit der Gottesrede, kurzum, im Modus, nicht im Inhalt (S. 410f.) und beansprucht der Dekalog keinerlei höheren Rang als die übrigen Gesetze (S. 413). So wird der Komposition des Pentateuch kein Recht getan.

[10] Siehe De Hummelauer, S. 207ff.; E. Robertson, "The Riddle of the Torah. Suggesting a Solution", *BJRL* 27 (1943), S. 359-383; A.E. Guilding, "Notes on the Hebrew Law Codes", *JThS* 49 (1948), S. 43-52. Diese Auffassung wurde bereits vertreten von J.W. Rothstein, *Das Bundesbuch und die religionsgeschichtliche Entwicklung Israels*, I, Halle 1888, S. 60ff., und wurde von Baentsch*, S. 39, und Holzinger, S. 99f., verworfen.

Mose darum gebeten hat, als Sprachrohr JHWHs aufzutreten.[11] Israel hat Moses besondere Position anerkannt und sich damit verpflichtet, die durch seine Vermittlung überbrachten Vorschriften als Gottes Wort anzunehmen und ihm Gehorsam zu leisten. Kurzum, 20,18-21 verbindet den Dekalog mit dem Bundesbuch; zwei Sammlungen von Vorschriften, die beide als Gottes Wort charakterisiert werden müssen. Der Abschnitt unterstreicht den einzigartigen Charakter des Dekalogs, fordert aber zugleich göttliche Autorität für das Bundesbuch und verdeutlicht, warum Gott nicht alle Worte unmittelbar zu Israel gesprochen hat, sondern einen großen Teil durch Vermittlung eines Menschen proklamieren ließ.

Der Rahmen des Bundesbuches in engerem Sinne wird durch die Einleitung, 20,18-22a, und durch eine Art Anhang, 24,1f., gebildet, welcher in Übersetzung wie folgt lautet:

24,1 *Auch hat er (JHWH) zu Mose gesprochen: 'Steige hinauf zu JHWH, du zusammen mit Aaron, Nadab und Abihu und siebzig der Ältesten Israels. Auf Abstand müßt ihr euch niederwerfen.*

2 Mose ist der einzige, der in Kontakt mit JHWH treten darf. Die anderen dürfen den Kontakt nicht halten. Das Volk darf selbst mit ihm nicht hinaufsteigen.'

24,1f. ist eine Instruktion, die JHWH ebenfalls Mose als Bestandteil des Monologs erteilt, dessen Anfang in 20,22 beschrieben wird. Die Instruktion gilt persönlich für Mose. Die vorangehenden Worte waren an ihn als Vertreter von Israel gerichtet (20,22a). Im folgenden Abschnitt 24,3-11 wird erzählt, wie Mose die Instruktionen ausführt. Zunächst wird mitgeteilt, wie er die von JHWH gegebenen Vorschriften (20,22-23,33) bekanntmacht und sie zur Grundlage des Bundes zwischen JHWH mit Israel macht (24,3-8), danach, wie er die Instruktion von 24,1f. ausführt (24,9-11).

---

[11] Die Legitimation Moses als Offenbarungsträger in 20,18-21 führte zu der Annahme, daß die Passage ursprünglich 'die Ätiologie für die Institution eines kultischen Sprecher' sei (Beyerlin*, S. 160, in Nachfolge von G. von Rad); die Ätiologie erkläre, warum im Rahmen der (postulierten) kultischen Repräsentation der Sinai-Theophanie (vgl. Houtman*, *Exodus*, II, S. 430) nicht die Stimme Gottes selbst zu hören ist, sondern sich ein Mensch an die Kultgemeinde richtet.

KAPITEL II

EINLEITUNG IN DAS BUNDESBUCH

2.1 Literatur (eine Auswahl, vornehmlich neueren Datums): *ABD*, IV,
S. 242ff.; *TRE*, VII, S. 412ff.; G. Brin, "The Development of Some Laws
in the Book of the Covenant", in: H.G. Reventlow & Y. Hoffman (Hg.),
Justice and Righteousness, Sheffield 1992, S. 60-70; Brin*, S. 20-51; H.
Cazelles, "Histoire et institutions dans la place et la composition d'Ex
20,22-23,19", in: *Prophetie und geschichtliche Wirklichkeit im alten Israel*
(FS S. Herrmann), Stuttgart usw. 1991, S. 52-59; F. Crüsemann, "Das
Bundesbuch - historischer Ort und institutioneller Hintergrund", *SVT* 40
(1988), S. 27-41; F.C. Fensham, "Transgression and Penalty in the Book
of the Covenant", *JNWSL* 5 (1977), S. 23-41; J.J. Finkelstein, *The Ox
that Gored*, Philadelphia 1981; M. Greenberg, "More Reflections on
Biblical Law", *ScrHie* 31 (1986), S. 1-17; P.D. Hanson, "The Theological
Significance of Contradiction within the Book of the Covenant", in: G.W.
Coats & B.O. Long (Hg.), *Canon and Authority*, Philadelphia 1977,
S. 110-131; K. Koch, "Gesetz I", *TRE*, XIII, S. 40-52; W.F. Leemans,
"Quelques considérations à propos d'une étude récente du droit du
Proche-Orient ancien", *BiOr* 48 (1991), S. 409-437 (Rezension von West-
brook*, *Studies*); M. Malul, *The Comparative Method in Ancient Near
Eastern and Biblical Legal Studies*, Kevelaer/Neukirchen-Vluyn 1990;
W.H. McKeating, "Sanctions against Adultery in Ancient Israelite Socie-
ty, With Some Reflections on Methodology in the Study of Old Testa-
ment Ethics", *JSOT* 11 (1979), S. 57-72; ders., *JSOT* 20 (1981), S. 25f.;
E. Otto, "Interdependenzen zwischen Geschichte und Rechtsgeschichte des
antiken Israel", *Rechtshistorisches Journal* 7 (1988), S. 347-368; ders.,
"Die Bedeutung der altorientalischen Rechtsgeschichte für das Verständnis
des Alten Testaments", *ZThK* 88 (1991), S. 139-168; ders., "Auf dem
Wege zu einer altorientalischen Rechtsgeschichte", *BiOr* 48 (1991), S. 5-
13; ders., "Körperverletzungen im hethitischen und israelitischen Recht.
Rechts- und religionshistorische Aspekte", in: B. Janowski u.a. (Hg.),
*Religionsgeschichtliche Beziehungen zwischen Kleinasien, Nordsyrien und
dem Alten Testament*, Freiburg/Göttingen 1993, S. 391-425; A. Phillips,
"Another Look at Adultery", *JSOT* 20 (1981), S. 3-25; ders., *JSOT* 22
(1982), S. 142f.; L. Schwienhorst-Schönberger, "'Dies sind die Rechtsvor-
schriften, die du ihnen vorlegen sollst'. Zur Struktur und Entstehung des
Bundesbuches", in: F.-L. Hossfeld (Hg.), *Vom Sinai zum Horeb*, Würzburg 1989, S. 119-143; R. Yaron, "The Evolution of Biblical Law", in:

A. Theodoridès u.a., *La formazione del diritto nel Vicino Oriente Antico*, Napoli/Roma 1988, S. 78-108; A. Walther, *Das altbabylonische Gerichtswesen*, Leipzig 1917; R.R. Wilson, "Ethics in Conflict. Sociological Aspects of Ancient Israelite Ethics", in: S. Niditch (Hg.), *Text and Tradition*, Atlanta 1990, S. 193-205; ders., "The Role of Law in Early Israelite Society", in: B. Halpern & D.W. Hobson (Hg.), *Law, Politics and Society in the Ancient Mediterranean World*, Sheffield 1993, S. 90-99; R. Westbrook, "Cuneiform Law Codes and the Origins of Legislation", *ZA* 79 (1989), S. 201-222.

2.2 Der *Name Bundesbuch* ist Ex. 24,7 entnommen. In Exodus in seiner heutigen Gestalt korreliert 24,3-8 mit 20,22-23,33, wobei 20,22b-23,33 als Text derjenigen Vorschriften betrachtet werden muß, die Mose im Namen JHWHs Israel überbrachte und schriftlich fixierte (24,3f.7).[1] Dies hat dazu geführt, daß 20,22-23,33 den Namen *sēfær habbᵉrît* 'Bundesurkunde/Bundesdokument' bzw. entsprechend des gängigen Sprachgebrauchs 'Bundesbuch' erhielt.[2]

---

[1] Über die Frage, wie der genaue Bezug von *'ēt kol-dibrê-jhwh* wᵉ *'ēt kol-hammišpāṭîm* in 24,3 ist, besteht keine Einstimmigkeit. Raschi, der 24,1-12 chronologisch vor die Theophanie plaziert (s. Houtman*, *Exodus*, II, S. 428), denkt an Gebote, die eher gegeben wurden, wie die noachitischen Gebote (vgl. die Kritik von Nachmanides). Moderne Ausleger, die der Meinung sind, daß das Bundesbuch später eingefügt wurde und 20,18-21 ursprünglich die Einleitung zum Dekalog bildete (s.o., Kap. I), haben *dbrjm* (vgl. 20,2) darauf bezogen und *mšpṭm* als eine spätere Zufügung qualifiziert (z.B. Holzinger, te Stroete, Hyatt, de Vaux*, *HAI*, I, S. 373f.). Andere meinen, daß durch die Bezeichnungen *dbrjm* und *mšpṭm* der variierte Charakter des Bundesbuches zum Ausdruck gebracht werde. Baentsch*, S. 26-58, bezieht *dbrjm* auf 'die Horeb debarim' (20,22-26; 22,27-29; 23,10-19) und *mšpṭm* auf 21,1-22,16, die zwei Hauptabschnitte des Bundesbuches, die im Laufe des Überlieferungsprozesses kombiniert worden seien und mit u.a. deuteronomistischen Ergänzungen (20,22f.; 22,20b.21.23; 23,9) erweitert wurden (vgl. ders., *Exodus-Leviticus*, S. XLVIIff., 185). Sarna*, S. 159, hingegen bezieht *dbrjm* auf 22,17-23,19 und *mšpṭm* auf 21,1-22,16. Es wurden noch andere Auffassungen verteidigt: das Bundesbuch von 24,7 umfasse ursprünglich eine kleine Sammlung von Gesetzen, bestehend aus 20,22-26; 22,29f.; 23,10-19 (McNeile); der Inhalt bestehe aus Ex 19; 20,1-17; 20,22-23,33 oder noch wahrscheinlicher einer geschriebenen Urkunde, daß das Volk dem Bund Treue erweisen möge (19,5). Die Auffassung, daß auch der Dekalog (20,1-17) Bestandteil des Bundesbuches ist (z.B. Hertz, Childs) oder zumindest auch die Grundlage des Bündnisses bildet (Heinisch), ist unwahrscheinlich. Der Dekalog, der auf zwei Tafeln geschrieben wurde (24,12), besitzt einen ganz eigenen Status (s.o., Kap. I). 24,3.7f. haben Bezug auf 20,22b-23,33. Das *wāw* vor *'t kl-mšpṭm* in 24,3 ist ein *wāw*-explikativum. Wenn man will, kann man *w't kl-mšpṭm* als eine Zufügung betrachten, die nachdrücklich Moses 'Bericht' auf die vorangehende Sammlung von Vorschriften beziehen will.

[2] Dieselbe Terminologie findet sich in II Reg. 23,2.21 (s. Houtman*, *Pentateuch*, S. 316f.). Zu *bᵉrît* s. Houtman*, *Exodus*, I, S. 330f. Zu *sēfær*, einem Stück Material (Stein, Metall, Holz, Ton, Leder, Papyrus), auf dem Schrift angebracht ist, s. Houtman*, *Exodus*, II, S. 386.

Das Bundesbuch hat *keinen homogenen Character*, sondern wurde aus
recht diversem Material verschiedener Herkunft zusammengestellt. An
sich kann es in seiner Gesamtheit nicht auf den Nenner 'Vorschriften'
gebracht werden. Der Schluß (23,20-33) beinhaltet zwar auch Vorschriften (23,24.32), doch tragen diese keinen allgemeinen Charakter, sondern
beziehen sich auf die spezifische Situation, von der dieser Teil spricht,
nämlich die bevorstehende Inbesitznahme des Landes. Das Bundesbuch ist
im Grunde ein langer Monolog von JHWH mit Mose und besteht größten-
teils aus Regeln für Israel, aus Verpflichtungen, die aus dem Bund
JHWHs mit Israel (19,7f.; 24,3.7) hervorgehen. Der Bund wird am Sinai
geschlossen (19,7f.), ist aber als Grundlage für das Leben im verheißenen
Land gedacht (2,24; 3,8; 6,8; 13,5.11; 23,20). Am Schluß seines Monologs knüpft JHWH selbst an die Geschichte an und bietet in Form eines
Epilogs einen Ausblick auf die Zukunft: Israel soll ins gelobte Land
geführt werden. JHWH benutzt die Gelegenheit des direkten Kontaktes
mit Mose, um Israel über die Landnahme in einer Rede voller Ermahnungen und Verheißungen zu informieren.

Im Epilog eröffnet JHWH die Zukunft und setzt damit die Begegnung
zwischen ihm und Mose in eine historische Perspektive. Der Leser wird
dadurch (wieder einmal) daran erinnert, daß JHWH nun die Patriarchen-
verheißungen (3,8ff., u.a.) verwirklicht und daß der Sinaiaufenthalt Israels
(19,1f.) lediglich als Intermezzo einer noch unvollendeten Geschichte zu
betrachten ist.

2.3 Der Teil des Bundesbuches, der Bestimmungen beinhaltet, besteht,
abgesehen von 21,1-22,16, einer als *mišpāṭîm* bezeichneten Sammlung
von Verordnungen mit einer eigenen Überschrift (21,1), aus *unterschiedlichem Material*. Ich bevorzuge folgende *Einteilung*:

20,22-26: Vorschriften für den JHWH-Dienst.
21,1-22,16: *mišpāṭîm*.
22,17-23,12: kultische und soziale Vorschriften.
23,13-19: Vorschriften für den JHWH-Dienst.

Es sei noch am Rande erwähnt, daß gegenwärtig der *Komposition und
Struktur* des Bundesbuches viel Aufmerksamkeit gewidmet wird. Es
herrscht die Tendenz vor, die Form des Bundesbuches als Resultat einer
wohldurchdachten Kompositionstechnik zu betrachten.[3] Ich beschränke

---

[3] Siehe die Studien von Halbe*, Osumi*, Otto* und Schwienhorst-Schönberger*, Crüsemann* (S. 136ff.; vgl. auch S. 172f.), Sprinkle* (S. 199ff.). Schon eher wurden Versuche
unternommen, die Struktur des Bundesbuches aufzudecken, so von De Hummelauer, S.
208ff. (Reihen von neun Gesetzen, die durch formelhafte Wendungen geschieden sind), und

mich hier auf die Einteilung in Hauptabschnitte. Bei der jeweiligen
Besprechung wird der Text wenn nötig in Paragraphen eingeteilt, wobei
die Abgrenzung, falls hierzu ein Anlaß besteht, begründet wird.

Mit einem recht großen Maß an Sicherheit kann gesagt werden, daß
bewußt dafür entschieden wurde, das Bundesbuch im eigentlichen Sinn
(20,22-23,19) mit Vorschriften für den JHWH-Dienst eröffnen (20,22-26)
und abschließen (23,13-19) zu lassen. Das Buch des Bundes ist das Buch
des *Bundes von JHWH mit Israel*. Dies impliziert, daß der Schwerpunkt
auf der richtigen JHWH-Verehrung zu liegen hat. Die Komposition bringt
dies zum Ausdruck. Der erste und letzte Platz im Leben eines Israeliten
muß dem JHWH-Dienst eingeräumt werden. Die Beziehung zu JHWH
geht der Beziehung zum Mitmenschen, das entscheidende Thema des
umrahmten Mittelblockes, voran und bestimmt diese.

2.4 In bezug auf den umrahmten Abschnitt sprechen vor allem formale
Gesichtspunkte für eine *Aufteilung in zwei Hauptteile*. So beinhaltet 21,1-
22,16 (mit Ausnahme von 21,12-17) ausschließlich kasuistisch formulierte
Vorschriften, während 22,17-23,12 viele apodiktisch formulierte Bestimmungen beinhaltet. In 21,1-22,16 finden sich genaue Anweisungen, wie in
einer bestimmten Situation gehandelt werden muß, wie hoch das Strafmaß
sein muß und wie eine Regelung oder ein Vergleich zwischen zwei
Parteien getroffen werden kann. Wie im Dekalog[4] werden in den apodiktischen Bestimmungen (22,17-23,12), aber auch (mit Ausnahme von

---

von Klostermann*, NF, S. 500ff., 569f. (das Bundesbuch war ursprünglich aus Dekalogen
und Pentaden aufgebaut). Waterman (s. Kap. 1, Anm. 5) verteidigt die Auffassung, daß die
mišpāṭîm aus Dekalogen mit einer Pentadenstruktur bestehen. Eine Einteilung in Dekaden
und Pentaden wurde bereits 1840 von E. Bertheau verteidigt und erfuhr Jahrzehnte später
fundamentale Kritik von Baentsch*, S. 40; vgl. Holzinger, S. 99f. Dekaloge meint man auch
an anderer Stelle im Pentateuch entdecken zu können (vgl. Houtman*, *Exodus*, III, S. 20f.).
Sowohl Baentsch*, S. 26ff., als auch Holzinger, S. 98f., huldigen der unter den älteren,
literarkritisch orientierten Forschern vertretenden Auffassung, daß die Komposition des
Bundesbuches unvollkommen und u.a. die Trennung von 20,24-26 und 22,17-23,19 nicht
ursprünglich ist. Momentan wird das Bundesbuch als eine wohldurchdachte Komposition
anerkannt, was auch in den Abhandlungen über das Bundesbuch deutlich wird, in denen
dem Entstehungsprozeß des Textes große Aufmerksamkeit gewidmet wird. Sprinkle*,
hingegen tritt für eine rein synchrone Analyse ein und betont stark die Homogenität und den
literarischen Charakter des Bundesbuches. Nach seiner Meinung muß das Bundesbuch
betrachtet werden 'not so much as law, but as literature' (S. 14) und weist es Züge auf
'more appropriate to literature art than law' (S. 206).
[4] Vgl. z.B. H. Schüngel-Straumann, *Der Dekalog – Gottes Gebote?*, Stuttgart 1973, S.
23: 'Der Dekalog ... geht auf eine Gesamthaltung aus, er will Ethos, nicht Recht'. Unbegründet ist A. Phillips' eigensinnige Bezeichnung des Dekalogs als Israels 'criminal law',
der Vorschriften der beim Sinai entstandenen Bundesgemeinschaft, die bei Übertretung von
seiten der Gemeinschaft mit dem Tode bestraft werden mußten (*Ancient Israel's Criminal
Law*, Oxford 1970, S. 1f., 153f.; vgl. ders., *JSSt* 34 [1983], S. 1-20).

22,17-19) bei andersartig formulierten Regeln gewöhnlich (s. jedoch 22,23; vgl. 22,26) keine Sanktionen oder sonstige Maßnahmen erwähnt.[5] Zwischenmenschliche Beziehungen bilden das Thema von 21,1-22,16. Beispiele, die unter das Recht fallen, werden beschrieben. Verschiedene Vorschriften von 22,17-23,12 beziehen sich auf die Beziehung zu Gott. Andere wiederum auf das Verhältnis zum Mitmenschen. In letzterem Fall geht es darum, zu einem *hohen moralischen und von Barmherzigkeit geprägten Verhalten anzuspornen*. Die entsprechenden Verhaltensregeln führten bei Mißachtung offensichtlich nicht zu einem Rechtsverfahren, da z.B. fragliche Person zwar moralisch verwerflich handelte, aber juridisch das Recht auf seiner Seite hatte (z.B. 22,20f.) oder juridisch nicht zur Verantwortung gezogen werden konnte (z.B. 23,1-5), weil das Recht nicht vorsah, in Fällen von tadelnswertem Handeln einzugreifen. Das gewünschte Verhalten kann nicht von der Obrigkeit erzwungen werden, sondern soll aus der Gewissensentscheidung des Individuums erwachsen.[6] Von seiten der Religion wird hierzu appelliert (22,20b.21f.26; 23,9b), in der Hoffnung, daß sich die Menschen von ihrem verwerflichen Lebenswandel bekehren. Es ist also ein von Gott erwünschtes Verhalten. Der Ton in 21,1-22,16 ist in Übereinstimmung mit dem Inhalt nüchtern und sachlich. 22,17-23,12 beinhaltet viele ausgesprochen humane Bestimmun-

---

[5] Dies ist auch der Fall hinsichtlich von Vorschriften, die an anderer Stelle mit der Nennung einer Sanktion formuliert sind, wie das Sabbatgebot (s. 31,14; 35,2; Num. 15,32-36 neben Ex. 23,12). Auch 21,2-11, der erste Abschnitt der kasuistischen Vorschriften, wird manchmal als eine Vorschrift ohne Sanktion betrachtet. Otto*, *Ethik*, S. 24, 81f., rechnet aus diesem Grunde den Abschnitt einer anderen Kategorie zu als 21,12-22,16. Sprinkle*, S. 66, merkt zu 21,2-11 an: 'this kind of regulation, far from being "casuistic law", is a humanitarian prescription that depends not on the courts, but on persuasion for its performance'. Wie bei anderen Vorschriften auch werden nicht alle Kasus behandelt. So wird nicht über die Frage gesprochen, wie gehandelt werden muß, wenn sich ein Herr nach sechs Jahren weigert, den Sklaven gehen zu lassen. Die Frage steht zur Debatte, wie gehandelt werden muß, wenn der Sklave von seinem Recht fortzugehen absieht. Es ist nicht anders als selbstverständlich, daß die Gemeinschaft, in der Gestalt ihrer Vertreter, 'the courts', erachtet wird, das Augenmerk auf das Befolgen der Vorschriften zu richten. Implizit ist mit der Erwähnung des Rituals vor 'den Göttern' die Sanktion zur Sprache gebracht. Vorausgesetzt wird, daß die Götter auf das Befolgen der Übereinkunft achten und vor allem den Herrn des Hauses mit ihren Strafen erreichen werden, falls er treulos handelt.

[6] Auch das Auftreten eines Menschen im Hinblick auf Gott kann formal, zumindest für das Auge, ordnungsgemäß, aber materiell und prinzipiell unmoralisch und verdorben sein (vgl. z.B. Jes. 1,10-17; Jer. 6,20f.; Am. 5,22-24; Mal. 1,6ff.). Sanktionen von seiten der Geistlichkeit oder der Kultgemeinde sind in diesem Fall jedoch nicht möglich. In einer festen religiösen Gemeinschaft ist das Befolgen religiöser Vorschriften zu erzwingen und können Sanktionen verhängt werden (s. z.B. 12,15.19 [bezüglich der Passafeier]; 31,14; 35,2; Num. 15,32-36 [bezüglich der Sabbatheiligung]), aber ihre Reichweite bleibt auf die äußere Seite der Beziehung Mensch-Gott beschränkt.

gen. Der Ton ist zuweilen exhortativ und paränetisch (22,20b; 23,9b).[7]
JHWH selbst kommt in der 1.Person zu Wort (22,22f.26.28-30; 23,7).[8]

Es legt sich daher mit guten Gründen nahe, das umrahmte Mittelstück
in zwei Hauptteile aufzuteilen. Bei näherer Betrachtung dieser Hauptteile
erkennt man, daß der Beginn des ersten Teils mit dem Schluß des zweiten
Teils korreliert: die Thematik von 'sechs Jahre' – 'im siebten Jahr'
(21,2; 23,10f.) eröffnet und beschließt das zweiteilige große Mittelstück.
Auf diese Weise werden die zwei Teile, die den Stempel des Ethos der
Humanität tragen, aneinandergeschmiedet. Das dazwischenliegende Teil
wird dabei gewissermaßen vom Ethos der Menschlichkeit umklammert
und durchdrungen.

2.5 Die *Unterscheidung von kasuistischem und apodiktischem Recht*, die
eben bereits kurz angeklungen ist, gilt es nun näher zu betrachten. Mit
dieser Unterscheidung ist der Name A. Alt verbunden.[9] Den Term 'kasuistisch' gebrauchte er für die Art von Formulierungen, die in 21,1-22,16
(mit Ausnahme von 21,12-17) verwendet wird (vgl. auch 23,4f.). Mittels
eines Konditionalsatzes wird eine Situation, die sich ergeben kann, beschrieben. Im Anschluß daran folgt eine Instruktion in bezug auf die Art
und Weise, wie in fraglichem Fall gehandelt werden muß. In kasuistischen Passagen werden allgemeine Regeln formuliert, aber auch Vorschriften für besondere, vom beschriebenen Fall abweichende Situationen.
Kasuistische Formulierungen seien untypisch für die altisraelitischen
Gesetzestexte, sind aber die Regel in juridischen Texten des Alten
Orients.

Alts These vom apodiktischen Recht ist Gegenstand der Diskussion

---

[7] Zur Motivierung s. R. Sonsino, *Motive Clauses in Hebrew Law*, Chico 1980, S. 65ff.
Motivierungen von Vorschriften finden sich auch in außerbiblischen Gesetzestexten
(Sonsino, S. 153ff.), nehmen aber in alttestamentlichen Texten einen relativ großen Raum
ein. Die Motivierung ist nicht typisch für Gesetzestexte, sondern findet sich auch z.B. in der
Weisheitsliteratur (Prov. 22,22f.; 24,1f.; 25,6f.; vgl. Sonsino, S. 120ff.). Die Motivierungen
können einen unterschiedlichen Charakter haben und fehlen oft dort, wo der Interpret ihr
Erscheinen erwarten würde (z.B. 23,19). So gibt es Motivierungen, die zu einer wohlwol-
lenden, solidarischen Haltung gegenüber Bedürftigen anspornen wollen (22,20; 23,9), die
eine Drohung beinhalten (22,26; 23,7), die ein Ziel umschreiben (23,12), eine Verheißung
aussprechen (20,12; 23,23.31) oder eine Erklärung bieten (20,5f.7.25f.; 21,8.21), die
zuweilen ätiologischer Art ist (20,11; 23,15).

[8] Vgl. F.C. Fensham, "The Rôle of the Lord in the Legal Sections of the Covenant
Code", *VT* 26 (1976), S. 262-274.

[9] Siehe sein Werk *Die Ursprünge des israelitischen Rechts*, Leipzig 1934 (= *KS*, I, S.
278-332). Ein bahnbrechendes Werk hinsichtlich der Analyse der Stilgattungen des Bun-
desbuches wurde bereits zuvor veröffentlicht von A. Jirku (*Das weltliche Recht im Alten
Testament*, Gütersloh 1927; vgl. ders., *Altorientalischer Kommentar zum Alten Testament*,
Leipzig/Erlangen 1923, S. 90f.) und Jepsen* (S. 55ff.). Ein großes Interesse an Stil und
Form legte auch schon Cazelles*, S. 106ff., an den Tag.

gewesen.[10] Er betrachtete das apodiktische Recht als ursprünglich israelitisch. Doch erwies sich diese These als nicht haltbar. Zum apodiktischen Recht zählte Alt verschiedene Typen von Redewendungen. In unserem Zusammenhang sind zwei davon von Bedeutung. Es betrifft in erster Linie Verbote und Gebote, die in der 2.Person formuliert sind, wie sie im Dekalog und im Bundesbuch in 20,23-26; 22,17.20 u.a. anzutreffen sind. Der Unterschied zu den kasuistischen Formulierungen sei beträchtlich. Letztgenannte weisen Züge einer Exposé auf; wohlüberlegt wird im Licht einer Beurteilung der skizzierten Situation ein Urteil gefällt. Bei den prohibitiv formulierten Urteilen fehlt die Beschreibung einer konkreten Situation, der juridische Kasus, auf den das Urteil sich bezieht. Es besteht kein Zusammenhang zwischen dem Urteil und dem Vollzug des Rechts. Sie sind nicht an jemanden in einer spezifischen Situation gerichtet, sondern sind allgemein gehalten. Dennoch ist ihnen eine große Direktheit und Eindringlichkeit eigen. Das Gewicht des 'du sollst!' ist abhängig von der Autorität des Sprechers. Im Fall der Vorschriften JHWHs ist es unvergleichlich groß. Das 'ich' JHWHs steht hinter dem 'du sollst...'. Die Gewichtigkeit der Anrede wird zuweilen noch durch eine begleitende Motivierung verstärkt (20,5.7.11; 22,20.22.26; 23,9).

2.6 Bei aller Unterschiedlichkeit ist die Zielsetzung der kasuistischen und der apodiktischen Vorschriften schlußendlich die gleiche: *die Errichtung einer stabilen und lebbaren Gesellschaftsordnung, die durch Gerechtigkeit gekennzeichnet ist*. Das kasuistische Recht des Bundesbuches strebt danach, dieses Ziel mittels einer Rechtsordnung zu verwirklichen, in der kein Raum für Selbstjustiz ist und in der besonders auf dem Wege der Konfliktbewältigung (Vergütung und Vergleich) nach Harmonie gestrebt wird. Der israelitischen Gemeinschaft wird eine Handreichung dargeboten, um eigenhändig an der Aufrechterhaltung einer lebbaren Gesellschaft mitzuwirken.

Die apodiktischen Vorschriften berühren die *Fundamente der Gesellschaft*, der Rechtsordnung. Nur bis zu einem gewissen Grad können diese Fundamente auf dem Wege einer Rechtspflege geschützt werden. Sie sind nicht von Relevanz bei einem Streit zwischen zwei Menschen um einen Acker oder ein Stück Vieh, der geschlichtet werden müßte. Es geht um eine Lebenshaltung, eine Gesinnung, mit der ein Mensch in der Welt

---

[10] Siehe hierzu besonders (auch zur weiteren Literatur) Boecker*, S. 129ff., 166ff.; Sonsino (s. Anm. 7), S. 2ff.; ders., *ABD*, IV, 252ff.; G.J. Wenham, "Legal Forms in the Book of the Covenant", *TynB* 22 (1971), S. 95-102; E.S. Gerstenberger, "'Apodiktisches' Recht 'Todes' Recht?", in: *Gottes Recht als Lebensraum* (FS H.J. Boecker), Neukirchen-Vluyn 1993, S. 7-20 (kritisch in bezug auf den Gebrauch der Terminologie, auch in historischer Sicht); Laserre*, S. xixff.; H.D. Preuß, *Theologie des Alten Testaments*, I, Suttgart usw. 1991, S. 91ff.

handelt und um derentwillen er oftmals nicht von seinen Mitmenschen vor
einem Gericht zur Verantwortung gezogen werden kann, weil er rein juridisch betrachtet im Recht ist oder weil man ihn aufgrund seiner Machtposition nicht anzutasten wagt oder weil seine Praktiken verborgen bleiben.[11] So verwundert es nicht, daß ein in den apodiktischen Vorschriften
verurteiltes Verhalten nur zum Teil innerhalb des 'Prozeßrechtes' behandelt wird (s. z.B. 20,13 neben 21,12; 20,15 neben 21,37-22,3; 20,12
neben 21,15.17). Negiert ein Mensch die Fundamente, verhält er sich
unmoralisch; pocht er verbissen auf das Recht, fehlt ihm jeder Begriff von
Barmherzigkeit und Mitgefühl, dann erschüttert er die Grundfesten der
Gesellschaft (vgl. Ps. 82). Die apodiktischen Vorschriften, in denen es um
die zwischenmenschlichen Beziehungen geht, wenden sich mit einem
nachdrücklichen Appell an den einzelnen Israeliten, daß die von JHWH
gegebene und gewünschte Ordnung nicht angetastet, sondern aufrechterhalten wird. Die apodiktischen Kultvorschriften (22,28f.; u.a.) wollen die
Harmonie zwischen JHWH und Israel bewahren. Ein korrekter Kultus
muß vermeiden, daß die Beziehung zu JHWH gestört wird. Dies kann
ebenfalls verhängnisvolle Folgen heraufbeschwören (s. z.B. 16,27ff.;
19,10ff.; 28,35.43; 30,20.33.38; 31,14; 32,7ff. und vgl. Houtman*,
Exodus, III, S. 313ff.).

2.7 Die andere relevante Redewendung, die Alt dem apodiktischen
Recht zuordnete, ist ein Satz in Partizipialform (3.Person, zur Bezeichnung des Täters), der mit einer *môt jûmāt*-Formel abschließt (21,12.15-17;
22,18; vgl. auch 22,19).[12] Mit guten Gründen ist die Einordnung des so
konstruierten Satzes unter die Rubrik des apodiktischen Rechts bezweifelt
worden.[13] Es besteht kein wesentlicher Unterschied zu den kasuistischen
Rechtssätzen. Ein bestimmter Fall und die zu treffenden Maßnahmen werden beschrieben. Die Formulierung von 21,12; usw. ist prägnant und
direkt und daher eindringlich und apodiktisch.

Kasuistisch formuliert, aber auf andere Weise, als dies in 21,1-22,16
erfolgt, sind auch die Bestimmungen von 22,24f. Die geschilderte Situation wird mit *'im* (nicht mit *kî*) eingeleitet; Subjekt ist 'du' (nicht 'jemand'); der Nachsatz ist als Prohibitiv formuliert. Im Hinblick auf den
Charakter gehört 22,24f. zu den apodiktischen Rechtssätzen.

2.8 Der unterschiedliche Charakter des Stoffes im Bundesbuch ruft die

---

[11] Vgl. J. Assmann, "When Justice Fails. Jurisdiction and Imprecation in Ancient Egypt
and the Near East", *JEA* 78 (1992), S. 149-162.

[12] S. dazu H. Schulz, *Das Todesrecht im Alten Testament*, Berlin 1969; K.J. Illmann &
H.-J. Fabry, *ThWAT*, IV, Sp. 779f.; R. Yaron, "Stylistics Conceits II. The Absolute
Infinitive in Biblical Law", in: *Pomegranates and Golden Bells* (FS J. Milgrom), Winona
Lake 1995, S. 449-460.

[13] S. die Diskussion bei Boecker*, S. 168ff.; Schwienhorst-Schönberger*, S. 213ff.

Frage nach dessen *Entstehungsgeschichte* auf. Die Anzahl der unterschiedlichen Auffassungen hierzu ist groß.[14] Ich begnüge mich an dieser Stelle damit, die groben Konturen meiner Auffassung zu skizzieren.

Bei der Komposition des Bundesbuches wurde auf bereits vorhandene Sammlungen von Vorschriften zurückgegriffen. Die umfangreichsten hiervon sind die *mišpāṭîm*, die 'Verordnungen' (21,1-22,16, mit Ausnahme von 21,12-17?).[15] Daneben sind kleinere Sammlungen (z.B. 21,12-17?) oder isolierte, aus umfangreichen Reihen entnommene Bestimmungen (22,17-19) aufgenommen worden. Auch muß mit der Möglichkeit gerechnet werden, daß Vorschriften im Hinblick auf die Zusammenstellung des Bundesbuches formuliert worden sind. Diese Möglichkeit ist besonders in bezug auf die sozialen Vorschriften im zweiten Teil des Bundesbuches zu erwägen. Dort findet sich eine Moral formuliert, die auf einer Linie mit der Sozialkritik der Propheten[16] und dem von den Weisheitslehrern[17] empfohlenen Verhaltensmuster steht. Erinnert sei z.B. an jene in bezug auf Witwen, Waisen und andere Bedürftige vertretene Ethik (s. zu 22,21-26) und die Sorge bzw. Kritik am Funktionieren der Rechtspflege (s. zu 23,1-3). So drängt sich die Überlegung auf, ob im Bundesbuch nicht einer prophetischen Sozialpredigt bzw. Weisheitslehre die Gestalt eines göttlichen Rechts gegeben wurde.[18] Die Moral, die in der Weisheitsliteratur

---

[14] Eine Übersicht findet sich bei Halbe*, S. 393ff., und Schwienhorst-Schönberger*, S. 3ff., so daß auf eine Darstellung verzichtet werden kann. Vgl. auch Otto*, *Ethik*, S. 19ff. Zu einer knappen Übersicht zur Forschung am Bundesbuch in der letzten Zeit s. ders., "Biblische Rechtsgeschichte. Ergebnisse und Perspektiven der Forschung", *ThRv* 91 (1995), Sp. 283-292.

[15] Man bedenke allerdings, daß die Vielfalt der Formen ein Kennzeichen der mesopotamischen 'Codices' ist. Siehe T.J. Meek, "The Origins of Hebrew Law", in: *Hebrew Origins*, New York 1960³, S. 72; S. Greengus, *IDBS*, S. 535; R. Westbrook, "What is the Covenant Code?", in: Levinson*, S. 15-36 (S. 28ff.). Vgl. Wenham (Anm. 10), S. 101.

[16] Vgl. dazu K. Zobel, *Prophetie und Deuteronomium. Die Rezeption prophetischer Theologie durch das Deuteronomium*, Berlin/New York 1992.

[17] Vgl. dazu H.D. Preuß, *Deuteronomium*, Darmstadt 1982, S. 84ff.; J. Blenkinsopp, *Wisdom and Law in the Old Testament. The Ordering of Life in Israel and Early Judaism*, Oxford 1983 (1995²).

[18] Über das Verhältnis der so unterschiedlich gearteten Vorschriften im Bundesbuch, Vorschriften, die auf die Rechtspraxis zugeschnitten sind, und Vorschriften, die Menschen dazu anhalten, sich korrekt gegenüber dem Mitmenschen und Gott zu verhalten, wird unterschiedlich geurteilt. Otto*, *Ethik*, S. 81ff., bringt die erste Kategorie unter den Nenner 'Recht' und die zweite unter den Nenner 'Ethik' und meint, daß von einer Ausdifferenzierung eines altisraelitischen Ethos aus dem Recht die Rede sei. Crüsemann*, S. 224ff., kritisiert den Standpunkt von Otto und schlußfolgert, 'daß sich die sozialen Schutzbestimmungen zu den Mischpatim verhalten wie die Menschenrechte zum positiven Recht unserer Gegenwart: Sie sind Meta-Norm und kritische Distanz' (S. 228). M.E. muß man sich gut vor Augen halten, daß hinsichtlich des Verhältnisses eines Menschen zu seinem Mitmenschen JHWH mit von der Partie ist und so auch das Verhältnis zu ihm betroffen ist. Unmoralisches und respektlo-

den Charakter einer *natürlichen Offenbarung* JHWHs trägt (vgl. Prov. 1,7; 9,10; 15,33) und im Munde der Propheten als Wille JHWHs präsentiert wird, trägt im Bundesbuch betont den Stempel einer *besonderen Offenbarung* (s. 2.17). Man siehe in diesem Zusammenhang z.B. auch die Abhandlung des Themas 'Respekt den Eltern gegenüber', das in der Weisheitsliteratur einen breiten Raum einnimmt und im Dekalog wie im Bundesbuch den Stellenwert einer unmittelbar von JHWH an Israel erteilten Vorschrift hat (s. zu 21,15.17).

Akzeptiert man die These, daß zumindest ein Teil der Vorschriften des zweiten Teils des Bundesbuches im Hinblick auf dessen Komposition verfaßt wurde, dann entfällt die Notwendigkeit, Motivierungen wie z.B. 22,20b; 23,9b als spätere Zufügungen deuteronomistischer Hand zu betrachten.[19] Jedenfalls erscheint es dann plausibel, daß die deuteronomistischen Autoren von Genesis bis Könige[20] für die betreffenden Vorschriften als ganze verantwortlich sind. Häufig wird die Auffassung vorgetragen, das Bundesbuch habe unabhängig von seinem Kontext existiert, sei in Phasen entstanden oder das Resultat eines Kompositionsprozesses.[21] M.E. läßt sich zwar eine ursprüngliche Selbständigkeit der *mišpāṭîm* verteidigen, hingegen existierte das Bundesbuch in seiner gegenwärtigen Form nie außerhalb von Genesis-Könige, sondern wurde im Hinblick auf das Zustandekommen des großen Geschichtswerks komponiert.

2.9 Im Zusammenhang mit meinem Standpunkt seien noch einige Punkte genannt. Alt zufolge hat das apodiktische Recht seinen 'Sitz im Leben' im Kultus. Seine These wurde bestritten, fand aber auch bleibenden Anhang. So folgert z.B. Childs, daß die Prohibitive der zweiten Hälfte des Bundesbuches ihren Platz ursprünglich 'within a covenant context' (S. 456) gehabt hätten (vgl. Houtman*, *Exodus*, II, S. 430f., 432). Ich begnüge mich hier mit der Feststellung, daß von den deuteronomistischen Autoren auch die Proklamation der kasuistischen Rechtssätze in den Rahmen der Erzählung vom Bundesschluß am Sinai (24,3f.7) plaziert wird; damit wird den kasuistischen Rechtssätzen ein Sitz zugewiesen, in dem sie ursprünglich wahrscheinlich nicht beheimatet gewesen

---

ses Verhalten gegenüber dem Mitmenschen stört die Beziehung zu JHWH und ruft eine Reaktion von seiner Seite hervor (vgl. 22,20.22f.26). Das Bundesbuch enthält das göttliche Recht der Theokratie. Als höchster Richter kann JHWH auch selbst vom Recht Gebrauch machen (vgl. 2.16-17).

[19] N. Lohfink, "Gibt es eine deuteronomistische Bearbeitung im Bundesbuch?", in: C. Brekelmans & J. Lust (Hg.), *Pentateuchal and Deuteronomistic Studies*, Leuven 1990, S. 91-113, bestreitet die Existenz einer deuteronomistischen Endredaktion des Bundesbuches; als deuteronomistisch betrachtete Elemente qualifiziert er als protodeuteronomistisch.

[20] S. dazu Houtman*, *Pentateuch*, S. 423ff.

[21] S. z.B. die Studien von Osumi* und Schwienhorst-Schönberger*.

waren.[22] Die Verordnungen, die *mišpāṭîm*, tragen den Charakter eines juridischen 'Handbuches', einer Sammlung von Richtlinien für die 'richterliche Gewalt'. Um diese Umschreibung genauer zu erläutern, möchte ich näher auf den Charakter von kasuistischen Vorschriften eingehen.

2.10 Ebensowenig wie für die aus dem Alten Orient bekannten 'Codices' (CE, CH usw.) ist auch für die *mišpāṭîm* die Bezeichnung 'Gesetzbuch' zutreffend. Die 'Codices' stellen keine Gesetzbücher dar, in denen alle nur denkbaren Probleme besprochen und geregelt werden. Auch der ausführliche CH weist markante Lücken auf. Die 'Codices' sind Auseinandersetzungen mit einer Reihe juridischer Kasus. Dies gilt auch für den kasuistischen Teil des Bundesbuches. Nur eine begrenzte Anzahl von Problemen wird darin besprochen, wobei z.B. das ökonomische Leben völlig ausgeklammert bleibt (vgl. z.B. Lev. 19,35f.; Dtn. 25,13; Mi. 6,11; Prov. 20,10.23). Man könnte hierfür eine soziologische Erklärung bieten,

---

[22] In diesem Zusammenhang ist erwähnenswert, daß eine formkritische Analyse und Bestimmung des Ursprungs mit einer inhaltlichen Beurteilung gepaart gehen kann. Die Aufnahme der *mišpāṭîm* unter die göttlichen Vorschriften führt Jepsen* zu folgenden Anmerkungen: 'Dadurch, dass profanes und dazu noch fremdes Recht als Jahves Willen proklamiert wurde, wurden die Grenzen zwischen Recht und Religion, bezw. Sittlichkeit verwischt' (S. 102), und: 'Diese Vermengung der Formen (Sittengesetze in der Form der *mišpāṭîm*) ist nicht nur etwas Äusserliches; darin drückt sich die Verwischung der Grenzen zwischen Gottesgebot und Menschensatzung aus' (S. 104). Jepsen macht diese Bemerkungen aufgrund seiner Skizzierung der Entstehung des Bundesbuches (S. 98ff.), in dem seiner Auffassung nach kanaanitische (von Alt als kasuistisch umschrieben) und ursprünglich israelitische Vorschriften von seiten israelitischer Priester im Rahmen ihres 'Vermittlungsversuches zwischen Israel und Palästina' (S. 101) verschmolzen wurden, was zur Folge hatte, daß 'die Tradition nicht rein erhalten blieb' (S. 100). Jepsen vermutet, daß die Wurzeln des (von ihm offenbar nicht hoch angesehenen talmudischen) Judentums ('eine Rechtsreligion') im Bundesbuch liegen: 'Das Judentum ist das Ergebnis der Kanaanisierung der mosaischen Religion' (S. 102; vgl. S. 104f.). L. Rost, "Das Bundesbuch", *ZAW* 77 (1965), S. 255-259, läßt das von den Kanaanäern übernommene kasuistische Recht und das typisch israelitische apodiktische JHWH-Recht folgendermaßen kontrastieren: das kasuistische Recht ist ewig und unveränderlich und fügt sich gut ein in die Weltanschauung von Israels Umwelt mit ihrer Vorstellung, daß die Weltordnung fest und ewig ist, wie aus dem Naturjahr ersichtlich werde, das sich durch Beständigkeit in der Abwechslung auszeichne. So soll das kasuistische Recht im CH als Geschenk des Sonnengottes Schamasch wie der Lauf der Sonne unveränderlich sein. Die Situation in Israel sei eine ganz andere: 'Es kann in Israel kein starkes Gesetz geben, weil dahinter der erbarmende Erlöser steht' (S. 258). Der Gott Israels ist anders: 'In einem historischen Zeitpunkt offenbart er sich einem Volk. In historischen Zeitpunkten wiederholt er diese Offenbarung. Und wenn er selbst sich den Seinen nicht mehr zeigt, so ist es die Vielgestaltigkeit der prophetischen Bewegung, die seinen Willen kundtut. Nicht als ewiges, unveränderliches Gesetz wird hier das Recht dem Volk eingeprägt, sondern von einem Gott, den es reut und der Erbarmen zeigt' (S. 258). Im Hinblick auf die (Dis)qualifizierung der Vorschriften aufgrund von Form und Ursprung siehe des weiteren unter 2.16-18; 2.21-22.

nämlich daß die Verordnungen eine agrarische Gesellschaftsform voraussetze (s. 2.13). Doch wird auch in solch einer Gesellschaftsform gekauft
und verkauft. Und überdies sind gerade für eine Agrargesellschaft so
wichtige Rechtsangelegenheiten wie der Ankauf von Grundbesitz (vgl.
Jer. 32,6-12) und das Erbrecht (vgl. Num. 27,1-11; 36,1-13) nicht berücksichtigt.

Wenn diese 'Regeln' kein Gesetzbuch in unserem Sinne darstellen,
erhebt sich die Frage, was sie denn eigentlich sind.[23] Ein Bündel norma-
tiver und bindender Vorschriften, die praktiziert wurden und auf die man
sich berufen konnte? Dieser Vorschlag könnte akzeptiert werden, wenn
anhand von Beispielen in den erzählenden Geschichtsdarstellungen, den
prophetischen Büchern und den Weisheitsschriften angezeigt werden
würde, daß die in den 'Regeln' vertretene Rechtspraxis bekannt war. Der
Beweis hierfür ist allerdings schwer zu erbringen. In Frage kommende
Beispiele sind selten und zudem diskutabel. Lediglich von einem Kasus
aus dem Bundesbuch, der Asylflucht zum Altar (21,12-14), wird außerhalb des Pentateuch die Praxis beschrieben (I Reg. 1,50ff.; 2,28ff.). Doch
diese scheint nicht in Einklang mit der Vorschrift in Ex. 21 zu stehen.
Ferner ist ein Beispiel einer im Bundesbuch angesprochenen Rechtspflege
des Alltagslebens Israels, die Pfändung eines Mantels, in einem außerbiblischen Zeugnis, einem Ostrakon aus Jabne Jam, belegt. Doch beruft
sich der Landarbeiter, dem man seinen Mantel abgenommen hatte, in
seiner Bittschrift an den Kommandanten nicht auf Rechtsbestimmungen
(s. zu 22,25f.). In diesem Zusammenhang können auch Vorschriften aus
dem Deuteronomium genannt werden. In Jer. 34,12-14 wird offensichtlich
auf Dtn. 15 zurückgegriffen. Der Verweis ist jedoch wahrscheinlich
sekundär (s. 4.12). In II Reg. 14,16 wird in einer Randbemerkung vom
Schreiber auf Dtn. 24,16 Bezug genommen. Die Leviratsehe ist in
Gen. 38 und Ruth bekannt, wird aber nicht entsprechend Dtn. 25,5-10
ausgeführt. Betrachtet man die Literatur des AT außerhalb des Pentateuch,
ist zu konstatieren, daß man im Falle eines konkreten Vergehens anders
verfährt, als dies in den Gesetzestexten gefordert wird. Anhand eines
Beispiels, dem Kasus des Ehebruchs, möchte ich diese Aussage verdeutlichen.

---

[23] Aus den Lücken in den Vorschriften und aus der Tatsache, daß das Bundesbuch zum
Teil aus religiösen Vorschriften und Anreizen zu vorbildlichem Verhalten besteht (s. 2.4),
entlehnt Sprinkle* Argumente für die seine Untersuchung beherrschende These, daß es im
Bundesbuch – auch in den *mišpāṭîm* – um Moral und Religion geht: '... what we have
here is not a law code, but moral comments on some legal and non-legal subjects conveyed
in manner more appropriate for literary art than adjudication' (S. 206). So tut man den
mišpāṭîm kein Recht. Sie beinhalten gewünschtes Recht, das zur Praktizierung bestimmt ist
(s. 2.10-12).

2.11 In Lev. 20,10 und Dtn. 22,22 findet sich die Bestimmung, daß
Ehebruch mit dem Tod bestraft werden muß (vgl. auch Lev. 18,20.29).
McKeating macht darauf aufmerksam, daß nirgends im AT der Vollzug
der Todesstrafe im Fall eines Ehebruchs berichtet wird. In der Weisheitsliteratur wird Ehebruch schlichtweg als Torheit charakterisiert, die zu
einem weniger erquicklichen und schwer beizulegenden Konflikt mit dem
betrogenen Ehemann führt, dessen Reputation geschädigt wurde
(Prov. 6,27ff.; 7,5ff.; Koh. 7,26; Sir. 9,1ff.). Konkrete Strafmaßnahmen
werden nicht genannt. Anders allerdings verhält es sich in den prophetischen Büchern. Doch bestehen die Maßnahmen nicht im Vollzug der
Todesstrafe. Die Frau wird öffentlich angeprangert (Hos. 2,5; Jer. 13,22.
26f.; Ez. 16,37-39). Auch in den Geschichtsbüchern findet sich nichts von
einem Vollzug einer Todesstrafe mittels eines gerichtlichen Prozesses. Da
Ehebruch auch ein Vergehen gegen Gott darstellt, wird mit einer imma-
nenten, göttlichen Vergeltung gerechnet (Gen. 12,17; 20,17f.; 26,10;
Num. 5,11f.; II Sam. 12,10ff.; Hi. 31,9ff.; Weish. 3,16ff.; 4,6). McKeating konkludiert, daß offensichtlich die Todesstrafe im Fall von Ehebruch
nicht oft vollzogen wurde und in den Gesetzestexten ein Idealbild formuliert ist. McKeatings Ansicht wurde scharf von Phillips kritisiert, ohne
daß allerdings die Grundzüge seiner Argumentation überzeugend wider-
legt werden.

Aus dem AT ist ersichtlich, daß man Ehebruch und sexuelle Abirrungen
(vgl. z.B. 22,18) im alten Israel als Phänomen mit (eingreifenden) Konsequenzen für die Privatsphäre betrachtet hat, aber mit zuweilen auch
weiterreichenden Folgen. Sie konnten eine Bedrohung für die Stabilität
der Gesellschaft als ganze darstellen. Da sie in Gottes Augen verwerflich
waren, konnten sie sich, so glaubte man, sogar auf die natürliche Umgebung des Menschen auswirken und selbst den Kosmos erschüttern (vgl.
z.B. Lev. 18,24ff.; Hos. 4). Deshalb waren solche Praktiken unvereinbar
mit dem erwünschten gesellschaftlichen Verhaltenscodex (vgl. Gen. 20,9;
34,7; 39,9; Jdc. 19,23f.; 20,6.10; II Sam. 13,12f.; Jer. 29,23). Daß Ehebruch als ernsthaftes Vergehen, ja als schwere Sünde betrachtet wurde, ist
aus dem Umstand ersichtlich, daß Götzendienst als kollektiver Ehebruch
qualifiziert wurde (23,24ff.; 34,15f.; Jdc. 2,17; u.a.). Die Bestrafung
hierfür scheint wohl nicht über die offizielle Rechtspflege erfolgt zu sein,
sondern auf immanente Weise und durch ein Eingreifen Gottes, manchmal
in Form einer talionsartigen Strafe (II Sam. 12,11f. [vgl. II Sam. 16,21f.];
Hi. 31,9ff.). Das Wissen, daß Ehebruch ernste Konsequenzen für die
Gesellschaft nach sich ziehen kann, war zweifellos der Hintergrund für
die Formulierung von Lev. 20,10; Dtn. 22,22. Die Intention bei der
Formulierung der rigorosen Sanktion für Ehebruch bestand darin, daß
durch eine angedrohte strenge Bestrafung dem Ehebruch Einhalt geboten

und so die Gefahr einer göttlichen Vergeltung von der Gesellschaft abge-
wendet werden kann. Bezüglich anderer Vorschriften können ähnliche
Anmerkungen gemacht werden (s. zu 21,15.17 und 2.21).

2.12 Welche Schlußfolgerungen müssen nun aus obengenannten Aussagen gezogen werden? Die Prämisse, daß 'das Gesetz' nach den Propheten
entstanden sei (J. Wellhausen), läßt sich bekanntlich nicht aufrechterhalten.[24] Am Rande sei bemerkt, daß die Priorität der *mišpāṭîm* gegenüber
den Propheten keinen Diskussionspunkt darstellt.

Um nun diese Aussagen recht beurteilen zu können, darf nicht verges-
sen werden, daß das 'Recht' einen gesonderten Überlieferungsstrom im
AT bildet. Ferner befremdet es nicht, daß z.B. in den prophetischen
Büchern gewöhnliche Allerweltsprobleme aus der Alltagsrechtspflege
unerwähnt bleiben. Denn den Propheten ging es um die Einstellungen des
Menschen, um die Art und Weise, wie er sich in der Gesellschaft verhält.
Auch muß der Charakter der Gesetzestexte gut im Blickfeld bleiben. Das
Recht des alten Israel war Gewohnheitsrecht (vgl. II Sam. 13,12; Ruth
4,7),[25] oder zuweilen auch zum Teil königliches Recht (vgl.
I Sam. 30,21-25 und s. Jes. 10,1).[26] Die *mišpāṭîm* hat man wohl als
Kodifizierung des Gewohnheitsrechts zu betrachten oder vielleicht eher
noch als Neuformulierung bzw. Korrektur des Gewohnheitsrechts. Die
Fixierung erfolgte vielleicht unter dem Gesichtspunkt, das Gewohnheitsrecht im Wechsel der Zeiten zu bewahren oder − resultierend aus einer
Reflexion der bestehenden Regelungen − diese auszuarbeiten und zu
verbessern. In letzterem Fall repräsentieren 'die Regeln' kein praktiziertes,
sondern ein *gewünschtes Recht*. Auch in dieser Hinsicht ist ein Vergleich
mit den mesopotamischen Codices möglich.

Aufgrund umfangreicher Dokumente zur mesopotamischen Rechtspflege
kann geschlossen werden, daß im konkreten Alltagsleben anders verfahren
wurde, als dies in den 'Codices' vorgeschrieben war, sowie daß in
richterlichen Urteilen nicht auf 'Gesetzbücher' referiert wurde. Es ist
jedoch nicht richtig, daraus abzuleiten, daß die Codices lediglich dazu
dienten, der königlichen Selbstverherrlichung größeren Glanz zu verschaf-
fen,[27] oder daß sie den Charakter von wissenschaftlichen Abhandlungen

---

[24] Vgl. z.B. Fishbane*, S. 292ff., der allerdings nicht einkalkuliert, daß sowohl der
Überlieferungsstrom des Prophetismus wie auch der des 'Rechts' im Gewohnheitsrecht und
der allgemeinen Moral verwurzelt war und offensichtlich verschiedene Überlieferungsströme
darstellten.
[25] Siehe 2.11 und vgl. Crüsemann*, S. 83ff.; E.W. Davies, "Ethics of the Hebrew Bible.
The Problem of Methodology", *Semeia* 66 (1994), S. 43-53.
[26] Vgl. dazu z.B. Crüsemann*, S. 30ff.
[27] Ein solche Position findet sich u.a. bei J. Bottéro und J.J. Finkelstein; s. bei Leemans,
S. 414ff.; Schwienhorst-Schönberger*, S. 256f.

gehabt hätten oder das Resultat gelehrter Übungen seien, die innerhalb der akademischen Mauern abgehalten wurden und zum Unterricht und zur Konsultierung in problematischen Fällen gedacht waren.[28] In antiken Rechtsprozessen war es nicht gebräuchlich, ein Urteil mit dem Hinweis auf das autoritative Recht zu motivieren.[29] Ebenso wie die Codices Anspruch auf Normativität und Gültigkeit erheben,[30] so auch die *mišpāṭîm*.[31] Sie wurden formuliert, um angewandt zu werden. Ob sie jemals in der Praxis zum Tragen gekommen sind, ist wie gesagt eine andere Frage (s. 2.10,11). Jedenfalls, soviel sei an dieser Stelle inhaltlich vorweggenommen, erhoben sie als Bestandteil der JHWH-Offenbarung Anspruch auf Gültigkeit und Normativität (s. 2.15,16). Aber wir wollen nicht vorauseilen, sondern bleiben noch bei den 'Regeln' als selbständige Sammlung stehen.

2.13 Was läßt sich über den *Ursprung der mišpāṭîm* aussagen? Man könnte die Sammlung als Werk gelehrter Männer betrachten. Die Frage, ob in Israel das Phänomen 'Schule' bekannt gewesen ist, ist zwar umstritten, doch kann mit gewissem Recht davon ausgegangen werden, daß es die Schule gegeben hat.[32] Westbrook betrachtet die Schule im Alten Orient als Wiege der von ihm vertretenen altorientalischen Rechtstradition (s. 2.15). Auf jeden Fall erscheint es plausibel, daß es in Mesopotamien und auch in Israel Gelehrte bzw. Weise gab, die wir anachronistisch als 'Juristen' bezeichnen können. Diese können als Schreiber der 'Regeln' betrachtet werden. Vielleicht nahmen sie selber auch die Funktion eines Richters wahr und stellten gewissermaßen als Handbuch für diejenigen, die im Namen der Gemeinschaft die Verantwortung für die Rechtspflege trugen, die 'Regeln' auf. Es ist nämlich auffallend, daß im Bundesbuch nicht über Älteste (vgl. z.B. Dtn. 19,12; 21,3.4.6; u.a.) oder andere Personen, die mit der Rechtsprechung betraut sind (vgl. z.B. 18,21ff.;

---

[28] Siehe Westbrook*, S. 2ff.; vgl. auch Otto*, *Rechtsgeschichte*, S. 181ff.

[29] S. aber Westbrook, *ZA* 79 (1989), S. 214ff.; vgl. z.B. M.P. Maidman, "Some Late Bronze Age Legal Tablets from the British Museum. Problems of Context and Meaning", in: B. Halpern & D.W. Hobson (Hg.), *Law, Politics and Society in the Ancient Mediterranean World*, Sheffield 1993, S. 42-89 (S. 45f.); K.R. Veenhof, "'In Accordance with the Words of the Stele'. Evidence for Old Assyrian Legislation", *Chicago Kent Law Review* 70 (1995), S. 1717-1744 (bes. S. 1742f.).

[30] Vgl. T. Maeda, "'King as a Law Giver' in the Ur III Dynasty", *Orient* 21 (1985), S. 31-45.

[31] Vgl. Schwienhorst-Schönberger*, S. 276ff., und s. auch Leemans, S. 414ff.

[32] Vgl. Schwienhorst-Schönberger*, S. 254ff., 260ff., 279ff., und s. A. Lemaire, *ABD*, II, S. 308ff.; ders., *VT* 38 (1988), S. 220-230; E.W. Heaton, *The School Tradition of the Old Testament*, Oxford 1994; G.I. Davies, "Were There Schools in Ancient Israel?", in: J. Day u.a. (Hg.), *Wisdom in Ancient Israel* (FS J.A. Emerton), Cambridge 1995, S. 199-211.

Dtn. 16,18; 17,9; II Chr. 19,5ff.),[33] gesprochen wird. Liegt die Ursache hierfür möglicherweise in dem Umstand, daß die 'Regeln' ursprünglich als 'Handbuch' für Richter gedacht waren, als eine Sammlung exemplarischer Kasus, die sie befähigten, eine konsistente Rechtspflege in den besprochenen und analogen Fällen zu ermöglichen? Sind die angesprochenen Benutzer diejenigen, die die nicht näher umschriebene Entschädigung aus dem 'Handbuch' (21,19.30), unter Berücksichtigung der begleitenden Umstände, festlegen mußten?

Gewöhnlich verweist man darauf, daß die 'Regeln' eine einfache, sedentäre, agrarische, dörfliche Gemeinschaft voraussetzen.[34] Der Begriff 'Stadt' wird nirgends erwähnt, hingegen finden sich in den Vorschriften Sklaven und Skavinnen, Haustiere und Ländereien. Ich möchte diesen Punkt etwas näher ausführen. Der dominant präsente 'îš (21x; 21,7.12.14 usw.) − mit 'jemand' übersetzt − ist der männliche Israelit, oft unzweideutig als Familienoberhaupt identifiziert (vgl. auch den Gebrauch von ba'al in 21,3 u.a. [13x]), dieselbe Person, die in der zweiten Hälfte des Bundesbuches Subjekt der Prohibitive ist. Er stellt in der Regel das Subjekt dar. Eine Differenzierung in bezug auf Personen findet sich nicht. Wohl wird zwischen Sklave und Sklavin (21,2-11.20; u.a.) unterschieden, zwischen Vater und Mutter (21,15.17), Mann und Frau (21,28), Sohn und Tochter (21,31), doch sind diese stets Objekt. Die mišpāṭîm sind mit Blick auf den männlichen Israeliten formuliert und setzen eine Gesellschaft mit patriarchalem Charakter voraus.[35] Schon in der frühen Exegese wurde die Frage, ob 'îš als Subjekt auch auf eine Frau zu beziehen sei, positiv beantwortet (so in Mek., III, 51f., 64, in Anlehnung an 21,18). Bei 21,12 erhob sich die Frage, wie gehandelt werden muß, wenn eine Frau oder ein Kind Objekt bzw. Subjekt ist (vgl. Mek., III, 32f.; Raschi und s. Lev. 24,17, wo kol-nœfœš 'ādām, 'irgendein menschliches Wesen', Objekt ist). Darf man vermuten, daß bereits die deuteronomi(sti)sche Redaktion des Pentateuch einer generalisierenden Interpretation von Vorschriften wie

---

[33] Vgl. F. Crüsemann, "Das Gericht im Tor − eine staatliche Rechtsinstanz", in: *Alttestamentlicher Glaube und biblische Theologie* (FS H.D. Preuß), Stuttgart usw. 1992, S. 69-79; H. Niehr, "Grundzüge der Forschung zur Gerichtsorganisation Israels", *BZ* 31 (1987), S. 206-227.

[34] Vgl. Boecker*, S. 122; Schwienhorst-Schönberger*, S. 268ff.; auf den Hintergrund steht der soziologische Geschichtsentwurf Altisraels von M. Weber; vgl. Schäfer-Lichtenberger*, S. 43, 59. Siehe daneben allerdings Crüsemann, S. 32: die mišpāṭîm setzen eine entwickelte Geldwirtschaft voraus und müßten daher in das 9./8.Jh. datiert werden.

[35] Vgl. in diesem Zusammenhang auch D.J.A. Clines, "The Ten Commandments, Reading from Left to Right", in: J. Davies u.a. (Hg.), *Words Remembered, Texts Renewed* (FS J.F.A. Sawyer), Sheffield 1995, S. 97-112.

diese anhing?[36] Ferner ist zu konstatieren, daß der Gottesdienst eine Rolle in Form der Familienreligion (21,6; 22,7f.) und auf lokalem Niveau (21,13f.) spielte. Neben Konfliktausgleich mittels Vergütung und Vergleich wird die Todesstrafe als abschreckendes Beispiel genannt (vgl. Dtn. 19,20). Eine Gefängnisstrafe als Sanktion taucht nicht auf. Freiheitsberaubung als Mittel zur Umerziehung war unbekannt.[37] Offenbar wird vorausgesetzt, daß die Durchführung des Rechts in den Händen der örtlichen Gemeinschaft bzw. deren Repräsentanten lag.[38] Der Meinung von A. Phillips,[39] daß die *mišpāṭîm* auch das Familienrecht beinhaltet haben, wobei die Gemeinschaft keine Rolle spielte (21,5f.; 22,15f.), fehlt eine solide Basis.

2.14 Der Inhalt der 'Regeln' fungiert als Argument für deren *Datierung*.[40] Heute ist die Ansicht gängig, daß das Bundesbuch, und damit die *mišpāṭîm*, in jedem Fall nicht jünger seien als die frühe Königszeit.[41] Ein

---

[36] Erwähnenswert ist, daß der Dekalog, in dem der männliche Israelit (vgl. 20,5.14.17), das Familienhaupt (20,10), der Bürger im vollen Recht (20,16) mit Land und Erbbesitz (vgl. 20,10.12.17), der Mann, der dem unter seiner Autorität stehenden Haushalt seinen Stempel aufdrückt und zur Teilnahme am Kultus berechtigt ist (20,3-5), die angesprochene Person ist (also nicht die Frau, das Kind, der Sklave und der Lohnarbeiter), dank der Zufügung an 20,5f. (vgl. Dtn. 5,9f.) die Richtung auf eine Individualisierung enthält (vgl. Houtman*, *Exodus*, III, S. 39). Man nehme auch z.B. die Neuinterpretation von 21,2-11 in Dtn. 15,12-18 zur Kenntnis (s. 4.2.9).

[37] Zum Gefängnis s. 12,29; als Ort der Zwangsarbeit war es allerdings bekannt (Jdc. 16,21; vgl. 'Sklavenhaus' in Ex. 13,3.14; 20,2; Dtn. 5,6; 6,12; u.a.); s. *ABD*, V, S. 468f.; Stol (s. 4.1.1), S. 14f.

[38] Vgl. Crüsemann*, S. 103f. Zur Diskussion der Organisation des Rechts und der Rechtsprechung im alten Israel s. H. Niehr, *Rechtsprechung in Israel. Untersuchungen zur Geschichte der Gerichtsorganisation im Alten Testament*, Stuttgart 1987; Crüsemann*, S. 80ff.; R.R. Wilson, "The Role of Law in Early Israelite Society", in: B. Halpern & D.W. Hobson, *Law, Politics and Society in the Ancient Mediterranean World*, Sheffield 1993, S. 90-99, und auch Bovati* (besonders zur verwandten Terminologie für die Rechtsprechung).

[39] "Some Aspects of Family Law in Pre-Exilic Israel", *VT* 23 (1973), S. 349-361; ders., *VT* 30 (1980), S. 240-245.

[40] Vgl. z.B. Crüsemann, S. 28ff.; ders.*, S. 133ff. Siehe in diesem Zusammenhang schon de Wette*, II, S. 255ff., der es historisch für nicht möglich erachtet, daß das Bundesbuch eine Offenbarung Gottes ist, es aber, da das Leben im Kulturland vorausgesetzt wird, für ebensowenig gerechtfertigt hält, daß die Vorschriften in der Wüste von Mose entworfen und promulgiert wurden: 'Es ist eben so denkbar, daß sie das Produkt späterer Zeiten sind und nur mythisch in die Urwelt verlegt wurden ...' (S. 255).

[41] Siehe z.B. G. Wanke, *TRE*, VII, S. 414; Crüsemann*, S. 135ff. Die Auffassung ist seit dem Aufkommen der literarkritischen Erforschung mehr oder weniger klassisch. Im Rahmen der Urkundenhypothese wird das Bundesbuch als eine in JE inkorporierte Gesetzgebung betrachtet. Unter Anwendung der Urkundenhypothese wurde bereits von u.a. Baentsch*, *passim*, angenommen, daß das Bundesbuch in verschiedenen Phasen seine gegenwärtige Gestalt und Umfang erhalten habe (vgl. ders., *Exodus-Leviticus*, S. XLVIIff., 185). In neueren Untersuchungen genießt diese Auffassung bezüglich der Entstehung des Bundesbu-

Element in der Diskussion um die Datierung der *mišpāṭîm* ist die Tatsache, daß zumindest in einigen Punkten aus den Verordnungen eine Bekanntschaft mit altorientalischen Gesetzestexten nachzuweisen ist (s. 2.15). Aus diesem Grunde ist eine Datierung des Bundesbuches in die mosaische Zeit vertreten worden und wurde selbst Mose als derjenige, der für das Zustandekommen des Bundesbuches verantwortlich sei, auf den Plan gerufen.[42] Die Ergebnisse der Ausgrabungen brachten andere dazu,

---

ches Ansehen (Schwienhorst-Schönberger*, Osumi*, Otto*, *Ethik*, S. 23f.), auch wenn die Urkundenhypothese zumindest in ihrer klassischen Form keine Rolle mehr spielt. Die Anzahl von Standpunkten hinsichtlich einer Situierung und Datierung in der Königszeit ist groß und divers. So verteidigt Crüsemann* die Auffassung, daß die Hauptredaktion des Bundesbuches in den letzten Jahrzehnten des 8.Jh. und zu Beginn des 7.Jh. stattgefunden hat und aus einer Kombination der *mišpāṭîm*, dem Rechtskodex des Jerusalemer Gerichtshofes (S. 170ff., 195ff.), und den von der religiösen Opposition des Nordreiches im 9.Jh. hervorgebrachten 'Gottesrecht' bestand (S. 199ff.). Crüsemann hält für die Hauptredaktion das Jerusalemer Obergericht für verantwortlich (S. 215, 229ff.). Einige Standpunkte sind besonders auffallend. So verteidigt B. Stade, *Biblische Theolologie des Alten Testaments*, Tübingen 1905[1+2], S. 246f., seine Datierung ins 7.Jh. u.a. mit dem Argument, daß 20,24f. aus reaktionären Forderungen bestehe, die verwerfen, was seit der Königszeit Sitte gewesen sei (den bronzenen Altar Salomos usw.). Andere fügen der sich stets weiter ausbreitenden Reihe den soundsovielten Vorschlag zu. So schlägt R. Albertz, *Religionsgeschichte Israels in alttestamentlicher Zeit*, I, Göttingen 1992, S. 283ff., vor, daß das Bundesbuch die rechtliche Basis der hiskianischen Reform war (zur Kritik s. Osumi*, S. 177ff.), und Reuter (s. 3.1.2) verteidigt die Auffassung, daß das Bundesbuch das zur Zeit Josias gefundene Gesetzbuch ist (II Reg. 22f.), das am Ausgangspunkt der deuteronomistischen Theologie gestanden hat (S. 249f., 255ff.). Die deuteronomistischen Redaktoren sollen aus Respekt davor nicht das Gesetz der eigenen Schule, sondern Ex. 20,22-23,33 mit höchsten Ehren am Sinai lokalisiert haben (S. 258). Hinsichtlich des Entstehungsprozesses wird schließlich auch mit einem Abschluß in der exilischen und nachexilischen Zeit gerechnet. S. bereits R. Pfeiffer, "The Transmission of the Book of the Covenant", *HThR* 24 (1931), S. 99-109 (es beansprucht die Periode von 1200-450), und z.B. Schwienhorst-Schönberger*, S. 285f., 417. Ich belasse es bei diesen fragmentarischen Anmerkungen.

[42] So hält J.A. Thompson, "The Book of the Covenant Ex. 21-23, in the Light of Modern Archaeological Research", *ABR* 2 (1952), S. 97-107, die Schlußfolgerung für gerechtfertigt: 'In view of the strong traditions about Moses the Law-giver, we may look to him as the one who compiled a Law Code of some considerable proportion, of which Exodus 21-23 is part. Moses, of course, was not the inventor of the Law, but, rather, the compiler of those aspects of current law which would prove helpful to Israel as she entered her new home. It is quite open to suggest that he modified some laws and added others' (S. 107). Auch wird zur Erklärung des Alters betont, daß das Bundesbuch hinsichtlich des Inhalts durchaus in den gesellschaftlichen Kontext Israels in der Zeit vor der Ansiedlung in Kanaan passe. So widerspricht Eerdmans* der Ansicht, daß die Patriarchen reine Nomaden waren und keinen Ackerbau betrieben hätten. Aus diesem Grunde spricht für ihn auch nichts dagegen, das Bundesbuch, das an manchen Punkten mit dem Gesetzbuch Hammurapis übereinstimmt, sogar in die Zeit Moses zu datieren, da es nicht zu einem späteren Zeitpunkt entstanden sein müsse (S. 124ff.). Im Bundesbuch schlägt sich seiner Meinung nach in der Hauptsache das unter den aus Mesopotamien stammenden Vorvätern Israels geltende Recht nieder (S. 130;

insoweit dem biblischen Bild von Mose Recht zu geben, als sie anerkannten, daß Mose wirklich Gesetzgeber gewesen sein muß.[43] Momentan
ist die Frage, ob und in welchem Maß die Hand des Mose im Bundesbuch
nachweisbar ist, in der alttestamentlichen Forschung in den Hintergrund
gerückt. Dieselbe Entwicklung kann bezüglich des Dekalogs festgestellt
werden. Die Bekanntschaft mit der altorientalischen Gesetzgebung als
Folge der Eröffnung der Welt des Alten Orients brachte zu Beginn des
20.Jh. eine Anzahl Gelehrte, auch kritische, dazu, den Urdekalog auf
Mose selbst zurückzuführen. Seitdem nahm die Zahl der Gelehrten stark
zu, die die mosaische Verfasserschaft des (Ur)dekalogs oder eines sub-

---

vgl. bereits De Hummelauer, S. 207f.). A. van Selms, "Die Bondsboek en die reg van
Gosen", *HTS* 16 (1961), S. 329-343, weiß selbst sehr konkret den Ursprung des Bundesbuches anzugeben: im Bundesbuch ist das unter Israel in Goschen (Gen. 45,10; 46,28f. u.a.;
Ex. 8,18; 9,26) geltende Recht von Mose kodifiziert (S. 336); aufgrund der ihm zugefalle-
nen Offenbarung beließ Mose es nicht bei der Festlegung des Rechts, sondern widmete sich
auch der Rechtsreform (S. 343). Auch andere haben das Bundesbuch mit Israels Aufenthalt
in Goschen in Verbindung gebracht (vgl. z.B. E. König, *Geschichte der Alttestamentlichen
Religion*, Gütersloh 1924[3+4], S. 186f., und s. Houtman*, *Pentateuch*, S. 355, Anm. 17) oder
betont, daß das Bundesbuch hervorragend in die gesellschaftliche Situation Israels vor dem
Einzug in Kanaan passe und es keinen besseren Kandidaten für die Verfasserschaft als Mose
gebe, da der Verfasser über Kenntnisse der ägyptischen Gesellschaft verfüge und zu einem
Millieu gehört haben muß, in dem man mit der babylonischen Kultur und auch der
hethitischen Sprache und Sitten vertraut war, da er über die babylonische und hethitische
Gesetzgebung auf dem Laufenden sei (Cazelles*, S. 177ff. [vgl. S. 131ff., 163ff.], im
Anschluß an das Werk von J.M. Lagrange und andere römisch-katholische Forscher [S.
17ff.]).
    [43] Greßmann*, S. 472, z.B. verteidigt diese Auffassung. Einzelheiten des Bundesbuches
sollen bis in die mosaische Zeit zurückgehen (S. 471). Das Bundesbuch selbst sei jedoch
erst in Kanaan abgefaßt (S. 471). Der Grundstock datiert aus der Zeit Salomos. Angesichts
des Inhalts kann Mose nicht mehr als der geistige Urheber dessen sein (H. Greßmann, *Die
Anfänge Israels* [SAT II/1], Göttingen 1922[2], S. 221). R. Kittel datiert die Entstehung des
Bundesbuches in die frühe nach-mosaische Zeit und meint, daß unter Verwendung von
leitenden Grundsätzen und von Mose ausgegangenen bedeutsamen Anregungen Priester in
Kanaan das Bundesbuch zusammengestellt haben, wobei den Bedürfnissen Israels in seiner
neuen Umgebung Rechnung getragen wurde. Ihre Tätigkeit führte zu einem Gesetzbuch, in
dem die eigenen ererbten Satzungen und Rechtsgewohnheiten dem Gewohnheitsrecht von
Kanaan angepaßt waren (*Geschichte des Volkes Israel*, I, Stuttgart/Gotha 1923[5+6], S. 327ff.,
384ff., 451ff.). Jepsen* datiert die Entstehung des Bundesbuches in die Richterzeit,
zwischen dem Auftreten von Josua und Samuel, und liefert ein ähnliches Bild von der
Entstehung des Bundesbuches wie Kittel (S. 96ff.). Wie schon angedeutet, betrachtet Jepsen
das Bundesbuch als einen Kompromiß, 'einen Vermittlungsversuch zwischen Israel und
Palästina' (S. 101). Bei 'Israel' denkt er an die mosaische Tradition, die echt israelitischen
Rechtssätze, die Mose zugeschrieben werden dürfen (S. 100). Bei 'Palästina' an den Alten
Orient (den Hauptbestandteil der *mišpāṭim*), den Israel über Kanaan kennenlernte. Er wendet
sich gegen Jirku, *Altorientalischer Kommentar* (Anm. 9), S. 90f., der insbesondere letztgenannte Gesetzgebung mit dem Namen Mose verbindet.

stantiellen Teiles davon verteidigten oder zumindest das Alter des Dekalogs anerkannten. Dies blieb jedoch kein beständiger Trend. Derzeit wird
ein späteres Alter des Dekalogs verteidigt. Das Wahrheitselement in der
Bezeichnung des Dekalogs und auch des Bundesbuches als 'mosaisch' ist,
daß sie Vorschriften beinhalten, die sicher nicht jungen Datums sind,
sondern durch den Strom der Überlieferung mitgeführt wurden. In ihrer
gegenwärtigen Form sind jedoch sowohl Dekalog als auch Bundesbuch
jung und spiegeln die Theologie der deuteronomi(sti)schen Autoren von
Genesis bis Könige wider (vgl. Houtman*, *Exodus*, III, S. 20).

    Größeren Anklang fand die Auffassung, der zufolge Israel über die
Kanaanäer gemeinschaftliche Rechtsüberlieferungen des Alten Orients
kennenlernte.[44] Auch wurde ernsthaft die Möglichkeit erwogen, daß
bestimmte Vorschriften unter assyrischem Einfluß im 8. und 7.Jh. in
Israel Fuß fassen konnten (z.B. Leemans, S. 412f., 435f.).

    Eine relative Datierung des Bundesbuches ist möglich. Es muß auf
jeden Fall jünger als das Deuteronomium sein (s. 2.19-20).[45] Die Argumentation für eine Frühdatierung der *mišpāṭim*, um uns darauf zu beschränken, ist diskutabel. Die Gesellschaftsform, die man in den 'Regeln'
antrifft, unterscheidet sich nicht von denjenigen, die sich in anderen
Sammlungen von Vorschriften im Pentateuch finden. Auch diese sind von
einer dörflichen Sphäre gekennzeichnet und kennen keine vom Kommerz
beherrschte große Stadtkultur. Die israelitische Gesellschaftsform trug
stets einen von der agrarischen Lebensweise geprägten Charakter.

    Eine solide Basis für eine genaue Datierung der *mišpāṭim* fehlt.[46]

---

[44] S.o. Anm. 43 (Greßmann, Kittel, Jepsen) und Alt (Anm. 9), S. 25ff.

[45] Zur Problematik der Datierung des Deuteronomium s. Houtman*, *Pentateuch*, S. 87,
153, 162. Die von J. van Seters verteidigte Auffassung, daß der vorpriesterliche Tetrateuch
(und auch das Bundesbuch; s. J. van Seters, "Cultic Laws in the Covenant Code (Exodus
20,22-23,33) and Their Relationship to Deuteronomy and the Holiness Code", in: Vervenne*, S. 319-345; ders., "The Law of the Hebrew Slave", *ZAW* 108 [1996], S. 534-546) nach
dem und in Reaktion auf das Deuteronomium entstanden sei, ist wohl ganz unwahrscheinlich. Siehe C. Houtman, "Zwei Sichtweisen von Israel als Minderheit inmitten der Bewohner
Kanaans", in: FS C. Brekelmans, Leuven 1997 (im Erscheinen). Meine Anmerkung
bezüglich der relativen Datierung des Bundesbuches hat Bezug auf den Inhalt, nicht auf den
Zeitpunkt der Komposition. Es ist möglich, daß im Rahmen der Komposition des Pentateuch
als ganzen dieselben (deuteronomistischen) Autoren verantwortlich gewesen sind für die
Abfassung des Gesetzbuches vom Sinai und auch für die autoritative Interpretation davon im
Deuteronomium.

[46] Zur Problematik der Datierung im allgemeinen s. Houtman*, *Pentateuch*, S. 361ff.,
432ff. Hinsichtlich des Bundesbuches stellten wir bereits fest, daß eine Argumentation aufgrund des Inhalts nicht zu gleichlautenden Schlußfolgerungen bezüglich der Datierung führt.
Die Auffassung, daß das Bundesbuch nur in eine agrarische seßhafte Gesellschaft passe, ist
mit diversen Argumenten bestritten worden: Verweise auf das Kulturland seien gering, die
Israeliten waren keine reinen Nomaden, eine städtische Gesetzgebung fehle, in Kadesch habe

Betrachtet man einmal die Intention der Schreiber von Genesis bis
Könige, wonach der ganze Akzent auf dem Deuteronomium liegt (s. 2.19-
20), so läßt sich festhalten, daß sich das Bundesbuch durchaus als 'Gesetzbuch' vom Sinai eignet. Es ist nämlich in mancherlei Hinsicht weniger detailliert – so fehlen z.b. konkrete Verweise auf Herrschaftsorgane
der Gesellschaft – und nimmt als Buch des Bundes von JHWH mit Israel
zwar einen zentralen, aber sicher nicht alles beherrschenden Platz im
Pentateuch ein. Es eignet sich daher problemlos für eine autoritative Interpretation aus dem Munde Moses (Dtn. 12-26). Als Israel die Grenze
Kanaan überschreitet, tritt es in den Schatten des Deuteronomium,[47] dem
Gesetzbuch par excellence für das Leben im verheißenen Land. Durchdrungen vom Ethos der Humanität präsentiert sich das Bundesbuch als
würdige Vorbereitung für den Höhepunkt Deuteronomium.

2.15 Aus dem Bundesbuch, insbesondere aus 21,1-22,16, ist klar
ersichtlich, daß eine *Bekanntschaft mit den Rechtsüberlieferungen aus dem*

---

das Volk sich niedergelassen, so M.J. Lagrange, *La méthode historique surtout à propos de
l'Ancien Testament*, Paris 1903, S. 147ff., dessen Erörterungen weiter ausgearbeitet wurden
von Cazelles*, S. 131ff., 166ff., 181f. U.a. weist er darauf hin, daß die Sklaverei noch nicht
entwickelt war. Aufgrund des Inhalts datiert Jepsen* das Bundesbuch in die Richterzeit (S.
98f.). Van Selms meint, daß es in jedem Fall nicht jünger sein kann, da Viehzucht und
Ackerbau vorausgesetzt sind (dies passe nicht in die Wüstenzeit); Handel und Königtum
(vgl. 22,27) sind unbekannt; gegen eine Datierung in diese Zeit spricht aber, daß eine
Person fehlt, der man die Kodifizierung und Reform des Rechts zuschreiben kann; in Israels
ägyptischer Zeit gibt es jedoch eine: Mose! (s.o. Anm. 43). Es muß festgestellt werden, daß
bei einer Datierung allgemeine Ausgangspunkte eine vornehmliche Rolle spielen, wie die
Schrifteinstellung und der Standpunkt, den man hinsichtlich der historischen Glaubwürdigkeit der im AT überlieferten Traditionen einnimmt (s. dazu Houtman*, *Pentateuch*, S.
354ff.), und daß die Beweisführung eben auch auf *argumenta e silentio* (das Königtum ist
unbekannt, die Stadt wird nicht genannt etc.) basiert. In der Diskussion muß meiner Ansicht
nach dem pseudepigraphischen Charakter des Pentateuch (s. dazu Houtman*, *Pentateuch*, S.
359ff.) Rechnung getragen werden, in diesem Fall dem Wunsch der Schreiber, das Bundesbuch als Gesetzgebung des Sinai zu präsentieren. Eine allzu konkrete Zuspitzung auf das
Leben im verheißenen Land ist darin weniger passend. Adäquater ist dies im kurz vor der
Landnahme bekanntgemachten Deuteronomium. Des weiteren, wie bereits angedeutet (s.o.
2.8), ist nach meiner Meinung das Bundesbuch im Hinblick auf seinen literarischen Kontext
komponiert. Die Vorschriften als solche sind derart, daß sie nicht problemlos mit einer
bestimmten Periode aus Israels Geschichte (z.B. das 9., 8. oder 7.Jh.) in Verbindung
gebracht werden können. Die soziale Problematik der Schuldsklaverei, die Armut, die
Schutzbedürftigkeit der Witwen und Waisen, Klassenjustiz sowie die Korruption in der
Rechtsprechung sind keine Phänomene, die sich nur auf eine bestimmte Periode beschränken
lassen.

[47] In der TR wurde dies wie folgt ausgedrückt: die Worte Gottes wurden nicht in der 3.,
sondern in der 1.Person formuliert; die Proklamation des Deuteronomium wurde von der
Wüste Moabs zum Sinai verlagert und habe das Bundesbuch verdrängt. Vgl. M. Weinfeld,
"God versus Moses in the Temple Scroll – 'I do not speak on my own authority but on
God's authority' (Sifrei Deut. Sec. 5; John 12,48f.)", *RdQ* 15 (1991), S. 175-180.

Alten Orient bestanden haben muß. Offensichtlich wurde bei der Komposition des Bundesbuches hiervon Gebrauch gemacht.[48] In dem vielbesprochenen Rechtsfall vom stoßenden Rind (21,28-32.35f.) besteht, wie Malul aufgezeigt hat, wahrscheinlich eine direkte Abhängigkeit von mesopotamischen Texten. Nicht überzeugen kann die Schlußfolgerung Ottos*,[49] der auf der Grundlage einer Paralleluntersuchung zum Kasus vom stoßenden Rind und dem gleichfalls exemplarischen Kasus vom Verlust der Leibesfrucht als Folge einer zugefügten Körperverletzung (21,22-25) behauptet, daß die israelitischen Vorschriften unabhängig von den außerbiblischen entstanden seien und der mesopotamische Einfluß erst in der Endredaktion der Gesetzeskorpora zum Tragen gekommen sei. Die Berührungspunkte in den betreffenden Fällen sind so spezifisch, daß eine Bekanntschaft der Schreiber des Bundesbuches mit den Rechtstraditionen des Alten Orients als nahezu gesichert gelten kann. Die Frage, ob die israelitischen Schreiber die Gesetzestexte aus der Umwelt in der uns bekannten Form vor Augen gehabt haben oder ob sie diese aus 'a common Near Eastern legal tradition and practice' kannten (Yaron*, S. 294)[50] − vorausgesetzt, daß diese jemals existiert haben (s. ebenfalls Leemans) −, spielt in unserem Zusammenhang eine untergeordnete Rolle. Uns interessieren primär die *Implikationen dieser Abhängigkeit.*

Bietet der Umstand, daß sich eine Bekanntschaft mit den Rechtsüberlieferungen aus dem Alten Orient nachweisen läßt, eine solide Basis für die Schlußfolgerung, daß im Alten Orient ein allgemeines Rechtsdenken bzw. eine allgemeine Rechtsüberlieferung bestanden hat? Westbrook hat dies zumindest entschieden verteidigt. Seiner Meinung nach ist die allgemeine Rechtsüberlieferung in den diversen Gesetzeskorpora festgelegt, aber nicht vollständig. Oft müssen fehlende Elemente ergänzend hinzugedacht werden. Eine Hilfe könnten andere Korpora bieten. Die verschiedenen Sammlungen von Vorschriften sind nämlich, so Westbrook, gegenseitig komplementär. Informationen aus dem einen Korpus tragen zum Verständnis des anderen bei. Westbrook räumt ein, daß das AT als Quellentext einen anderen Charakter trägt als die Gesetzestexte des Alten Orients, bestreitet jedoch, daß Israel ein anderes Recht besaß, als dies im Alten Orient gebräuchlich war. Seiner Meinung nach wurde das Recht des Alten Orients im Bundesbuch niedergeschrieben, während in P und D

---

[48] Bei der Besprechung der Vorschriften werden stets die relevanten Texte genannt und, falls Veranlassung besteht, mit einem Kommentar versehen.

[49] S. *Körperverletzungen*; vgl. ders., *JSOT* 57 (1993), S. 17f., 20ff.

[50] Einen Überblick der Diskussion bietet Schwienhorst-Schönberger*, S. 111ff., 240ff.

hingegen eine kritische Position eingenommen wird.[51] Wir berühren hier
eine prinzipielle Frage. Partizipierte Israel an einer Art 'common law' des
Alten Orients oder besaß Israels 'law' einen eigenen Charakter und repräsentierte es eigene Werte, die durch einen Vergleich von Israels Vorschriften mit denen seiner Umwelt ans Licht kommen können? Letztgenannter Standpunkt wird von M. Greenberg, S.M. Paul und A. Phillips
eingenommen; erstgenannter von u.a. B. Jackson[52] und R. Westbrook.
Hinsichtlich der Grundzüge teile ich die Ansicht von Greenberg und
seinesgleichen,[53] doch neigen sie m.E. dazu, forcierte Widersprüche zu
konstruieren.[54]

2.16 Ich möchte etwas näher auf diese Frage eingehen. War die Rechtswissenschaft eine internationale Wissenschaft im Alten Orient, die auch in
Israel ihre Vertreter hatte? Westbrooks These vom 'common law' wurde
von Leemans in Frage gestellt. Seiner Meinung nach vertrage sich dies
nicht mit den verfügbaren historischen Fakten. Aber nehmen wir an dieser
Stelle einmal an, daß es ein allgemeines Rechtsdenken im Alten Orient
gegeben hat und die Rechtswissenschaft einen internationalen Charakter
trug und auch in Israel anzutreffen war. In solch einem Fall liegt es dann
nahe, daß israelitische Rechtsgelehrte, trägt man ihrem spezifischen
Kontext Rechnung, eigene Akzente setzten und auch selber Regeln im
Hinblick auf die lokale Situation (neu-)formulierten. In diesem Zusammenhang kann z.B. darauf verwiesen werden, daß das Bundesbuch keinen
Unterschied zwischen verschiedenen Bürgern kennt, wie dies z.B. im CH
gehandhabt wird (vgl. Yaron*, S. 132ff.), und auch keine Großstadtkultur
voraussetzt. Allgemein kann gesagt werden, daß gesellschaftliche und
kulturelle Entwicklungen zur Anpassung und Veränderung von Vorschriften führen können. Dies impliziert eine gewisse Behutsamkeit im Umgang
mit Vorschriften aus verschiedenen Korpora als gegenseitige Komplemen-
te. Dies umso mehr, weil auch die These der Komplementarität auf einem
argumentum e silentio beruht. Kurz gesagt, die Kenntnis der Gesetzestexte

---

[51] Siehe Westbrook*, S. 3ff., 134ff.; vgl. z.B. ders., *RB* 97 (1990), S. 547ff. Für eine
kritische Auseinandersetzung mit den Auffassungen Westbrooks siehe die verschiedenen
Beiträge bei Levinson*.

[52] "Reflections on Biblical Criminal Law", *JJS* 24 (1973), S. 8-38 = *Essays in Jewish
and Comparative Legal History*, Leiden 1975, S. 25-63; vgl. auch J.W. Welch, "Reflections
on Postulates. Power and Ancient Laws – A Response to Moshe Greenberg", in: E.B.
Firmage u.a. (Hg.), *Religion and Law*, Winona Lake 1990, S. 113-119.

[53] Vgl. Malul, S. 39f.; s. auch Greenberg (mit weiterer Lit.); ders., "Biblical Attitudes
toward Power: Ideal and Reality in Law and Prophets", in: Firmage (s. Anm. 52), S. 101-
112 (vgl. auch S. 120-125); A. Phillips, "Another Look at Murder", *JJS* 28 (1977), S. 105-
126 (S. 108ff.).

[54] Siehe z.B. Pauls* Zusammenfassung der 'unique features of biblical law' (S. 100f.).

aus der Umwelt Israels kann zu einem besseren Verständnis der Vorschriften des Bundesbuches beitragen, doch muß dabei berücksichtigt
werden, daß das Bundesbuch, so wie es sich präsentiert, durch die lokale
und gesellschaftliche Situation seiner Verfasser geprägt wurde.

Muß man auch die Weltanschauung als Faktor betrachten, der die Vorschriften beeinflußte? Hatte der Glaube Israels einen Einfluß auf die Formulierung der Regeln und führte dies zu markanten Unterschieden im
Vergleich mit den Vorschriften aus Israels Umwelt?

In erster Linie muß festgehalten werden, daß die Vorschriften des Bundesbuches in ihrer jetzigen Form in einem Rahmen stehen und allein
schon dadurch einen spezifischen Charakter erhalten haben. Sie werden
als JHWHs Vorschriften präsentiert. Zwar sind sie unter Vermittlung des
Mose proklamiert worden, aber Mose ist nicht viel mehr als das Sprachrohr JHWHs (20,22; 24,3.7). Der kontextuelle Rahmen gibt dem Bundesbuch seine Prägung. Dasselbe gilt für die mesopotamischen Codices,
insofern sie mit einem Prolog (bzw. Epilog) versehen sind, wie z.B. CH,
auch wenn der Charakter ein anderer ist. Der Rahmen stempelt den CH
zum königlichen Recht.[55] Mit dem Erlaß der Vorschriften präsentiert
sich der Herrscher als Hirte seines Volkes. Das Bundesbuch wird durch
den Rahmen als göttliches Recht qualifiziert. Mit dem Bundesbuch
profiliert sich JHWH als Hirte seines Volkes. Er möchte einer gerechten
Gesellschaft Form verleihen und fordert sein Volk auf, in Übereinstimmung mit den Regeln seines Reiches (vgl. 19,5f.) zu leben. Die Regeln
haben zum Ziel, die gute Beziehung zwischen JHWH und Israel instand
zu halten. Eine gute Beziehung mit JHWH impliziert Harmonie und
Ordnung in der Gesellschaft und schließt Chaos aus. JHWH möchte
gerechte Beziehungen und verabscheut soziale Mißstände.

2.17 Das literarische Gerüst des Bundesbuches bildet wie beim CH ein
Rahmenwerk und ist hinsichtlich der umrahmten Vorschriften sekundär.
Blieben, wenn man das Rahmenwerk wegnimmt, sowohl beim Bundesbuch wie auch beim CH nur noch Sammlungen von Vorschriften derselben Art und desselben Niveaus übrig, d.h. Sammlungen, die das literarische Produkt von Gelehrten sind und trotz lokaler und kulturbedingter
Unterschiede zusammenfassend als 'säkulares Recht' bezeichnet werden
können und folglich prinzipiell gleich sind? Oder bleibt im Falle des
Bundesbuches eine Sammlung von Vorschriften übrig, die vom Glauben
an JHWH geprägt sind? So ist u.a. Schwienhorst-Schönberger* der

---

[55] Königliches Recht ist Recht, das göttliche Zustimmung genießt und von Fürsten
stammt, deren Regierungstaten oft in schrillem Kontrast zu der von ihnen propagierten
Ideologie standen. Vgl. z.B. C. Zaccagnini, "Sacred and Human Components in Ancient
Near Eastern Law", *HR* 33 (1993-94), S. 265-286.

Ansicht, daß der 'Grundbestand' des Bundesbuches (21,12-22,16, abzüglich einiger Zusätze) ein rein profanes 'Gesetzbuch' im dargelegten Sinne sei (S. 416 u.a.). Die Bezeichnung 'profan' empfinde ich als nicht glücklich. Recht und Weltanschauung waren für den antiken Menschen eng miteinander verbunden. Alles Recht, auch das Gewohnheitsrecht, war für ihn schlußendlich Gottesrecht.[56] Die Frage, ob die Weltanschauung der

---

[56] Der Begriff profan wird des öfteren im Zusammenhang mit Israels Recht gebraucht. So macht z.B. Albertz (s. Anm. 41), I, S. 140f., bezüglich des Gebrauchs des kasuistischen Rechts vor allem von seiten der Ortsgerichtsbarkeit folgende Aussage: 'Diese wichtigste Form der frühisraelitischen Rechtsprechung zeichnete sich durch eine aufgeklärte Rationalität, ja Profanität aus. Direkt kam Gott hier überhaupt nur in Sonderfällen ins Spiel ...'. Für das Sippenrecht und Gewohnheitsrecht hält er es für bezeichnend, daß sie noch nicht 'religiös abgeleitet und abgestützt waren' (S. 96, 140). Erst im Verlauf der Theologisierung des Rechts, das erst seit dem ausgehenden 8.Jh. stattgefunden habe, soll die Rede von einer expliziten göttlichen Autorisierung der Gebote gewesen sein (S. 95). Eine andere Auffassung begegnet in anderer Literatur, z.B. bei J. Hempel. Er hält in Hinblick auf die Rechtsentstehung eine Sonderung von profanem und heiligem Recht für undurchführbar und behauptet: 'Alles Recht gilt als heilig, weil alles Recht als Gottesforderung gilt, so daß neues Recht der Idee nach nur durch Gottesoffenbarung bekannt werden kann ...' (*Die althebräische Literatur und ihr hellenistisch-jüdisches Nachleben*, Wildpark/Potsdam 1930, S. 74). M.E. ist diese Konstatierung von Hempel zutreffend. Auch vom Gewohnheitsrecht und 'selbstverständlichen' gesellschaftlichen Verhältnissen gilt, daß sie im Bewußtsein des alten Israel auf Gottes Willen beruhten (vgl. auch z.B. I. Benzinger, *EB*, III, Sp. 2714). Denn seine Antastung veranlaßte JHWH zu einer Reaktion (vgl. 2.11,12). Wir sprechen in diesem Zusammenhang noch einige Punkte an. Reimarus*, I, S. 40ff., ist der Meinung, daß Ex. 18,13-26, wo beschrieben wird, wie in der Wüste die Reorganisation von Israels Rechtssystem durchgeführt wurde, nicht auf den Befehl JHWHs (vgl. z.B. Num. 11,16ff.24ff.), sondern auf Veranlassung des Nicht-Israeliten Jetro, im Gegensatz zu den folgenden Kapiteln (Ex. 19ff.) einen zuverlässigen Einblick in die Art der von Mose proklamierten Vorschriften biete: sie haben keinen göttlichen Ursprung, sondern sind das Produkt eines Menschen. Dies ist in jedem Fall nicht das Bild, das der Schreiber von Ex. 18 hervorzurufen beabsichtigt. In dem von Jetro plädierten Rechtssystem nimmt die Konsultierung Gottes in problematischen Fällen einen vorrangigen Platz ein (18,15f.19.26). Zudem wird Jetro als 'Priester von Midian' (2,16; 3,1; 18,7) eingeführt und ist sein Auftreten von JHWH sanktioniert (18,12; vgl. Houtman*, *Exodus*, II, S. 411f.). Auch nach Ex. 18, das ganz andersartig als Ex. 19ff. ist, ist mosaisches Recht heiliges Recht. Ebenso ist auch königliches Recht heiliges Recht. Vom König wird erwartet, daß er über besondere, von Gott gegebene Gaben verfügt. Um nur dies zu nennen: Der juridische Scharfsinn, mit dem Salomo den Rechtsfall der vor seinem Thron streitenden Frauen zu entscheiden wußte (I Reg. 3,16-28), wird als Geschenk Gottes betrachtet (V. 28; vgl. I Reg. 3,4-15, und s. auch II Sam. 14,17.20; 19,28). Im Hinblick auf den angenommenen profanen Charakter der *mišpāṭim* ist schließlich gut im Auge zu behalten, daß Gelehrte im alten Israel nicht auf eine Linie mit ihren modernen westlichen, säkularisierten Kollegen gestellt werden dürfen. Von ihnen wird erwartet, über mehr als gesunden Menschenverstand zu verfügen. Nach der Beschreibung des AT erwartet man von Gelehrten an ausländischen Höfen, daß sie imstande waren, Träume auszulegen und Zeichen zu deuten (Gen. 41,8.24; Ex. 7,11; Dan. 1,20; 2,2.10.27 u.a.; vgl. Houtman*, *Exodus*, I, S. 237, 533f.). Es besteht kein Grund zu der Annahme, daß

israelitischen Gelehrten die Quelle für eigene Akzentsetzungen oder gar spezifische Vorschriften war, ist allerdings schwer zu beantworten. Denn wir wissen nicht, wie die literarischen Produkte der israelitischen Juristen präzise aussahen, da ihr Werk durch die Hände der JHWH-Theologen gegangen ist, und daher können wir nicht feststellen, ob sie sich in ihren Überlegungen allein von einer allgemeinen Moral oder auch von spezifischen Theologumena der JHWH-Religion (z.B. 22,20; 23,9) leiten ließen. Was wir wohl wissen, ist,[57] daß verschiedene Vorschriften, die wahrscheinlich den literarischen Niederschlag von Gelehrten darstellen, die über das Gewohnheitsrecht und die allgemeine Moral reflektierten und es weiterentwickelten (s. 2.12), daß eben diese Vorschriften, indem sie in das vom Rahmenwerk beherrschte Bundesbuch integriert wurden, sakralisiert wurden und so recht unmißverständlich den Charakter einer *besonderen Offenbarung* erhielten. In dieser Hinsicht unterscheidet sich das Bundesbuch z.B. vom CH. Das Bundesbuch beinhaltet kein königliches, von den Göttern sanktioniertes Recht, sondern göttliches, von einem Menschen proklamiertes Recht.

Unter das göttliche Recht des Bundesbuches fallen soziale und kultische Vorschriften, aber auch echte Gesetzestexte. Regeln, deren Einhaltung von Menschen erzwungen werden konnten, tauchen in einem Bündel mit Regeln auf, deren Übertretung oft nicht durch Menschen, sondern nur auf immanente Weise, d.h. durch ein Unheil, das man über sich wegen seines Verhaltens heraufbeschwört, oder durch eine direkte göttliche Intervention vergolten wird. Rechtssätze, Sozialpredigt der Propheten und Anweisungen von Weisheitslehrern sind in einem Korpus integriert worden und bilden gemeinsam das von JHWH am Sinai geoffenbarte Recht (s. 2.4-8).

Die Vorstellung, daß unmoralisches Verhalten ein Greuel in den Augen der Götter ist und daß die Sorge für Bedürftige göttlichem Wunsch und Willen entspricht, findet sich auch in der Umwelt Israels. Die für die zweite Hälfte des Bundesbuches so typische Sozialethik ist allerdings in der Umwelt Israels nicht in einem 'Gesetzbuch' verankert, sondern findet sich in anderen Literaturgattungen niedergeschrieben. So bildet z.B. die

---

hinsichtlich der Gelehrten in Israel eine grundlegend andere Erwartungshaltung bestand (Jes. 3,3). So wie Genialität, begnadete Fachkunde (Ex. 28,3; 31,3; 35,31) und die Fähigkeit, Träume auszulegen, und das Führungstalent (Gen. 41,16.38; Dan. 4,5f. u.a.; vgl. auch II Sam. 17,23) als besondere 'übernatürliche' Gaben betrachtet werden, so wird auch der Ursprung besonderer Begabtheit auf juridischem Gebiet außerhalb des Menschen gesucht werden. Aus diesem Grunde muß auch das Tun der Juristen Israels, seien es Priester oder Weise, als heilig betrachtet werden.

[57] Siehe im Zusammenhang mit 'divinization of human law' H.H. Cohen, "Secularization of Divine Law", in: *Jewish Law in Ancient and Modern Israel*, New York 1971, S. 1-49, und ferner Fishbane*, S. 231ff.

Fürsorge für Witwen und Waisen einen Topos der Königsideologie (s. bei
22,21-23); die göttliche Abscheu unmoralischem Verhalten gegenüber
wird z.B. im großen Šamaš-Hymnus (*ANET*, S. 388b, 389a; *RTAT*,
S. 127f.) zum Ausdruck gebracht, und die göttliche Wertschätzung der
Gerechtigkeit findet sich z.B. in den Worten des Gottes Addu von Aleppo
an König Zimrilim von Mari (17.Jh.) wie folgt formuliert: 'Ich wünsche
von dir nichts! Stehe nur, wenn dich ein Unterdrückter oder eine Un-
terdückte anruft, (ihnen) zur Seite und verschaffe ihnen Recht. Nur dieses
ist es, was ich von dir fordere!' (*TUAT*, II, S. 87; vgl. Jes. 1,16f.;
Am. 5,24; Mi. 6,8). Etwas allgemeiner formuliert kann gesagt werden,
daß in Israel hinsichtlich des gesellschaftlichen Umgangs dieselben
zentralen Werte hochgehalten wurden wie außerhalb Israels; Werte, wie
sie uns u.a. in der zweiten Hälfte des Dekalogs (20,12-17) formuliert
sind: Respekt vor Höhergestellten, Ehrfurcht vor dem menschlichen
Leben, Sorge für die Schwachen, Unschändbarkeit der Ehe, Wahrheits-
liebe (vgl. van der Toorn*, S. 13ff.). In bezug auf die gewünschte soziale
Moral, die Fundamente der Gesellschaft bestanden in Israel keine anderen
Vorstellungen als anderenorts im Alten Orient.[58] Im AT werden die
zentralen Werte in der Sozialpredigt der Propheten als Wille JHWHs
gezeichnet, wobei die Mißachtung derselben nicht als Übertretung einer
Regel aus dem Rechtsbuch galt, sondern als Bruch in der Beziehung mit
JHWH, der Israel hierzu zur Verantwortung ruft.[59] In der Weisheitsliteratur werden die Werte als Elemente einer Moral gezeichnet, die sich in
der Konfrontation mit der Wirklichkeit als heilsam erweist und als
natürliche Offenbarung JHWHs betrachtet werden muß. Im Dekalog und
Bundesbuch werden zentrale Werte explizit als JHWHs Willen, als
göttliches Recht, auf welchem sein Bund mit Israel basiert, vorgestellt.
Ich muß mich hier auf allgemeine Anmerkungen beschränken. Bei der
Besprechung der jeweiligen Vorschriften des Bundesbuches werden die
relevanten Passagen aus dem Dekalog, den prophetischen Büchern, der
Weisheitsliteratur und den Psalmen hinzugezogen werden.

   2.18 Wenn oben gesagt wurde, daß das Rahmenwerk dem Bundesbuch
seine Prägung gibt, gilt es nun zu fragen, wie und in welchem Maße dies
erfolgt. Die Umrahmung mit Vorschriften für den JHWH-Dienst (s. 2.3;
vgl. auch 2.4) und insbesondere die Eröffnung des Bundesbuches mit der

---

[58] Zur Universalität der moralischen Grundregeln und Basisprinzipien siehe J. Barton,
"Natural Law and Poetic Justice in the Old Testament", *JThS* 30 (1979), S. 1-14; M. Bock-
muehl, "Natural Law in Second Temple Judaism", *VT* 45 (1995), S. 17-44; A.W. Musschen-
ga, *Sociale moraal. Begrip, funktie en inhoud*, Assen 1979; vgl. auch J. Barton, "The Basis
of Ethics in the Hebrew Bible", *Semeia* 66 (1994), S. 11-22; Davies (Anm. 25).
[59] Vgl. z.B. E.J. Waschke, "Schuld und Schuldbewältigung nach dem prophetischen
Zeugnis des Alten Testaments", *ThLZ* 115 (1990), Sp. 1-10.

Vorschrift über die einzig richtige Form der JHWH-Verehrung (20,22-26)
prägt das Bundesbuch als ganzes. Durch das Rahmenwerk, das aus der
Redaktion des großen Werkes Genesis bis Könige stammt, erhielt die
ganze Sammlung das 'JHWH-Siegel'.[60] So ist die Annahme erlaubt, daß
die Vorschriften, auch die 'säkularen' mišpāṭîm, mit der Zielsetzung
verfaßt wurden, als Träger der für die JHWH-Religion typischen Werte
dem Ethos von Israel als Volk JHWHs (vgl. 19,5f.) Gestalt zu verleihen.[61] Kurzum, bei der Auslegung des Bundesbuches in seiner Jetztge-
stalt hat man auch den Kontext, d.h. das Rahmenwerk zu berücksichtigen
(s. Kap. 1).

Der Kontext ruft die Frage auf, wie das Bundesbuch als ganzes gekennzeichnet werden kann. Es wurde bereits darauf hingewiesen, daß das Bundesbuch in seiner gegenwärtigen Gestalt nie als Gesetzbuch außerhalb
seines literarischen Kontextes bestanden hat.[62] Zur Charakterisierung der
mišpāṭîm wird die Qualifizierung 'gewünschtes Recht' verwandt. Das
Bundesbuch als ganzes kann mit der Gattungsbezeichnung Programm
bezeichnet werden. Was den Aktionsradius betrifft, will das Bundesbuch
sich nicht auf das Recht im engeren Sinn beschränken, sondern die
Grundlagen für die Gesellschaft legen und das ganze Leben aller, die
dazugehören, umschließen.[63] Als Programm zielt das Bundesbuch auf

---

[60] Diese Signatur war im Grunde schon durch die Präambel des Dekalogs gesetzt (20,1f.).
Durch die Präambel wurden auch die sozialen Vorschriften von 20,13-17, obwohl der Name
JHWH darin nicht begegnet, zu Regeln, die auf der Autorität JHWHs fußten. Folglich sind
es religiöse Vorschriften. Die Präambel bestimmt nicht nur den Dekalog, sondern durch ihre
Stellung zu Beginn der Offenbarung am Sinai auch den Charakter der Vorschriften in den
folgenden Kapiteln und Büchern des Pentateuch. Sie müssen alle als Vorschriften des Herrn
verstanden werden, der Israel aus der Sklaverei in Ägypten befreit hat.

[61] Entsprechend der Intention der Schreiber wird man all diese Vorschriften würdigen
müssen. Eine (Dis)qualifizierung von Vorschriften aufgrund von Form und Ursprung (siehe
Anm. 22; Jepsen und Rost) ist nicht gerechtfertigt. Die formkritische Analyse ist nicht
ausreichend, um israelitische Vorschriften von nicht-ursprünglichen zu unterscheiden, und
wie aus den obigen und folgenden (s. 2.21) Betrachtungen ersichtlich wird, können die
Grenzen nicht so gezogen werden, wie Jepsen und Rost dachten.

[62] S. 2.8 Ende. Vgl. in diesem Zusammenhang folgende Anmerkung von J. Hempel (s.
Anm. 56), S. 81: 'Bundesbuch, Deuteronomium und Heiligkeitsgesetz sind Programme, die
in historischer Einkleidung für bestimmte Ideen warben; sie haben in ihrem heutigen Gefüge
nie ohne geschichtlichen Rahmen bestanden'.

[63] Schon 1886 wurde von E. Renan betont, daß das Bundesbuch, das er ins 9.Jh. datiert,
keine von der Obrigkeit erlassenen und rechtskräftigen Vorschriften beinhaltet, sondern aus
'des règles idéales, des utopies si l'on veut' besteht. Sie entstammen der prophetischen
Bewegung, die sich durch eine hohe Moral auszeichnete, aber nicht über gesetzgebende
Macht verfügte (zitiert nach Cazelles*, S. 14f.). Auch Menes* situiert die Entstehung des
Bundesbuches ins 9.Jh. (S. 18, 24, 32, 43). Er bezeichnet das Bundesbuch als 'ein Reform-
werk der sozial-prophetischen Partei' (S. 25) mit der Zielsetzung, die soziale Krise als Folge
des Aufkommens der Geldwirtschaft zu bestreiten. Die sozial-prophetische Partei beschreibt

Anerkennung als Norm.

2.19 Auch *der Kontext im weiteren Sinne* muß in die Betrachtung einbezogen werden. Das Bundesbuch ist nämlich nicht die einzige Sammlung von Vorschriften im Pentateuch. Themen, die im Bundesbuch behandelt werden, werden auch anderenorts angesprochen, aber häufig auf andere Weise.[64] Dieses Phänomen stellt uns vor die Frage nach dem *gegenseiten Verhältnis der verschiedenen Gesetzeskomplexe im Pentateuch*, und zwar vom Bundesbuch zu den Vorschriften in Dtn. 12-26 und von Dtn. 12-26 zu den Vorschriften von P (und H), und vor die Frage nach dem Verhältnis zum narrativen/historischen Rahmen, in dem die Gesetzeskorpora ihren Platz finden. Das Thema ist Gegenstand anhaltender Diskussion und wurde auch in letzterer Zeit von verschiedener Seite beleuchtet.

Eine der Schlußfolgerungen von Sprinkles* Untersuchung zum Bundesbuch ist, daß es mit dem Pentateuch verankert ist und in den späteren Abschnitten des Pentateuch, besonders im Deuteronomium, auf die Vorschriften des Bundesbuchs zurückgegriffen wird. Letztere Bestimmungen müssen seiner Meinung nach in Übereinstimmung mit dem Bundesbuch erklärt werden und können die Auslegung davon unterstützen. 'The editor(s) of the final form of the Pentateuch probably intended the reader to attempt this sort of holistic reading', so Sprinkle (S. 198). Auf diese Weise wird den häufig auffallenden Diskrepanzen zwischen den Gesetzeskorpora und auch dem unverkennbaren Aktualisierungsprozeß kein Recht getan.

Andere legen das ganze Gewicht auf die Diversität des Materials und suchen die Erklärung für das unverbundene Nebeneinander der D- und P-Gesetzgebung und das Neben- und Miteinander der unterschiedlichen

---

er als eine breite Bewegung von Leviten, die er mit Mönchen vergleicht (S. 9, 14) und als 'Rechtsgelehrte' kennzeichnet, sowie Propheten, unter denen die Rechabiter und Nasiräer Exponenten darstellen, die sich gegen übermäßigen Luxus und soziale Mißstände wandten und sich auf sozial unterdrückte Bevölkerungsschichten stützen (S. 7, 9, 14, 18, 25ff.). Als Programm der sozial-prophetischen Partei soll nach Menes* das Bundesbuch den Start für die Jehurevolution gegeben haben und sei nach dem Erfolg zum Staatsgesetz erhoben worden (S. 43). Menes' Kennzeichnung des Bundesbuches als Programm ist m.E. richtig. Seine Beschreibung des sozialen Kontextes und der Entstehungszeit ist hingegen spekulativ. Seine Annahme, daß es zum Staatsgesetz wurde, ist angesichts des Inhalts unwahrscheinlich. Cazelles* weist die Kennzeichnung des Bundesbuches als Programm ab: 'C'est beaucoup plus une loi qu'un programme' (S. 115), und umschreibt es als ein Gesetzbuch ('un code' [S. 116]), ein offizieller, öffentlicher und Autorität besitzender Text ('un texte officiel public, autoritatif' [S. 116; vgl. S. 128f.; dort äußert Cazelles sich auffallend nuanciert]).

[64] Bei der Besprechung der diversen Vorschriften werden stets die 'Parallelen' genannt und erörtert.

Traditionen im gesellschaftlichen und politischen Einfluß der Perser-
zeit.[65] E. Otto, der den Nachdruck auf eine kontinuierliche Auslegungs-
und Fortschreibungsgeschichte im Pentateuch legt,[66] kritisiert zutreffend
diese Auffassung (S. 374f.) und postuliert mit Recht eine Pentateuchredaktion, die auf einen Ausgleich der Gesetzeskorpora auf dem Wege zum
Kanon gerichtet ist (S. 391). Für diskutabel halte ich jedoch seine Auffassung hinsichtlich des Verhältnisses zwischen den verschiedenen Gesetzeskorpora. Insbesondere gilt dies für sein Plädoyer, die Redaktion der
Korpora einer sich auf die Sinaiperikope konzentrierenden Redaktion
zuzuschreiben (S. 391), was ihn zu der Schlußfolgerung führt, daß in der
Überlieferungsgeschichte im Horizont des Pentateuch das Deuteronomium
immer weiter zurückgedrängt wird. So meint er, daß das einst vom
Deuteronomium abgelöste Bundesbuch in nachexilischer Zeit das Deuteronomium, und zwar das vordeuteronomische Deuteronomium als das
Dokument einer josianischen Kult- und Rechtsreform (S. 380), welches
eine ergänzende Auslegung zum Bundesbuch bietet, wieder überflügelt[67]
und daß das Deuteronomium später, u.a. aufgrund der Verbindung des
Heiligkeitsgesetzes mit dem Sinai, noch weiter zu einer Wiederholung der
auch dem Volk bereits am Sinai durch Mose mitgeteilten Gesetzesof-
fenbarung im Land Moab degradiert (S. 391).

J.W. Watts[68] vertritt die Auffassung, daß man innerhalb des Rahmens
der historischen Vorgehensweise und der diachronen Analyse der Gesetzeskorpora der Wiederholung und Variation als Stilfiguren keine Aufmerksamkeit geschenkt hat, und legt den Nachdruck auf den rhetorischen
Effekt. Er anerkennt, daß die Berufung auf den 'Stil' als Erklärung
starker Diskrepanzen nicht hinreichend ist, meint aber, daß die historische

---

[65] Siehe Blum*, S. 333ff.; Crüsemann*, S. 381ff., 404ff.; vgl. auch S. 65ff., und zum
Verhältnis der Gesetzeskorpora u.a. S. 15, 231, 323ff.

[66] "Gesetzesfortschreibung und Pentateuchredaktion", *ZAW* 107 (1995), S. 373-392 (S.
377ff.). Vgl. auch ders., "Die nachpriesterschriftliche Pentateuchredaktion im Buch Exodus",
in: Vervenne*, S. 61-111 (bes. S. 66ff.).

[67] Das Bundesbuch erhalte durch die Situierung am Sinai den Charakter einer Primärof-
fenbarung (S. 389). Auch andere betonen die Ehrenposition des Sinai und ziehen daraus
Schlußfolgerungen im Hinblick auf die Würdigung von Bundesbuch einerseits und Deuteronomium andererseits. So schlußfolgert Reuter (s. 3.1.2), S. 250: 'Indem das Bundesbuch am
Sinai lokalisiert wird, wird das Dtn in seiner Position degradiert. Da die dtr Redaktoren
zugleich die Bedeutung des Dtn nicht genug betonen können, kommt als Intention für ihre
Strukturierung der Sinaitheophanie nur in Betracht, daß sie dem Dokument, das in der
joschijanischen Reform so große Bedeutung erlangt hatte (nämlich das Bundesbuch, C.H.),
durch die Situierung auf heiligstem Boden zu heiligster Zeit ihre Referenz erweisen
wollten'.

[68] "Public Readings and Pentateuch Law", *VT* 45 (1995), S. 540-557; vgl. auch ders.,
"Rhetorical Strategy in the Composition of the Pentateuch", *JSOT* 68 (1995), S. 3-22.

Vorgehensweise ebensowenig eine hinreichende Erklärung bietet: 'Developmental hypotheses, however, leave half the question unanswered: though they account for the origins of the contradictions, they do not explain why such differences were acceptable to the earliest hearers and readers of the Pentateuch (S. 549; vgl. auch S. 555). 'Selfcontradiction' bezeichnet er als 'rhetorical device for promoting support of a speaker's or writer's aims' (S. 555) und erklärt bestehende Diskrepanzen aus der Tatsache, daß die Texte an 'mixed audiences' gerichtet sind, an unterschiedliche Gruppen mit verschiedenen ideologischen Interessen: 'Thus the mixed nature of the audience addressed by Pentateuchal law encouraged a rhetorical strategy which juxtaposed divergent points of view and contradictory legislation within a vision of the unitary law of Sinai. The political and literary success of this strategy is apparent from the acceptance of the Pentateuch as the foundational law of Second Temple and later Judaism, and from the acceptance of Moses as the only mediator of divine law' (S. 555).

Zu Unrecht setzt Watts die verschiedenen Gesetzeskorpora auf ein gleiches Niveau. Mit Otto bin ich der Meinung, daß innerhalb des Pentateuch das Gewicht der Gesetzeskorpora nicht dasselbe ist. Ottos Auffassung bezüglich der Gewichtsverschiebung und des Schwerpunktes teile ich jedoch nicht. M.E. ist der narrative/historische Rahmen, in dem die Gesetzeskorpora eingebettet liegen, ausschlaggebend für die Ermittlung ihres Gewichts (*pace* Watts, S. 550ff.) und enthält den hermeneutischen Schlüssel. Im Lichte der Stoffanordnung, dem Aufbau des Pentateuch, muß das Deuteronomium als Schwerpunkt betrachtet werden. Es bietet *die autoritative Interpretation der sinaitischen Gesetzgebung* für Israel als das Volk, das sich im verheißenen Land niedergelassen hat.

2.20 Meinen Standpunkt will ich noch kurz näher umreißen. Im Deuteronomium, das als Abschiedsrede des Mose an Israel (seine letzten Worte an das Volk, das im Begriff stand, sich in Kanaan niederzulassen) einen sehr zentralen Platz in Genesis bis Könige einnimmt und eine ganz besondere Autorität hat,[69] enthalten Kap. 12-26 *Moses kanonische und normative Interpretation* von Vorschriften (vgl. auch 2.13), die er als Sprachrohr JHWHs einst auszurichten hatte. Sie wird schriftlich festgelegt (Dtn. 31,9-13.24-27).[70] Ihre Autorität ist damit nicht mehr von einer sterblichen

---

[69] Zu den Kennzeichen der Abschiedsrede, des Testaments s. E. von Nordheim, *Die Lehre der Alten*, I, II, Leiden 1980, 1985. Vgl. auch M. Winter, *Das Vermächtnis Jesu und die Abschiedsworte der Väter*, Göttingen 1994.

[70] Vgl. Houtman*, *Pentateuch*, S. 347f.

Person abhängig und erhält dadurch eine dauerhafte Gestalt.[71] Anders
gesagt: das Deuteronomium ist die 'Mitte' von Genesis bis Könige und
gibt den Grundtenor für das gesamte Werk an. Historisch und literarisch
gesehen ist Dtn. 12-26 eine Neuinterpretation des Bundesbuches. Chronologisch muß die Neuinterpretation nach P (und H) angeordnet werden.[72]
Hinsichtlich des Verhältnisses des Bundesbuches zu der übrigen Gesetzgebung vom Sinai ist auch folgendes von Bedeutung: Aufgrund der
seltenen Erwähnung von Sinai/Horeb außerhalb des Pentateuch[73] hat man
die Schlußfolgerung gezogen, daß der Berg der Offenbarung erst in
späterer Zeit einen bedeutenden Platz in der Überlieferung erhalten
habe.[74] In diesem Zusammenhang ist erwähnenswert, daß von Th. Booij
die Auffassung vertreten wird, daß von einer 'Sinaitisierung' der Traditionen die Rede sei; im 7.Jh. sei die Vorstellung einer sehr speziellen
Beziehung zwischen Tora und Sinai entstanden, die allmählich maßgebend
geworden sein soll.[75] Anknüpfend an die Arbeit von Booij legt Crüsemann* (S. 39ff.) dar, daß der Sinai in allen eindeutig vorexilischen
Traditionen ausschließlich der Berg der Rettung ist (S. 52) und der Sinai
als Ort, wo Kult und Recht gestiftet wurden, eine Schöpfung von P ist (S.
65). Durch Zutun der nachpriesterlichen deuteronomistischen Schreiber
soll die Verbindung Sinai und Gottesrecht zustande gekommen sein (S.
65f.). M.E. wird Booij dem großen Stellenwert zu wenig gerecht, den die
Bekanntmachung bzw. die Bekanntheit fundamentaler Vorschriften vor
der Offenbarung am Sinai im Pentateuch einnimmt, und muß der vorliegende Tatbestand anders gewichtet werde, als dies bei Crüsemann geschieht; die letzte Redaktion des Pentateuch (Dtr.) vermindert die Position
des Sinai eher, als daß sie sie verstärkt.[76] Meiner Einschätzung zufolge

---

[71] Vgl. C. Grottanelli, "Making Room for the Written Law", *HR* 33 (1993-94), S. 246-
264.

[72] Siehe zur Frage nach dem Verhältnis der verschiedenen Korpora zueinander Houtman*, *Pentateuch*, (Register). Vgl. auch Anm. 45.

[73] Der Sinai wird 35× im AT genannt; außerhalb Exodus-Numeri nur in Dtn. 33,2; Jdc.
5,5; Ps. 68,9.18; Neh. 9,13. Der Horeb, der 3× in Exodus und 9× im Deuteronomium
genannt wird, begegnet außerhalb des Pentateuch in I Reg. 8,9; 19,8; Mal. 3,22; Ps. 106,19;
II Chr. 5,10.

[74] S. z.B. B. Diebner & H. Schult, "Argumenta e silentio. Das große Schweigen als Folge
der Frühdatierung der 'alten Pentateuchquellen'", in: *Sefer Rendtorff*, Dielheim 1975, S. 24-
35. Vgl. Houtman*, *Pentateuch*, S. 232-236.

[75] "Mountain and Theophany in the Sinai Narrative", *Bib* 65 (1984), S. 1-26, und "The
Background of the Oracle in Psalm 81", *Bib* 65 (1984), S. 465-475.

[76] Crüsemann* rechnet sowohl in bezug auf D als auch auf P mit einem langsamanhalten-
den, weil offenkundig vielschichtigen Wachstum (S. 63) und mit einer P vorangehenden
und einer P folgenden D-Schicht (zu der u.a. Dtn. 4; 5 gehören; S. 59f. [deuteronomische
Gestaltung der Sinaiperikope als Reaktion auf die priesterliche Prägung; S. 63]). Zu

wird in der Endgestalt des Pentateuch die Position des Sinai eher abgeschwächt, als daß sie verstärkt wird. In den Abschnitten des Pentateuch,
die sich auf die Zeit vor der Offenbarung JHWHs am Sinai beziehen,
nimmt die Bekanntgabe bzw. die Bekanntheit fundamentaler Vorschriften
des Gottesdienstes Israels einen breiten Raum ein (vgl. Gen. 17; Ex.
4,24-26 [Beschneidung]; Ex. 12-13 [Passa und Mazzot; Weihe der Erstge-
burt]; 15,25f. [vgl. Houtman*, *Exodus*, II, S. 312f.]; 16 [Sabbat]).
Darüber hinaus wird aus den Abschnitten des Pentateuch, die sich auf die
Zeit nach der Offenbarung JHWHs am Sinai beziehen, ersichtlich, daß
JHWHs Offenbarung am Gottesberg nicht als definitiv und vollständig
betrachtet werden darf. Es scheinen sich Situationen zu ergeben, die die
bekannten Vorschriften nicht abdecken (vgl. Lev. 24,21ff.; Num. 9,1ff.;
15,34ff.; 27,5ff.; 36,5ff.). In diesen Fällen konsultiert Mose als Offenba-
rungsmittler JHWH. Von der wiederholten Einholung eines Rates von
JHWH berichtet Ex. 34,34f. Der Abschnitt will herausstellen, daß die von
Mose im Heiligtum empfangenen Vorschriften vom selben Niveau und
Gewicht und ebenso wirkliche Worte JHWHs sind wie die am Sinai
verkündeten Vorschriften (vgl. Houtman*, *Exodus*, III, S. 705, 708).
Auch Ex. 18,15f.19f.26 präsentiert das Bild von der Gesetzgebung als
eines unabgeschlossenen Prozesses: im Falle von Fragen, die das bisher
offenbarte Recht nicht abdeckt oder vor Probleme stellt, holt Mose Gottes
Rat ein. Daraufhin formuliert er dann für Fälle, für die noch keine
Jurisprudenz vorhanden ist, neue Vorschriften, die dem Volk zur Beleh-
rung vorgehalten werden. So wächst durch Moses Vermittlung das corpus
iuris (vgl. Houtman*, *Exodus*, II, S. 414f.). Aufs Ganze gesehen ist im
Pentateuch die Bekanntgabe der Vorschriften für das Leben mit JHWH
nicht exklusiv mit der Offenbarung am Sinai verbunden; Israel befindet
sich nach der Beschreibung des Pentateuch in einem Lernprozeß, was
auch das Kennenlernen der Regeln des Bundes mit JHWH betrifft, welche
schließlich ihre normative Interpretation in Moses Abschiedsrede erhalten.

2.21 Kehren wir zurück zu der Frage nach dem Eigencharakter von
Israels Vorschriften und zu der zu Beginn von 2.16 gestellten Frage. Die
Vorschriften für den JHWH-Dienst, wie die Forderung nach exklusiver
JHWH-Verehrung, sind typisch für das AT. Aber wie steht es genauer um
die Rechtsregeln und die religiös-ethischen und sozialen Vorschriften?
Wurden sie, obwohl untypisch für die JHWH-Religion, doch für bzw. von
JHWH annektiert, oder gibt es Elemente und Wesenszüge einer für die
JHWH-Religion kennzeichnenden Moral? Wie ein Vergleich von Vor-
schriften aus dem Bundesbuch mit 'Parallelen' aus anderen Büchern des

---

Crüsemanns Anschauungen s. E. Zenger, "Wie und wozu die Tora zum Sinai kam.
Literarische und theologische Beobachtungen zu Exodus 19-34", in: Vervenne*, S. 265-288.

Pentateuch die Möglichkeit bietet, die eigenen Merkmale der verschiedenen Sammlungen von Vorschriften herauszuarbeiten, so bietet ein Vergleich von Vorschriften aus dem Bundesbuch mit Vorschriften aus den 'Codices' des Alten Orients die Möglichkeit, typisch israelitische Züge im Bundesbuch aufzuspüren. Ich merke an dieser Stelle noch an, daß Unterschiede in den Vorschriften nicht automatisch mit Unterschieden in der Rechtspraxis gleichzusetzen sind (s. 2.12). Um diese kennenzulernen, ist ein Vergleich der Rechtspraxis Israels mit der des Alten Orients notwendig. Ferner darf man sich nicht mit dem bloßen Konstatieren von Unterschieden begnügen. Eine solide Interpretation und Auswertung ist hierbei unverzichtbar.

Welche Schlußfolgerungen darf man z.B. aus dem Umstand ziehen, daß sich keine Parallele zu 21,20f. in der uns bekannten Gesetzgebung des Alten Orients findet? Daß in Israel ein größeres Engagement für das Schicksal der Sklaven bestand als anderenorts? Oder ist das Fehlen einer Parallele nur als bloßer Zufall einzustufen, wobei man ernsthaft mit der Möglichkeit rechnen muß, daß ein neuer Textfund die Anzahl 'einzigartiger' israelitischer Vorschriften mit einem Male reduzieren kann? Schrumpft die Einzigartigkeit israelitischer Vorschriften nicht in dem Maße zusammen, wie unsere Kenntnis der Umwelt Israels zunimmt?

Und dürfen aus dem Fehlen bestimmter Vorschriften aus der Umwelt in israelitischen Gesetzestexten Rückschlüsse auf die Existenz z.B. einer israelitischen Anthropologie gezogen werden? Impliziert das Fehlen von Strafen, wie z.B. das Abhauen der Hand und das Abschneiden der Nase (z.B. CH §§ 192-195, 202, 205, 218, 282), daß die menschliche Integrität (zumindest bei den israelitischen Redaktoren der alttestamentlichen Korpora) in hohem Ansehen stand? (s. ebenfalls zu 21,24f.; vgl. auch Dtn. 22,18; 25,1-3). Und wenn dem so ist, wurzelt dann diese Hochachtung im Glauben an JHWH?

Beinhaltet die selektive Materialzusammenstellung ein Indiz für spezifisch israelitische Merkmale? Oder ist sie lokal, gesellschaftlich und historisch bedingt? Und muß bei einem Vergleich nicht auch das 'spezifische Gewicht' der Vorschriften im Auge behalten werden? Ist es erlaubt, das philanthropische 'prophetische' Zinsverbot zu vergleichen mit sachlichen, juristischen Vorschriften über die Zinserhebung aus Israels Umwelt (s. zu 22,24), um infolgedessen den Schluß zu ziehen, daß Israels Gesetzgebung im Unterschied zur Umwelt einen sozialen Charakter trug?

Welche Schlußfolgerungen darf man aus dem Strafmaß ziehen? Beinhaltet die Tatsache, daß in israelitischen Vorschriften im Unterschied zu Vorschriften aus der Umwelt Israels für Diebstahl niemals die Todesstrafe gefordert wurde (s. zu 21,37-22,3), während hingegen Totschlag nicht finanziell beglichen werden durfte (Num. 35,31; vgl. Paul*, S. 61f., 79ff.,

und s. zu 21,30), sondern mit dem Tod bestraft werden mußte (s. zu
21,12), daß Eigentum und Leben in Israel als zwei unvergleichbare
Größen betrachtet wurden? Impliziert die Möglichkeit, einen Vergleich
mit jemandem herbeizuführen, der den Tod eines anderen verschuldet hat,
zwingend eine Unterbewertung des menschlichen Lebens und eine Ver-
leugnung des Ernstes der Tat? Gibt es nicht Situationen, in denen die
Konsequenzen einer Ausführung der Forderung 'Leben für Leben geben'
so fatal sein können, daß es aus sozialen und ökonomischen Erwägungen
wünschenswert sein kann, einen gütlichen Vergleich zu wählen? Und
impliziert die Möglichkeit, Diebstahl mit der Todesstrafe zu belegen, eine
besonders hohe Einschätzung von Eigentum, oder setzt sie eine Gesellschaft voraus, in der Diebstahl ein derart unausrottbares Übel darstellte,
daß man sich keines besseren Mittels mehr zu bedienen wußte, als
dagegen mit der Formulierung von sehr schweren Strafen vorzugehen?
Das Strafmaß sagt eher etwas über die Beurteilung des Ernstes des
Vergehens aus − es ist ein großes gesellschaftliches Übel, dem kräftig
gewehrt werden muß − als über die tatsächliche Wertschätzung von
Eigentum. Zwischen dem formulierten Strafmaß und der Beurteilung
eines bestimmten Vergehens besteht eine Korrelation. Aus der Tatsache,
daß Texte wie 21,15.17 und 22,18 im Falle von mangelndem Respekt vor
betagten Eltern und bei Sodomie die Todesstrafe fordern, muß daher in
erster Linie der Schluß gezogen werden, daß das betreffende Verhalten als
sehr schändlich, die Gesellschaft zersetzend betrachtet wurde. Die rigorose
Forderung ist primär als Prävention gedacht (vgl. Dtn. 19,20). Es ist nicht
bekannt, ob sie jemals im alten Israel ausgeführt wurde (vgl. 2.11). Der
absolute und rigorose Charakter von Vorschriften wie die ebengenannten
ist verständlich, aber kann man dem auch zustimmen? Diese Frage bringt
uns zu folgendem Punkt.

2.22 Ein Vergleich von Vorschriften führt oftmals dazu, daß Unterschiede herausgestellt werden. Dies kann den Forscher dazu führen,
bestimmte israelitische Vorschriften als *einzigartig* zu bezeichnen, wie
dies z.B. Phillips tut. Er verwendet diesen Begriff, wenn er im Zusammenhang mit der rigorosen Strafbestimmung bei Ehebruch in Lev. 20,10
und Dtn. 22,22 (s. 2.11) konkludiert, 'that the law covering adultery in
Israel was unique in the Ancient Near East, adultery being treated as a
crime and not as civil offence' (*JSOT* 20 [1981], S. 19). Damit spricht er
ein Werturteil aus. Die Vorschriften aus dem Alten Orient sind in bezug
auf Ehebruch in der Tat nicht so absolut gehalten wie die alttestamentlichen (s. zu 21,16f.). So findet sich zwar auch dort die Todesstrafe für
Ehebruch (CE § 28; CH § 129; MAG § 15; HG §§ 197f.), aber es wird
dem Ehemann die Möglichkeit eingeräumt, die ehebrecherische Frau (CH
§ 129) oder das ehebrecherische Paar (HG § 198) am Leben zu lassen

oder auf andere Weise zu bestimmen, was aus den beiden werden soll
(MAG §§ 14, 15, 23). Auch solche Vorschriften könnte man einzigartig
nennen. So erhebt sich die Frage, welche Vorschriften eigentlich als
höherstehend einzustufen sind: die radikalen Vorschriften von Lev. 20,10
und Dtn. 22,22, in denen in Übereinstimmung mit dem Ernst des Vergehens die härteste Strafe gefordert wird, oder aber die toleranteren Vorschriften aus der Umwelt Israels, in denen sogar die Option geboten wird,
daß die Ehebrecher frei ausgehen? Über die Motive, die einen Mann dazu
bewegen, seiner ehebrecherischen Frau das Leben zu schenken und damit
auch dem Verführer seiner Frau, schweigen die betreffenden Vorschriften.
Wenn er beschließt, mit seiner Frau weiterzuleben, dürfen dann Außenste-
hende noch eine Bestrafung fordern? Steht den anderen nicht in jedem
Fall eine größere Bescheidenheit an? Denn: 'Wer von euch ohne Sünde
ist, der werfe den ersten Stein' (Joh. 8,7). Es ist evident, daß der Weg des
neuen Anfangs der Weg des Evangeliums ist, denn Jesus sagt: 'Gehe hin
und sündige hinfort nicht mehr!' (Joh. 8,11). Die rigorosen Vorschriften
des AT sind in ihrer Intention verständlich, aber nicht applizierbar.

2.23 In den letzten Sätzen wurde *das Verhältnis der Sinai-Vorschriften
zur neutestamentlichen Botschaft* angerissen. Bei der Besprechung der
jeweiligen Vorschriften wird, falls dies geboten erscheint (s. z.B. 23,4f.
über die Feindesliebe), darauf näher eingegangen werden.[77]

Auch die *Auslegungsgeschichte*, sowohl von jüdischer als auch christlicher Seite,[78] soll in der Auslegung zu Wort kommen, und sei es nur
fragmentarisch, auch indem der Blick gerichtet wird auf die *Textüberlieferung* des Bundesbuches und dessen Wiedergaben in den *alten Übersetzungen*.[79] Übersetzen bedeutet Interpretieren. Aus diesem Grund sind

---

[77] Vgl. auch C. Perrot, "La lecture synagogale d'Exode XXI,1-XXII,23 et son influence
sur la littérature néo-testamentaire", in: *A la rencontre de Dieu. Mémorial de A. Gelin*, Le
Puy 1961, S. 223-239.

[78] Zur Rezeptionsgeschichte siehe P.J. Verdam, *Mosaic Law in Practice and Study
Throughout the Ages*, Kampen 1959; Childs, S. 490-496, und des weiteren auch L. Diestel,
Geschichte des Alten Testaments in der christlichen Kirche, Jena 1869, S. 41ff., 150ff., 314,
508ff., 742ff., und mehr im allgemeinen die verschiedenen Beiträge in: E.R. Bevan & C.
Singer (Hg.), *The Legacy of Israel*, Oxford 1927 (u.a. N. Isaac, "The Influence of Judaism
on Western Law", S. 377-406; W.B. Selbie, "The Influence of the Old Testament on Purita-
nism", S. 407-431); H. Karpp, "Die Funktion der Bibel in der Kirche", in: *TRE*, VI, S.
48-93; ders., *Schrift, Geist und Wort Gottes. Geltung und Wirkung der Bibel in der
Geschichte der Kirche - von der Alten Kirche bis zum Ausgang der Reformationszeit*,
Darmstadt 1992; J. Amir, G. Klein u.a., "Gesetz", in: *TRE*, XIII, S. 52-126.

[79] Zur Textgeschichte im allgemeinen s. M.J. Mulder, "The Transmission of the Biblical
Text", in: M.J. Mulder & H. Sysling (Hg.), *Mikra: Text, Translation, Reading and Interpre-
tation of the Hebrew Bible in Ancient Judaism and Early Christianity*, Assen u.a. 1988,
S. 87-135; E. Tov, *Textual Criticism of the Hebrew Bible*, Minneapolis u.a. 1992. Unter den

Qumrantexten fanden sich Fragmente des Bundesbuches. Insbesondere können die Fragmente aus der wichtigen Exodusrolle 4QpaleoEx^m genannt werden, die 1992 veröffentlicht wurden (s. *DJD*, IX). Von dieser Rolle konnte man allerdings schon 1986 Kenntnis nehmen mit Hilfe der Studie von Sanderson*. Die Kennzeichen des Samaritanischen Pentateuch (Sam.Pent.), von dem noch keine neuere kritische Ausgabe verfügbar ist (vgl. M. Baillet, "Les divers états du Pentateuque samaritain", *RdQ* 13 [1988], S. 531-545), wurden sorgfältig beschrieben. Siehe R.T. Anderson & E. Tov & S. Noja, in: A.D. Crown (Hg.), *The Samaritans*, Tübingen 1989, S. 390-412; J. Margain, in: *DBS*, XI, Sp. 763-773; ders., "Le Pentateuque samaritain", in: P. Haudebert (Hg.), *Le Pentateuque. Débats et recherches*, Paris 1992, S. 231-240; B.K. Waltke, in: *ABD*, V, S. 932-940. Zu den Kennzeichen siehe auch schon J. Popper, *Der biblische Bericht über die Stiftshütte. Ein Beitrag zur Geschichte der Composition und Diaskeue des Pentateuch*, Leipzig 1862, S. 67ff. Zu den griechischen Übersetzungen des AT (LXX, Aq., Symm., Theod.) wurde in den vergangenen Jahrzehnten viel geforscht. Siehe A. Aejmelaeus, *On the Trail of the Septuagint Translators*, Kampen 1993; B. Botte & P.-M. Bogaert, in: *DBS*, XII, Sp. 536-692 (Sp. 580-584 über Exodus); diverse Beiträge in: R. Kuntzmann & J. Schlosser (Hg.), *Etudes sur le Judaïsme hellénistique*, Paris 1984, und von N.F. Marcos (Hg.), *La Septuaginta en la investigacion contemporanea*, Madrid 1985; O. Munnich, "Contribution à l'étude de la première révision de la Septante", in: W. Haase (Hg.), *Aufstieg und Niedergang der römischen Welt*, II, Bd. 20.1, Berlin/New York 1987, S. 190-220; S. Olofsson, *The LXX Version. A Guide to the Translation Technique of the Septuagint*, Stockholm 1990; A. Paul, "La Bible grecque d'Aquila et l'idéologie du Judaïsme ancien", in: Haase (Hg.), S. 221-245; M.K.H. Peters, in: *ABD*, V, S. 1093-1104; E. Tov, "Die griechischen Bibelübersetzungen", in: Haase (Hg.), S. 121-189; ders., "The Septuagint", in: Mulder & Sysling (Hg.), S. 161-188. Dasselbe kann in bezug auf die griechische Übersetzung von Exodus gesagt werden. 1991 erschien als Unterteil der Göttinger LXX-Edition eine kritische Textausgabe von Exodus (J.W. Wevers [Hg.], *Septuaginta Vetus Testamentum Graece*, II/1, Göttingen 1991). Vor und nach dieser Publikation war ein detaillierter Vers-für-Vers-Kommentar zu Exodus erhältlich (Wevers*, *Notes* [1990]) bzw. eine Studie zur Textüberlieferung mit einer ausführlichen Charakterisierung der Übersetzung (Wevers*, *Text History* [1992]). Überdies erschien eine vortreffliche, mit Einleitung und Anmerkungen versehene französische Übersetzung des LXX-Exodus-Textes (*BAE* [1989]). Zur LXX-Version des Bundesbuches s. auch Jepsen*, S. 14-21. Zu Symm. und Theod. sind Monographien erhältlich. Siehe O'Connell* und Salvesen*. Der textkritische Wert der Peschitta (Pesch.) und der Charakter der Vulgata (Vulg.) blieben Gegenstand der Untersuchung. Siehe P.B. Dirksen, "Old Testament Peshitta", in: Mulder & Sysling (Hg.), S. 255-297; M.J. Mulder, "The Use of the Peschitta in Textual Criticism", in: Marcos (Hg.), S. 37-53, und G.J.M. Bartelink, *Hieronymus. Liber de optimo genere interpretandi (epistula 57). Ein Kommentar*, Leiden 1980; P.-M. Bogaert, "La Bible latine des origines au Moyen Age. Aperçu historique, état des questions", *RTL* 19 (1988), S. 137-159; B. Kedar, "The Latin Translations", in: Mulder & Sysling (Hg.), S. 299-338; vgl. auch C. Estin, *Les Psautiers de Jérome à la lumière des traductions juives antérieures*, Paris 1984. Während der Vorbereitung des vorliegenden Kommentars genossen der samaritanische Targum (SamT) und insbesondere die jüdischen Targume (TO, TPsJ, TNf, FT, PT) große Aufmerksamkeit. Zum Charakter des SamT siehe A. Tal, "The Samaritan Targum", in: Mulder & Sysling (Hg.), S. 189-216, und diverse Beiträge in: J.-P. Rothschild & G.D. Sixdenier (Hg.), *Etudes samaritaines. Pentateuque et Targum, exégèse et philologie, chroniques*, Louvain/Paris 1988; zum Charakter der jüdischen Targume s. P.S. Alexander, "Jewish Aramaic Translations of Hebrew Scriptures", in: Mulder & Sysling (Hg.), S. 217-253; vgl. auch E. Levine, *The Aramaic Version of the Bible*, Berlin/New York 1988.

die alten Übersetzungen nicht bloß für die Textgeschichte interessant. Sie stellen eine Quelle unserer Kenntnis der Auslegungsgeschichte dar. Sie konfrontieren den Interpreten mit dem fortschreitenden Aktualisierungsprozeß[80] und führen ihn in die Welt der frühen Ausleger, die während der letzten Jahrzehnte immer mehr und besser erschlossen wurde,[81] u.a. aufgrund guter Textausgaben und Übersetzungen.

Die Auslegungs- und Wirkungsgeschichte und der Gebrauch des Bundesbuches konfrontiert den Exegeten mit *den Fragen des Wertes, des moralischen Gehaltes und der Gültigkeit der Vorschriften des Bundesbuches* und der mosaischen Gesetzgebung im allgemeinen. Betrachtet man die Vorschriften des Bundesbuches mit den Augen eines westlichen Christen aus dem 20.Jh., rufen sie gemischte Gefühle auf. Vorschriften über eine wohltätige Barmherzigkeit oder volle Gerechtigkeit (z.B. 22,20-26; 23,1-12) gehen mit Vorschriften einher, die in der Geschichte mittels Greuel und Unrecht umgesetzt wurden. So wurden z.B. die Hexenverfolgungen mit Ex. 22,17 legitimiert[82] und ließ man sich in der Behandlung von Sklaven durch das Bundesbuch leiten.[83] Kurzum, die Beschäftigung mit dem Bundesbuch führt den christlichen Ausleger mitten in die Problematik des Ortes des AT innerhalb der christlichen Kirche. Zur Illustrierung spreche ich einige Punkte an. In der Alten Kirche besteht nur ein geringes Interesse am Bundesbuch.[84] Wenn eine Auslegung begegnet, ist sie durchweg spiritueller Art,[85] zumindest wenn die Vorschriften nicht die allgemeine Moral, wie den Respekt vor den Eltern (Ex. 21,17), der von Chrysostomos in seiner *Fastenpredigt* (Kap. 4) thematisiert wird, zum Thema haben oder den Vorschriften eine breitere Bedeutung eingeräumt wird. So wird Ex. 23,4 von Gregor dem Wundertäter auf die Aneignung von Besitz desjenigen bezogen, über den ein Unheil gekommen ist oder der vor dem Feind flüchten muß (*Sendschrei-*

---

[80] Das gilt natürlich auch für die aus alten Übersetzungen abgeleiteten Übersetzungen, wie z.B. die koptische — der bohairische Text wurde veröffentlicht (M.K.H. Peters [Hg.], *A Critical Edition of the Coptic (Bohairic) Pentateuch*, Vol. 2: *Exodus*, Atlanta 1986) — und die äthiopische Übersetzung (vgl. R. Cowley, *Ethiopian Biblical Interpretation. A Study in Exegetical Tradition and Hermeneutics*, Cambridge 1989).

[81] Siehe die diversen Beiträge in Mulder & Sysling (Hg.), S. 339-787.

[82] Siehe *HDWA*, III, Sp. 1827ff.; *TRE*, XV, S. 297ff.; vgl. G. Harvey, "The Suffering of Witches and Children. Uses of Witchcraft Passages in the Bible", in: J. Davies u.a. (Hg.), *Words Remembered, Texts Renewed* (FS J.F.A. Sawyer), Sheffield 1995, S. 113-134.

[83] So lag 1685 in Stellenbosch in Südafrika Ex. 21,20f. im Falle des Totschlags eines Sklaven durch seinen Herrn zugrunde. Siehe M.F. Katzen, "White Settlers and the Origin of a New Society 1657-1778", in: M. Wilson & L. Thompson (Hg.), *The Oxford History of South Africa*, London 1969, S. 183-232 (S. 224).

[84] Zur frühen Auslegung siehe den Kommentar in *BAE*.

[85] Siehe z.B. Origines' *Homiliae in Exodum*, X (zu Ex. 22,22-25).

ben, 2-4), und Ex. 22,19 von Augustin auf das Verhältnis von Gemeinde im Himmel einerseits (die Engel) und Gott andererseits (*De civitate Dei*, X,7). Zur Legitimierung kirchlicher Gebräuche, wie die Asylgewährung (vgl. Ex. 21,12-14), bleibt das Bundesbuch außerhalb des Blickfelds, und um der Erhaltung bestehender gesellschaftlicher Beziehungen willen nimmt man davon Abstand.[86] Kritik am Inhalt des Pentateuch und seiner Vorschriften kam in den ersten Jahrhunderten der Kirche von seiten derjenigen Personen und Kreise auf, die von der Kirche als häretisch betrachtet wurden. So kritisierte Markion das *lex talionis* (vgl. Ex. 22,23-25).[87] Im Mittelalter, in der Zeit, in der Fürsten sich selbst ganz unmittelbar in den Führern und Königen des AT wiedererkannten[88] und auf sich bezogen, was für sie galt (vgl. auch Ex. 22,27), wurden die Vorschriften des Mose offensichtlich als Vorschriften betrachtet, die nicht nur von Bedeutung für das persönliche Leben und das der Kirche waren, sondern auch gesellschaftliche Autorität verdienten. Der angelsächsische Fürst Alfred der Große (9.Jh.) eröffnet sein Gesetzbuch mit einem Großteil des Bundesbuches in verkürzter Form in einer aktualisierten Übersetzung.[89] Der Sonntag wird als Sabbat und Tabu-Tag betrachtet. Sein Entweihen als schwerer Verstoß und Quelle von Unheil.[90] Auch in späteren Jahrhunderten manifestierte sich in Kreisen, die sich selbst als Volk Gottes betrachteten und nach einer Theokratie strebten, wie z.B. die englischen und amerikanischen Puritaner (16. und 17.Jh.), das Ideal, die Gesellschaft auf die Gesetze des AT zu fundieren, welche als offenbarter Wille Gottes und als Leitfaden für das persönliche und auch soziale

---

[86] So erörtert Augustin, *Quaest. in Exodum*, LXXVII, unter Berufung auf Eph. 6,5 und I Tim. 6,1, daß die in Ex. 21 vorgeschriebene Freilassung der Sklaven nicht für christliche Sklaven gelte und der in Ex. 21,6 beschriebene Gebrauch keine praktische Bedeutung gehabt habe, sondern allenfalls nur eine mystische Bedeutung; vgl. G. Kehnscherper, *Die Stellung der Bibel und der alten christlichen Kirche zur Sklaverei*, Halle (Saale) 1957, S. 177. Hingegen wird im Sachsenspiegel (III, 42) Ex. 21,2 bezüglich der Leibeigenen für anwendbar erklärt, vgl. R. Eberhard, "Die Bibel im Sachsenspiegel", *ChW* 48 (1934), Sp. 922-925 (Sp. 924).

[87] Vgl. A. Le Boulluec, "La Bible chez les marginaux de l'orthodoxie", in: C. Mondésert (Hg.), *Le monde grec ancien et la Bible*, Paris 1984, S. 153-170; Houtman*, *Pentateuch*, S. 14ff.

[88] Im sog. Fürstenspiegel (siehe *TRE*, XI, Sp. 707-711) entstammen die Vorbilder vor allem dem AT. Vgl. auch A. Weber-Möckl, *'Das Recht des Königs, der über euch herrschen soll'. Studien zu 1. Sam. 8,11ff. in der Literatur der frühen Neuzeit*, Berlin 1986.

[89] Siehe M. Larès, "Les traductions bibliques. L' exemple de la Grande-Bretagne", in: P. Riché & G. Lobrichon (Hg.), *Le Moyen Age et la Bible*, Paris 1984, S. 123-140 (S. 126ff.).

[90] Siehe z.B. den Sonntagsbrief, ein Jesus selbst zugeschriebener Himmelsbrief, der zum ersten Mal im 6.Jh. bezeugt ist. Siehe die Beschreibung der irischen Version (9.Jh.) in: J. Borsje, *From Chaos to Enemy. Encounters with Monsters in Early Irish Texts*, Turnhout 1996, S. 177ff.

Leben verstanden wurden. Daneben wurde ab der 2. Hälfte des 17.Jh. von englischen Deisten und von Freidenkern wie dem Franzosen F.-M. Aronet Voltaire und dem Deutschen H.S. Reimarus der Finger auf den niedrigen moralischen Gehalt des AT gelegt und der mangelhafte Charakter der mosaischen Vorschriften herausgestellt.[91] Damit wurde ein Trend in Richtung einer Devaluation oder zumindest einer ambivalenten Würdigung des AT gesetzt.[92] Die Extreme sind hiermit angedeutet. Durch Jahrhunderte hindurch hat man nach Wegen dazwischen gesucht. Z.B. indem man den Vorschriften des AT Gültigkeit zuerkannt hat, insofern sie mit dem lex naturalis übereinstimmen, oder indem man sie in zeremonielle, bürgerliche und moralische Vorschriften unterschied und allein letztere noch als anwendbar betrachtete.

2.24 Im Hinblick auf die Frage nach der Bedeutung und Wertschätzung des Bundesbuches[93] ist es wichtig, daß *die Vorschriften des AT, auch die des Bundesbuches, in einen Prozeß der Aktualisierung und Neuinterpretation hineingenommen sind,* der bereits im AT nachzuweisen ist und der die Grenzen des Kanons durchbricht und sich bis heute fortsetzt.[94] Theologisch und hermeneutisch ist relevant, daß nach der Vorstellung des AT Gott Israel am Sinai nicht einfach ein Bündel Vorschriften für alle möglichen denkbaren Situationen vermacht hat. Die Beschreibung von

---

[91] Siehe die Beiträge von B.E. Schwarzbach ("Les adversaires de la Bible", S. 139-166), E. Walravens ("La Bible chez les libres penseurs en Allemagne", S. 579-597), G. Cheymols ("La Bible et la tolérance", S. 657-676), M.-H. Contoni ("Voltaire, Rousseau, Diderot", S. 779-803) in: Y. Belaval & D. Bourel (Hg.), *Le siècle des lumières et la Bible*, Paris 1986; Houtman*, *Pentateuch*, S. 70ff., 76ff. Auf die Kritik an der mosaischen Gesetzgebung antwortete J.D. Michaelis in *Mosaisches Recht* (1770-1775), eine einflußreiche Abhandlung, in der eine historische Beleuchtung der Entstehung des mosaischen Rechtes geboten wird. Vgl. A.-R. Löwenbrück, "Johann David Michaelis et les débuts de la critique biblique", in: *Le siècle des lumières*, S. 113-128 (S. 120ff.); R. Smend, *Deutsche Alttestamentler in drei Jahrhunderten*, Göttingen 1989, S. 13-24 (S. 21).
[92] Vgl. z.B. R. Abramowski, "Vom Streit um das Alte Testament", *ThR* 9 (1937), S. 65-93; U. Kuschke, *Die unterlegene Religion. Das Judentum im Urteil deutscher Alttestamentler*, Berlin 1991.
[93] Abhandlungen über das Bundesbuch tragen in der Regel einen historischen und deskriptiven Charakter. Fragen nach der Gültigkeit und Bedeutung werden höchstens am Rande thematisiert (siehe z.B. Crüsemann*; Otto*, *Ethik*). Ausführlich, aber unbefriedigend kommen sie bei Kaiser* (S. 23ff. u.a.) zur Sprache.
[94] Von Bedeutung in diesem Zusammenhang ist, daß viele Vorschriften des AT an sich bereits Fragen aufwerfen, durch ihre Absolutheit oder Unvollständigkeit nicht geeignet sind, ethische Probleme zu lösen, und so zu weiterer Reflexion und Neuformulierung einladen. Vgl. in diesem Zusammenhang die Beiträge von J.W. Rogerson ("Discourse Ethics and Biblical Ethics" [S. 17-26]) und D.J.A. Clines ("Ethics as Deconstruction, and, The Ethics of Deconstruction" [S. 77-106]) zu J.W. Rogerson u.a. (Hg.), *The Bible in Ethics*, Sheffield 1995.

Israels Aufenthalt in der Wüste beinhaltet Erzählungen über Berichte von Situationen, die vor Verlegenheit bezüglich des Willens Gottes stellten. Die Israeliten wissen nicht, wie sie hinsichtlich eines konstatierten Vergehens aufzutreten haben und wie sie in einer nicht vorhersehbaren Situation handeln müssen. Ein durch Moses Vermittlung erhaltenes Wort Gottes bringt dann die erwünschte Deutlichkeit (Lev. 24,10-23; Num. 9,1-14; 15,32-36; 27,1-11; 36,1-13). Auch Ex. 34,27-35 setzt voraus, daß es allerlei Fragen gibt, die nicht in den Sinai-Vorschriften geregelt sind und die nichtsdestoweniger einer Lösung bedürfen.[95] Kurzum, die Vorschriften des Sinai sind ausgeweitet, aktualisiert und neu interpretiert. Das wird aus einer vergleichenden Analyse der Gesetzeskomplexe des Pentateuch deutlich, aufgrund derer festgestellt werden muß, daß viele Vorschriften zu einem bestimmten Thema zwei- oder dreimal begegnen, manchmal nur mit kleinen, manchmal aber auch mit eingreifenden Unterschieden (s. z.B. 4.2.9-10). Die Intention dessen kann man theologisch wie folgt formulieren: Gott hat seinen Willen nicht ein für allemal festgelegt, sondern ist bereit, je nachdem es die historischen Umständen notwendig machen, seine Vorschriften zu ergänzen oder zu verändern.

Im AT ist die Ausweitung und Veränderung von Vorschriften insbesondere an die Periode von Israels Wüstenwanderung und an die Figur des Mose gebunden. Wie ein Refrain erklingt es wiederholt: 'Und JHWH sprach zu Mose'. Der Refrain ist vorherrschend, aber nicht alles beherrschend. Das AT selbst bindet die Gesetzgebung nicht ausschließlich an die Person des Mose und beschränkt sie aufs Ganze gesehen ebensowenig auf die Wüstenzeit.[96] Darüber hinaus haben historische Untersuchungen deutlich gemacht, daß das 'mosaische Gesetz' in einem jahrhundertelangen Prozeß entstanden ist. Neue Fragen und Situationen stellten Israel vor Verlegenheiten, die nicht auf die frühe Zeit beschränkt blieben (vgl. z.B. Dtn. 17,8-13). Je nachdem die historischen Umstände dazu Anlaß gaben, wurden die alten Vorschriften in neuer Gestalt präsentiert, die stärker auf die veränderte Situation abgestimmt war, oder wurden ganz neue Vorschriften formuliert.[97] Die Vorschriften aus unterschiedlichen Zeiten sind im AT unter dem Namen des Mose überliefert, auch wenn sie nicht alle durch seine Vermittlung Israel gegeben wurden. Das 'von Mose' ist eine Umschreibung des inspirierten Charakters der Vor-

---

[95] S. auch oben 2.20 und vgl. Crüsemann*, S. 104ff.

[96] Josua tritt als Gesetzgeber in Moses Fußspuren (Jos. 24,25f.). Auch nach Mose wird mit göttlicher Autorität der Jurisprudenz Gestalt verliehen (Dtn. 17,8-13; vgl. Ex. 18,15f.19f.22.26; Dtn. 1,9-18; Num. 11,16f. und s. auch Mt. 23,2).

[97] Siehe in diesem Zusammenhang auch meine Anmerkungen zu Esras Gesetzbuch in *Der Pentateuch*, S. 450ff.

schriften und nicht sosehr ihrer Verfasserschaft. Das 'von Mose' prägte
auch die neuen Formulierungen von seiten derer, die sich als Moses Erben
betrachteten und in veränderten Zeiten und andersartigen Situationen die
Vorschriften in Verbundenheit und Dialog mit dem 'mosaischen' Erbe
interpretierten und aktualisierten. Letztendlich ist das 'von Mose' ein
Verweis auf den Ursprung der Vorschriften, nämlich Gott, und eine
Betonung der Autorität der Vorschriften, auch in ihrer neuen Version.
Neue Situationen eröffnen sich. Neue Fragen steigen auf. Die Heilige
Schrift bedarf stets neuer Interpretation und Aktualisierung. Auch das NT
legt davon Zeugnis ab. Jeden Tag gelangen wir in der Geschichte einen
Schritt weiter und werden von Fragen, die uns überwältigen, in Verlegenheit gebracht. Alte Antworten reichen nicht mehr aus. Neue werden
gesucht. Diejenigen, die dem im AT und NT bezeugten Gott zugewandt
sind, befinden sich in einem fortwährenden Aktualisierungsprozeß und
sind gerufen, in Verbundenheit und Dialog mit dem Erbe von Schrift und
Tradition die Herausforderung anzunehmen, zeitgemäßen Normen und
Regeln Gestalt zu verleihen. Aktualisierung und Neuinterpretation schaffen Raum für das Neue und basieren auf der Vorstellung, daß der Gott
der Bibel Menschen in ihrer historischen Situation zugewandt ist und
dieser auch Rechnung tragen will. Sie durchbrechen die Grenzen des AT,
aber auch die des Kanons als ganzen, und setzen sich in der Gemeinde
derjenigen fort, die Gott hingegeben sind. Angesichts der skizzierten
historischen Perspektive kann der Gläubige des 20.Jh. nicht anders, als
hinsichtlich Bedeutung und Wert des Bundesbuches zu einem nuancierten
Urteil zu gelangen.

KAPITEL III

DIE EINZIG RECHTE VEREHRUNG JHWHS

3.1.1 *Literatur zu 20,22f*

TRE, VI, S. 515ff.; J. Assmann, "Semiosis and Interpretation in Ancient Egyptian Ritual", in: S. Biderman & B.A. Scharfstein, *Interpretation in Religion*, Leiden 1992, S. 87-109; W. Barnes Tatum, "The LXX Version of the Second Commandment (Ex. 20,3-6 = Deut. 5,7-10). A Polemic Against Idols, Not Images", *JSJ* 17 (1986), S. 177-195; R.P. Carroll, "The Aniconic God and the Cult of Images", *StTh* 31 (1977), S. 51-64; E.M. Curtiss, "Images in Mesopotamia and the Bible. A Comparative Study", in: W.W. Hallo u.a. (Hg.), *The Bible in the Light of Cuneiform Literature*, Lewiston usw. 1990, S. 31-56; B.J. Diebner, "Anmerkungen zum sogenannten 'Bilderverbot' in der Torah", *DBAT* 27 (1991), S. 46-57 (vgl. auch S. 253-270); M. Dietrich & O. Loretz, *'Jahwe und seine Aschera'. Anthropomorphisches Kultbild in Mesopotamien, Ugarit und Israel*, Münster 1992; W. Dietrich & M.A. Klopfenstein (Hg.), *Ein Gott allein? JHWH-Verehrung und biblischer Monotheismus im Kontext der israelitischen und altorientalischen Religionsgeschichte*, Freiburg/Göttingen 1994; C. Dohmen, *Das Bilderverbot. Seine Entstehung und seine Entwicklung im Alten Testament*, Königstein/Ts./Bonn 1985 (1987²); C. Dohmen & Th. Sternberg (Hg.), *... kein Bildnis machen. Kunst und Theologie im Gespräch*, Würzburg 1987; A.H.J. Gunneweg, "Bildlosigkeit Gottes im Alten Testament", *Henoch* 6 (1984), S. 257-270; J. Gutmann (Hg.), *No Graven Images. Studies in Art and the Hebrew Bible*, New York 1971; W. Hallo, "Cult Statue and Divine Image. A Preliminary Study", in ders. u.a. (Hg.), *Scripture in Context II*, Winona Lake 1983, S. 1-17; R.S. Hendel, "The Social Origins of the Aniconic Traditions", *CBQ* 50 (1988), S. 365-382; F.L. Hossfeld, "Du sollst dir kein Bild machen", *TThZ* 98 (1989), S. 81-94; O. Keel & C. Uehlinger, *Göttinnen, Götter und Gottessymbole. Neue Erkenntnisse zur Religionsgeschichte Kanaans und Israels aufgrund bislang unerschlossener ikonographischer Quellen*, Freiburg usw. 1992; R. Knierim, "Das erste Gebot", *ZAW* 77 (1965), S. 20-39; A. Kruyswijk, *'Geen gesneden beeld...'*, Franeker 1962; T.N.D. Mettinger, *No Graven Image? Israelite Aniconism in Its Ancient Near Eastern Context*, Stockholm 1995 (vgl. dazu O. Loretz, *UF* 26 [1994], S. 209-223); A.R. Millard, "Abraham, Akhenaten, Moses and Monotheism", in: R.S. Hess u.a. (Hg.), *He Swore an Oath. Biblical Themes from*

Genesis 12-50, Carlisle, U.K./Grand Rapids 1994[2], S. 119-129; J.C. de Moor, *The Rise of Yahwism*, Leuven 1990; J. Patrich, *The Formation of Nabataean Art. Prohibition of a Graven Image among the Nabataeans*, Jerusalem 1990; W.H. Schmidt, *Das erste Gebot. Seine Bedeutung für das Alte Testament*, München 1969; J.H. Tigay, *You Shall Have No Other Gods. Israelite Religion in the Light of Hebrew Inscriptions*, Atlanta 1986; C. Uehlinger, "Eine anthropomorphe Kultstatue des Gottes von Dan?", *BN* 72 (1994), S. 85-100.

3.1.2 *Literatur zu 20,24-26*

M. Anbar, "The Story about the Building of an Altar on Mount Ebal", in: N. Lohfink (Hg.), *Das Deuteronomium*, Leuven 1985, S. 304-309; D. Conrad, *Studien zum Altargesetz Ex. 20:24-26*, Marburg 1968; N. Lohfink, "Zur deuteronomistischen Zentralisationsformel", *Bib* 65 (1984), S. 297-329; J.P. Oberholzer, "The Text of Ex. 20,22.23", *JNWSL* 12 (1984), S. 101-105; S.M. Olyan, "Why an Altar of Unfinished Stones? Some Thoughts on Ex 20,25 and Dtn 27,5-6", *ZAW* 108 (1996), S. 161-171; Osumi*, S. 54, 80ff., 156, 160f., 175f., 179ff.; M.J. Paul, *Het archimedisch punt van de pentateuchkritiek*, 's-Gravenhage 1988; A. Phillips, "A Fresh Look at the Sinai Pericope I", *VT* 34 (1984), S. 39-52; E. Reuter, *Kultzentralisation. Entstehung und Theologie von Dtn 12*, Frankfurt am Main 1993 (vgl. dazu N. Lohfink, *ZABR* 1 [1995], S. 117-148); E. Robertson, "The Altar of Earth", *JJS* 1 (1948), S. 12-21; Schwienhorst-Schönberger*, S. 287ff.; W. Zwickel, "Die Altarbaunotizen im Alten Testament", *Bib* 73 (1992), S. 533-546.

3.1.3 *Übersetzung*

20,22 *Danach sprach JHWH zu Mose: 'So sollst du zu den Israeliten sprechen: "Ihr seid Zeugen davon gewesen, wie ich aus dem Himmel mit euch geredet habe.*

23 *Darum sollt ihr nichts machen* (zur Aufstellung) *in meiner Gegenwärtigkeit: silberne Götter und goldene Götter dürft ihr euch also nicht machen.*

24 *Einen Altar aus Erde sollst du für mich machen, um darauf deine Brandopfer und deine Wohlsein-Opfer zu bringen, dein Kleinvieh und dein Großvieh; an jedem Ort, an dem ich mich offenbare, zu dir komme, um dich zu segnen* (sollst du dies tun).

25 *Wenn du mir aber einen Altar aus Steinen machen willst, sollst du ihn nicht mit behauenen Steinen aufbauen. Durch die Bearbeitung mit deinem Meißel würdest du ihn entweihen.*

26 *Du sollst auch nicht über Stufen auf meinen Altar kommen, damit darauf deine Geschlechtsteile nicht entblößt werden".'*

3.1.4 Exegetische Anmerkungen

20,22 Moses wird in seiner Funktion als JHWHs Sprachrohr für das Volk angesprochen (vgl. 20,18.19).

wajjō'mær ... tō'mar, Sam.Pent.: *wjdbr jhwh 'l mšh l'mr dbr* (zu *dbr* anstelle von *'mr* [vgl. *THAT*, I, Sp. 211ff.; *ThWAT*, I, Sp. 353ff.; s. im Bundesbuch: 21,5; 22,8; 23,13] s. S. Talmon, *ScrHie* 8 [1961], S. 344f.). *kô tō'mar*, LXX: 'So mußt du zum Haus Jakob sprechen und verkündigen (den Israeliten)' (vgl. 19,3). Die Worte JHWHs gleichen denen von 19,3b.4 teilweise. *r'h* (s. *THAT*, II, Sp. 692ff.; *ThWAT*, VII, Sp. 225ff.), 'sehen', kommt im Bundesbuch im qal vor im Sinne von 'Zeuge sein von' (20,22; 22,9; 23,5) und im ni. mit der Bedeutung 'sich sehen lassen', 'besuchen'.

Die Offenbarung JHWHs aus der Wolkendecke in Form von Donnerschlägen, Blitzstrahlen und Posaunenschall wird hier als eine Offenbarung aus dem Himmel gedeutet (s. Houtman*, *Himmel*, S. 326f.). So wird die These vertreten (s. z.B. Noth, te Stroete, Hyatt), daß 'aus dem Himmel' ein Indiz für das Vorhandensein einer besonderen Überlieferung in 20,22 sei, die es von E (JHWH ist auf dem Berge anwesend) und J (JHWH steigt vom Berg herab) zu unterscheiden gelte (S. dazu Houtman*, *Exodus*, II, S. 431). Das Verhältnis zwischen 19,20 und 20,22 war bereits Gegenstand der Reflexion in Mek., II, 275, und bei Raschi und Ibn Esra. M.E. ist in 20,22 der atmosphärische Himmel gemeint, wobei keine andere Vorstellung zugrunde liegt als in 19,9.19; 20,21 (vgl. Dtn. 4,11f.36; 5,22f. und s. z.B. Nachmanides, Calmet). Die Verwendung der Phrase 'aus dem Himmel' hängt mit der in 20,23 formulierten Vorschrift zusammen (vgl. Dtn. 4,11f.15ff.).

In bezug auf das Verhältnis zwischen 20,22 und 20,23 ist es m.E. nicht zutreffend, einen Doppelpunkt nach 20,22 zu setzen und dabei anzunehmen, daß JHWH jetzt etwas Mose sage, das er bereits mitgeteilt hat. Bei 20,23 muß hinzugedacht werden: 'weil ich euch sehen ließ, wer ich bin (s. 20,22), und ihr wißt, wer ich bin, darum sollt ihr ...'.

20,23 Die Masoreten haben durch ihre Punktation den poetischen Charakter von 20,23[1] negiert und eine Zäsur nach *'ittî* angebracht; mit der Folge, daß 20,23a elliptisch wurde. Das vorausgesetzte Objekt wird in 20,23b explizit genannt: Gottesbilder (vgl. z.B. 20,3; 22,19; 23,24.32f.; 32,31; 34,15ff.) aus Silber und Gold (KöSynt § 306aγ).[2] Sie dürfen nicht gemacht werden (um als Gegenstand

---

[1] Chiastischer Parallelismus; vgl. W. von Soden, *UF* 13 (1981), S. 159f.

[2] 'Silber' und 'Gold' bilden ein im AT häufig begegnendes Wortpaar, bei dem 'Silber' (Gen. 13,2; 24,35.53; 44,8; Num. 22,18; 24,13; Dtn. 17,17 usw.), aber auch 'Gold' voranstehen kann (I Reg. 10,22; II Reg. 12,13; Ez. 28,4; Sach. 14,14 usw.); vgl. B. Hartmann, *Die nominalen Aufreihungen im Alten Testament*, Zürich 1955. Zu unterschiedlichen Schlußfolgerungen aus der Reihenfolge, s. *ThWAT*, II, Sp. 540f., und K.H. Singer,

der Verehrung zu dienen) und nicht auf dem JHWH gehörigen Ort (*'ittî*) aufgestellt werden. JHWH duldet nicht, daß Bilder in seinem Heiligtum einen Platz
erhalten, d.h. daß sein Heiligtum auch zur Verehrung anderer Götter dient.[3] Er
fordert exklusive Verehrung. In anderer Formulierung wird also von Israel das
gleiche wie in 20,3-5 gefordert.

20,22 greift auf Ex. 19 zurück, aber auch voraus auf Dtn. 4,11f.15.36; 5,22f.
Damit steht 20,23 ganz im Lichte der in Dtn. 4 gegebenen Motivierungen des
Bilderverbots (s.u., 3.2.3,8). Diese Erläuterung ist einer redaktionellen Hand zu
verdanken. Ist dadurch dem Verbot von 20,23 eine neue, größere Reichweite
verliehen worden? Hatte das Verbot ursprünglich eine begrenzte Reichweite?
Richtete es sich gegen die Herstellung von luxuriösen Bildern, aber nicht gegen
die Herstellung von einfachen, hölzernen oder steinernen Bildern oder den
Gebrauch von Mazzeben? Oder läßt JHWH hier erkennen, daß er, repräsentiert
durch ein Bild (wenn man so will: eine Mazzebe oder einen anderen Gegenstand,
z.B. die Lade), nicht will, daß neben dem Gegenstand, der ihn repräsentierte,
Bilder von anderen Göttern verehrt wurden? Darüber kann man nur spekulieren.[4]

ta⁽ᵃśûn, Sam.Pent.: *t'św*. *'ittî* (vgl. z.B. Waltke & O'Connor § 11.2.4), in der
LXX folgt nach 'machen':[5] ἑαυτοῖς (vgl. ὑμῖν ἑαυτοῖς = *lākœm* am Schluß des
Verses); in der Vulg. fehlt eine Übersetzung; TO: *qdmj*, 'vor mir'; so auch TNf,
FT^V; vgl. auch TPsJ, wo vor *qdmjj* als Objekt des Machens eine ganze Auflistung
geboten wird; Israel darf zur Verehrung keine Bildnisse von der Sonne, vom
Mond, von den Sternen und Planeten machen, und auch nicht von den Engeln, die
'vor mir' Dienst verrichten (vgl. Mek., II, 242f., 276; Raschi).

20,24 *mizbēaḥ*, der Ort, wo geschlachtet, geopfert wird (vgl. *ABD*, I, S. 162ff.;
BRL, S. 5ff.; *ThWAT*, IV, Sp. 787ff., und s. 21,14). Interessanterweise verstanden
die Samaritaner den irdenen Altar von 20,24 nicht als eine Anhäufung von Erde,
sondern als eine Mulde, als Grube in der Erde.[6] *ᵃdāmâ* (vgl. I Reg. 7,46; Jes.
45,9), genitivus materiae (z.B. Joüon § 129f; Waltke & O'Connor § 9.5.3d), steht
hier in Kontrast zu 'Steine' (20,25; beide kontrastieren mit 'Silber' und 'Gold' in

---

Die Metalle Gold, Silber, Bronze, Kupfer und Eisen im Alten Testament und ihre Symbolik,
Würzburg 1980, S. 136ff. Die Begriffe dienen zur Bezeichnung des sehr Kostbaren (vgl.
z.B. Prov. 22,1 und s. Krasovec*, S. 97, 113f.); s. zu 21,11 und weiter *BRL*, S. 219ff.; *RLA*,
III, S. 504ff.; V, S. 345ff.; *ThWAT*, II, Sp. 543ff.; IV, Sp. 283ff.

[3] U.a. Crüsemann*, S. 231, entscheidet sich für die Lesart *'ōtî* und faßt 20,23 als ein
Verbot auf, ein Bild von JHWH zu machen: 'Ihr sollt mich nicht herstellen'. Auch Sprinkle*, S. 35, 38, versteht den Vers in diesem Sinn. Er interpretiert *'ittî* als 'in my case', mit
Bezug auf mich, und bezieht *ᵃlōhîm* als pluralis majestatis auf JHWH: JHWH verbietet es,
ihn unter der Gestalt eines Bildes darzustellen (vgl. 32,31) und zu verehren.

[4] Zu einer detaillierten Besprechung dieses Verses s. Kruyswijk, S. 75ff., und Dohmen,
S. 154ff., 236ff.

[5] *'śh* (vgl. *THAT*, II, Sp. 359ff.; *ThWAT*, VI, Sp. 413ff.), 'machen', 'tun', findet sich im
Bundesbuch mit der Bedeutung 'herstellen' (20,23.25), 'tun' als Ausführung eines Auftrags
(23,22) und das Verrichten von Arbeit (23,12), 'behandeln' (+ *l*) (21,9.11.31), 'handeln
mit' (+ *l*) (22,29; 23,11), 'entsprechend handeln' (+ *k*) (23,24).

[6] Siehe J. Jeremias, *Die Passahfeier der Samaritaner*, Gießen 1932, S. 104.

20,23); dies ist jedoch kein Grund, um (vgl. den Kontrast in Jes. 9,9 und
Am. 5,11) *ᵃdāmâ* als 'Ziegelstein' zu verstehen (so Conrad, S. 21ff., 40f.). Wohl
kann man bei 'Erde' an Lehm denken (vgl. Jes. 45,9). Warum aus Erde? Folgender Hintergrund wird verteidigt: auf diese Weise kann das Opferblut von der Erde
aufgenommen werden (vgl. Cazelles*, S. 40f.; Dohmen, S. 174f.; s. aber auch
3.5).[7] *taᵃśœh*, hier liegt ein Wechsel der Personenform vor; der 2.Pers. plur.
(20,23) folgt nun die 2.Pers. sing.; in der LXX und Vulg. wird an der 2.Pers.
plur., auch im Gebrauch der Possesivpronomen, im größten Teil von 20,24
festgehalten und findet der Übergang zum Singular erst am Ende des Verses statt;
in TNf wird bis einschließlich 20,26 der Plural verwendet. *wᵉzābaḥtā* (s. ThWAT,
II, Sp. 509ff., und vgl. 22,19; 23,18), mit *wāw* zur Einleitung eines Finalsatzes
(vgl. Ges-K § 165; Joüon § 168b). *ᶜōlâ*, 'Brandopfer' (vgl. z.B. 24,5; 29,25.42;
30,9; 32,6 und s. ThWAT, VI, Sp. 105ff.), das Opfer, das mit Ausnahme der für
den Priester bestimmten Haut ganz auf dem Altar verbrannt wird und zu Gott
aufsteigt (vgl. 29,18).

šᵉlāmîm, mit Ausnahme von Am. 5,22 stets Plural,[8] wird oft in Kombination
mit 'Brandopfer' genannt. Stets stehen dabei die 'Brandopfer' an erster Stelle
(20,24; 24,5; 32,6; Lev. 6,5; Dtn. 27,7; Jos. 8,31; Jdc. 20,26; 21,4; I Sam. 13,9
usw.). Entsprechend des Wechsels in Lev. 7,11-21; 19,5f.; II Reg. 16,13.15 ist
(*zæbaḥ*) *šᵉlāmîm* mit *zæbaḥ*, 'Schlachtopfer', dem Opfertier und- fleisch (vgl. z.B.
23,18; 24,5; 34,15.25) gleichzusetzen. Das *šlmjm*-Ritual wird in Lev. 3;
7,11ff.28ff.; 22,17ff. beschrieben; ein Teil des Opfers ist für Gott bestimmt, ein
Teil für den Priester und ein Teil für den Opferbringenden, der ihn mit seiner
Familie ißt. Unsicher und umstritten ist die Bedeutung des auch aus ugaritischen
Texten bekannten Terms. Ein Blick in diverse Übersetzungen verdeutlicht dies:
šᵉlāmîm wird (in Exodus) übersetzt mit 'Dankopfer' (Luther), 'Fried(ens)opfer'
(Hirsch, Heinisch), 'Friedmahle' (Buber & Rosenzweig), 'Heilsopfer' (Beer),
'Gemeinschaftsopfer' (Noth) 'Schlachtopfer' (te Stroete; in 20,24: 'meeloffers'
[sic]; Druckfehler für 'maaloffers'?), 'Opfer für die heilige Mahlzeit' (GNB).[9]
Ebenso unsicher und umstritten ist der historische Entwicklungsprozeß dieser
Opferart. Beide Fragen bleiben hier außer Betrach.[10] Ich beschränke mich auf
einige Anmerkungen zur Verdeutlichung des Begiffs anhand der sonstigen
Verwendung in Exodus. *šᵉlāmîm* übersetze ich mit 'Wohlsein-Opfer'. 'Wohlsein'
beziehe ich auf das Verhältnis von Gott und dem Opferbringenden mit den
Seinen. Im Anschluß an das ganz für die Gottheit bestimmte Brandopfer ist das
'Wohlsein-Opfer' darauf gerichtet, die harmonische Verbindung zwischen Gottheit
und Opferbringendem zu erwirken bzw. instand zu halten. In 24,5 fungiert
šᵉlāmîm als Apposition, als nähere Bestimmung zu *zᵉbāḥîm* (vgl. I Sam. 11,15 und
s. auch Jos. 22,27; vgl. KöSynt § 333s,t). In 29,28 werden die 'Schlachtopfer'

---

[7] Zu dieser Frage s. auch Sprinkle*, S. 41f.

[8] Plurale tantum oder ein Fall von Mimation, zu Unrecht als Plural verstanden? Vgl. z.B.
R. Schmid, *Das Bundesopfer in Israel*, München 1964, S. 42f.

[9] Zu anderen Übersetzungen und LXX s. z.B. W. Eisenbeis, *Die Wurzel* שלם *im Alten
Testament*, Berlin 1969, S. 223f.; Schmid, a.a.O., S. 14, 108.

[10] S. hierzu *THAT*, II, Sp. 931f.; *ThWAT*, VIII, Sp. 101ff.

näher bestimmt als 'Wohlsein-Opfer' durch den Gebrauch von *šᵉlāmîm* als Nomen
rectum in einer Genitivverbindung mit *zæbaḥ* im Plur. (vgl. Lev. 3,1 usw. 17,5;
19,5; 22,21 u.a.). Vom Einnehmen einer Mahlzeit nach der Darbringung eines
'Wohlsein-Opfers' ist explizit in 32,6 (vgl. 24,11) die Rede. In 24,5 ist die Rede
von Brandopfern und Wohlsein-Opfern 'zu Ehren JHWHs' im Zusammenhang mit
dem Bundesschluß. Die Opfer in 32,6 sind zumindest von Aaron als Opfer zu
Ehren JHWHs gedacht (vgl. 32,5). 'Brandopfer' und 'Wohlsein-Opfer' fungieren
in Kombination miteinander offensichtlich zur Umschreibung von Opfern im
allgemeinen (Merismus).

'æt-ṣō'nkā wᵉ'æt-bᵉkārækā, Besitz an Vieh, Schafen, Ziegen und Rindern (vgl.
ThWAT, I, Sp. 736ff.; VI, Sp. 858ff.; Merismus [vgl. Krašovec*, S. 86f., 135]),
Apposition in MT (vgl. LXX); in Pesch. geht ein *wāw*-(explikativum?) voran:
w'nk wtwrjk; in Sam.Pent.: *mṣ'nk* usw., geht ein *min*-partitivus voraus; so auch in
TO, TPsJ, SamT.

bᵉkol-hammāqôm, *māqôm* ist ein sehr allgemeiner Begriff für 'Ort' (vgl.
ThWAT, IV, Sp. 1113ff.), der auch zur Umschreibung des heiligen Ortes (z.B.
21,13) und des Wohnortes Gottes verwendet werden kann (vgl. Jes. 26,21; Hos.
5,15; Mi. 1,3). Im Hinblick auf das Verhältnis zwischen Ex. 20,24 und Dtn. 12 (s.
3.3,4) ist die Interpretation der hier genannten Formulierung von Bedeutung. Ist
gemeint 'auf dem ganzen Ort' oder 'an jedem Ort'? Im Sam.Pent. wurde das
Problem durch die Lesung *bmqwm* (vgl. SamT) – der Ort ist der Garizim –
beseitigt. Viele glauben, daß der MT die Interpretation 'auf dem *ganzen* Ort'
repräsentiere und eine dogmatische Korrektur (es besteht keine Diskrepanz zu
Dtn. 12) zu der urspünglichen Lesart *bᵉkol-māqôm* sei (z.B. Ges-K § 127e). Die
ursprüngliche Lesart fände sich in den Versionen; s. z.B. LXX: ἐν παντὶ τόπῳ,
und ferner Pesch., TO. Es ist ebensogut möglich, daß die Wiedergabe der
Versionen auf dem MT beruht (vgl. TPsJ, TNf); dieser läßt auch die Interpretation
'an *jedem* Ort' oder 'an *allen* Orten' zu (vgl. z.B. den Gebrauch von *kol-habbēn*
und *kol-habbat* in 1,22).[11] Gekünstelt ist die Auffassung von J. de Groot: gemeint sei überall innerhalb der Grenzen des Heiligtums (ein Heiligtum, aber
mehrer Altäre seien zugestanden).[12]

zkr hi. (vgl. *THAT*, I, Sp. 507ff.; *ThWAT*, II, Sp. 571ff.) mit JHWH als Subjekt
und + *šēm* (vgl. *THAT*, II, Sp. 936ff.; *ThWAT*, VIII, Sp. 122ff.) als Objekt:
JHWH offenbart sich, stellt sich vor, so daß man sicher weiß, daß man es mit ihm
zu tun hat (vgl. Gen. 15,1; 17,1; 28,13; Ex. 3,6; 20,2), und macht dadurch den
Ort der Offenbarung zum Kultort, wo man ihn (seinen Namen) anruft (vgl. 3,16).
Sam.Pent.: *'zkrtj* (Perf.; der Ort ist bereits erwählt); mit Ausnahme der LXX ist in
den meisten alten Übersetzungen das Verbum nicht auf die Anweisung für den
JHWH-Kultort bezogen, sondern auf den Gottesdienst dort für JHWH; Vulg.: *in
omni loco in quo memoria fuerit nominis mei*, 'an jedem Ort, an dem das Gedächtnis meines Namens stattfinden wird'; Pesch.: *tdkr* (= *tzkjr*, 2.Pers. sing.); vgl.
TPsJ, wo sowohl die 1.Pers. als auch die 2.Pers. einen Platz erhalten haben: *d'šrj*

---

[11] S. besonders Conrad, S. 5ff. (mit Lit.) und z.B. Joüon § 135c.
[12] *Die Altäre des Salomonischen Tempelhofes*, Stuttgart/Leipzig 1924, S. 36.

škjntj w'nt plḥ qdmj, 'wo ich meine Schechina wohnen lasse (vgl. TO) und du mir
Verehrung bringen sollst'; s. auch TNf, wo die 2.Pers. plur. gebraucht wird: 'wo
ihr meines Namens im Gebet gedenkt' (vgl. FT^V: 'wo ihr meines heiligen Namens
gedenkt'; s. auch PT^F und den Gebrauch der 2.Pers. sing. in TNf am Rand); der
Satzteil 'an jedem Ort, wo ...' ist auf den Gottesdienst in der Synagoge bezogen;
sie legitimiert ihn und bezeugt die segnende Präsenz der dortigen Schechina (vgl.
Mek., II, 287). Illustrativ ist in diesem Zusammenhang die Art und Weise, in der
'ābô' und die folgenden Worte in den Targumen wiedergegeben wurden; s. z.B.
FT^V: '(an jedem Ort, wo...), soll sich mein Wort euch offenbaren und euch
segnen' (vgl. PT^F und s. TNf), und TO: '... werde ich meinen Segen euch senden
und ich werde dich segnen' (vgl. TPsJ). Wo immer in der jüdischen Exegese am
MT festgehalten wurde, ist *b^{e}kol ... š^{e}mî* interpretiert als Ort, wo ich (JHWH)
erlaube, meinen (vollständigen) Namen zu nennen, d.h. der Tempel (vgl. Mek., II,
287; Raschi) und auch vorläufige Heiligtümer, wie die zu Silo (Ibn Esra). Nach
šmj hat Sam.Pent. die Zufügung *šmh*, 'dort(hin)'; vgl. LXX: ἐκεῖ; TO, SamT:
ltmn; beruht Sam.Pent. auf Dittographie? Ist die Rede von deuteronomischem
Einfluß? Vgl. den Gebrauch von *š^{e}mô šām* in Dtn. 12,11; 14,23 u.a. (9×).
    'ābô', 'ich komme'; vgl. *bā' hā^{ve}lōhîm*, 'Gott ist gekommen', in 20,20 und s.
z.B. Dtn. 4,34 (zu *bw'* qal, '[hinein]gehen', '[hinein]kommen' [21,3; 22,8.14.
25.27], und hi., 'hineinführen', 'bringen' [22,12; 23,19.20.23], s. THAT, I, Sp.
264ff.; ThWAT, I, Sp. 536ff.); entsprechend ihrer Punktation haben die Masoreten
b^{e}kol-hammāqôm als Beginn eines neuen Satzes betrachtet; in der LXX (vgl. auch
Vulg.) ist dagegen *b^{e}kol-hammāqôm* mit dem Vorhergehendem verbunden und
deutet den Ort an, wo die Opfer gebracht werden; ferner gehört in der LXX *'ābô'*
(übersetzt mit καὶ ἥζω) ebenso wie *ûbēraktîkā* zu dem mit *^{va}šœr* eingeleiteten
Satz 'Ort, wo ... und ich zu dir kommen werde ...'; diese Option ist eine Überlegung wert; unter Handhabung des MT rechne ich *'ābô'* (und die folgenden
Wörter) zu dem mit *^{va}šœr* eingeleiteten Satz; der Begriff leitet eine nähere
Bestimmung zu *'azkîr 'œt-š^{e}mî* ein und ist nicht, wie gewöhnlich angenommen (s.
bereits die Targume), das Verbum des mit *bkl-hmqwm* beginnenden Hauptsatzes;
letztgenannter Satz ist m.E. eine Ellipse; *ta^{va}śœh-lî* (20,24a) muß hinzugedacht
werden. Für die abgeschwächte Übersetzung von *'ābô'* (Anthropomorphismus) in
den Targumen s.o. (vgl. auch SamT: *jtj ljdk*). *ûbēraktîkā*, 'und ich dich segne'
(vgl. THAT, I, Sp. 354ff.; ThWAT, I, Sp. 808ff.), mit *wāw* zur Einleitung eines
Finalsatzes (s.o.). JHWH schenkt das, was in den Augen des Menschen des Alten
Orients Segen bedeutet: Lebenskraft, Wohlstand, Fruchtbarket, Schutz, Befreiung
von Feinden usw. (vgl. Lev. 26,3ff.; Dtn. 28,3ff.; und s. weiter Gen. 12,2; 26,12;
48,16; 49,25; Dtn. 1,11; 7,13 usw.).

20,25 *'œbœn*, 'Stein', Felsgestein, ungeachtet der Größe, von einem Kieselstein
bis zu einem großen massiven Steinbrocken (BRL, S. 317ff.; IDB, IV, S. 445ff.);
hier als dauerhaftes Material genannt für einen Altar, der den Zahn der Zeit
überstehen kann (vgl. Dtn. 27,5f.; Jos. 8,31; I Reg. 18,31ff.; Jes. 27,9; I Makk.
4,46f. und s. auch Jdc. 6,20f.; 13,19; I Sam. 6,14; 14,33; Ez. 40,42). *bnh*, 'bauen',
mit doppeltem Akk. (*'œthœn* bezieht sich auf die Steine), s. KöSynt § 327x; Ges-
K § 117kk. *gāzît*, 'behauen', wird sowohl absolut (20,25; Jes. 9,9; Am. 5,11 u.a.)

als auch in der Genitivverbindung *'abnê gāzît* (I Reg. 5,31; Ez. 40,42; I Chr. 22,2) gebraucht mit der Bedeutung 'ausgehauener, behauener Stein' (vgl. KöSynt § 243b und s. *AuS*, VII, S. 9f.; *BRL*, S. 209ff.). Zu denken ist hierbei an aus dem Gebirge ausgehauene Blöcke Naturstein oder an lose Steine, die durch Behauen für den Gebrauch geeignet gemacht sind. Ein Altar aus behauenem Stein ist u.a. aus Beerscheba (s. z.B. *BRL*, S. 9f.; *IDBS*, S. 93ff.; Weippert*, S. 623f.) bekannt.

kî, zur Einleitung eines Konditionalsatzes. *hæræb*, 'Schwert' (vgl. *ThWAT*, III, Sp. 164ff.), wird hier verwandt zur Umschreibung eines Werkzeuges zur Steinbearbeitung (s. auch die Verwendung des Plur. für Werkzeuge in Ez. 26,9 und II Chr. 34,6?). Das Material, aus dem das Werkzeug (vgl. *BRL*, S. 148, 318) gefertigt wurde, wird nicht genannt. Anders jedoch in den verwandten Passagen Dtn. 27,5; Jos. 8,31, wo der Begriff *hrb* nicht gebraucht wird, aber im allgemeinen Sinn die Rede ist von *barzæl*, 'Eisen' (vgl. Pesch. 20,25). 'Eisen', näher bestimmt als 'Eisen, woraus das Schwert gefertigt wurde', ist als Werkzeug explizit in den meisten Targumen (TNf, TPs, FT, PT[F]) zu 20,25 genannt (vgl. Mek., II, 289f.). Die Möglichkeit, daß ein Stein-Werkzeug gemeint ist, ist nicht gänzlich ausgeschlossen (vgl. Jos. 5,2f.).

hēnaftā (Ges-K § 72k; Joüon § 80i) perf. hi. von *nwp*; hier und anderenorts (Dtn. 23,26; 27,5; Jos. 8,31) deutet *nwp* hi. + *'al* den Gebrauch eines Werkzeuges an, um eine bestimmte Bearbeitung auszuführen. Umstritten ist, welche konkrete Handlung mit der Terminologie bezeichnet wird. Die Frage ist auch von Bedeutung im Hinblick auf die Verwendung von *nwp* hi. in kultischen Texten. Traditionell wird *nwp* hi. als Bezeichnung einer horizontalen Bewegung betrachtet, das Derivat *t^enûfâ*, das sehr oft als Objekt von *nwp* hi. verwendet wird, in Übereinstimmung damit als ein Opfer, das bei der Darbringung hin und her (u.a. Raschi [zu 29,24]: in alle Windrichtungen) bewegt wird und das als solches von *t^erûmâ*, dem Opfer, das auf und nieder bewegt wird, zu unterscheiden sei. In den letzten Jahrzehnten wurde diese traditionelle Interpretation kritisiert. Sowohl G.R. Driver, *JSS* 1 (1956), S. 100ff., als auch L. Kopf, *VT* 9 (1959), S. 262ff., behaupten, daß sich *nwp* hi. und *rwm* hi., 'in die Höhe bringen' (vgl. *ThWAT*, VII, Sp. 425ff.), qua Bedeutung berühren und zwischen *t^enûfâ* und *t^erûmâ* kein wesensmäßiger Unterschied bestehe.[13] Beide bringen *nwp* mit dem arabischen *nâfa* in Zusammenhang. Driver, S. 102, gelangt unter Berufung auf das Akkadische zu folgender Umschreibung: *t^enûfâ* = 'a 'special contribution, additional gift' or the like'; *nwp* hi. = ''set apart, declared (such and such property) an additional contribution, made a special contribution' to the deity'.[14] Kopf behauptet, daß 'hochheben' die eigentliche Bedeutung von *nwp* sei ('an manchen Stellen vielleicht auf und ab bewegen' [S. 164]). Sehr eingehend hat sich J. Milgrom mit dieser Terminologie

---

[13] S. z.B. 35,22 neben 35,24; in der LXX werden beide Begriffe nicht differenziert: *t^enûfâ* wird mit ἀπαρχή in 39,1 (38,24) übersetzt, mit ἀφαίρεμα in 35,23(22); 39,7 (38,29) und mit ἀφόρισμα in 29,24.26.27; mit diesen Begriffen wird auch *t^erûmâ* wiedergegeben; zu ἀφόρισμα s. u.a. LXX[B] zu 29,28; zu den alten Übersetzungen s. Driver, S. 101.

[14] S. unter den modernen Erklärungen zu 29,24 z.B. WV: 'als geweihtes Teil absondern'; GNB: 'anbieten'; NEB: 'to present as a special gift'.

beschäftigt.[15] Er kritisiert Driver und Kopf in einigen Punkten, die ich hier nicht aufgreifen möchte. Seiner Meinung nach hat *hnjp* die Bedeutung 'hochheben', wobei *t^enûfâ* das Weiheritual darstelle, wodurch ein Opfer aus dem Besitz des Eigentümers in den Besitz der Gottheit übergehe.

M.E. ist die Kritik an der traditionellen Interpretation gerechtfertigt (anders *ThWAT*, V, Sp. 318ff.). Es ist evident, daß *nwp* hi. das Weihen, bzw. das Absondern von Gaben für JHWH bezeichnet (35,22; vgl. Num. 8,11.13.15.21). *nwp* hi. + *t^enûfâ* + *lifnê jhwh* (29,24.26f.; Lev. 7,30; 9,21; 10,15; 8,27.29; 14,12.24; 23,11.20 u.a.) ist augenscheinlich ein fester Ausdruck für 'übergeben an JHWH', woraus sich keine Information über eine eventuelle rituelle Handlung entnehmen läßt, mit der die Übertragung an JHWH einherging. *nwp* hi. deutet, auch entsprechend der Gebrauchs anderenorts (II Chr. 5,11; Jes. 10,32; 11,15; 13,2; 19,16; Sach. 2,13; Hi. 31,21), nicht mehr als das Ausführen einer Bewegung in einer bestimmten (horizontalen?) Richtung an.

'ālœhā, das Suffix bezieht sich offensichtlich auf *gāzît*, ein Nomen femininum; vgl. TPsJ (als Objekt wird explizit das Gestein genannt); TO, FT^V und s. auch den Gebrauch des Plur. in TNf, FT^P, PT^F (vgl. Dtn. 27,5; Jos. 8,31); Sam.Pent.: *'ljw*, d.h. der Altar (*mizbēaḥ* ist maskulin); vgl. LXX, Vulg. (das Suffix ist auf den Altar bezogen).

watt^ehallœhā ist Impf. cons. pi. + Suffix von *ḥll*, im pi. 'entweihen'; anderenorts wird es z.B. im Hinblick auf die Profanisierung des Sabbats verwendet (vgl. 31,14; Jes. 56,2.6; Ez. 20,13.16.21.24; 23,38; Neh. 13,17.18);[16] das Suffix bezieht sich offenbar auf *gāzît*; Sam.Pent.; 1QEx. (s. *DJD*, I, S. 51): *wthllhw* (zum maskulinen Suffix s.o.).

20,26 In der Überzeugung, daß allein Priester Zugang zum Altar besitzen, wurde in den meisten Targumen 20,26 nicht, wie 20,23-25, als an Israel gerichtet verstanden, sondern explizit auf die Priester bezogen (TPsJ), näher bezeichnet als Söhne Aarons (TNf, FT, PT^F). In diesem Zusammenhang wurde die 2.Pers. plur. gebraucht. *ma^{'a}lōt*, plur. von *ma^{'a}lâ*, Derivat von *'lh*, 'Stufe' (vgl. *ThWAT*, VI, Sp. 102), hier (*figura etymologica*) im Zusammenhang mit dem Verb *'lh*, 'hinaufgehen' gebraucht [auch in 34,23]; s. *THAT*, II, Sp. 272ff.; *ThWAT*, VI, Sp. 84ff.). TPsJ deutet auch an, wie man dennoch auf den Altar gelangen kann: entlang einer sanft ansteigenden Böschung (vgl. auch TNf am Rand; Mek., II, 290; Raschi). Der Schluß von 20,26 ist aufgrund des anstößigen Charakters in PT^P und TNf am Rand unübersetzt gelassen (vgl. M.L. Klein, *JJS* 39 [1988], S. 86). *^{'a}šœr*, zur Einleitung eines Finalsatzes (Ges-K § 165b; Joüon § 168f; Brockelmann § 161b). *tiggālœh* ist Impf. ni. von *glh*, 'aufdecken' (*THAT*, I, Sp. 418ff.; *ThWAT*, I, Sp. 1018ff.); vgl. Jes. 47,3; Ez. 16,36 und vgl. den Gebrauch des pi. in

---

[15] "The Alleged Wave-Offering in Israel and in the Ancient Near East", *IEJ* 22 (1972), S. 33-38 = *Studies in Cultic Theology and Terminology*, Leiden 1983, S. 133-138; ders., "Hattĕnûpâ", in: *Studies*, S. 139-158; vgl. auch G.A. Anderson, *Sacrifices and Offerings in Ancient Israel*, Atlanta 1987, S. 133ff.

[16] S. *THAT*, I, Sp. 570ff.; *ThWAT*, II, Sp. 972ff.; G. Gerlemann, *ZAW* 92 (1980), S. 405ff.

z.B. Lev. 18,6ff.; 20,11.17ff.; Ez. 16,37. Was im zwischenmenschlichen Umgang
ungeziemend ist, gilt erst recht im Kontakt mit JHWH. *'ærwâ*, 'Blöße', 'Geschlechtsteile' (Lev. 18,6ff. usw.), in 28,42 in Genitivverbindung mit *bāśār* (s.
21,28), Fleisch, Leib und auch Euphemismus für Geschlechtsteile (vgl. Lev. 6,3;
16,4 und s. auch Lev. 15,2ff. usw.), gebraucht (s. Dhorme*, S. 108). *'ālâw*, d.h.
darauf (auf dem Altar) gehend oder sich befindend; Sam.Pent.: *'ljw*.

3.2 *Kommentar*

3.2.1 Ebenso wie der Dekalog wird das Bundesbuch mit einer Vorschrift
über die einzig richtige Verehrung JHWHs eröffnet (vgl. 20,3-6). Das
Heiligtum, der heilige Ort muß exklusiv für JHWH reserviert werden.
Auf diese Weise bringt Israel zum Ausdruck, daß es keinen anderen Gott
als JHWH hat. Das Gebot, allein JHWH zu verehren, ist für das AT das
fundamentalste Gebot überhaupt. So verwundert es nicht, daß auch das
Bundesbuch damit beginnt. JHWH duldet keine anderen Götter neben sich
in seinem Heiligtum. Er will nicht, daß in seinem Heiligtum Raum
geschaffen wird für Bilder anderer Götter (20,23).
    Die Forderung von 20,23 ist vieldiskutiert, vor allem hinsichtlich ihrer
Formulierung im Dekalog. In unsere Besprechung beziehen wir deshalb
auch die Dekalog-Fassung der Vorschrift ein. Zunächst stellen wir in
einer Übersetzung sowohl die Exodus- als auch die Deuteronomium-
Version voran.

Exodus	*Deuteronomium*
20,3 *'Du sollst keine anderen Götter neben mir haben.*	**5,7** *'Du sollst keine anderen Götter neben mir haben.*
20,4 *Du sollst dir kein Bild machen, von irgend einem Wesen oben im Himmel oder unten auf Erden oder im Wasser unter der Erde.*	**5,8** *Du sollst dir kein Bild machen von welchem Wesen auch immer oben im Himmel oder unten auf Erden oder im Wasser unter der Erde.*
20,5 *Du sollst dich vor ihnen nicht niederwerfen und sollst sie nicht verehren. Denn ich, JHWH, dein Gott, bin ein eifersüchtiger Gott. Wegen der Ungerechtigkeit der Vorväter ziehe ich die Kinder zur Verantwortung, die Nachkommen der dritten und vierten Generation, wenn auch sie sich von mir abkehren.*	**5,9** *Du sollst dich vor ihnen nicht niederwerfen und sollst sie nicht verehren. Denn ich, JHWH, dein Gott, bin ein eifersüchtiger Gott. Wegen der Ungerechtigkeit der Vorväter ziehe ich die Kinder zur Verantwortung, auch die Nachkommen der dritten und vierten Generation, wenn auch sie sich von mir abkehren.*

20,6 *Aber Gnade erweise ich den Nachkommen bis in die tausendste Generation, wenn auch sie mir hingegeben sind und meinen Vorschriften folgen'.*

5,10 *Aber Gnade erweise ich den Nachkommen bis in die tausendste Generation, wenn auch sie mir hingegeben sind und seinen Vorschriften folgen'.*

3.2.2 Das sogenannte erste und zweite Gebot bilden faktisch ein einziges Gebot mit dem Thema: *Die einzig wahre Verehrung JHWHs*. Das Gebot wird in 20,3 mit allgemeinen Begriffen formuliert: JHWH duldet keine anderen Götter neben sich. Gemeint ist: in seinem Heiligtum (*'al-pānaj*).[17] Durch eine Reservierung des Heiligtums ganz für ihn, durch die ausschließliche Ausrichtung des Kultes auf ihn, durch eine exklusive Hingabe an JHWH muß Israel zum Ausdruck bringen, daß es keinen

---

[17] Vgl. Knierim, S. 24ff. Die Interpretation von *'al-pānaj* ist problematisch. Die LXX liest πλὴν ἐμοῦ, 'außer mir' (vgl. *br mnj* in TO, TNf, FT^P, PT^F und s. Pesch.); in Dtn. 5,7 allerdings πρὸ προσώπου μου; vgl. Vulg.: *coram me* (Ex. 20,3) und *in conspectu meo* (Dtn. 5,7) und s. z.B. Buber & Rosenzweig: 'mir ins Angesicht'. Sowohl *'al* als auch *pānaj* sind polyinterpretabel. Es ist möglich, daß *pnj*, 'mein Angesicht', in allgemeinem Sinn zur Bezeichnung einer Person gebraucht wird (vgl. z.B. 33,14f.; Dtn. 4,37; Jes. 63,9; Thr. 4,16) und *pnjm* die Präposition unterstreicht (Brockelmann § 110k). Unterschiedliche Erklärungen von *'al* wurden bei der Auslegung von *pnj* geboten; so wurde *'al* eine temporale Bedeutung zuerkannt: 'während des Lebens von' (vgl. Gen. 11,28; Num. 3,4), im Falle von JHWH: 'für alle Zeit' (so Raschi in Anschluß an Mek., II, 241); im Zusammenhang mit Ibn Esras lokaler Interpretation von JHWHs Angesicht (s. auch Raschi zu Dtn. 5,7) – das ja überall sei, denn JHWH ist überall gegenwärtig – führt diese Interpretation bei Cassuto zu folgender Paraphrase von 20,3: niemals und nirgends ist die Verehrung fremder Götter erlaubt (s. auch schon Nachmanides). Diese Interpretation ist gekünstelt. Akzeptabler ist, daß *'al* die Bedeutung 'darüber hinaus' (Gen. 48,22; Dtn. 21,16; Ps. 16,2) hat (te Stroete: 'auf Kosten von' [vgl. WV]). Noch überzeugender ist, daß *'al* die Bedeutung 'zugefügt an' (Gen. 28,9; 31,50; Lev. 18,8; Dtn. 19,9) hat (vgl. Williams § 292), denn JHWH will nicht nur der Erste sein, sondern auch der Einzige. In diesem Fall liegt die Übersetzung 'außer' auf der Hand. Vielleicht trägt *'al* auch den Gedanken von 'gegenüber' (vgl. Waltke & O'Connor § 11.2.13f.), wobei so zum Ausdruck gebracht wird, daß eine feindliche Haltung vorliegt (vgl. Hi. 1,11; 6,28). Vielleicht wird auf ein Rivalitätsverhältnis angespielt, das bei der Einführung von Fremdkulten zwischen JHWH und anderen Göttern entstanden ist. Bei der Interpretation 'neben', 'außer' erfüllt *'al* eine Funktion in der Beschreibung der Beziehung von JHWH zu den anderen Göttern und wird im übertragenen Sinne verwendet. Erwägenswert ist allerdings, ob *'al* nicht im echten lokalen Sinn verstanden werden muß (vgl. *'al-p^{e}nê* in Gen. 16,12; 25,18; Num. 21,11; Jos. 15,8; I Sam. 26,1.3 und s. z.B. Williams § 286). *pnjm* kann in Kombination mit dem Namen JHWH als Umschreibung des JHWH geweihten Ortes gebraucht werden (vgl. 16,33; 28,30; 29,11.23f.26.42 usw.). Vgl. M.D. Fowler, "The Meaning of *liÞnê* in the Old Testament", *ZAW* 99 (1987), S. 384-390. In diesem Fall lautet der Sinn: JHWH erlaubt nicht, daß bei ihm (vgl. *'ittî* in 20,23), an dem ihm geweihten Ort, in seinem Heiligtum, Bilder anderer Götter zur Verehrung aufgestellt werden (vgl. z.B. II Reg. 21,7; 23,4; Ez. 8,9ff.). Für JHWH als eifersüchtigen Gott (20,5) ist dies unerträglich. Er will, daß allein ihm Verehrung zuteil wird.

anderen Gott hat außer JHWH. In diesem Sinne ist das Gebot für die Beziehung JHWH-Israel konstitutiv. Nicht nur in der Reihenfolge, sondern auch in der Gewichtung ist dieses Gebot das erste und für das AT das fundamentalste Gebot (vgl. Schmidt, S. 16f, 21, 43 und s. auch 20,22-26).

20,4-6 beinhaltet eine Erläuterung und Entfaltung von 20,3. JHWH will in seinem Heiligtum nicht in Kombination mit anderen Göttern verehrt werden. Konkret bedeutet dies, daß er nicht will, daß in seinem Heiligtum Raum für die Bilder anderer Götter zur Verfügung gestellt wird. 20,3 beinhaltet implizit das Verbot zur Herstellung und Verehrung von Kultbildern. Aus der Tatsache, daß Israel neben JHWH keine anderen Götter haben darf, resultiert logischerweise das Verbot zur Herstellung von Kultbildern. In 20,4.5a werden einige davon konkret benannt.

In 20,5b-6 wird das Verbot mit einem Hinweis auf den Charakter von JHWH motiviert. JHWH will keine geteilte Verehrung und fordert exklusive Hingabe. Warum? Der Grund hierfür wird im Prolog (20,2) genannt. Israel verdankt seine Existenz als Volk ausschließlich ihm; nur mit Israel ist JHWH eine persönliche Verbindung eingegangen (vgl. Dtn. 4,20.32ff.; s. auch 3.2.8).

3.2.3 Ebengenannte Interpretation gilt es in manchen Punkten zu erläutern.

In 20,4 wird die Herstellung von Kultbildern anderer Götter verboten. Ist damit aber nicht doch implizit die Herstellung eines Bildes, das JHWH repräsentiert, erlaubt? Diese Frage steht im Dekalog nicht zur Debatte. Für den Schreiber des großen Werkes Genesis bis Könige (s. 2.8) stand die Bildlosigkeit der JHWH-Verehrung außer Diskussion. Eine Repräsentation von JHWH in menschlicher oder tierischer Gestalt stellt einen Angriff auf JHWHs Einzigartigkeit und Unvergleichlichkeit dar – JHWH käme dadurch auf das Niveau anderer Götter zu stehen – und verliert dadurch seine Exklusivität (s. Houtman*, *Exodus*, III, S. 608, 622f.).

Man beachte in diesem Zusammenhang Dtn. 4,16-18.23.25. Die Herstellung von Bildern, welcher Art auch immer, wird dort als sehr verwerflich qualifiziert, wobei auf den Modus von JHWHs Offenbarung verwiesen wird: JHWH war zu hören, aber für das menschliche Auge unsichtbar (Dtn. 4,12.15). Wird hier die Herstellung von JHWH-Bildern verworfen? Der Eindruck kann leicht aufgrund des Kontextes entstehen. Explizit wird allerdings die Herstellung von Kultbildern im allgemeinen verworfen. Der Gedanke ist offenbar: bei der Herstellung von Bildern, selbst wenn sie als Repräsentation von JHWH gedacht waren, entstehen Götzen, andere Götter. Kurzum, Dtn. 4,16-18.23.25 richtet sich gegen den Bilderdienst und damit gegen die Verehrung anderer Götter (vgl. auch Dtn. 4,19).

Für den Schreiber ist der Gott, der im Dekalog am Wort ist, derjenige

Gott, der in Übereinstimmung mit seiner Einzigartigkeit (vgl. Dtn. 6,4) an einem einzigen Ort inmitten von Israel wohnen möchte und der durch seinen 'Namen' (šēm) in seinem Heiligtum gegenwärtig ist (Dtn. 12) (vgl. Houtman*, *Exodus*, III, S. 312ff.). Dieser Gott möchte nicht, daß in seinem Heiligtum eine Verehrung anderer Götter stattfindet (vgl. II Reg. 21,7; 23,4; Ez. 8,9ff.).

3.2.4 Von Israel wird im Dekalog Monolatrie gefordert. Die Existenz anderer Götter wird nicht zur Diskussion gestellt (vgl. Dtn. 4,19; 29,25; s. daneben z.B. Jes. 45,6.14.21). Ebensowenig ist im Dekalog die Rede von einer 'Entzauberung' der Götzenbilder und von einer daraus resultierenden Demaskierung der durch die Bilder repräsentierten Götter (Dtn. 4,28; 27,15; II Reg. 19,18; Jes. 2,8; 40,19ff.; 41,7; 44,9ff.; 46,6f.; Jer. 10; Hos. 13,2; Hab. 2,18f.; Ps. 115,4ff.; 135,16f.; vgl. Weish. 13-15;[18] Jub. 11,4.16; 22,18; ZusDan. [Bel und der Drache]; EpJer.; Act. 17,23ff.; 19,26f.; und s. auch Ex. 32,20; Jdc. 6,25). Eine exklusive JHWH-Verehrung wird gefordert, weil JHWH ausschließlich mit Israel eine persönliche Bindung eingegangen ist (vgl. Dtn. 4,20; 29,24).

Das Gebot verbietet die Verehrung anderer Götter im Heiligtum JHWHs in Gestalt von Bildern. Daraus darf nicht konkludiert werden, daß eine Verehrung anderer Götter außerhalb von JHWHs Heiligtum, außerhalb von JHWHs Angesicht, möglich sei, unter Aufrechterhaltung der Verbindung mit ihm. Das Gebot bezieht sich auf die rechte Verehrung von JHWH und ist an JHWH-Verehrer gerichtet. Daß diese ein Heiligtum eines anderen Gottes besuchen oder an dessen Kult auf andere Weise partizipieren (vgl. z.B. Jer. 19,13; Zeph. 1,5), kommt nicht in Frage. Wer sich daran versündigt, ist in die Kultgemeinschaft eines anderen Gottes übergewechselt (vgl. 23,24.32f.; 34,14.16).

Lediglich Bilder werden in 20,4 explizit genannt. Natürlich ist damit die Präsenz anderer Götter im JHWH-Heiligtum in Gestalt einer Mazzebe oder eines anderen Kultobjekts (vgl. 34,13f.; Lev. 26,1; Dtn. 16,21f.) oder auf andere Weise (vgl. II Reg. 18,4; Ez. 8,10-12) nicht implizit erlaubt, ebensowenig wie die Verehrung anderer Götter in Gestalt von Astralkörpern (vgl. z.B. Dtn. 4,19; II Reg. 21,3.5; 23,4.5.12; Ez. 8,16).

3.2.5 Wie bereits angedeutet, steht meiner Meinung nach die Frage, ob JHWH abgebildet werden darf, im Dekalog nicht zur Debatte.[19] Die Bildlosigkeit von JHWH wird vorausgesetzt. Oft denkt man hierüber anders und versteht 20,4-6 als eigenständiges Verbot der Anfertigung von

---

[18] Vgl. E. Kutsch, "'Du sollst dir kein Gottesbild machen'. Zu Weisheit Salomos 14, 15", in: *Alttestamentlicher Glaube und Biblische Theologie* (FS H.D. Preuß), Stuttgart usw. 1992, S. 279-286.
[19] Vgl. bereits H.Th. Obbink, "Jahwebilder", *ZAW* 47 (1929), S. 264-274.

JHWH-Bildern (z.B. Kruyswijk, S. 74f.), manchmal unter Hinweis auf den kompositionellen Charakter des heutigen Textes: 20,5 habe ursprünglich unmittelbar an 20,3 angeschlossen; dadurch entsteht der Eindruck, daß auch 20,4 gegen andere Götter gerichtet sei (z.B. Childs, S. 406f.; Kruyswijk, S. 64ff.).

M.E. ist die dargestellte Argumentation nicht stringent. Das Verbot zur Herstellung von Kultbildern findet sich wiederholt im Pentateuch (20,22f.; 34,17; Lev. 26,1; Dtn. 4,15ff.; 27,15), stets aber im Sinne einer Ablehnung der Verehrung anderer Götter. Setzt man voraus, daß 20,4 ursprünglich gegen die Herstellung von JHWH-Bildern gerichtet war, dann muß konkludiert werden, daß der Vers im heutigen Text durch die 'Umklammerung' von 20,3 und 20,5 zu einem Element im Gebot geworden ist, keine anderen Götter zu verehren.

3.2.6 Eine völlig andere Sicht in bezug auf das Bilderverbot bietet Dohmen (vgl. auch Hossfeld, S. 86ff.). Er zieht weitreichende Schlußfolgerungen aus dem Umstand, daß in 20,5 vor *kol-t°mûnâ* ein *wāw*-copulativum steht, nicht aber in Dtn. 5,8 (S. 213ff.). Seiner Meinung nach werde hieraus ersichtlich, daß im Deuteronomium das Bilderverbot im Schatten des Gebotes stehe, andere Götter zu verehren (*lāhæm* in Dtn. 5,9 beziehe sich auf 5,7). In Ex. 20 sei hingegen durch die Einfügung des *wāw* das Bilderverbot zu einem selbständigen Verbot geworden (*lāhæm* in 20,5 beziehe sich auf *pæsæl w°kol-t°mûnâ* in 20,4).[20] U.a. aufgrund dieser

---

[20] In 20,4 folgt auf den Status absolutus *pæsæl* die Formulierung *w°kol-t°mûnâ*. Dohmen, S.198f., 209f., 213ff., 226ff., ist der Ansicht, daß die Version von 20,4 eine bewußte Korrektur der Formulierung von Dtn. 5,8 sei und daß durch die Hinzufügung eines *wāw* an *kol-t°mûnâ* das Verbot eine Ausweitung in bezug auf Dtn. 5,8 erfahren habe. Unter Verweis auf Lev. 26,1 und Dtn. 4,16-18 behauptet er, daß 20,4 nicht bloß Bilder, sondern Abbildungen allgemeiner Art im Rahmen des Kultus verbiete. In Exodus ist seiner Meinung nach durch die Änderung der Formulierung – auf *'śh* folgt ein doppeltes Objekt; 20,5 (*lāhæm*) schließt dann gut auf 20,4 an – dem Bilderverbot eine eigenständigere Position eingeräumt, als dies in Dtn. 5 der Fall ist. M.E. bietet das *wāw*-copulativum in 20,4 eine zu schmale Basis für solch weitreichende Schlußfolgerungen von Dohmen (vgl. A. Graupner, ZAW 99 [1987], S. 311ff.), wobei vieles dafür spricht, Dtn. 5 als jünger als Ex. 20 zu betrachten (vgl. Houtman*, *Exodus* III, S. 21f.). Wahrscheinlich muß das *wāw* als *wāw*-explicativum verstanden werden (im Sinne von: dies Gebot gilt für alles Geschaffene, das ...). Als Objekt scheint *t°mûnâ* weniger gut zu *'śh* zu passen, es sei denn, man versteht es als 'Abbildung von Gestalten' oder das folgende *"šær* als 'von etwas' (z.B. Dasberg). Ersteres bereitet semantische Schwierigkeiten, letzteres ist grammatisch problematisch (s. jedoch KöSynt § 380i). So ist zu erwägen, ob mit der Formulierung von Dtn. 5,8 keine Verdeutlichung beabsichtigt ist. Dohmens Standpunkt ist nicht überzeugend. Das zweite Gebot hat wie übrigens auch Dtn. 4,16-18 ausschließlich Bezug auf die Verehrung von Bildern. Daraus darf nicht abgeleitet werden, daß das Gebot andersartige Abbildungen (vgl. Ez. 8,10-12 und s. Schroer*, S. 71ff.) oder eine Mazzebe (vgl. Lev. 26,1) zugestehe. Explizit werden jedoch ausschließlich die Kultbilder als illegitim bezeichnet. *w°kol-t°mûnâ* in 20,4 kann man am

Hinweise rekonstruiert Dohmen die Entwicklungsgeschichte dieses Gebotes. Er ist der Ansicht, daß das Verbot im Dekalog in vier Phasen entstanden sei (S. 223ff.) und die Version in Dtn. 5 älter sei als die von Ex. 20. Als zwei Seiten einer Medaille habe ursprünglich neben dem Verbot, Bilder zu machen, ein Verbot bestanden, andere Götter zu verehren. Im Exil seien dann in Übereinstimmung mit der dortigen Situation beide Verbote miteinander kombiniert worden und durch die Zufügung von Dtn. 5,9a das Bildverbot zu einem 'Unter- oder Spezialfall' des Gebotes, andere Götter zu verehren, geworden (S. 229): andere Götter kannte man hauptsächlich in Form von deren Bildern. In nachexilischer Zeit, als der Monotheismus konkrete Gestalt annahm, sei das Bilderverbot in der Kontroverse mit anderen Religionen zum 'Hauptgebot' geworden. Diese Tendenz resultierte dann in der Version des Bilderverbots von Ex. 20, aus der Hand eines Redaktors des Pentateuch. Das Bilderverbot sei ein selbständiges Gebot geworden. Es verbietet den Gebrauch jeglicher Art von Abbildungen im Kultus. Auch durch seinen Umfang stellt nun das zweite Gebot das erste in den Schatten (vgl. auch S. 277).

3.2.7 Der Dekalog fordert keinen bildlosen JHWH-Kult, sondern setzt diesen voraus. Dessen ungeachtet kann die Frage nach dem *Ursprung der Bildlosigkeit der JHWH-Verehrung* gestellt werden. Ich streife diesen Punkt im Zusammenhang mit einer kurzen Besprechung der Frage nach dem Ursprung der Forderung einer exklusiven JHWH-Verehrung. Der Standpunkt, den man bezüglich der genannten Fragen einnimmt, wird (u.a.) dadurch bestimmt, welchen Wert man dem Bild zumißt, das das AT von der Geschichte der Religion Israels zeichnet, und der Rolle, die man darin Mose zuschreibt (vgl. Houtman*, *Exodus*, I, S. 84f., 98f.).

Von konservativer Seite werden die Forderungen von Ex. 20,3-5 auf Mose zurückgeführt (z.B. Kruyswijk, S. 88f.). Auch von anderen wird ein hohes Alter verteidigt (z.B. de Moor, S. 115f., 143, 169f.). Es ist nicht außergewöhnlich anzunehmen, daß die exklusive und bildlose JHWH-Verehrung einen nomadischen Ursprung hat und daß die Propheten für die Umarbeitung in einen intoleranten Monolatrismus verantwortlich waren

---

besten *ad sensum* wiedergeben mit: 'ja, von keinem einzigen Wesen'. Alle lebenden Wesen sind im Verbot inbegriffen. Mittels *"šær* und den folgenden Wörtern wird dies nochmals unterstrichen. Das Verbot bezieht sich auf den gesamten kosmischen Bereich. Alle möglichen Bilder mit einer menschen- oder tierförmigen Gestalt fallen darunter (vgl. Dtn. 4,16-18 und s. Schroer*, S. 69ff., 161ff.). Mit 'das Wesen/die Gestalt im Himmel' sind (imposante) Vögel gemeint (vgl. Houtman*, *Himmel*, S. 11) und nicht etwa Astralkörper (vgl. LV: 'am Himmel'), wie z.B. auch Kruyswijk, S. 63; Schroer*, S. 257ff., meinen. Diese Auffassung ist alt und begegnet bereits bei Pseudo-Philo, IX, 6, ist aber nicht wahrscheinlich. Die Himmelskörper werden unmittelbar verehrt (z.B. Dtn. 4,19; Jer. 8,2; Ez. 8,16).

(z.B. Dohmen, S. 237ff.).[21] M.E. erfolgt dies aber mit unzureichenden Argumenten. Die Forderung nach Bildlosigkeit setzt eine Bilderverehrung voraus. In einer Welt, wo Bilderverehrung gang und gäbe war, resultiert sie wie selbstverständlich aus der Forderung nach exklusiver Verehrung einer bestimmten Gottheit als dem einzigen und unvergleichlichen Gott. Illustrativ ist in diesem Zusammenhang die ägyptische Aton-Verehrung: in einer sedentären, polytheistischen Gesellschaft mit einer bunten Vielfalt an Bilderverehrung wurde die Forderung nach Monolatrie erhoben. Deren geistlicher Vater war Amenophis IV./Echnaton (14.Jh. v.Chr.). Der von ihm angestrebte rigorose Monotheismus, die exklusive und bildlose Aton-Verehrung, wird hier und da – mit guten Gründen – als historische 'Parallele' der Entstehung von Israels exklusiver und bildloser JHWH-Verehrung angeführt (vgl. z.B. de Moor, S. 42ff.; Millard, und s. Assmann, S. 142ff.). Eine andere Frage ist, ob der Aton-Monotheismus das Entstehen von Israels Monotheismus beeinflußt hat (u.a. Sarna, S. 151ff., bestreitet dies).

Gutmann (*Prolegomenon*, S. XXIV-XXX) betont, daß religiöse Reformen mit der Forderung nach exklusiver Verehrung einer bestimmten Gottheit vor allem als Instrument politischer Strategie, mit dem Ziel der nationalen Einheit, verstanden werden müssen. In bezug auf Israel verweist er auf die Josianische Reform (II Reg. 22-23), die seiner Meinung nach die Stärkung der Monarchie intendierte. Das AT stellt die Verehrung von JHWH als *dem* Gott Israels als Faktor dar, der die israelitischen Stämme 'seit Ägypten' zusammenband. Dieser Beginn liegt im Dunkel der Geschichte verborgen. In bezug auf die spätere Zeit, der Zeit des geteilten Reichs und vielleicht schon davor, gibt es angesichts des Onomastikons des AT und der archäologischen Befunde (vgl. Tigay, *passim*) keinen Grund zu der Annahme, die Religion Israels sei polytheistisch gewesen.[22] Ebensowenig liegen ausreichende Gründe für die Ansicht vor, daß die Verehrung JHWHs in Form eines Bildes im alten Israel legitim

---

[21] Siehe hingegen Mettinger, S. 135ff., der glaubt, daß der westsemitische Anikonismus auch in Israel beheimatet war und das Verbot, Bilder zu verehren, auf dem Hintergrund der anikonischen Kultur verstanden werden müsse. Die Gottesverehrung sei mittels Mazzeben, aufgerichteten Steinen, die als Repräsentanten von Göttern fungierten, erfolgt. So sei es ein Spezifikum in Israel gewesen, daß der Anikonismus im Rahmen der 'JHWH-allein-Bewegung' zum Programm erhoben wurde und entschieden Einspruch erhoben wurde gegen den Gebrauch von Bildern, was auch den Gebrauch von Mazzeben betraf.

[22] Zu dieser Ansicht s. z.B. S. Ackerman, *Under Every Green Tree. Popular Religion in Sixth-Century Judah*, Atlanta 1992; Dietrich & Loretz, S. 76ff., 88ff.; D.V. Edelman (Hg.), *The Triumph of Elohim. From Yahwism to Judaisms*, Kampen 1995; M. Smith, *The Early History of God*, San Fransisco 1990, S. 145ff.; H. Niehr, *Der höchste Gott*, Berlin/New York 1990, S. 183f.

gewesen und das erste und zweite Gebot das Resultat eines Entwicklungsprozesses sei, der erst in exilisch-nachexilischer Zeit zum Abschluß
gekommen ist.[23]

Die Auffassung, daß in Israels Kult JHWH-Bilder existierten, ist nicht
neu. Sie wurde auch von Alttestamentlern am Ende des vorigen Jahrhunderts und in den ersten Jahrzehnten dieses Jahrhunderts verfochten. Allem
Anschein nach war jedoch die Forderung einer exklusiven und bildlosen
Verehrung tief in der israelitischen Religion verwurzelt. Für die Ansicht,
daß sie erst in späterer Zeit formuliert worden ist, existiert jedenfalls kein
überzeugender Beweis (vgl. Hallo, S. 2f.; Keel & Uehlinger, S. 472f.).
Diverse, wahrscheinlich alte Texte verbieten die Herstellung von Gottes-
bildern und deren Aufrichtung und Verehrung neben JHWH (20,23;
34,14.17; vgl. auch 22,19; 23,13; Dtn. 16,21f.; Ps. 81,10). Die Vorstellung, daß JHWH *der* (nationale) Gott von Israel ist (vgl. Jdc. 11,24;
I Sam. 26,19; II Reg. 5,17, und s. auch Dtn. 4,28; Hos. 9,3-5 und II Reg.
3,27) und Israel ihm daher Hingabe schuldig ist, hat tiefe Wurzeln.
Besonders in der späteren Königszeit lief JHWH, offensichtlich unter
starkem fremdländischen Einfluß, Gefahr, seine Position im offiziellen
Kult mit anderen Gottheiten teilen zu müssen (vgl. z.B. II Reg. 16,10ff.;
21,2ff.; 23,4ff.). Übrigens läßt sich aus dem Umstand, daß das Verbot an
verschiedenen Stellen und in verschiedener Formulierung begegnet,
ablesen, daß JHWHs Position öfter bedroht gewesen ist.[24]

Wie sehr die Darstellung der Religionsgeschichte Israels auch immer
von der Ansicht der (des) Schreiber(s) von Genesis bis Könige hierüber
durchdrungen ist — JHWH, der Gott Israels, fordert exklusive und
bildlose Verehrung auf einem vom ihm angezeigten Ort —, bedeutet dies
noch nicht, daß aus der Erwähnung von Bildern zur Repräsentation
JHWHs im AT (Jdc. 17-18; I Reg. 12,28) der logische Schluß gezogen
werden darf, daß im alten Israel die Verehrung JHWHs in Form eines
Bildes legitim war. Die Möglichkeit eines religiösen Verfalls darf nicht
per definitionem ausgeschlossen werden (vgl. de Moor, S. 172, 203;
Korpel*, S. 92f., 128). Es ist aber durchaus möglich, daß JHWHs Anspruch auf Exklusivität die Verehrung von Hausgöttern nicht ausschloß (s.
4.2.8).

---

[23] So z.B. Dietrich & Loretz, S. 112ff., vgl. S. 100f., 108, 110; s. auch O. Loretz, *Ugarit
und die Bibel*, Darmstadt 1990, S. 210ff.; C.D. Evans, "Cult Images, Royal Policies and the
Origins of Aniconism", in: S.W. Holloway & L.K. Handy (Hg.), *The Pitcher is Broken.
Memorial Essays for G.W. Ahlström*, Sheffield 1995, S. 192-212; B.B. Schmidt, "The
Aniconic Tradition. On Reading Images and Viewing Texts", in: Edelman (Hg.), S. 75-105.
[24] Zu den unterschiedlichen Positionen in bezug auf die Geschichte des alttestamentlichen
Bilderverbots s. z.B. Kruyswijk, S. 91ff., u.a.; Dohmen, S. 236ff.

3.2.8 Im AT wird JHWH auf anthropomorphe Weise[25] und sogar auf theriomorphe Weise (Hos. 5,14; 11,10; 13,7f.) beschrieben (Korpel*, S. 352ff.). Trotzdem muß sein Kult bildlos bleiben. Warum?

Verschiedene Antworten wurden gegeben: Gott ist Geist und sei darum nicht abbildbar; der Mensch ist das Bild Gottes, andere Bilder seien daher nicht nötig; JHWH offenbart sich nicht in einem Bild, sondern in der Geschichte; die Bildlosigkeit des Kultus verhindert, daß Menschen JHWH mittels Magie in ihre Macht bekommen; die Bildlosigkeit sei ein Rudiment aus Israels nomadischer Vergangenheit; durch seine Vergangenheit fehle es Israel an Sinn für Kunst und Kultur; es sei eine Äußerung von Widerstand gegen den Luxus des Kulturlandes; es ist lebensgefährlich, Gott zu sehen; usw. (s. Übersicht bei Kruyswijk, S. 212ff.; Dohmen, S. 25ff.). Ich verzichte darauf, auf alle Ansichten einzugehen, und begnüge mich mit einigen Anmerkungen.

In der religiösen Verehrung ist das Bild nicht mit einer bestimmten Gottheit identisch. Das Bild repräsentiert die Gottheit. Das Heilige wird dadurch sichtbar auf Erden präsent gemacht. Die Gottheit tritt dadurch in die Nähe des Menschen. Die Religion des AT ist bildlos. Das bedeutet allerdings nicht, daß das Bedürfnis auf JHWHs Nähe im AT fehlt. Im Gegenteil (s. Houtman*, *Exodus*, III, S. 313ff.). Aus dem AT kann abgeleitet werden, daß zumindest in einer bestimmten Phase der Geschichte Israels ein konkreter Gegenstand, die Lade, dieselbe Funktion erfüllte wie das Bild in anderen Religionen (s. Houtman*, *Exodus*, III, S. 359ff., 365f., 375f.). Diese Auffassung wurde zugunsten anderer, spirituellerer Vorstellungen von JHWHs Gegenwart im Heiligtum fallengelassen.[26] Das Bild bleibt tabu.

Im AT wird nur im Deuteronomium die Bildlosigkeit des JHWH-Kultes motiviert. Sie repräsentiert offensichtlich den Standpunkt der (des) Schreiber(s) von Genesis bis Könige. Das Bilderverbot wird unter Hinweis auf die Art und Weise der Offenbarung JHWHs am Sinai/Horeb motiviert: hörbar, aber für menschliche Augen verborgen (Dtn. 4,12.15; vgl. Ex. 20,22.23). So wird indirekt eine Beziehung geknüpft mit dem Wesen JHWHs und mit seinem Namen, dem Tetragrammaton (genannt in Ex. 20,1), mit dem er angerufen werden möchte (vgl. 3,15).

Verschiedenes führt zu folgender Antwort auf die Frage nach dem Warum der Bildlosigkeit des JHWH-Kultes: JHWH ist ein unvergleichli-

---

[25] Korpel*, S. 88ff.; Kruyswijk, S. 164ff.; zu JHWHs Angesicht und dem Heiligtum s. Houtman*, *Exodus*, I, S. 51f.

[26] Der 'Name' (*šēm*) oder die 'Herrlichkeit' (*kābôd*) JHWHs. S. dazu z.B. T.N.D. Mettinger, *The Dethronement of Sabaoth*, Lund 1982; U. Struppe, *Die Herrlichkeit Jahwes in der Priesterschrift*, Klosterneuburg 1988. Vgl. Houtman*, *Himmel*, S. 366ff.

cher Gott; er kann sich nur verschleiert, in Selbstverhüllung, seinem Volk offenbaren (vgl. z.B. 19,9.16.18-20; 20,18.21); auch in seinem Namen gibt er sich nur bedingt zu erkennen (vgl. Houtman*, *Exodus*, I, S. 95); er ist der absolut Andere (vgl. Kruyswijk, S. 222ff.), der Einzigartige; eine Verehrung in Form eines Bildes raubt ihm seine Einzigartigkeit und degradiert ihn auf die Ebene aller anderen Götter (s. 3.2.3). Durch seinen bildlosen Kult muß Israel den besonderen Charakter seiner Beziehung zu JHWH, seine auserwählte Position unter den Völkern (vgl. Dtn. 4,20. 32ff.; 29,27, und s. Ex. 19,5) unter Beweis stellen.

3.2.9 Ex. 20,4 verbietet die Herstellung von Kultbildern, nicht aber die Anwendung bildender Kunst im JHWH-Heiligtum. Das Gebot war sicher nicht als Hemmschuh für die bildende Kunst im allgemeinen gedacht. JHWHs Zeltheiligtum beinhaltete Abbildungen von Kerubim (25,20; 26,1.31). Der Salomonische Tempel war mit zahlreichen Ornamenten verziert (I Reg. 6,23ff.). Das dazugehörige Wasserbecken, das 'Meer', wurde von Rinderfiguren getragen (I Reg. 7,23ff.). Die Kunstfertigkeit eines Bezalel und anderer Handwerksleute wurde als Gabe JHWHs betrachtet (31,1-6). Viele Belege aus dem AT können zur Untermauerung der Behauptung genannt werden, daß Produkte der bildenden Kunst im alten Israel überall anzutreffen waren (s. Schroer*, *passim*).

3.2.10 Die 'Wirkungsgeschichte' des Bilderverbotes ist umfassend, vielgestaltig und steht in starker Abhängigkeit vom historischen und gesellschaftlichen Kontext, in welchem das Verbot aufs neue gehört und zur Sprache gebracht wurde.[27] So interpretierten z.B. – aus apologetischen Motiven – Philo und in noch stärkerem Maße Josephus das Bilderverbot als ein Verbot des Herstellens einer Abbildung lebendiger Wesen im allgemeinen (vgl. Gutmann, S. 10ff.; Barnes Tatum, S. 187ff.), während in der LXX das Verbot nicht auf die Herstellung von Abbildungen, sondern von Götzenbildern zielt (vgl. Barnes Tatum, S. 183ff.). Indem man 20,4-6 von 20,3 isolierte und einen eigenständigen Platz einräumte[28] und/oder indem man großen Nachdruck auf 20,4 legte, jedoch 20,5a (Verehrung!) weniger Aufmerksamkeit schenkte, wurde mit dem Verbot der Bildersturm und eine rigorose Einschränkung der bildenden Kunst legitimiert.

Insbesondere im Islam fällt das Bilderverbot mit einem Verbot der figurativen Kunst zusammen. Allerdings sind im Islam religiöse Abbildungen von Personen bekannt. In der Kunst liegt jedoch, obwohl sich ein Bilderverbot nicht im Koran findet, aufgrund einer in der Tradition ver-

---

[27] Vgl. J. Gutmann, in: ders. (Hg.), S. 3-16; vgl. S. XIff.
[28] Wie z.B. in der Ostkirche, im reformierten Protestantismus und in der Anglikanischen Kirche.

wurzelten Abkehr von Bildern der ganze Nachdruck auf nichtfigurativer Kalligraphie und Ornamentik. Ebenso wie im Islam ist auch im Judentum das Bilderverbot ein fruchtbarer Nährboden für das Entstehen abstrakter Kunst geworden. Daneben hat gleichwohl auch die figurative bildende Kunst stets eine wichtige Rolle gespielt. So finden sich sogar Abbildungen von den Händen Gottes (u.a. in der Synagoge von Dura Europos [3.Jh.]). Im Mittelalter wurde der Gebrauch von Abbildungen, wenn auch nicht ohne Diskussion und Streit, sowohl in der Ostkirche (Ikonen) als auch in der Abendländischen Kirche sanktioniert. Mit der Reformation verschwanden sie aus den protestantischen Kirchen. Sie gingen allerdings dem Protestantismus nicht definitiv verloren. In Palästen und Häusern von Vermögenden wurden allerlei biblische Personen als Kunstwerk verewigt: eingeschnitzt in hölzerne Panelen oder auf Tücher gepinselt oder auf Gebrauchsgegenständen abgebildet.

Kurzum, im allgemeinen bildete das Bilderverbot im Juden- und Christentum keine Barriere für die Entfaltung religiös-figurativer Kunst, für Abbildungen biblischer Szenen in schön illustrierten Manuskripten, auf herrlichen Wandmalereien usw.[29]

In der Geschichte der Interpretation wurde 20,3-6 im weiteren Sinne als ein Verbot verstanden, sein Vertrauen auf jemanden oder etwas andere neben oder anstelle des einzig wahren Gottes zu setzen, und im positiven Sinn als Gebot, sich von ganzem Herzen Gott hinzugeben und ihm zu vertrauen, der der Retter und Befreier ist (vgl. 20,2), und all das zu meiden, was die Verehrung des einen Gottes ausschließt oder schmälert, worunter auch 'Bilder' des eigenen Geistes, Ideologien und von Menschen entworfene Gottesvorstellungen zu zählen sind.[30]

3.2.11 Wie gesagt, beinhaltet 20,22-26 dieselbe Thematik wie 20,3-6. Hingegen legt 20,22-26 dar, wie der heilige Ort konkret auszusehen hat. So wird näher auf die Forderungen eingegangen, welche der gottgeweihte heilige Ort erfüllen muß. Ein Brandopferaltar ist dort unverzichtbar. Er ist

---

[29] Zur Wirkungsgeschichte des Bilderverbots s. *TRE*, VI, Sp. 521-557; diverse Beiträge der unter 3.1 genannten Werke von Dohmen & Sternberg; Gutmann, und ferner: M. Aston, *England's Iconoclasts. Laws Against Images*, Oxford 1988; C.M.N. Eire, *War Against the Idols. The Reformation of Worship from Erasmus to Calvin*, Cambridge 1986; S.I. Hallet, "The Role of Iconoclasm on Islamic Art and Architecture", in: E.B. Firmage u.a. (Hg.), *Religion and Law. Biblical-Judaic and Islamic Perspectives*, Winona Lake 1990, S. 301-314; J. Milgrom, "Some Consequences of the Image Prohibition in Jewish Art", in: *Religion and Law*, S. 263-299.

[30] S. z.B. Frage 94-98 des Heidelberger Katechismus; Calvin; Luther; vgl. T. Veijola, "Der Dekalog bei Luther und in der heutigen Wissenschaft", in: ders. (Hg.), *The Law in the Bible and in its Environment*, Helsinki/Göttingen 1990, S. 63-90 (S. 72ff.).

für das Heiligtum das wesentliche Attribut.[31] Die Forderungen, denen
der Altar genügen muß, werden beschrieben. Überdies wird mitgeteilt,
daß nur derjenige Ort ein JHWH-Heiligtum sein kann, den JHWH durch
eine Manifestation seiner selbst als heiligen Ort ausgewiesen hat (vgl.
Gen. 28,16f.; Ex. 3,2-6 und s. Houtman*, *Exodus*, I, S. 352f.).

Israels heiliger Ort zeichnet sich nicht durch die Anwesenheit von
Bildern (20,23), sondern durch einen Altar und durch die segnende
Präsenz JHWHs aus (20,24b).[32]

Gewöhnlich betrachtet man 20,22-26 als Resultat eines wachstümlichen
Prozesses und hält das Verhältnis zwischen 20,23 und 20,24-26 für nicht
ursprünglich. Auffallend ist der Übergang von der 2.Plur. zur 2.Sing. Ich
begnüge mich damit, darauf hinzuweisen, daß Conrad, S. 8ff., 20,24aα.
25aβ.26a (mit einigen Änderungen) als Grundbestand betrachtet. Halbe*,
S. 442f., rechnet hierzu allerdings 20,24aα.26a, während Dohmen,
S. 154ff., 169ff., 20,23b.24aα (mit einigen Änderungen) als ursprüngliche
Einheit betrachtet. Was letzteres angeht, so ist im gegenwärtigen Text
zweifellos ein Kontrast zwischen 20,23 und 20,24-26 beabsichtigt (keine
Bilder, sondern ein Altar [s.o.]). Es wird vorgeschlagen, daß aus 20,25 die
Entwicklung der Vorschrift ersichtlich wird: entsprechend der späteren
Auffassung ist auch ein steinerner Altar legitim (Brin*, S. 24, 32).

3.2.12 Die Passage, die durch ihre Position zu Beginn des Bundesbuches natürlich die Aufmerksamkeit stark auf sich zieht, wurde seit alters
als recht problematisch empfunden, da die genannten Forderungen scheinbar in Spannung stehen mit an anderen Stellen im AT formulierten fundamentalen Vorschriften. Einige Punkte seien kurz genannt:

1. Dtn. 12 fordert die Verehrung JHWHs an *einem* bestimmten, von
JHWH angewiesenen Ort; auch Ex. 20 stellt als Bedingung für eine
legitime Verehrung, daß der Kultort von JHWH selbst angewiesen wurde,
kennt aber nicht die Beschränkung des JHWH-Dienstes auf einen einzigen
Ort.

---

[31] Vgl. Th.A. Busink, *Der Tempel von Jerusalem von Salomo bis Herodes*, Leiden 1970,
S. 321f.

[32] Gottes segnende Gegenwart ist die Quelle von Leben, Freude und Wohlstand (z.B. Jes.
12,6; Ps. 27; 36,8ff.; 63; 65; 68). S. z.B. *IDBS*, S. 680ff.; C. Barth, *Die Errettung vom Tode
in den individuellen Klage- und Dankliedern des Alten Testaments*, Zollikon 1947, S. 36ff.;
B.A. Levine, "On the Presence of God in Biblical Religion", in: *Religions in Antiquity*
(Essays in Memory of E.R. Goodenough), Leiden 1968, S. 71-87; H. Spieckermann,
Heilsgegenwart. Eine Theologie der Psalmen, Göttingen 1989; S. Terrien, *The Elusive
Presence*, New York usw. 1978, S. 161ff., 287ff. Wenn Gott sich verborgen hält, ergreifen
die Mächte des Unrechts, Todes und Verderbens ihre Gelegenheit (z.B. Ps. 18,4ff.; 30,2ff.;
38; 71,20; 86,13ff.; 88,4ff.; 142; 143). S. z.B. S.E. Balentine, *The Hidden God. The Hiding
of the face of God in the Old Testament*, Oxford 1983; L. Perlitt, "Die Verborgenheit
Gottes", in: *Probleme biblischer Theologie* (FS G. von Rad), München 1971, S. 367-382.

2. Für das Zeltheiligtum ist ein Altar aus Kupfer vorgeschrieben, der sich völlig vom Brandopferaltar von Ex. 20 unterscheidet; der Altar darf gemäß Ex. 20 keine Stufen haben; der Tempelentwurf Hesekiels enthält aber einen Altar mit Stufen (Ez. 43,17); der in II Chr. 4,1 genannte Altar des Salomonischen Tempels mußte angesichts seiner Höhe sehr wohl mit Stufen ausgestattet gewesen sein; ob der Altar von Ex. 27 einen Aufgang mit Stufen besaß, ist unklar.[33] Das Verbot, Stufen anzubringen, ist mit dem Bedeckthalten der Geschlechtsteile motiviert. Vorausgesetzt ist offenbar, daß der Opferbringende ein Lendentuch bzw. einen einfachen Kilt trägt und bei starker Aufwärtsbewegung der Beine seine Geschlechtsteile sichtbar werden (vgl. II Sam. 6,14ff.20f.). In 28,42, wo die Verfertigung von Schurzen vorgeschrieben wird, um die Geschlechtsteile der Priester zu bedecken, scheint das Problem der Entblößung der Geschlechtsteile mittels Anpassung der Kleidung gelöst worden zu sein. Die vorgeschriebene Kleidung ist offenkundig auch für einen Altar mit Stufen brauchbar.

3. In 20,23-26 werden die Israeliten allgemein angesprochen (vgl. 20,22). Auch die Aussage über den Dienst am Altar (20,26) ist augenscheinlich an sie gerichtet. Daß der Zugang zum Altar nur Aaron und seinen Nachkommen vorbehalten ist (vgl. z.B. Ex. 29), scheint unbekannt zu sein (vgl. 21,13f. und 24,5).

Sogar die Textabschnitte, die auf den ersten Blick mit Ex. 20 harmonieren und die Ausführung des Altargesetzes von Ex. 20 zu beschreiben scheinen (nämlich Dtn. 27,5f. und Jos. 8,31), schließen bei näherer Betrachtung weniger gut an Ex. 20 an (vgl. z.B. Anbar, S. 306). Ex. 20 schreibt vor, daß der JHWH-Altar 'aus Erde' gemacht werden muß, und bietet daneben die Möglichkeit, ihn mit unbehauenen Steinen hochzuziehen. In ersten Linie kommt aber 'Erde' als Baumaterial in Frage. In den damit zusammenhängenden Passagen Dtn. 27 und Jos. 8 wird − es ist die Rede von einer neuen Vorschrift ohne Bezug auf Ex. 20 − das Bauen eines Altars exklusiv aus Steinen als Baumaterial geboten (vgl. auch I Makk. 4,47). Ein Altarbau wird auch in 24,4 erwähnt. Der dortige Altar wird aber nicht beschrieben (vgl. daneben I Reg. 18,30-32).

3.2.13 In der jüdischen und christlichen Auslegung wurde versucht, diese Unebenheiten zu harmonisieren. So wurde z.B. behauptet, daß das Altargesetz von Ex. 20 nur während der Wüstenwanderung in Kraft gewesen sei und in gleicher Weise für die vorläufigen Heiligtümer galt, wie z.B. das zu Silo, den von Gott erwählten Orten, wo die Bundeslade

---

[33] Der 'Rand' (*karkōb*) des Altars (27,5) wird als 'Umlauf' um den Altar interpretiert, auf dem die Priester ihre Arbeit verrichteten. Vgl. die Verwendung von 'hinabsteigen' in Lev. 9,22. S. zu dieser Frage Houtman*, *Exodus*, III, S. 435f.

untergebracht wurde.[34]

Auch die Diskrepanzen in bezug auf das Baumaterial erfuhren eine Erklärung. So wurde behauptet, daß der hohle Brandopferaltar von Ex. 27 ein Altar von Erde und Steinen gewesen sei, weil er beim Gebrauch damit aufgefüllt wurde.[35] Oder aber, daß in 20,24 nicht ein Altar aus Erde gemeint sei, sondern ein Altar, der auf bzw. in der Erde verankert werden mußte (TNf, FT^V, PT^F und s. Mek., II, 284; Raschi). Man hat es als völlig selbstverständlich betrachtet, daß 20,26 auf die aaronitischen Priester bezogen werden muß, und meinte, daß der Satz mit w^e'im (20,25) im Lichte von Dtn. 27,5f. sich nicht auf eine vollkommen freiwillige Option beziehe, sondern ebenso wie 20,24 als Gebot verstanden werden müsse (Mek., II, 287f.; Raschi; vgl. auch Ibn Esra und Nachmanides).

Die Harmonisierungserklärungen konnten sich allerdings nicht gegen den Rationalismus der kritischen Wissenschaftler des 19.Jh. behaupten. Deren Repräsentanten betrachteten die Diskrepanzen als Indiz für einen Entwicklungsprozeß, den die Religion Israels durchlief. So wurde die Diskrepanz zwischen Ex. 20 (mehrere Heiligtümer) und Dtn. 12 (ein einziges Heiligtum) zum entscheidendsten Baustein in Julius Wellhausens Entwurf der Religion Israels (s. Houtman*, *Pentateuch*, S. 108ff., 279ff.). Die in Reaktion auf Wellhausens Modell entworfenen Thesen, die den Beweis liefern wollten, daß keine Spannung zwischen Ex. 20 und Dtn. 12 bestehe, können nicht befriedigen. Dies gilt z.B. für die Meinung, daß Dtn. 12 keine Kult*einheit* fordere, sondern Kult*reinheit* (s. z.B. Houtman*, *Pentateuch*, S. 289ff.), sowie für die These, daß sich Dtn. 12 auf das eine Zentralheiligtum beziehe, aber Ex. 20 auf die ebenso legitimen Lokalheiligtümer (s. z.B. Paul, S. 242ff.; Sprinkle*, S. 42ff.).

Daneben wurden, auch von nichtorthodoxer Seite, unterschiedliche Erklärungen zur Bedeutung und Funktion von Ex. 20,24-26 vorgebracht. In der Regel sind sie recht spekulativ und gekünstelt. So meint Ehrlich, der *kol-hammāqôm* nicht im distributiven, sondern im qualitativen Sinne verstehen will und *tazkîr* anstelle von *'azkîr* in 20,24 liest,[36] daß 20,24.25 die Schlichtheit des Zweiten Tempels zu legitimieren suche. F.-L. Hossfeld[37] behauptet, daß das Altargesetz eine Vorschrift lediglich für Mose sei, von der die Ausführung in 24,4f. berichte. Andere wollen im

---

[34] Eine Interpretationsgeschichte findet sich bei Paul, *passim*.

[35] S. Mek., II, 284; TPsJ zu 27,8; 38,7; bZev.; Raschi und z.B. Heinisch, Gispen, Cassuto, aber auch Dillmann, Böhl.

[36] 'JHVH verspricht hier also, er wolle sich an irgend einer seinem Namen errichteten Stätte, wenn sie noch so einfach und bescheiden ist und ihr Altar bloss aus Erde besteht, einstellen und Israel segnen' (S. 346).

[37] *Der Dekalog. Seine späten Fassungen, die originale Komposition und seine Vorstufen*, Freiburg/Göttingen 1982, S. 183.

Altargesetz eine Polemik erkennen, einen Widerstand gegen Kultzentrali-
sationsbestrebungen in Jerusalem (vgl. z.B. Conrad, S. 15; Halbe*,
S. 377ff., 481f.). So erkennt z.B. Lohfink, S. 318f., folgende Tendenz:
auch andere Heiligtümer als das zu Jerusalem kommen für eine JHWH
Verehrung in Betracht; ein Altar dürfe nicht, wie der in Jerusalem, mit
behauenen Steinen erbaut werden. C. Levin[38] betrachtet das Bundesbuch
als ein 'Gesetz der außerpalästinensischen Exulantenschaft' und behauptet,
daß Ex. 20,24b eine Zufügung sei, die gegen das Zentralisationsgesetz
von Dtn. 12 gerichtet sei und das Bundesbuch daher für das Diasporaju-
dentum brauchbar mache.[39] Crüsemann*, S. 203f., spricht in Hinblick
auf 20,24 von einer Vor- oder Frühform der deuteronomischen Zentralisa-
tionsforderung und der hinter ihr stehenden Theologie. Er versteht den
Text auf dem Hintergrund der Königszeit nach dem Untergang des Nord-
reichs und sieht dann folgende Tendenz: 'Nicht alle traditionellen Jhwh-
Heiligtümer sind eo ipso Orte seiner Präsenz' (S. 204).

Religionsgeschichtliche Fragen will ich an dieser Stelle nicht aufgreifen.
Uns interessiert insbesondere die Frage, warum die Schreiber des großen
Werkes Genesis bis Könige gerade diese Verse (s. bereits 3.2.1) voran-
stellten und ob eine sinnvolle Erklärung für das Verhältnis von Ex. 20 zu
Dtn. 12 aus der Sicht der Redaktion gegeben werden kann.

Fest steht, daß der Altar von Ex. 20 in der Tradition des Altarbaus der
Patriarchen steht, der an unterschiedlichen Orten nach einer Offenbarung
geschieht (Gen. 12,7f.; 13,18; 26,25; 35,7 u.a.; vgl. Houtman*, *Exodus*,
II, S. 387, und auch ders*., *Exodus*, I, S. 340f., 352f.). So ist es nicht
unmöglich, daß die Redaktion die Meinung vertrat, daß die Praktik der
Erzväter in der Wüstenzeit fortgesetzt wurde und daß nach dem Sinai der
Opferkult darin seinen Platz einnahm. Die Praktik der Erzväter paßt
ausgezeichnet zu einem Volk, das unterwegs ist. Überdies ist für die
Redaktion die Verwirklichung der Forderung nach einem einzigen Heiligtum
tum (Dtn. 12) abhängig von der Verwirklichung der Ruhe, die erst unter
David und Salomo verwirklicht wurde (II Sam. 7,11); dies impliziert,
daß, nachdem sich Israel in Kanaan niedergelassen hatte, JHWH anfäng-
lich keinen unveränderlichen Wohnsitz hatte (vgl. Houtman*, *Pentateuch*,
S. 298f.). Aber ist die Redaktion nicht auf obengenannte Diskrepanzen

---

[38] *Die Verheißung des neuen Bundes*, Göttingen 1985, S. 96, Anm. 94; ders., *Der Jahwist*, Göttingen 1993, S. 430ff.

[39] Vgl. auch J. van Seters, "Cultic Laws in the Covenant Code (Exodus 20,22-23,33) and Their Relationship to Deuteronomy and the Holiness Code", in: Vervenne*, S. 319-345: 'The issue in the exilic period is no longer one of centralization of worship but of religious survival, ... It (Ex. 20,24) allows for the simple construction of an altar in Jerusalem after the temple's destruction and the continuation of the cult there. It does not restrict worship to that place ... (S. 329).

gestoßen, wie z.B. den markanten Unterschied zwischen dem Altar von Ex. 20 und dem des Zeltheiligtums? An anderer Stelle habe ich vorgeschlagen, daß vorausgesetzt wird, daß der kupferne Altar von Ex. 27 mit Erde und Steinen gefüllt war (Houtman*, *Exodus*, III, S. 434). In jedem Fall muß ernsthaft damit gerechnet werden, daß zwischen den Redaktoren der Texte und den frühen Auslegern derselben kein Unterschied gemacht zu werden braucht und daß die Redaktoren über harmonisierende Erklärungen obengenannter Art für die vom westlich rationalistischen Auge angezeigten Diskrepanzen verfügten.

3.2.14 Die Information, die über den Altar von Ex. 20 gegeben wird, ist begrenzt. Lediglich an einem einzigen Punkt wird die Bauweise näher beleuchtet, und dies auch noch in einer Negation (20,26). Das zugestandene Baumaterial wird genannt, wobei allerdings die Wahl des Materials nicht begründet wird. Erklärt wird einzig das Verbot, Stufen anzubringen; doch diese Erklärung wird oft als sekundär betrachtet. So können folgende Fragen gestellt werden: Warum müssen die Steine unbehauen sein? Warum dürfen keine Stufen angebracht werden?

Ich möchte die Fragen in umgekehrter Reihenfolge behandeln. Nach einer Auseinandersetzung mit den verschiedenen Interpretationen (S. 53ff.) verteidigt Conrad selbst (S. 123ff.) die Ansicht, daß ein mit Stufen versehener Altar zum Kult des 'Höchsten Gottes' gehörte und daß solch ein Altar keinen Platz in Israels Gottesdienst haben durfte, damit JHWHs Anspruch auf absolute Herrschaft nicht angetastet wird. Solch eine Erklärung bleibt unsicher. Angesichts von 20,26b hat sich jedenfalls im Laufe der Zeit eine andere Erklärung durchgesetzt. Verhindert muß werden, daß im Kult die Genitalien des Opfernden sichtbar werden. Wem gegenüber müssen sie verhüllt bleiben? Für die Kultteilnehmer oder für die Gottheit? Bei letzterem hat man auch an das in den Steinen wohnende Numen gedacht, vor dem die Geschlechtsteile verhüllt bleiben mußten (z.B. Baentsch). Offensichtlich gründet die Motivierung im Text, wie er uns vorliegt, auf der Ansicht, daß alles, was mit Sexualität in Zusammenhang steht, als Tabu galt, da es eine Bedrohung der Heiligkeit JHWHs darstellte (vgl. 19,10.15; Lev. 6,3; 15; 21,7.9.13ff.20; 22,4).

Auch das Verbot, Steine zu bearbeiten, wurde als Ausdruck einer primitiven Religion verstanden: das Numen im Stein darf nicht erschrocken und verjagt werden (z.B. Baentsch). Wahrscheinlicher ist jedoch, daß die Bearbeitung als eine Antastung der Heiligkeit betrachtet wurde und unbearbeitetes Material als 'natürlich', als heilig eingestuft wurde. Das Material, aus dem der Meißel hergestellt wurde, wird nicht explizit genannt, doch wurde offenbar an Eisen gedacht (s.o., 3.1.4), eine Metallart, die weder für das Zeltheiligtum noch für den Salomonischen Tempel Verwendung fand, dessen Anwendung und Gebrauch als Werkzeug offenkun-

dig eine Entweihung verursachte (vgl. I Reg. 6,7 und 5,31f. und s. z.B.
AuS, VII, S. 9f.). Conrad, S. 32ff., gibt eine Übersicht über verschiedene
Interpretationen. Er selbst versteht (S. 45ff.) die Bearbeitung als ein
Anbringen schüsselförmiger Höhlungen (für das Opferblut und Trankop-
fer) auf der Oberseite ('Napflöcher') von steinernen Altären und betrachtet auch dieses Verbot als einen Ausdruck des Widerstands gegen die
kanaanitischen Kultgebräuche und den Kult des 'Höchsten Gottes'. Seiner
Meinung nach ist das ganze Altargesetz von einer antikanaanitischen
Tendenz getragen. Andere erkennen im Altargesetz einen Widerstand
gegen das Eindringen von Kultur und Luxus im Kult (z.B. Holzinger; s.
ferner Conrad, S. 21, 42, 123). Weil eine Erklärung fehlt, muß jede
Interpretation spekulativ bleiben. Theodoret (*Quaest. in Ex.,* XL) behauptet, daß ein Altar aus Erde oder Steinen einfacher zu vernichten sei, so
daß keine Bauwerke entstehen können, die andere zur Verehrung falscher
Götter mißbrauchen können. Im Anschluß an diese Interpretation kann
man sich fragen, ob der Schreiber von Ex. 20 nicht bereits an Dtn. 12
(der Gottesdienst erhält einen einzigen festen Ort) dachte und Israels
Gottesdienst in der Wüstenzeit bewußt in die Tradition der Patriarchen
stellt, um den zeitlichen und vergänglichen Charakter zu unterstreichen.
Der Naturaltar fällt nach Gebrauch wieder an die Natur zurück und kann
nie ein Konkurrent zu JHWHs definitiver Wohnstätte sein.

KAPITEL IV

SCHULDSKLAVEREI
UNGLEICHE BEHANDLUNG VON MANN UND FRAU

4.1.1 *Literatur*

K. Baltzer, "Liberation from Debt Slavery after the Exile in Second Isaiah and Nehemiah", in: P.D. Miller u.a. (Hg.), *Ancient Israelite Religion* (FS F.M. Cross), Philadelphia 1987, S. 477-484; N. Brockmeyer, *Antike Sklaverei*, Darmstadt 1987²; H.A. Brongers, "De betekenis van het substantief אלהים in de juridische teksten van het Oude Testament", *NedThT* 3 (1948-49), S. 321-335; I. Cardellini, *Die biblischen 'Sklaven' - Gesetze im Lichte des keilschriftlichen Sklavenrechts*, Königstein, Ts./Bonn 1981; G.C. Chirichigno, *Debt Slavery in Israel and the Ancient Near East*, Sheffield 1993; Z.W. Falk, "Exodus xxi 6", *VT* 9 (1959), S. 86-88; M.I. Finley (Hg.), *Slavery in Classical Antiquity. Views and Controversies*, Cambridge 1961; ders., "Die Schuldknechtschaft", in: H.G. Kippenberg (Hg.), *Die Entstehung der antiken Klassengesellschaft*, Frankfurt am Main 1977, S. 173-204; M.I. Gruber, "Matrilineal Determination of Jewishness. Biblical and Near Eastern Roots", in: D.P. Wright u.a. (Hg.), *Pomegranates and Golden Bells* (FS J. Milgrom), Winona Lake 1995, S. 437-443; W.H. Hallo, "Slave Release in the Biblical World in Light of a New Text", in: Z. Zevit u.a. (Hg.), *Solving Riddles and Untying Knots* (FS J.C. Greenfield), Winona Lake 1995, S. 79-93; J.M. Hamilton, *Social Justice and Deuteronomy. The Case of Deuteronomy 15*, Atlanta 1992; P. Heinisch, "Das Sklavenrecht in Israel und im Alten Orient", *StC* 11 (1935), S. 201-118, 276-290; W. Houston, "'You Shall Open Your Hand to Your Needy Brother'. Ideology and Moral Formation in Deut. 15. 1-18", in: J.W. Rogerson u.a. (Hg.), *The Bible in Ethics*, Sheffield 1995, S. 296-314; V. Hurowitz, "'His Master Shall Pierce His Ear with an Awl' (Exodus 21.6)", *PAAJR* 58 (1992), S. 47-77; S. Japhet, "The Relationship between the Legal Corpora in the Pentateuch in Light of Manumissim Laws", *ScrHie* 31 (1986), S. 63-69; S.A. Kaufman, "Deuteronomy 15 and Recent Research on the Dating of P", in: N. Lohfink (Hg.), *Das Deuteronomium*, Leuven 1985, S. 273-276; N.P. Lemche, "The Manumission of Slaves - the Fallow Year - the Sabbatical Year - the Yobel Year", *VT* 26 (1976), S. 38-59; ders., "The Hebrew and the Seven Year Cycle", *BN* 25 (1984), S. 65-75; A. Levy-Feldblum, "The Law of the Hebrew Slave. The Significance of Stylistic Differences",

BetM 31 (1985-86), S. 348-359 (Hebr.); O. Loretz, "Die Teraphim als 'Ahnen-Götter-Figur(in)en' im Lichte der Texte aus Nuzi, Emar und Ugarit", *UF* 24 (1992), S. 133-178; ders., "Das 'Ahnen- und Götterstatu-en-Verbot' im Dekalog und die Einzigkeit Jahwes", in: W. Dietrich & M.A. Klopfenstein (Hg.), *Ein Gott allein? JHWH-Verehrung und biblischer Monotheismus im Kontext der israelitischen und altorientalischen Religionsgeschichte*, Freiburg/Göttingen 1994, S. 491-527; V.H. Matthews, "The Anthropology of Slavery in the Covenant Code", in: Levinson*, S. 119-135; I. Mendelsohn, *Slavery in the Ancient Near East*, New York 1949; A. Phillips, "The Laws of Slavery. Exodus 21. 2-11", *JSOT* 30 (1984), S. 51-66; J.P.M. van der Ploeg, "Slavery in the Old Testament", *VT.S* 22 (1972), S. 72-87; H. Rouillard & J. Tropper, "*Trpym*, rituels de guérison et culte des ancêtres d'après 1 Samuel XIX 11-17 et les textes parallèles d'Assur et de Nuzi", *VT* 37 (1987), S. 340-361; N. Sarna, "Zedekiah's Emancipation of Slaves and the Sabbatical Year", in: H.A. Hoffner (Hg.), *Orient and Occident* (FS C.H. Gordon), Kevelaer/Neukirchen-Vluyn 1975, S. 143-149; A. Schenker, "Affranchissement d'une esclave selon Ex 21, 7-11", *Bib* 69 (1988), S. 547-556; W. Schwendemann, "Recht-Grundrecht-Menschenwürde. Eine Untersuchung von Ex 21,2-11 im Rahmen theologischer Anthropologie", *BN* 77 (1995), S. 34-40; J. van Seters, "The Law of the Hebrew Slave", *ZAW* 108 (1996), S. 534-546; M. Stol, *Een Babyloniër maakt schulden*, Amsterdam 1983; K. van der Toorn, "The Nature of the Biblical Teraphim in the Light of the Cuneiform Evidence", *CBQ* 52 (1990), S. 203-222; J. Weingreen, *From Bible to Mishna*, Manchester 1976, S. 133-142; D. van Zijl & D.H. Odendaal, "Teks en konteks - 'n perspektief uit Eksodus 21: 1-6", *NGTT* 32 (1991), S. 19-27.

4.1.2 *Literatur zu 4.2.3*

(Eine Auswahl): *IDBS*, S. 960ff.; *TRE*, XI, S. 417ff. (Lit); L.J. Archer, *Her Price is Beyond Rubies. The Jewish Woman in Graeco-Roman Palestine*, Sheffield 1990; G. Beer, *Die soziale und religiöse Stellung der Frau im israelitischen Altertum*, Tübingen 1919; P.A. Bird, "Israelite Religion and the Faith of Israel's Daughters", in: D. Jobling u.a. (Hg.), *The Bible and the Politics of Exegesis* (FS N.K. Gottwald), Cleveland 1991, S. 97-108; G. Braulik, "Haben in Israel auch Frauen geopfert?", in: S. Kreuzer & K. Lüthi (Hg.), *Zur Aktualität des Alten Testaments* (FS G. Sauer), Frankfurt am Main 1992, S. 19-28 (wahrscheinlich erkannte zuerst Deuteronomium den Frauen das Recht zu opfern zu); C.V. Camp, "The Wise Women of 2 Samuel. A Role Model for Women in Early Israel", *CBQ* 43 (1981), S. 14-29; G.I. Emmerson, "Women in Ancient Israel", in: R.E. Clements (Hg.), *The World of Ancient Israel*, Cambridge 1989, S. 371-394 (lit.); K. Engelken, *Frauen im Alten Israel. Eine begriffsgeschichtliche und sozialrechtliche Studie zur Stellung der Frau im Alten Testament*, Stuttgart 1990; M.I. Gruber, "Women in the Cult According to the Priestly Code", in: ders., *The Motherhood of God and Other Studies*, Atlanta 1992, S. 49-68; B.S. Lesko (Hg.), *Women's Earliest Records from Ancient Egypt and Western Asia*, Atlanta 1989; C. Locher, *Die Ehre einer Frau in Israel. Exegetische und vergleichende Studien zu Deuteronomium 22, 13-21*, Freiburg/Göttingen 1986; E. Otto, "Zur Stellung der Frau in den ältesten Rechtstexten des Alten Testamentes (Ex 20, 14; 22, 15 f.)", *ZEE* 26 (1982), S. 279-305; ders., "Das Eherecht im mittelassyrischen Kodex und im Deuteronomium", in: *Mesopotamica - Ugaritica - Biblica* (FS K. Bergerhof), Kevelaer/Neukirchen-Vluyn 1993, S. 259-281; R. Patai, *Sex and Family in the Bible and the Middle East*, Garden City, New York 1959; C. Pressler, *The View of Women Found in the Deuteronomic Family Laws*, Berlin/New York 1993; A. Rofé, "Family and Sex Laws in Deuteronomy and the Book of Covenant", *Henoch* 9 (1987), S. 131-159; B. Schmitz & U. Steftgen (Hg.), *Waren sie nur schön? Frauen im Spiegel der Jahrtausende*, Mainz 1989; S. Schroer, "Weise Frauen und Ratgeberinnen in Israel", *BN* 51 (1990), S. 41-60; L. Stulman, "Sex and Familial Crimes in the D Code. A Witness to Mores in Transition", *JSOT* 53 (1992), S. 47-63; K. van der Toorn, *Van haar wieg tot haar graf. De rol van de godsdienst in het leven van de Israëlitische en Babylonische vrouw*, Baarn 1987; H. Utzschneider, "Patrilinearität im alten Israel - eine Studie zur Familie und ihrer Religion", *BN* 56 (1991), S. 60-97; R. Westbrook, "Adultery in Ancient Near Eastern Law", *RB* 97 (1990), S. 542-580.

4.1.3 *Übersetzung*

21,1 *Hier folgen die Regeln, die du ihnen vorhalten sollst:*
2 *'Wenn du einen hebräischen Sklaven kaufst, soll er sechs Jahre arbeiten, aber im siebten (Jahr) darf er als freier Mann, ohne bezahlen zu müssen, ausziehen.*
3 *Falls er allein gekommen ist, dann soll er allein ausziehen. Falls er in Besitz einer Frau war, dann soll seine Frau mit ihm ausziehen.*
4 *Falls sein Herr ihm eine Frau gegeben hat und sie ihm Söhne oder Töchter geschenkt hat, dann soll die Frau mit ihren Kindern das Eigentum ihres Herrn bleiben, und er soll allein ausziehen.*
5 *Falls aber der Sklave nachdrücklich erklärt: "Ich liebe meinen Herrn, meine Frau und meine Kinder. Ich will nicht als freier Mann ausgehen",*
6 *dann soll ihn sein Herr vor die Götter bringen, er soll ihn also an die*

*Tür oder an den Türpfosten bringen, und sein Herr soll einen Pfriem
durch sein Ohr stechen, so wird er für immer sein Sklave sein.*

*7 Wenn aber jemand seine Tochter als Sklavin verkauft, dann soll sie
nicht, wie dies für die Sklaven vorgeschrieben ist, ausziehen.*

*8 Falls sie nach dem Urteil ihres Herrn, der sie für sich selbst vor-
gesehen hatte, nicht taugt, dann soll er sie freikaufen lassen; er hat kein
Recht, sie an ein 'fremdes Volk' zu verkaufen, weil er die Verbindung mit
ihr zerbrochen hat.*

*9 Und falls er sie für seinen Sohn bestimmt, dann muß er sie genauso
behandeln, wie Töchter behandelt werden.*

*10 Falls er sich noch eine Frau dazunimmt, darf er ihre Nahrung, ihre
Kleidung und die Geschlechtsgemeinschaft mit ihr nicht verkürzen.*

*11 Falls er sie aber nicht entsprechend den drei genannten Vorschriften
behandelt, dann darf sie ausziehen, ohne bezahlen zu müssen, ohne Geld
zu geben'.*

4.1.4 Exegetische Anmerkungen

21,1-2 w^e *'ellœh* (vgl. Houtman*, *Exodus*, I, S. 226f.), Sam.Pent.: *'lh*, vgl. Vulg.
mišpāṭ, 'Vorschrift', 'Regel' (vgl. z.B. 15,25; 21,31; 24,3 und s. *THAT*, II, Sp.
999ff.; *ThWAT*, V, Sp. 93ff.). *tāśîm lifnêhœm*, 'du sollst vorhalten', Sprecher ist
JHWH, angesprochene Person ist Mose; diejenigen, an die er sich zu richten hat,
sind die Israeliten (vgl. 20,22). *śjm* (s. *ThWAT*, VII, Sp. 761ff.), 'legen', 'setzen',
'stellen', wird im Bundesbuch mit den folgenden Nuancen gebraucht: 'anweisen'
(21,13), 'auflegen' (+ *'al*; 22,24), 'jmdm. vorhalten' (+ *lifnê*; 21,1). *pānîm*,
'Angesicht' (s. *THAT*, II, Sp. 432ff.; *ThWAT*, VI, Sp. 629ff.; Houtman*, *Exodus*,
I, S. 50ff.), wird im Bundesbuch zur Bezeichnung von JHWH gebraucht, im
Kontext eines Besuchs im JHWH-Heiligtum (23,15.17) und ferner im Status
constructus mit vorausgehenden Präpositionen *l^e* (21,1; 23,20.23.27f.) und *min*
(23,21.29-31), das die Funktion einer Präposition erfüllt.

tiqnœh, 2.Pers. sing.[1] Impf. von *qnh*, 'kaufen' (vgl. *THAT*, II, Sp. 650ff.;
ThWAT, VII, Sp. 63ff.), mit einem Sklaven als Objekt (vgl. Lev. 22,11; 25,44f.;
Koh. 2,7). Vgl. auch den Ausdruck *miqnat-kœsœf* (Gen. 17,12f.23.27; Ex. 12,44):
'eine gegen Bezahlung erworbene Person', der gekaufte (nicht israelitische)
Sklave im Unterschied zu dem im Haus geborenen Sklaven. *'ibrî*, 'Hebräer' (hier
als Adjektiv gebraucht; vgl. z.B. 2,11.13) ist ein vieldiskutierter Begriff. Meiner
Meinung nach ist es ein *nomen gentilicium* und als solches synonym zu 'Israelit'
(s. Houtman*, *Exodus*, I, S. 122ff.); *'œbœd*, 'Sklave', beschreibt den sozialen
Status der Person; *'ibrî* (Alliteration) die Bevölkerungsgruppe, zu der er gehört
(vgl. Gen. 39,17; 41,12); gemeint ist der Sklave des eigenen Volkes im Gegensatz

---

[1] Vgl. 21,2.13f.23; 22,17.20. S. dazu W. Morrow, "A Generic Discrepancy in the
Covenant Code", in: Levinson*, S. 136-151.

zum allochthonen Sklaven.[2] TO, TPsJ: 'Israelit'; Pesch.: 'Judäer' (vgl. Jer. 34,9).
'sechs', auf 'sechs' folgt häufig 'der siebte' (16,26; 20,9.11; 23,10-12; 24,16;
31,15.17; 35,2; Lev. 23,3; 25,3f. usw.); der siebte Tag und das siebte Jahr
bezeichnen eine Wende nach einem Höhepunkt, den Tag bzw. das Jahr mit einem
völlig anderen Charakter als die Periode der sechs zuvor (vgl. Houtman*, *Exodus*,
I, S. 65ff.). *šānîm*, Plur. (auch 23,10) von *šānâ* (s. *ThWAT*, VIII, Sp. 324ff.),
'(lunares) Jahr' (s. auch 23,14.16f.29). *ja^{ca}bōd*, Sam.Pent.: *j'bdk*, '... für dich
arbeiten', vgl. LXX, Vulg., Pesch. 'siebten', scil. 'Jahr'; so explizit LXX, TNf.
jēsē', in u.a. LXX$^{A.F}$ und TNf ist der Herr Subjekt: 'sollst du ihn wegschicken'.
lahofšî, zu *l^c* s. KöSynt § 332m; Brockelmann § 107iɣ; Williams § 278; *hofšî* ist
ein vielbesprochener Term.[3] Ob *hofšî* ursprünglich eine Bezeichnung für eine
gesellschaftlich nieder klassifizierte Person war und ob diese Bedeutung in Ex. 21
noch durchschimmert, ist Gegenstand der Diskussion; die angenommene Bedeutung läßt sich aus dem AT nicht ableiten; in 21,2 und auch in 21,5.26.27 steht
hofšî im Kontrast zu 'Sklave sein' und hat die Bedeutung 'Freier' bzw. 'Freigelas-
sener'. *hinnām*, Adverb (*hēn* [vgl. *THAT*, I, Sp. 587ff.; *ThWAT*, III, Sp. 23ff.] +
Bildungssilbe [vgl. Ges-K § 100g; Joüon § 102b]), 'umsonst', 'gratis'.

21,3 *b^{e}gappô* (Sam.Pent.: *bgpjw*), von *'gaf* (nur in Ex. 21,3.4), ein dunkler
Begriff, oft als 'Körper' interpretiert (Dhorme*, S. 7; s. bereits Mek., III, 17; Ibn
Esra), kommt nur in der Phrase 'nur mit seinem Körper', d.h. 'ohne Besitz', vor.
In 21,3b wird dieser Besitzgegenstand der betreffenden Person genannt, worüber
im Falle des Auszugs Meinungsverschiedenheiten entstehen können. So bedeutet
b^{e}gappô hier 'alleine' (vgl. Targume, LXX, Pesch.); Vulg.: *cum quali veste*
(21,3), *cum vestitu sua* (21,4), 'mit dem (seinem) Kleid' (vgl. Raschi).
   ba'al (vgl. *THAT*, I, Sp. 327ff.; *ThWAT*, I, Sp. 706ff.), im Bundesbuch
bezeichnet *ba'al* als Substantiv einen Menschen (14×; 84× AT), sowohl im Sing.
(6×) wie im Plur. (8× als pluralis intensivus oder majestatis zur Bezeichnung einer
einzigen Person, z.B. KöSynt § 263k), als 'Besitzer', 'Eigentümer' von Dingen
und Tieren (21,28.34; 22,7 im Sing.; 21,29[2×].34.36; 22,10.11.13.14 im Plur.)
und als Besitzer einer Frau, 'der Ehemann' (21,3.22; vgl. z.B. Dtn. 24,4). M.J.
Mulder konkludiert aufgrund einer Übersicht zum 'profanen' Gebrauch von *ba'al*,
daß es im AT ein Subjekt-Objekt-Verhältnis bezeichne, aus dem sowohl die
dominierende Position des Subjekts gegenüber dem Objekt erkennbar sei als auch
die (intime) Beziehung zwischen den beiden.[4] *'iššâ*, hier die dem Mann zu-
gehörende Frau, die Gattin (vgl. 4,20; 6,20.23.25; 18,2.5f.; 20,17; 21,3f.5;

---

[2] Zu anderen, nicht überzeugenden Interpretationen siehe z.B. K. Koch, *VT* 19 (1969), S.
78; J. Lewy, *HUCA* 14 (1939), S. 587-623; ders., *HUCA* 15 (1940), S. 47-58; E. Lipiński,
VT 26 (1976), S. 123; N.A. van Uchelen, *Abraham de Hebreeër*, Assen 1964, S. 86f.; M.
Weippert, *Die Landnahme der israelitischen Stämme*, Göttingen 1967, S. 86f. Vgl. I.
Riesener, *Der Stamm עבד im Alten Testament*, Berlin/New York 1979, S. 115ff.
[3] S. *ThWAT*, III, Sp. 123ff. (Lit.); N.P. Lemche, *BN* 25 (1984), S. 72ff.; M. Görg, *BN* 45
(1988), S. 52f.; O. Loretz, *UF* 9 (1977), S. 163-167.
[4] *Ba'al in het Oude Testament*, 's-Gravenhage 1962, S. 13.

22,15.23 usw.).[5] LXX (vgl. Frankel*, S. 74): 'wenn seine Frau mit ihm gekommen ist'. *'im*, LXX, Pesch.: *w'm*, auch in 21,4; vgl. 21,10 in Sam.Pent., LXX,
Pesch., Vulg.

21,4 LXX: '*der* Herr'. *ntn*,[6] hier (+ *l^e*) im Sinn von 'zur Heirat geben an' (vgl.
z.B. 2,21; 22,16). *jld*, 'gebären' (vgl. z.B. 2,2.22; 6,20,23.25); das zweite *lô*,
'ihm', ist zweideutig: ihrem Mann oder ihrem Herrn?[7] 'Söhne und Töchter', die
Begriffe werden oft zusammen gebraucht (vgl. z.B. 3,22; 10,9; 32,2) mit der
Bedeutung 'Kinder' (vgl. auch den Gebrauch von 'Sohn und/oder Tochter' zur
Bezeichnung von 'Kind' [s. 21,31; vgl. 20,10]). Auch begegnet *bēn*, 'Sohn', mit
der Bedeutung 'Kind' (z.B 10,2; eventuell auch 13,8.14) und *bānîm*, 'Söhne', mit
der Bedeutung 'Kinder' (z.B. 17,3; 21,5; 22,23; 34,7) und 'Nachkommen' (z.B.
12,24; 20,5). *j^elādîm*, 'Jungen' (z.B. 1,17f.; 2,6), ist in 21,4 eine Bezeichnung für
'Jungen und Mädchen', 'Kinder' (vgl. I Sam. 1,2; II Sam. 6,23 usw.). 'ihre
Kinder', LXX: '*die* Kinder'. *ô*, 'oder', Partikel der Disjunktion (27mal im
Bundesbuch [21,4.6.18.20f.26-29.31-33.36f.; 22,4-6.9.13; 23,4]), s. z.B. Ges-K §
104c; 150g, i, 159cc, 162; Joüon § 161e, 175a, d; Brockelmann § 131, 136a, b;
169c und bes. Brin*, S. 90-103. *tihjæh l^e* (vgl. Ges-K § 129; Joüon § 130), Sing.;
Subjekt ist insbesondere die Frau (KöSynt § 263i, 349t; Ges-K § 146e; Joüon
§ 150p; R. Ratner, *ZAW* 102 [1990], S. 242, 246). *la'dōnæhā*, 'ihres Herrn',
Sam.Pent.: *l'dnjw*, 'seines Herr', vgl. LXX, Pesch.
    Bei betreffender Sklavin handelt es sich offensichtlich um eine Arbeitssklavin
(vgl. 21,26f.) und nicht um eine Konkubine (vgl. 21,7-11). Muß an eine Frau
fremdländischer Herkunft gedacht werden? CE §§ 34f. beschreiben das Eigentumsrecht des Palastes im Hinblick auf einen Sohn oder eine Tochter einer
Sklavin des Palastes (vgl. Yaron*, S. 65, 165ff.; Otto*, *Rechtsgeschichte*,S. 51f.).
In CH §§ 175f. wird u.a. die Frage behandelt, welchen Status die Söhne einer
'gemischten' Ehe einer Tochter eines freien Bürgers mit einem Palastsklaven oder
einem *muškēnum* (eine Privatperson) einnehmen; in diesem Fall darf der Besitzer
keinen Anspruch auf die Söhne erheben (vgl. Cardellini, S. 63f.).

21,5-6 'nachdrücklich erklären', vgl. den Gebrauch von *'mr* (s. 20,22) in z.B.
9,27; 10,16; 22,8 und s. Ges-K § 113o; Joüon § 123g. *'āhabtî* (vgl. Waltke &
O'Connor, S. 489), *'hb* (vgl. THAT, I, Sp. 60ff.; ThWAT, I, Sp. 105ff.), 'zuge-
neigt sein' (vgl. z.B. I Sam. 16,21; 18,16.22), das Gegenteil von *śn'*, 'abgeneigt
sein' (vgl. z.B. Gen. 29,31f.; 37,4; Lev. 19,17f.). Zur partiellen Asyndese s.
Brockelmann § 128.
    ngš hi., 'in die unmittelbare Nähe bringen von' (vgl. ThWAT, V, Sp. 232ff.).

---

[5] *'iššâ*, 'Frau', ist im Bundesbuch die freie Israelitin (vgl. 21,22[2×].28f.). Zu *'iš* s. 21,7.
[6] Das Verb *ntn* (s. THAT, II, Sp. 117ff.; ThWAT, V, Sp. 693ff.), 'geben', 'legen' usw.,
wird im Bundesbuch mit unterschiedlichen Nuancen verwendet: 'etwas (Akk.) (der Sorge
von [+ *'æl*]) anvertrauen' (22,6.9), 'etwas (Akk.) überlassen', '(jmdm.) weihen' (+ *l*;
22,28f.), 'bezahlen' (21,22.30.32), 'vergüten' (21,19.23), 'in jmds. Macht geben' (+ *b'jad*;
23,31) usw. (s. 23,27).
[7] Vgl. R. Nogah, *BetM* 32 (1986-87), S. 350-354.

Welcher Art ist das Verhältnis der beiden mit *wᵉhiggîšô* eingeleiteten Sätze? LXX: καὶ τότε, 'und danach', impliziert offenbar, daß die folgende Handlung nicht im Gerichtshof, sondern beim Haus stattfindet (vgl. Mek., III, 14). Die Auffassung, daß sich der Vorgang an zwei verschiedenen Orten abspielt, findet sich öfter, doch werden auch andere Auffassungen vertreten. Ist der zweite Satz eine Variante (Noth) oder eine erklärende Zufügung (Beer)? Wurde erstere Bestimmung später durch eine zweite (vgl. Dtn. 15,17) ergänzt (Brongers, S. 321f.; Schwienhorst-Schönberger*, S. 208), oder ist erstere Bestimmung späteren Datums? Letztere Sicht vertritt Meyer*, *IN*, S. 475 Anm. 2: später erachtete man es als unpassend, daß das Ritual beim Haus stattfand und transponierte durch eine Textausbreitung das Geschehen zum Tempel. Ich verstehe den zweiten Satz (mit *wāw*-explicativum) als Erläuterung des ersten. Es ist evident, daß der Herr auch Subjekt des zweiten *wᵉhiggîšô* ist (anders König*, *GAR*, S. 244: 'man').

'æl-hā'ᵉlōhîm, zum Artikel s. Ges-K § 126r; Joüon § 137w (vgl. *hattᵉrāfîm* in I Sam. 19,13); LXX: πρὸς κριτήριον τοῦ θεοῦ; TO: *lqdm djnjj'*; vgl. TPsJ, TNf, Pesch. und s. PTᴬ: *ltr' bjt-djn'*, 'zum Tor des Gerichtshofes' (s. daneben Aq., Symm.: πρὸς τοὺς θεούς; vgl. Vulg.); die Richter müssen ihr Einverständnis geben (so explizit TPsJ); zur Interpretation 'Richter' s. auch z.B. Mek., III, 14; Ibn Esra; Raschi. Nachmanides behauptet, daß 'Gott' verwendet werde, weil er mit den Richtern sei, wenn sie ihr Urteil aussprechen.

dælæt, 'Tür(-flügel)' (Gen. 19,6.9.10; II Sam. 13,17 usw.); vgl. *AuS*, VII, S. 68ff.; *BRL*, S. 348f. *'ô*, 'oder', nicht übersetzt in LXX; Vulg.: *et*, TO: *dlwt*, 'das ist zur' (vgl. TPsJ); vgl. Mek., III, 14f., und s. Prijs*, S. 9. *mᵉzûzâ*, s. 4.2.9.[8] *rṣ'* (nur hier im AT), 'durchbohren', mit dem Derivat *marṣēa'*, 'Pfriem' (Ex. 21,6; Dtn. 15,17); vgl. *AuS*, V, S. 197, 286; Krauss*, I, S. 177; II, S. 314; III, S. 155; zum Gebrauch des Artikels s. z.B. Ges-K § 126r; Joüon § 137m. *'ōzæn*, 'Ohr', Organ des Hörens (vgl. *THAT*, I, Sp. 95ff.; Dhorme*, S. 89f.; Johnson*, *Vitality*, S. 50); hier konkret: das Ohrläppchen, wahrscheinlich des rechten Ohrs (vgl. Lev. 8,23f.; 14,14.17); so explizit TPsJ. *waᵃbādô*, 'und wird seine Sklave sein'; TO, TPsJ: *wjhj ljh 'bd plḥ*, 'und er soll ihm Arbeitssklave sein' (vgl. TNf). *lᵉ'ōlām*, 'solange er lebt' (vgl. die Verwendung von *'æbæd 'ōlām* in Dtn. 15,17; I Sam. 27,12; Hi. 40,28; neben 21,6 s. Lev. 25,46); TPsJ: *d jwbl'*, 'bis zum Jubeljahr' (s. 4.2.10).

21,7 Die Regel von 21,2 gilt nur für israelitische Männer, nicht für Frauen. 21,7 beinhaltet die allgemeine Regel, daß die Frau lebenslang Konkubine bleibt. In 21,8-10 werden drei besondere Situationen gezeichnet und bestimmt, wie in diesen Fällen gehandelt werden muß. Das Nichtbeachten der Vorschriften gibt der Frau das Recht auf Freiheit (21,11).

jimkōr, Impf. qal von *mkr* (s. z.B. 21,7.8.16.35.37; 22,1[ni.]), das gewöhnlich als 'verkaufen' interpretiert wird (z.B. *THAT*, II, Sp. 653). E. Lipiński, *ThWAT*, IV, Sp. 869ff., betont, daß *mkr* oft 'übertragen' bedeutet. Tatsächlich kann man erwägen, ob *mkr* nicht bisweilen in diesem Sinne verstanden werden muß. So

---

[8] Zu Unrecht faßt Brin*, S. 99, 'Tür' und 'Türpfosten' als neutrale Alternativen.

könnte man in 21,7 an einen Schuldner denken, der seine Schulden begleicht, indem er seine Tochter dem Gläubiger gibt. *'îš* (vgl. KöSynt § 341n), 'Mann' (mit 'jemand' übersetzt), gemeint ist im Bundesbuch[9] der freie Israelit. 'Sklavin', vorausgesetzt wird, daß die betreffende Frau als Nebenfrau bzw. Konkubine bestimmt ist (vgl. z.B. Gen. 20,17; 21,10.12.13; 30,3; 31,33). Statt eine Mitgift zahlen zu müssen, erhält der Betroffene nun Geld für seine Tochter! *kese't* usw., in der Übersetzung habe ich 'ausziehen' nicht wiederholt, um den Eindruck zu vermeiden, als ob die Sklavin dennoch auf andere Weise als die Sklaven ausziehen dürfe.

21,8 *rā'â* (Pesch.: *snj'*, 'Abkehr', 'Ekel'), auf das in Sam.Pent. *hj'* folgt, explizite Erwähnung des Subjekts; *ra'* (vgl. *THAT*, II, Sp. 794ff.; *ThWAT*, VII, Sp. 582ff.) steht im Gegensatz zu *tôb* (vgl. *THAT*, I, Sp. 652ff.; *ThWAT*, III, Sp. 315ff.) und wird mehr als einmal zusammen mit seinem Antipol genannt (Krašovec*, S. 102f.). In 21,8 bringt *rā'â* zum Ausdruck, daß die Frau nach Meinung ihres Herrn die Erwartungen nicht erfüllt und deshalb keine *'iššâ tôbâ* (vgl. z.B. Gen. 6,2; Jdc. 15,2; I Sam. 25,3) ist; es ist nicht direkt von einer ethischen Disqualifizierung die Rede (vgl. Gen. 28,8); die Frau stellt als Frau des Hauses nicht zufrieden. *be'ênê*, 'nach dem Urteil von', 'in den Augen von' (vgl. *THAT*, II, Sp. 259ff.; *ThWAT*, VI, Sp. 31ff.); der Blick der Augen und allgemeiner das Gesicht einer Person widerspiegeln ihre Gefühle und ihr Urteil; vgl. die Verwendung von *be'ênê* + *ra'*, 'nicht wohlgefällig sein', in z.B. Gen. 21,11f. und insbesondere in Gen. 28,8. *lō'*, ein Fall von Ketib (*lō'*, 'nicht') - Qere (*lô*, 'für ihn'), über den unterschiedlich geurteilt wird.[10]

je'ādāh (Sam.Pent.: *h'dh*), Impf. qal + Suffix von *j'd*, 'bestimmen' (21,8f.), scil. als Konkubine (vgl. *THAT*, I, Sp. 742ff.; *ThWAT*, III, Sp. 697ff.); die Interpretation von *"šær-lō' je'ādāh* ist umstritten.[11] In jedem Fall wird gemeint sein, daß der Herr, weil die Frau ihre Funktion im Beischlaf nicht erfüllt — gebärt sie ihm keine Kinder oder widersetzt sie sich ihm (vgl. II Sam. 13,14f.)? —, die Verbindung zerbrechen will.

---

[9] 21,7.12.14.16.18(2×).20.22.26.28f.33.35.37; 22,4.6.9.13.15.30. S. 2.13 und vgl. *THAT*, I, Sp. 130ff., 247ff.; *ThWAT*, I, 238ff.

[10] Nach R. Gordis, *The Biblical Text in the Making*, New York 1971 (1937), S. 150ff., ist von einer Textvariante die Rede; J. Barr, "A New Look at Kethib-Qere", *OTS* 21 (1981), S. 19-37 (S. 31), meint, daß *l'* ursprünglich die Bedeutung 'für ihn' gehabt haben kann; D. Kellermann, "Korrektur, Variante, Wahllesart", *BZ* 24 (1980), S. 57-75 (S. 65f.), denkt, daß *l'*, 'nicht', eine jüngere Interpretation darstellt, die gegen die festgelegte Regelung gerichtet ist.

[11] Zu den alten Übersetzungen s. Frankel*, S. 92; Cazelles*, S. 48; Salvesen*, S. 101f., 218, 237, und zur Diskussion M. Görg, *ThWAT*, III, Sp. 699f.; D. Kellermann, *BZ* 24 (1980), S. 57-75; R. Althan, *JNWSL* 11 (1983), S. 21f.; Schenker, S. 548ff.; Cazelles favorisiert die Übersetzung: 'so daß er sie nicht heiratet'. NEB: 'If her master has not intercourse with her' (d.h.: wenn sie noch Jungfrau ist), basiert auf der Lesung *je'dā'āh*; vgl. bereits K. Budde, *ZAW* 11 (1891), S. 102f., und s. auch W. Robertson Smith, *ZAW* 12 (1892), S. 162: 'nachdem er Gemeinschaft mit ihr gehabt hatte' (er läßt *lō'* weg).

Der Status und Wert einer Frau hängt davon ab, ob sie Kinder gebärt. CH § 147 erlaubt es dem Herrn (im Fall einer *nadītum*-Heirat, eine Ehe mit einem hochrangigen Priester), eine Sklavin, die keine Kinder gebärt, zu verkaufen. In HG § 30 wird einem Mann zugestanden, von einer Ehe mit einem (freien) Mädchen abzusehen, bevor er Gemeinschaft mit ihr gehabt hat. In diesem Fall erhält er den bereits bezahlten Brautschatz nicht mehr zurück (vgl. auch CH § 159). HG §§ 31, 32, 32a, 33, '33' kennen eine Verbindung zwischen einer Sklavin und einem freien Mann, einem Sklaven und einer freien Frau und einem Sklaven mit einer Sklavin. Geregelt wird das Recht auf Besitz und auf die Kinder im Scheidungsfalle.

pdh hi. (vgl. Ges-K § 75ee), 'freikaufen lassen' (vgl. Lev. 19,20 und s. *THAT*, II, Sp. 389ff.; *ThWAT*, VI, Sp. 514ff.). Vulg.: *dimittet eam*, 'soll er sie wegschikken'; TPsJ: 'soll ihr Vater sie freikaufen' (vgl. Mek., III, 24). Vorausgesetztes Subjekt wird offensichtlich der Vater oder ein anderes Familienmitglied der Frau sein. Sie kehrt zurück in den Familienverband oder wird Besitz eines Mannes ihres Klans. *lᵉ'am nokrî*, 'an ein fremdes Volk' (vgl. *THAT*, II, Sp. 66ff., 290ff.; *ThWAT*, V, Sp. 454ff.; VI, Sp. 177ff.), gemeint sind wahrscheinlich Menschen, die nicht zur 'eigenen Art' gehören, sondern gebürtig aus einer anderen Stadt, einem anderen Gebiet oder Stamm sind (vgl. Num. 5,27), so daß man Gefahr läuft, als Feind behandelt zu werden (vgl. Jdc. 19,12); TO, TPsJ: *lgbr 'whrn*, 'einem anderen Mann'; TNf: *lgbr br 'mmjn*, 'einem Heiden', einem Nichtjuden (vgl. Mek., III, 25); Raschi (von Nachmanides bestritten): 'ein anderer Israelit'; angesichts des Kontrastes zum Vorhergehenden wird gemeint sein: eine nicht zu ihrer Familie/Sippe gehörende Person. Es ist übrigens möglich, daß die Redaktion des Pentateuch *'am nokrî* als 'fremdländisches Volk' verstand (vgl. Dtn. 15,3; 17,15; 23,21 und s. Dtn. 7,3). Steht 'fremd' im Kontrast zu 'hebräisch' (vgl. 21,2)? In diesem Fall ist das Subjekt des Freikaufens ein Israelit im allgemeineren Sinne (vgl. Phillips, S. 59f.). Zum Verkauf oder zur Pfandgabe einer Person in ein fremdes Land s. MA C+G § 3.

jimšōl, Impf. qal von *mšl*, 'herrschen'; hier (mit *lᵉ*) 'das Recht besitzen, um' (vgl. *THAT*, I, Sp. 930ff.; *ThWAT*, V, Sp. 69ff.). Wer ist Subjekt? Der Vater, nachdem er seine Tochter freigekauft hat? (Nachmanides; vgl. Raschi und auch Ehrlich [aufgrund einer Textänderung]). Der Kontext läßt an den Herrn denken. *bᵉbigdô* (vgl. Ges-K § 61b; Joüon § 65b), Inf. cstr. + Präfix und Suffix von *bgd* (vgl. *THAT*, I, Sp. 261ff.; *ThWAT*, I, Sp. 507ff.), 'treulos handeln gegen' (+ *bᵉ*; vgl. Brockelmann § 106h); nicht die Gesinnung (daß er die Frau satt hat; vgl. Vulg.: *si spreverit eam*, 'falls er sie verachtet') steht zur Debatte, sondern das Recht (die Verfahrensweise tastet die Rechtsposition der Frau an). Zu den unterschiedlichen rabbinischen Interpretationen s. Mek., III, 25f.

21,9-11 Um folgende Situation geht es in 21,9: ein Familienhaupt kauft für seinen Sohn eine Konkubine; in 21,9 geht es nicht um eine Frau, die er anfänglich für sich selber bestimmt hatte und dann Konkubine seines Sohnes wurde (so Raschi, Holzinger, Baentsch). Dies mußte für anstößig gehalten werden. Nicht angedeutet wird, was genau eine Behandlung als Tochter beinhaltete. Wird davon in 21,7.8 gesprochen? Darf er sie eventuell einem anderen Israeliten verkaufen, was zur

Folge haben konnte, daß er sie später wieder loszukaufen mußte? Oder ist eine
bevorzugtere Position gemeint? Muß sie als eigene Tochter, als freie Frau
betrachtet werden? Muß er ihr einen Brautschatz mitgeben? (s. TzUR). Wer ist
das Subjekt von *'śh* , 'behandeln'? Der Sohn? So Nachmanides, der der Ansicht
ist, daß das Recht der Tochter in 21,10 beschrieben wird. Es liegt aber auf der
Hand, auch hier an den Herrn als Subjekt zu denken.

jijʿādœnnâ (Sam.Pent.: *jʿdnh*), 'sie bestimmt', nämlich als Konkubine, vgl.
TPsJ: *lsjr brjh*, 'für das Bett seines Sohnes'; Vulg.: *desponderit eam*, 'er sie
verlobt mit'. *mišpāṭ* (s. 21,1), vgl. Gen. 40,13; Jdc. 18,7; I Reg. 18,28. TO, TPsJ:
'Töchter *Israels*' (vgl. Mek., III, 27); Symm.: τῶν νεανίδων, 'von den jungen
Frauen', offenbar ist gemeint: eine bessere Behandlung, als sie für Töchter
vorgeschrieben ist (vgl. 21,7); sie ist eine völlig freie Frau (vgl. Salvesen*, S.
102). *'śh* + *lᵉ*, 'behandeln' (s. 20,23; vgl. z.B. 5,15; 14,11; 17,4).

'ahœrœt, Derivat von *'ḥr*, 'hinten sein' (vgl. THAT, I, Sp. 110ff.; ThWAT, I,
Sp. 218ff.); TPsJ: 'eine andere Tochter Israels'; eine Nebenfrau oder eine Frau
mehr im allgemeinen? (vgl. Ibn Esra). *lqḥ* (s. THAT, I, Sp. 875ff.; ThWAT, IV,
Sp. 588ff.), 'nehmen', sc. zur Frau (vgl. z.B. 2,1; 6,20.23.25);[12] das Verb wird
ferner im Bundesbuch mit unterschiedlichen Nuancen gebraucht: 'wegnehmen'
(21,14), 'annehmen', 'sich begnügen mit' (22,10), 'in Empfang nehmen' (23,8).
lô, reflexiv (Ges-K § 135i; Joüon § 146k); nicht 'für seinen Sohn' (so z.B.
Dasberg); s. bereits Vulg., die eine abweichende Interpretation bietet: nimmt der
Vater eine andere Frau für seinen Sohn, dann muß er die Verheiratung der
abgewiesenen Frau regeln und darf ihr die Kleider und den Preis (Geld für den
Verlust) ihrer Jungfernschaft nicht verweigern.

šᵉ'ēr, 'Fleisch', die Fleischbestandteile des Körpers (vgl. Ps. 78,20.27); hier
offensichtlich Bezeichnung von Nahrung allgemeiner Art.[13] Vielleicht ist tatsächlich auch konkret 'Fleisch' gemeint (vgl. I Sam. 1,5). In jedem Fall gilt: die Frau
darf fortan nicht benachteiligt werden. Das Suffix 'ihr' bezieht sich natürlich auf
die erste Frau (Raschi). *kᵉsût* (Derivat von *ksh*, 'bedecken' [vgl. ThWAT, IV, Sp.
272ff.]), 'Bedeckung'; in 21,10 zur Bezeichnung von Kleidung, in 22,26 zur
Bezeichnung des Oberkleides (vgl. 22,25);[14] TPsJ: *tkšjth'* (vgl. FTᵛ), TNf: *tksjth*
(vgl. FTᴾ), 'Zierat', 'Juwelen'.

'ōnâ, ist Hapax legomenon, das gewöhnlich als 'Geschlechtsgemeinschaft'
interpretiert wird;[15] diese Interpretation geht auf die LXX zurück (καὶ τὴν
ὁμιλίαν αὐτῆς) und findet sich auch in den Targumen, TPsJ: *wm'jjlh*; TNf:
wm'lh wmpqh lwwth, vgl. FT und s. auch Mek., III, 27ff.; in der Mek. wird

[12] Vgl. J. Scharbert, "Ehe und Eheschliessung in der Rechtssprache des Pentateuch und
beim Chronisten", in: *Studien zum Pentateuch* (FS W. Kornfeld), Wien usw. 1977, S. 213-
225.
[13] Vgl. ThWAT, VII, Sp. 931ff.; Dhorme*, S. 7, 9; Johnson*, *Vitality*, S. 37ff.; s. auch
D. Lys, *VT* 36 (1986), S. 163-204.
[14] Vgl. H.W. Hönig, *Die Bekleidung des Hebräers*, Zürich 1957, S. 16.
[15] Die Ableitung von *'nh* II oder III oder von *'ēt*, 'Zeit', ist strittig (s. die Lexika). C.J.
Labuschagne, in: THAT, II, Sp. 337, bringt den Begriff in Zusammenhang mit *'nh* I: die
positive Reaktion der Frau wird vorausgesetzt (vgl. Hos. 2,17 und s. auch Hos. 2,23f.).

übrigens auch *šᵉʿērāh* interpretiert als 'Geschlechtsgemeinschaft' und *ʿōnātāh* als 'Nahrung'; Nachmanides bezog bereits die drei Begriffe von V. 10b auf die eheliche Gemeinschaft; auch ein moderner Ausleger hat dies getan. R. North, *VT* 5 (1955), S. 204-206, versteht den Vers wie folgt: 'he shall not curtail her physical satisfaction, her honorable standing in the harem, or her right of parenthood' (S. 206). Die alte Interpretation von *ʿōnâ* wird von modernen Autoren geteilt – wenn auch mit unterschiedlicher Argumentation, s. z.B. Ehrlich und A. Deem, *JSS* 23 (1978), S. 28f. –, wurde aber auch in Zweifel gezogen. S.M. Paul*, S. 57ff. (ders., *JNES* 28 [1969], S. 48-53), weist darauf hin, daß das Recht auf Geschlechtsgemeinschaft nirgends in den Gesetzestexten des Alten Orients fixiert wurde, und konkludiert aufgrund mesopotamischer Texte, daß das Recht auf Öl angedeutet sei.[16] W. von Soden, *UF* 13 (1981), S. 159f., behauptet, daß man einem freien Mann nicht vorschreiben könne, mit wem er Umgang hat und versteht *ʿōnâ* als Derivat von *ʿwn* mit der Bedeutung 'Wohnung'. Siehe bereits Raschbam und Cassuto. F.J. Stendebach zufolge hat diese Deutung viel Wahrscheinlichkeit für sich (in: *ThWAT*, VI, Sp. 246). Es darf nicht übersehen werden, daß der Status einer Frau durch Mutterschaft und die Anzahl Kinder bestimmt wird (vgl. Gen. 30,1; I Sam. 1,4ff.). In einem ansonsten 'frauenfreundlichen' Text ist das Recht auf Geschlechtsverkehr nicht unpassend. *Drei* (vgl. Houtman*, *Exodus*, I, S. 62) Voraussetzungen müssen erfüllt werden, wenn die Heirat eine *vollwertige* Heirat sein will.

grʿ + Akkusativ (vgl. *ThWAT*, II, Sp. 70ff.; E.F. Sutcliffe, *Bib* 30 [1949], S. 79ff.), 'verkürzen'. LE § 28; CH § 148 bestimmen, daß ein Mann, wenn er eine (freie) Frau dazunimmt, weil seine erste Frau an einer Krankheit leidet, er seiner ersten Frau unterhaltspflichtig bleibt.

ʾēn, Negation im Nominalsatz (vgl. 22,9.13 und s. Ges-K § 152l, u).[17] 'Geld', das hebräische *kæsæf*, 'Silber', ist ein hochgeschätztes, kostbares Metall, das als Zahlungsmittel (21,32; 22,16) verwendet wird und so auch die Bedeutung 'Geld' hat (21,11.34; 22,6.24); es kann auch 'Eigentum' (21,21) und 'Ertrag' (21,35) bedeuten.[18] TPsJ beinhaltet eine Ergänzung: sie muß aber einen Scheidebrief (vgl. Dtn. 24,1) erhalten (vgl. Mek., III, 30). Bei 'den drei' muß nicht gedacht werden an die drei in 21,10 genannten Pflichten (Nahrung usw.; so z.B. Dillmann, Baentsch, te Stroete); s. bereits Mek., III, 29f.: sie muß die Frau des Herrn oder dessen Sohn werden oder freigekauft werden (vgl. Raschi; Nachmanides). Es sind die Vorschriften von 21,8-10 gemeint: wenn der Herr sie dennoch an ein 'fremdes Volk' verkaufen will (21,8), wenn er sie nicht behandelt wie eine Tochter (21,9), wenn er sie in bezug auf Kleidung usw. kurzhält (so explizit TPsJ; vgl. Mek., III,

[16] Vgl. Hos. 2,7; Koh. 9,7f. und s. bereits E. Oren, *Tarb* 33 (1964), S. 317.
[17] S. weiter *THAT*, I, Sp. 127ff.; J. Carmignac, "L'emploi de la négation אין dans la Bible et à Qumran", *RdQ* 8 (1972-75), S. 407-413; Th.C. Vriezen, "Opmerkingen over gebruik en betekenis van de negatie *ʾajin - ʾēn*", in: *Übersetzung und Deutung* (FS A.R. Hulst), Nijkerk 1977, S. 187-203.
[18] S. zu 20,23 und N. Heutger, "Geld in altbiblischer Zeit", *DBAT* 23/24 (1987), S. 186-190; R. Kessler, "Silber und Gold, Gold und Silber. Zur Wertschätzung der Edelmetalle im Alten Israel", *BN* 31 (1986), S. 57-69.

29f.), dann hat sie das Recht auf Freiheit. Die Freilassung der Frau ist nicht an einen Termin gebunden, wie dies bei einem Sklaven der Fall ist (21,2).

4.2 *Kommentar*

4.2.1 Dem Abschnitt 21,2-6 liegt folgende Vorstellung zugrunde: die israelitische Volksgemeinschaft besteht aus freien Bürgern. Ein Israelit darf sein Bürgerrecht nur für eine begrenzte Zeit verlieren. Er besitzt das Recht auf Freiheit. Eine Ausnahme hiervon kann nur aufgrund einer bewußten Entscheidung erfolgen. 21,7-11 zufolge verhält es sich aber anders mit einer gekauften bzw. verkauften israelitischen Frau. Als 'Besitz' kann sie von einem Herrn in die Hände eines anderen übergehen. Ihr Recht ist nicht primär ein Recht auf Freiheit, sondern ein Recht auf Versorgung.

21,1-11 fällt nach 21,1, das als Einleitung aller Vorschriften von Ex. 21-23 gedacht ist, in zwei durch *kî* mit der Funktion einer konditionalen Präposition[19] eingeleitete Teile auseinander (21,2.7). Der erste Teil (21,2-6) bezieht sich auf das Verhältnis des hebräischen Sklaven (*'æbæd* [21,2.5.7];[20] vgl. den Gebrauch des Verbes *'bd* [21,2.6; vgl. z.B. 20,9; 34,21], das das Verrichten von Tätigkeiten bezeichnet, die mit [schwerem] körperlichen Einsatz verbunden sind) zu seinem Herrn (*'ādôn/ 'ªdōnîm* [21,4.5.6]),[21] der zweite Teil auf das Verhältnis der (hebräischen) Sklavin (*'āmâ*, 21,7; vgl. z.B. 20,10.17; 21,20.26f.32)[22] zu ihrem Herrn (21,8). Die Frage steht zentral, ob der Sklave und die Sklavin das Recht auf Freiheit haben; vgl. den Gebrauch von *jṣ'* (vgl. *THAT*, I, Sp. 755ff.;

---

[19] Im Bundesbuch leitet *kî* im Unterschied zu *'im* (s.u.) die allgemeinen Bestimmungen ein (s. jedoch auch 22,24f.). Zu *kî* s. A. Aejmelaeus, "Function and Interpretation of *kî* in Biblical Hebrew", *JBL* 105 (1986), S. 193-209; A. Schoors, "The Particle כִּי", *OTS* 21 (1981), S. 240-276.

[20] *'æbæd* ist derjenige, der zu gehorchen hat und Befehle des *'ādôn* ausführen muß. Im Begriff überwiegt die Konnotation 'Unfreiheit' nicht, und auch impliziert der Begriff als solcher nicht die Zugehörigkeit zu einer bestimmten Klasse. Im Bundesbuch begegnet *'æbæd* ausschließlich mit der Bedeutung 'Unfreier', 'Sklave' (vgl. auch 21,20.26f.). S. *THAT*, II, Sp. 182ff.; *ThWAT*, V, Sp. 982ff.; Riesener (Anm. 2).

[21] *'ādôn* (21,5) und der Plur. *'ªdōnîm* (21,4[2×].6.8.32 [pluralis majestatis oder Hoheitsplural; s. Ges-K § 124i, 145h; Brockelmann § 19c, 50f, 59c]) werden im Bundesbuch verwandt zur Bezeichnung des Herrn, des Sklavenmeisters; *hā'ādôn* als Titel für JHWH (23,17; vgl. 34,23). S. *THAT*, I, Sp. 31ff.; *ThWAT*, I, Sp. 62ff.

[22] So wie *'æbæd* einen untergeordneten Mann bezeichnet, bezeichnet *'āmâ* die untergeordnete Frau (vgl. z.B. 2,5; Nah. 2,8), im engeren Sinn die abhängige, unfreie Frau. S. weiter K. Engelken, *Frauen im Alten Israel*, Stuttgart usw. 1990, S. 127ff.; É. Lipiński, *ZAH* 7 (1994), S. 12-16. *bæn-'āmâ* in 23,12 (vgl. Gen. 21,10.13; Jud. 9,18; Ps. 86,6; 116,16) ist nichts mehr als ein Synonym zu *'æbæd*. Vgl. F.C. Fensham, "The Son of a Handmaid in Northwest Semitic", *VT* 19 (1969), S. 312-321.

ThWAT, III, Sp. 795ff.), 'ausziehen', in 21,2.3(2×).4.5.7(2×).11. 21,2 und
21,7 beinhalten die allgemeine Regel zu dem Verhaltensmuster, wie in
bezug auf den Sklaven bzw. die Sklavin zu verfahren ist. In 21,3-6.
8-11 wird dargelegt, wie in besonderen Fällen, beschrieben in mit *(wᵉ)'im* mit
der Funktion einer konditionalen Präposition[23] eingeleiteten Sätzen,
gehandelt werden muß.

4.2.2 Anmerkungen zur Sklaverei

Die Sklaverei gehörte im alten Israel genauso wie im Alten Orient zu den
etablierten Institutionen.[24] Daß sie bestand, wurde als normal betrachtet
und stand nicht zur Diskussion.

Aus verschiedenen Gründen konnte ein Mensch dazu verurteilt sein, als
Sklave zu leben. Er, besonders aber sie (vgl. Num. 31,7.9.18), konnte in
einem Krieg gefangen genommen und als Sklave verschleppt werden
(Dtn. 21,10-14; I Sam. 30,3; I Reg. 20,39; II Reg. 5,2; II Chr. 28,8ff.).
Man konnte auch entführt und als Sklave verkauft (vgl. Gen. 37,28;
Ex. 21,16; Dtn. 24,7) oder als Sklave geboren werden (vgl. Gen. 14,14;
17,12.23.27; Ex. 21,4; Lev. 22,11; 25,44-46; Jer. 2,14). Armut und
Schulden konnten die Ursache dafür sein, daß Eltern ihre Kinder ver-
kauften oder Schuldner sich in Schuldsklaverei begaben (s. 4.2.4). Sklaven waren also nicht nur Menschen fremder Abstammung, sondern oft
genug die eigenen Landsleute und Volksgenossen. Sklaverei impliziert
eine Reduktion des Menschen zu einem Stück Besitz eines anderen.
Sklaven können in einem Atem mit dem Vieh genannt werden
(Gen. 12,16; 20,14; 24,35; 30,43).

Über die Praktik der Sklaverei in Israel ist wenig bekannt. Es wird die
Auffasung vertreten, daß das Schicksal eines Sklaven in der Regel
erträglich war und in jedem Fall akzeptabler als eine unversorgte Existenz
der Armen in Freiheit (vgl. de Vaux*, I, S. 154f.; Thiel*, S. 158).
Heinisch, S. 289f., meint sogar, daß es dem Sklaven in Israel, insbesondere dem israelitischen Sklaven besser erging als dem Sklaven in der
Umwelt Israels aufgrund der gemeinschaftlichen Religion und des Be-
wußtseins der Blutsverwandtschaft. Solch ein Standpunkt ist nur möglich,
wenn der Charakter der Vorschriften (s.o. 2.16-17) verkannt und die
prophetische Kritik negiert wird. In jedem Fall kann konstatiert werden,
daß Sklaven sehr unsanft behandelt werden konnten (vgl. 21,20f.26f.;
I Sam. 30,13.15) und offensichtlich des öfteren davonliefen (vgl.

---

[23] S. dazu Brin*, S. 52ff.; C. van Leeuwen, "Die Partikel אם", *OTS* 18 (1973), S. 15-48.
[24] Vgl. *ABD*, VI, S. 58ff.; *IDB*, IV, S. 383ff.; van der Ploeg; Thiel*, S. 156ff.; de
Vaux*, I, S. 145ff.

Gen. 16,6; Dtn. 23,16.17; I Sam. 25,10; I Reg. 2,39f.; s. auch Jdc. 11,3;
I Sam. 22,2). Viele Sklavenhalter werden wenig Mitgefühl mit dem
beklagenswerten Dasein ihrer Sklaven gehabt haben. Es werden wohl nur
wenige Sklavenhalter wie Hiob gewesen sein, die einen Sklaven oder eine
Sklavin als Mitmenschen und im Prinzip ihren Herren gleichwertig
betrachteten (Hi. 31,13.15; vgl. Prov. 17,5; 22,2; Koh. 7,21f.; Mal. 2,10).
   Hiob legt an den Tag, daß er ein Normbewußtsein in bezug auf die
Behandlung von Sklaven besaß. Das Bewußtsein, daß die Behandlung von
Sklaven einer Ethik bedurfte, daß der Sklave mehr war als nur ein Stück
Besitz, tritt uns auch in den Vorschriften des Bundesbuches entgegen. Die
Versklavung des (männlichen) Sklaven wird zeitlich begrenzt (21,2).
Gegen eine exzessive Züchtigung oder Mißhandlung von Sklaven sind
Sanktionen formuliert (21,20f.26f.). Die Vorschriften intendieren nicht die
Aufhebung der Sklaverei, sondern deren Linderung. Differenzierung
gehört entsprechend der Vorstellung des AT zur geschaffenen Welt. Hiob
zufolge verschwindet jegliche Differenzierung und eben auch der Unter-
schied Herr-Sklave im Totenreich, der Nicht-Welt, der Gegenwelt des
Grabes (Hi. 3,19). Paulus zufolge ist sie in Christus aufgehoben
(Gal. 3,26-29; Kol. 3,10f.; vgl. im AT Joel 3,1f.). Das Institut der Sklaverei stellte er jedoch nicht zur Diskussion (vgl. I Kor. 7,21-24; Eph. 6,5;
Kol. 3,22-25; 4,1; I Tim. 6,1; Tit. 2,9f.; vgl. auch I Petr. 2,18-25).[25]
   Relativ wenig Information bietet uns das AT über die Sklaverei. Besser
dokumentiert ist sie aber in der Umwelt Israels, insbesondere in Mesopo-
tamien.[26]

4.2.3 Anmerkungen zur Position der Frau

Nicht alle Frauen sind gleich und gleichwertig. Der Status und Wert einer
freien Frau unterscheidet sich beträchtlich von der einer Sklavin. Die
gesellschaftliche Ungleichheit bestimmt auch die Vorschriften über sie im
Bundesbuch (s. 21,20f.26f. neben 21,22ff.; vgl. Lev. 19,20-22 neben
Lev. 20,10; Dtn. 22,22). Innerhalb der Kategorie der Unfreien findet sich
eine gleiche Behandlung von Mann und Frau (21,20.26.32), mit Ausnahme der Sklavin, die Konkubine ist (21,7). Die Ungleichheit von 21,2-
11 fehlt in Dtn. 15 in Übereinstimmung mit der Betonung der Gleichheit

---

[25] Idealistische Texte aus dem AT, wie 21,2-11; 21,26f.; Dtn. 15,12-18; 23,15f., spielen
keine Rolle in Paulus' Äußerungen über Sklaven. Vgl. M. Davies, "Work and Slavery in the
New Testament. Impoverishments of Traditions", in: Rogerson (s. 4.1.1), S. 315-347 (S.
338ff.), und s. auch Augustins Berufung auf das NT (s. 2.23 Anm.).
[26] S. z.B. W. Bicksler, *Slavery Documents of Old Babylonia*, Ann Arbor 1973; Cardinelli,
passim.

von Mann und Frau im Deuteronomium (s. z.B. 17,2-5).

Der Status der Tochter eines freien Israeliten unterscheidet sich von der seiner eigenen Frau. Der Vater kann nach Gutdünken über seine Tochter verfügen und sie verkaufen (21,7). Dieses Recht steht ihm in bezug auf seine Frau nicht zu. Über die Verehelichung seiner Tochter entscheidet er allein (21,15f.).

Über das Verhältnis der freien Frau zu ihrem Ehemann läßt sich aus dem AT wenig ableiten. In den Vorschriften steht das Verhältnis des Israeliten zur Frau seines Mitbürgers zur Debatte (20,14.17), das Verhältnis zu seinen Eltern (20,12; 21,15.17), zur Witwe (22,21-23), aber ein Verhaltensmuster bezüglich der eigenen Ehefrau fehlt (zur Konkubine s. 21,8-11) – einzig die Scheidung ist geregelt (Dtn. 24,1; vgl. Emmerson, S. 382ff.) – ebenso wie (wie in an Männer gerichtete Vorschriften nicht anders zu erwarten ist) eine Verhaltensregel für Ehefrauen. Doch finden sich indirekte Hinweise hierzu (vgl. Num. 5,11ff.; Dtn. 22,13-27). Ebenso wie die anderen Glieder der Familie unterstand die Ehefrau in der patriarchalen israelitischen Gesellschaft der Autorität ihres Mannes (vgl. 21,22). Dies schließt nicht aus, daß sie einen besonderen Platz an der Seite ihres Mannes als dessen Gegenüber, Stütze und Halt sowie Stellvertreter einnahm (Gen. 2,18-23; vgl. z.B. I Sam. 25,14ff.; I Reg. 21,4ff.; Prov. 31,10ff.).

Das Priestertum war den Männern vorbehalten, die Prophetie nicht (15,20; Jdc. 4,4; II Reg. 22,14; Jes. 8,3; Neh. 6,14), ebensowenig wie der Besitz von Macht über verborgene Kräfte (s. zu 22,17). Beim offiziellen Kultus oblag offensichtlich den Männern die Verantwortlichkeit (23,17; Dtn. 16,16), doch schloß dies eine große Beteiligung der Frauen (35,22.25f.29; 36,6) und ihre Partizipation (15,20; Dtn. 12,12.18; 16,10f.13f.) nicht aus (vgl. auch 38,8; I Sam. 2,22; II Reg. 23,7). Gegenwärtig wird die Rolle der Frau in der Familienreligion, dem Hauskultus (vgl. 21,6) hervorgehoben (s. z.B. Bird; van der Toorn [s. 4.1.2], S. 32ff. u.a.).

4.2.4 Die Vorschriften von 21,2-11 beziehen sich auf Volksgenossen, die in Sklaverei geraten sind, nicht aber auf Sklaven fremdländischer Herkunft. Ein Israelit konnte, weil er nicht in der Lage war, seine Schulden zu begleichen, gezwungen sein, sich selbst zu verkaufen (Lev. 25,39; Dtn. 15,12; vgl. Am. 2,6; 8,6 und s. R. Kessler, *VT* 39 [1989], S. 13-22). Er konnte auch gerichtlich verkauft werden (22,2). Kinder, besonders Mädchen, konnten aus Not von ihren Eltern verkauft werden (21,7; vgl. II Reg. 4,1; Neh. 5,5). U.a. aufgrund der Parallelität von Ex. 21,2 und Ex. 21,7 (Tochter) meint Chirichigno, S. 220ff., 246, 282, daß der Schuldsklave von 21,2 eine von dem Schuldner abhängige Person, ein Sohn, sein muß. Den Selbstverkauf eines Familienhauptes hält er für ausgeschlossen.

In Ex. 21 wird eine unterschiedliche Behandlung eines Sklaven und einer Sklavin in bezug auf die Länge der Schuldsklaverei vorgeschrieben. Ich will erst auf die Vorschriften über den Sklaven eingehen. Als allgemeine Regel gilt, daß der Sklave nach sechs Jahren wieder ein freier Mann war. Im besonderen wird die Position der Ehefrau des Sklaven betrachtet. Vorausgesetzt wird, daß die Frau der Besitz des Mannes ist (vgl. 20,17; 22,15f.). Allerdings gilt das Besitzrecht des Mannes 21,2-6 zufolge nur, wenn der Mann schon verheiratet gewesen war, bevor er in Sklaverei geriet. In diesem Fall stehen ihm die ältesten Rechte zu, und seine Frau zieht mit ihm nach sechs Jahren aus (21,3). Wenn jedoch der Sklave von seinem Herrn eine Sklavin erhalten hat, dann stehen dem Sklavenhalter die älteren Rechte zu, und die Frau bleibt mit ihren Kindern (vgl. Gen. 17,12-17.27; Lev. 22,11; Jer. 2,14) der Besitz des Herrn. In diesem Fall muß der Sklave seine Frau und Kinder zurücklassen (21,4). In 21,5.6[27] wird beschrieben, wie ein Sklave handeln soll, der sich in solch einer Situation befindet und der gesicherten Existenz bei seinem Herrn und seiner Frau und seinen Kindern anhängt. Er muß öffentlich erklären, daß er von seinem Recht auf Freiheit absieht (21,5). Daraufhin muß mittels eines Rituals seine Entscheidung für die lebenslange Sklaverei, für den dauerhaften Aufenthalt im Hause seines Herrn, bekräftigt und wirksam gemacht werden (21,6).

4.2.5 Beim Ritual müssen wir etwas länger stehenbleiben. Über die Interpretation verschiedener Elemente des Rituals gehen die Meinungen auseinander. Die handelnde Person ist der Sklavenhalter. Er muß zunächst den Sklaven zu *hā^{ve}lōhîm* bringen. Gemäß einer Interpretation, die schon in LXX, Pesch. und den Targumen anzutreffen ist und lange Zeit die Auslegung beherrscht hat (s. z.B. KJV: 'the judges') und bis in heutige Zeit ihre Verfechter gefunden hat (z.B. Ehrlich), sei mit *hā^{ve}lōhîm* das Gericht, die Richter gemeint (s. auch Auslegung 22,7f.27). Kann *'lhjm* als Bezeichnung für Menschen gebraucht werden? Man hat die Meinung vertreten, daß *'lhjm* in einer Reihe von Passagen, wie Gen. 6,2.4; Ex. 22,7; Ps. 58,2; 82,1.6; 138,1, Menschen bezeichne, und zwar Richter, Magistraten, Notabeln. Diese Ansicht ist nicht haltbar. Vielleicht kann an einer einzigen Stelle *'lhjm* einen sehr außergewöhnlichen Menschen bezeichnen (Ps. 45,7f.; I Sam. 2,25; vgl. C. Houtman, *ZAW* 89 [1977], S. 412-417). In Gen. 6,2.4 usw. ist *'lhjm* allerdings Bezeichnung für göttliche Wesen oder Himmelsbewohner.

Behauptet wird, daß *hā^{ve}lōhîm* 'Gott' bedeute und 'zu Gott bringen'

---

[27] Nach Brin*, S. 23f., widerspiegelt 21,5f. eine spätere Entwicklung in der Gesetzgebung.

gleichbedeutend sei mit 'ins Heiligtum bringen' (Dillmann); vgl. Aus-
drücke wie 'Gott suchen' (Gen. 25,22; Ex. 18,15; Ps. 77,3) = Gott im
Heiligtum befragen, 'vor Gottes Angesicht erscheinen' (z.B. Ps. 42,3) =
das Heiligtum besuchen. Unterstellt wird, daß der Sklave ins Heiligtum zu
einem oder mehreren Kultfunktionären gebracht wurde, die dort Gott
repräsentierten (vgl. Dtn. 19,17 und auch Dtn. 1,17). Die Auffassung, daß
h'lhjm als Bezeichnung des nahegelegenen Heiligtums fungiere, genießt
die Zustimmung verschiedener Exegeten (z.B. Böhl, Heinisch, te Stroete,
Fensham, Childs). Brongers, S. 323, typisiert das Heiligtum explizit als
JHWH-Heiligtum. Der Sklave habe dort vor der Priesterschaft nachdrücklich erklärt, fortan im Haus seines Herrn bleiben zu wollen.

Ferner wurde die Ansicht vertreten, daß *h'lhjm* den Hausgott oder die
Hausgötter bezeichne, vergleichbar den römischen Laren und Penaten, den
Göttern, denen die Sorge für das Haus und Zubehör anvertraut war.[28]
Auch für die Auffassung, *h'lhjm* sei eine Bezeichnung für das Heiligtum,
wurde auf außerbiblische Texte verwiesen. Aus CE §§ 36f. (vgl. *ANET*,
S. 163; *TUAT*, I, S. 36f.) haben einige Ausleger geschlossen, daß die in
21,6 und 22,7 beschriebenen Handlungen beim Eingangstor des Heilig-
tums erfolgt sein mußten (vgl. Jer. 26,10).[29]

Manchmal wird ein Unterschied zwischen der ursprünglichen Bedeutung
der verwendeten Formulierung und der Art und Weise, wie sie in Israel
verstanden worden sei, gemacht. So meint Cassuto, daß 'zu Gott bringen'
ein stereotyper Ausdruck für zum Gerichtshof bringen sei (wo ursprünglich Gottesbilder standen). Hyatt meint, daß die Kanaanäer ursprünglich
an Hausgötter oder die Götter des Lokalheiligtums gedacht haben, daß
aber in Israel *h'lhjm* auf JHWH bezogen gewesen sei. Auch andere
rechnen mit einer ursprünglich polytheistischen Bedeutung, die in den
Hintergrund getreten sei, nach der Inkorporation des Textabschnittes in

---

[28] Die Auffassung, daß *h'lhjm* den Hausgott bezeichne, vertreten z.B. F. Schwally, *ZAW*
11 (1891), S. 181f. (ein vorväterliches Bildnis, ein Terafim), Noth, Michaeli. Daß *h'lhjm*
Hausgötter meint, wird u.a. von Eerdmans*, S. 128; Beer; W.H. Schmidt, *THAT*, I, Sp. 156,
vertreten. Unterstützung für die Hausgötter-Interpretation findet C.H. Gordon, *JBL* 54
(1935), S. 134-141, in den Nuzi-Texten. Die darin genannten *ilāni*, bei denen der Eid
abgelegt wird, setzt Gordon auf eine Ebene mit den *'lhjm* (Terafim) von 21,6; 22,7f. A.E.
Draffkorn, *JBL* 76 (1957), S. 216-224, differenziert zwischen *ilāni* als Hausgötter (vgl. 21,6)
(S. 219ff.) und *ilāni* als Götter der Gemeinschaft; auf letztere sei 22,7f. zu beziehen
(S. 217ff.). Vgl. zu den Nuzi-Texten auch Rouillard-Tropper, S. 351ff.; van der Toorn,
S. 219f.; Loretz, *UF* 24 (1992), S. 133-178.
[29] F.C. Fensham, *JBL* 78 (1959), S. 160-161, und O. Loretz, *Bib* 41 (1960), S. 167-175.
Später hat Loretz seinen Standpunkt nuanciert (s. *UF* 24 [1992], S. 158f.) und geändert (s.
"'Ahnen- und Götterstatuen-Verbot'", S. 501ff., 505 [mit *'lhjm* sind Ahnenbilder gemeint]).

die Sinai-Proklamation von JHWHs Willen.[30]

4.2.6 Um einen fundierten Standpunkt einnehmen zu können, müssen erst die übrigen Handlungen des Rituals in die Betrachtung einbezogen werden. Der Sklavenhalter muß den Sklaven zur Tür oder zum Türpfosten bringen. Die Frage erhebt sich: bei welcher Tür? Das Stadttor als Sitz der Richter (Ibn Esra) kommt nicht in Frage. Entscheidet man sich für die Auffassung 'bei Gott' = 'im Heiligtum', dann kann man an die Tür des Heiligtums denken (z.B. te Stroete, Fensham, Childs), aber auch an die Tür des Sklavenhalters (z.B. Böhl, Heinisch). In letzterem Fall müßte man annehmen, daß das Ritual teils beim Heiligtum und teils nach dem Verlassen desselben beim Haus durchgeführt wurde. Welcher Ort paßt am besten? Um diese Frage beantworten zu können, müssen wir näher auf die Handlung eingehen, die bei der Tür ausgeführt werden muß.

Ein Pfriem mußt vom Sklavenhalter durch das Ohr des Sklaven gestochen werden. Um ein Sklavenmal am Ohr des Sklaven befestigen zu können? (z.B. Hyatt). Der Brauch, Sklaven zu kennzeichnen, ist aus Israels Umwelt[31] bekannt, nicht aber aus dem AT. Oder ausschließlich, um ihn mit einem Zeichen der Hörigkeit zu markieren? (z.B. Dillmann, Cassuto). Solche Zeichen sind sinnvoll bei Sklaven, die weglaufen wollen, nicht aber bei einem Sklaven, der den ausgesprochenen Wunsch zum Bleiben geäußert hat. Wie dem auch sei, bei dieser Auffassung kann die Tür des Heiligtums oder des Hauses gemeint sein. Bei genannter Interpretation bleibt undeutlich, warum die Handlung bei der Tür ausgeführt werden muß. Weil das Holz einen guten Untergrund bildet, um das Ohr durchstechen zu können? (Cassuto). Solch eine Interpretation ist ziemlich prosaisch. Oder beabsichtigt das Durchstechen nicht so sehr, den Sklaven buchstäblich als Sklaven zu markieren, sondern hat bildhafte Bedeutung? Wird seine Hörigkeit symbolisch zum Ausdruck gebracht? (z.B. Böhl, Heinisch). In diesem Fall liegt nahe, daß die Handlung im Haus des Sklavenhalters erfolgt. Übrigens wird der Sklave ja kein Tempeldiener, sondern bleibt Hausklave.

Das Ohr wird an der Tür oder dem Türpfosten durchbohrt. So wird symbolisch zum Ausdruck gebracht, daß der Sklave mit seinem Ohr, seinem Gehorsam, von nun an mit dem Haus seines Herrn verbunden ist. Damit ist der Wunsch des Sklaven (21,5) erfüllt. Er ist mit dem Haus verbunden, mit seinem Herrn als dem Haupt des Hauses. Wenn dieser

---

[30] S. z.B. te Stroete zu 22,8; H.W. Jüngling, *Der Tod der Götter*, Stuttgart 1969, S. 27 Anm. 14; Paul*, S. 50f.

[31] Vgl. B.A. Brooks, "The Babylonian Practice of Marking Slaves", *JAOS* 42 (1922), S. 80-90; Mendelsohn, S. 42ff.; ders., *IDB*, IV, S. 385; Cardellini, S. 48ff., 78, 86f., 101, 116 u.a.

sterben sollte, bleibt die Verbindung bestehen. Das Durchbohren des Ohrs als symbolische Handlung kann nur sinnvoll beim Haus situiert werden. Muß man sich den Ablauf etwa so vorzustellen, daß im Heiligtum die Vereinbarung zwischen dem Herrn und dem Sklaven vor Gott ratifiziert und daraufhin die Hörigkeit des Sklaven noch einmal symbolisch beim Haus zum Ausdruck gebracht wird? Bei einer solchen Vorstellung bleibt unklar, warum das Ritual beim Haus ausgerechnet bei der Tür vollzogen werden muß. Versteht man *hā⁽ᵃⁱˢᵉlōhîm* als 'Hausgott' bzw. 'Hausgötter', dann ergibt die Situierung der Handlung bei der Tür des Hauses Sinn: die Tür ist der Ort, wo die Hausgottheit(en) sich befand(en). Kurzum, es scheint nahezuliegen, daß das gesamte Ritual beim Haus, im Beisein des Hausgottes bzw. der Hausgötter ausgeführt wurde.[32] Der zweite Satz mit *wᵉhiggîšô*, 'er soll ihn also bringen', ist als Explikation des ersten Satzes zu verstehen.

Die Ausführung des Rituals im Beisein der Hausgottheit(en) bei der Tür bedeutet, daß die Hausgottheit(en) Zeuge(n) der Verbindung ist/sind, die zwischen dem Sklaven und dem Haus des Herrn zuwege gebracht wurde. Deutlich ahistorisch ist die Interpretation von Sprinkle*, S. 57ff. Er faßt die 'Götter' als 'ancestor figurines' auf, aber versteht das Ritual als symbolische Handlung, mit der die Aufnahme des Sklaven in die Familie seines Herrn umschrieben wird. Von ihm/ihnen wird Überwachung der Vertragsbedingungen erwartet. Insbesondere hatte dies für den Hausherrn und Sklavenhalter Konsequenzen. Er ist vertraglich mit dem Leben des Sklaven verbunden, auch wenn dieser alt und ökonomisch wertlos geworden ist. Bricht der Sklave sein Wort und läuft weg, dann gerät er außerhalb des Machtbereichs der Hausgottheit(en). Bricht der Sklavenhalter die Abmachungen, dann wird er beim Hinein- und Hinausgehen seiner Wohnung, dem Machtgebiet der Hausgottheit(en), stets an sein unmoralisches Verhalten erinnert werden, und dann wird sich sein Haus von einem Schutzraum zu einem Ort der Gefahr wandeln.[33]

---

[32] Van der Toorn, S. 209f., situiert die *tᵉrāfîm* im innersten Raum des Hauses, im *hædær*.

[33] Zu einem guten Verständnis ist es von Bedeutung zu bedenken, daß nach antikem Bewußtsein die Türöffnung eine Grenze zwischen zwei Welten bildet, die den Bewohnern freundliche, beschirmende Sphäre des Hauses und die Außenwelt mit seinen bedrohlichen, bösen Mächten. Um diese draußen vor die Tür zu halten, wurden Amulette und Bildnisse von (Schutz)Göttern oder von monsterartigen Gestalten bei der Türöffnung angebracht und beschwörende Formeln auf die Türpfosten und die Oberschwelle geschrieben (vgl. Jes. 57,8), s. *ERE*, IV, S. 846ff.; G. van der Leeuw, *Phänomenologie der Religion*, Tübingen 1970³, S. 448f. Die Vorschrift von Dtn. 6,9; 11,20 hat diesen Brauch zum Hintergrund. Ebenso der Brauch unter orthodoxen Juden, eine Mezuzah an den rechten Türpfosten anzubringen (s. z.B. *EJ*, XI, Sp. 1474ff.; *JE*, VIII, S. 531f.; vgl. auch 4.2.9), und die Gewohnheit unter Christen, über oder bei der Tür ein Kruzifix zu befestigen. Die Geschichte lehrt, daß sowohl der Mezuzah als auch dem Kruzifix apotropäische Kraft zuerkannt wird.

4.2.7 Bisher haben wir die Frage offengelassen, ob bei $h\bar{a}^{\,u\!e}l\bar{o}h\hat{\imath}m$ an einen oder mehrere Hausgötter gedacht werden muß. Gibt es eine argumentative Entscheidung? In 22,7f. wird *h'lhjm* auf ähnliche Weise gebraucht wie in 21,6, in 22,8 als Subjekt einer verbalen Mehrzahlform. Nun gibt es verschiedene Passagen im AT, in denen *'lhjm* als Subjekt eines pluralischen Verbs fungiert und wo zumindest erwogen werden kann, *'lhjm* als Singular aufzufassen (Gen. 20,13; 31,53; 35,7; Ex. 32,4.8; I Sam. 4,8; II Sam. 7,23). Dies könnte dafür sprechen, den Begriff in 21,6; 22,7f. als Bezeichnung einer einzelnen Gottheit zu verstehen. Die Interpretation der betreffenden Texte ist allerdings oft problematisch (vgl. auch R. Rendtorff, *ZAW* 106 [1994], S. 14-21). *'lhjm* erweckt dort den Eindruck, eine vage und allgemeine Gottesbezeichnung zu sein und in jedem Fall keine konkrete Bezeichnung für JHWH oder eine spezifische Gottheit. So liegt es vielleicht am ehesten auf der Hand, $ha^{\,u\!e}l\bar{o}h\hat{\imath}m$ als 'Götter' zu verstehen. Die Interpretation 'Gottheit' ist allerdings nicht ausgeschlossen.[34]

Ist es möglich, eine konkrete Vorstellung von $ha^{\,u\!e}l\bar{o}h\hat{\imath}m$ zu erhalten? *'lhjm* kann zur Bezeichnung von einem oder mehreren Götterbildern verwendet werden (z.B. 20,23; 32,31; vgl. *ThWAT*, I, Sp. 301). Daran wird auch in 21,6; 22,7f. gedacht werden müssen. Gibt es eine noch konkretere Vorstellung? Wir konstatierten bereits, daß *h'lhjm* gleichgesetzt ist mit den *t^eräfîm* (s. 4.2.5). Gewöhnlich denkt man dabei an Bildnisse der Hausgötter, der Laren und Penaten, im engeren Sinn an Bildnisse der Vorfahren, der Manen.[35] Eine Identifizierung der *trpjm* mit Bildern der vergöttlichten Ahnen wird von Rouillard-Tropper, S. 356f., und van der Toorn, S. 211, 215, 222, hervorgehoben. Eine Gleichsetzung von *trpjm* mit *'lhjm* ist nicht unmöglich. In diesem Zusammenhang kann darauf gewiesen werden, daß die *trpjm* im Zusammenhang einer Orakelbefragung genannt werden (Ez. 21,26; Sach. 10,2; vgl. auch Jdc. 18,5; Hos. 4,12). In 22,8 wird von *h'lhjm* ein Ausspruch erwartet. *'lhjm* wird an einigen Stellen als Bezeichnung für *trpjm* verwendet (Gen. 31,30 neben 31,19.34f., und Jdc. 18,24 neben 17,5; 18,14.17.20). Ist diese Identifikation plausibel?

t^eräfîm (Gen. 31,19.34f.; Jdc. 17,5; 18,14ff.; I Sam. 15,23; 19,13.16;

Blut am Türrahmen kann diese Funktion auch erfüllen (vgl. 12,7; Ez. 45,19). Vgl. Houtman*, *Exodus*, II, S. 176.

[34] Sie wird u.a. von J. Davenport, *A Study of the Golden Calf Tradition in Exodus 32*, Ann Arbor 1973, S. 57ff., vertreten.

[35] S. z.B. *ERE*, I, S. 445, 449; F. Schwally, *Das Leben nach dem Tode*, Gießen 1892, S. 35ff.; W.O.E. Oesterly & T.H. Robinson, *Hebrew Religion*, London 1937², S. 100f.; R. Brinker, *The Influence of the Sanctuaries in Early Israel*, Manchester 1946, S. 62ff.; ein Zusammenhang zwischen *r^efā'îm* und *t^eräfîm* wird hierbei vorausgesetzt.

II Reg. 23,24; Ez. 21,26; Hos. 3,4; Sach. 10,2) ist ein vielbesprochener
Begriff. Eine eingehende Besprechung kann an dieser Stelle nicht geboten
werden.[36] Ich will nur einige Punkte herausgreifen. Ist *trpjm* bezüglich
seiner Form ein Plural, aber bezüglich seiner Bedeutung ein Singular?
(vgl. Ges-K § 24b, 145i; Joüon § 136d und auch A. Jirku, *Bib* 34 [1953],
S. 80). In I Sam. 19,13.16 bezeichnet *trpjm* ziemlich sicher einen einzigen
Gegenstand, offensichtlich ein menschförmiges Gebilde oder eine Büs-
te.[37] Angesichts der in I Sam. 19 geschilderten Situation ist übrigens
nicht auszuschließen, daß das Bild theriomorph war (das Bild von
Jdc. 17-18 wurde Jdc. 18,29ff. zufolge in Dan aufgerichtet, das später
jedenfalls das Zentrum des Stierkultes war; s. I Reg. 12,28f.). Auch in
Gen. 31 kann ein Bild gemeint sein. Rahels Tragsessel (Gen. 31,34) bot
sicher die Möglichkeit, ein Bild von einigem Umfang zu verbergen. Im
übrigen versteht man in Gen. 31 *trpjm* oft als echten Plural. Einige Male
wird *trpjm* im Zusammenhang mit *'ēfôd* (s. Houtman*, *Exodus*, III, S.
464ff.) gebraucht (Jdc. 17-18; Hos. 3,4). Auch in diesem Zusammenhang
wird neben anderen Auffassungen die Interpretation 'Bildchen' (bei
Divinationen) verteidigt.[38]

4.2.8 In bezug auf 21,6; 22,7f. ist erwähnenswert, daß E. Sellin der
Meinung ist, daß *trpjm* ein Spottname sei, der von den Gegnern des
Götzendienstes gebraucht wurde.[39] Auch andere hängen dieser Meinung
an. So wurde der Term in Zusammenhang gebracht mit *tōrēf*, 'Obszöni-
tät', und *rph*, 'schwach sein'. (vgl. I. Löw, *MGWJ* 73 [1929], S. 314,
488, und A. Lods, *ERE*, VII, Sp. 1416). Lods ist der Ansicht, daß *trpjm*
zur Bezeichnung diverser anstoßerregender Gegenstände dienen kann.
Sellin ist jedoch der Ansicht, daß ein ursprüngliches *'lhjm* zur Bezeichnung eines JHWH-Bildes seit der Zeit Hoseas und Jesajas durch ein
Spottwort ersetzt worden sei. In einigen Texten, so auch 21,6; 22,7f., sei
'lhjm verwendet worden, weil der Begriff nicht mehr als 'Bild' interpretiert wurde.[40]

Die Frage, ob Sellins Interpretation plausibel ist, möchte ich unbe-

---

[36] S. ferner *DDD*, Sp. 1588ff.; *THAT*, II, Sp. 1057ff.; Schroer*, S. 136ff., und die unter
4.4.1 genannten Artikel von Rouillard & Tropper und van der Toorn. Im Zusammenhang
mit Hausgötzen s. auch C. Epstein, *Qad* 13 (1980), S. 10f.; P. Pack & S. Yeivin &
C. Epstein, *Qad* 14 (1981), S. 129f.; J. Huehnegard, *CBQ* 47 (1985), S. 428ff.

[37] Anders W.E. Barnes, *JThS* 30 (1928-29), S. 177-179: mit *trpjm* seien stets Bildchen
gemeint, auch in I Sam. 19; vgl. auch S. Smith, *JThS* 33 (1931-32), S. 33-36; P.R. Ack-
royd, *ET* 62 (1950-51), S. 378-380.

[38] S. z.B. Th.C. Foote, "The Ephod", *JBL* 21 (1902), S. 27ff.; van der Toorn, S. 213.

[39] "Efod und Terafim", *JPOS* 14 (1934), S. 185-193.

[40] Später modifizierte Sellin seine Auffassung in bezug auf *trpjm* etwas; s. "Zu Efod und
Terafim", *ZAW* 55 (1937), S. 296-298.

antwortet lassen. Diskutabel ist m.E., ob sich hinter *trpjm* ein JHWH-Bild
verbirgt. Man gewint eher den Eindruck, daß mit *trpjm* niedere göttliche
Wesen gemeint sind, die eventuell zwischen Gott und den Menschen eine
Vermittlerposition einnahmen (vgl. König*, *GAR*, S. 257). Doch kann
man aufgrund der These Sellins die Frage stellen, ob mit *h'lhjm* in 21,6;
22,7f. JHWH gemeint sei, der durch ein Bild repräsentiert wird. In
Jdc. 17,3ff. wird von der Verfertigung eines JHWH-Bildes für ein Privat-
heiligtum erzählt, das allerdings auch von anderen als dem Eigentümer
gebraucht wurde (Jdc. 18,5f.). Dessen Inventar und Priester wurden quasi
'übernommen', um im Stammesheiligtum zu fungieren (Jdc. 18,14ff.; s.
bes. V. 19f.30). Das Bild in Ex. 21; 22 ist nicht mit dem von Jdc. 17-18
identisch. In Ex. 21; 22 wird man eher an Hausgötter als an den National-
gott JHWH zu denken haben.

Läßt sich meine Auffassung aufrechterhalten, wenn auf den Kontext im
weiteren Sinne geachtet wird? Die Bestimmungen sind Bestandteil der
Proklamation von JHWHs Willen, der 20,3.23 zufolge exklusive Hingabe
seiner Verehrer für sich fordert. Ex. 21,6; 22,7f. werden wohl als Rudimente einer Volksreligiosität, genauer gesagt einer Familienreligion bzw.
eines Hauskultes betrachtet werden müssen, die in den Schriften der
offiziellen israelitischen Religion erhalten geblieben sind. Die Annahme
scheint plausibel, daß die Religion Israels mehrschichtig war und die
Hausreligion ein Substrat der israelitischen Religion war, die in den
Augen derer, die sie praktizierten, nicht im Streit mit der Verehrung
JHWHs als Israels Gott war.[41] Maben denke in diesem Zusammenhang,
daß gemäß römisch-katholischer Auffassung die Heiligenverehrung keinen
Angriff auf die Position Gottes darstellt und daß auch der strikt mono-
theistische Islam eine Heiligenverehrung kennt (vgl. *TRE*, XIV,
Sp. 641ff.).

Ex. 21,6 und 22,7f. beinhalten Rudimente einer Familienreligion. Sie
konnten in der Überlieferung weiterexistieren, da die strikt monotheisti-
sche Redaktion des Pentateuch *hā᷾lōhîm* offenbar nicht mehr im Sinn
von 'Götter', sondern als 'Richter' interpretierte.

4.2.9 Dtn. 15,12-17 beinhaltet eine Neuinterpretation von Ex. 21,2-11.
Ich will auf einen ausführlichen Vergleich beider Passagen verzichten und

---

[41] Vgl. R. Albertz, *Persönliche Frömmigkeit und offizielle Religion*, Stuttgart 1978; ders.,
Religionsgeschichte Israels in alttestamentlicher Zeit, I, Göttingen 1992, S. 143ff.; J. Conrad, "Welche Bedeutung hatte die Familie für die Religion Altisraels?", *ThLZ* 105 (1980),
S. 481-488; J.B. Segal, "Popular Religion in Ancient Israel", *JJS* 27 (1976), S. 1-22; van
der Toorn (s. 4.1.2), S. 33ff.; ders., "Ancestors and Anthroponyms. Kinship Terms as
Theophoric Elements in Hebrew Names", *ZAW* 108 (1996), S. 1-11; ders., *Family Religion
in Babylonia, Syria & Israel*, Leiden usw. 1996, S. 181ff.

beschränke mich auf die Beschreibung der markantesten Unterschiede.

1. Dtn. 15 fordert eine gleiche Behandlung von Mann und Frau, wenn diese in Schuldsklaverei geraten sind (15,12.17). So erklärt sich das Fehlen eines Pendant von Ex. 21,3.4.7-11 in Dtn. 15. Übrigens erheben sich Fragen bezüglich Dtn. 15. Gerechnet wird offenbar nur mit der Anwesenheit von israelitischen Sklaven, nicht aber mit fremdländischen Sklaven auf Lebenszeit und den von diesen geborenen Kindern, so daß die Frage, wie gehandelt werden muß, wenn ein Israelit eine Sklavin auf Lebenszeit heirat, nicht ins Blickfeld rückt. Ferner spielt auch die Tatsache, daß die Sklavin von 21,7-11 Nebenfrau ist, keine Rolle. Offensichtlich geht das Verhältnis Herr-Sklavin nicht über das eines Arbeitsverhältnisses hinaus (s. hierzu z.B. 21,4.26f.; die dort genannte Sklavin ist keine Konkubine), so daß der Weggang nach sechs Jahren keine Scheidung impliziert. Daß sich ein Mann eine Nebenfrau käuflich erwirbt, wird offenkundig als unpassend erachtet (vgl. Dtn. 21,10-14).

2. Das sakrale Ritual von Ex. 21,6 ist im Deuteronomium säkularisiert und zu einer rein säkularen symbolischen Handlung geworden (15,16.17). *hā'ᵉlōhîm* fehlt, für einen Hausgott (bzw. Hausgötter) ist kein Platz im Deuteronomium, in dem die Einheit Gottes (6,4f.) und die Einheit des Kultortes (Kap. 12) zentral stehen. Auch die *mᵉzûzâ*, der Türpfosten, wird nicht genannt. Er wird an anderen Stellen sehr wohl genannt, nicht aber als Ort, wo das Bildnis aufgestellt ist, sondern als Ort, wo Textworte niedergeschrieben werden müssen (Dtn. 6,8f.; 11,18ff.). Der Türpfosten hat eine neue Funktion erhalten.[42]

3. Dtn. 15 fordert eine recht humane Behandlung für Sklaven bzw. Sklavinnen, die nach sechs Jahren Dienst ausziehen. Ex. 21 zufolge darf vom ausziehenden Sklaven keine Bezahlung gefordert werden (V. 2; vgl. V. 11). Dtn. 15 fordert unter Verweis auf Israels Aufenthalt in Ägypten eine sehr großzügige und royale Behandlung der ausziehenden Sklaven. Beim Abschied müssen sie mit Geschenken überladen werden.

Eine besondere Beleuchtung der Schuldsklaverei eines Volksgenossen bietet Lev. 25,39-46. Ebenso wie aus Dtn. 15,12 tritt auch aus Lev. 25,39 eine andere Sicht über den betroffenen Volksgenossen als aus Ex. 21,2 entgegen: der Volksgenosse ist nicht das Objekt der Transaktion, sondern Subjekt; er verkauft sich selbst (vgl. Japhet, S. 70ff.). Gemäß Lev. 25 darf der Volksgenosse — über die Frau wird nicht explizit gesprochen —

---

[42] Zu *mᵉzûzâ* s. ThWAT, IV, Sp. 801ff.; O. Keel, "Zeichen der Verbundenheit. Zur Vorgeschichte und Bedeutung der Forderungen von Deuteronomium 6,8f. und Par.", in: *Mélanges D. Barthélemy*, Fribourg/Göttingen 1981, S. 159-240; C. Schedl, "Die Mezûzah-Texte in den Höhlen von Qumran", in: *Meqor Hajjim* (FS G. Molin), Graz 1983, S. 291-305.

nicht als Sklave im eigentlichen Sinn behandelt werden (25,39f.42); ein
Israelit darf nur Nichtisraeliten als Sklaven halten (25,44.45.46). Ebenso
wie Dtn. 15 fordert Lev. 25 eine humane Behandlung, u.a. unter Verweis
auf Israels Aufenthalt in Ägypten (25,42f.46). Gemäß Lev. 25 hat der in
Sklaverei geratene Sklave mit seiner Familie im Jubeljahr das Recht auf
Freiheit (25,40f.). Seine Schuldsklaverei dauert daher maximal fünfzig
Jahre. Über den Wunsch des Sklaven, bei seinem Herrn zu bleiben, wird
nicht gesprochen. Die Frage ist nicht relevant, weil der Betroffene im
Jubeljahr auch seine väterlichen Besitztümer zurückerhält.

4.2.10 Das Bild in Ex. 21 ist ziemlich realistisch, in Dtn. 15 und
Lev. 25 aber idealistisch. Ebensowenig wie Ex. 21 mit Dtn. 15 harmoni-
siert werden kann (anders Sprinkle*, S. 51f., 69, 198 u.a.), ist Dtn. 15 mit
Lev. 25 zu harmonisieren. Vorschläge, die Unebenheiten zwischen den
Abschnitten zu erklären, befriedigen nicht. Ich gebe einige Beispiele. Da
Lev. 25 dem Israeliten den Ankauf eines Volksgenossen als Sklaven
untersagt, wurde *'æbæd 'ibrî*, 'ein hebräischer Sklave', in Ex. 21,2 nicht
als 'irgendein israelitischer Sklave' interpretiert, sondern als ein Israelit,
der einen Diebstahl begangen hat und zum Verkauf verurteilt wurde (vgl.
22,2; so z.B. TPsJ zu 21,2; Mek., III, 3; Raschi). Die Frau der betreffenden Person wird in TPsJ 21,3 betont als israelitische Frau bezeichnet. Sie
muß von der Frau in 21,4 unterschieden werden. Diese wird als Nichtis-
raelitin betrachtet und hat daher kein Recht auf Freiheit (Lev. 25,44-46;
vgl. Mek., III, 9f.; Raschi). Eine Harmonisierung ist auch in der LXX zu
21,7 spürbar: *'āmâ*, 'Sklavin', wurde mit οἰκέτις übersetzt, *hā["]bādîm*,
'die Sklaven', aber mit αἱ δοῦλαι, 'die Sklavinnen' (vgl. auch Vulg.);
indem verschiedene Begriffe verwendet werden, wird ein Unterschied
zwischen der israelitischen Sklavin, der οἰκέτις, einerseits, und andererseits den nichtisraelitischen Sklavinnen (Sklaven) gemacht (vgl. Frankel*,
S. 91).[43] Vorausgesetzt wird, daß Erstgenannte nicht als echte Sklavin
behandelt werden darf wie die Letztgenannten (vgl. Lev. 25). Nun wird
aber in 21,7 im Zusammenhang mit den echten Sklaven vom Auszug
gesprochen. Wie läßt sich dies erklären? Gemäß Mek., III, 23, bezieht
sich der Schluß von 21,7 auf eine besondere Situation: die nichtisraelitischen Sklavinnen (Sklaven) wurden mißhandelt und haben darum das
Recht auf Freiheit (vgl. 21,26f.). Auch TPsJ beinhaltet diese Interpretation
und bietet nähere Informationen zur israelitischen Sklavin: sie muß ein
junges Mädchen sein (jünger als zwölf Jahre); sie darf nicht weggehen
wie die kanaanitischen Sklaven (vorausgesetzt wird, daß Volksgenossen
nicht mißhandelt werden), wohl aber im Sabbatjahr, beim Anbruch der

---

[43] Zu Symmachus' Übersetzung: οὐ προελεύσεται προέλευσιν δουλικήν, s. Salvesen*,
S. 101f., 218, 237.

Pubertät, im Jubeljahr, beim Tod ihres Herren und bei Bezahlung von Geld (vgl. 21,8 und s. Mek., III, 18ff., 30f.; Raschi; ganz anders Nachmanides).

Zuletzt sei noch ein Vorschlag neueren Datums genannt: in 21,7 sei eine Frau gemeint, die nicht bloß für die Arbeitsverrichtung bestimmt ist (und daher nicht nach sechs Jahren freikommt), sondern zugleich Nebenfrau ist (und darum für immer bleiben muß) (s. z.B. Keil, Gispen, aber auch schon Nachmanides). Argumentiert wird, daß Lev. 25 eine Ergänzung zu Ex. 21 und Dtn. 5 biete: auch der Sklave mit dem durchbohrten Ohr erhält im Jubeljahr die Freiheit.[44]

4.2.11 Außerhalb des Pentateuch wird zweimal von einer Freilassung von Schuldsklaven gesprochen. Implizit in Neh. 5. Aus 5,10-13 darf konkludiert werden, daß auf Veranlassung von Nehemia augenblicklich die jüdischen Schuldsklaven (Neh. 5,5.8) freigelassen wurden. Auf Vorschriften aus dem Pentateuch wird nicht Bezug genommen. Explizit wird Dtn. 15 in Jer. 34,14 zur Sprache gebracht. Jer. 34,8-11.14-16 berichtet über eine kollektive Freilassung von sowohl hebräischen Männern als auch Frauen (34,9) aus Schuldsklaverei. Die Gleichzeitigkeit der Freilassung ist auffallend. Gewöhnlich nimmt man an, daß in Ex. 21 und Dtn. 15 vorausgesetzt wird, daß die Freilassung aus Schuldsklaverei individuell erfolgte, sechs Jahre nach der Indienstnahme der betreffenden Person, und daß keine Beziehung bestehe zwischen der Freilassung und dem an den Zyklus von sieben Jahren gebundenen Institut des Sabbatjahres (s. 23,10f.). Sonst, so behauptet man, würde die Vorschrift einem Mißbrauch Vorschub leisten: durch Schuldsklaverei kurz vor dem Sabbatjahr könnte sich jemand ganz einfach seiner Schulden entledigen; und wer würde solch einen Sklaven kaufen wollen? (z.B. Heinisch zu 21,2). Schwerer wiegt, daß in Dtn. 15,18 explizit von einer Arbeitsperiode von sechs Jahren gesprochen wird. In diesem Licht kann man zur Annahme neigen, daß in Jer. 34 sekundär eine Beziehung zu Dtn. 15 hergestellt wurde und die Initiative von Zedekia zur Freilassung der Sklaven (Jer. 34,1) nicht aus dem Wunsch resultierte, die Tora-Bestimmung des Mose zu verwirklichen. Übrigens ist es nicht unmöglich, daß gemäß der Redaktion des Deuteronomium die Freilassung von Sklaven im Sabbatjahr erfolgen muß (vgl. Lev. 25,40: kollektive Freilassung im Jubeljahr). Jedenfalls folgt Dtn. 15,12-18 unmittelbar auf die Vorschrift zum Sabbatjahr. So kann vermutet werden, daß ein Zusammenhang zwischen Schulderlaß und Freilassung besteht (vgl. Dtn. 31,10f. und s. Phillips, S. 57ff.).

---

[44] So bereits Josephus, *Ant.*, IV, 273 und z.B. TPsJ zu 21,6; Mek., III, 17; Raschi. Zum Verhältnis Ex. 21/Dtn. 15/Lev. 25 s. z.B. die unter 4.1.1 genannten Werke von Chirichigno (S. 354ff.), Japhet, Kaufman, Weingreen.

Sollte dies der Fall sein, kann man die These verteidigen, daß Dtn. 15 den Hintergrund für Zedekias Initiative bildete (Sarna, S. 146ff.; vgl. Cardellini, S. 312ff.). In Ex. 21 fehlt allerdings in jedem Fall der Zusammenhang zwischen der Freilassung von Sklaven und dem Sabbatjahr. Die Freilassung trägt individuellen Charakter (vgl. Lemche, *VT* 26 [1976], S. 45; ders., *BN* 25 [1984], S. 70).

Ferner ist es nicht unmöglich, daß der Verweis auf Dtn. 15 in Jer. 34 sekundär ist (vgl. Lemche, *VT* 26 [1976], S. 51ff.). Zur Debatte steht die Frage nach dem Charakter der Vorschriften. Sind sie 'Staatsgesetze'? (zur Frage s. 2.2.16-18). Falls dies nicht zutreffend ist, kann man aus der Tatsache, daß in den historischen und prophetischen Büchern nicht auf die Vorschriften hingewiesen wird, keine Schlußfolgerungen ziehen über die Zeit ihres Entstehens.[45]

4.2.12 Auch CH kennt die Situation, daß zur Begleichung von Schulden weitreichende Maßnahmen getroffen werden müssen (§§ 117-119) (vgl. Cardellini, S. 78ff.). § 117 nennt den Fall eines freien Bürgers, der wegen Schulden (nicht mit seiner eigenen Arbeitskraft bezahlt, sondern) seine Ehefrau, Tochter oder seinen Sohn für Geld (*ana kaspim*) hergibt oder (im Turnus) in ein Dienstverhältnis (*ana kiššātim*) verdingt, um dem Gläubiger durch Arbeitsleistung die Schuld zurückzuzahlen; festgelegt wird, daß sie nach drei Jahren Arbeit im vierten Jahr in Freiheit entlassen werden müssen. §§ 118f. handeln von der Dienstbarkeit von Sklaven und Sklavinnen und dem Verkauf einer Konkubine durch einen freien Bürger im Fall von Schulden.

Die Bestimmungen versetzen uns in die mesopotamische Gesellschaftsordnung, wo Menschen einem Gläubiger als Pfand gegeben wurden, um ihre Arbeitskraft einzusetzen für *mazzazānum*, die Dienst-Antichrese zur Bezahlung von Zins und Tilgung, und für *kiššātum*, die Dienstbarkeit zur Tilgung von Schulden, und wo Menschen für Geld verkauft wurden. Ammisaduqa (ca. 1650 v.Chr.)[46] rühmt sich, daß er Schuldnern und ihren Frauen und Kindern, die in solch einer Situation verkehrten, die Freiheit verlieh (Edikt § 20). Sklaven und Sklavinnen in den gleichen Umständen, versagt er allerdings das Recht auf Freiheit (§ 21). Beim Verkauf von Personen waren offenkundig Dritte im Spiel, die aus der Begleichung von Schulden einen lukrativen Beruf gemacht haben. Sie beglichen die Schulden bei den Gläubigern und exploitierten die Schuldsklaven. CH §§ 117-119 richtet sich wahrscheinlich gegen solche Machenschaften. Ein Rückkauf mußte zumindest theoretisch möglich sein

---

[45] Wie dies z.B. M. David, "The Manumission of Slaves under Zedekiah", *OTS* 5 (1948), S. 63-79, tut (vgl. auch Cardellini, S. 357ff.).

[46] Vgl. F.R. Kraus, *Ein Edikt des Königs Ammi-ṣaduqa von Babylon*, Leiden 1958.

(vgl. CH § 119 im Fall der Konkubine). S. ferner Stol, S. 11ff.

Der Verkauf einer Tochter als Konkubine des Käufers und Sklavin von dessen Frau ist aus Mesopotamien bekannt (vgl. Stol, S. 15). Der Standesunterschied zwischen Frau und Nebenfrau kann laut LE §§ 25f.; CH §§ 170f. Konsequenzen für die Frage haben, ob und in welchem Ausmaß die jeweiligen Söhne der Frauen Recht auf die Hinterlassenschaft des Vaters besitzen. Die Söhne der Sklavin dürfen in jedem Fall nicht von den Söhnen der Frau zur Dienstbarkeit gezwungen werden (vgl. Cardellini, S. 88f.).

Im Zusammenhang mit 21,7-11 wurde als Vergleich auf einen aus Nuzi bekannten Vertragstyp gewiesen, den *tuppi mārtūti u kallatūti*, aus dem ersichtlich wird, daß ein Vater das Recht hatte, seine Tochter gegen Bezahlung adoptieren zu lassen. Der Adoptivvater konnte das Mädchen selbst heiraten, aber sie auch an wen auch immer er wollte geben. Dies konnte sein eigener Sohn sein oder ein adoptierter Sohn oder ein Sklave. In letzterem Fall wurde vertraglich festgelegt, daß sie zeit ihres Lebens dem Haushalt ihres Adoptivvaters zugehörte. Wie es scheint, kann von einer echten Parallele keine Rede sein.[47]

---

[47] Vgl. Paul*, S. 52f.; B.L. Eichler, "Nuzi and the Bible. A Retrospective", in: H. Behrens u.a. (Hg.), *DUMU-Ée-DUB-BA-A* (FS A.W. Sjöberg), Philadelphia 1989, S. 107-119 (S. 116ff.).

KAPITEL V

VERLETZUNG DER KÖRPERLICHEN INTEGRITÄT ANDERER LEUTE

5.0 EINLEITUNG

21,12-32 kann als ganzes unter den Nenner 'Verletzung der körperlichen Integrität anderer Leute' gebracht werden. Verschiedene Formen von Gewalt, ausgeübt in unterschiedlichsten Situationen und an diversen Kategorien von Personen, werden aufgelistet. Im verwendeten Vokabular klingt bereits die Thematik durch. 'Schlagen' (*nkh* hi., s. 21,12.15.18f.26; vgl. auch 22,1)[1] und 'stoßen' (*ngh*, s. 21.28f.31[2×].32; vgl. auch 21,36; *ngp*, s. 21,22; vgl. auch 21,35) spielen eine wichtige Rolle in diesem Abschnitt.

Ein Schlag oder Stoß wird allzu schnell so hart ausgeführt, daß ein Mensch ernsthafte Verwundungen oder bleibende Verletzungen davontragen oder gar zusammenbrechen kann. So wundert es nicht, daß die Begriffe 'Tod' und 'töten' einige Male im betreffenden Textabschnitt fallen, um die Folge einer Gewalttat gegen einen Menschen zu beschreiben (21,12.18[+ Negation].20.28f.; vgl. auch 22,1 und s. den Gebrauch von *hrg* in 21,14) und um die Strafe für solch eine Tat zu bezeichnen.[2] Eigentliches Ziel der Vorschriften ist die Ehrfurcht vor der körperlichen Integrität und dem Leben anderer. 21,12-32 kann wie folgt eingeteilt werden:

1. 21,12-17: Fälle einer Verletzung der körperlichen Integrität anderer, die der Täter mit dem Tod bezahlen muß.

2. 21,18-27: Fälle, in denen die Todesstrafe nicht anzuwenden ist.

---

[1] 'Schlagen' wird im Hinblick auf Handgreiflichkeiten gebraucht (z.B. 2,13; 21,18f.), das Erteilen von Körperstrafen (z.B. 2,11; 5,14.16; 21,20.26), die Anwendung von Gewalt (21,15; 22,1). In 21,12.20; 22,1 wird explizit gesagt, daß auf das Schlagen der Tod folgt. Häufig hat *nkh* hi. die Bedeutung 'totschlagen' (Gen. 4,15; 8,21; Ex. 2,12; Lev. 24,17f.21 usw.). Vgl. *ThWAT*, V, Sp. 445ff.

[2] *môt* wird im Bundesbuch für das Sterben von Menschen als Folge einer Mißhandlung gebraucht (21,12.18.20), als Folge von Verwundungen, die durch ein Tier verursacht werden (21,28; vgl. 21,29), oder als Folge eines über sie verhängten Todesurteils (21,14), verschiedentlich unter Verwendung der Formel *môt jûmāt* (s. bereits 2.7) zur Bezeichnung des Strafmaßes (21,12.15-17; 22,18). Es wird auch für das Sterben von Tieren auf natürliche oder nicht näher beschriebene Weise (22,9.13) gebraucht und für das Sterben eines Tieres als Folge von Verwundungen, die durch ein anderes Tier verursacht werden (21,35f.). Vgl. *THAT*, I, Sp. 893ff.; *ThWAT*, IV, Sp. 763ff.

3. 21,28-32: ein Fall, wo die körperliche Integrität eines anderen durch ein Haustier verletzt wurde.

Im vorliegenden Abschnitt werden ab 21,18 die allgemeinen Vorschriften mit $w^ek\hat{\imath}$ (21,18.20.22.26.28 [s. 4.2.1]; vgl. die masoretische Einteilung: $s^et\hat{u}m\hat{a}$ vor 21,18 usw.; $p^et\hat{u}h\hat{a}$ vor 21,28 [einige MSS: $s^et\hat{u}m\hat{a}$; vgl. Perrot*, S. 66]), die Beschreibung besonderer Situationen mit (w^e)'im (21,19.21.23.27.29f.32 [s. 4.2.1]; vgl. den Gebrauch von '$\hat{o}$ in 21,31) eingeleitet. In 21,12-17 werden die allgemeinen Vorschriften eingeleitet mit einem Partizipialsatz (s. 2.7) und abgeschlossen mit einer $m\hat{o}t$ $j\hat{u}m\bar{a}t$-Formel; s. 21,12.15-17 (vgl. die masoretische Einteilung; $s^et\hat{u}m\hat{a}$ vor 21,12.15.16.17); die Beschreibung von besonderen Situationen mittels $wa^{\prime\prime}\check{s}\alpha r$ (21,13) und $w^ek\hat{\imath}$.[3]

5.1 VORSÄTZLICHER UND NICHT VORSÄTZLICHER TOTSCHLAG (21,12-14)

5.1.1 Literatur

A.G. Auld, "Cities of Refuge in Israelite Tradition", *JSOT* 10 (1978), S. 26-40; R.G. Bindschedler, *Kirchliches Asylrecht (Immunitas ecclesiarum localis) und Freistätten in der Schweiz* (KRA 32, 33), Stuttgart 1906; H. Bolkestein, *Wohltätigkeit und Armenpflege im vorchristlichen Altertum*, Utrecht 1939; G. Le Bras, "Asile", *DHGE*, IV, Sp. 1035-1047; A. Bulmerincq, *Das Asylrecht in seiner geschichtlichen Entwickelung beurtheilet vom Standpunkte des Rechtes und dessen völkerrechtliche Bedeutung für die Auslieferung flüchtiger Verbrecher*, Dorpat 1853 (Reprint Schaan/Liechtenstein 1983); J.C. Cox, *The Sanctuaries and Sanctuary Seekers of Medieaval England*, London 1911; R. Dann, "Ueber den Ursprung des Asylrechts und dessen Schicksale und Ueberreste in Europa", *Zeitschrift für deutsches Recht und deutsche Rechtswissenschaft* 3 (1840), S. 327-368; L. Delekat, *Asylie und Schutzorakel am Zionheiligtum. Eine Untersuchung zu den privaten Feindpsalmen*, Leiden 1967; A. Ducloux, *Ad ecclesiam confugere. Naissance du droit d'asile dans les églises (IVe-milieu du Ve s.)*, Paris 1994; F. Dunand, "Droit d'asile et refuge dans les temples dans l'Égypte lagide", in: *Hommages à la mémoire de S. Sauneron*, Le Caire 1979, S. 77-97; W. Fauth, "Asylon", *KP*, I, S. 670-671; L. Fuld, "Das Asylrecht im Althertum und Mittelalter", *ZVRW* 7 (1887), S. 102-157, 285-296; M. Gijswijt-Hofstra, *Wijkplaatsen voor vervolgden. Asielverlening in Culemborg, Vianen, Buren, Leerdam en IJsselstein van*

---

[3] Zur Einteilung und Komposition s. besonders Osumi*, S. 39ff., 47ff., 213ff.; Otto*, *Wandel*, 24ff., 61ff.; ders.*, *Rechtsgeschichte*, S. 138ff.; Schwienhorst-Schönberger*, S. 39ff., 47ff., 213ff.

de 16de tot eind 18de eeuw, Dieren 1984; M. Greenberg, "The Biblical Conception of Asylum", *JBL* 78 (1959), S. 125-132; J.C. Greenfield, "Asylum at Aleppo. A Note on Sfire III, 4-7", *ScrHie* 33 (1991), S. 272-278 (= *Ah, Assyria* ... [FS H. Tadmor]); O. Hennsler, *Formen des Asylrechts und ihre Verbreitung bei den Germanen*, Frankfurt a.M. 1954; E. Herman, "Zum Asylrecht im byzantinischen Reich", *OrChP* 1 (1935), S. 204-238; ders., "Asile dans l'Église Orientale", *DCC*, I, Sp. 1084-1089; J.R. Hertzler, "The Abuse and Outlawing of Sanctuary for Debt in Seventeenth-Century England", *HistJ* 14 (1971), S. 467-477; C. Houtman, *Het altaar als asielplaats*, Kampen 1990; P. Landau, "Asylrecht III. Alte Kirche und Mittelalter", *TRE*, IV, S. 319-327; H. Langenfeld, *Christianisierungspolitik und Sklavengesetzgebung der römischen Kaiser von Konstantin bis Theodosius II*, Bonn 1977; H. Leclercq, "Droit d'asile", *DACL*, IV/2, Sp. 1549-1565; M. Löhr, "Das Asylwesen im Alten Testament", *SKG.G* 7/3 (1930), S. 177-217; E. Lüddeckens, "Asylrecht", *LÄ*, I, Sp. 514-516; J. Milgrom, "Sancta Contagion and Altar/City Asylum", in: *Congress Volume Vienna 1980* (VT.S 32), Leiden 1981, S. 278-310; L.R. Misserey, "Asile en Occident", *DCC*, I, Sp. 1089-1104; N.M. Nicolsky, "Das Asylrecht in Israel", *ZAW* 48 (1930), S. 146-175; B. van Oeveren, *De vrijsteden in het Oude Testament*, Kampen 1968; A. Rofé, "The history of the cities of refuge in Biblical law", *ScrHie* 31 (1986), S. 205-239; E. Schlesinger, *Die griechische Asylie*, Diss. Gießen 1933; G.K. Schmelzeisen, "Das Asyl in der germanisch-deutschen Rechtsgeschichte", *GWU* 29 (1978), S. 295-307; M. Siebold, *Das Asylrecht der römischen Kirche mit besonderer Berücksichtigung seiner Entwicklung auf germanischem Boden* (Universitas-Archiv 36, Historische Abteilung 4), Münster i.Westf. 1930; P. Timbal Duclaux de Martin, *Le droit d'asile*, Paris 1939; J. de Vaulx, "Refuge", *DBS*, IX, Sp. 1480-1510; P. Welten, "Asyl im Widerstreit. Zur Geschichte von Vorstellung und Praxis", *BThZ* 9 (1992), S. 217-230; L. Wenger, "Asylrecht", *RAC*, I, Sp. 836-844; G. Wildeboer, "Het asylrecht in de Mozaïsche wetgeving", *Tijdschrift voor Strafrecht* 8 (1894), S. 197-209; H. Wißmann, "Asylrecht I. Religionsgeschichtlich", *TRE*, IV, S. 315-318; F. von Woess, *Das Asylwesen Ägyptens in der Ptolemäerzeit und die spätere Entwicklung. Eine Einführung in das Rechtsleben Ägyptens besonders der Ptolemäerzeit*, München 1923.

5.1.2 *Übersetzung*

21,12 '*Wer einem anderen einen solchen Schlag versetzt, daß er stirbt, muß hingerichtet werden.*
13 *Für den Fall, daß er* (der Totschläger) *es jedoch nicht auf dessen*

(das des anderen) *Leben abgesehen hatte und seine Hand ausrutschte,
weil er sich selbst nicht unter Kontrolle hatte, weise ich* (JHWH) *dir
einen heiligen Ort an. Dorthin kann er seine Zuflucht nehmen.*

14 *Aber sollte jemand gegen einen anderen mit dreister Gewalt aufge-
treten sein und es darauf anlegt haben, ihn gezielt zu ermorden, dann
mußt du ihn* (wenn er nach seiner Tat seine Zuflucht am heiligen Ort
genommen hat) *von meinem Altar entfernen, damit er hingerichtet werden
kann'.*

5.1.3 Exegetische Anmerkungen

21,12 *'îš* (s. 21,7), obwohl das Objekt *'îš* im allgemeinen Sinn eine Bezeichnung
für 'jemand' sein kann (z.B. Ges-K § 139d; Joüon § 147b), ist anscheinend (s.u.)
sowohl das implizierte Subjekt als auch das Objekt ein Mann (s. ferner die
Differenzierung in 21,18-32). In TPsJ ist 'ein Israelit oder eine Israelitin' Objekt.
Vgl. Lev. 24,17: *'îš* ist Subjekt und *kol-næfæš 'ādām* 'irgendein menschliches
Wesen' Objekt, und s. die Diskussion in Mek. III, 32f., und bei Raschi zur Frage,
wie es sich verhält, wenn eine Frau oder ein Kind Objekt oder Subjekt ist. Auch
Frauen verübten zuweilen einen Mord, zwar nicht aus roher Gewalt, sondern in
weiser Überlegung (Jael, Judit; s. Jdc. 4,17ff.; Jud. 8ff.). *nkh* hi., 'schlagen', wird
in TO und TPsJ ausdrücklich als 'töten' expliziert.

21,13 Zu *'ªšær* als Einleitung eines Konditionalsatzes s. z.B. Ges-K § 159cc;
Joüon § 167j; *lō' ṣādâ* stellte offenbar bereits die alten Übersetzer vor Schwierigkeiten; s. z.B. LXX: ὁ δὲ οὐχ ἑκών, 'aber er dies nicht wollte'; Vulg.: *qui autem
non est insidiatus*, 'aber er keinen Anschlag plante', und des weiteren Aq., Symm.
(ἀφῆκεν; vgl. Salvesen*, S. 102f.), die Targume und die Diskussion bei Raschi;
der Passus ist offensichtlich eine verkürzte Form des Ausdrucks *lō' ṣādâ 'æt-nafšô
lªqaḥtāh* (vgl. I Sam. 24,12). Muß *ṣādû ṣ^e'ādênû* in Thr. 4,18 wie folgt verstanden
werden: sie haben es auf unser Leben abgesehen, sobald wir einen Tritt vor die
Tür setzen? *ṣādû* wird abgeleitet von *ṣdh* oder *ṣwd* (s. die Lexika). S. ferner den
Gebrauch von *ṣ^edijjâ*, ein Derivat von *ṣdh*, in Num. 35,20.22.
hā'ælōhîm, zum Gebrauch des Artikels s. z.B. Ges-K § 126r; Joüon § 137n. *'nh*
pi., s. die Lexika. Bei *jad* kann man auch an eine Hand mit einem Gegenstand
denken (vgl. Houtman*, *Exodus*, I, S. 28). Ausdrücklich wird in der LXX (vgl.
Frankel*, S. 86), der Vulgata und TO, TPsJ, TNf hervorgehoben, daß das
Unglück der Wille JHWHs gewesen sei (so wie anderenorts in den Targumen der
Gottesnamen JHWH für *hā'ælōhîm* verwendet wird). So lautet z.B. die LXX:
ἀλλὰ ὁ θεὸς παρέδωκεν εἰς τὰς χεῖρας αὐτοῦ, 'aber Gott (ihn) in seine Hände
übergeben hat'. Solch eine Übersetzung stimmt mit der Interpretation von Philo[4]
und der rabbinischen Auslegung überein: das Opfer verdiente den Tod; es war
jemand, der seiner gerechten Strafe entkommen war, z.B. wegen Mangel an

---

[4] *De fuga et inventione*, 65, 66, 93; *De specialibus legibus* 3.120-122.

Zeugen (Mek. III, 35; Raschi).

w^eśamtî (s. 21,1), 'weise ich (JHWH)'; Pesch.: 'bd (3.Sing.; ist Gott oder Mose Subjekt? Vgl. Dtn. 4,41). Zum Vorschlag (aufgrund der Textüberlieferung der Pesch.), daß śmt (Israel als Subjekt; vgl. Dtn. 19,2 u.a.) gelesen werden müsse, s. Delekat, S. 299.

Da im Zusammenhang mit 21,13 von einem Altar die Rede ist (21,14), wird mit māqôm eine heilige Stätte gemeint sein.⁵ Mit dem Gebrauch des Singular (l^ekā, 'dir', in 21,13 und tiqqāḥænnû, 'mußt du ihn entfernen' in 21,14; vgl. z.B. 20,3.4 usw.) korreliert der Gebrauch des Singular māqôm. Die verwendete Formulierung schließt die Existenz mehrerer heiliger Stätten – Böhl übersetzt 'Orte' in 21,13 –, die als Asylstätten fungiert haben, nicht aus.⁶ In der LXX wird als Subjekt von nws (vgl. THAT, II, Sp. 47ff.; ThWAT, V, Sp. 307ff.), 'flüchten', expizit ὁ φονεύσας, 'der Totschläger', genannt.

21,14 Zu zwd hi. s. ThWAT, II, Sp. 550ff. Ehrlich, S. 349, schlägt vor, jāzom (von zmm, 'planen', 'sinnen') zu lesen. hrg (vgl. ThWAT, II, Sp. 483ff.), 'ermorden', bezeichnet das Töten als gewalttätige, blutige Handlung, wobei Menschen (z.B. 2,14f.; 5,21; 21,14; 23,7; 32,27) oder JHWH (z.B. 4,23; 13,15; 22,23; 32,12) Subjekt sein können. 'ormâ, s. ThWAT, VI, Sp. 387ff. Beim Altar (mizbēaḥ) handelt es sich um einen Brandopferaltar (vgl. 20,24). Es ist das für den heiligen Ort konstitutive Element. Ein Gebäude vermag dies nicht zu vermitteln (vgl. 3.2.11).⁷ tiqqāḥænnû, zur 2.Pers. s. 21,2. Zu lqḥ, 'entfernen', s. 21,10.

In 21,14 kann vorausgesetzt sein, daß der Asylsuchende die Hörner des Altars ergreift (vgl. I Reg. 1,51f.; 2,28). 'Hörner' befanden sich laut der Beschreibung von Ex. 25-40 an den vier Ecken des Brandopferaltars (27,2[2x]; 29,12; 38,2[2x]) und am Rauchopferaltar (30,2.3.10; 37,25.26) des Ladeheiligtums (vgl. Lev. 4,25.30.34; 8,15; 9,9; 16,18 und s. Jer. 17,1; Am. 3,14; Ez. 43,15.20; Ps. 118,27). Mit den Hörnern sind offensichtlich die emporragenden (so explizit TPsJ und TNf) Ecken (s. Ez. 41,22 neben Ez. 43,15.20) an der Oberseite des Altars gemeint. Solche an der Außenseite senkrechten und oben in einem Punkt ausmündenden Ornamente, die *mehr oder weniger* an Hörner erinnern, jedoch massiver und breiter als echte Hörner sind, trifft man bei den in Ausgrabungen in Palästina gefundenen Rauchopferaltären sowie auf dem aus Beerscheba stammenden Brandopferaltar an (s. BRL, S. 9f., 192, 318 [Abbildungen auf S. 8]; Weippert*, S. 448, 623f.). Entsprechend den Aussagen des AT erfüllen die Hörner eine

---

⁵ Anders z.B. van Oeveren, S. 91, 146, 153. In TNf ist māqôm (harmonisierend; vgl. Num. 35) erläutert als qrj šjzbh, 'Asylstadt'; vgl. Mek. III, 36; Raschi: bereits in der Wüste galt der Wohnort der Leviten (vgl. Num. 35,6) als Asylbezirk, nämlich ihr Wohnbereich rundum das Ladeheiligtum (vgl. auch z.B. TzUr).

⁶ Anders z.B. Nicolsky, S. 148; E. Nielsen, *Schechem*, Kopenhagen 1955, S. 209f.

⁷ In den Targumen (s. TPsJ, TNf, FT) wird 'Altar' nicht als Asylstätte verstanden, sondern wird aus der Formulierung 'vom Altar' der Schluß gezogen, daß dieser Versteil sich auf den Hohepriester (so TNf, FT) bzw. den Priester (so TPsJ) während seiner Tätigkeiten beziehe: die Bestimmung bezieht sich also auf den diensttuenden (Hohe-)Priester! S. auch Mek., III, 37f.; ExR. 30,16; Raschi; TzUR.

Funktion innerhalb der Asylpraktik (I Reg. 1,51f.; 2,28) und im Kultus (29,12; 30,10 usw.). Sie stellen den heiligsten Bestandteil des Altars dar, den Berührungspunkt mit dem, was heilig ist, ja zu dem Heiligen selbst. Werden die Hörner des Altars abgeschlagen, ist er entweiht, seiner Kraft beraubt und kann seine Funktion nicht mehr erfüllen (Am. 3,14). Und wenn ein Text auf die Hörner eingraviert ist, impliziert dies, daß er fortwährend die Beachtung des Heiligen genießt (Jer. 17,1).

Was auch immer die genaue Bedeutung der Hörner sein mag, in jedem Falle sind sie ein Symbol für Kraft. Ein hornähnliches Ornament ist daher eine passende Form für einen Ort, der eine Konzentration heiliger Kraft darstellt. So impliziert ein Kontakt mit den Hörnern den Kontakt mit dem Heiligen selbst (vgl. Houtman*, *Exodus*, III, S. 436ff.).

Der hebr. Text ist elliptisch. In der LXX folgt nach δόλῳ (Übersetzung von *b^e'ormâ*) die Zufügung καὶ καταφύγῃ, 'und er Asyl sucht'.

5.1.4 *Kommentar*

5.1.4.1 Die Sammlung von Vorschriften über die Verletzung der körperlichen Integrität wird eröffnet mit einem allgemeinen Ausspruch über den radikalsten Angriff auf die Integrität des anderen, den Totschlag (21,12). Ein Mann – das beschriebene Vergehen ist ein typisches Männerdelikt (vgl. 2,13; 21,18.22; Dtn. 25,11; Jes. 58,4) –, der einem anderen Mann einen solchen Schlag versetzt, daß er daraufhin stirbt, ist des Todes schuldig. Die Männer, um die es sich dabei handelt, sind freie Israeliten mit allen Bürgerrechten (s. daneben Num. 35,15).[8] Das beschriebene Delikt findet im freien Umgang zwischen Menschen statt, in unterschiedlichsten Situationen.[9] Man kann z.B. an einen Streit denken, der mit Handgreiflichkeiten gepaart einhergeht – wobei ein Stein (vgl. 21,19) oder ein Stock (vgl. 21,20) zur Hand genommen wird – und fatal endet. Solche Streitigkeiten treten selbst unter Freunden auf (Sach. 13,6),[10] wenn z.B. Alkohol im Spiel ist (vgl. Prov. 23,29ff.35). In jedem Fall wird ein Handgemenge unterstellt, wobei möglicherweise zur Erhöhung der Schlagkraft von einem Gegenstand Gebrauch gemacht wird. Die Regel ist in solch einem Fall, daß der Totschläger seine Tat mit dem Tod zu bezahlen hat, entsprechend dem Vergeltungsprinzip (vgl. Gen. 9,5f.;

---

[8] Die Auffassung von u.a. Niehr*, S. 45, und Otto*, *Ethik*, S. 36, 67, daß Ex. 21,12 den innerfamiliären Blutfall regelt, während der interfamiliäre Tötungsfall unter die Institution der Blutrache fällt, ist nicht überzeugend. Voraussetzung für die Annahme dieser Auffassung ist die Annahme, daß 21,13f. eine Ergänzung ist.

[9] Die Bestimmung bezieht sich nicht auf eine Gewalttat gegen Eltern (Ex. 21,15), auf Gewalt (Körperstrafen) gegen Sklaven (Ex. 2,11; 5,14.16; 21,20.26), Gewalt aus Notwehr gegen Einbrecher (Ex. 22,1f.) oder Gewalt im Kriege (II Sam. 2,22ff.; 21,16f.21; 23,20f.).

[10] *rē'ēhû* (Ex. 21,14) kann die Bedeutung 'sein Freund', 'sein Gefährte' (vgl. Ex. 2,13) haben; vgl. 6.4.4.1.

Lev. 24,17.21 und s. 5.4.5).

Dem allgemeinen Ausspruch von 21,12 liegt die u.a. im Dekalog (20,13) genannte Maxime

'*Du sollst keinen Mord begehen*'

zugrunde. Wir verweilen kurz dabei.

In 20,13 wird der Prohibitiv von *rṣḥ* qal gebraucht, einem von verschiedenen Verben für 'töten' im Hebräischen (vgl. *hrg* [s. 21,14] und *mwt* hi. [s. 5.0]).[11]

rṣḥ kann verwendet werden, sowohl um einen ungewollten Totschlag als auch einen vorsätzlichen Mord zu bezeichnen (in den Textpassagen über Asylgewährung; s. Num. 35; Dtn. 4; 19; Jos. 20f.). Sogar die Vergeltung eines vorsätzlichen Mordes wird mit *rṣḥ* ausgedrückt (Num. 35,27.30). Die Dekalogsformulierung hat wohl besonders den Fall eines vorsätzlichen Mordes vor Augen. Denn ein apodiktisch formuliertes Verbot eines ungewollten Totschlags ist nicht funktional. Ein Mcnsch kann freilich das Verbot, keinen Totschlag zu begehen, unterschreiben, aber in einem Wutanfall außer sich geraten und einen anderen umbringen. Zwar ist es möglich, einem Menschen vorzuhalten, daß er Situationen vorzubeugen hat, in denen infolge von Nachlässigkeit jemand ums Leben kommen kann (vgl. 21,29; Dtn. 22,8). Es ist allerdings zu bezweifeln, ob das Verbot auf solch eine Prävention gerichtet ist. Es richtet sich in jedem Fall gegen einen direkten, gewalttätigen und unrechtmäßigen Totschlag; gegen denjenigen, der seinen wehrlosen Mitmenschen aus Haß (Num. 35,20f.) oder, weil er sich zum Richter aufspielt, aus dem Weg räumt oder bei einem (Raub-)Überfall tötet (Hos. 6,9; vgl. Jdc. 9,25; Jer. 41,7; I Makk. 9,37ff.; Lk. 10,25ff.; Sib. III,235).

In den Targumen (TPsJ, TNf, FT[P], PT[F,CC]) wird das Verbot explizit und ausführlich auf Mord bezogen. Die Israeliten werden gewarnt, keine Mörder und auch keine Helfershelfer für Mord zu sein, da dies zur Folge hat, daß auch ihre Nachkommen daran schuldig werden. Das Schwert wird als Mittel der Vergeltung genannt (vgl. Mt. 26,52 und s. für das talionische Prinzip im Zusammenhang mit 20,13 auch Pseudo-Philo, XI,11; XLIV,10).

Es ist sehr wohl möglich, daß sich das Verbot auch gegen den indirekten Totschlag richtet, der als Folge von Intrigen oder asozialer Handlung

---

[11] *rṣḥ* wird mit Ausnahme von Prov. 22,13 stets mit dem Menschen (der Israelit) als Subjekt und als vorausgesetztes Objekt gebraucht (s. *ThWAT*, VII, Sp. 652ff.); hier wird, wie öfter, das Objekt nicht explizit genannt (s. hingegen TO: + *npš*). Vgl. H.G. von Mutius, "Das Tötungsrecht des Dekalogs bei Samuel ben Meir", *Jud* 36 (1980), S. 99-101.

eintritt – also auch gegen denjenigen, der einen Justizmord begeht
(I Reg. 21,19) oder auf andere Weise seinen Mitmenschen in einen
tödlichen Würgegriff nimmt (Ps. 94,6; Hi. 24,14; Sir. 34,25f.; vgl. auch
Dtn. 22,26; Jdc. 20,4ff.; Jes. 1,21; Jer. 7,9; Hos. 4,2 und s. z.B. Lev.
19,14; II Sam. 11,14ff.). Erwähnenswert in diesem Zusammenhang ist,
daß Ibn Esra das Verb auch auf das Töten durch das Gift der Zunge
bezieht, d.h. durch üble Nachrede und falsches Zeugnis.

5.1.4.2 Die Person, auf die 20,13 zielt, ist der Mensch, der den Tod
seines Mitmenschen anstrebt und so die Gesellschaft unterminiert. Daß
diese blühen kann, dafür ist der Respekt vor der körperlichen Integrität
des Mitbürgers und seiner Familienangehörigen eine der primären Voraussetzungen.

20,13 stellt eine apodiktische und absolute Regel für die Beziehung des
freien Israeliten zu seinem Mitbürger dar (und, wenn man so will, dem
'Halbbürger'; vgl. Num. 35,15). Es ist als Bestandteil des Dekalogs ein
soziales, von JHWH autorisiertes Verbot für die Volksgemeinschaft.
Anderenorts findet sich ein negatives Urteil über den Totschlag eines
Menschen als solchen mit der religiösen Motivierung, daß der Mensch
Bildträger Gottes ist (Gen. 9,6), und wird Totschlag in religiöser Sicht als
Quelle der 'Verunreinigung' des Landes betrachtet (z.B. Num. 35,33f.;
Dtn. 19,10; 21,7ff.). Von verschiedenen Auslegern wird Gen. 9,6 als
Hintergrund für das Verbot gesehen (z.B. Nachmanides, Calvin, Keil,
Ehrlich, Jacob). Doch ist dies, wie bereits angedeutet, zweifelhaft.

Wie mit jemandem verfahren werden muß, der das Verbot von 20,13
negiert, wird nicht gesagt. Ebensowenig wird der Fall berücksichtigt, in
der jemand ums Leben gekommen ist, wo aber kein oder zumindest kein
deutlich nachzuweisender Vorsatz zum Totschlag anzutreffen ist (s. hierzu
21,12-14.20f.22f.; 22,1f.; vgl. auch 21,18f.).

Das Gebot bezieht sich nicht auf den Vollzug der Todesstrafe als
Resultat einer ordentlichen Rechtspflege (vgl. z.B. 21,12-17) und ebenso-
wenig auf das Töten von Menschem im Krieg (vgl. z.B. Dtn. 7,2; 20,17;
I Sam. 15,3; II Sam. 8).

Gänzlich außerhalb des Blickfeldes liegen die Fragen, ob Abortus (vgl.
21,22), Euthanasie und das Schlachten von Tieren (Vegetarismus) erlaubt
sind oder nicht. Auch Selbstmord ist offensichtlich nicht im Verbot
inbegriffen. Es ist gegen Mord als Vergehen gegen die Gemeinschaft
gerichtet. Im alten Israel kam, wie auch anderswo in der Antike,[12] Selbstmord vor. Einige Fälle von Selbstmord werden im AT beschrieben, ohne
daß hierüber (explizit) ein Urteil gefällt wird. Offensichtlich wurde ein
durch Selbstmord herbeigeführtes Lebensende als heroisch und tragisch

---

[12] Siehe A.J.L. van Hooff, *Zelfdoding in de oudheid*, Nijmegen 1992.

betrachtet (Jdc. 9,54; 16,23-30; I Sam. 31,4; II Sam. 17,23; I Reg. 16,18; vgl. auch Mt. 27,5).[13]

Der Gedanke, daß direkter oder indirekter Totschlag ein großes gesellschaftliches Übel darstellt, ist nicht genuin israelitisch (vgl. jedoch Weish. 14,25), sondern findet sich auch in der Umwelt Israels (vgl. van der Toorn*, S. 15f., und s. 2.6,8,17).

5.1.4.3 Fragen in bezug auf Todesstrafe, Kriegsführung usw. wurden in der Geschichte der Auslegung stets im Zusammenhang mit 20,13 angeführt. Wir müssen uns hier damit begnügen, diesen Sachverhalt lediglich zu konstatieren. Auch kann nur gestreift werden, daß für die oft weitreichende Aktualisierung beim NT angeknüpft wurde. Dort wird von Jesus das Leben im Konflikt mit dem Bruder oder eine Beleidigung als ebenso schlimm oder sogar ärger betrachtet als Totschlag (Mt. 5,21f.). Von Jakobus wird das Verbot von 20,13 auf jede Form von Barmherzigkeit gegenüber dem Armen bezogen (s. Jak. 2,9.11 im Licht von 2,5ff.13). In I Joh. 3,15 wird derjenige, der seinen Bruder haßt, als Totschläger qualifiziert. Im Anschluß an das NT ist das Verbot von 20,13 zu einem Gebot herangewachsen, den Mitmenschen zu lieben (vgl. Lev. 19,17f.; Mt. 22,39). Calvin z.B. interpretiert den Totschlag von 20,13 als jegliche Gewalttat gegenüber und Mißhandlung am Mitmenschen; hierunter fällt auch die geistige Gewalt gegenüber dem Mitmenschen, jede Form von zugefügter Qual und Unterdrückung, innere Böswilligkeit und Haß. Er versteht darüber hinaus das Verbot in positivem Sinn als Gebot, das Leben des Nächsten zu schützen und ihn liebzuhaben. Wer sich nur damit begnügt, das Böse zu unterlassen, negiert seiner Meinung nach das Verbot. Auch in Frage 105-107 des Heidelberger Katechismus ist das negative Verbot breit ausgearbeitet und auf die Wurzeln des Totschlags bezogen. Ferner ist das Verbot in ein positives Gebot transformiert mit der Zielsetzung, daß man alles unternehmen muß, das Leben des Mitmenschen, auch wenn es der eigene Feind ist, zu fördern und auch sich selbst (vgl. Lev. 19,18) keinen Schaden zuzufügen. Zugleich wird die Position der Obrigkeit zur Sprache gebracht (vgl. Röm. 13,4).

5.1.4.4 Dem allgemeinen Ausspruch von 21,12 folgen nähere Bestimmungen.[14] Grundlage ist die Differenzierung zwischen Mord und Totschlag; d.h. es wird zwischen vorsätzlichem und nicht vorsätzlichem Totschlag sowie zwischen Mord und affektivem Totschlag unterschieden.

---

[13] Vgl. V. Lenzen, "Selbsttötung in der Bibel. Für eine Ethik der Liebe zu den Leidenden", *BiKi* 47 (1992), S. 87-93.

[14] Zur Auffassung, 21,13-14 sei spätere Zufügung, s. z.B. F.C. Fensham, "Das Nicht-Haftbar-Sein im Bundesbuch im Lichte der altorientalischen Rechtstexte", *JNWSL* 8 (1981), S. 17-33 (S. 19, 21); Schwienhorst-Schönberger*, S. 38ff.

Auf letzteres zielt 21,13 ab, da mit der Möglichkeit gerechnet wird, daß der Totschläger den Tod des anderen nicht beabsichtigte und seine Tat verübte, als er nicht mehr ganz bei Sinnen oder klarem Verstand war. Man hat hier an Totschlag aufgrund von Raserei, Wutanfall oder Trunkenheit zu denken.

Der Mann wußte nicht, was er tat. Im Hebräischen wird dies durch die Formulierung *wᵉhā ᵛᵉlōhîm 'innâ lᵉjādô*, die im Kontrast zu *bᵉ'ormâ* in 21,14 steht, ausgedrückt. Mit letztgenanntem Ausdruck ist gemeint: nicht aus Affekt, sondern vorsätzlich, überlegt, nicht von Emotionen, sondern vom Intellekt geleitet (vgl. Prov. 1,4; 8,5.12).[15] Durch den Gebrauch von *hā ᵛᵉlōhîm*[16] – hier im Munde von JHWH (vgl. z.B. 31,3; 35,31) – wird zum Ausdruck gebracht, daß der Totschläger sich nicht in der Gewalt hatte. Eine externe Macht hatte ihn im Griff und leitete seine Hand.[17]

Dieser Satzteil darf nicht auf die Goldwaage der Dogmatik gelegt werden. Für weitreichende Schlußfolgerungen ist hier kein Raum. So wurde z.B. der Schluß gezogen, daß sich im Text das Bewußtsein widerspiegele, daß alle Ereignisse unter der Kontrolle JHWHs erfolgen und der Tod des Betreffenden eine verdiente Strafe sei (so Cole), der nicht vorsätzliche Totschläger ein Instrument in Gottes Hand sei und Gott daher für dessen Schutz Vorkehrungen trifft (bei van Oeveren, S. 70).

Manchmal glaubt man, daß *hā ᵛᵉlōhîm 'innâ lᵉjādô* zum Ausdruck bringen will, daß der Totschlag aufgrund eines verhängnisvollen Zusammentreffens stattfand.[18] Doch interpretiert man dabei die Passage zu

---

[15] In Mek., III, 36, und von Raschi wird hervorgehoben, daß durch *lᵉhārgô*, 'um ihn zu ermorden', in 21,14 die Aussage auf einen durchdachten Mord beschränkt wird, während andere vorsätzliche Handlungen ausgeschlossen sind, selbst wenn diese zum Tod führen (z.B. aufgrund ärztlicher Behandlung, Geißelung durch den Gerichtsdiener, Züchtigung durch den Vater oder Lehrer).

[16] Vgl. R. Rendtorff, "*'El* als israelitische Gottesbezeichnung", *ZAW* 106 (1994), S. 4-21 (S. 15).

[17] Zur Auffassung, daß ein Betrunkener nicht weiß, was er tut, und von einer Gottheit oder einem Geist in Beschlag genommen wurde und daher selbst nicht mehr verantwortlich gemacht werden kann, s. z.B. E. Westermarck, *The Origin and Development of the Moral Ideas*, I, London 1906, S. 277ff.; II 1908, S. 344f. Auch Raserei und Geisteskrankheiten wurden einer externen Kraft zugeschrieben. So ist in I Sam. 16,14ff. die Rede von der *rûah rā'â mē'ēt jhwh* und der *rûah ᵛᵉlōhîm rā'â* (vgl. I Sam. 19,9), die Saul antreibt. Zum Gebrauch von *ᵛᵉlōhîm* und *jhwh* als Bezeichnung des rätselhaften, geheimnisvollen und furchteinflößenden Charakters bestimmter Phänomene s. Houtman*, *Himmel*, S. 272ff.

[18] S. z.B. Gispen; Cassuto. Vgl. auch z.B. te Stroete: '... dat hij zichzelf niet onder controle had. Het is wat wij een ongeluk of boos toeval noemen' ('... daß er sich selbst nicht unter Kontrolle hatte. Es ist das, was wir ein Unglück oder bösen Zufall nennen'). S. ferner auch Böhl: '... de Godheid (want de vrome Israëliet schrijft niets toe aan het blinde toeval) ...' ('... die Gottheit [denn der fromme Israelit schreibt nichts dem blinden Zufall

stark im Lichte von Dtn. 19, wobei der zugrunde liegende Kontrast mit *bᵉʿormâ* nicht berücksichtigt wird.

Tritt eine wie oben beschriebene Situation ein, dann kann der Totschläger die Flucht zu einer Asylstätte[19] ergreifen, die von JHWH bestimmt wurde, nämlich einen durch einen Altar ausgewiesenen Ort, einen heiligen Ort. Vorausgesetzt wird, daß sich eine solche Asylstätte in der näheren Umgebung des in 21,12-14 angesprochenen Israeliten befindet — demzufolge gab es mehrere Asylstätten (vgl. 20,24) — und der Asylsuchende sich in der Nähe des Altars aufhält, indem er nun den Altar selbst oder die Hörner davon berührt, unter den Schutz von JHWH gestellt ist

---

zu] ...'). Zum Gegensatz 'Sünde der Hand' — 'Sünde des Kopfes' in der hethitischen Gesetzgebung s. Sick*, S. 94ff.

[19] Unter Asyl versteht man den an einem bestimmten Ort oder auf einem bestimmten Gebiet gewährten Schutz vor Bedrohung, Bestrafung, Verfolgung und Gewalt gegenüber jenen Personen, die dorthin ihre Zuflucht genommen haben. Der Schutz wird durch die jeweils herrschende Autorität gewährleistet. Man genießt den Schutz also nicht automatisch. Ob Asyl gewährt wird, hängt von dem örtlich herrschenden *Asylrecht*, den Bestimmungen und der Praxis im Hinblick auf die Gewährung des Asyls ab. Bei Recht haben wir sowohl an institutionalisiertes Recht wie an Gewohnheitsrecht zu denken. Mit dieser Definition ist das Thema eingegrenzt. So fallen u.a. folgende Bereiche aus dem Blickfeld der Untersuchung: Gastfreiheit, königliche Duldung von Flüchtlingen in der Gesellschaft — die Thematik der *gērîm* im AT — oder die Aufnahme von ausländischen politischen Flüchtlingen am Hof durch einen Fürsten (z.B. I Sam. 22,3f.; 27,1ff.; II Sam. 13,37; I Reg. 11,14ff.40). In der Studie von Löhr und dem Artikel von de Vaulx wird 'Asyl' im weiteren Sinne verstanden. Natürlich ist das Gastrecht und das Asylrecht miteinander verwandt (vgl. Bulmerincq, S. 33f.). Im Laufe der Geschichte haben die unterschiedlichsten Orte die Funktion einer Asylstätte erfüllt: Einerseits heilige Stätten, Tempel, Kirchen und sakrale Plätze im weiteren Sinne wie Klöster, Friedhöfe, Wohnungen von Geistlichen und Ordensleuten, so z.B. dem Johanniterorden und dem Deutschen Orden — im Hinblick auf das dort gewährte Asyl kann man von *religiösem* Asyl sprechen —, andererseits profane Orte wie Städte, Stadtteile, Gerichts- und Marktplätze, Entbindungsheime und in späterer Zeit Botschaftsgebäude — im Hinblick auf das dort gewährte Asyl kann man von *weltlichem* Asyl sprechen. S. zu den diversen Asylstätten in Europa z.B. die Studien von Bindschedler und Schmelzeisen und ferner R.C. van Caenegem, "Geschiedenis van het strafrecht in Vlaanderen van de XIᵉ tot de XIVᵉ eeuw", *VVAW.L* 19 (1954), S. 61ff., 248ff.; *VVAW.L 24* (1956), S. 72ff.; Gijswijt-Hofstra, S. 18ff. Typisch für die Asylstätten ist, daß sie eine relative Autonomie besitzen. Die Autorität wird durch eine oder mehrere Personen ausgeübt, die im Hinblick auf die Autorität des sie umgebenden Gebietes souverän sind. Bezüglich der heiligen Bezirke gilt, daß sie als Domäne einer Gottheit gelten. Die Autorität obliegt dann denjenigen, die diese Gottheit repräsentieren. Unser Interesse gilt in erster Linie den heiligen Stätten als Asylorten. Ich möchte dem noch hinzufügen, daß im AT — vgl. die darin genannten Freistädte — auch das Phänomen einer säkularen Asylgewährung anzutreffen ist. Schließlich sei noch gesagt, daß das örtliche Asyl in engem Zusammenhang mit dem persönlichen Asyl steht (vgl. Dann, S. 327ff., 358f.; Siebold, S. 3ff.). Der Schutz ist zwar an eine bestimmte Stätte gebunden, aber seine Wirksamkeit ist von der Vollmacht jener Person abhängig, deren Autorität dorthin ausstrahlt; im Falle der heiligen Stätten ist es die Autorität der Gottheit und ihrer Repräsentanten.

und sich damit außerhalb der Reichweite seiner Verfolger befindet.

Ausdrücklich wird nur dem nicht vorsätzlichen Totschläger das Recht auf Asyl zuerkannt. Wer bei klarem Verstand, geplant, aus Gewinnsucht oder Rache, gewaltsam einen anderen, z.B. seinen eigenen (politischen) Gegner oder Rivalen oder den eines anderen liquidiert (vgl. z.B. Dtn. 27,24f.; II Sam. 4,5ff.; 13,28f.; 20,8ff.), kann keinen Anspruch auf Asyl erheben, sondern muß ohne Pardon hingerichtet werden (21,14; vgl. 21,12).[20]

5.1.4.5 Der Abschnitt 21,12-14 wirft Fragen auf. *Wie wurde z.B. festgestellt, ob der Asylsuchende bona fide war, und wer trat gegen mala fide Asylsteller auf?* Aufgrund von Psalmstudien wurde die Meinung vertreten, daß das Zionsheiligtum als Asylstätte fungierte. Im Lichte von Vergleichsmaterial zur Asylpraktik des hellenistischen Ägyptens wurde dann eine Asylpraktik des Zionstempels rekonstruiert. Dort, so meint man, sei die Rechtmäßigkeit der Asylflucht von der Priesterschaft beurteilt worden. Ordale, Gottesurteile, mantische Praktiken, Inkubation, Beobachtung des Opferfeuers und Pfeilorakel sollen bei der Feststellung der (Un)-Schuld des Asylsuchenden eine wichtige Rolle gespielt haben.[21] Auch wurde die Ansicht vertreten, daß der Asylsuchende erst nach einer eidesstattlichen Erklärung seiner Unschuld seinen Zutritt zur Asylstätte erhalten habe.[22]

Daß auf solch eine Weise die (Un-)Schuld des Asylsuchenden von Ex. 21 festgestellt wurde, ist zu bezweifeln. Das Ordal z.B. hätte eine Funktion erfüllen können, wenn jemand eines Deliktes beschuldigt wurde, wo Zeugen fehlten (22,6ff.; Num. 5,11ff.; zum Ordal s. 6.4.4.2). Im Falle des Asylsuchenden von Ex. 21 ist jedoch sonnenklar, daß er den Totschlag begangen hat. Zeugen dieser Tat sind offensichtlich vorhanden (vgl. Num. 35,30). Ein Urteil über seine Geistesverfassung zur Tatzeit muß daher festgestellt werden. Erfolgte dies mittels einer Gottesbefragung oder indem eine Unschuldserklärung von seiten der Betroffenen eingefordert wurde? So wie die Dinge liegen, muß wohl das Urteil aufgrund von Untersuchungen der äußeren Umstände, unter denen das Delikt stattfand, ermittelt worden sein (vgl. Fensham [Anm. 14], S. 21, 23). Der Befund von 21,13 weist in diese Richtung. Dafür spricht auch die Prozedur bezüglich der Anerkennung eines Asylsuchenden aufgrund von Totschlag,

---

[20] Crüsemann*, S. 206, betont, daß die Unterscheidung zwischen vorsätzlicher und nicht vorsätzlicher Tötung ein Vorgang von höchstem rechtsgeschichtlichen Gewicht ist. Für eine aufschlußreiche Parallele weist er auf die griechische Gesetzgebung Drakons (7.Jh. v.Chr.).

[21] Delekat, S. 44ff., 57ff., 67ff., 264, 266, 312 u.a.; s. ebenfalls S. 167f.

[22] Siehe Gaster*, S. 491, 797f. Wer einen falschen Eid schwor, so glaubte man, würde von der Gottheit getötet werden.

wie dies in den atl. Passagen über die sog. Asylstädte dargelegt ist
(Dtn. 4,41-43; 19,1-13; Num. 35,9-34; Jos. 20,1-9). In diesen Passagen,
die jünger als das Bundesbuch sind, wird ein Asylrecht propagiert, das
teils als *Verfeinerung* teils als *Korrektiv* zu dem im Bundesbuch geltenden
Recht anzusehen ist.[23] Hierzu einige Ausführungen.

Der auffallendste Unterschied in den Passagen zu den Asylstädten im
Vergleich zum Bundesbuch ist folgender: Städte − nicht heilige Stätten
− erfüllen die Funktion eines Zufluchtsortes für Totschläger.[24] Entsprechend der Theologie der Textkorpora, zu denen die betreffenden Passagen
gehören, ist innerhalb der legitimen Religion Israels nur ein einziges
Heiligtum (D/P) zugestanden, *dessen Heiligkeit peinlich genau unversehrt
zu erhalten getrachtet wurde* (P). Letzteres impliziert, daß Asylsuchende
wegen ihrer Bluttat als Unreine (vgl. z.B. Jes. 1,15; 59,3; Thr. 4,14),
ebenso wie übrigens auch Laien im allgemeinen, vom Altar abgehalten
werden müssen (vgl. Num. 18,22).[25] Heilige Stätten können nicht mehr
länger die Funktion von Asylstätten erfüllen. Dies bedeutet allerdings
nicht den Verlust der Asylinstitution. Asylstädte, die auf Veranlassung
von JHWH eingerichtet wurden (Num. 35,9-11; Dtn. 19,2; Jos. 20,1),
haben deren Aufgabe zu erfüllen.

Ich kehre zum Ausgangspunkt der Fragestellung zurück, nämlich *wie
die Geistesverfassung eines Totschlägers ermittelt wurde*,[26] und richte

---

[23] Num. 35 wird zum Priesterkodex gerechnet. Jos. 20 wird als Mischung von P- und D-
Elementen betrachtet. Zum Verhältnis von Bundesbuch zu D und P und zum Verhältnis von
D zu P, sowie dem gesamten Fragenkomplex der Datierung dieser Textkorpora, s. 2.19,20.
Vor allem von jüdischer Seite wird die Reihenfolge P - D verteidigt. S. zu letzterem
bezüglich der Passagen über die Asylstädte Greenberg; Milgrom, S. 299ff. (die Konzeption
von P bezüglich der Asylstädte stamme aus salomonischer Zeit; D kannte die Einrichtung
eines Asylaltars bereits nicht mehr).

[24] Die Ansicht von Delekat, S. 260f., 294, daß die Asylstädte Städte mit einem Heiligtum
gewesen seien und in Wirklichkeit das Tempelareal als Zufluchtsstätte fungierte − so daß
von einer Diskrepanz keine Rede sein könne (vgl. z.B. Cole, S. 167: *māqôm* eine der
Asylstädte von Num. 35,6) −, ist unbegründet. Dasselbe gilt auch für den Vorschlag von
M. Haran, *Temples and Temple-Service in Ancient Israel*, Oxford 1978, S. 121, Anm. 5, daß
Stadt und Altar nebeneinander als Asylort fungiert hätten (s. auch Sprinkle*, S. 83f.).
māqôm in Ex. 21,13 beziehe sich dann auf die Asylstadt, Ex. 21,14 hingegen − steigernd −
auf den Altar, der als wirksameres Asyl betrachtet wurde.

[25] Der Kontakt mit dem Altar steht einzig dem Priester zu; s. Ex. 28,43; 30,20; Lev. 2,8
usw.; vgl. auch Lev. 21,21.23 und s. Num. 18,1ff. Daß Blutvergießen die Heiligkeit antastet,
ist auch aus dem Umstand ersichtlich, daß der Feldherr David das Heiligtum nicht errichten
durfte (I Chr. 22,8; 28,3). S. auch unten 5.1.5.

[26] Es ist hier nicht die Absicht, detailliert die unterschiedlichen Passagen zum Asylrecht
zu vergleichen und ausführlich auf das Phänomen der Asylstädte einzugehen. S. hierzu van
Oeveren (mit Lit.); Delekat, S. 290ff.; de Vaulx, Sp. 1494ff., 1505f., und die in der
Literaturliste genannten Artikel von Auld, Milgrom (S. 299ff.), Rofé sowie R. Schmid,

den Blick besonders auf Dtn. 19 und Num. 35.[27] In beiden Passagen
werden Kriterien genannt, die es bei der Beurteilung eines Asylsuchenden
zu berücksichtigen gilt.

Dtn. 19 gibt ein von Ex. 21 abweichendes, anschauliches Beispiel eines
Falles von Totschlag. Nicht das Beispiel eines Hitzkopfes oder Trunken-
boldes, der nicht wußte, was er tat,[28] sondern das eines ordentlichen,
fleißigen Bürgers, der beim Holzhacken so munter draufhaut, daß das
eiserne Beilblatt vom Axtstiel davonfliegt und der Vorfall ein fatales
Ende nimmt (Dtn. 19,4.5). In einer solchen Situation kann kaum die Rede
von einer bösen Absicht sein. *Die äußeren Umstände plädieren zugunsten
des Asylsuchenden.* Die Umstände, unter denen der Totschlag erfolgte,
müssen gemäß Dtn. 19 das Kriterium für eine Beurteilung bilden. Nicht
bloß die Umstände während des Unglücks sind hier entscheidend, sondern
auch die persönliche Vorgeschichte der Betroffenen muß berücksichtigt
werden. Wenn das Opfer ein Feind des Totschlägers gewesen ist, kann
verständlicherweise angenommen werden, daß die Tat vorsätzlich ausgeführt wurde. Sollte dies nicht der Fall gewesen sein, gilt der Totschläger als redlich[29] und hat Anspruch auf Asyl (Dtn. 19,4.6.11; vgl.
Dtn. 4,42; Jos. 20,5).

Auch entsprechend der Vorschriften in Num. 35 müssen die äußeren
Umstände in Betracht gezogen werden. Ob ein feindschaftliches Verhältnis vorlag oder nicht, ist ein Kriterium in der Entscheidung, ob es sich
um nicht vorsätzlichen Totschlag oder um Mord handelt (Num. 35,20.
21.22.23). Doch ist es nicht das einzige Kriterium. So gilt es auch, das
corpus delicti in die Erwägungen einzubeziehen (vgl. Dtn. 19,5). Wenn
dies nämlich wirklich ein Mordwerkzeug ist, dann muß die Möglichkeit
eines vorsätzlichen Totschlages umso ernsthafter ins Auge gefaßt werden
(Num. 35,16-23; vgl. auch Jos. 20,3.9).

Alles in allem betrachtet scheint der Gedanke gerechtfertigt, daß auch
im Falle von Ex. 21 aus der Untersuchung ersichtlich werden muß, ob
von einer vorsätzlichen Tat die Rede ist oder nicht. Explizit wird in 21,14
ausgesagt, daß sich die Untersuchung auf die Verfassung des Totschlägers

---

ThWAT, IV, Sp. 1132-1137.

[27] Die Reihenfolge ergibt sich einzig und allein aus dem Umstand, daß letztgenannter
Abschnitt der ausführlichste ist.

[28] Der Satzteil mit *hā'ᵉlōhîm* fehlt in Dtn. 19 und in Num. 35. Die Formulierung wurde
offenbar als wenig adäquat empfunden und das Außer-Sinnen-Sein als unpassendes
Kriterium betrachtet, um jemandem eine Unzurechnungsfähigkeit zu bescheinigen.

[29] Ein Gewerbeaufsichtsamt war damals noch unbekannt. Eine Untersuchung nach
Zustand und Instandhaltung von Werkzeugen erfolgte nicht. Wohl beinhaltet die atl.
Gesetzgebung Sanktionen im Falle grober Fahrlässigkeit beim Hausbau (Dtn. 22,8) oder der
Instandhaltung einer Zisterne (Ex. 21,33f.). Vgl. Westbrook*, S. 59ff., 68ff.

während der Tat zu richten hat – war er bei klarem Verstand oder außer sich? Dieses Kriterium ist jedoch nicht hieb- und stichfest. In Num. 35 und Dtn. 19 werden noch andere Kriterien angelegt, nämlich die Einstellung des Täters *vor* der Tat und, falls nötig, das Tatwerkzeug. Diese müssen in die Beurteilung miteinbezogen werden.

5.1.4.6 *Wer führte die Untersuchung durch?* Aus Dtn. 19 gewinnt man den Eindruck, daß die Ältesten des Wohnortes des Totschlägers mit dieser Aufgabe betraut wurden (Dtn. 19,12). Nach Jos. 20,4 waren die Ältesten der Asylstadt jene für die Gewährung von Asyl beauftragten Autoritäten. Kurzum, gemäß der in den genannten Passagen begegnenden Vorstellung war die bürgerliche Obrigkeit für das gute Funktionieren des Asylrechtes verantwortlich. Laut Num. 35,24.25 (vgl. Num. 35,12; Jos. 20,6) oblag diese Aufgabe der *'ēdâ* des Wohnortes des Totschlägers, d.h. der durch die gemeinschaftliche Verbundenheit mit JHWH zusammengehaltenen Rechts- und Kultusgemeinschaft.

In Ex. 21 ist der heilige Ort die Asylstätte. Hat man daraus den Schluß zu ziehen, daß die Nachforschungen durch einen oder mehrere Kultusfunktionäre oder Tempelbeamte angestellt wurden?[30] Ist aufgrund der Verlegung des Asyls vom Altar zur Stadt die Aufgabe der Geistlichkeit aus den Händen genommen? Die Annahme liegt nahe, daß die in 21,13.14 angesprochenen Personen auch als diejenigen anzusehen sind, die die Untersuchung durchzuführen haben. Kultusfunktionäre werden im Bundesbuch nicht genannt. Die darin erwähnten religiösen Gebräuche werden zum Teil im Haus und offensichtlich von Laien ausgeübt (21,6; 22,7f.). Kurzum, die Untersuchung oblag höchstwahrscheinlich der örtlichen Gemeinschaft oder ihrer Repräsentanten.

In Dtn. 19 (s. V. 6.12) und Num. 35 (s. V. 12.19.21.24.25.27; vgl. Jos. 20,3.5.9) ist *die Hinrichtung des vorsätzlichen Totschlägers* die Aufgabe des *gō'ēl haddām*. Gewöhnlich ist man der Ansicht, daß auch in Ex. 21 seine Funktion als Henker implizit vorliegt.[31] Da die in 21,12 verwendete Phrase *môt jûmāt* auch in 21,15.16.17 erscheint, wo offensichtlich eine Hinrichtung von seiten der Volksgemeinschaft oder deren Repräsentanten intendiert ist, drängt sich die Frage auf, ob nicht auch in 21,12.14 daran gedacht werden muß (vgl. Dtn. 17,7; 21,21).[32] Dann liegt

---

[30] Vgl. z.B. Wildeboer, S. 205; Nicolsky, S. 158; Westbrook*, S. 78, Anm. 165.

[31] Z.B. Pedersen*, I-II, 1926, S. 396; de Vaulx, Sp. 1503, und bes. Westbrook*, S. 47ff., 78; Schwienhorst-Schönberger*, S. 224, 230 (vgl. die Diskussion auf S. 222ff.).

[32] Siehe Löhr, S. 211, und z.B. Böhl; Beer und bes. A. Phillips, *Ancient Israel's Criminal Law*, Oxford 1970, S. 100ff.; vgl. ders., "Another Look at Murder", *JJS* 28 (1977), S. 105-126 (S. 111f.). Auch in Num. 35,16.17.18 findet sich die Phrase *môt jûmāt*. Dort ist offensichtlich eine Hinrichtung durch den *gō'ēl haddām* unterstellt (s. V. 19).

eine Exekution durch Steinigung[33] auf der Hand.

Der Verfolger des Totschlägers wird in Ex. 21 nicht genannt. Wohl aber in Num. 35 und Dtn. 19. Er wird als *gō'ēl haddām* bezeichnet. Oft übersetzt man mit 'Bluträcher'. Hinter solch einer Übersetzung steht der Gedanke, daß die Blutrache als alte und weitverbreitete Institution auch im alten Israel praktiziert wurde.[34] 'Bluträcher' ist jedoch keine adäquate Bezeichnung für *gō'ēl haddām*. Gemeint ist jener Verwandte, dem die Verantwortlichkeit obliegt, das Blut zu 'lösen', nämlich durch den gewaltsamen Tod.[35] Betrachtet man seine Rolle in Dtn. 19 und besonders in Num. 35, muß konkludiert werden, daß sie nicht auf Vergeltung und Rache abzielt, sondern auf die *Sühne* des vergossenen Blutes (Num. 35,33.34; Dtn. 19,13; vgl. Dtn. 21,1-9). Blut ist die Ursache der Verunreinigung. Wenn keine Reinigung oder Sühne stattfindet, ruiniert die mit dem Blut freigewordene Macht das Leben von Land und Volk (s. Houtman*, *Exodus*, I, S. 400f.). Mit seiner Verfolgung des Totschlägers setzt sich der *gō'ēl haddām* daher für das Wohl seiner Sippe und der gesamten Volksgemeinschaft ein.

In Num. 35 und Dtn. 19 begegnen wir der theologischen Reflexion über die Bedrohung von vergossenem, ungesühntem Blut. Ausgehend von diesem Verständnis muß die Rolle des Verfolgers gedeutet werden. In Ex. 21 fehlt diese Reflexion. Die Vorschrift von Ex. 21 will in erster Linie der *Lynchjustiz*[36] entgegentreten und legt die Verantwortlichkeit für die Rechtspflege in die Hände der Volksgemeinschaft oder ihrer Repräsentanten. Damit wird beabsichtigt, der *Gerechtigkeit* eine sichtbare Form zu geben. Num. 35 und Dtn. 19 haben auch zum Ziel, die Selbstjustiz auszuschließen und der Gerechtigkeit Gestalt zu verleihen. In diesen Textabschnitten kommt durch den Gedanken, daß vergossenes Blut gesühnt werden muß, explizit auch das Wohl von Land und Volk ins Blickfeld.

---

[33] Vgl. z.B. *ThWAT*, V, Sp. 945ff.; Boecker*, S. 31f.; Pedersen*, I-II, S. 427f. S. ferner die rabbinische Auslegung: 'Tod durchs Schwert' (TPsJ [auch in 21,14]; Mek., III, 34 [durch Erwürgen, Steinigen oder Enthaupten?]).

[34] S. z.B. van Oeveren, S. 14f., 89, 158ff., 227ff. Zur Blutrache im alten Israel s. K.H. Singer, *Alttestamentliche Blutrachepraxis im Vergleich mit der Ausübung der Blutrache in der Türkei. Ein kultur- und rechtshistorischer Vergleich*, Frankfurt usw. 1994.

[35] S. z.B. H. Christ, *Blutvergießen im Alten Testament*, Basel 1977, S. 126ff. Phillips, *Criminal Law*, S. 103ff., und ders., *JJS* 28 (1977), S. 111ff., betrachtet den *gō'ēl haddām* sogar als offiziellen Verfolger, der im Namen der Gemeinschaft handelt, und betont, daß seine Funktion eng verbunden ist mit der Einrichtung der Asylstädte (in Ex. 21 wird er allerdings nicht genannt).

[36] Die Verwendung des Begriffes 'Blutrache' ist unzureichend. S. z.B. Phillips, *JJS* 28 (1977), S. 112f.; Westbrook*, S. 77, Anm. 157; vgl. auch van Oeveren, S. 14f., 227ff.

5.1.4.7 Wie bereits angedeutet, mußte durch Nachforschungen festgestellt werden, ob ein Asylsuchender Recht auf Asyl hatte oder nicht. Wurde das Urteil, wenn dies zugunsten des Totschlägers ausfiel, von seiten der Geschädigten akzeptiert? *Konnte der nicht vorsätzliche Totschläger problemlos in die Volksgemeinschaft zurückkehren?* Dtn. 19 berichtet nichts über die Aufenthaltsdauer in der Asylstadt. In Num. 35 wird von einem langjährigen Aufenthalt des anerkannten Asylsuchenden in der Asylstadt gesprochen, und zwar bis zum Tode des Hohepriesters, wobei impliziert wird, daß man außerhalb der Asylstadt vogelfrei war (Num. 35,25-29; vgl. Jos. 20,6). Setzt nicht auch Ex. 21 einen längeren Aufenthalt an der Asylstätte, nämlich im heiligen Bezirk, voraus? Längerfristige Aufenthalte von Asylsuchenden auf dem Tempelterrain sind aus Ägypten bekannt[37] und wurden auch im Hinblick auf den Zion vertreten.[38] In solch einem Fall müßte man annehmen, daß der Asylsuchende Tempeldiener wurde, niedrige Aufgaben wie die eines Holzhackers oder Wasserträgers verrichtete, die Funktion eines Türstehers, Nachtwächters oder Tempelsängers erfüllte oder seine Dienste den Tempelbesuchern feilbot, um so seinen Lebensunterhalt zu sichern. Doch ist angesichts der einfachen Gesellschaftsordnung, die das Bundesbuch voraussetzt, nicht wahrscheinlich, daß ein Asylsuchender längere Zeit im Schutz des Altars verblieb. Im Lichte der späteren Asylpraktik liegt es näher, daß in Ex. 21 mit *Verhandlungen zwischen den Benachteiligten*, der Familie des Opfers, *und dem Asylflüchtling* gerechnet wird, so daß sich die Beziehungen wieder normalisieren konnten. Daß dies mittels materieller Zuwendungen erzielt wurde,[39] ist nicht auszuschließen (vgl. 21,30.32 und s. 5.7.4.2,3).[40] Daß man auf diese Weise eine Vereinbarung zu erreichen suchte, ist aus dem Umstand ersichtlich, daß in Num. 35,32 ausdrücklich gegen solch eine Praxis Stellung genommen wird (vgl. auch Num. 35,31 und s. 35,26f.). Aus Num. 35,31 ist ersichtlich, daß es auch im Fall von vorsätzlichem Totschlag geschehen konnte, daß durch Geldzahlungen die Familie des Opfer entschädigt wurde (vgl. II Sam. 21,4) und die Sache damit erledigt war. Es wurde nun behauptet, daß ein Widerstand gegen solch eine Gewohnheit bezeichnend für P sei (vgl. auch Lev. 24,17.21) und im alten Israel, genauso wie anderenorts im Alten Orient, die Ver-

---

[37] Siehe von Woess, S. 142ff., 237ff.; L. Delekat, *Katoche, Hierodulie und Adoptionsfreilassung*, München 1964.
[38] Z.B. von Delekat (s. 5.1.1), S. 194ff., 262ff.
[39] Es ließe sich auch denken, daß die Verwandten beim Opfern eines Tieres zu schwören hatten, daß sie das über den Totschläger ausgesprochene Urteil respektieren würden (vgl. I Reg. 1,50ff.).
[40] Zur in der Gesetzgebung des Alten Orients erwähnten Sitte, mittels Geldleistung oder auf andere Weise — auch mittels Personen — Schuld zu begleichen, s. Sick*, S. 169ff.

wandten eines Ermordeten, deren Anklage auf vorsätzlichen Totschlag rechtens war, die Wahl zwischen einer Vergeltung oder einer Einigung durch Abfindung hatten.[41] 21,12 sei dann nicht im exklusiven Sinne zu verstehen, sondern impliziere auch eine andere Lösung des Rechtsfalles, so daß übersetzt werden müsse: 'er *darf* zu Tode gebracht werden'.[42] M.E. kann 21,12 nur im exklusiven Sinne verstanden werden, wobei der Text eine Abfindungsregelung im Falle von Mord ausschließt. In dieser Hinsicht besteht dann keine Diskrepanz zwischen 21,12 und Num. 35,31 (vgl. z.B. Paul*, S. 61ff.). Die Interpretation 'darf' ist bezüglich der Formulierung von 21,12-14, wo Extreme gezeichnet werden, unpassend.

Num. 35 zufolge versteht sich der Aufenthalt in der Asylstadt nicht als Zeitdauer, in der sich die erhitzten Gemüter wieder beruhigen können, so daß das angespannte Verhältnis wieder hergestellt werden kann. Die 'Bluttheologie' (s. 5.1.4.6) beherrscht die betreffenden Verse. Es mußte vermieden werden, daß der Totschläger in die Gesellschaft zurückkehrt, ohne daß das vergossene Blut des Opfers gesühnt wurde. Versöhnung kann einzig durch das Blut des Täters oder den Tod des Hohepriesters erreicht werden.[43]

Rückblickend möchte ich in bezug auf das Verhältnis von Ex. 21 - Num. 35 - Dtn. 19 folgendes resümieren: In Ex. 21 ist die Asylstätte ein heiliger Ort; in Dtn. 19 eine Stadt. Die Asylgewährung hat ihren sakralen Charakter verloren. Man könnte hierbei von einer *Säkularisierung des Asylrechts* sprechen.[44] In Num. 35 ist die Stadt ebenfalls eine Asylstätte, doch trägt ungeachtet dessen das Asylrecht dort einen sakralen Charakter, da es sich um eine Levitenstadt handelt (Num. 35,6) und Versöhnung erforderlich ist, auch für das Blut, das nicht vorsätzlich vergossen wurde. Wollte man für Num. 35 eine Entstehungszeit nach Dtn. 19 annehmen, könnte man von einer *(Re-)Sakralisierung* des Asylrechts sprechen.[45]

---

[41] Siehe Westbrook*, S. 47ff., 77ff.; vgl. auch B.S. Jackson, "Reflections in Biblical Criminal Law", in: *Essays in Jewish and Comparative Legal History*, Leiden 1975, S. 25-63 (S. 41ff.).

[42] Wir berühren hier ein prinzipielles Problem. S. dazu 2.14.

[43] Zur nicht unumstrittenen Bedeutung vom Tod des Hohepriesters s. z.B. Nicolsky, S. 168ff.; van Oeveren, S. 162. Zur stellvertretenden Funktion des Hohepriesters s. auch Ex. 28,38.

[44] S. z.B. Nicolsky, S. 162f., 172. Zu einer anderen Sicht in bezug auf das Verhältnis von Ex. 21 zu Dtn. 19 s. z.B. van Oeveren S. 223 (seit alters bestand neben dem sakralen Asylrecht ein mehr oder weniger säkularisiertes Asylrecht); Phillips, *Criminal Law*, S. 101f., 106 (die Asylstädte gehen auf König David zurück; nicht die Kultzentralisation, sondern die Forderung nach einer besseren Asylregelung sei das Motiv gewesen); Milgrom, S. 305ff.

[45] Vgl. C. Houtman, "Säkularisation im Alten Israel?", *ZAW* 108 (1996), S. 408-425. Vgl. II Chr. 19,5-11 (Sakralisierung der Rechtsprechung; s. auch Dtn. 17,8ff.).

5.1.5 *Asyl an heiliger Stätte*

Nachdem wir 21,12-14 im Zusammenhang mit anderen Passagen zum
Asylrecht untersucht haben, möchte ich nun die Aufmerksamkeit auf ein
Element in 21,12-14 richten, das im Licht anderer Angaben im AT ins
Auge fällt.

Asyl wird am heiligen Ort gesucht, einem Ort, der in sehr besonderer
Weise mit einer Gottheit verbunden ist. Der Asylflucht liegt die Vorstel-
lung zugrunde, daß die Gottheit Schutz gewährt. Die Ehrfurcht vor der
Heiligkeit dieser Stätte muß die Verfolger davon abhalten, sich des
Flüchtigen zu bemächtigen. In Zusammenhang mit der Unantastbarkeit
der Asylstätte und damit des Asylflüchtlings verweist man auf Hinweise
zum Charakter heiliger Stätten, wie sie z.B. von den präislamitischen
Arabern[46] bekannt sind. Wer oder was auch immer den heiligen Bezirk
betritt, fällt der Gottheit anheim und wird somit sakrosankt. In diesem
Zusammenhang wird auch auf folgende Aussage aus 29,37 hingewiesen:
'Wer auch immer mit dem Altar in Berührung kommt, soll heilig sein'
(vgl. 30,29; Lev. 6,11.20).[47]

Betrachtet man 21,12-14, gewinnt man nicht den Eindruck, daß der
Asylsuchende durch seinen Verbleib an der Asylstätte bedingungslos
sakrosankt wurde und ihm daher automatisch Schutz gewährt werden
mußte.[48] Erweist es sich, daß er ein Mörder ist, muß er aus dem Altar-
bereich entfernt werden. Wer diese Aufgabe zu verrichten hat, macht sich
keines Sakrilegs schuldig, sondern führt damit eine göttliche Bestimmung
aus.

Ebensowenig impliziert 29,37 eine allgemeine und selbstverständliche
Korrelation zwischen Heiligkeit und Schutz. Die als Gesetzmäßigkeit
formulierte Aussage darf dem Kontext zufolge (s. auch den Kontext von
30,29; Lev. 6,11.20) nicht im allgemeinen Sinn verstanden werden,
sondern muß auf Aaron und seine Söhne, d.h. auf den Hohepriester und
die Priester, bezogen werden. Sie muß offensichtlich (in 29,37 betrifft es
eine abschließende Formulierung) als eine Warnung an ihre Adresse
verstanden werden, ausschließlich im geheiligten Zustand vor den Altar

---

[46] Siehe J. Wellhausen, *Reste arabischen Heidentums*, Berlin/Leipzig 1927², S. 52, 54f.,
105ff.; W. Robertson Smith, *Lectures on the Religion of the Semites*, London 1894,
S. 148ff.; vgl. Houtman*, *Exodus*, I, S. 148ff. Zur religiösen Scheu als Ursprung des
religiösen Asyls s. z.B. Dann, S. 327ff.

[47] Siehe Delekat, S. 52, 208, 210, 259, 307f.

[48] So wie z.B. auch die Gegenwart eines heiligen Schreins nicht automatisch die Präsenz
von JHWH, dem Heiligen, bedeutet (s. I Sam. 4,3).

zu treten.[49] Der Text gehört zu dem Korpus (P), in welchem die Institution der Asylstädte propagiert wird und der Altar nicht als Asylstätte
fungiert. Nur vorschriftsmäßig geweihte Priester dürfen in Kontakt mit
dem Altar kommen. Entsprechend der in diesem Textkorpus vertretenen
Vorstellung ist jeder Übergriff auf die Heiligkeit des Heiligtums lebensgefährlich (28,43; 30,20f.; Lev. 10; 16,2.13; 22,9; Num. 4,15.19.20; 16-
17; 17,28; 18,3.22).[50] Darum ist die Möglichkeit ausgeschlossen, daß ein
Totschläger, selbst wenn es sich um nicht vorsätzlichen Totschlag handeln
sollte, Zuflucht beim heiligen Altar nimmt. Das Blut macht ihn unrein, so
daß er nicht befugt ist, den heiligen Bezirk zu betreten.[51] Die Asylstadt
ist seine Bestimmung. Dort hat er sich aufzuhalten, bis eine Versöhnung
erwirkt ist.

Gänzlich anders verhält es sich mit der in 21,12-14 beschriebenen
Situation. Der Altar ist für jedermann zugänglich. Sogar für den, der
vorsätzlich jemanden erschlagen hat. Daß ein Mensch mit unschuldigem
Blut an den Händen den Altar entweiht, wird nicht gesagt. Ein Mörder
wird lediglich als Asylflüchtling ohne Recht auf Asyl charakterisiert.

Es kann konstatiert werden, daß *das in Ex. 21,12-14 zugrunde liegende
Bild auffallend weltlich* ist. Was man aufgrund anderer atl. Passagen
erwarten würde, sicher im Falle des vorsätzlichen Totschlägers, nämlich
eine Konfrontation zwischen dem Heiligen und Unheiligen (vgl.
19,12f.21f.24; Lev. 10; Num. 4,15; 16-17; I Sam. 6,19; II Sam. 6,6f.),[52]
findet nicht statt. Der Mörder bleibt ungeachtet der Berührung mit dem
Altar am Leben. Er wird nicht von einem göttlichen Gerichtsschlag
getroffen, sondern von Menschenhand abgeführt und hingerichtet.[53]

Geht man von der üblichen Stoffdatierung des Pentateuch aus, muß

---

[49] Anders Milgrom, S. 282ff.; seiner Meinung nach bezieht sich die Aussage gar nicht
auf Personen und müsse deshalb wie folgt übersetzt werden: 'alles, was den Altar berührt,
...'. Diese Interpretation trifft man bereits in der rabbinischen Auslegung an und wurde in
jüdischen Übersetzungen aufgenommen; zuweilen begegnet sie auch in christlichen
Übersetzungen.
[50] S. hinsichtlich des zum Inneren hin zunehmenden Grades an Heiligkeit eines Heiligtums Haran (Anm. 23), S. 175ff.; P.P. Jenson, *Graded Holiness. A Key to the Priestly
Conception of the World*, Sheffield 1992, S. 89ff.
[51] Vgl. auch Philo, *De specialibus legibus* 1.158ff.; 3.120ff.
[52] Vgl. Houtman*, *Exodus*, I, S. 351ff.; ders.*, *Exodus*, II, S. 451, 459.
[53] Anders Delekat, S. 161, 264, 308f.: die Berührung mit dem Altar ist zugleich ein
Gottesurteil; der schuldbeladene Asylflüchtling wird innerhalb weniger Stunden, Tage oder
Wochen sterben; denn der Asylsuchende erhielt solange nichts zu essen und zu trinken, bis
Gott sich durch ein Zeichen für ihn ausgesprochen hatte. Blieb eine Reaktion Gottes aus,
ließ man ihn verhungern. Gänzlich abgemagert und geschwächt trug man ihn, bevor er ganz
zusammenbrach − er durfte doch durch seinen Tod den Altar nicht entweihen! −, von dort
weg, damit er an einem profanen Ort krepieren konnte.

festgehalten werden, daß die Akzentuierung der Heiligkeit des Altars späteren Datums ist und im ältesten Textabschnitt eine magisch-dynamische Vorstellung im Hinblick auf die Heiligkeit nicht gegeben ist. Die Vorstellung, die man als typisch für die älteste Phase der Asylpraktik erachtet (s. Hennsler, S. 12ff.), ist im Bundesbuch (schon) nicht (mehr) zu finden.

Bei der Beurteilung von 21,12-14 darf schließlich auch die Tatsache nicht außer acht gelassen werden, daß die Passage keine Darstellung der Asylpraxis im alten Israel wiedergibt, sondern — innerhalb einer Gesetzessammlung — sich dem Ziel verpflichtet weiß, eine brauchbare Asylpraktik zu entwerfen, die sich durch Gerechtigkeit auszeichnet. Das Wissen um den Mißbrauch von Asylstätten führte offensichtlich zur Formulierung dieser Vorschrift. Aus der Unterscheidung zwischen einem vorsätzlichen und nicht vorsätzlichen Totschlag ist zu schließen, daß sich unter den Asylsuchenden auch Verbrecher befanden und daß dies als nicht tragbarer Zustand angesehen wurde.

21,12-14 zufolge gestaltet sich die gewünschte Rechtspraktik wie folgt: nur der nicht vorsätzliche Totschläger hat Anspruch auf Asyl; der Mörder muß hingerichtet werden.

Die Anwendung dieser Vorschrift wird in der Praxis zu folgender Situation führen: ein Totschläger hat nach seiner Tat abzuwägen, ob er als nicht vorsätzlicher Totschläger betrachtet werden wird; scheint ihm diese Möglichkeit realistisch, flieht er zum Altar. Wenn er seine Chancen gleich Null einschätzt, wird er versuchen, seinen Verfolgern durch Flucht ins Ausland zu entkommen und die wenig beneidenswerte Position eines *gēr*[54] einer Exekution vorzuziehen — da Interpol und bis ins einzelne geregelte Auslieferungsbestimmungen zwischen Völkern, die u.a. die Auslieferung wegen Kapitalverbrechen[55] vorsehen, in seiner Welt unbekannt waren.

---

[54] So z.B. Mose (Ex. 2,11-22), dessen Gewalttat vielleicht auch einen politischen Hintergrund hatte, nämlich als Signal zum Aufstand gemeint war.

[55] Bezüglich Auslieferungen, dem Gegenstück zur Asylgewährung (vertragsgemäß wird an bestimmten Orten kein Asyl gewährt), wird manches in hethitischen Verträgen aus dem 2.Jt. geregelt. Bei den auszuliefernden Personen handelt es sich offensichtlich um politische Flüchtlinge und Bevölkerungselemente der unteren sozialen Schicht. S. bei Löhr, S. 78ff. Von Auslieferungen zeugen auch die Alalach-Texte (s. *ANET*, S. 531f.). Zum Auslieferungsverbot s. Dtn. 23,16f.

5.1.6 *Die Asylpraxis im alten Israel*

Wie bereits angedeutet, bezieht sich 21,12-14 wahrscheinlich auf eine
wünschenswerte Rechtspraktik. Sie muß nicht unbedingt kongruent mit
der tatsächlichen Rechtspraxis gewesen sein. Auch Num. 35 und Dtn. 19
beschreiben eine angestrebte Rechtspraktik und haben utopischen Charakter. Alle drei Passagen beziehen sich auf Asylflucht im Falle von Totschlag. So drängt sich die Frage auf, wie sich die Asylpraxis im alten
Israel gestaltete. Suchte man auch in anderen Situationen als Totschlag
Asylschutz? Wieviel Asylstätten existierten eigentlich? Erzielte eine
Asylflucht den gewünschten Effekt?

Untersuchungen zum Phänomen Asyl im AT führten dazu, eine Reihe
von Plätzen als Tempelasylstätten zu identifizieren.[56] Studien zu den
Psalmen führten zu der These, daß das Zionsheiligtum als Asylstätte
fungierte.[57] Aus unterschiedlichen Motiven heraus sollen Asylsuchende
dorthin geflüchtet sein. Unter ihnen sollen sich Schuldner, hauptsächlich
Tagelöhner ohne Grund und Boden, die Auspeitschung oder Schuldsklaverei befürchten mußten, befunden haben, in Schwierigkeiten geratene
selbständige Bauern, suspendierte Pächter, die des Diebstahls und Mein-
eids bezichtigt waren, sowie Personen, die wegen Einbruch, Ehebruch,
falschem Zeugnis, Schädigung des Nachbarn und anderer, ähnlicher
Vergehen angeklagt waren.[58]

Strittig ist jedoch, ob diese atl. Stellen solch eine Interpretation rechtfertigen.[59] Tatsächlich finden sich im AT lediglich zwei unverkennbare

---

[56] Delekat, S. 260f., 270ff., 322ff., zufolge können nahezu sicher folgende Orte als
Asylstätten betrachtet werden: das Zionsheiligtum (I Reg. 1,50f.; 2,28ff.; Neh. 6,10;
I Makk. 10,43), die Prophetenunterkunft (?) in Rama (I Sam. 19,18), die Heiligtümer in
Beerscheba (I Reg. 19,3), Betel (II Reg. 2,2ff.; vgl. Am. 7,10ff.), Jericho (II Reg. 2,4ff.),
auf dem Karmel (II Reg. 1,9-15; vgl. Am. 9,3) und Nob (Ps. 52,1; I Sam. 21,8). Ferner
erfüllten wahrscheinlich alle Heiligtümer in Israel, solange sie existierten, die Funktion einer
Asylstätte. Seiner Meinung nach gab es in den Asylstädten von Dtn. 4; 19; Num. 35; Jos. 20
Heiligtümer; diese erfüllten mit dem umgebenden Terrain die Funktion einer eigentlichen
Asylstätte. G. von Rad, *Theologie des Alten Testaments*, II, München 1968⁵, S. 35,
behauptet, daß die *bᵉnê hannᵉbî'îm* in den Erzählungen von Elischa in II Reg. 2ff. Asylsuchende gewesen seien, die sich zum dortigen Heiligtum aus ökonomischen oder religiösen
Gründen geflüchtet hatten. Zu Texten, die die Existenz des Asylrechts im alten Israel
beweisen sollen, s. auch van Oeveren, S. 128ff.
[57] S. besonders die Monographie von Delekat; vgl. de Vaulx, Sp. 1499f.
[58] Siehe Delekat, S. 173f., 179ff., 219, 261f. u.a.
[59] Lediglich I Makk. 10,43 spricht explizit von (der Gewährung von) Asylrechten im
Jerusalemer Heiligtum (vgl. Josephus, *Ant.* 13.5). In der intertestamentären Literatur wird
übrigens die Unschändbarkeit des Heiligtums hervorgehoben. S. z.B. II Makk. 3,12; Philo,
Legatio ad Gaium, 346. In II Makk. 4,33f. ist die Rede von einer Asylflucht nach Daphne

Zeugnisse einer Asylpraxis im alten Israel. Beide beziehen sich auf
Asylflucht nach einer politischen Niederlage und beide erfolgten in der
Zeit von Salomos Regentschaft. Wir werden die betreffenden Passagen,
die sich durch eine lebensechte Darstellungsweise auszeichnen, näher in
Augenschein nehmen.

Im ersten Beispiel flieht Adonia, der Sohn König Davids, der versucht
hatte, während des Machtvakuums, das durch die Senilität seines Vaters
entstanden war, sich des Thrones seines Vaters zu bemächtigen (I Reg.
1,5ff.), zur heiligen Stätte, nachdem offenbar geworden war, daß sein
Coup mißlungen war und sein Rivale Salomo sich die Krone sichern
konnte. So wie in heutiger Zeit verfolgte Politiker ihre Zuflucht in
Botschaftsgebäuden einer ihnen wohlgesonnenen Macht nehmen, suchte
Adonia, als sein Leben unmittelbar bedroht war, Schutz bei den Hörnern
des Altars (I Reg. 1,50-53).[60] Der Ort schien ihm Sicherheit zu bieten;
von dort aus konnte er mit Salomo über seine eigene weitere Zukunft in
Unterhandlung treten. Er fordert von Salomo die eidesmäßige Zusage, daß
er nicht hingerichtet werden würde. Der junge König sichert ihm die
Freiheit unter der Bedingung zu, daß er sich von weiteren politischen
Aktivitäten distanzieren werde (wagte Salomo angesichts einer mächtigen
Adonia-Partei im Lande kein rigoroses Auftreten gegen seinen gestürzten
Rivalen?).

Im zweiten Beispiel — wieder ist die Rede von einer versuchten
Machtergreifung Adonias, doch diesmal mit fatalem Resultat für alle seine
Mitstreiter (I Reg. 2,23ff.) — flüchtet Joab, der Anführer der Adonia-
Partei, nach der gescheiterten Palastrevolte zum Altar (I Reg. 2,28).[61]
Dort findet er aber nur zeitlich begrenzten Schutz. Benaja, der Mann, der
kurz zuvor Adonia liquidiert hat, schreckt davor zurück, den Befehl
Salomos, Joab am Altar zu erschlagen, auszuführen. Er versucht, Joab
vom Altar wegzulocken, doch ohne Erfolg. Joab durchschaut den Plan
und eröffnet ihm, daß er an heiliger Stätte sterben möchte. Mit seiner
Antwort will Joab die Atempause, die er aufgrund der Heiligkeit der

bei Antiochia. Zur Interpretation von 'Asyltexten' aus dem Psalter, wie z.B. Ps. 23,6; 27,4;
36,8, s. z.B. G. von Rad, *Theologie des Alten Testaments*, I, München 1966⁵, S. 409, 415f.;
H.-J. Kraus, *Theologie der Psalmen*, Neukirchen-Vluyn 1979, S. 200f. Zur Kritik an der
Studie von Delekat s. z.B. R. Tournay, *RB* 78 (1970), S. 99f.; T. Penna, *Bib* 51 (1970),
S. 576-579; W. Beyerlin, *Die Rettung der Bedrängten in den Feindpsalmen der Einzelnen
auf institutionelle Zusammenhänge untersucht*, Göttingen 1970, S. 44ff. u.a. (s. Register).
    [60] Der Altar wird nicht näher bestimmt. Offensichtlich handelt es sich um den Altar im
'Zelt JHWHs' (vgl. I Reg. 2,28). So explizit LXX^{Luc}.
    [61] Die LXX enthält in I Reg. 2,29 eine Erweiterung von Joabs Fluchtmotiv. Auf die
Frage Salomos, warum er zum Altar geflüchtet sei, antwortet Joab: 'Weil ich dich fürchtete,
nahm ich meine Zuflucht beim Herrn'.

Stätte genießt, verlängern. Er hofft, daß Salomo davon absehen würde, ihn beim Altar erschlagen zu lassen, und bereit sein würde, in Unterhandlungen über seine Zukunft zu treten. Sein Plan wird vereitelt. Benaja, der es nicht wagte, ohne ausreichende Rückendeckung vom König Blut am Altar zu vergießen,[62] war dazu sehr wohl bereit, als Salomo ihm ausdrücklich den Befehl dazu gab (I Reg. 2,29-31.34).

Aus diesen beiden Passagen ist ersichtlich, daß der Altar in der Praxis jedenfalls relativen Schutz bieten konnte. Offensichtlich bestand eine Scheu, Menschen mit Gewalt von dort wegzureißen oder dort eine Gewalttat zu verüben. Verfolger schienen vor einem Sakrileg zurückzuschrecken. So erhält der Asylflüchtling eine Atempause, die er dazu benützen kann, mit der ihm nachstellenden Partei mittels Unterhandlungen einen Vergleich anzustreben. Doch gelingt dies nicht immer. Aus unterschiedlichen Gründen – im Falle politischer Machtkämpfe z.B., um den Bestrebungen einer rivalisierenden Partei definitiv ein Ende zu bereiten – kann sich ein Verfolger über seine Scheu vor der Heiligkeit des Asyls hinwegsetzen, um so die Verfolgung auch bis dorthin fortsetzen zu können.

Daß Joab im Asyl erschlagen wurde, wird übrigens in I Reg. 2 nicht als Sakrileg dargestellt, das begangen wurde, um einen gefährlichen Opponenten auszuschalten, sondern wird als Begleichung einer alten Rechnung, nämlich das durch Joab unschuldig vergossene Blut, gezeichnet (I Reg. 2,5f.31-33). Kurzum, I Reg. 2 zufolge wurde Joab nicht wegen seiner Beteiligung an Adonias Aufstand erschlagen, sondern wegen seiner belasteten Vergangenheit. Nicht aufgrund der Angelegenheit, weswegen er ins Asyl flüchtete, sondern aufgrund früherer Verbrechen wurde – so stellt es I Reg. 2 dar – die Rechtmäßigkeit der Asylflucht Joabs in Frage gestellt.[63] Implizit betont die Erzählung, daß für einen vorsätzlichen Totschläger das Asyl kein Zufluchtsort sein darf. In dieser Hinsicht stimmt die in I Reg. 2 gegebene Motivation für Joabs Exekution mit der

---

[62] Dadurch wäre der heilige Ort entweiht worden. Vgl. II Reg. 11,15 = II Chr. 23,14. Zu einem Mord im Jerusalemer Tempel s. II Chr. 24,21 (vgl. Mt. 23,35). Zu einem Massaker in einem Baalstempel s. II Reg. 10,25. Zu einem Sakrileg s. auch z.B. Jdc. 9,46ff.; I Sam. 22,17f.

[63] Die Ansicht wird verteidigt, daß der Text von I Reg. 2 vielschichtig und retuschiert sei und sowohl antisalomonisches (Salomo hat sich eines Sakrilegs schuldig gemacht) und prosalomonisches Material (Salomo führt den Willen seines Vaters aus und vollzieht das rechtmäßige Urteil) beinhalte. S. z.B. E. Würthwein, *Die Erzählung von der Thronnachfolge Davids – theologische oder politische Geschichtsschreibung?*, Zürich 1974, S. 11ff.; F. Langlamet, "Pour ou contre Salomon? La rédaction prosalomienne de I Rois, I-II", *RB* 83 (1976), S. 321-379, 481-528; K.W. Whitelam, "The defence of David", *JSOT* 29 (1984), S. 61-87 (mit Lit.).

Vorschrift aus Ex. 21 überein. Betreffs des Hinrichtungsortes (am Altar) ist I Reg. 2 in Streit mit Ex. 21 (s. V. 14). Dieser Umstand sowie die Tatsache, daß der König selbst eingriff, spricht gegen die Auffassung, die von Salomo ergriffenen Maßnahmen als Befolgung der Vorschrift von Ex. 21 zu betrachten.[64] Wie es sich darstellt, erfolgte eine Asylflucht, wie sie in I Reg. 1-2 beschrieben ist, aufgrund eines Gewohnheitsrechts. In Ex. 21 wird das Asylrecht als von JHWH gefordert gezeichnet und trägt daher den Charakter einer besonderen Offenbarung (vgl. 2.17).

Die Rolle des Königs in I Reg. 1-2 fällt ins Auge. Beidemal trifft er die Entscheidung. Repräsentanten der Geistlichkeit werden zwar genannt, doch sind diese dem König vollkommen hörig. Den Priester Abjatar verbannt er (I Reg. 2,26.27). Zadok wird von ihm in gleicher Weise zum Priester bestellt, wie Benaja zum Truppenkommandeur erhoben wird (I Reg. 2,35). Die beschriebene Situation könnte man etwas anachronistisch als die einer Staatskirche bezeichnen. Das Asyl unterliegt der Staatsmacht.[65] In einer solchen Situation kann das Asyl, zumindest als Zufluchtort für die politische Opposition, nicht florieren.[66] Dafür ist eine Dialektik zwischen Staat und Kirche erforderlich.

Es kann geschlußfolgert werden, daß unzweideutige Angaben zur Praxis der Asylflucht zum Altar im alten Israel rar sind. Daß das Asylrecht zu den Themen diverser Gesetzeskorpora gehört, kann jedoch als Indiz dafür gewertet werden, daß die Asylflucht bei Totschlag kein unbekanntes Phänomen war. I Reg. 1-2 zufolge wurde auch nach einer gescheiterten Machtergreifung Zuflucht zum Altar genommen. Asylflucht im alten Israel aufgrund einer Notlage wird nicht auf die zwei explizit im AT genannten Situationen beschränkt gewesen sein.

5.1.7 Asyl außerhalb Israels

Der Brauch, Zuflucht an einem heiligen Ort zu suchen, geht auf ältere Zeit zurück und war weit verbreitet. So z.B. in der antiken Welt, dem alten Griechenland und der hellenistischen Welt.[67] Relativ viele Informa-

---

[64] Eine Beziehung zwischen Ex. 21,14 und I Reg. 2,28ff. sehen NumR. 23,13 (vgl. Ginzberg*, IV, S. 125ff.; VI, S. 278f.) und u.a. van Oeveren, S. 131; Childs, S. 470.

[65] Milgrom, S. 305ff., erklärt Salomo sogar zu demjenigen, der den Altar als Asylstätte in Israel abschaffte und das Institut der Asylstädte als Konzession (in einer Zeit von Blutrache) an dessen Stelle treten ließ.

[66] Regimegegner können ihr Heil dann besser anderenorts suchen (s. I Reg. 11,40; vgl. I Reg. 18,13; Jer. 26,24).

[67] Siehe Bulmerincq, S. 29ff.; Siebold, S. 22ff.; Schlesinger, passim; Bolkestein, S. 243ff.; Wenger, Sp. 836ff.; Fauth, Sp. 670f.; de Vaulx, Sp. 1485ff. Es wird angenommen (Bulmerincq, S. 51ff.; Siebold, S. 26ff.; Fauth; Wenger, Sp. 839f.), daß im alten Rom der

tionen über eine ununterbrochene Periode besitzen wir aus dem hellenistischen Ägypten. Die Gewohnheit muß dort allerdings auch schon verbreitet gewesen sein.[68] Quellen aus dem alten Mesopotamien fehlen.[69] Hingegen wird in der ugaritischen Literatur einmal auf das Heiligtum als Asylstätte angespielt (s. KTU 1.19.iii:47; vgl. Gaster*, S. 491.).[70]

In der antiken Literatur wird ein negatives Bild von den Asylstätten in der hellenistischen Welt gezeichnet: aufgrund ihrer liberalen Einlaßpolitik seien es Sammelbecken von Schuldnern und Verbrechern (Houtman, S. 70ff.). Der Umstand, daß im AT die Asylgewährung an Bedingungen geknüpft ist (Ex. 21,13.14) wird auf diesem Hintergrund als ein Kennzeichen der Religion Israels dargestellt (vgl. z.B. De Vaulx, Sp. 1504, 1507; vgl. auch van Oeveren, S. 132, 157), ja, selbst als eine 'radikale Erneuerung' gegenüber der in der Antike herrschenden Praxis.[71] Eine dergleiche Darstellung beruht, wie es scheint, auf der fehlenden Unterscheidung von Recht (Ideal) und Praxis. In der Griechisch-Römischen Welt war die Einlaßpolitik in der Praxis häufig, vor allem in den Augen der herrschenden Autorität, recht liberal. Über die Praktizierung im alten Israel haben wir nur dürftige Informationen. Das AT konfrontiert uns hauptsächlich mit einem Idealbild der Asylgewährung.

Vorbilder der Asylflucht zum Heiligtum fehlen im NT. Die Kirchengeschichte hingegen ist voll davon. Jahrhundertelang war die kirchliche

---

heilige Ort als Asylstätte unbekannt gewesen sei. Unter griechischem Einfluß habe dann das Asylrecht in Rom Eingang gefunden.

[68] Siehe von Woess, S. 33ff.; Lüddeckens, Sp. 514-516.

[69] Aus der kirchlichen Asylpraxis (s.u.) wird ersichtlich, daß die Bedrohung durch Gläubiger eine der vielen Hintergründe für eine Asylflucht war. Über finanzielle Verschuldungen und die damit verbundenen Probleme in Mesopotamien sind wir bestens unterrichtet. Siehe Stol (s. 4.2.1). Doch fehlen allerdings Hinweise zur Asylflucht aufgrund von Schulden. Ein nicht vorhandenes Asylwesen wird oft in Zusammenhang mit der Existenz einer intakten Rechtspflege und einer starken Zentralgewalt gebracht (z.B. van Oeveren, S. 156, 184ff.). Hier kann noch ergänzt werden, daß oftmals eine Korrelation zwischen dem Asylinstitut und dem Institut der Blutrache gesehen wird (z.B. Löhr, S. 177; van Oeveren, S. 14, 227). Daß keine Asylmöglichkeiten bestanden, wird in diesem Zusammenhang mit dem Hinweis erklärt, daß es auch keine Blutrache gab (z.B. Siebold, S. 8, 27). Sowohl das eine als auch das andere ist umstritten.

[70] Greenfield, S. 272ff., verteidigt die Auffassung, daß der Sefire III-Text, 4-7 (*KAI* 224; vgl. *TUAT*, I, S. 186f.) eine Anspielung auf Aleppo als Asylstätte enthält.

[71] So Milgrom, S. 309, Anm. 84; Crüsemann*, S. 207. Vgl. Wildeboer, 197, 209, und auch A. Causse, *Du groupe ethnique à la communauté religieuse*, Paris 1937, S. 139f. Als etwas radikal Neues kann man vielleicht das Institut der Asylstädte bezeichnen. Weltliches Asylrecht ist meines Wissens aus dem Alten Orient nicht bekannt (die Vorbilder von Nicolsky, S. 160ff., datieren offensichtlich aus späterer Zeit). Wahrscheinlich bestand es in Israel lediglich auf dem Papier.

Asylgewährung ein lebendiges Institut.[72] In der Ostkirche nahm sie bis
zum Untergang von Konstantinopel 1453 einen bedeutenden Platz ein. In
der Westkirche blieb das kirchliche Asylrecht auch nach dem Untergang
des Weströmischen Reiches am Ende des 5.Jh. ein lebendiges Institut. Ab
dem 14.Jh. gerät es dort in Verfall. Es verschwindet in Ländern, die sich
für die Reformation entscheiden. Am Ende des 18.Jh., mit der französi-
schen Zeit, ist es überall abgeschafft oder ungebräuchlich geworden (s.
z.B. Dann, S. 354ff.; Bulmerincq, S. 104ff.). Wohl gehört das Asylrecht
nach dem heute geltenden kanonischen Recht Roms noch stets zum
Bestand ihrer Rechte.[73] Eine Beschreibung des Altars als Asylplatz in
der Geschichte der Kirche und eine Diskussion der Frage nach dem
Ursprung des kirchlichen Asylrechts geht über den Rahmen dieser Arbeit
hinaus (s. dazu Houtman, S. 45ff.). Ich merke hier noch lediglich an, daß
ein Fortwirken des Asyl*rechts* des AT im Asylrecht der Kirche offensichtlich fehlte. Das AT übte anscheinend keinen Einfluß aus beim
Entstehen des kirchlichen Asylrechts. Wohl zieht sich, was die Asyl*praxis*
betrifft, eine Linie durch, vom AT ausgehend durch die Kirchengeschichte. Joab starb beim Altar. Ob ihm Menschen vorangegangen sind, wissen
wir nicht mit Sicherheit. Wohl wissen wir mit Sicherheit, daß ihm viele
gefolgt sind (Houtman, S. 75f.).

5.2 ELTERNMIßHANDLUNG UND MENSCHENRAUB (21,15-17)

Nach der Vorschrift über den Totschlag (21,12-14) folgen drei Regeln
über weniger radikale, aber dennoch so schwere Angriffe auf die Integrität des anderen, daß diese in gleicher Weise wie Totschlag geahndet
werden müssen. Die Vorschriften stehen isoliert. Im MT werden sie durch
ein *s^etûmâ* markiert (fehlt bei 21,16 in *BHS*; vgl. Perrot*, S. 68). Thematisch sind 21,15 und 21,17 jedoch miteinander verbunden. Beide Verse
handeln vom *respektlosen Verhalten gegenüber betagten Eltern*. Sie
umschließen eine Vorschrift über *Menschenraub*. Die Reihenfolge der
Verse weicht in der LXX von der des MT ab. 21,16 steht dort an dritter
Stelle nach den thematisch miteinander verbundenen Versen 21,15 und
21,17. Wenig überzeugend ist der Vorschlag, daß die Reihenfolge im MT
vom Grad der Schwere des Vergehens bestimmt wurde, d.h. daß das
schwerste Delikt (Mißhandlung) an erster Stelle genannt und das geringste

---

[72] Zur kirchlichen Asylgewährung und -recht s. Bindschedler, Ducloux, Cox, Herman,
Langenfeld, Timbal Duclaux de Martin u.a.; s. 5.1.1.

[73] *Corpus Iuris Canonici* (canon 1179); vgl. Misserey, Sp. 1102f.; Landau, S. 326f.

(Verfluchen) zuletzt genannt wird (vgl. Cazelles*, S. 52).[74] An Schwere
stehen die genannten Delikte einander nicht nach. Aus praktischen
Gesichtspunkten behandle ich 21,15.17 zusammen.

5.2.1 Elternmißhandlung (21,15.17)

5.2.1.1 Literatur

R. Albertz, "Hintergrund und Bedeutung des Elterngebots im Dekalog",
ZAW 90 (1978), S. 348-374; G. Blidstein, *Honor thy Father and Mother*,
New York 1976; R. Bohlen, *Die Ehrung der Eltern bei Ben Sira. Studien
zur Motivation und Interpretation eines familienethischen Grundwertes in
frühhellenistischer Zeit*, Trier 1991; A. de Buck, "Oudertrots, kinderplicht
en de klacht van een kinderloze", *JEOL* 11 (1949-50), S. 7-15; L. Dürr,
Die Wertung des Lebens im Alten Testament und im antiken Orient,
Münster in Westf. 1926; O. Eißfeldt, "Sohnesplichten im Alten Orient",
Syr 43 (1966), S. 39-47 = *KS*, IV, S. 264-270; Th.M. Falkner & J. de
Luce (Hg.), *Old Age in Greek and Latin Literature*, Albanany, New York
1989; M.V. Fox, "Aging and Death in Qohelet 12", *JSOT* 42 (1988), S.
55-77; J.C. Greenfield, "Adi baltu — Care for the Elderly and its Re-
wards", *AfO* Beiheft 19 (1982), S. 309-316; J.F. Healy, "The *pietas* of an
Ideal Son in Ugarit", *UF* 11 (1979), S. 353-356; O. Kaiser, "'Und dies
sind die Geschlechter ...'. Alt und jung im Alten Testament", in: *Zur
Aktualität des Alten Testaments* (FS G. Sauer), Frankfurt am Main usw.
1992, S. 29-45; J. Klein, "The 'bane' of Humanity. A Lifespan of One
Hundred Twenty Years", *Acta Sumerologica* 12 (1990), S. 57-70; B.
Lang, "Altersversorgung, Begräbnis und Elterngebot", *ZDMG* Suppl. 3.1
(1977), S. 149-156; ders., "Altersversorgung in der biblischen Welt", in:
Wie wird man Prophet in Israel?, Düsseldorf 1980, S. 90-103; O. Loretz,
"Das biblische Elterngebot und die Sohnespflichten in der ugaritischen
Aqht-Legende", *BN* 8 (1979), S. 14-17; ders., "Stelen und Sohnespflicht
im Totenkult Kanaans und Israels", *UF* 21 (1989), S. 241-246; J. Maier,
"Die Wertung des Alters in der jüdischen Überlieferung der Spätantike
und des frühen Mittelalters", *Saec* 30 (1979), S. 355-364; A. Malamat,
"Longevity. Biblical Concepts and Some Ancient Near Eastern Parallels",
AfO Beiheft 19 (1982), S. 215-224; E. Otto, "Biblische Altersversorgung

---

[74] Vgl. auch Sprinkle*, S. 79, der hinzufügt: 'The penalty for each case is the same,
implying that each offense is just bad as murder'. Sprinkle meint selbst, daß 21,15-17 als
ganzes gesehen von derselben Thematik handelt. Er denkt, daß Kinder und junge Menschen
häufig das Objekt von Menschenraub waren und ihre Eltern das Opfer davon. So schlußfolgert er: "'stealing a person" is typically an offense against parents' (S. 76).

im altorientalischen Rechtsvergleich", *ZABR* 1 (1995), S. 83-110; M. Pelling & R.M. Smith (Hg.), *Life, Death and Elderly*, London 1989; J. Scharbert, "Das Alter und die Alten in der Bibel", *Saec* 30 (1979), S. 338-354; ders., "Die Altersbeschwerden in der ägyptischen, babylonischen und biblischen Weisheit", in: *Lingua restituta orientalis* (FS J. Assfalg), Wiesbaden 1990, S. 289-298; W. Schottroff, "Alter als soziales Problem in der hebräischen Bibel", in: *Was ist der Mensch ...? Beiträge zur Anthropologie des Alten Testaments* (FS H.W. Wolff), München 1992, S. 61-77.

5.2.1.2 *Übersetzung*

21,15 '*Und wer seinen Vater oder seine Mutter schlägt, muß gewaltsam zu Tode gebracht werden.*

17 *Und wer seinen Vater oder seine Mutter schmählich behandelt, muß gewaltsam zu Tode gebracht werden*'.

5.2.1.3 *Exegetische Anmerkungen*

21,15.17 Das unmoralische Verhalten gegenüber den Eltern wird mit zwei Begriffen beschrieben, *nkh* hi. (s. 5.0) in 21,15 und *qll* pi. in 21,17. Hierzu gilt es einige Bemerkungen zu machen.

Mit 'schlagen' wird der Gebrauch von Gewalt allgemeiner Art bezeichnet. Vorausgesetztes Subjekt ist eine erwachsene Person − er ist körperlich seinen Eltern ebenbürtig − und zwar ein (der älteste) Sohn, der sich einer Handgreiflichkeit schuldig macht, eine typisch männliche Eigenheit (s. 21,13). Er mißhandelt, verletzt die von ihm abhängigen Eltern körperlich.[75] Eine Passage aus dem ugaritischen Baal-Text (KTU 1.3,20ff.) − die Götterwelt spiegelt die Menschenwelt wider − offenbart, daß Gewalt gegen Eltern im Alten Orient nicht unbekannt war: die Göttin (!) Anat droht ihrem Vater Ilu, ihm so auf seinen Kopf zu schlagen, daß Blut von seinem grauen Haar tropfe (vgl. Korpel*, S. 118).

Das vorausgesetzte Subjekt von 21,15 ist auch das Subjekt von 21,17.[76] Worin besteht das Vergehen nun genau? *qll* pi. (s. *THAT*, II, Sp. 641ff.; *ThWAT*, VII, Sp. 40ff.) wird hier (vgl. auch Lev. 20,9; Dtn. 27,16) gewöhnlich verstanden als 'verfluchen' (vgl. LXX: ὁ κακολογῶν; Vulg.: *qui maledixerit*, 'wer schmäht', 'wer verflucht'; TO, TPsJ: *wdjlwt*, 'und wer verflucht'; s. aber FT^V: *wdj mbzj*,

---

[75] In der rabbinischen Auslegung wird 'schlagen' wie folgt verstanden: um die Todesstrafe anwenden zu können, muß eine Körperverletzung vorliegen (z.B. Mek., III, 42f.; bSan. 84b, 85b; Raschi); bei Mißhandlung der Eltern wird die Todesstrafe auch dann gefordert, wenn der Schlag nicht tödlich war (s. aber 21,12).

[76] In Lev. 20,9 ist *'iš* Subjekt. In Mek., III, 47, war dies Anlaß zu der Frage, ob die Bestimmung nicht auch für die Frau gelte; der Begriff schließt, Raschi zufolge, in jedem Fall den Minderjährigen als Subjekt aus.

'und wer verachtet'). Ist die Verwünschung ausreichend für die Todesstrafe?[77] *qll* pi. bezeichnet das Gegenteil von *kbd* pi., das in 20,12 (s.u.) gebraucht wird.[78] Dies spricht dagegen, *qll* pi. hier, wie in z.B. Lev. 19,14, zu verstehen als das Aussprechen einer Verfluchung gegen machtlose Menschen, die sich nicht dagegen wehren können (vgl. Ps. 38,14f.), und spricht dafür, *qll* pi. als 'schmählich behandeln' zu interpretieren (vgl. z.B. Ehrlich; Cassuto). Diese Bedeutung paßt gut zu *qll* pi. in Lev. 20,9; Prov. 20,20; 30,11, für *qll* hi. in Ez. 22,7 und für *qlh* hi. in Dtn. 27,16. Genannte Texte beziehen sich alle auf das Verhalten von Kindern (Söhnen) in bezug auf ihre betagten Eltern. Konkret kann an die Situation gedacht werden, daß Eltern ihrem Schicksal überlassen oder gar vertrieben werden. Neben den genannten Texten aus dem Buch der Sprüche haben wahrscheinlich auch andere daraus Bezug auf das verwerfliche Verhalten von Kindern ihren Eltern gegenüber (Prov. 10,1; 15,20; 17,21.25; 19,26; 23,22; 28,24; 30,17).

wᵉ'immô, zu *wāw* mit der Bedeutung 'oder' s. Joüon § 175a; Brin*, S. 101f.; vgl. LXX, Vulg. und auch Mek., III, 47f. In der rabbinischen Auslegung wird *môt jûmāt* in 21,15 aufgefaßt als Exekution durch Erwürgen mit einem Stoffband (z.B. Mek., III, 43f.; bSan. 84b), in 21,17 als Exekution durch Steinigen (Mek., III, 49; bSan. 66a); vgl. Dtn. 21,21 und z.B. Josephus, *Contra Apionem*, II, 206.

5.2.1.4 Kommentar

5.2.1.4.1 Zu einem guten Verständnis von 21,15.17 ist es erforderlich, uns in die Stellung der Betagten und Alten im alten Israel zu vertiefen. Wir tun das anhand einiger Beobachtungen zum Elterngebot im Dekalog (Ex. 20,12; Dtn. 5,16), das in der Exodus-Version wie folgt lautet:

> *'Du sollst deinen Vater und deine Mutter mit Respekt behandeln,*
> *damit die Dauer deines Aufenthalts lang sei*
> *in dem Land, das JHWH, dein Gott, dir zum Besitz stellen wird'.*

5.2.1.4.2 Das Gebot (vgl. auch Lev. 19,3a) handelt nicht von der Pflicht (junger) Kinder, sich der elterlichen Autorität zu unterwerfen, sondern richtet sich an Erwachsene, an diejenigen, die in einer patriarchalen Gesellschaft die Autorität innerhalb des Familienverbands ausüben. Sie, die (ältesten) Söhne, müssen, wenn ihre Eltern die Autorität aus den Händen gegeben haben und nicht mehr fähig sind, für sich selbst zu sorgen, ihnen Nahrung, Kleidung und Obdach gewähren (vgl. Sir. 3,1ff.12ff.; 7,27; Tob. 4,3f.; 5,18; Jub. 35,1ff.; bYev. 65b) und sie

---

[77] Gemäß rabbinischer Auslegung ist dies der Fall, wenn bei der Verfluchung der Gottesname gebraucht wurde (z.B. TPsJ; Mek., III, 48f.).

[78] In Mt. 15,4 sind 20,12 und 21,17 zu einer zweiteiligen Vorschrift kombiniert worden. In Dtn. 27,16 ist in der LXX (ὁ ἀτιμάζων) und Vulg. (*qui non honorat*) *qlh* hi. so übersetzt, daß ein Zusammenhang mit 20,12 entstanden ist.

nach ihrem Tod würdig bestatten (vgl. Gen. 47,29f.; Tob. 4,3f.; 6,15; 14,11ff.; siehe hingegen Num. 6,7; Mt. 8,21f. und Ez. 44,25).[79] Texte aus der Umwelt Israels, die das Verhältnis von Kindern zu ihren Eltern beleuchten, machen diese Interpretation plausibel.[80]

Das AT beinhaltet einige Fälle beispielhafter Versorgung der Eltern (und übrigen Familienmitgliedern) (Gen. 45,10f.; 47,12; 50,21; Jos. 2,13.18; 6,23; I Sam. 22,3). Der Kontakt mit der Totenwelt ist im AT verboten (Lev. 19,31; 20.6,27; Dtn. 18,11). Eine Versorgung der Eltern, die sich, wie aus Israels Umwelt bekannt,[81] über den Tod hinaus erstreckt, gehört deshalb im AT nicht zu den Kindern auferlegten Pflichten. Natürlich ist damit nicht gesagt, daß eine Versorgung der Toten im alten Israel nicht praktiziert wurde.[82]

Wie bereits angedeutet sind mit Vater und Mutter die betagten Eltern gemeint. Konkret geht es um die Eltern des freien Israeliten, an die die Vorschrift gerichtet ist. In bezug auf die Versorgung der betagten Eltern wurde im alten Israel ein Ideal gehegt, das nicht nur in Gesetzestexten, sondern auch in anderen Literaturgattungen anzutreffen ist. Im Sprüchebuch wird ein respektvolles Verhalten den Eltern gegenüber propagiert (Prov. 10,1; 15,20; 17,6.21.25; 19,26; 20,20; 23,22; 28,24; 30,11.17). Auch hier ist an ein respektvolles Verhalten den betagten Eltern ge-

---

[79] 'Vater' und 'Mutter' (vgl. *THAT*, I, Sp. 1ff., 173ff.; *ThWAT*, I, Sp. 1ff.), die Eltern, sind in 20,12 Objekt von *kbd* pi., 'ehren', 'mit Respekt behandeln' (erkennen, daß eine Person von Bedeutung ist; vgl. z.B. I Sam. 2,29; 15,30; II Sam. 10,3); s. dazu *THAT*, I, Sp. 794ff.; *ThWAT*, IV, Sp. 13ff. Der Imperativ *kabbēd* wird in der LXX mit τίμα übersetzt (vgl. Mt. 15,4.6; 19,19; Eph. 6,2); I Tim. 5,3 (vgl. Act. 6,1) macht deutlich, daß es die Bedeutung 'im Unterhalt versehen mit' haben kann; bereits in Mek., III, 257, wird eine konkrete Interpretation geboten: Essen, Trinken und saubere Kleidung zukommen lassen. Vater und Mutter werden auf eine Linie gestellt. In Lev. 19,3 wird als erstes die Mutter genannt. Ist die Reihenfolge dort durch die harte Realität bestimmt: die Position der Mutter *als Witwe* (s. 7.2.4.7) ist noch bedauernswerter als die des betagten Vaters? Oder wird vorausgesetzt, daß das Band zwischen Sohn und Mutter enger ist als zwischen Vater und Sohn (Polygamie)? In der LXX, Vulg., Pesch. ist die Reihenfolge, wie gewöhnlich, 'Vater-Mutter'.

[80] S. für Ägypten de Buck, für Mesopotamien Greenfield, Lang und Otto, sowie für Ugarit Healy und Loretz; der ugaritische Aqhat-Text nennt eine Reihe von Sohnespflichten, worunter sich auch Hilfe im Falle von Trunkenheit findet (KTU 1.17,25ff.); KTU 1.114 (vgl. C.H. Gordon, *JNES* 35 [1976], S. 261f.) erzählt von der Fürsorge für den Vater in der Götterwelt; es betrifft den betrunkenen und ins Koma gefallenen Gott Ilu; vgl. Korpel*, S. 332, 405; gemäß M. Margalit, *The Ugaritic Poem of Aqhat*, Berlin/New York 1989, S. 276f., ist in beiden Fällen die Rede von legitimer, religiöser Trunkenheit.

[81] S. z.B. K. Spronk, *Beatific Afterlife in Ancient Israel and in the Ancient Near East*, Neukirchen-Vluyn/Kevelaer 1986.

[82] S. z.B. L. Wächter, *Der Tod im Alten Testament*, Stuttgart 1967, S. 181ff.; B.B. Schmidt, *Israel's Beneficent Dead. Ancestor Cult and Necromancy in Ancient Israelite Religion and Tradition*, Tübingen 1994.

genüber oder der betagten, verwitweten Mutter gedacht. Die verwendete Terminologie macht eine konkrete Interpretation notwendig. So meint z.B. *bzh*, 'nicht respektieren', in Prov. 15,20, daß die verwitwete Mutter ihrem Schicksal überlassen wird; dasselbe ist der Fall bei *bwz* in Prov. 23,22; bei *qll* pi., 'schmählich behandeln', in Prov. 20,20 kann man konkret denken an ein Fortjagen unter Verfluchung und Kraftausdrücken. An zumindest einer Stelle in der prophetischen Literatur wird das respektvolle Behandeln des Vaters als selbstverständlich typisiert (vgl. Jes. 1,2f.). Es geht um Mal. 1,6 (*kbd* wird gebraucht; vgl. Ex. 20,12). Aus der Tatsache, daß in einem Atem über das Verhältnis Knecht-Herr gesprochen wird, muß gefolgert werden, daß zur respektvollen Behandlung auch die materielle Versorgung gehört. Daß es auch in der Zeit des NT als eine Pflicht betrachtet wurde, für die Eltern zu sorgen, ist aus Joh. 19,27 ersichtlich. Adoption und Levirat konnten im Falle von Kinderlosigkeit zu einer adäquaten Altersversorgung verhelfen (s. dazu Otto, S. 97-110).

5.2.1.4.3 Der breite Umfang, in dem das Thema der Haltung gegenüber betagten Eltern behandelt wird, indiziert, daß der Respekt ihnen gegenüber *in der Praxis* offensichtlich des öfteren fehlte (z.B. Gen. 9,20ff.; 27,18ff.; 35,22; 49,3f.). Schon zu Lebzeiten des Vaters kann der Streit um seinen Platz ausbrechen, wenn er krank oder senil ist (I Reg. 1), aber auch schon früher, wenn seine Autorität schwindet (II Sam. 15,2-4; 16,21f.; vgl. den ugaritischen Keret-Text KTU 1.16:VI,25ff.). Der Prototyp des schlechten Sohnes ist wohl Nadin in der Achiqar-Erzählung, die in einer aramäischen Version in Elephantine überliefert wurde (Übersetzung in Charlesworth*, II, S. 479-507), aber auch in anderen Übersetzungen bekannt ist (vgl. *ABD*, IV, S. 929f.; *IDB*, I, S. 68f.). Nadins respektloses Verhalten kommt treffend in folgendem ihm in den Mund gelegten Ausspruch zum Ausdruck:

'My father Aḥikar is grown old, and stands at the door of his grave; and his intelligence has withdrown and his understanding is diminished'.
(syrische Übersetzung 3,1; s. Charles,[83] II, S. 740).

In Mi. 7,6 wird respektloses Verhalten als Zeichen des Chaos und des Zerfalls der Gesellschaft gekennzeichnet (vgl. Mt. 10,21.34f.; Mk. 13,12;

---

[83] R.H. Charles (Hg.), *The Apocrypha and Pseudepigrapha of the Old Testament in English*, Oxford 1913.

Lk. 12,53; I Hen. 56,7).[84] Auf unmoralisches Verhalten Eltern gegenüber
wird in 21,15.17 näher eingegangen. Es ist so schwerwiegend, daß hierfür
die Todesstrafe gefordert wird (vgl. 2.2.21,22).

5.2.1.4.4 Betrachten wir kurz die *Kennzeichen des Alters* und die
Situation der Betagten. Betagt ist die Frau, wenn sie nicht mehr gebären
kann, und der Mann ungefähr ab seinem sechzigsten Lebensjahr. Nicht
viele erreichen dieses Alter. Ein noch höheres Alter (Ps. 90,10) muß als
Ausnahme gewertet werden. Die mittlere Lebenserwartung für besser
Situierte wird ungefähr bei fünfundvierzig Jahren gelegen haben (vgl.
Scharbert, S. 342f.; Wolff*, S. 177ff.). Für die sozial Schwächeren und
Sklaven wird die Lebenserwartung deutlich geringer gewesen sein.

Verschiedene Aspekte des Alters kommen im AT zur Sprache, wobei
die negativen recht ausführlich thematisiert werden. Altern geht Hand in
Hand mit physischen Veränderungen und Rückschritten. Das Haar wird
grau (Gen. 42,38; 44,29.31; Dtn. 32,25 usw.; in Prov. 16,31; 20,39 ist
dies ein Ehrenzeichen). Blindheit (Gen. 27,1.2; 48,10; I Sam. 4,14f.;
Tob. 2,10; vgl. auch Joh. 21,18), Taubheit (Lev. 19,14),[85] Fettleibigkeit
(I Sam. 4,18), Schwäche (vgl. I Reg. 1,1-4) und andere Leiden (I Reg.
15,23; II Chr. 16,12) können einen Menschen treffen. Der Verlust von
sexueller Potenz und der Möglichkeit, Kinder zu gebären, kennzeichnen
das Alter und das nahende Lebensende (Gen. 17,17; 18,11f.; II Reg.
4,14ff.; Ruth 1,12; Lk. 1,7.18; vgl. Gen. 19,31ff.). Der Mensch wird
unproduktiv und darum weniger wertgeachtet (vgl. Lev. 27,1-7). Leicht
kann er unüberlegte Taten begehen (I Reg. 11,4; 13,11f.). Das Verhalten
seiner Kinder kann ihn beängstigen (I Sam. 2,12ff.22ff.; 8,1ff.; II Sam.
11-I Reg. 1). Er kann verbittert werden (Ruth 1,20f.) und unter Leid
gebückt gehen (Gen. 37,34f.; 42,38; 44,29.31; Sir. 30,24). Er kann
vereinsamen (vgl. Ps. 71,9.18; Hi. 19,13ff.) und infolge geringerer oder
verlorengegangener Geschäftsfähigkeit leicht das Opfer von Betrug,
Verschwörung, Armut und Unterdrückung werden (vgl. Ps. 69,30.34;
86,1ff.; Hi. 24,4ff.). Kurzum: das Alter kann für einen Menschen eine
große Last und Prüfung sein.

---

[84] In Mi. 7,6 wird *nbl* pi. gebraucht, wobei der Sohn Subjekt und der Vater Objekt ist;
unklar ist, ob auch das Element des Auslieferns an das Schicksal anzutreffen ist. Der Bruch
mit den Eltern oder der Verwandtschaft wird übrigens nicht immer negativ gezeichnet. Er
kann auch eine Folge der völligen Hingabe an JHWH sein (Dtn. 33,9; vgl. Ex. 32,25ff.;
I Reg. 19,20f.?; Jer. 16,7). Siehe auch Mt. 8,21f.; Lk. 14,26; vgl. Mt. 10,37; die Nachfolge
Jesu führt zu neuen 'Verwandtschafts'-Verhältnissen und Verantwortlichkeiten (Mk. 3,31ff.
Par. und s. auch Lk. 18,28f.).
[85] 'Taub sein' und 'blind sein' werden häufig zusammen genannt (4,11; Jes. 29,18; 35,5;
42,18f.; 43,8). Ist jemand blind und taub, ist er praktisch von der Welt, in der er lebt,
abgeschnitten.

Neben der negativen Betrachtung des Alters findet sich auch eine andere, sogar positive Sicht. So braucht das Alter nicht zwingend den Verlust der Geschäftsfähigkeit zu bedeuten (Gen. 24,1; Dtn. 34,7; Jos. 13,1; 23,1f.). Ein klarer Geist (Gen. 48,19) und ungetrübtes Einschätzungsvermögen (II Sam. 19,35-38) können dem Menschen bis ins hohe Alter erhalten bleiben. Das Alter wird assoziiert mit Weisheit (z.B. Hi. 12,12.20; 15,10; 32,6.9; I Reg. 12,6ff. und s. auch Dtn. 32,7; I Sam. 28,4; Dan. 7,9.13; I Hen. 46,1.2; 47,3; usw.), moralischem Bewußtsein (Jdc. 19,16f.20.22) und infolgedessen Ansehen (Prov. 16,31; 20,29; Hi. 29,8).

Dem muß hinzugefügt werden, daß man sich dessen bewußt war, daß das Alter nicht automatisch Weisheit mit sich bringt (I Reg. 11,4; 13,11ff.; Hi. 12,12; 32,9; Koh. 4,13; Sir. 25,2; 42,8; Weish. 3,17; 4,8f.16; 8,10; Tit. 2,2f.). Offensichtlich ist der Gedanke, daß ein alter weiser Mann noch in hohem Alter handlungs- und geschäftsfähig ist und um seiner Erfahrung und Einsicht von jedermann respektiert wird, das Idealbild des freien israelitischen Bürgers hinsichtlich seiner Altentage. In diesem Idealbild ist das Alter ein Zeichen des Gesegnetseins. Das Bild ist ein Bestandteil der alttestamentlichen Sicht in bezug auf die gesegnete, harmonische Gesellschaft. Das Kennzeichen hierfür ist u.a. das Vorhandensein von Alten als *einer* der Bevölkerungsschichten (23,26; Jes. 65,20.22; Sach. 8,4; Jer. 31,13 und s. auch I Hen. 5,9; 10,17; Jub. 23,27ff.). Fehlen die Alten, ist dies ein Zeichen des Gerichts (I Sam. 2,31f.). U.a. in Dtn. 5,33; 8,1; 16,20 usw. wird eine Beziehung geschaffen zwischen dem Tun von JHWHs Willen und dem Erhalten von Segen, einem langen Leben; in Prov. 3,2.16; 4,4.10.22; 9,10f.; 13,14 usw. wird eine Beziehung geknüpft zwischen dem Tun von 'Weisheit' und dem Erhalten von Segen und langem Leben. Eine kritische Reflexion über den vorausgesetzten Zusammmenhang findet sich u.a. in Weish. 2,17f.; 4,7-11.16; 5,15; I Hen. 102,6ff.

5.2.1.4.5 *Warum müssen Eltern mit Respekt behandelt werden?* So könnte man fragen. Das AT thematisiert das Verhältnis von Kindern zu ihren Eltern in Vorschriften JHWHs (20,12; 21,15.17; Lev. 20,9; Dtn. 5,15; 21,18-21; 27,16). So kann die Antwort lauten: Gott will es! Die in Aussicht gestellte Belohnung für die Befolgung seines Willens (20,12; Dtn. 5,13) zielt wohl darauf, dem Appell zum Respekt Kraft zu verleihen; die von Gott vorgeschriebene Strafe für respektloses Verhalten (21,15.17; Lev. 20,9; Dtn. 21,18-21; vgl. Dtn. 27,16) war wohl als Hemmnis gedacht, sich daran schuldig zu machen. In den relevanten Passagen der Sprüche wird Gott nicht direkt genannt. Eine konkrete Strafe (s. z.B. 21,15.17) wird nicht erwähnt. Die katastrophalen Folgen von unmoralischem Verhalten Eltern gegenüber müssen die Menschen davon abhalten, sich daran schuldig zu machen (Prov. 20,20; 30,17). Auch wird die Pflicht zur Versorgung der betagten Eltern mit der Aussage motiviert, daß der Vater der Erzeuger ist (Prov. 23,22; vgl. Achiqar 2,18,78; s. Charles, II, S. 732, 738) und die Mutter das Kind ausgetragen und zur Welt gebracht hat (Sir. 7,27f.; Tob. 4,4; vgl. Weisheit des Ani [*ANET*, S. 421a]). Der dahinterliegende Gedanke ist, daß man etwas von dem zurückgeben muß, was die Eltern an Sorge und Erziehung investiert haben. Liebe wird als Motiv nicht genannt.[86] Die Verpflichtung zum Respekt gilt offensichtlich unabhängig davon, wie harmonisch die Beziehung ist. Die Verwirklichung dieser Pflicht wird nicht immer von ganzem Herzen erfolgt sein (vgl. z.B. Prov. 19,18; Sir. 41,7) und manchmal nicht durchzuführen gewesen sein.

Sicherlich gab es Bessergestellte, die es sich erlauben konnten, für ihre abgewirtschafteten Eltern eine Pflegeperson zu betrauen (vgl. I Reg. 1,1-4). Doch war so etwas allerdings die Ausnahme. Wenn man bedenkt, daß Eltern zuweilen gezwungen waren, ihre Kinder zu verkaufen (s. 4.2.4), dann muß ernsthaft mit der Möglichkeit gerechnet werden, daß Söhne nicht oder nur mit Mühe in der Lage waren, ihre betagten Eltern zu versorgen. Es wird Situationen gegeben haben, in denen die Versuchung groß war, den alten Vater oder die alte Mutter ihrem Schicksal zu überlassen. Ez. 5,10 beschreibt einen noch grausameren Zustand: vom Hunger getrieben, essen Kinder ihre Väter auf (vgl. Mi. 3,3).[87]

Der Gedanke, daß der Respekt den betagten Eltern gegenüber ein hohes ethisches Verhalten kennzeichnet, findet sich auch in Israels Umwelt. Den Hintergrund hierfür bildet das Ideal einer stabilen Gesellschaft. Im AT wird die Forderung, die Eltern zu versorgen, als Element einer besonderen (in den Gesetzen) und allgemeinen (in der Weisheitsliteratur) Offenbarung vorgestellt (s. 2.6-8,17).

5.2.1.4.6 Bisher war nur die Rede von der Sorge für die Betagten als Aufgabe der Söhne, als Familienangelegenheit. Aber wurde sie auch als eine *gesellschaftliche Aufgabe* und als *soziales Problem* gesehen? Respekt Alten gegenüber wird von jedem Israeliten erwartet (Lev. 19,32; vgl. I Tim. 5,1; Weisheit des Ani [*ANET*, S. 420b], Weisheit des Amenemope [*ANET*, S. 422a; *TUAT*, III, S. 228]; Achiqar 2,80 [Charles, II, S. 739]). Doch impliziert dies nicht, daß respektloses Verhalten nicht vorkam (II Reg. 2,23ff.; I Bar. 4,15; III Makk. 4,5). Solch ein Verhalten wird als

---

[86] Siehe jedoch auch Tob. 3,10: die Überlegung, ihrem alten Vater kein Leid zuzufügen, bestimmt Saras Handeln. Vgl. auch Pseudo-Philo, XI, 9.

[87] Vgl. M. Oeming, "'Ich habe einen Greis gegessen'. Kanibalismus und Autophagie als Topos der Kriegsnotschilderung in der Kilamuwa-Inschrift, Zeile 5-8, im Alten Orient und im Alten Testament", *BN* 47 (1989), S. 90-106.

ernst und bedrohlich betrachtet. Wenn eine junge Person einem alten, geehrten Mann frech begegnet (Jes. 3,5), gilt dies als Zeichen von Anarchie und Desintegration der Gesellschaftsordnung (vgl. Jes. 3,4.12). Rücksichtslosigkeit gegenüber Alten ist eine Form von Unbarmherzigkeit (Dtn. 28,50; Jes. 47,6; Thr. 4,16; 5,12). Ferner: wenn eine Familie es versäumt, für die Versorgung ihrer betagten Eltern aufzukommen, hat dies zur Folge, daß der Betagte wie von selbst zu einem gesellschaftlichem Problem wird. Vorschriften in bezug auf Behinderte in der Gesellschaft gelten natürlich auch für behinderte Alte (z.B. Lev. 19,14). Dasselbe gilt für Vorschriften, die die Sorge für den Armen thematisieren (z.B. 22,24; 23,6.11; Lev. 19,9f.). Dem kann hinzugefügt werden, daß bei 'der Witwe' oft an die ältere Frau gedacht werden muß (s. 7.2.4.7). In Weish. 2,10 werden die Armen, Witwen und Hochbetagten in einem Atemzug als Opfer der Gottlosen genannt.

Es muß die Schlußfolgerung gezogen werden, daß die Versorgung von Alten nicht als eine besondere, selbständige gesellschaftliche Aufgabe gesehen wurde. Allgemeine soziale Vorschriften gelten auch ihnen. Obengesagtem kann noch zugefügt werden, daß so etwas wie eine allgemeine Rentenversicherung unbekannt war. Zwar kam es vor, daß Menschen aufgrund großer Verdienste oder anderer Gründe vom König geehrt wurden und eine Art Staatsrente erhielten (II Sam. 19,31ff.; II Reg. 25,27ff.; Jer. 40,1ff.). Von Sklavenhaltern wurde offensichtlich erwartet, daß sie ihrem Personal das Gnadenbrot gewährten (vgl. 21,6).

5.2.1.4.7 In der Auslegungsgeschichte verstand man 20,12 als eine Vorschrift, den Eltern zu gehorchen. Sowohl jüngere als auch ältere Kinder wurden als Adressaten betrachtet. Das im Grundtext gebrauchte *kbd* pi., das gewöhnlich mit 'ehren' übersetzt wird (vgl. z.B. Vulg.: *honora patrem tuum et matrem tuum*), wurde übrigens breiter aufgefaßt als 'gehorchen': Respekt und Zuneigung, aber auch Versorgung der Eltern, wenn diese älter wurden − das Element, das in der obengenannten Auslegung stark akzentuiert wurde −, wurden als Aspekte von ehren betrachtet (s. z.B. *BB*; Calvin, Calmet, Keil, Gispen). Oft legitimierte man die Rechtmäßigkeit dieser Vorschrift mit dem Argument, daß die Eltern Repräsentanten Gottes seien. Nicht bloß das 'ehren' erhielt ein breiteres Verständnis, sondern auch das Objekt. Die Vorschrift wurde auch auf andere Personen bezogen, die als Autoritätsträger Gottes im abgeleiteten Sinne geachtet wurden, wie etwa die weltliche oder kirchliche Obrigkeit, also 'alle, die über mich gestellt sind' (Heidelberger Katechismus, Frage 104; vgl. Calvin). Obwohl die Notwendigkeit, sich diesen Autoritäten zu unterwerfen, betont wurde, auch wenn deren Ausübung zu wünschen übrig ließ, wurde die Vorschrift von 20,12 nicht als ein absolutes Gebot verstanden. Der Autorität der Machthabenden und dem Gehorsam gegenüber den ihnen Unterworfenen ist, so behauptete man, eine Grenze gesetzt durch das Gebot, Gott mehr zu gehorchen als den Menschen (Act. 5,29). Ferner: im Zusammenhang mit der Besprechung der Vorschrift wurde in der Regel nicht bloß über die Pflichten der Kinder gesprochen, sondern auch das Thema Erziehung berührt. Die Eltern haben die Pflicht, ihre Kinder zu ermahnen (vgl. I Sam. 3,13) und einzuführen in den Dienst des Herrn (z.B. Ps. 78,3f.).

20,12 folgt unmittelbar auf Vorschriften über das Verhältnis zu JHWH. Dies war für die Auslegung von Bedeutung. Die Vorschrift hat sozusagen die Ausstrahlung der vorhergehenden Direktiven übergenommen und wurde zumindest in bestimmten Überlieferungen zu den Vorschriften der ersten Gesetzestafel gerechnet. U.a. aufgrund seiner Position im Dekalog wurde der Schluß gezogen, daß im vorliegenden Gebot die Eltern auf eine Linie mit Gott selbst gestellt werden – sie seien an der Schöpfung ihrer Kinder mitbeteiligt (s. Raschi zu Gen. 4,1; Nachmanides) – oder, zumindest in ihrer Funktion als Bildträger Gottes, seine Repräsentanten genannt werden (z.B. Keil, Jacob). Der Respekt dem Schöpfer gegenüber müsse auch ihnen bewiesen werden. Mangelnder Respekt den Eltern gegenüber müsse in gleicher Weise bestraft werden wie fehlende Ehrfurcht gegenüber Gott (s. 21,17 neben Lev. 24,15; vgl. Mek., III, 258).

Wie bereits angedeutet, ist 20,12 primär eine Sozialvorschrift. Das Thema Gehorsam gegenüber denen, die mit Autorität bekleidet sind, also den Vorgesetzten, steht in 20,12 nicht zur Diskussion. Nicht übersehen werden darf hierbei, daß die im Dekalog angesprochene Person der erwachsene, freie Israelit ist. Dies stellt nicht in Abrede, daß im alten Israel die Autorität der Eltern, insbesondere des Vaters (s. z.B. 22,15; Prov. 1,8; 4,1; usw.), und anderer Vorgesetzter (22,27; Dtn. 17,12; II Sam. 16,9; I Reg. 2,8f.; Prov. 24,21; Koh. 10,20; vgl. auch Mt. 22,21; Röm. 13,1ff.; Kol. 3,18ff.; Eph. 6,1ff.; I Petr. 2,18ff.) heilig war, wie dies auch im Alten Orient der Fall war (vgl. van der Toorn*, S. 13ff.). In letzteren Zusammenhang ist erwähnenswert, daß die Beachtung des 'Elterngebots' typisiert wird als Frucht der natürlichen Gefühls, als Folgen der Stimme des Blutes (s. z.B. Calvin).

5.2.1.4.8 Aus Obenstehendem ist deutlich geworden, daß die Stellung der Betagten und Alten im alten Israel oft nicht beneidenswert war. Welches Schicksal ihnen widerfahren konnte, offenbart 21,15.17. Hieraus wird ersichtlich, daß es geschehen konnte, daß betagte Eltern fortgejagt wurden. Solch ein Verhalten gegenüber seinen Eltern galt als so unmoralisch, daß derjenige, der sich daran schuldig machte, sein Leben verwirkte, weil er die Grundfesten der Gesellschaft antastete (vgl. 2.17,21,22). Unmoralisches Verhalten gegenüber betagten Eltern wird auch im NT verurteilt (Mt. 15,5; Mk. 7,11).

21,15.17 evozieren gemeinsam folgendes Bild: Eltern werden mit körperlicher und verbaler Gewalt vor die Tür gesetzt (vgl. Prov. 19,26 und s.o., 5.2.1.3).

In 21,15.17 wird nicht angedeutet, wer den unmoralischen Sohn zur Verantwortung rufen und bestrafen muß.[88] Ist dies die Aufgabe der Volksgemeinschaft oder ihrer Repräsentanten? (vgl. 21,12-14). Dtn. 21,18-21 beschreibt eine Situation, in der Eltern gegen ihren Sohn in Aktion treten mit der Folge, daß sein Verhalten eine öffentliche Angelegenheit wird und dieser infolgedessen exekutiert wird.[89] Ist dies auch in 21,15.17 gemeint? Dies ist nicht sicher. Wohl erachte ich es als möglich, daß Dtn. 21,18-21 eine wenn auch nicht strikte Parallele zu 21,15.17 darstellt und einen Fall von respektlosem Verhalten gegenüber in die Jahre gekommenen Eltern beschreibt.

Der betreffende Sohn ist offensichtlich mehr als nur ein schwererziehbarer junger Mann, der das Vermögen seiner Eltern auf den Kopf haut (so Albertz, S. 366). Der Umstand, daß die Rede von 'seiner Stadt' und 'seinem Ort' ist (Dtn. 21,19f.), indiziert, daß der Sohn eine erwachsene Person ist (vgl. Lk. 15,11-32). Die Frage taucht auf: warum greifen die Eltern ein? Weil das Verhalten ihres Sohnes gegen die allgemeine soziale Norm verstößt und damit die Gesellschaft untergräbt? Oder treten sie für ihre eigenen Interessen ein? Ist der Hintergrund vielleicht folgender: durch das asoziale Verhalten des Sohnes verelenden die Eltern (vgl. Prov. 23,20f.), wobei er die Ursache dafür ist, daß sie ihre Altentage in kümmerlichen Verhältnissen fristen müssen (vgl. Prov. 28,7; 29,3).

Wie völlig anders ist im Vergleich zur Reaktion der Eltern in Dtn. 21 die Reaktion des Vaters – allerdings nach der Umkehr des Sohnes – im Gleichnis vom verlorenen Sohn (Lk. 15,11-32). Von Eltern, die gegen ihren Sohn vorgehen müssen, ist auch in Sach. 13,3 die Rede (vgl. Dtn. 13,9; 18,20). Doch liegt dort eine andere Sachlage vor.

Verschiedene Bestimmungen des CH thematisieren respektloses Verhalten gegenüber (Pflege-)Eltern (§§ 168f., 192f.). So findet sich u.a. die Bestimmung, daß die Hand des Sohnes, der den Vater geschlagen hat, abgeschnitten werden muß (§ 195). Von Entehrung und Verkauf eines Sohnes in die Sklaverei, der mit seinen Eltern gebrochen hat, ist in einem sumerischen Gesetz die Rede (YBC 2177; s. *ANET*, S. 526a).[90]

5.2.1.4.9 Eltern sollen vor ihren Kindern geschützt werden. In bezug

---

[88] Zu dieser Frage s. z.B. Schwienhorst-Schönberger*, S. 217ff.

[89] Zu dieser Passage s. E. Bellefontaine, "Deuteronomy 21,18-21. Reviewing the Case of the Rebellious Son", *JSOT* 13 (1979), S. 13-31. Zum rebellischen Sohn als Motiv in einem hethitischen Text s. Th.P.J. van den Hout, *BiOr* 47 (1990), Sp. 425f.

[90] S. ferner Paul*, S. 64, 66f.; Yaron*, S. 155ff.

auf den *Schutz der Kinder vor ihren Eltern*, eine Errungenschaft des modernen Rechtsstaates, enthält das AT keine Bestimmungen. Allerdings gibt es solche mit Bezug auf den wehrlosen Nichterwachsenen, die Waise (s. 7.2.4.7). Daß Eltern sich um ihre Kinder sorgen, wird als 'natürlich' vorausgesetzt (z.B. Jes. 49,15; Ps. 103,13). Allerdings wußte man zu gut, daß widernatürliches Verhalten dem Menschen nicht fremd ist (vgl. Ps. 27,10). II Reg. 6,28f. zufolge können Menschen in äußerster Not dazu kommen, ihre eigenen Kinder zu essen.[91] Die Forderung an Eltern und Kinder, sich gegenseitig zu respektieren, wie dies im NT formuliert ist (Eph. 6,1ff.; Kol. 3,21f.), findet sich im AT nicht.

5.2.2 *Menschenraub (21,16)*

5.2.2.1 *Literatur*

A. Alt, "Das Verbot des Diebstahls im Dekalog", *KS*, I, München 1953, S. 332-340; H. Klein, "Verbot des Menschendiebstahls im Dekalog? Prüfung einer These Albrecht Alts", *VT* 26 (1976), S. 161-169; J.P. Lettinga, "Sprachliche Erwägungen zum Text der Zehn Gebote. 2. Teil", *Fundamentum* 2 (1990), S. 33-50.

5.2.2.2 *Übersetzung*

21,16 *'Und wer jemanden entführt, muß, ungeachtet ob er ihn bereits verkauft hat oder er* (die entführte Person) *noch in seinem Besitz angetroffen wird, gewaltsam zu Tode gebracht werden'.*

5.2.2.3 *Exegetische Anmerkungen*

21,16 *wᵉgōnēb*, Part. qal von *gnb*, gemeint ist ein freier Israelit, der einen Mitbürger 'stiehlt', d.h. ihn widerrechtlich seiner Freiheit beraubt und um des Gewinns willen ins Ausland als Sklave verkauft (vgl. Gen. 37,25ff.; 40,15). Die Wurzel *gnb*, 'stehlen' (21,16.37 [qal]; 22,6 [pu.]; 22,11 [ni.]), begegnet mit den Derivaten *gannāb* (22,1.6.7), 'Dieb', und *gᵉnēbâ* (22,2f.), 'das Gestohlene'; die

---

[91] S. auch Lev. 26,29; 28,56f.; Jer. 19,9; Ez. 5,10; Thr. 2,20; 4,10; Josephus, *Bell. Jud.*, IV, 201ff. Als Topos während großer Not war Kannibalismus auch in Israels Umwelt bekannt; s. J.C. Greenfield, "Doves' Dung and the Price of Food. The Topoi of II Kings 6:24-7:2", in: *Storia e tradizioni di Israele* (FS J.A. Soggin), Brescia 1991, S. 121-126; S. Lasine, "Jehoram and the Cannibal Mothers (2 Kings 6:24-33). Solomon's Judgement in an Inverted World", *JSOT* 50 (1991), S. 27-53; M. Oeming, *BN* 47 (1989), S. 90-106. Zu Kinderopfern s. 7.3.4.4.

Wurzel bezieht sich auf eine heimlich verrichtete Handlung (vgl. II Sam. 21,12; II Reg. 11,2) und kann als Verb sowohl mit einem Menschen (z.B. Gen 40,15; Ex. 21,16) als auch mit einem Gegenstand oder Tier (21,37; 22,6.11) gebraucht werden (s. *ThWAT*, II, Sp. 41ff.). *ʾîš*, 'jemand', meint einen israelitischen Mitbürger; vgl. LXX: 'jemand von den Söhnen Israels'; ähnlich TO, TPsJ; die Ausweitung gründet auf der Harmonisierung mit Dtn. 24,7; gemäß A. Aejmelaeus, *ZAW* 99 (1987), S. 83ff., hatte der Übersetzer der LXX bereits einen harmonisierten Text vor sich. Die LXX beinhaltet zugleich, ebenfalls auf der Grundlage von Dtn. 24,7, die Ausweitung καὶ καταδυναστεύσας αὐτόν, 'und ihn als Sklaven behandelt'. In Mek., III, 44f., wird, wie in anderen Fällen auch, die Frage aufgeworfen, ob die Vorschrift auch dann gelte, wenn das Subjekt eine Frau und das Objekt eine Frau oder ein Kind ist; die Antwort ist bejahend (vgl. auch Raschi). *ûmᵉkārô*, 'und er ihn verkauft hat' (zu *mkr* s. 21,7), der Satz beginnt mit einer Partizipialkonstruktion und wird nun mit einem finiten Verb fortgeführt (Ges-K § 116x; Joüon § 119r). *wᵉnimṣāʾ*, 'und er angetroffen wird' (*mṣ*ʾ ni., in Verbindung mit Diebstahl auch in 22,1.3.6.f.; vgl. *THAT*, I, Sp. 922ff.; *ThWAT*, IV, Sp. 1043ff.), gängig ist die Auffassung, daß der entführte Mann Subjekt ist (Subjektwechsel). In Dtn. 24,7 ist der Entführer Subjekt. So könnte man erwägen, ob nicht gemeint ist: 'oder ertappt wird' (vgl. 22,1.6f.), d.h. während er ihn (den Entführten) 'noch in seinem Besitz' (*bᵉjādô*) hat.

bᵉjādô (vgl. 22,3), in TPsJ zu Recht interpretiert als 'in seinem Besitz' (vgl. Mek., III, 45). In der rabbinischen Auslegung wird unter der Fragestellung, wann genau die Todesstrafe anzuwenden ist, über die Frage diskutiert, auf wen das Suffix sich bezieht (s. dazu z.B. Nachmanides und Jacob). Auf die entführte Person ('in seiner Hand' = auf seinem Grundbesitz; der Mann ist von dessen Gelände noch nicht weggeführt) oder auf den Käufer (wenn der Mann verkauft ist, liegt der überzeugende Beweis vor; so Nachmanides) oder auf den Entführer? (so Raschi). Westbrook*, S. 119, ist für die Auffassung eingetreten, daß der Käufer gemeint sei. Er behauptet, daß die Rede von einem Subjektwechsel sei und (auch) den Käufer die Todesstrafe treffe.

Das Wahrscheinlichste ist, daß der Verkäufer gemeint ist. Zwar ist es so, daß *wᵉnimṣāʾ bᵉjādô* zumindest durch seine Stellung nach *ûmᵉkārô* auffällt. Die zwei aufeinanderfolgenden *wāw* haben wahrscheinlich die Bedeutung von 'sei es ... sei es' (s. Joüon § 167b Anm., 175b; Williams § 433). Sollte dies der Fall sein, wären zwei verschiedene Situationen gezeichnet, die in einer, wie es scheint, unlogischen Reihenfolge stehen. Aus diesem Grund wurde *wᵉnimṣāʾ bᵉjādô* als Texterweiterung betrachtet, wodurch die Vorschrift eine breitere Anwendung erhielt. Nicht bloß, wenn der Verkauf vollzogen und damit das Delikt bewiesen wurde, sondern auch dann schon, wenn der Entführer seinen schnöden Plan noch nicht ausgeführt hat, ist er voll schuldig und entkommt nicht der Strafverfolgung.[92] Dagegen könnte man einbringen, daß in der Praxis gerade der Verkauf

---

[92] Vgl. Fishbane*, S. 188f., 221, 241f.; Brin*, S. 24ff., 49; s. jedoch auch Schwienhorst-Schönberger*, S. 220ff., 237; B.M. Levinson, "The Case for Revision and Interpolation within the Biblical Legal Corpora", in: ders.*, S. 37-59 (S. 44ff.).

oft nicht zu beweisen war. Jedenfalls muß angenommen werden, daß die entführte Person auf den Transport geschickt wurde, um weit weg von seinem Zuhause als Sklave zu dienen, und nie wieder gesehen wurde. Sein spurloses Verschwinden ließ verschiedene Erklärungen zu (vgl. Gen. 37,20.31ff.). So befremdet es nicht, daß in der Vulg. *w⁽nimṣā' b⁽jādô* übersetzt wurde mit *convictus noxae*, 'von Schuld überzeugt' (die Schuld des Entführers war erwiesen). Hierbei muß ergänzt werden, daß stärker als der Verkauf jemandem gegen seinen Willen festzuhalten einen überzeugenden Beweis für jemandes böswillige Absichten gegenüber seinem Mitbürger liefert.

So kann gefragt werden, ob 21,16 nicht wie folgt übersetzt werden muß: 'und er ihn zu verkaufen versucht, aber er (die entführte Person) noch in seinem Besitz angetroffen wird, dann ...' (vgl. Holzinger). In jedem Fall ist die Situation hier anders als im Fall von Viehdiebstahl. Wenn das Vieh noch im Besitz des Diebes angetroffen wird, ist die Strafe milder als wenn der Dieb seine Beute bereits verkauft oder geschlachtet hat (21,37; 22,3). Der Grund hierfür ist, daß im ersten Fall Zweifel über die eigentliche Absicht des 'Besitzers' bestehen können. Jemand, der ein Stück Vieh eines anderen bei sich hat, braucht nicht unbedingt ein Dieb zu sein. Wer einen freien Menschen gegen seinen Willen festhält, ist sehr wohl ein Dieb. Ein gestohlenes Tier kann keine Aussage machen, ein entführter Mensch jedoch wohl.

Die Todesstrafe wird in TPsJ interpretiert als Todesstrafe durch Erwürgen mit einem Stoffband (vgl. Mek., III, 45f.; Raschi).

5.2.2.4 *Kommentar*

Der Verkauf und Handel mit Menschen war in der antiken Welt (vgl. I Tim. 1,10) und auch im alten Israel akzeptiert. Freie Bürger konnten wegen Schulden gezwungen sein, ihre Freiheit aufzugeben, oder konnten diese im Krieg verlieren (s. 4.2.2,4). Beides wurde nicht als widerrechtliche Freiheitsberaubung betrachtet und deshalb geduldet. Als inakzeptabel und unmoralisch wurde jedoch Menschenraub betrachtet, nämlich die gewaltsame oder arglistige Entführung eines freien Bürgers, um ihn als Sklaven ins Ausland zu verkaufen. Die Freiheit eines Bürgers war heilig. Einen freien Mann gegen seinen Willen zu versklaven, war ein ernsthaftes soziales Vergehen, das mit der schwersten Strafe vergolten werden mußte (vgl. 2.21,22).[93]

---

[93] Auch 20,15 wurde als Vorschrift gegen Menschenraub verstanden. Die bereits aus der rabbinischen Literatur (z.B. Mek., III, 46f., und s. auch Raschi, Nachmanides, anders hingegen Ibn Esra) bekannte Auffassung wurde mit Nachdruck von A. Alt verteidigt. Dabei wird vorausgesetzt, daß das ursprünglich gemeinte Objekt von 20,15 ein Mann, ein Mensch ist. Die für diese Auffassung angeführten Argumente sind nicht zwingend (vgl. z.B. Lettinga, S. 44ff). 20,15 ist ein allgemeines Verbot von Diebstahl, nämlich die sich widerrechtliche, heimliche, ohne daß der Eigentümer es weiß und ohne seine Zustimmung, Aneignung oder Schadenszufügung an jemandes Besitz; auch Menschenraub fällt darunter.

Das Thema 'Menschenraub', das im AT auch in Dtn. 24,7 aufgegriffen wird, findet sich auch in Gesetzestexten aus Israels Umwelt. CH § 14 fordert die Todesstrafe, wenn ein *awīlum* das Kind eines *awīlum* entführt. In HG § 19 wird eine sehr hohe Entschädigung vorgeschrieben für die Entführung eines freien Mannes oder einer freien Frau. Auch Sklaven wurden gestohlen (vgl. HG §§ 20f.).[94] Das Phänomen des Menschen- bzw. Frauenhandels konnte sich bis heute aufrechterhalten.

5.3 MIßHANDLUNG INFOLGE STREITEREI (21,18-19)

5.3.1 Übersetzung

21,18 *'Aber wenn Männer miteinander Streit suchen und jemand mit einem Stein oder einer Faust einen anderen einen so starken Schlag versetzt, daß er zwar nicht stirbt, aber doch ans Bett gebunden ist* (dann braucht er nicht auf gewaltsame Weise zu Tode gebracht werden).

19 *Falls er wieder auf die Beine kommt und draußen herumläuft, wenn auch auf seiner Krücke sich stützend, dann ist derjenige, der den Schlag versetzt hat, frei. Nur muß er eine Ersatzleistung für die unfreiwillige Ruhezeit geben und die Bedingungen für die Genesung schaffen'.*

5.3.2 Exegetische Anmerkungen

21,18 *jᵉrîbun*[95] (vgl. *jaršî'un* in 22,8), Impf. qal von *rjb*, 'streiten', mit dem Derivat *rîb*, 'Rechtsstreit' (23,2f.6); vgl. *THAT*, II, Sp. 771ff.; *ThWAT*, VII, Sp. 496ff.; Bovati*, S. 30ff. u.a. 'Männer', LXX und Pesch.: 'zwei Männer', an sich ist es durchaus möglich, daß neben dem Mann, der schlug, und dem Opfer des Streites mehr Männer beteiligt waren. Es geht um freie Israeliten. Sam.Pent.: *whkn* (Plur. anstelle des Sing.; vgl. LXXᴮ), beide Männer gebrauchen Gewalt. *'æbæn*, 'Stein', s. 20,25. *'ô*, 'oder', s. 21,4.

Die Bedeutung von *'ægrōf* (21,18; Jes. 58,4) ist unsicher. Gängig ist die Übersetzung 'Faust' (z.B. KöW, *HAL, Ges.¹⁸*) aufgrund der Bedeutung des Terms im Mittelhebräischen und in den Versionen (LXX, Aq., Pesch., TPsJ, TNf, FT, PTᴬ; vgl. Mek., III, 52). TO liest *kwrmjz'*, das von Nachmanides als 'Klumpen Erde' verstanden wurde, aber von anderen als Faust. Unter Verweis auf TO ist auch die Übersetzung 'Knüttel', 'Stock' (SS) gewählt worden. Siehe ferner Ges-B: 'Erdscholle' (Derivat von *grf*); *KBL*: 'Besen, Schaufel, Rechen' (aufgrund des Arabischen). Für die Auffassung, daß ein Wurfgeschoß oder ein Gegenstand gemeint sei, spricht das Fehlen des Artikels oder des Personalpronomens. Da die Bestimmung der Bedeutung unsicher ist, folge ich der traditionellen Auffassung.

---

[94] S. ferner Paul*, S. 65f.; Westbrook*, S. 122; Yaron*, S. 146ff.
[95] Zu den alten Übersetzungen s. Salvesen*, S. 103.

Im Sam.Pent. fehlt jede Andeutung, mit welchem Mittel die Gewalttat ausgeübt wurde, so daß nur in recht allgemeinem Sinn gesprochen wird. Die Gewaltmittel werden lediglich beispielhaft genannt, was aber keine restriktive Kraft hat (vgl. die Diskussion in Mek., III, 52).

Muß aufgrund der Nennung des verwendeten Tatwerkzeuges der Schluß gezogen werden, daß der Mann den anderen vorsätzlich (vgl. Num. 35,16ff.; Dtn. 19,4f.) körperlich verletzen oder gar ermorden wollte? Offensichtlich geht es nicht um eine Fehde, die ausgefochten wurde (vgl. Dtn. 19,4.6.11; Num. 35,20-23), sondern um einen außer Kontrolle geratenen Streit, bei dem jemand sich nicht mehr zu beherrschen weiß und einen Stein oder einen anderen Gegenstand, der gerade in seiner Nähe liegt, ergreift, um den anderen damit zu treffen. Von Vorsätzlichkeit ist dann keine Rede. Sie wäre jedenfalls schwerlich nachzuweisen. Schenker*, S. 35f., behauptet, daß, wenn auch keine Rede von Vorsätzlichkeit ist, in jedem Fall doch eine Absicht vorgelegen habe, nämlich willentlich dem anderen einen Schaden zuzufügen. Dies ist zweifelhaft. Jemand, der außer sich vor Wut ist, weiß nicht, was er tut.

jāmût, 'er stirbt', s. 5.0. *npl*, 'fallen' hat häufig eine negative Konnotation; 'fallen' steht 'aufrecht stehen' gegenüber (vgl. 21,19) als Machtlosigkeit gegenüber der Handlungsfähigkeit (vgl. 21,18.33); 'fallen' kann bedeuten, daß jemandes Kraft definitiv gebrochen ist: 'umkommen' (s. z.B. 19,21; 32,28); vgl. *ThWAT*, IV, Sp. 521ff. *miškāb* (vgl. z.B. Lev. 15,4f.21.23f.26), 'Ruhelager' (vgl. auch 22,26f.). Das Bett als ein Gestell war im Vorderen Orient ein Luxusgegenstand (vgl. *BHH*, I, Sp. 235f.; *BRL*, S. 228ff.). TO paraphrasiert: 'und dem Nichtstun (*lbwṭln*, vgl. TO's Übersetzung von *šibtô* in 21,19) verfällt'; TPsJ: 'und krank wird'; TNf: 'und auf dem Krankenbett zurechtkommt' (vgl. FT).

21,19 *qwm*, 'aufstehen'; 'stehen' setzt im Gegensatz zu sitzen und liegen eine Aktivität voraus: die Kraft, über die ein Mensch verfügt, ist wirksam und durchzieht ihn. Kann ein Mensch nicht (auf)stehen, sei es durch äußere Umstände (z.B. 10,23), sei es als Folge körperlicher Unpäßlichkeit (21,19), bedeutet das für ihn, daß er zur Machtlosigkeit gezwungen ist, eines der schlimmsten Dinge, die ihm widerfahren kann (vgl. z.B. Jes. 26,14.19; 43,17; Ps. 18,39; 20,9; 38,11; Hi. 14,12 und s. *THAT*, II, Sp. 635ff.; *ThWAT*, VI, Sp. 1252ff.); *hlk* hitp., 'umhergehen', 'spazieren' (vgl. *THAT*, I, Sp. 486ff.; *ThWAT*, II, Sp. 415ff., LXX mit explizitem Subjekt ὁ ἄνθρωπος. *ḥûṣ*, 'draußen', ist ein Substantiv zur Bezeichnung des Raumes außerhalb des Hauses (z.B. 12,46), die 'Straße' (z.B. Jes. 51,23; Jer. 37,21) oder 'das offene Feld' (z.B. Ps. 144,13). *miśæ'næt*, 'Stab' (vgl. Houtman*, *Exodus*, I, S. 28ff.), Jacob behauptet, daß der Stab zur normalen Ausrüstung jedes Mannes gehörte (vgl. Gen. 38,18); wie dem auch sei, aus der expliziten Nennung hier muß doch konkludiert werden, daß der Mann noch nicht fest auf den Beinen war (vgl. Sach. 8,4). TO paraphrasiert: *'l bwrjjh*, 'in Gesundheit' (vgl. Mek., III, 53; Raschi; anders Nachmanides). *nqh* ni, 'ungestraft bleiben', 'frei ausgehen'; vgl. z.B. Num. 5,19.28-31; Prov. 6,29; 19,5.9; 28,20 und s. *THAT*, II, Sp. 101ff.; *ThWAT*, V, Sp. 591ff. *raq*, 'nur', Partikel, die gebraucht wird, um Minderung, Einschränkung, Ausnahme, Bedingung, Vorbehalt und desgleichen zum Ausdruck zu bringen.[96]

šæbæt (wird sowohl als ein Derivat von *jšb* [so *KBL*] als auch von *šbt* [zo Ges-B, *BDB*] aufgefaßt), eine (erzwungene) Periode des Stillsitzens, der Arbeitsunterbrechung; Cazelles*, S. 53f., versteht *šibtô* als 'seine Wohnung' und behauptet unter Verweisung auf HG § 10 (s. 5.3.3.4), daß ursprünglich gemeint sei: 'für seine Wohnung muß er eine Person zur Verfügung stellen, um ihn zu versorgen'; F.C. Fensham, *VT* 10 (1960), S. 333-335, schlägt vor, ebenfalls nach Analogie von HG § 10, *šibtô* als 'in seinem Platz' zu verstehen, d.h. eine Person muß zur Verfügung gestellt werden, um das Opfer zu ersetzen. *ntn* (s. 21,4), 'geben', hier gebraucht im Sinne von 'Ersatzleistung geben für'; TNf, PT^A konkret: 'den Lohn (geben) für seine Zeit des Nichtstuns'; TPsJ: '(Ersatzleistung geben) für die Periode, in der er nicht arbeiten konnte, für sein Leiden, den Schaden und den Mangel' (vgl. Mek., III, 54).

w^erappô j^erappê, 'und die Bedingungen für die Genesung schaffen' (zu *rp'* pi s. z.B. auch Ez. 34,4; Sach. 11,16);[97] TO, konkret: *w'gr 'sj' jšljm*, 'und den Arztlohn muß er bezahlen' (vgl. Mek., III, 55); in LXX und Vulg. ist der Verbalsatz wiedergegeben mit καὶ τὰ ἰατρεῖα bzw. *et impensas in medicos*, 'die Kosten für die Ärzte', und zum zweiten Objekt von *jittēn* geworden; dasselbe ist der Fall in TPsJ, TNf und PT^A: 'und den Arztlohn' (TPsJ: + 'bis er genesen ist'; TNf, PT^A: + 'der ihn versorgt hat'). Siehe auch Pesch. und vgl. Prijs*, S. 10.

21,19b bezieht sich auf die Periode, in der das Opfer ans Bett gebunden ist und im Haus bleiben muß. Sobald der Mann wieder draußen erscheint, ist der Täter nicht mehr zur Ersatzleistung verpflichtet.

5.3.3 *Kommentar*

5.3.3.1 In 21,18 wird folgendes Bild gezeichnet: zwei oder mehrere Männer geraten in Streit miteinander, z.B. über die Nutzung von Weideflächen oder eines Brunnens (Gen. 13,7; 26,29). Während des Wortgefechtes ergreift plötzlich einer der Beteiligten in seiner Aufregung einen Stein und gebraucht ihn als Wurfgeschoß oder versetzt dem anderen einen solchen Faustschlag, daß der Mann verwundet wird und ans Bett gefesselt ist und seiner Arbeit daher nicht mehr nachkommen kann. 21,19 versetzt

---

[96] Vgl. B. Jongeling, *OTS* 18 (1973), S. 97-107; C.H.J. van der Merwe, "The Old Hebrew 'Particles' *'ak* and *raq* (in Genesis to 2 Kings)", in: W. Gross u.a. (Hg.), *Text, Methode und Grammatik* (FS W. Richter), St. Ottilien 1991, S. 297-311.

[97] Vgl. *THAT*, II, Sp. 803ff.; *ThWAT*, VII, Sp. 617ff.; F. Rosner, *Medicine in the Bible and the Talmud*, New York 1977, S. 103ff.; Th. Struys, *Ziekte en genezing in het Oude Testament*, Kampen 1968, S. 393ff.; zur Rolle des Arztes, des Mannes, der mit Hilfe von Kräutern, Salbe, Verband und Messer eine Genesung zu bewerkstelligen sucht, s. z.B. J. Hempel, "Ich bin der Herr, dein Arzt", *ThLZ* 82 (1957), Sp. 809-826; W.Th. in der Smitten, "Patient und Arzt. Die Welt des Kranken im Alten Testament", *Janus* 61 (1974), S. 103-129; van der Toorn*, S. 69f. (+ Lit.); vgl. auch B. Kollmann, "Göttliche Offenbarung magisch-pharmakologischer Heilkunst im Buch Tobit", *ZAW* 106 (1994), S. 289-299.

den Leser in die Zeit etwas oder sehr viel später nach dem Vorfall und bietet eine Situationsbeschreibung, wie sie nach einer Mißhandlung oft eintritt: die mißhandelte Person hat sich erholt und kann am öffentlichen Leben wieder teilnehmen; auf die Frage, ob und in welcher Weise der Täter in einer solchen Situation für seine Tat verantwortlich gemacht werden kann, wird eine Antwort gegeben.

21,19 bietet eine Vorschrift bezüglich einer einzigen konkreten Situation, die entsprechend dem skizzierten Vorfall eintreten kann. Andere Fragen können aufgeworfen werden, zum Beispiel: wie muß mit dem Täter verfahren werden, wenn das Opfer zu Hause seinen Verletzungen erliegt oder bleibend invalide wird und seiner Arbeit nicht mehr oder nur noch begrenzt nachkommen kann? Behauptet wird, daß, sollte der Mann trotzdem sterben, die Vorschrift von 21,12 anzuwenden sei und im Falle von Invalidität entsprechend dem Talio-Prinzip (21,23-25) verfahren werden müsse (so bereits Raschi und s. z.B. Schenker*, S. 35f.). Diese Auffassung wurde im Zusammenhang mit der These verteidigt, daß der Text ursprünglich wie folgt strukturiert gewesen sei: 21,18.19.23-25. 22.20.21.26.27 (z.B. Baentsch). Der Umstand, daß hierfür eine Textrekonstruktion erforderlich ist, ist der schwache Punkt der These (vgl. Schwienhorst-Schönberger*, S. 53).

5.3.3.2 Gemäß rabbinischer Interpretation muß wᵉniqqâ wie folgt verstanden werden: der Täter soll frei von der Todesstrafe sein (TPsJ), d.h. der Mann, der nach seiner Gewalttat in Gefangenschaft gehalten wurde, wird freigelassen, wenn das Opfer sich von seinen Verwundungen erholt; die Todesstrafe erhält er jedoch, sollte das Opfer zu Hause auf seinem Bett den Verwundungen erliegen (vgl. Mek., III, 53f.; Raschi; Nachmanides; Jacob).

An diese Interpretation knüpft G. Schmitt an: der Täter sei, sobald das Opfer wieder am öffentlichen Leben teilnehmen kann, frei, d.h. frei von Blutschuld. Von diesem Moment an kann der Täter für seine Tat nicht mehr verantwortlich gemacht werden; sollte der Mann danach dennoch sterben, kann er diesbezüglich nicht in die Verantwortung genommen werden; eine kausale Beziehung zwischen der Gewalttat und dem Tod darf dann nicht mehr gelegt werden. Während der Zeit, in der das Opfer sich im Haus aufhalten muß, besteht für den Täter Unsicherheit in bezug auf sein Schicksal. Solange das Opfer noch am Leben ist, besteht für ihn Hoffnung auf Freiheit, aber auch die Bedrohung, hingerichtet zu werden. Erst in dem Moment, in dem der Beweis für die Genesung der mißhandelten Person erbracht wird, kann er sich seines Lebens sicher sein.[98]

5.3.3.3 Bei der Interpretation spielt das Verhältnis von 21,18 zu 21,19 eine Rolle. Bezeichnet der mit *wᵉkî* eingeleitete V. 18, wie üblich, die allgemeine Regel und der mit *'im* eingeleitete V. 19 einen bestimmten konkreten Fall? (z.B. Holzinger). Schwienhorst-Schönberger*, S. 53f., behauptet, daß *'im* hier temporal zu verstehen sei. Wie gebräuchlich, betrachtet auch er den Satz mit *wᵉniqqâ* als Nachsatz zu dem *wᵉkî*-Satz: 'aber wenn..., dann ist derjenige, der..., frei (von Blutschuld und Verpflichtungen gegenüber dem Opfer), sobald er (das Opfer) ...'.

M.E. liegt es eher auf der Hand, daß *'im* auf die im Bundesbuch gebräuchliche Weise gebraucht wird (dazu s.o., 4.2.1) . Folgendes gilt es hierbei zu bedenken: nach Delikten, die mit der Todesstrafe geahndet werden (21,12-17), folgen Delikte, für die keine Todesstrafe gefordert wird (21,18-27). So kann gefragt werden, ob 21,18 nicht eine Ellipse ist und ob der implizite Nachsatz andeutet, daß in der beschriebenen Situation die Todesstrafe nicht anzuwenden ist, im Unterschied zu der von z.B. 21,15.17, wo das Opfer ebenfalls nicht stirbt, aber dennoch die Todesstrafe gefordert wird. Nicht übersehen werden darf, daß die allgemeine Bestimmung sich auf den Fall bezieht, daß jemand die Gewalttat *überlebt* (und nicht auf den Fall, daß jemand danach stirbt, s. 21,12). In bezug auf solch eine Situation beschreibt 21,19 einen konkreten, offensichtlich oft eintretenden Fall. *wᵉniqqâ* verstehe ich wie folgt: der Täter ist frei von den auf ihn ruhenden Verpflichtungen, nämlich die ausgefallenen Einkommen und die Pflege- und Genesungskosten zu erstatten (21,19b).

Beachtet muß werden, daß hier die Rede ist von einem Streit und daß 'wo zwei sich streiten, nicht einer allein Schuld hat'. Dies hat für die Beurteilung des Täters und die Festlegung des Strafmaßes Konsequenzen. Wenn das Opfer einer Gewalttat, die während eines Streites begangen wurde, am Leben bleibt, dann kommt die Todesstrafe als adäquates Strafmaß nicht in Betracht. Das Opfer war an der Sache aktiv beteiligt, und nicht unschuldiger Zuschauer (vgl. 21,22). Beide sind verantwortlich für den Streit. Darum paßt eine Buße oder Bestrafung nach dem Talio-Prinzip hier nicht. Der Täter hat das Recht, daß die Umstände, unter denen der Vorfall eintrat, in die Beurteilung miteinbezogen werden. Was von ihm sehr wohl gefordert werden kann, ist, daß er dem Opfer eine Kompensation anbietet für den erlittenen Schaden und die Unkosten, die er hatte.

Aus 21,19b kann konkludiert werden, daß der Täter die Pflicht hatte,

---

[98] G. Schmitt, "Ex. 21,18f. und das rabbinische Recht", in: W. Dietrich u.a. (Hg.), *Theokratia* (FS K.H. Rengstorff), Leiden 1973, S. 7-15; s. auch Schwienhorst-Schönberger*, S. 52ff.

den Schaden zu vergüten, den das Opfer seit dem Moment der Gewalttat erlitten hatte. In 21,19 wird angedeutet, daß die Verpflichtung erlischt, sobald das Opfer sich wieder erholt hat, so daß er am öffentlichen Leben teilnehmen kann. Was aber, wenn ein Opfer bleibend invalide geworden ist? Dann ist der Täter permanent zur Kompensation und Versorgung des Geschädigten verpflichtet. Und wenn das Opfer auf seinem Krankenbett stirbt? 21,19b beinhaltet eine Indikation für die Art der Regelung, die zwischen den betroffenen Familien auch in solch einem Fall getroffen werden kann (vgl. 21,30 und s. CH §§ 207f.; HG § 174).

5.3.3.4 Ähnliche Vorschriften finden sich auch in der Umwelt Israels. In CH § 206 wird bestimmt, daß derjenige, der einen anderen im Streit verwundet, nachdem er unter Eid erklärt, daß er den anderen nicht mutwillig geschlagen hat, lediglich die Arztkosten zu übernehmen braucht (vgl. Sick*, S. 101f., 202ff.).

In dem Fall, daß das Opfer seinen Verwundungen erliegt, muß der Täter einen Geldbetrag zahlen, dessen Höhe von dem gesellschaftlichen Status des Opfers abhängig ist (CH §§ 207f.). HG § 10A beschreibt ebenfalls den Fall, daß jemand einen anderen verwundet und bettlägerig macht, ohne daß allerdings die Ursache genannt wird: gefordert wird eine Vergütung für den erlittenen Schaden in Form einer Person, die die Arbeit des Opfers verrichtet, sowie die Begleichung der Arztkosten; die Vergütung ist befristet; sie läuft aus, sobald der Betroffene wieder gesund ist; er erhält dann noch einen Geldbetrag, und damit ist die Angelegenheit erledigt. HG § 174 schreibt eine Vergütung in Form einer Person für den Fall vor, daß jemand während einer Schlägerei getötet wird.[99]

5.4 MIßHANDLUNG EINES SKLAVEN ODER EINER SKLAVIN MIT TODESFOLGE (21,20-21)

5.4.1 Übersetzung

21,20 *'Aber wenn jemand seinen Sklaven oder seine Sklavin mit einem Stock so schlägt, daß er unter seinen Händen stirbt, dann muß sein Tod unbedingt vergolten werden.*

21 *Falls er jedoch* (nach der Züchtigung) *ein oder zwei Tage normal auf den Beinen ist* (und dann plötzlich stirbt), *dann darf sein Tod nicht vergolten werden. Es betrifft schließlich seinen eigenen Besitz'.*

---

[99] S. ferner *RLA*, VI, S. 173ff.; Otto*, *Körperverletzungen*; Paul*, S. 67f., 103; Westbrook*, S. 39.

5.4.2 *Exegetische Anmerkungen*

21,20 *nkh* hi., 'schlagen', s. 5.0. *'iš* meint hier den israelitischen Besitzer des Slaven oder der Sklavin (vgl. 21,2b), den Sklavenherrn (vgl. 21,4.5.6.32). *'ô*, 'oder', s. 21,4. *baššēbæṭ*, 'mit einem Stock' (vgl. Houtman*, *Exodus*, I, S. 28ff.), mit Artikel (vgl. Ges-K § 126r; Joüon § 137m), d.h. der Stock, der normalerweise zur Ausrüstung eines Sklavenhalters gehört. Der Term ist für die Situation bezeichnend: der betreffende Gegenstand ist keine Mordwaffe (vgl. 21,18; Num. 35,16ff.), sondern ein Werkzeug, mit dem Sklaven zur Ordnung angehalten werden (vgl. z.B. II Sam. 7,14; Prov. 13,24 und s. auch Num. 22,27). *baššēbæṭ* fehlt in Sam.Pent. mit der Folge, daß der Vers einen allgemeinen Charakter erhielt (vgl. auch Mek., III, 58; Raschi). 21,20 richtet jedoch den Blick auf eine sehr spezifische Situation. *ûmēt*, 'und stirbt', s. 5.0. *taḥat jādô*, 'unter seiner Hand', LXX, Vulg.: 'unter seinen Händen'; auch das deutsche Idiom erfordert den Plural 'Hände'; gemeint ist, daß der Sklave unter den Stockschlägen an der Stelle stirbt, an der der Vorfall stattfand, und nicht einige Zeit später an einem anderen Ort (vgl. 21,21a).

nāqōm jinnāqēm, Inf. abs. qal + Impf. ni. (vgl. z.B. Joüon § 123p, 176m; Waltke & O'Connor § 35.2.1d) von *nqm*, das im Bundesbuch ferner nur noch in 21,21 (ho.; vgl. allerdings Waltke & O'Connor § 22.6b) zu finden ist. *nqm* qal versteht man gewöhnlich als 'Rache nehmen an', 'sich rächen' (s. THAT, II, Sp. 106ff.; ThWAT, V, Sp. 602ff.). Die Bedeutung von *nqm* in 21,20f. ist umstritten.[100] Subjekt von *jinnāqēm* und *nāqōm* in 21,20 ist offensichtlich nicht der Täter und ebensowenig das Opfer (Peels, S. 71), sondern die Tat = der Tod des Sklaven (vgl. Holzinger).

21,21 *'ak*, 'jedoch', Partikel, die nach der gängigen Auffassung affirmative, einschränkende und so auch adversative Bedeutung hat; s. z.B. KöSyn § 351b, 372b, 387d; Williams § 388, 389, und auch N.H. Snaith, *VT* 14 (1964), S. 221-225: auf jeden Fall 'there is an idea of contrariness, exception, restriction, and even contradiction' (S. 225), wenn auch nicht immer im selbem Maß. *jôm 'ô jômajim*, 'ein oder zwei Tage' (vgl. dazu Brin*, S. 96), wird in TPsJ verstanden als 'ein Zeitraum von 24 Stunden', und zwar seit dem Moment des Vorfalls (vgl. Mek., III, 61; Raschi; Nachmanides); den Sklavenhalter trifft die Strafe, wenn das Opfer am Tag des Vergehens oder in der darauffolgenden Nacht stirbt. Zu *jôm* (Sing. auch in 22,29; 23,12; Plur. *jāmîm* in 22,29; 23,12.15.26) s. ThWAT, III, Sp. 559ff.

'md, 'stehen' (vgl. THAT, II, Sp. 328ff.; ThWAT, VI, Sp. 194ff.), bezeichnet hier im übertragenen Sinne 'am Leben bleiben' (vgl. in 9,16 die Verwendung von *'md* hi., 'auf den Beinen halten', 'am Leben halten'; vgl. I Reg. 15,4); es wird von Nachmanides im strikten buchstäblichen Sinne verstanden; selbst wenn der Sklave am zweiten Tag stirbt, sich aber nicht aufrecht halten konnte, liegt ein Fall

---

[100] Siehe H.G.L. Peels, *The Vengeance of God*, Leiden 1995, S. 71ff., und s.u. 5.4.3.3.

von Totschlag 'unter seiner Hand' vor. Schwienhorst-Schönberger*, S. 64f.,
umschreibt '*md* als 'Dienst tun'; gemeint sei, daß der Sklave augenscheinlich
keine ernsten Verletzungen davongetragen hat (vgl. 21,25f.) und er wie gewohnt
seiner Arbeit nachgehen kann. Von Vredenburg und Böhl wird '*md* als 'aufstehen'
und die Zeitbestimmung als terminus post quem interpretiert: wenn der Sklave
nach einigen Tagen wieder genesen ist (vgl. 21,19), dann findet keine Bestrafung
statt, weil der Sklave sein Eigentum ist. Diese Interpretation ist, vorausgesetzt,
daß sie grammatikalisch möglich ist (der Akkusativ der Zeit wird gebraucht),
nicht so sinnvoll. Muß der Herr bestraft werden, wenn der Sklave längere Zeit
arbeitsunfähig ist? Zur Diskussion steht die Frage, wann ein Herr für den Tod
seines Sklaven verantwortlich gemacht werden kann und wann nicht. *kaspô*, 'sein
Geld' (s. 21,11), vielleicht als Subjekt zu verstehen (vgl. Holzinger).

5.4.3 *Kommentar*

5.4.3.1 Ebenso wie 21,2-11 handelt 21,20-21 vom Sklavenrecht. Im
Unterschied zu 21,2-11 gelten die Vorschriften von 21,20-21 sowohl für
den Sklaven als auch die Sklavin (s. 4.1-3). 21,20 nennt die allgemeine
Regel; 21,21 beschreibt die Situation, in der die Vorschrift von 21,20
nicht anzuwenden ist. Die Passage wurde vielfach besprochen (s. besonders Schwienhorst-Schönberger*, S. 59ff.) und stellt den Exegeten vor
verschiedene Probleme.
   Bezieht sich die Vorschrift auf israelitische Schuldsklaven, auf nichtis-
raelitische Sklaven oder auf beides? In TPsJ werden der Sklave und die
Sklavin explizit als 'kanaanitisch' identifiziert (vgl. auch TNf 21,22
Randbemerkung; Mek., III, 57f.; Raschi; Nachmanides). Auch unter
modernen Auslegern (z.B. Dillmann, Heinisch) wird die Auffassung
verteidigt, daß Nichtisraeliten gemeint seien (vgl. Lev. 25,44f.). Andere
denken an Sklaven im allgemeinen[101] oder spezifisch an israelitische
Schuldsklaven.[102] M.E. findet sich jedenfalls kein Anhaltspunkt, ausschließlich an fremdländische Sklaven zu denken. Daß die Sklaven nicht
als 'hebräische' bezeichnet werden (vgl. 21,2), schließt nicht aus, daß der
Blick insbesondere auf israelitische Sklaven gerichtet ist. Es besteht kein
Grund zur Annahme, daß sie in Schuldsklaverei als vollwertige Mitbürger
betrachtet wurden (und daher 21,12 und nicht 21,20 auf sie anzuwenden
sei) und sie die Bezeichnung 'Besitz' (21,21) als anstößig empfanden.
   5.4.3.2 Beschreibt 21,20 den Fall von absichtlichem Totschlag und
21,21 einen Fall von unabsichtlichem Totschlag? Die Frage wird zustim-

---

[101] Z.B. Holzinger, Baentsch, Noth und Peels, a.a.O., S. 73f.
[102] Z.B. Cazelles*, S. 54; Cardinelli (s. 4.1.1), S. 258ff., 265ff.; Schwienhorst-Schönberger*, S. 62ff.; Westbrook*, S. 89ff.

mend beantwortet.[103] Es ist unwahrscheinlich, daß ein Sklavenhalter
sich selbst bewußt schädigen will (vgl. 21,21b). M.E. bleibt die Fragestellung, ob Absicht bzw. Vorsätzlichkeit im Spiel war oder nicht (vgl.
21,13-14), in 21,20-21 außer Betracht. Ebensowenig geht es hier um die
Frage, ob der Gebrauch eines Stockes zum Verprügeln von Sklaven
erlaubt ist. Die Vorschrift bezieht sich auf einen Sklavenhalter, der auf
maßlose und barbarische Weise den Stock hantiert. Solch eine Grausam-
keit überschreitet die Anstandsregel der Zucht, deren Ausgangspunkt darin
besteht, daß Züchtigung darauf abzielt, jemanden dazu zu bewegen, sein
Leben zu bessern (vgl. Prov. 10,13; 13,24; 19,25; 22,15; 23,13f.; 26,3;
29,17), und nicht als Mißhandlung gemeint ist. Er darf, wenn er sich
nachweislich an brutalem Verhalten schuldig gemacht hat, nicht unbehelligt bleiben. Dies ist der Fall, wenn ein Sklave unter seinen Stockschlägen
zusammenbricht (21,32).

Voraussetzung für eine Bestrafung ist, daß über die Schuldfrage kein
Zweifel besteht. Stirbt der Sklave einige Zeit nach einer gnadenlosen
Abreibung, dann bestehen Zweifel und kann ein klarer, überzeugender
Beweis, daß der Tod in Kausalzusammenhang mit der Tat des Sklaven-
herrn steht, nicht erbracht werden. Die Möglichkeit, daß der Sklave eines
natürlichen Todes gestorben ist, kann nicht mehr ausgeschlossen werden.
Umso mehr, weil der Herr durch den Verlust einer Arbeitskraft ge-
schädigt ist – und damit in gewissem Sinne für seine eventuelle Schuld
am Tod bereits gestraft wurde –, besteht dann kein Grund, strafrechtliche
Schritte gegen ihn einzuleiten (21,21).

21,20 zieht eine Grenze in bezug auf das Besitzrecht (21,21b) des
Sklavenherrn und zielt auf einen Schutz der Sklaven. Ein Sklavenhalter
muß sich vergegenwärtigen, daß ein Sklave nicht bloß ein Besitzgegenstand ist, sondern auch ein Mensch/Volksgenosse, und darum hat er bei
einer Bestrafung Maß zu halten. 21,20 zielt darauf ab, grausamem Verhalten gegenüber Sklaven entgegenzutreten. Übrigens begrenzt 21,21 die
präventive Kraft von 21,20. Die Bestimmung schützt den Sklavenherrn
und nimmt den Anreiz weg, sich gegenüber dem Sklaven von der Grenze
dessen fernzuhalten, was ungebührlich ist (s. jedoch auch 21,26-27).
Unbestreitbar bleibt sein Recht auf handgreifliche Ermahnungen.

5.4.3.3 Welchen Charakter trägt die in 21,20b vorgeschriebene Bestrafung? Welche Strafe muß im Falle des erwiesenen schuldhaften Todes
auferlegt werden? Die Interpretation von *nāqōm jinnāqēm* ist umstritten.
Die Auffassung ist alt, daß der Schuldige hingerichtet werden muß. Der
Sam.Pent. liest auch hier (vgl. 21,12-17) die Formel *môt jûmāt* und in

---

[103] U.a. von Noth; Otto*, *Rechtsgeschichte*, S. 138f.; Peels (Anm. 100), S. 72f.;
Cardinelli (s. 4.1.1), S. 259f., 268.

21,21 *jûmāt* anstelle von *juqqam* (vgl. auch SamT). Sehr explizit formuliert TPsJ: er muß zum Tod durchs Schwert (Enthaupten) verurteilt werden (vgl. Mek., III, 60; Raschi; Nachmanides). Auch unter modernen Exegeten fand die Auffassung Anhänger, daß mit *nāqōm jinnāqēm* die Todesstrafe gemeint sei. Cassuto betont, daß der Sklave hier als menschliches Wesen, der nach dem Bilde Gottes geschaffen ist, betrachtet wird und im Falle von Totschlag eines Sklaven die gleiche Strafe verhängt werde wie im Falle von Totschlag eines freien Menschen (21,12). Doch ist der Sklave nicht gänzlich dem Freien gleich. Sein Herr hat das Recht, ihn zu züchtigen, und genießt hierfür Rechtsschutz im Fall von indirektem Totschlag. In dieser Weise äußert sich auch Paul*, S. 69f. Beide betonen, daß in der Gesetzgebung des Alten Orients eine hohe Wertschätzung eines Sklavenlebens, wie dies 21,20 zugrunde liegt, nicht anzutreffen ist.

Mehrere Exegeten[104] fassen die Aktion gegen den Schuldigen explizit als 'Blutrache' auf; Schenker erwägt die Möglichkeit, daß die Rechtsgemeinschaft eine Rolle bei deren Ausführung spielte, in jedem Fall dann, wenn der betroffene Sklave ein Ausländer war, da dessen Verwandte – falls diese vorhanden waren – kein Recht hatten, eine Klage einzureichen. Lipiński will im Fall eines ausländischen Sklaven mit immanenter oder göttlicher Rache rechnen. Peels (Anm. 100), S. 73f., erachtet in allen Fällen die Rechtsgemeinschaft für die Rechtspflege verantwortlich.

TPsJ (s.o.) äußert sich sehr explizit. Andere alte Übersetzungen sind zurückhaltender. Deutlich ist jedoch, daß die Übersetzer an einen ordentlichen Rechtsgang dachten; LXX: δίκη ἐκδικηθήτω, 'er muß bestraft werden mit einer Verurteilung'; Vulg.: *criminis reus erit*, 'er soll des Vergehens schuldig sein'; in TO wurde zur Übersetzung von *nqm* von der Wurzel *djn*, 'verurteilen' (vgl. auch Pesch.) Gebrauch gemacht; FT^P bietet die Übersetzung: *mtqns' jtqnjs*, 'er muß eine Buße erhalten' (vgl. auch PT^A, TNf Randbemerkung und s. FT^V). Auch verschiedene moderne Ausleger sind der Ansicht, daß die gemeinte Strafe sicher nicht die Todesstrafe sei. Es müsse eine richterlich verfügte (geringe) Strafe sein (z.B. Keil, Dillmann, Heinisch, Childs) oder eine im Heiligtum zu bezahlende Buße (z.B. Holzinger, Baentsch).

Der Umstand, daß nicht die *môt jûmāt*-Formel gebraucht wird, spricht dafür, daß nicht an Exekution, sondern an eine andere Strafe gedacht war. Ferner wird die Tatsache, daß der Sklave sein Eigentum ist (21,21b) – dies spielt eine Rolle bei der Beurteilung des in 21,21 beschriebenen Falles –, bei der Festlegung des Strafmaßes bei einem nachweislichen Fall von Totschlag eine Rolle gespielt haben. Auch in 21,26f.32 ist der

---

[104] U.a. Noth; Fensham; Cazelles*, S. 54; Cardinelli (s. 4.1.1), S. 258f.; Crüsemann*, S. 181f.; Schenker*, S. 58; E. Lipiński, *ThWAT*, V, Sp. 605f.

Wertunterschied zwischen einem Sklaven und einem Freien ein Faktor in
der Ermittlung des Strafmaßes. In 21,20 wird bestimmt, daß das Argument, daß der Herr Kapital in den Sklaven investiert hat (21,21b), ihm
keinen Freibrief zur exzessiven Züchtigung liefert.

5.4.3.4 Eine völlig neue Interpretation von *nāqōm jinnāqēm* bietet
Westbrook*, S. 89ff. Er versteht die Formel im Licht von CH § 116, wo
eine stellvertretende Strafe gefordert wird: sollte eine aufgrund von
Schuld in Schuldhaft gegebene Person im Haus des Gläubigers infolge
von Schlägen oder anderen Mißhandlungen sterben, dann muß der Sohn
des Gläubigers getötet werden; betrifft es einen Sklaven, kann eine
Geldleistung Genüge tun. Westbrook meint, daß 21,20 einen in Schuldhaft
gegebenen freien Israeliten im Auge hat und daß der Gläubiger, sollte das
Opfer ein Mädchen sein, mit dem Tod seiner Tochter gestraft werden
müsse, und wenn der Schuldner selbst das Opfer ist, daß dann der Gläubiger dies mit seinem eigenen Tod bezahlen müsse, usw. Auch in bezug auf
21,21b bietet Westbrook, S. 99f., eine neue Interpretation: 'but it (i.e. the
revenge) is his money (i.e. the debt)' (S. 100). Seiner Meinung nach geht
der Herr nicht vollkommen frei aus: wenn der Sklave nach einigen Tagen
stirbt, dann verfällt sein Recht auf Rückzahlung der Schuld, aufgrund
derer die betreffende Person als Sklave in Schuldhaft genommen wurde.

Schwienhorst-Schönberger*, S. 66f., 70, weist Westbrooks Interpretation von 21,21 ab, indem er auf CH § 115 verweist, wo bestimmt wird,
daß im Falle des natürlichen Todes der Gläubiger, dessen Geisel eines
natürlichen Todes stirbt, keinen Anspruch auf Vergütung mehr stellen
kann. Er versteht den Schluß von 21,21 wie folgt: 'denn um sein Geld
geht es hierbei', d.h. der Gläubiger kann jetzt, wo der Schuldsklave
gestorben ist, seinen Anspruch auf Schuldrückzahlung nicht mehr geltend
machen (vgl. CH § 116). Allerdings akzeptiert er Westbrooks Meinung,
wonach 21,20 von einer 'stellvertretenden Talio' (S. 68ff.) handelt. Er
behauptet, daß in Dtn. 24,16 die betreffende Praxis kritisiert werde
(S. 74). Wie originell die Ansicht von Westbrook auch immer sein mag,
so ist sie doch zuwenig überzeugend (vgl. Peels [Anm. 100], S. 75), um
übernommen werden zu können. In den vorangegangenen Versen büßt
stets der Täter selbst für seine Tat.

Alles in allem erscheint es m.E. am plausibelsten, daß in 21,20 eine
Verurteilung zur jeweiligen Strafe (nicht aber Todesstrafe) durch die
Rechtsgemeinschaft gemeint ist.

Die Abweisung des Standpunkts von Westbrook und Schwienhorst-
Schönberger impliziert, daß eingeräumt werden muß, daß Parallelen von
21,20-21 zu Codices aus dem Alten Orient fehlen (vgl. Paul*, S. 78;
Yaron*, S. 285, Anm. 111). In HG §§ 3-4 wird eine Ersatzleitung vorgeschrieben für den Fall, daß jemand den Sklaven oder die Sklavin *eines*

anderen so schlägt, daß er/sie stirbt (vgl. Cardinelli [s. 4.1.1], S. 127f.).

5.5 EINE SCHWANGERE FRAU ALS OPFER EINES HANDGEMENGES (21,22-25)

5.5.1 *Literatur*

J. Bastiaens, "'Oog voor oog, tand voor tand'. Over ver-geld-ing en verzoening (Mt 5,38-39)", in: W. Weren u.a. (Hg.), *Bij de put van Jacob*, Tilburg 1986, S. 72-97; T. Broer, "Zur Wirkungsgeschichte des Talio-Verbots in der Alten Kirche", *BN* 66 (1993), S. 24-31; C. Carmichael, "Biblical Laws of Talion", *HAR* 9 (1985), S. 107-126; N.L. Collins, "Notes on the Text of Exodus XXI 22", *VT* 43 (1993), S. 289-301; R.N. Congdon, "Exodus 21:22-25 and the Abortian Debate", *BS* 146 (1989), S. 132-147; F. Crüsemann, "'Auge um Auge ...' (Ex. 21,24f). Zum sozialgeschichtlichen Sinn des Talionsgesetzes im Bundesbuch", *EvTh* 47 (1987), S. 411-426; F.J. Dölger, "Das Lebensrecht des ungeborenen Kindes und die Fruchtabtreibung in der Bewertung der heidnischen und christlichen Antike", *AuC* 4 (1934), S. 1-61; J. Ellington, "Miscarriage of Premature Birth?", *BiTr* 37 (1986), S. 334-337; T. Frymer-Kensky, "Tit for Tat. The Principle of Equal Retribution in Near Eastern and Biblical Law", *BA* 43 (1980), S. 230-234; R. Fuller, "Exodus 21:22-23. The Miscarriage Interpretation and the Personhood of the Fetus", *JETS* 37 (1994), S. 169-184; H.W. House, "Miscarriage or Premature Birth. Additional Thoughts on Exodus 21:22-25", *WThJ* 41 (1978), S. 108-123; S. Isser, "Two Traditions. The Law of Exodus 21:22,23 Revisited", *CBQ* 52 (1990), S. 30-45; B.S. Jackson, "The Problem of Exod. XXI 22-5 *(Ius Talionis)*", *VT* 23 (1973), S. 273-304; H.-W. Jüngling, "'Auge für Auge, Zahn für Zahn'. Bemerkungen zu Sinn und Geltung der alttestamentlichen Talionsformeln", *ThPh* 59 (1984), S. 1-38; S. Lafont, "Ancient Near Eastern Laws. Continuity and Pluralism", in: Levinson*, S. 91-118 (S. 110ff.); S.E. Loewenstamm, "Exodus XXI 22-25", *VT* 27 (1977), S. 352-360 (kritische Besprechung von Jacksons Aufsatz); B. Maarsingh, "Het ius talionis en 1 Kon. 21:19b", in: *Vruchten van de Uithof* (FS H.A. Brongers), Utrecht 1974, S. 88-99; Ph.J. Nel, "The Talion Principle in Old Testament Narratives", *JNWSL* 20 (1994), S. 21-29; Y. Osumi, "Brandmal für Brandmal. Eine Erwägung zum Talionsgesetz im Rahmen der Sklavenschuldbestimmungen", *AJBI* 18 (1992), S. 3-30; E. Otto, "Die Geschichte der Talion im Alten Orient und Israel", in: D.R. Daniels u.a. (Hg.), *Ernten, was man sät* (FS K. Koch), Neukirchen-Vluyn 1991, S. 101-130; ders., "Town and Rural Countryside in Ancient Israelite Law. Reception and Redaction in Cuneiform and Israelite Law",

JSOT 57 (1993), S. 3-22; ders., "Körperverletzung im hethitischen und israelitischen Recht. Rechts- und religionshistorische Aspekte", in: B. Janowski u.a. (Hg.), *Religionsgeschichtliche Beziehungen zwischen Kleinasien, Nordsyrien und dem Alten Testament*, Freiburg/Göttingen 1993, S. 391-425; J.M. Sprinkle, "The Interpretation of Exodus 21:22-25 (*lex talionis*) and Abortion", *WThJ* 55 (1993), S. 233-253; K.A. Tångberg, "The Evaluation of the Unborn Life in Israel and the Ancient Middle East", *SJOT* 1 (1987), S. 51-65; R. Westbrook, "Lex Talionis and Exodus 21, 22-25", *RB* 93 (1986), S. 52-69.

5.5.2 Übersetzung

21,22 '*Wenn aber Männer raufen und sie dabei eine schwangere Frau so schwer stoßen, daß ihre Leibesfrucht abgeht, sie selbst aber keine tödlichen Verletzungen davonträgt, dann muß eine Geldbuße in der Höhe auferlegt werden, wie der Ehemann der Frau von ihm* (dem Täter) *fordert. Er muß also für die Fehlgeburt bezahlen.*
23 *Falls sie jedoch tödliche Verletzungen davonträgt, dann mußt du Leben als Entschädigung für Leben geben;*
24 (in anderen Fällen) *ein Auge als Entschädigung für ein Auge, einen Zahn als Entschädigung für einen Zahn, eine Hand als Entschädigung für eine Hand, einen Fuß als Entschädigung für einen Fuß,*
25 *ein Brandmal als Entschädigung für ein Brandmal, eine offene Wunde als Entschädigung für eine offene Wunde, eine Quetschung als Entschädigung für eine Quetschung*'.

5.5.3 Exegetische Anmerkungen

21,22 Dieser Vers wird auf ähnliche Weise eingeleitet wie 21,18. LXX liest auch hier 'zwei Männer'; vgl. auch Pesch. und s. Collins, S. 299f. Zu *nsh* ni.,[105] 'raufen', s. z.B. 2,13; Lev. 24,10; Dtn. 25,1; II Sam. 14,6. *ngp*, 'stoßen', mit einer schweren Verletzung als Folge (vgl. 21,35; Ps. 91,12; Prov. 3,23 und s. *ThWAT*, V, Sp. 227ff.), es besteht kein Grund, mit Daube*, S. 108, an einen gezielten Angriff zu denken. '*iššâ* meint die Ehefrau eines freien Israeliten (s. Schluß von 21,22 und vgl. 21,3). *hārâ*, 'schwanger', s. *ThWAT*, II, Sp. 495ff. *weyāṣeʾû* (*js*' qal [s. 4.2.1], hier mit der Bedeutung 'hervorgehen', 'zum Vorschein kommen'), Sam.Pent.: *weyāṣāʾ*, sg. mit *welādâ*, 'ihr Kind', als Subjekt (vgl. Collins, S. 296); auch in den alten Übersetzungen ist der auffallende Plural *jelādæhā*, 'ihre Kinder', als Sing. übersetzt (s. LXX, Vulg., Pesch., die Targume); in der Pesch. sind die Männer Subjekt: sie treiben die Frucht ab; in der Vulg. einer der Männer: 'und (jemand) verursacht eine Fehlgeburt'; der Plur. bringt den unbestimmten Charak-

---

[105] Vgl. J. Barr, *Comparative Philology*, Oxford 1968, S. 262f.

ter der bezeichneten Angelegenheit zum Ausdruck (vgl. KöSynt § 264c; Joüon § 136j; Schwienhorst-Schönberger*, S. 96ff.). Die Ansicht von Schenker*, S. 43f., daß *wᵉjāṣᵉ 'û jᵉlādœhā* sich auf eine Fehlgeburt mit anschließender Kinderlosigkeit beziehe, ist unbegründet. Fensham behauptet, daß *'āsôn* in 21,21 einen körperlichen Schaden bezeichne, aufgrund dessen die Frau keine Kinder mehr bekommen könne. Die Frage, ob die Frau noch fruchtbar ist, wird nicht behandelt. Zudem kann man darüber erst nach Verlauf einiger Zeit zu einem Urteil kommen, wobei ein schlüssiger Beweis eine entwickelte medizinische Wissenschaft erfordert. Collins, S. 294, liest *wᵉlô*, 'ihm' (dem Fötus), anstelle *wᵉlō'*. *'ānôš jē'ānēš*, Inf. abs. qal + Impf. ni. (vgl. Joüon § 176m; Brockelmann § 93; Waltke & O'Connor § 35.2.1d) von *'nš*, 'eine (Geld-)Buße auferlegen' (vgl. Dtn. 22,19; II Chr. 36,3). Collins schlägt vor zu lesen: *'ônœš ba'ᵃšœr jē'ānēš*, 'a fine on whoever will be punished' (S. 297f.). Das Verb *šjt* qal (vgl. ThWAT, VII, Sp. 1296ff.), 'legen', 'setzen' wird im Bundesbuch mit unterschiedlichen Nuancen gebraucht: 'feststellen' (23,31), 'auflegen' (21,22 + *'al*; vgl. *šjt* ho. [oder Passiv des qal, s. Ges-K § 53u; vgl. Joüon § 58] in 21,30 [2×]), 'gemeinsame Sache machen mit' (23,1 + *jād 'im*). *ba'al* (s. 21,3), Ehrlich: der Ehemann ist zwar grammatisches, nicht aber sachliches Subjekt; das Gericht bestimmt die Vergütung, wobei der gesellschaftliche Status des Mannes berücksichtigt wird (für einen Reichen ist der Verlust schwerwiegender als für einen Armen). *ntn*, 'bezahlen', s. 21,4.

21,23 *wᵉnātatāh*, 'dann mußt du geben'; Ehrlich schlägt vor, *wᵉnātan*, 'dann muß er geben', zu lesen (vgl. LXX, Pesch., Vulg. und s. 21,19.32); die 2.Pers. sing. begegnet jedoch des öfteren (21,2.13.14; 22,17.20 usw.). Umstritten ist, wer die angesprochene Person ist. M.E. ist gemeint: der Israelit, den es angeht; hier kommt allein der Mann in Frage, der die Frau tödlich verwundet hat. Bezieht man die Aussage auf die Richter (Jacob, Cassuto) oder die örtliche Autorität, dann wäre man gezwungen, *ntn* als 'anwenden' (nämlich das Prinzip 'Leben um Leben') oder 'festsetzen' (nämlich 'Leben um Leben') zu verstehen oder Westbrooks völlig abweichender Interpretation zuzustimmen: 21,22-23 beziehe sich auf die Situation, daß der Täter unbekannt ist und die örtliche Autorität daher verpflichtet ist, den Schaden zu vergüten (S. 65; vgl. Schwienhorst-Schönberger*, S. 87, 99, 107ff., 122ff.). *nœfœš*, im Bundesbuch gebraucht zur Bezeichnung von 'Leben' (21,23.30) und 'der Gefühle' (23,9; vgl. Prov. 12,10); vgl. Houtman*, *Exodus*, I, S. 41f. Zu *taḥat* s. z.B. Waltke & O'Connor § 11.2.15b.

21,24 *'ajin*, 'Auge', Sehorgan (vgl. auch 21,26). *šēn*, 'Zahn', ist in 21,24.27 Bezeichnung für 'Zähne'; es entsteht Schaden am Gebiß. *rœgœl* (s. ThWAT, VII, Sp. 330ff.), 'Fuß', ein für die Mobilität des Menschen unentbehrliches Körperteil (vgl. z.B. II Sam. 4,4; 9,3.13; 19,26).

21,25 In 21,25 finden sich drei unterschiedliche Begriffe für Verwundungen, die zweifellos exemplarisch gemeint sind. Ihre Bedeutung ist nur annähernd festzustellen. *kᵉwijjâ* (Sam.Pent.: *mkwh*; vgl. Lev. 13,24) ist hapax legomenon: 'Brandmal' (SS, KBL, HAL), vielleicht aber auch 'Brandwunde' (KöW), 'Brandflecken'

(Ges-B). *pæṣaʿ* und *ḥabbûrâ* finden sich auch in Gen. 4,23; Jes. 1,6; Prov. 20,30 in dieser Kombination. *pæṣaʿ* weist auf eine Schlagwunde (vgl. I Reg. 20,37; Cant. 5,7); unklar ist, ob eine offene Verletzung (Dasberg) oder eine Quetschwunde (*KBL*) gemeint ist; *ḥabbûrâ* wird näher typisiert als 'Strieme' (vgl. Ges-B, KöW, *HAL*) oder als 'Beule' (*KBL*: 'Quetschwunde, [bunte] Beule'); vgl. auch SS: 'Beule, Strieme'. Wahrscheinlich deuten alle sieben in 21,24-25 genannten Begriffe auf bleibende Schäden hin, die nicht genesen oder mit der Zeit verschwinden (vgl. Schenker*, S. 48).

5.5.4 *Kommentar*

5.5.4.1 Die Situation, auf die sich 21,22 bezieht, ist mit der in 21,18 vergleichbar: nach einem außer Kontrolle geratenen Wortgefecht kommt es zu einer Rauferei. 21,18.19 behandelt die Frage, was zu tun ist, wenn einer der beiden raufenden Männer verletzt wird. 21,22.23 beschreibt einen anderen Fall: die sich prügelnden Raufbolde treffen eine schwangere Frau – eine aus dem Kreis der Zuschauer oder eine Passantin oder eine Frau, die sich zwischen beide stellen wollte (II Sam. 14,6), oder eine Frau, die ihrem Mann zu Hilfe eilte (vgl. Dtn. 25,11) –, stoßen sie oder treten sie zu Boden; oder auch: Raufbold A will Raufbold B einen harten Schlag verpassen, aber B weiß diesem gerade noch auszuweichen und Frau C, die hinter B stand, trifft die volle Wucht des Schlages und erleidet so eine Fehlgeburt. Es wird sogar mit der Möglichkeit gerechnet, daß sie ihren Verletzungen erliegt oder bleibende Verstümmelungen zurückbehält. Aus verschiedenen Gründen kann die Angelegenheit nicht wie der Fall in 21,18f. geklärt werden. Der Fötus ist tot. Medizinische Hilfeleistungen können den alten Zustand nicht wiederherstellen. Überdies ist das Verhältnis zwischen den Betroffenen nicht dasselbe wie in 21,18f. Dort ist die Rede von freien Männern, die miteinander raufen. Hier geht es um eine Frau, d.h. eine einem freien Mann angehörende Person, die zufällig in einer nicht durch sie verursachten Situation beteiligt ist. Besonders der Umstand, daß das Opfer einer anderen Person zugehört, ist für die Beurteilung des Falles relevant. Mittels einer Besprechung einer Reihe von Fragen, die die Passage aufwirft, werde ich meine Sicht bezüglich der Vorschrift entfalten. Es sei hier noch erwähnt, daß der Fall nicht an den Haaren herbeigezogen ist. Viel stärker als in unserer Gesellschaft beherrschten schwangere Frauen das damalige Straßenbild. Die Chance, daß eine nicht schwangere Frau aufgrund einer Schlägerei von Männern ernsthaft verletzt wird, ist relativ geringer.

5.5.4.2 Zunächst wollen wir den problematischen Begriff *pᵉlilîm* am Schluß von 21,22 beleuchten. *pᵉlilîm* ist Plur. von **pâlîl* (Ex 21,21; Dtn. 32,32; Hi. 31,11), das nur als Plur. vorkommt und als Derivat von *pll* (s. *THAT*, II, Sp. 427ff.; *ThWAT*, VI, Sp. 606ff.) betrachtet wird. Die

Bedeutung ist unsicher und umstritten.[106]

Einer alten Interpretation zufolge, die noch stets vertreten wird (s. z.B. Keil, Noth, Cassuto, te Stroete, Jackson, S. 277ff.), sind mit den *p̄elilîm* '(Schieds-)Richter' gemeint. *biflilîm* wird in TO mit *mmjmr djnj'*, 'entsprechend der Aussage der Richter' übersetzt (ähnlich TPsJ und s. Mek., III, 66), in TNf mit *'l pwm jjjnjn*, 'entsprechend dem Beschluß der Richter' (ähnlich PT^A), in LXX mit μετὰ ἀξιώματος, 'mit (richterlicher) Bestimmung', in Vulg. mit *et arbitri iudicarint*, 'und die Schiedsrichter urteilen', ähnlich auch Pesch. Vorausgesetzt wird, daß den Richtern aufgetragen ist, die Angemessenheit des auferlegten Bußgeldes zu beurteilen, und sie verhindern müssen, daß der geschädigte Ehemann nicht zuviel fordert, oder auch daß sie die Entschädigungszahlungen beaufsichtigen. Josephus zufolge (*Ant.*, IV, 278) mußte den Richtern eine Buße bezahlt werden und dem Ehemann Schadensersatz. K. Budde verwirft die Interpretation 'Richter', da sie der Aussage widerspricht, daß der Ehemann die Buße festlegt; überdies kann die Präposition *b̄e* nach *ntn* im Kontext kaum anders als ein *b̄e* praetii verstanden werden (Delitzsch*, S. 110: lies *ka*); er schlägt vor, *ban̄efālîm* (Plur., korrelierend mit *j̄elādœhā*) zu lesen: der Täter muß eine Entschädigung *für die Fehlgeburt* zahlen.[107] Buddes Vorschlag hat u.a. bei Baentsch, Ehrlich, Beer Zustimmung gefunden.

Auch andere haben nach einer passenden Interpretation von *p̄elilîm* gesucht. Einige[108] bringen *pll* mit dem arabischen *falla* zusammen.[109] Obwohl ihre Ansichten in manchen Punkten stark voneinander abweichen, stimmen sie im Hinblick auf die *p̄elilîm* in 21,22 überein: die *p̄elilîm* sind 'die Zerbrochenen' = die *j̄elādîm* der Frau. D.R. Ap-Thomas behauptet jedoch, daß die Bedeutung 'brechen' keine primäre Bedeutung ist: seiner Meinung nach haben sich *pll* und *npl* aus derselben Wurzel mit der Bedeutung 'fallen' entwickelt, weshalb die von Budde vorgeschlagene Textänderung erforderlich sei; *p̄elilîm* trage die Bedeutung 'Fehlgeburt'.[110] E.A. Speiser ist der Ansicht, daß die Übersetzung in der LXX: 'according to estimate', abgesehen von der Frage, ob die Übersetzung auf Mutmaßungen beruht oder eine alte Tradition repräsentiert, eine korrekte Interpretation von *biflilîm* darstellt.[111] Westbrook gibt aufgrund des Kontextes *p̄elilîm* die Bedeutung von 'allein' und behauptet, daß der

---

[106] Vgl. K. Heinen, *Das Gebet im Alten Testament*, Rom 1971, S. 119, 121f.

[107] "Bemerkungen zum Bundesbuch", *ZAW* 11 (1891), S. 99-114 (S. 106ff.).

[108] P.A.H. de Boer, *De voorbede in het Oude Testament*, Leiden 1943, S. 127f., und M.D. Goldman, "The Root pll and its Connotation with Prayer", *ABR* 3 (1953), S. 1-6.

[109] Vgl. J.L. Palache, *Semantic Notes on the Hebrew Lexicon*, Leiden 1959, S. 59f.

[110] "Notes On Some Terms Relating to Prayer", *VT* 6 (1956), S. 225-241 (S. 231f.).

[111] "The Stem PLL in Hebrew", *JBL* 82 (1963), S. 301-306 (S. 302f.).

Schluß von 21,22 andeute, daß ausschließlich der Täter für die auferlegte
Buße zur Verantwortung gezogen wird (S. 58ff.). Als Reaktion auf seine
Interpretation wurde von A. Berlin die Auffassung verteidigt, daß *pll* die
Grundbedeutung 'accountable, responsible, liable' habe.[112] Sie übersetzt
biflilîm mit 'as the culpable party' (S. 347). Otto erachtet eine Verbin-
dung mit dem akkadischen *pālilum*, 'Wächter', als wahrscheinlich.[113]

Obenstehende Übersicht illustriert die Unsicherheit im Hinblick auf die
Bedeutung von *pᵉlilîm*. Die Interpretation 'Richter' ist unwahrscheinlich.
Der Kontext spricht dafür, *pᵉlilîm* auf die abgegangene Leibesfrucht oder
auf den geschätzten Wert derselben zu beziehen. In jedem Fall soll so
verfahren werden, daß der geschädigte Ehemann nicht nach Belieben
Schadensersatz verlangen kann, sondern Faktoren wie z.B. dem Ent-
wicklungsstadium des Fötus oder dem Umstand, ob er bereits Vater eines
Sohnes war oder nicht, Rechnung zu tragen hat.

5.5.4.3 Von großer Bedeutung für das Verständnis von 21,22f. ist die
Interpretation von *'āsôn*. Der Begriff *'āsôn* (Gen. 42,4.38; 44,29; Ex.
21,22-23) zielt auf ein Unglück mit tödlichem Ausgang ab (*HAL*). Oft
wird *'āsôn*, offensichtlich im Hinblick auf 21,24-25, im allgemeinen Sinn
als 'Verletzung' (z.B. KöW) verstanden, allerdings zu Unrecht (s.
5.4.5.2). Im MT wird nicht explizit angegeben, worauf sich *wᵉlō' jihjæh
'āsôn* bezieht. Auf den Fötus oder die Frau? In TPsJ, wo *'āsôn* mit *mwt'*,
'Tod' übersetzt wird (vgl. auch TO), wird sowohl in 21,22 als auch in
21,23 der Satz auf die Frau bezogen (vgl. Mek., III, 65, 66); dasselbe ist
der Fall in der Vulg.: *sed ipsa vixerit*, 'sie jedoch am Leben bleibt' (Ex.
21,22); *sin autem mors eius fuerit subsecuta*, 'wenn jedoch ihr Tod
eintritt' (Ex 21,23). Hingegen wird in der LXX *'āsôn* auf den Fötus
bezogen und übersetzt mit (μὴ) ἐξεικονισμένον, '(nicht) geformt'. Die
Übersetzung impliziert, daß die Entwicklungsphase des Fötus ausschlaggebend für das Strafmaß ist. Wenn die Frucht noch keine menschliche
Gestalt trägt, kann eine Buße Genüge leisten; hat der Fötus jedoch
menschliche Gestalt, dann trifft den Täter die Todesstrafe (vgl.
21,12).[114]

In der LXX wird vorausgesetzt, daß der Fötus nach dem Abortus tot ist.
Der Vorfall von 21,22 wird jedoch auch als ein Fall von Frühgeburt
interpretiert. So meint Jackson, daß die von ihm rekonstruierte Urversion
den Fall einer Frühgeburt beschreibe und sich *'āsôn* auf den Fötus

---

[112] "On the Meaning of *pll* in the Bible", *RB* 96 (1989), S. 345-351.
[113] Siehe Otto*, *Körperverletzungen*, S. 120f.; ders., "Körperverletzung im hethitischen
und israelitischen Recht", S. 392.
[114] Vgl. Prijs*, S. 10f., und s. Isser (mit einer Übersicht der frühen Auslegungsgeschichte).

beziehe; aufgrund einer Texterweiterung sei 'Frühgeburt' zu 'Fehlgeburt' geworden und *'āsôn* auf die Frau bezogen worden (S. 292f., 301). Andere vertreten die Auffassung, daß der gegenwärtige Text einen Fall von ausgelöster Frühgeburt beschreibe. In diesem Zusammenhang wurden die Aussagen mit *'āsôn* auf die Situation bezogen, daß Mutter und Kind unverletzt blieben (der Täter muß Buße bezahlen) oder aber Schaden genommen haben (der Täter wird gemäß dem Talionsprinzip gestraft). Diese Auffassung ist u.a. von Keil, Cassuto, Durham vertreten worden und im Zusammenhang mit der Diskussion um die Rechtmäßigkeit des Abortus provocatus (auf Abortus steht in 21,22 nicht die Todesstrafe) von House verteidigt worden (S. 123; vgl. auch Ellington, S. 337; Kaiser*, S. 168ff.) mit der Schlußfolgerung, daß die Passage auf keinerlei Weise Abortus legitimiere. Dies ist richtig. Die Frage nach der Legalität steht in diesem Abschnitt überhaupt nicht zur Debatte. M.E. ist auch nicht von einer Frühgeburt die Rede. In diesem Fall besteht kein Grund zur Zahlung von Schadenersatzleistungen. Kommt das Kind lebend zur Welt, erleidet der Ehemann der Frau keinerlei Schaden. Vorausgesetzt wird, daß der Fötus tot ist. Im Altertum war ein zu früh geborenes Kind gleichzusetzen mit einem totgeborenen Kind. Die geforderte Buße ist eine Vergütung für den Verlust des Kindes im *statu nascendi* (so explizit TPsJ; vgl. Mek., III, 65).

5.5.4.4 Aus dem Umstand, daß eine Buße auferlegt wird, kann geschlossen werden, daß das unabsichtliche Verursachen einer Fruchtabtreibung, wobei das Kind tot zur Welt kommt, nicht als Totschlag geahndet wird. Das Unglück wird erst dann zum Totschlag, wenn die Mutter die Fruchtabtreibung nicht überlebt. Hierauf bezieht sich 21,23. Kurzum, die allgemeine Regel von 21,22 behandelt den Fall einer Frau, die ihre Frucht zwar verliert, selbst aber am Leben bleibt, 21,23 den Fall, daß die Frau stirbt.

Muß aus 21,22-23 geschlossen werden, daß einem ungeborenen Kind ein geringerer Wert zuerkannt wurde als einem zur Welt gebrachten Menschen? Diese Schlußfolgerung ist durchaus gerechtfertigt. Doch muß hierbei bedacht werden, daß auch dem geborenen Leben nicht derselbe Wert zugesprochen wird; das Leben eines Sklaven ist geringer eingestuft als das eines freien Mannes (z.B. 21,28-32 und s. Lev. 27,1-8). Hier geht es um die Frage, wann jemandem ein Totschlag zur Last gelegt werden kann und wann nicht (vgl. z.B. 21,28-29). Aus 21,22 muß geschlossen werden, daß das Verursachen einer Fruchtabtreibung, wobei das Kind tot geboren wird, nicht als Totschlag qualifiziert werden kann. Von Totschlag ist erst dann die Rede, wenn es sich um ein lebensfähiges Kind handelt (vgl. Mek., III, 63).

Die Tat wird als Fall von Schaden betrachtet, welche dem Ehemann der

Frau zugefügt wurde. Das Wachstum seiner Familie ist dadurch ge-schmälert, und ein angemessener Ausgleich ist deshalb angebracht. Stirbt die Frau, handelt es sich um Totschlag und muß 'Leben als Entschädi-gung für Leben' gegeben werden (Ex 21,23). Ist damit nun gemeint, daß die Vorschrift von 21,12 angewandt und der Täter hingerichtet werden muß? Diese Ansicht wurde oft vertreten (so explizit TPsJ; vgl. Mek., III, 67; Josephus, *Ant.*, IV, 278). Konnte sich der Täter dann darauf berufen, daß er sich nicht eines vorsätzlichen Totschlags schuldig gemacht hatte? (Ex 21,13). Doch darf hierbei nicht übersehen werden, daß es sich in 21,12-14 um den Totschlag eines freien *Mannes* handelt; hier aber vom Tod einer freien verheirateten *Frau* die Rede ist, d.h. von einer Person, die einem anderen, ihrem Mann, angehört. Er erleidet einen schweren Schaden durch den Verlust seiner Frau. So gilt es in Erwägung zu ziehen, ob mit 'Leben um Leben' nicht gemeint ist, daß das Leben der Frau des Täters für das Leben des geschädigten Mannes gegeben werden muß (vgl. CH § 210). Dem Täter widerfährt, was er dem anderen angetan hat, und seine Familie wird im selben Maße geschwächt wie die des geschädigten Mannes. Wird vorausgesetzt, daß der Täter überdies auch noch die verlorengegangene Frucht zu ersetzen hat? (vgl. MAG A § 50). Der rabbinischen Exegese zufolge ist dies nicht beabsichtigt (Mek., III, 63, 66). Diese Auslegung basiert jedoch auf der Prämisse, daß der Täter selbst seine Tat mit dem Tod zu büßen hat. Ferner ist das Talionsprinzip in bezug auf die Frau anwendbar, bezüglich des Fötus normalerweise nicht.

Ex 21,22-23 beschreibt die Situation einer *schwangeren* Frau, die das Opfer einer Rauferei wurde. Doch kann die Frage gestellt werden: wie ist zu verfahren, wenn eine nicht schwangere Frau das Opfer ist? Vorgeschla-gen wurde, daß in solch einem Fall, abhängig von der Art des Ausgangs, die Vorschriften von 21,12 und 21,18-19 angewandt werden (Cassuto). Betrachtet man den Textzusammenhang, liegt es nahe, daß in solchen Fällen das Talionsprinzip (Prinzip der stellvertretenden Talion) Anwen-dung fand (vgl. 21,24-25) (s. 5.5.5.1). 21,12-14.18.19 beinhalten typische an Männer gerichtete Vorschriften, die angewandt werden, wenn in einer Situation wie der von 21,22 sich ein Mann unter den Umstehenden einen Schlag zuzieht. Der Mann wird dadurch augenblicklich zum Beteiligten.

5.5.4.5 An dieser Stelle möchte ich einige Anmerkungen zum Verhält-nis von 21,22-23 und 21,12-14 und 21,18-19 machen. Bei der Bestim-mung des Verhältnisses zwischen den Passagen wird manchmal die Typisierung 'vorsätzlich' und 'nicht vorsätzlich' verwendet. So meint Schwienhorst-Schönberger*, daß es in 21,22-23 im Unterschied zu 21,12.14 und 21,18 um das nicht vorsätzliche Zufügen einer Verletzung gehe (S. 102f., 106, 115f., 121; vgl. z.B. Cassuto, Jacob). Er widerspricht

Paul*, der der Ansicht ist, daß das Talionsprinzip in den Fällen anzuwenden sei, in denen Vorsätzlichkeit im Spiel war (S. 67f., 74). 21,22-23
dürfe nicht auf eine Ebene mit außerbiblischen Vorschriften zum Thema
schwangere Frau, die das Opfer einer unfreiwilligen Fruchtabtreibung
geworden ist, gestellt werden (s. 5.5.4.7). In den betreffenden Vorschriften gehe es um die Frau als Opfer einer vorsätzlichen Tat.

  Schenker*, S. 41f., betont hingegen, daß der Schlag, obwohl er nicht
die beabsichtigte Person trifft, dessen ungeachtet als vorsätzlich charakterisiert werden müsse und hierbei zumindest 'von *teilweiser* oder *obliquer*
Absicht' die Rede sei. M.E. steht die Frage, ob es sich um eine vorsätzliche Tat handelte oder nicht, in 21,22-25 gar nicht zur Debatte und ist
für die Beurteilung der Passage irrelevant; nicht weil in der geschilderten
Situation schwierig zu entscheiden ist, ob Vorsätzlichkeit im Spiel war,
sondern weil der Blick einzig und allein auf den entstandenen *Schaden*
und die Frage gerichtet ist, wie Genugtuung geleistet werden kann. Wie
gesagt, die Frau wird aus dem Blickwinkel ihrer Zugehörigkeit zum Ehemann betrachtet.

  Die verschiedenen Ansichten zum Verhältnis der diversen Unter-
abschnitte von 21,18-32 untereinander und zu 21,12-14 kranken daran,
daß nicht hinreichend ins Auge gefaßt wird, daß die im Bundesbuch
Angesprochenen die freien israelitischen Grundbesitzer sind (s. dazu 2.13;
vgl. auch Marshall*) und andere Personen (Frauen, Sklaven, Kinder, Be-
sitzlose) als die freien Mitbürger stets aus der Perspektive ihrer Zugehörigkeit bzw. Abhängigkeit vom freien Israeliten gesehen werden.
Berücksichtigt man jedoch, an wen das Bundesbuch gerichtet ist, besteht
kein Grund z.B. zur Annahme einer Diskrepanz zwischen 21,22-23 und
21,12-14.[115] Ebensowenig gibt es dann Veranlassung anzunehmen, daß
das Bundesbuch eine talionische Körperstrafe in Fällen ohne Todesfolge
ausschließt zugunsten ersatzrechtlicher Regelungen und eine talionsartige
Sanktion 'Leben um Leben' lediglich in Fällen der Körperverletzung mit
Todesfolge als anwendbar erklärt, während diese Anwendung dann
nochmals durch das Asylrecht von 21,13f. eingeschränkt wird, das eine
Überlebensmöglichkeit eröffnet im Falle der nicht vorsätzlichen Körperverletzung mit Todesfolge (Otto, "Geschichte der Talion", S. 117-121,
127f.).

---

[115] So schlußfolgert G. Brin, "The Development of Some Laws in the Book of the
Covenant", in: H. Graf Reventlow & Y. Hoffman (Hg.), *Justice and Righteousness. Biblical
Themes and Their Influence*, Sheffield 1992, S. 60-70, aus dem Umstand, daß in Ex.
21,22-23 die Todesstrafe angewandt wird, auch wenn von keiner vorsätzlichen Absicht die
Rede ist, während in Ex. 21,12-14 in solch einer Situation die Todesstrafe nicht vollstreckt
wird, daß das Bundesbuch aus Teilen besteht, die von verschiedenen Autoren und aus
verschiedenen Zeiten stammen (S. 60f., 69).

Rückblickend verleiht, wie ich meine dargelegt zu haben, die Auffassung, daß 21,23-25 von stellvertretender Talion handelt, dem Kasus der schwangeren Frau als Opfer eines Handgemenges einen plausiblen Sinn. Die Frage, ob die stellvertretende Talion im Bundesbuch begegnet, wurde bereits thematisiert und ist von Westbrook*, S. 89ff., und in Anschluß an ihn von Schwienhorst-Schönberger*, S. 68ff., zustimmend beantwortet worden. Sie sehen sie jedoch in einem anderen Text präsent. Von ihnen ist die hinsichtlich der Bedeutung umstrittene Formel *nāqōm jinnāqēm* am Ende von 21,20 im Licht von CH § 116 interpretiert worden, wo eine stellvertretende Strafe gefordert wird, falls eine aufgrund von Schuld in Schuldhaft übergebene Person im Haus des Gläubigers infolge von Schlägen oder anderen Mißhandlungen stirbt; handelt es sich beim Opfer um einen Sohn, muß der Sohn des Gläubigers getötet werden; ist ein Sklave betroffen, kann man es bei einer finanziellen Entschädigung belassen. Westbrook nimmt an, daß es sich in 21,20 um einen in Schuldhaft gegebenen freien Israeliten handelt und der Gläubiger wie folgt bestraft werden muß: falls das Opfer ein Mädchen ist, die Tochter des Schuldners, muß der Gläubiger mit dem Tod seiner Tochter bestraft werden; falls der Schuldner selbst das Opfer ist, muß der Gläubiger seine Tat mit dem eigenen Leben einbüßen, usw.[116] Diese Interpretation ist zwar originell, aber kaum haltbar (s. 5.4.3.4). Nach meiner Überzeugung ist der Abschnitt 21,22-25 ein plausibler Zeuge dafür, daß eine stellvertretende Talion als eine Form der Vergeltung im Bundesbuch besteht.[117]

5.5.4.6 Obwohl die Frage der Legitimität von Abortus in 21 nicht zur Debatte steht, wurde die Passage im Laufe der Zeit immer wieder zur Beurteilung von Abortus provocatus herangezogen (vgl. auch 5.4.4.1). Die Übersetzung der LXX hat eine Rolle in der Diskussion um die Frage gespielt, in welcher Phase der Entwicklung der Embryo als Mensch betrachtet werden kann. Aus dem AT läßt sich nicht entnehmen, wie freiwilliger Abortus eingestuft wurde. Die Rechtsbestimmungen aus dem Alten Orient haben mit Ausnahme von MAG § 53 stets Bezug auf Fruchtabtreibung als Folge eines Unglücks. Im antiken Altertum betrachtete man im allgemeinen Abortus provocatus als moralisch verwerflich. Die christliche Kirche qualifizierte Abortus provocatus als Mord, eine

---

[116] Zur stellvertretenden Talion s. auch CH §§ 210, 229f.

[117] Vgl. Daube*, S. 105f., nach dessen Meinung der jetzige Text gegen die Praxis der stellvertretenden Talion gerichtet ist. Die Talion, Vergeltung des Täters mit gleicher Münze, habe den Platz der ursprünglichen stellvertretenden Talion eingenommen.

Sünde, die den Menschen in die Hölle bringt.[118]

5.5.4.7 In Rechtsbestimmungen aus der Umwelt Israels wird wiederholt der Fall einer unfreiwilligen Fruchtabtreibung als Folge eines durch einen anderen zugefügten Schlages behandelt. Eine konkrete Situationsbeschreibung wie in 21,22 (Rauferei) fehlt. Die Frage, ob der Stoß vorsätzlich oder nicht erfolgte, bleibt unberücksichtigt mit Ausnahme zweier sumerischer Vorschriften, in denen für (nicht vorsätzliches) Stoßen und (gezieltes) Schlagen verschiedene Vergeltungen gefordert werden.[119] In der Regel wird in den Vorschriften ein konkreter Betrag gefordert (s. jedoch MAG A §§ 50, 52), dessen Höhe vom gesellschaftlichen Status der Frau abhängt (im Bundesbuch wird einzig die schwangere freie Frau genannt; die Sklavin bleibt unberücksichtigt). Die Vergütung ist höher angesetzt, wenn es sich um die Fruchtabtreibung einer Bürgerin handelt, als wenn eine Sklavin das Opfer wird usw. (s. LE III 2'-13'; CH §§ 209-214; MAG A §§ 21, 50-52; HG §§ 17-18). In MAG A § 21 wird neben einer Geldbuße noch eine zusätzliche Strafe genannt: 50 Stockschläge (vgl. auch § 52) und einen Monat Zwangsarbeit für den König. In HG §§ 17-18 wir das Alter des Fötus zum Ausgangspunkt genommen, die Höhe der Vergütung festzulegen. Die Vergütung für ein ausgetragenes Kind ist zweimal so hoch wie für einen halbausgetragenen Fötus. Auch wird der Fall besprochen, daß die betreffende Frau daran stirbt. In CH wird einzig für das Leben der Tochter eines Bürgers 'Leben um Leben' gefordert (§ 210; vgl. § 230). Für Frauen von geringerem Stande ist eine Geldleistung ausreichend (§§ 212, 214). In § 210 wird nicht das Leben des Täters gefordert, sondern das seiner Tochter (stellvertretende Bestrafung). In LE III 7'-8' hingegen ist der Tod des Täters vorgeschrieben. Dies ist auch in MAG A § 50 der Fall. In dieser Vorschrift wird auch der Tod des Täters gefordert, sollte der Ehemann der betroffenen Frau noch keinen Sohn haben. Stellt es sich heraus, daß der Fötus ein Mädchen war, ist eine Vergütung ausreichend. Abortus provocatus wird in MAG A § 53 behandelt. Die Sanktionen sind streng. Die Frau muß, selbst wenn sie an den Folgen des Abortus stirbt, gepfählt werden und darf nicht begraben werden.[120]

---

[118] Für ausführliche Informationen zur Beurteilung des Abortus in der Antike und der christlichen Kirche s. Dölger und auch E. Stempflinger, in: *HWDA*, I, Sp. 121ff.; M. Stol, *Zwangerschap en geboorte bij de Babyloniërs en in de Bijbel*, Leiden 1983, S. 13ff.; B.H. Stricker, *De geboorte van Horus*, III, Leiden 1975, S. 267ff

[119] YOS I 28 (§§ 1-2); Übersetzung in *ANET*, S. 525b; vgl. z.B. Otto, "Town and Rural Countryside", S. 7f.

[120] S. ferner (auch zur körperlichen Verstümmelung im allgemeinen) Otto*, *Körperverletzungen*, S. 25ff.; ders., "Town and Rural Countryside", S. 7ff.; Paul*, S. 70ff.; Yaron*, S. 286ff.; Westbrook*, S. 40, 61ff.

5.5.5 *Ex 21,22-25 und das ius talionis*

5.5.5.1 In 21,23-25 wird entsprechend dem ius talionis, dem Prinzip, 'mit gleicher Münze' heimzuzahlen, Vergeltung gefordert. Ist im buchstäblichen Sinn 'Leben für Leben', 'Auge um Auge' usw. gemeint? Josephus zufolge (*Ant.*, IV, 278, 280) mußte beim Tod der Frau der Täter hingerichtet werden, doch konnte im Falle einer Verletzung auf Wunsch eine finanzielle Regelung unter den Beteiligten zugestanden werden. In der rabbinischen Auslegung bezieht sich 'Auge um Auge' usw. auf die Vergütung des Wertes des Auges usw. in Geld (vgl. TPsJ); der entscheidende Punkt ist, ob 'Leben um Leben' auch als Vorschrift zur finanziellen Vergütung verstanden werden kann (vgl. Mek., III, 67; Raschi). Jacob hebt hervor, daß einzig die letztere Interpretation die richtige sei (S. 657ff.). Auch verschiedene neuere Exegeten sind der Ansicht, daß 21,23-25 nicht wörtlich verstanden werden müsse, sondern von einer Vergütung im Wert des betroffenen Lebens (vgl. 21,30), Auges usw. handele.[121] Anderer Ansicht sind Crüsemann und Schenker*, S. 48ff. Ihrer Meinung nach bezieht sich 21,23 auf die Hinrichtung des Täters. Crüsemann betrachtet 21,24f. als Texterweiterung, das Ergebnis einer Sozialkritik, die sich gegen den Mißbrauch der kasuistischen Rechtsbestimmungen des Bundesbuches richte und aus dem 8.Jh. stamme; in jener Zeit, als die Mächtigen mittels Geldleistungen in allerlei Fällen zu einem Vergleich kommen konnten oder die Rechtspflege beeinflußten, wurde durch 21,24-25 die Gleichbehandlung von gesellschaftlich Schwachen und Starken propagiert; die Anwendung des 'Auge um Auge' usw. nehme auch den Reichen die Möglichkeit, mit Geldzahlungen einen Vergleich anzustreben, und wirke zudem präventiv (S. 426; vgl. auch ders.*, *Tora*, S. 175ff.).

Auch mir scheint es naheliegend, daß 21,23-25 buchstäblich verstanden werden muß. M.E. ist der Zusammenhang zwischen 21,22-23 und 21,24-25 keinesfalls lose, wie Crüsemann voraussetzt, sondern hat 21,23-25 eine spezifische Bedeutung für die Frau. Nicht die Vergeltung des Lebens, des Auges usw. des Täters wird gefordert, sondern das Leben usw. seiner Frau. Der gleiche Idealismus, der 21,26-27 zugrunde liegt − die Mißhandlung eines Sklaven oder einer Sklavin stellt einen Grund zur Freilassung dar −, beherrscht auch 21,23-25: große Sorgfalt ist bezüglich Leib und Leben der Frau des Mitbürgers geboten; wer mit dieser Bestimmung in Konflikt gerät, soll dies durch den Verlust oder die Verstümmelung seiner eigenen Frau zu spüren bekommen. So kehrt das Gleichgewicht

---

[121] S. z.B. Jüngling, S. 36; Westbrook, S. 66; Sarna; Schwienhorst-Schönberger*, S. 100f.

zwischen den betroffenen Parteien wieder ein; die Vorschrift ist vor allem
präventiv (vgl. Dtn. 19,20) und richtet sich dagegen, daß der kostbarste
Besitz eines Mannes angestastet wird: seine Frau, die ihm Kinder zu
schenken vermag.

Das ius talionis findet sich auch in Lev. 24,18-20; Dtn. 19,21. Inwieweit es in der Rechtspraxis durchgeführt wurde, ist unklar. Sicher ist, daß
das Talionsprinzip in den wechselseitigen menschlichen Beziehungen eine
wichtige Rollte spielte und noch stets spielt (4,23; 12,29; Jdc. 1,6f.;
15,10f.; I Sam. 15,33; I Reg. 21,19; II Reg. 10,24; Ez. 16,59; Ob. 15f.;
Hab. 2,8; Hi. 2,4)[122] und Geld in einem Prozeß neben anderen Dingen
oft dasjenige Mittel war und ist, um der Androhung der Talion zu entkommen (vgl. I Reg. 20,39). In der Bergpredigt wollte Jesus die zwar
gerechte, aber auch barbarische Vergeltung von Bösem mit Bösem
durchbrechen (Mt. 5,38f.; vgl. auch Koran 5,45).[123]

5.5.5.2 21,23-25 stellt uns vor die Frage nach dem Ort des ius talionis
in der Rechtsentwicklung.[124] Der Begriff ius talionis entstammt der
römischen Rechtssprache und bezieht sich dort auf die Vergeltung einer
zugefügten bleibenden Körperverletzung; dafür wird eine Vergeltung
gefordert, die mit dem zugefügten Schaden identisch ist; die Möglichkeit
einer finanziellen Regelung ist nicht ausgeschlossen. Gängig war die
Theorie, daß das ius talionis als Reaktion auf die Praxis der zügellosen
Rachsucht gedacht war: wegen einer Wunde wird der Täter nicht erschlagen (Gen. 4,23f.), sondern ihm wird mit 'gleicher Münze' heimgezahlt; so
sei die Rachsucht eingedämmt und kanalisiert worden; die Einführung
einer finanziellen Vergeltung für die geschädigte Partei sei der folgende
Schritt in der Rechtsgeschichte gewesen. Eine Prämisse dieser Theorie ist,
daß das ius talionis einen primitiven Charakter trage. Da die ältere
Gesetzgebung im Alten Orient[125] sehr wohl eine finanzielle Vergeltung
kennt, nicht aber das ius talionis, während das ius talionis im jüngeren
CH begegnet (s. §§ 196-201, wo es jedoch auf den *awīlum*, den freien
Bürger, beschränkt bleibt), wird nun die Auffassung vertreten, daß die
Einführung des ius talionis als Innovation betrachtet werden müsse. Für
den zugefügten körperlichen Schaden sei das 'Auge um Auge, Zahn um
Zahn' eine gerechtere Strafe als die Option einer doch stets etwas will-
kürlichen finanziellen Vergütung. Überdies komme die Talion der Rechts-

---

[122] Vgl. N.A. Schuman, *Gelijk om gelijk. Verslag en balans van een discussie over
goddelijke vergelding in het Oude Testament*, Amsterdam 1993.

[123] Vgl. dazu G.M. Zerbe, *Non-Retaliation in Early Jewish and New Testament Texts*,
Sheffield 1993.

[124] S. dazu bes. Jüngling, S. 10ff., und z.B. Otto, "Geschichte der Talion", S. 107ff.;
ders.*, *Ethik*, S. 73ff.; Paul*, S. 75ff.; Yaron*, S. 26ff.

[125] Zur Übersicht s. Jüngling, S. 6ff.

gleichheit zugute: die Reichen und Mächtigen würden dadurch abgehalten
werden, die Schwächeren zu mißhandeln, wenn das Zufügen einer Verletzung nicht mit Geld vergütet werden kann.

Ob das ius talionis im CH tatsächlich eine Neuheit ist, ist nicht unum-
stritten. Jüngling betrachtet es als uraltes Relikt einer altertümlichen
Rechtsauffassung (S. 14). Inwieweit die Talion, wie sie in 21,23-25
gefordert wird, in der Rechtspraxis angewandt wurde, ist aufgrund mangelnder Fakten nicht zu bestimmen. Wohl kann festgehalten werden, daß
im Bundesbuch, vorsätzlicher Mord ausgeklammert (s. 21,12-14) —
Todesstrafe für Mord ist übrigens keine Talion im strikten Sinne (s.o.) —,
eine starkes Bestreben anzutreffen ist, den angerichteten Schaden durch
Kompensation, oft mit talionsartigem Charakter, zu regeln (s. bes. 21,33-
22,16). Dem kann noch hinzugefügt werden, daß die Verstümmelungs-
strafe im AT einen untergeordneten Platz einnimmt (vgl. Dtn. 25,12 und
s. auch Prov. 30,17).[126] Alles in allem betrachtet ist es unumgänglich,
etwas gründlicher auf den Ort und die Funktion von 21,23-25 einzugehen.

5.5.5.3 'āsôn zielt (s. 5.5.4.3) m.E. auf einen Unfall mit tödlichem
Ausgang ab. Bei dieser Entscheidung muß das Verhältnis von 21,22-23 zu
21,24-25 näher betrachtet werden. 21,23 schließt sich gut an 21,22 an:
hier wird die Möglichkeit erörtert, daß die Frau den Verletzungen erliegt,
die ihr bei der Rauferei zugefügt wurden. Im Anschluß an 21,23 wird
eine Reihe von Verletzungen genannt, die nicht alle zu der geschilderten
Situation passen (z.B. 'Brandmal'). Die Tatsache, daß verschiedene
Verwundungen aufgezählt werden, u.a. leichte ('ein Zahn'), hat dazu
geführt, daß 'āsôn mit 'andere, weitere Verletzungen' übersetzt wurde (in
21,22 neben der Fruchtabtreibung).[127] 'āsôn ist ein umstrittener Begriff.
Westbrook meint sogar, daß mit 'āsôn ein von einem nicht bekannten
Täter verursachter Schaden gemeint sei (S. 56f.). Dieser Ansicht wurde
von Osumi*, S. 113f., und Schwienhorst-Schönberger*, S. 89ff., 117f.,
widersprochen; letzterer vertritt die Auffassung, daß 'āsôn nicht nur den
tödlichen, sondern auch den nicht tödlichen Schaden meine. So auch
Schenker*, S. 43. Doch ist dies im Lichte der Verwendung dieses Be-
griffs in Genesis wenig wahrscheinlich.[128]

Zuweilen wird die Auffassung vertreten, daß 21,23-25 ursprünglich
nach 21,19 angeordnet war und die Talionsregel eigentlich auf die
streitenden Männer anzuwenden war, wenn diese sich Verletzungen
zuzogen, nicht aber auf die schwangere Frau, die in ein Handgemenge

---

[126] S. daneben z.B. CH §§ 192-195, 218, 226, 253; MAG §§ 4, 5, 8, 9 und s. G. Ries,
RLA, VI, S. 173-178.

[127] S. z.B. NV: 'zonder ander letsel'; NEB: 'no further hurt'.

[128] Vgl. Otto, "Town and Rural Countryside", S. 15.

geriet. Als Verwundung paßt 'Brandmal' jedoch ebensowenig zu einem Handgemenge von Männern. Übrigens wäre die Talion hier keine adäquate Strafe, wenn von einer gemeinsamen Schuld die Rede ist, wie dies so oft bei einer Rauferei der Fall ist. 21,23-25 gehört zu 21,22, wobei 21,23 sich 21,22 anschließt.

Ex 21,22-23 läßt noch einige Fragen offen: wie muß verfahren werden, wenn sich die Frau Verwundungen zugezogen hat? Um diese Frage zu beantworten, wurde im Anschluß an die Formulierung von 21,23b von einer bereits existierenden, stereotypen Reihe Gebrauch gemacht. In diesem Zusammenhang ist zu erwägen, ob 21,23-25 eine spätere Zufügung, d.h. eine nähere Entfaltung zu 21,22 ist, oder 21,24-25 eine spätere Zufügung, d.h. eine Entfaltung zu 21,22-23 ist.[129] Wie dem auch sei, 21,24-25 kann nicht so einfach aus dem vorliegenden Text herausgenommen werden, sondern ist mit 21,26-27 verbunden. Auge und Zahn sind auch dort Beispiele, obgleich nicht in einer Talionsvorschrift. Was 21,23-25 angeht, muß m.E. berücksichtigt werden, daß die Talionsregel im Bundesbuch nicht als allgemeine Regel präsentiert wird, sondern in einem speziellen Fall angewandt wird auf die bei einer Rauferei verwundete Frau, d.h. einer Person, die einem anderen, ihrem Ehemann, zugehört.

5.6 MIßHANDLUNG EINES SKLAVEN ODER EINER SKLAVIN MIT DARAUS RESULTIERENDEM BLEIBENDEM KÖRPERSCHADEN (21,26-27)

5.6.1 Übersetzung

21,26 *'Aber wenn jemand seinen Sklaven oder seine Sklavin so auf das Auge schlägt, daß er ihm die Sehkraft raubt, dann muß er ihn als Vergütung für sein Auge als freien Menschen ziehen lassen.*

27 *Sogar wenn er seinem Sklaven oder seiner Sklavin einen Zahn ausschlägt, muß er ihn als Vergütung für seinen Zahn als freien Menschen ziehen lassen'.*

5.6.2 Exegetische Anmerkungen

21,26 w^{e}kî usw., s. 21,20; ein Schlaggegenstand wird nicht genannt, so daß offensichtlich das Schlagen mit der bloßen Hand oder Faust gemeint ist. In der LXX werden zur Bezeichnung der Sklaven die Begriffe οἰκέτης und θεράπαινα (Hausssklaven) gebraucht; in 21,20 hingegen mehr der allgemeine Begriff παῖς und παιδίσκη (s. auch 21,32). 'ajin, s. 21,24. 'ô, 'oder', s. 21,4. šḥt pi., 'verderben'

---

[129] Zu dieser Frage s. Schwienhorst-Schönberger*, S. 80ff., 116ff.

(vgl. *THAT*, II, Sp. 891ff.; *ThWAT*, VII, Sp. 1233ff.), gemeint ist, daß der Schlag Blindheit verursacht; so explizit LXX, TPsJ (vgl. Mek., III, 70); vgl. auch Vulg.: *et luscos eos fecerit*, 'und ihn einäugig macht'; s. aber Pesch.: *wnsrhjh*, 'und er es verwundet'. Blindheit war eine der meistverbreitetsten Leiden im Alten Vorderen Orient. Sie konnte durch verschiedene Ursachen entstehen, so auch durch absichtliche Verstümmelung (z.B. Jdc. 16,21; II Reg. 25,7) und Mißhandlung. Die Vorschriften bieten dem Blinden einige Beschirmung (Lev. 19,14; Dtn. 27,18). Ihre Existenz war wenig beneidenswert (Mk. 10,46; Lk. 6,39; vgl. die Bildrede in Dtn. 28,29; Jes. 59,10; Zeph. 1,17). Ihre gesellschaftlichen Möglichkeiten waren stark eingeschränkt (vgl. Lev. 21,18). Blinde sind vornehmlich auf Wohltätigkeit angewiesen (Hi. 29,15). Vgl. z.B. *BHH*, I, Sp. 256ff.; *IDB*, I, S. 448f. *lahofšî*, s. 21,2. *jᵉšallᵉhᵆnnû*, das Suffix bezieht sich wie das Suffix des folgenden *'ênô* auf den Sklaven, hat aber auch Bezug auf die Sklavin. In der LXX ist hier und in 21,27 *ad sensum* übersetzt mit der Verwendung von αὐτοὺς bzw. αὐτῶν (vgl. auch Vulg.). Zu *šlh* pi., 'freilassen', 'loslassen' (21,26f.; vgl. auch 22,4; 23,27f.), s. *THAT*, II, Sp. 909ff.; *ThWAT*, VIII, Sp. 846ff. Vgl. auch die Verwendung von *šlh* qal, 'senden', in 23,20, und von *šlh* + *jad*, 'sich vergreifen an', in 22,7.10.

21,27 *wᵉ'im* (s. 4.2.1) wird nach *wᵉkî* gebraucht zur Einleitung der Beschreibung einer besonderen Situation. In diesem Fall beschreibt es nicht eine Situation, in der die mit *wᵉkî* eingeleitete Vorschrift *nicht* gilt, sondern eine Situation, in der sie auch ausgeführt werden muß. *npl* (s. 21,18), hier im hi. mit der Bedeutung 'ausschlagen' (vgl. Ez. 39,3). Die Vershälfte 21,27b ist parallel zu 21,26b konstruiert, 21,27a allerdings nicht ganz parallel zu 21,26a; hinzugedacht muß werden: 'wenn jemand so schlägt, daß der Zahn (aus dem Mund) herausfällt'.

5.6.3 *Kommentar*

Wieder (vgl. 21,2-11.20-21) wird die Behandlung von Sklaven thematisiert. Ebensowie in 21,20-21 gilt die Vorschrift sowohl für den Sklaven als auch für die Sklavin. Auch das Thema Mißhandlung wird wieder zur Sprache gebracht. Nun geht es um eine Mißhandlung, die zu einem bleibenden Körperschaden führt. Um welche Sklaven geht es? Dieselben Ansichten, wie sie in bezug auf 21,20-21 vorgetragen wurden, werden auch in bezug auf 21,26-27 vertreten. Auch hier werden in TPsJ Sklave und Sklavin durch das Adjektiv 'kanaanitisch' deutlich als Nicht-Israeliten charakterisiert (vgl. Mek., III, 170; Raschi und s. 2.4.10). Auch hier werden sie von u.a. Westbrook*, S. 101, und Schwienhorst-Schönberger*, S. 48, 61ff., 74ff., als israelitische Schuldsklaven betrachtet. M.E. besteht auch in diesem Fall kein Grund, ausschließlich an ausländische Sklaven zu denken.

Vorausgesetzt wird, daß ein Herr das Recht besitzt, seine Sklaven handgreiflich zu ermahnen, aber sich grober Gewalt enthalten muß (s. 5.4.3.2). Macht er sich daran schuldig, dann verliert er das Besitzrecht auf den

Sklaven. Gemäß Westbrook*, S. 101, und Schwienhorst-Schönberger*, S. 75, 78, die den betreffenden Sklaven als Schuldsklaven interpretieren, der sich im Hause seines Gläubigers aufhält, impliziert die Freilassung, daß der Gläubiger sein Recht auf Zurückerstattung der Schuld verliert.

21,26-27 ist im Anschluß an 21,23-25 formuliert. Man beachte den Gebrauch von *taḥat* (s. 21,23) und der Terme 'Auge' und 'Zahn'. Warum werden gerade diese Körperteile erwähnt und keine anderen? Vielleicht deshalb, weil eine Bestrafung eines Sklaven oft dadurch erfolgte, daß man ihm ins Gesicht schlug, so daß leicht eine Augenverletzung oder ein Zahnausfall die Folge sein konnte. Das blinde Auge oder der ausgeschlagene Zahn werden sicher auch exemplarische Bedeutung haben[130] und bezeichnen eine bleibende schwere bzw. eine geringe Körperverletzung. Die Zielsetzung von 21,26-27 ist daher folgende: in allen Fällen einer *sichtbaren* bleibenden Körperverletzung muß ein Sklave freigelassen werden.

Am Rande sei gesagt: eine unsichtbare schwere Verletzung führt zum Tod (21,20-21) oder resultiert in allmählicher Wiederherstellung. Arme und Beine, die 'Werkzeuge' eines Sklaven, werden nicht das direkte Strafobjekt gewesen sein. Sollte ein Herr diese Körperteile schlagen, hätte er sich selbst geschädigt.

Die Talio (21,23-25) ist nur auf freie Bürger anwendbar, nicht aber auf Sklaven (vgl. z.B. Schenker*, S. 59ff., und s. CH §§ 196-203). Diese kommt seinem Herrn zu, der das Recht besitzt, ihn zu kasteien, aber sich nicht einer Mißhandlung schuldig zu machen. Selbst aufgrund einer recht unscheinbaren Verstümmelung läuft er Gefahr, sich selbst zu schädigen, da eine Kompensation für einen bleibenden Schaden in Form einer Freilassung von ihm gefordert wird. Sein Besitz verringert sich um den Preis eines Sklaven.

21,26-27 finden keine Parallele in den Gesetzestexten des Alten Orients. Dort ist nur die Rede von einer Schadensvergütung, die jemand für eine sichtbare Körperverletzung, die er einem Sklaven eines anderen (Besitz) zugefügt hat, leisten muß (CH § 199; HG §§ 8, 12, 14, 16; vgl. Cardinelli [s. 4.1.1], S. 69ff., 129ff.; Paul*, S. 78).

---

[130] Vgl. Mek., III, 70ff.; Raschi; Ibn Esra und etwas anders T. Abusch, *HR* 26 (1986), S. 146f.

5.7 TÖDLICHE VERLETZUNG DURCH EIN STÖSSIGES RIND (21,28-32)

5.7.1 *Literatur*

F.C. Fensham, "Liability of Animals in Biblical and Ancient Near Eastern Law", *JNWSL* 14 (1988), S. 85-90; B.S. Jackson, "The Goring Ox", in: ders., *Essays in Jewish and Comparative Legal History*, Leiden 1975, S. 108-152; Malul (s. 2.1), S. 113ff.; Otto*, *Wandel*, S. 25f.; ders.*, *Rechtsgeschichte*, S. 123ff., 137ff.; ders.*, *Körperverletzungen*, S. 147ff.; Paul*, S. 78ff.; Schenker*, S. 61ff.; Schwienhorst-Schönberger*, S. 129ff.; A. van Selms, "The Goring Ox in Babylonian and Biblical Law", *ArOr* 18 (1959), S. 321-330; Westbrook*, S. 40, 60f., 68, 83ff.; R. Yaron, "The Goring Ox in Near Eastern Laws", in: *Jewish Law in Ancient and Modern Israel*, New York 1971, S. 50-60; ders.*, S. 291ff.

5.7.2 *Übersetzung*

21,28 '*Und wenn ein Rind einen Mann oder eine Frau so hart stößt, daß er stirbt, dann muß das Rind ohne Pardon gesteinigt werden. Dessen Fleisch darf nicht gegessen werden, und der Besitzer des Rindes geht frei aus.*

29 *Falls aber das Rind vorher schon die Neigung zu stoßen hatte und sein Besitzer darauf aufmerksam gemacht wurde, er aber dessen ungeachtet nicht acht haben wollte, ja, wenn es dann einen Mann oder eine Frau tötet, dann muß das Rind gesteinigt werden und muß auch dessen Besitzer zu Tode gebracht werden.*

30 *Falls ihm* (dem Besitzer des Rindes) *ein Lösegeld auferlegt wird, dann muß er als Lösepreis für sein Leben den vollen Betrag, der ihm auferlegt wird, bezahlen.*

31 *Wenn es einen Jungen stößt oder ein Mädchen stößt, dann muß er ebenfalls entsprechend dieser Vorschrift behandelt werden.*

32 *Falls das Rind einen Sklaven oder eine Sklavin stößt, dann muß er* (der Besitzer des Rindes) *dreißig Schekel Silber seinem* (d.h. des Sklaven) *Herrn zahlen, und das Rind muß gesteinigt werden*'.

5.7.3 *Exegetische Anmerkungen*

21,28 Die Vorschrift handelt von einem stößigen Rind. Wie von selbst taucht die Frage auf, was ist, wenn nun ein anderes Tier die tödliche Verletzung verursacht und die Verletzung nicht durch Stoßen, sondern z.B. durch Treten oder Beißen entsteht? Im Sam.Pent. hat die Vorschrift einen allgemeinen Charakter erhalten, indem *šôr*, 'Rind' durch '*ô kol bᵉhēmâ*, 'oder welches Stück Vieh auch immer', ergänzt wurde und *šôr* im folgenden durch *bᵉhēmâ* (s. 22,9) ersetzt wurde (21,28.29.32) und indem ferner anstelle des spezifischen *ngḥ* das allgemeinere *nkh* hi. (s. 5.0) verwandt wurde (s. 21,28.31.32; vgl. Fishbane*, S. 170; Sanderson*, S. 80f.). Auch in z.B. Mek., III, 74ff., ist der Vorschrift ein allgemeiner Charakter verliehen worden (vgl. Raschi). *šôr* (s. *ThWAT*, VIII, Sp. 1199ff.), wird verwandt zur Bezeichnung eines Exemplars des Großviehs, ungeachtet Geschlecht (z.B. 34,19: 'Kuh') oder Alter (vgl. 22,29); s. 21,28(3×).29(2×).32(2×).33.35(3×). 36(3×).37(2×); 22,3.8.9.29; 23,4.12. Ein stößiges Rind braucht kein Stier zu sein. Auch eine Kuh kann ungefügig sein (vgl. Hos. 4,16). 'Rind' wird wiederholt in Kombination mit *śæh*, 'Stück Kleinvieh', (21,37; 34,19) oder mit *ḥᵃmôr*, 'Esel', (21,33; 22,3.8.9; 23,4.12) oder mit beiden (22,3.8.9) gebraucht.

   ngḥ (11× AT), 'stoßen' (im qal nur in Ex. 21,28.31[2×].32); für das Adjektiv *naggāḥ*, 'stößig', s. 21,29.36. Gemeint ist das Stoßen mit den Hörnern (vgl. LXX), das auf die Hörner nehmen oder zu Boden stoßen. *'æt-'îš* usw., unbestimmt, aber doch geht die Nota accusativi (Ges-K § 117d; Joüon § 125h) voran, gemeint ist der freie israelitische Mann und die freie israelitische Frau (vgl. 21,32 und s. 21,3). *'ô*, 'oder', s. 21,4. *wāmēt*, 'er stirbt', s. 5.0. *sāqôl jissāqēl*, 'muß er ohne Pardon gesteinigt werden', Inf. abs. + Impf. ni. (vgl. z.B. Ges-K § 113n; Joüon § 123e) von *sql*, 'steinigen', wird sowohl mit dem Menschen (z.B. 8,22; 17,14; 19,13) als auch dem Tier (21,28.29.32) als Objekt gebraucht. Steinigung ist die für das AT charakteristische Todesstrafe. Es muß unterschieden werden zwischen der Steinigung als Form des Lynchens, wobei außerhalb der offiziellen Rechtsprozedur an einer Person (durch die Volksmasse) die Todesstrafe vollzogen wird (z.B. 17,14; I Sam. 30,6; I Reg. 12,18), und der Steinigung als letzter Handlung einer offiziellen Rechtsprozedur (s. z.B. 19,13; 21,28f.32; I Reg. 21,10.13). Steinigung war u.a. die Strafe, wenn man sich an der Gemeinschaft vergriff (Dtn. 21,18ff.; 22,22ff.; vgl. Ex. 21,28f.32). Durch die Steinigung wird der Betreffende aus der Gemeinschaft gestoßen. Vgl. z.B. *BHH*, III, Sp. 1861f. *IDB*, IV, S. 447; *ThWAT*, V, Sp. 945ff.; Boecker*, S. 31f.

   'kl (s. *THAT*, I, Sp. 138ff.; *ThWAT*, I, Sp. 252ff.), 'essen', wird im Bundesbuch sowohl mit dem Menschen (22,30; 23,11.15) als auch dem Tier (23,11) als Subjekt verwandt und des weiteren im übertragenen Sinne mit 'Feuer' als Subjekt mit der Bedeutung 'verbrennen', 'verzehren' (22,5 ni.). *jē'ākēl*, 'darf gegessen weden', unpersönliches Passivum mit Objekt (*bᵉśārô*), s. Ges-K § 121b; Joüon § 128b. *bāśār* (s. *THAT*, I, Sp. 376ff.; *ThWAT*, I, Sp. 850ff.), 'Fleisch', begegnet sowohl im Hinblick auf den Menschen (z.B. 4,7; 28,42; 30,32) als auch auf das Tier; im Bundesbuch (21,18; 22,30) nur in letztem Sinn. Das Fleisch von Tieren machte, wenn auch nur in geringem Maß, einen Bestandteil des Nahrungspaketes des Israeliten aus (der Durchschnitts-Israelit aß Fleisch nur bei besonderen Gelegenheiten). Das rohe Fleisch wurde vor dem Verzehr durch Kochen oder Braten zubereitet (vgl. z.B. *AuS*, IV, S. 33f., 110ff., 136f. u.a.; Forbes*, III, S. 50ff.). Ein gesteinigtes Tier ist nicht rituell geschlachtet worden und darf allein schon aus diesem Grund nicht verzehrt werden (vgl. 22,30). Darum haben frühe jüdische Ausleger nach Gründen für die explizite Erwähnung des Verbots gesucht und gefolgert, daß das Tier auch nicht gegessen werden durfte, wenn es geschlachtet wird, nachdem das Urteil gefällt aber noch nicht vollzogen war (Mek.,

III, 78; Raschi; vgl. auch TPsJ). In der rabbinischen Auslegung wird hervorgehoben, daß der Besitzer überhaupt keinen Vorteil vom Tier haben darf; auch das Fell darf er nicht gebrauchen (Mek., III, 79f.). Zu *ba'al*, 'Besitzer', s. 21,3.

nāqî, Adjektiv, 'ungestraft' (21,28), 'unschuldig' (23,7), von der Wurzel *nqh* (21,19). Sam.Pent.: *nqj'*; gemeint ist: dann darf keine Strafe oder Vergütung gefordert werden; der Schaden besteht für den Besitzer im Verlust des Tieres; zu Unrecht nennt Ehrlich den Verlust eine Buße; TPsJ: 'frei von Todesstrafe und ebenfalls davon, den Preis für den Sklaven oder die Sklavin zu bezahlen' (vgl. 21,32 und s. Mek., III, 81f.).

21,29 Neben 21,29 s. 21,26. *mitmōl šilšōm* (vgl. Joüon § 17a, 102b; Meyer § 29.1; 41.6), 'gestern (und) vorgestern' (vgl. Brockelmann § 128), 'zuvor', 'vorher' (auch 21,36). *'wd* (s. *THAT*, II, Sp. 209ff.; *ThWAT*, V, Sp. 1107ff.), das häufig im hi. erscheint (hier im ho.), ist wahrscheinlich ein denominatives Verb von *'ēd*, 'Zeuge' (s. 22,12), und kommt mit unterschiedlichen Bedeutungen vor, wie 'darauf weisen', 'zurechtweisen' (vgl. z.B. Gen. 43,3; Dtn. 8,18; 32,46). *w*ᵉ*hû'ad*, zur Umschreibung eines unbestimmten Subjekts (KöSynt § 324a); vgl. LXX: Subjekt ist (unbestimmt) 'sie'. In TPsJ wird die Anzahl der Warnungen auf drei festgelegt (vgl. Mek., III, 83; Raschi).

šmr (vgl. *THAT*, II, Sp. 982ff.; *ThWAT*, VIII, Sp. 280ff.) wird im Bundesbuch im qal verwandt für 'aufpassen', 'bewachen', 'bewahren' von Tieren (21,29.36; 22,9), Dingen (22,6), Menschen (im Sinne von 'beschirmen' [23,20; vgl. z.B. Gen. 28,15.20; Num. 6,24]) und für das in Ehre halten von Festtagen (23,15; vgl. z.B. 12,17; 34,18); im ni. begegnet das Verb mit der Bedeutung 'aufpassen vor', 'sich hüten vor', 'Achtung entgegenbringen' (23,13 [+ *b*ᵉ].21 [+ *min*]; vgl. z.B. Dtn. 24,8; II Sam. 20,10; Jer. 9,3). *yišm*ᵉ*rœnnû*, LXX: καὶ μὴ ἀφανίσῃ αὐτόν (so auch 21,36), 'und er es nicht einsperrte' (vgl. Vulg.: *nec reclusit eum*; 21,36: *et non custodivit eum*); für die Ansicht, daß die LXX hier der Lesart *yašmîdœnnû* folge und eine halachische Interpretation repräsentiere mit der Intention: ein stößiges Rind muß aus dem Weg geräumt werden (vgl. Mek., III, 84), s. Frankel*, S. 93; Prijs*, S. 57f. So betrachtet Jackson, S. 121ff., *yašmîdœnnû* hier und in 21,36 als richtige Lesart: der Mann wurde gewarnt, hat aber das Tier nicht getötet. *w*ᵉ*hēmît*, 'und es (das Rind) tötet', in TO, TPsJ, TNf, Pesch., SamT wird für die Übersetzung von *mwt*, 'töten', auch am Schluß des Verses, das Verb *qtl* verwendet. *w*ᵉ*gam* (vgl. auch 21,35), 'und auch', zur Bezeichnung einer Zufügung.[131]

jûmāt, 'er muß zu Tode gebracht werden', Sing. beim Subjekt (*b*ᵉ*'ālâw*) im Plur. (Brockelmann § 50f; Joüon § 150f). In TPsJ wird der Tod näher bezeichnet als Tod, der über den Betreffenden gebracht werden soll: *mn šmj'*, 'vom Himmel her'; im Unterschied zum direkten Mörder (vgl. Num. 35,21) wird der Schuldige von Gott bestraft (vgl. Mek., III, 80f., 85; Raschi; Nachmanides). Nach Frankel*, S. 93, verbirgt sich hinter der LXX-Lesung προσαποθανεῖται die halachische Interpretation. Bei *jûmāt* denkt u.a. Schwienhorst-Schönberger*, S. 138f., an den

---

[131] S. dazu C.H.J. van der Merwe, *The Old Hebrew Particle* gam, St. Ottilien 1990.

Vollzug der Blutrache durch die Familie des Opfers (s. aber 21,12.14).

21,30 *'im*, LXX: ἐὰν δὲ; vgl. Pesch., Vulg. In TO ist *kōfær* (s.u. 5.7.4.3) übersetzt mit *mmwn*, 'Geld'; in TPsJ mit *qns' dmmwn'*, 'Geldstrafe' (vgl. TNf; FT^A,
Pesch.). *šjt*, s. 21,22. *ntn*, 'bezahlen', s. 21,4. *pidjōn*, 'Lösepreis', Derivat von *pdh*
(s. 21,8). Durch das Darbieten einer Gegenleistung, das Bezahlen einer Ablöse-
summe, wird der Betroffene von der verhängnisvollen Schuld erlöst. *næfæš*,
'Leben', s. 21,23.
Wer bestimmt die Höhe des Lösegeldes? Die geschädigte Partei, die Familie
(vgl. 21,22)? Die frühen Ausleger glaubten, daß nicht allein das Urteil über das
Rind und dessen Besitzer (vgl. Mek., III, 85), sondern auch die Festlegung des
Lösepreises dem Gericht oblag; in TO wird 'auflegen' 2× mit dem Plur. gebraucht
(vgl. Pesch.); in der LXX und TPsJ wird am Schluß des Verses der Plur. ge-
braucht, in TPsJ mit dem Subjekt 'der Sanhedrin Israels' (vgl. Mek., III, 86;
Raschi). Auch moderne Ausleger glauben, daß das Gericht, die Autoritäten, eine
Rolle bei der Festlegung und Einforderung des Lösegeldes spielten (z.B. Cassuto,
Hyatt, Schenker*, S. 65). Der Text sagt hierüber nichts.
Wie wird die Höhe des Preises festgelegt? Mek., III, 86, bietet zwei Interpreta-
tionen: aufgrund des Wertes, den der Umgekommene oder den die verantwortliche
Person hatte (vgl. Raschi). *kōfær* ist (s.u.) das Lösegeld für das verwirkte Leben
und somit zugleich Entschädigung.
Brin (s. 2.1), S. 64ff.; ders.*, S. 28ff., betrachtet 21,30 als Texterweiterung.

21,31 Das erste *'ô* (s. 21,4) erfüllt zugleich die Funktion von *'im* (vgl. 21,32 und
s. LXX), s. 21,36 und vgl. Brockelmann § 136a; Williams § 443. Das Subjekt,
d.h. das Rind, wird explizit in TO, TPsJ genannt. Zur Vokalisation des ersten
jiggāh s. Ges-K § 129i Anm. 1. Gemeint ist: so hart stoßen, daß daraufhin der
Tod eintritt (vgl. 21,28a.29b). *jiggāh* wird nicht wiederholt in LXX (vgl. auch
Sam.Pent. und Vulg.); vgl. 21,32MT. 'Jungen oder Mädchen' (s. 21,4), gemeint
sind die Kinder des freien Israeliten;[132] TNf: *br dkr* und *brh nqbh* (vgl. PT^A),
'ein männliches Kind', 'ein weibliches Kind'; in TO, TPsJ werden die Kinder
deutlich als Sohn *Israels* und Tochter *Israels* bezeichnet (vgl. auch TNf). In Mek.,
III, 88, wird die Frage aufgeworfen, ob die Regel auch für Proselyten gelte.
mišpāṭ, 'Vorschrift' (s. 21,1), gemeint sind die Regeln, die in 21,28-30 formuliert
wurden. *'śh* ni., 'behandelt werden' (s. 20,23), zur Umschreibung des unpersönli-
chen Subjekts; vgl. LXX: Subjekt ist (unbestimmt) 'sie' (vgl. Schluß 21,30).
Bezieht sich *lô* auf das Rind oder auf dessen Besitzer? Offensichtlich ist letzteres
gemeint, aber die Urteilsvollstreckung am Rind impliziert.

21,32 Zur Wortfolge in 21,32a s. z.B. Joüon § 155o; Brockelmann § 122h.
jiggah, gemeint ist, daß der Betreffende so gestoßen wird, daß er stirbt (vgl.
21,28.29). Für Sklave und Sklavin werden in der LXX die gleichen Begriffe

---

[132] Sprinkle*, S. 109, bezieht ohne ausreichende Argumentation die Begriffe nicht auf
Kinder, sondern auf die 'freeborn members of the household regardless of age'.

verwendet wie in 21,20 (s. zu 21,26). 'dreißig (s. Houtman*, *Exodus*, I, S. 63)
Schekel' ist Apposition zu 'Silber' (s. 21,11); vgl. II Sam. 24,24. *š͏ͤqālîm*,
'Schekel', ist Plur. von *šæqæl*, Gewicht, Wert-Einheit. Mit gewissem Vorbehalt
läßt sich sagen, daß ein Schekel dem Gewicht von ca. 11,5 Gramm entsprach (s.
z.B. *BHH*, II, Sp. 1166f.; III, Sp. 1928; *BRL*, S. 93f.; *IDB*, IV, S. 830ff.). In verschiedenen alten Übersetzungen finden sich transkulturelle Angaben; LXX:
Didrachmen; Symm: Staters; TO: Selas; Pesch.: *'stjrjn*. Das Suffix von *la'dōnâw*
(vgl. 21,4) bezieht sich nur auf Sklave, hat aber auch Bezug auf Sklavin (vgl.
21,26b.27b); LXX: '*ihrem* (Plur.) Herrn'; Vulg.: '*dem* Herrn'.

Um welche Art von Sklaven handelt es sich? Zu dieser Frage s. 21,20f.26f.
Auch hier werden Sklave und Sklavin in TPsJ durch das Adjektiv 'kanaanitisch'
ausdrücklich als Nichtisraeliten charakterisiert (vgl. Mek., III, 89; Raschi).
Schwienhorst-Schönberger*, S. 62, 142, 158, ist der Überzeugung, daß in 21,32
im Unterschied zu 21,20f.26f. keine Schuldsklaven gemeint sind, sondern echte
Sklaven, d.h. Sklaven im eigentlichen Sinn (vgl. auch Cardinelli [s. 4.1.1],
S. 265).

M.E. besteht auch hier kein Grund zur Annahme, daß es sich nur um ausländische (echte) Sklaven handelt. Der Umstand, daß der Sklave oder die Sklavin hier
lediglich als Besitz gesehen wird, stellt kein Argument für die Annahme dar, es
handle sich deshalb um keinen israelitischen Schuldsklaven. Man darf den
besonderen Charakter der Vorschrift nicht übersehen. Nicht das Verhältnis Herr-
Sklave, nicht die Ethik der Sklavenhaltung steht zur Debatte − deshalb findet sich
auch nicht das Element 'der Sklave ist auch ein Mensch' −, sondern das Verhältnis zweier freier Bürger, von denen einer dem anderen einen wirtschaftlichen
Schaden zugefügt hat. Daher wird die Frage rein unter dem Gesichtspunkt des
wirtschaftlichen Wertes des Sklaven betrachtet.

Ebenso wie im Falle einer Mißhandlung (vgl. 21,20f.26f.) wird der Sklave und
die Sklavin anders behandelt als der freie Bürger. Deren gesellschaftlicher Status
− sie sind Besitz − bestimmt die Vorschriften über sie.

5.7.4 *Kommentar*

5.7.4.1 Die körperliche Integrität eines Menschen wird nicht bloß von
seiten eines Mitmenschen bedroht, sondern sie kann auch durch Zutun
eines Tieres gefährdet sein. Wenn es sich um ein wildes Raubtier handelt,
dann steht der Mensch dem machtlos gegenüber, und niemand kann im
Schadensfall haftbar gemacht werden (Gen. 37,33; 44,28; Jer. 15,3;
Hos. 13,8). Anders verhält es sich, wenn ein Haustier, also ein Tier, das
jemandes Eigentum ist, einen Menschen verletzt. Dann erhebt sich die
Frage, ob das Unglück nicht hätte verhindert werden können und ob den
Besitzer des Tieres eine Schuld trifft oder nicht. Von solchen Problemstel-
lungen handelt 21,28-32, der Kasus vom stößigen Rind, das einem
Menschen eine solch schwere Verwundung zufügt, daß er daran stirbt.

21,28 beinhaltet die allgemeine Regel: wenn ein Rind toll wird und
einen freien Bürger, sei es einen Mann oder eine Frau, zu Tode stößt,

dann ist es eine Frage von höherer Gewalt. Der Besitzer kann hierfür nicht verantwortlich gemacht werden. Das Tier muß getötet werden, um weiteres Unheil zu vermeiden.

In 21,29-32 wird näher auf den Kasus eingegangen, wobei u.a. Situationen besprochen werden, in denen die Regel von 21,28 nicht applizierbar ist. Dies ist z.B. der Fall, wenn der Verursacher der tödlichen Verletzung einem sorglosen und nachlässigen Besitzer gehört, der ganz gut weiß, daß sein Rind bösartig ist, und doch nicht gut auf es acht hat. Solch ein Mann darf nicht frei ausgehen. Ihm kann grobe Fahrlässigkeit vorgeworfen werden (vgl. 21,33-34.36). Das Rind muß getötet werden, aber auch der Eigentümer ist des Todes schuldig (21,29). Durch seine grobe Fahrlässigkeit zieht er die gleiche Strafe auf sich, die auch den vorsätzlichen Totschläger trifft (vgl. 21,12).

Damit braucht die Angelegenheit noch nicht erledigt zu sein. Der geschädigten Familie wird die Möglichkeit offeriert, Gnade vor Recht ergehen zu lassen, sei es, weil man wirklich Anteilnahme mit dem Schicksal des Schuldigen hat, sei es, weil man daraus Kapital schlagen kann durch die Kompensation des erlittenen Verlustes, die mittels einer materiellen Vergütung geleistet wird. Die Familie des Opfers kann ihr Einverständnis für einen Freikauf geben, d.h. für eine Schadenersatzleistung (21,30). In diesem Falle muß der Besitzer des Rindes einen beträchtlichen finanziellen Aderlaß hinnehmen, behält aber sein Leben.

In 21,28-30 ist das Opfer ein freier Mann oder eine freie Frau, d.h. eine erwachsene Person. Man kann die Frage aufwerfen, wie gehandelt werden muß, wenn das Opfer ein Kind ist, d.h. eine Person, die unter die Autorität des Vater fällt und ihm angehört, und wie zu handeln ist, wenn das Opfer ein Unfreier ist, d.h. ein Mensch, der der Besitz eines anderen ist. Hierauf antwortet 21,31-32. Die Vorschrift für den Erwachsenen gilt auch für die Kinder eines freien Israeliten. Tötet das Rind eines nachlässigen Eigentümers einen Sklaven oder eine Sklavin, dann genügt es, wenn der Besitzer des Rindes den geschädigten Sklavenhalter mit einer finanziellen Vergütung entschädigt.

Noch andere Fragen könnten gestellt werden. Der Kasus bezieht sich auf ein Rind, das jemanden tötet; aber was ist zu tun, wenn jemand durch solch ein Rind so verwundet wird, daß er eine bestimmte Zeit lang seiner Arbeit nicht nachgehen kann, oder wenn jemand eine Fehlgeburt aufgrund solch eines Stoßes erleidet, usw. (vgl. 21,18f.22ff.)? Derartige Fragen bleiben außer Betracht.

5.7.4.2 Die Perikope stellt den Ausleger vor eine Reihe von Problemen. Warum muß das Rind getötet werden? Wird das Tier für seine Tat verantwortlich gemacht (vgl. Gen. 3,14) und wie ein Mörder behandelt (vgl. Gen. 9,5f.)? Liegt eine Blutschuld auf dem Tier, die die Ursache dafür ist,

daß das Land verunreinigt wird (vgl. Num. 35,33f.; Dtn. 21,1ff.)?[133]
U.a. M. Greenberg betont, daß das Rind 'das Bild Gottes' (Gen. 9,6) tötet
und darum die Todesstrafe verdient (s. Paul*, S. 79).

M.E. ist es fragwürdig, ob die Idee, daß ein Tier die Verantwortung
trägt und juristische Schritte gegen es eingeleitet werden können, hier
vorliegt (vgl. Houtman*, *Exodus*, I, S. 147f.). Ebenfalls ist zu bezweifeln,
ob der tödliche Unfall als Ursache der Verunreinigung des Landes
betrachtet wurde. Die spätere 'Blut-Theologie' findet sich im Bundesbuch
nicht (s. 5.1.4.3). Dasselbe gilt für die Vorstellung des Menschen als Bild
Gottes. Die Antwort auf die oben formulierte Frage ist einfach: das Rind
muß getötet werden, weil es ein Bedrohung für die Gemeinschaft darstellt. Ein weiteres Unheil, d.h. eine Wiederholung solch ein Vorfalls muß
verhindert werden.

Warum muß das Tier durch *Steinigen* getötet werden? Die Frage ist
Gegenstand der Diskussion.[134] Tiefsinnige Antworten wurden vorgetragen. So behauptet J.J. Finkelstein, daß das Rind die dem Menschen von
Gott verliehene Stellung in der Schöpfung (Gen. 1,26.28) negiert und die
Steinigung die Reaktion auf den Aufstand des Tieres gegen die von Gott
bei der Schöpfung errichtete hierarchische Ordnung im Kosmos sei.[135]
Westbrook*, S. 86ff., meint, daß die Steinigung als Exekutions-Form
gewählt wurde, um vorzubeugen, daß der Besitzer irgendeinen Vorteil aus
dem Tod des Tieres ziehen kann. Schlachten und Verbrennen seien nicht
in Betracht gekommen, weil in der Zeit vor der deuteronomistischen
Kultzentralisation jede Schlachtung Opfercharakter hatte; die Schlachtung
bot die Möglichkeit zur Gemeinschaft mit der Gottheit und zum Genuß
des Fleisches. Verbrennen kam als Strafe nicht in Betracht, weil das Tier
dann als Brandopfer betrachtet werden konnte.

Westbrook* kombiniert seine hergeholte religiöse Interpretation mit der
'praktischen' Auffassung von Jackson, S. 112ff. Für letztgenannten war
das Werfen von Steinen ursprünglich nicht als Strafe gedacht, sondern als
Mittel der Gemeinschaft, um sich vor dem Tier zu schützen. Die ursprüngliche Absicht lag nicht im Tod des Tieres, sondern in dessen
Vertreibung. Wie dem auch sei, angesichts des Verbots, das Fleisch zu
essen, liegt es auf der Hand, daß im vorliegenden Text der Tod des Tieres
vorausgesetzt wird. Nicht übersehen werden darf, daß der Kasus von
einem toll gewordenen Tier handelt, das eine ernste Gefahr für denjenigen
bildet, der ihm zu nahe kommt. Es geht um ein Tier, das in unserer
Gesellschaft mit einem Gewehrschuß zur Strecke gebracht werden würde.

---

[133] S. z.B. Holzinger, Baentsch, Beer, te Stroete, Hyatt.
[134] S. Schwienhorst-Schönberger*, S. 132ff.; Westbrook*, S. 83ff.
[135] S. dazu z.B. Schwienhorst-Schönberger*, S. 133f.; Westbrook*, S. 190.

Im Altertum verfügte man jedoch nicht über solch ein effektives Mittel. Damals war in einer solchen Situation offensichtlich die gemeinschaftlich ausgeübte Steinigung das geeignete Mittel, um das rasende Tier aus dem Weg zu räumen.

Warum darf das Fleisch nicht gegessen werden? Weil eine Blutschuld auf dem Tier liegt, die auf denjenigen übergeht, der das Fleisch ißt (Baentsch), oder weil es durch Blutschuld unrein geworden ist (Beer)? Wie gesagt spielt der Gedanke einer Blutschuld in 21,28-32 keine Rolle. Wahrscheinlich war das Fleisch tabu, weil es nicht auf ordentliche Weise geschlachtet wurde (vgl. 21,32) oder weil man fürchtete, durch den Verzehr des Fleisches mit der bösen Art des Tieres infiziert werden zu können. Nur vom Fleisch ist die Rede. Das Fell bleibt außer Betracht (vgl. 21,35-36).

Die Möglichkeit zur Bezahlung eines Lösegeldes wird geboten. Anderenorts im Bundesbuch fehlt die explizite Nennung dieser Option. Erhält der Schuldige die Chance, sich freizukaufen, weil er nicht vorsätzlich den Tod eines anderen verursachte?[136] Siehe zu dieser Frage 2.21.

5.7.4.3 Folgende Situation wird in 21,29-30 vorausgesetzt: eine bisher neutrale oder gute Beziehung zwischen zwei Parteien wird durch einen verhängnisvollen Zwischenfall ernsthaft gestört; ein als gefährlich bekanntes Rind stößt jemanden so, daß er stirbt. Den Besitzer trifft die Schuld. Das Verhältnis zwischen ihm und den Hinterbliebenen des Opfers ist gestört. Unter normalen Bedingungen findet eine Rückkehr zum ursprünglichen Verhältnis dadurch statt, daß die Schuld durch den Tod der verantwortlichen Person getilgt wird (vgl. 21,12; Num. 35,31ff.), wobei die Schuld nicht mit materiellen Leistungen (vgl. Num. 35,31f.; II Sam. 21,3f.) oder sonstwie (vgl. Dtn. 21,1ff.) kompensiert wird.

21,30 zielt auf einen Ausnahmefall: die Hinterbliebenen erklären sich bereit, daß der Schuldige mit materiellen Leistungen sein Leben freikauft. Anstelle des bedrohten Lebens treten Gaben, ein 'Lösegeld', ein 'Lösepreis', ein *kōfær. kōfær*[137] ist somit aus dem Blickwinkel dessen, der ihn

---

[136] So z.B. Cassuto; Paul*, S. 82; Schenker*, S. 65.

[137] Zur Wurzel *kpr* s. z.B. *IDBS*, S. 78ff.; *THAT*, I, Sp. 842ff.; *ThWAT*, IV, Sp. 303ff.; D. Kidner, "Sacrifice – Metaphors and Meaning", *TynB* 33 (1982), S. 119-136; F.-L. Hossfeld, "Versöhnung und Sühne", *BiKi* 41 (1986), S. 54-60, und insbesondere (mit ausführlicher Dokumentation) B. Janowski, *Sühne als Heilsgeschehen. Studien zur Sühnetheologie der Priesterschrift und zur Wurzel kpr im Alten Orient und im Alten Testament*, Neukirchen-Vluyn 1982; N. Kiuchi, *The Purification Offering in the Priestly Literature. Its Meaning and Function*, Sheffield 1987, S. 87ff.; A. Médebielle, "La vie donnée en rançon (Mc 10,45; Mt 20,28)", *Bib* 4 (1923), S. 3-40. Häufiger als das Substantiv *kōfær* (13 × AT) findet sich das Verb *kpr* (ca. 100× AT), insbesondere im pi. (92×). Die Frage, ob *kpr* pi. ein Verbum denominativum von *kōfær*, 'Lösegeld', ist oder ob umgekehrt *kōfær* ein Derivat von

gibt, das 'Lösegeld' für sein eigenes durch Nachlässigkeit verwirktes Leben; aus der Perspektive der empfangenden Partei ist *kōfær* die Entschädigung, die darauf abzielt, das Verhältnis zu normalisieren, das 'Sühnegeld', die 'Abfindung', die 'Buße'.[138] Es muß bedacht werden, daß Sünde, Schuld und dergleichen wie Sprengstoff sind. Wenn er nicht entschärft und neutralisiert wird, kommt es in der Gesellschaft zur 'Explosion'. Die Wurzel *kpr* deutet nun das Handeln an, das darauf abzielt, das gute Verhältnis zwischen Menschen untereinander[139] wiederherzustellen; es geht dabei darum, daß die verschiedenen Parteien wieder miteinander ins reine kommen. Auf unterschiedlichem Wege kann die Spannung, die Schuld zwischen Menschen neutralisiert werden. Z.B. im Fall von Blutschuld durch das Blut des Mörders (Num. 15,33) oder – falls dieser unbekannt ist – durch Kompensation (Dtn. 21);[140] in anderen Fällen – explizit ausgeschlossen in II Sam. 21,3f. – durch materielle Gaben.[141]

5.7.4.4 Der Kasus vom stößigen Rind (s. auch 21,35-36) findet sich auch in Gesetzestexten aus der Umwelt Israels. Im CE §§ 53, 54 ist die Rede vom Rind eines gewarnten Besitzers, das einen Bürger bzw. einen Sklaven tötet. In beiden Fällen wird eine finanzielle Schadensvergütung gefordert, deren Höhe vom Status des Opfers abhängt. §§ 56, 57 beschreiben den Fall eines Hundes eines gewarnten Besitzers, der einen Bürger oder einen Sklaven totbeißt. Auch in diesem Fall wird eine finanzielle Vergütung auferlegt. § 58 nennt einen anderen Fall von Nachlässigkeit: eine Mauer erschlägt einen Bürger; der Eigentümer, der um deren Baufälligkeit wußte, ist des Todes schuldig (vgl. Dtn. 22,8).

Auch CH nennt den Fall des stößigen Rindes. Wenn ein Rind einen Menschen zu Tode stößt, so kann keine Forderung erhoben werden (§ 250); dies ist erst möglich, wenn der Besitzer offiziell von der Art des

---

kpr pi. darstellt, sowie die Frage nach der Etymologie lasse ich außer Betracht. Muß *kpr* vom arabischen *kaffara*, 'bedecken', oder vom akkadischen *kuppuru*, 'abwischen' und 'kultisch reinigen', abgeleitet werden? J. Milgrom, *IDBS*, Sp. 78, ist der Meinung, daß keine Rede von einem Dilemma sei, denn die Wurzel habe sowohl die Konnotation von 'rubbing off' als auch von 'rubbing on'.

[138] Zu 'Lösegeld' (I Sam. 12,3; Jes. 43,3; Am. 5,12; Ps. 49,8; Hi. 33,24; 36,18; Prov. 6,35; 13,8; 21,18; Mt. 20,28; Mk. 10,45) siehe ferner B. Janowski, "Auslösung des verwirkten Lebens", *ZThK* 79 (1982), S. 25-59, und (mit anderen Schwerpunkten) A. Schenker, "kŏper et expiation", *Bib* 63 (1982), S. 32-46.

[139] Oft hat *kpr* Bezug auf das gestörte Verhältnis Gott-Mensch. Dieses bleibt hier außer Betracht. S. dazu die genannte Literatur und Houtman*, *Exodus*, III, S. 181ff.

[140] Vgl. auch Num. 35,25.32 und zur Kompensation im allgemeinen z.B. Num. 3,11ff.; 8,17ff. (s. Houtman*, *Exodus*, II, S. 163f.).

[141] Gen. 32,21; Ex. 30,15f. (die Schuld, die der Mensch mit seinen Leben bezahlen müßte, wird durch materielle Gaben eingelöst).

Tieres unterrichtet wurde; dann wird von ihm eine Vergütung gefordert, dessen Höhe vom sozialen Status des Opfers abhängt (§§ 251, 252).

Weder CE noch CH nennen die Möglichkeit der Todesstrafe. Auch findet sich keine Forderung, das bösartige Tier niederzumachen. Nach Westbrook*, S. 86, ist letzteres vorausgesetzt. Ebensowenig wird ein Unterschied zwischen Erwachsenen und Kindern gemacht. CH nennt im Fall des stößigen Rindes nicht, wie in anderen Fällen von Nachlässigkeit, die stellvertretende Talio als Sanktion (§§ 230, 231). Behauptet wurde, daß die betonte Ausweitung der Vorschrift von 21,28-30 auf Kinder (21,31) gegen die Praxis der stellvertretenden Talio gerichtet gewesen sei (z.B. Fishbane*, S. 211f., 247, 336). Für solch eine Schlußfolgerung gibt es zuwenig Anhaltspunkte. Es ist auch möglich, daß die Vorschrift die Gewohnheit kritisiert, für ein Kind nur eine geringe Kompensation, z.B. die Vergütung für einen Sklaven (21,32), zu geben. Zur unterschiedlichen Wertschätzung von Personen s. Lev. 27,1-8.

Paul* ist der Ansicht, daß im Vergleich mit den mesopotamischen Parallelen Ex. 21,28-32 beherrscht sei von einer "completely different *Weltanschauung*" (S. 79); seiner Meinung nach ist das Herbeiführen eines Vergleichs oder eine Entschädigung ausgeschlossen; zumindest gilt nach der Bibel (vgl. Num. 35,31): "homicide is an unpardonable offence" (S. 82). Der Standpunkt von Paul* ist anfechtbar. Er kreiert einen zu forcierten Gegensatz. Außerbiblische Texte erlauben nicht immer im Falle von Nachlässigkeit das Herbeiführen eines Vergleichs. CE § 58 (s.o.) nennt diese Möglichkeit nicht und fordert die Todestrafe. Aus Ex. 21,30 ist ersichtlich − man kann den Vers kaum anders interpretieren −, daß man in Israel mit dem Vergleich bzw. der Entschädigung als Genugtuung für den Tod infolge grober Nachlässigkeit bekannt war. Es kann sogar nicht ausgeschlossen werden, daß stellvertretende Talio im Bundesbuch einen Ort hatte (s. 5.4.4.4).

KAPITEL VI

BESCHÄDIGUNG FREMDEN EIGENTUMS

6.0 EINLEITUNG

21,33-22,16 kann als ganzes unter der Überschrift 'Beschädigung fremden Eigentums' behandelt werden. Verschiedene Schadensformen am Eigentum anderer passieren Revue. Die eigentliche Zielsetzung der Vorschriften liegt in der Achtung des Eigentums anderer. Wer einem anderen bewußt oder aus Nachlässigkeit einen Schaden zufügt, muß eine 'Vergütung' geben. Das Stichwort 'Vergütung' schweißt den Abschnitt 21,33-22,16 zu einer Einheit zusammen. 18× findet sich das Verb *šlm*[1] pi. (10× *jᵉšallæm*; 4× *šallēm jᵉšallæm* [Inf. abs. + Impf.; s. z.B. Ges-K § 113n; Joüon § 123e] in 21,33-22,14 [21,34.36(2×).37; 22,2(2×).3.4.5(2×).6.8.10.11.12. 13(2×).14]). Die geforderte Vergütung variiert. Sie ist abhängig von den Umständen, unter denen der Schaden am Besitz des anderen erfolgte, je nachdem ob die Rede ist von höherer Gewalt (21,35; vgl. auch 22,9-12.13), von Schuld infolge von Nachlässigkeit oder Pflichtversäumnis (21,33.34.36; 22,4.5; vgl. auch 22,9-12.13) oder von böser Absicht (21,37; 22,3.6.8).

Der Gebrauch von *šlm* könnte als Argument dafür gebraucht werden, die Grenze des vorliegenden Abschnitts bei 22,14 zu ziehen. Da auch in 22,15-16 von einer Beschädigung fremden Eigentums die Rede ist und 22,15-16 formal (aufgrund der Verwendung von *wᵉkî* und *'im*) eine feste Beziehung zum Vorhergehenden aufweist, findet daher die Besprechung von 22,15-16 im Rahmen dieses Abschnitts statt. In bezug auf die Abgrenzung möchte ich noch darauf hinweisen, daß durch die Wahl von 21,33 als Scheidung zwei Teile, die beide das stößige Rind zum Thema haben (21,28-32 und 21,35-36), voneinander getrennt werden.[2] Die Abgrenzung ist der Übersicht halber notwendig, weist aber Beschränkungen auf.

Im vorliegenden Abschnitt werden die allgemeinen Vorschriften mit *(wᵉ)kî* eingeleitet (21,33.35.37; 22,4.5.6.9.13.15 [s. 4.2.1]; vgl. die masoretische Einteilung: *sᵉtûmâ* vor 21,33 usw.; *pᵉtûhâ* vor 22,13 [BHS;

---

[1] Die Wurzel *šlm* ist Gegenstand ausführlicher Diskussion; s. *THAT*, II, Sp. 919ff.; *ThWAT*, VIII, Sp. 93ff.

[2] Sprinkle*, S. 104ff., verteidigt die Auffassung, daß 21,28-36 eine strukturelle Einheit bildet.

sᵉtûmâ in BHK¹⁻²]); die Beschreibung einer besonderen Situation wird mit
(wᵉ) 'im eingeleitet (22,1.2.3.7.11.12.14.16 [s. 4.2.1]; vgl. auch den
Gebrauch von *'ô* in 21,36).[3]

6.1 SCHADEN AN FREMDEM VIEH (21,33-36)

6.1.1 *Übersetzung*

21,33 *'Und wenn jemand eine Grube offen läßt oder wenn jemand
beim Aushauen einer Grube ist und sie nicht zudeckt und es fällt ein Rind
oder ein Esel hinein,*
34 *dann muß der Besitzer der Grube eine Vergütung geben, mit Geld
muß er dessen Besitzer* (des Tieres) *entschädigen. Das tote Tier aber fällt
ihm* (dem Besitzer der Grube) *zu.*
35 *Und wenn jemandes Rind das Rind eines anderen so hart stößt, daß
es stirbt, dann müssen sie das lebende Rind verkaufen und seinen Erlös
teilen. Auch das tote Tier müssen sie* (unter sich) *aufteilen.*
36 *Falls bekannt war, daß das Rind vorher schon die Neigung zu
stoßen hatte, und sein Besitzer trotzdem nicht auf es achten wollte, dann
muß er eine vollständige Vergütung geben, ein Rind für das betreffende
Rind. Das tote Tier aber fällt ihm* (dem Besitzer des stößigen Rindes) *zu'.*

6.1.2 *Exegetische Anmerkungen*

21,33 *ptḥ* (vgl. *ThWAT*, VI, Sp. 820ff.), 'öffnen' (nur hier im Bundesbuch),
eventuell kann an das Ausgraben einer zugeschütteten Grube gedacht werden.
'jemand', gemeint ist der in 21,34 genannte Besitzer oder eventuell eine zu
seinem Haus gehörende Person, ein Sohn oder eine Tochter, Sklave oder Sklavin,
für die er die Verantwortung trägt. *bôr*,[4] eine Zisterne oder ein Kornspeicher. *'ô*,
'oder', s. 21,4. *krh* I (s. *ThWAT*, IV, Sp. 318ff.), 'graben', 'aushauen' (Gen.
26,25; Num. 21,18 u.a.). In TPsJ folgt auf 'Grube': *bšwq* ', 'in der Straße' (vgl.
Raschi: auch wer auf öffentlichem Gelände gräbt, kann zur Verantwortung
gezogen werden). *ksh* (s. *ThWAT*, IV, Sp. 272ff.), 'zudecken'; vgl. Gen. 29,2f.
npl, 'fallen' (s. 21,18), gemeint ist: tödlich fallen (vgl. 21,34). Nicht immer
braucht es so übel ausgehen (vgl. Mt. 12,11; Lk. 14,5). Auch für Menschen kann
eine Grube eine Gefahr darstellen (vgl. Mt. 15,14; Lk. 6,39; 14,5). *šāmmâ*,
Sam.Pent.: *šām.* 'Rind' (s. 21,28), in der LXX wird in 21,33 übersetzt mit
μόσχος (vgl. 21,37 u.a.), in 21,35.36 ebenso wie in 21,28.29.32 mit ταῦρος.

---

[3] Zur Abgrenzung und Komposition s. besonders Osumi*, S. 119ff.; Otto*, *Wandel*,
S. 12ff.; Schwienhorst-Schönberger*, S. 47ff., 142ff.
[4] Siehe Ph. Reymond, *L'eau, sa vie et sa signification dans l'Ancien Testament*, Leiden
1958, S. 133f.

ḥᵃmôr, 'Esel', Reit-, Zug- und Lasttier (vgl. 22,3.8f.; 23,4f.12 und s. *ThWAT*, II, Sp. 1036ff.; Houtman*, *Exodus*, I, S. 133f.), Sam.Pent.: + *'ô kol bᵉhēmâ* (vgl. 21,28 u.a.). Rind und Esel, die wertvollsten Tiere, werden hier exemplarisch für Vieh im allgemeinen genannt.

21,34 *ba'al*, s. 21,3. *kæsæf* (s. 21,11), 'in klingender Münze' (Ehrlich) muß der Schaden vergütet werden, vielleicht weil bei einer Vergütung in Naturalien die Frage auftauchen könnte, ob das gegebene Tier wirklich dem umgekommenen Tier gleichwertig war (Holzinger); Raschi: gefordert wird eine Vergütung in Form von etwas, das Geld wert ist. Es besteht kein Grund, hier mit Baentsch *kaspô* (vgl. 21,35) zu lesen. *šwb* hi. (s. *THAT*, II, Sp. 844ff.; *ThWAT*, VII, Sp. 1118ff.) begegnet im Bundesbuch mit der Bedeutung 'zurückgehen', 'zurückbringen' (vgl. auch 22,25; 23,4). *lib'ālâw*, LXX: τῷ κυρίῳ αὐτῶν, 'ihrem Besitzer', d.h. dem Besitzer der Tiere; in der Vulg. fehlt eine Übersetzung von *lib'ālâw*, wobei ein größere Deutlichkeit angestrebt wird mit der Übersetzung *reddet pretium iumentorum*, 'er muß den Preis der Tiere bezahlen'; in TPsJ folgt auf 'seinem Herrn': 'als Preis für sein Rind und seinen Esel'.

wᵉhammēt, 'und das tote Tier', TPsJ: *wnby lt'*, 'der Kadaver' (vgl. Vulg.). Auf wen bezieht sich *lô*? Gemäß Mek., III, 93f. (vgl. Raschi; Nachmanides), ist der Besitzer des Tieres gemeint, wobei der Wert des Kadavers vom Betrag, den der Besitzer der Grube zu zahlen hat, abgezogen wird. Näher liegt, daß der Besitzer der Grube den Kadaver erhält. Das Fell und auch das Fleisch, zumindest vom Rind (vgl. Lev. 17,15; 22,8; Dtn. 14,21 und s. auch Ex. 21,28 und 22,30), waren wertvoll (der Esel galt als unrein) und kompensierten die Entschädigung einigermaßen.

21,35 *ngp* (s. 21,22), offensichtlich geht es um das Zufügen einer Verletzung, egal wie diese erfolgte (vgl. Mek., III, 94; Raschi). In der LXX ist *jiggōf* auf dieselbe Weise übersetzt wie *jiggaḥ* in 21,28 u.a. (κερατίσῃ). Im Sam.Pent. folgt auf *'iš* und auf *rēʿēhû*: *'ô kol bᵉhēmâ*; zu dieser Generalisierung s. 21,28.33. *mkr*, s. 21,7; Subjekt sind die betroffenen Besitzer. Sam.Pent. hat infolge der Generalisierung nur *'æt haḥaj* (s. 1,14) als Objekt. *ḥaj*, 'lebend', Adjektiv (auch 22,3), Derivat von *ḥjh* (s. 22,17).

ḥṣh, '(ver)teilen' (vgl. z.B. Gen. 32,8; Num. 31,27.42). *kaspô*, 'seinen Erlös', der Betrag, den das lebende Tier einbringt (vgl. Ges-K § 135m); vgl. TPsJ: *dmjh*. Zu *wᵉgam* s. 21,29. Auch das tote Tier (LXX: 'der tote Stier'; Vulg.: 'der Kadaver des toten [Tieres]') muß geteilt werden. Offensichtlich ist damit gemeint, daß der Ertrag (explizit angedeutet in TO, TPsJ, TNf, FT) des Fells und des Fleisches nach dem Verkauf geteilt werden muß.

In der Vorschrift wird keine Aufmerksamkeit darauf gerichtet, daß der Wert der betreffenden Tiere unterschiedlich sein kann. In diesem Fall wird der Schaden des einen Besitzers bei der Teilung des Ertrags größer sein als der eines anderen. Es ist sogar möglich, daß einer von beiden einen Vorteil daraus schlagen kann (vgl. die Diskussion in Mek., III, 95f.; vgl. Raschi).

21,36 Die Beschreibung einer besonderen Situation wird hier nicht mit *'im*, sondern mit *'ô* eingeleitet (vgl. KöSynt § 371; Ges-K § 159cc); vgl. LXX: ἐὰν δὲ. *yd'* (s. *THAT*, I, Sp. 682ff.; *ThWAT*, III, Sp. 491ff.), 'kennen', 'wissen', begegnet nur hier (ni.) und in 23,9 (qal) im Bundesbuch. *šôr naggāḥ* (s. 21,29), Sam.Pent.: *bᶜhēmâ makkœh*, vgl. 21,28; auch in 21,36b hat Sam.Pent. *bᶜhēmâ* anstelle von *šôr. mitmôl šilšōm* (s. 21,29), man beachte die formale Übereinstimmung mit *šallēm jᶜšallēm* und *hammēt* im weiteren Verlauf des Verses. Nach *šilšōm* folgt in der LXX, daß der Besitzer gewarnt war (vgl. 21,29); die Anmerkung ist juristisch bedeutsam: der Besitzer wurde über den bösartigen Charakter seines Rindes informiert und hat daher keine Entschuldigung. *šmr*, s. 21,29.

Laut Holzinger erfolgte die Vergütung dadurch, daß die verantwortlich gemachte Person ihr Rind dem anderen überträgt; die Vergütung müsse adäquat sein, da das überlebende Tier bewiesen hat, stärker zu sein. Explizit wird allerdings nur eine Kompensation für den Verlust gefordert in Form eines lebenden, natürlich gleichwertigen Rindes (zu *taḥat* s. 21,23-25). Über das stößige Rind wird weiter nicht mehr gesprochen (vgl. 21,28.29.32). 'das tote Tier' (vgl. 21,34), TPsJ konkret: 'der Kadaver und das Fell'; TNf: *whnjjth dmjt'*, 'was das tote Tier einbringt' (vgl. TNf 21,34b.35b; FT 21,35b).

Zu einer ausführlichen Besprechung von 21,35-36 im Verhältnis zu 21,28-29 s. Schwienhorst-Schönberger*, S. 147ff. Es sei noch angemerkt, daß jenes stößige Rind unbehelligt bleibt. Solange es keinen Menschen bedroht, darf es anscheinend am Leben bleiben.[5]

6.1.3 *Kommentar*

In 21,33-36 werden zwei (vgl. die masoretische Einteilung) Fälle von Schäden an fremdem Vieh beschrieben. Der erste Fall (21,33-34) bezieht sich auf folgende Situation: ein Rind oder ein Esel fällt, offensichtlich auf frei zugänglichem Gelände, in eine offenstehende Zisterne oder eine als Kornspeicher bestimmte Grube, während niemand dort die Aufsicht hatte. Dem Besitzer der Grube kann grobe Nachlässigkeit vorgeworfen werden (vgl. Dtn. 22,8). Eine Grube ohne Aufsicht muß zugedeckt werden. Der Besitzer der Grube ist darum verpflichtet, den geschädigten Viehbesitzer zu entschädigen.

Der zweite Fall (21,35-36) bezieht sich auf ein bösartiges Rind, das nun nicht einen Menschen (vgl. 21,28-32), sondern ein fremdes Rind tödlich verwundet. In diesem Fall kann dem Besitzer keine Nachlässigkeit vorgeworfen werden, außer wenn das Rind früher schon aggressiv war. In diesem Fall trifft den Besitzer die Schuld, weil er besser auf das Tier hätte achten müssen, und muß er den Geschädigten entschädigen (21,36). War das betreffende Rind jedoch nicht bösartig, dann liegt ein Fall

---

[5] Sprinkle*, S. 125f., gibt eine wenig überzeugende theologische Erkärung: im Falle des Todes eines Menschen, dem Bild Gottes, wird 'the divine hierarchy' angetastet (und die Steinigung als religiöse Strafe gefordert); im Falle des Todes eines Tieres nicht.

höherer Gewalt vor, so daß die beteiligten Besitzer den Schaden gemeinsam tragen müssen (21,35).

Eine Situation, wie sie in 21,33f. beschrieben wird, findet sich auch in
Gesetzestexten aus Israels Umwelt. Für einen Fall vollständiger Schadensvergütung von Schaden an fremdem Besitz durch Nachlässigkeit s. CH
§ 125 (vgl. Paul*, S. 84); vgl. auch CH §§ 42-43; 53-55; 235-237. Eine
Parallele zu 21,35, die Yaron*, S. 292, als 'probably the closest parallel,
known so far, between a rule in an ancient Near Eastern legal text and a
biblical provision' bezeichnet, findet sich in CE § 53: die Besitzer teilen
den Verkaufspreis des lebenden und das Fleisch des toten Tieres unter
sich auf. Die Vorschriften sind übrigens nicht ganz identisch. In 21,35
wird bestimmt, daß der Betrag nach dem Verkauf verteilt wird. In CE
§ 53 ist offensichtlich gemeint, daß der Besitzer das lebende Tier behalten
darf, aber die Hälfte des festgelegten Verkaufspreises dem anderen zu
zahlen hat (vgl. Schwienhorst-Schönberger*, S. 151f.).

6.2 VIEHDIEBSTAHL (21,37-22,3)

6.2.1 *Literatur*

B.S. Jackson, *Theft in Early Jewish Law*, Oxford 1972; A. Marx, "Sacrifice de réparation et rites de leveé de sanction", *ZAW* 100 (1988), S. 183-
198; Otto*, *Rechtsgeschichte*, S. 68ff.; ders.*, *Wandel*, S. 19ff.; Paul*,
S. 85ff.; Schenker*, S. 36ff.; J. Schoneveld, "Le sang du cambrioleur -
Ex 22,1-2", in: M.A. Beek u.a. (Hg.), *Symbolae Biblicae et Mesopotami-
cae* (FS F.M.Th. de Liagre Böhl), Leiden 1973, S. 335-340; Schwienhorst-Schönberger*, S. 162ff.; Westbrook*, S. 111ff.

6.2.2 *Übersetzung*

21,37 *'Wenn jemand ein Rind oder ein Stück Kleinvieh stiehlt und
schlachtet oder verkauft, dann muß er fünf Stück Großvieh als Vergütung
für das Rind geben und vier Stück Kleinvieh für das Stück Kleinvieh.*
22,1 *Falls der Dieb beim Einbruch erwischt und so geschlagen wird, daß
er stirbt, dann ist es keine Blutschuld-Angelegenheit.*

*2 Falls so etwas am hellen Tage geschieht, ist es wohl eine Blut-
schuld-Angelegenheit. – Er (der Dieb)* muß ohne Pardon Vergütung
geben. Falls er kein Eigentum hat, dann muß er als Kompensation für das
Gestohlene verkauft werden.

*3 Falls das Gestohlene, ob es nun ein Rind ist oder ein Esel oder ein
Stück Kleinvieh, lebend in seinem (des Diebes) Besitz angetroffen wird,
dann muß er es doppelt vergüten'.*

6.2.3 Exegetische Anmerkungen

21,37 *kî* (s. 4.2.1), Sam.Pent.: *wᵉkî*; vgl. LXX, Pesch. *jignōb* (vgl. Ges-K § 47f.), Impf. von *gnb* (s. 21,16). 'jemand', gemeint ist ein freier Israelit. 'Rind', s. 21,28. *'ô*, 'oder', s. 21,4. *śæh*, 'ein Stück Kleinvieh' (auch 22,3.8.9), ein Exemplar der Herde (*śō'n*), ein Schaf oder eine Ziege, ungeachtet Geschlecht oder Alter (s. ThWAT, VII, Sp. 718ff.). *ûᵗbāhô*, Perf. cons. (vgl. KöSynt § 368e) von *ṭbh* (vgl. *zbh*, s. 20,24), 'schlachten' (s. ThWAT, III, Sp. 302ff.). *mkr*, s. 21,7. *hᵃmiššâ*, 'fünf', s. Houtman*, *Exodus*, I, S. 65. *bāqār*, 'Großvieh', Bezeichnung für Rinder im allgemeineren Sinn, ungeachtet ihres Geschlechts oder Alters (s. 20,24). *tahat*, vgl. 21,26.27. *'arba'*, 'vier', s. Houtman*, *Exodus*, I, S. 64f., vgl. II Sam. 12,6. *śō'n*, 'Kleinvieh' (vgl. auch 22,29 und s. 20,24), Bezeichnung für Schafe und Ziegen, ungeachtet ihres Geschlechts oder Alters; zusammen bilden sie gewöhnlich eine Herde (Gen. 30,31f. usw. und s. Houtman*, *Exodus*, I, S. 132).

Wie groß ist konkret der Vorteil für den Besitzer? Gewöhnlich nimmt man an, daß sich sein Besitz durch die Vergütung um vier Rinder bzw. drei Stück Kleinvieh vergrößert (vgl. Jackson, S. 130f.). Der Unterschied in der Vergütung wird in TPsJ auf zweierlei Weise begründet: der Dieb hat das Stück Kleinvieh tragen müssen (und das ist unehrenhaft); das Rind erfüllt eine Funktion bei der Arbeit; der zugefügte Schaden sei daher größer (vgl. auch Mek., III, 99; Raschi; zu anderen jüdischen Interpretationen s. Leibowitz*, S. 366ff.). Es liegt auf der Hand, daß der Umfang der Vergütung durch den Wert des Tieres bestimmt wird. Zur siebenfachen Vergütung s. Prov. 6,31; II Sam. 12,6LXX. Vgl. auch Gen. 31,39.

22,1 22,1.2a zeichnen sich durch Ausgewogenheit aus (vgl. 21,20f.). Nicht nur der Bestohlene (22,1), sondern auch der Dieb wird beschützt. Der Bestohlene darf sich selbst verteidigen; ihm kann im Falle von Notwehr kein Mord angelastet werden. Wenn er sich allerdings von zügelloser Rachsucht treiben ließ, muß er zur Verantwortung gerufen werden.

mahtæræt (vgl. Jer. 2,34), 'das Eindringen' (Derivat von *htr*; vgl. Ez. 8,8; 12,5.7.12), nämlich in den Pferch, wo das Vieh gestallt ist (vgl. Joh. 10,1). TPsJ (sehr konkret): *bhrk' dkwtl'*, 'in der Öffnung einer Mauer'; vgl. LXX: ἐν τῷ διορύγματι. 22,1 und auch 22,2 beziehen sich nicht auf Viehdiebstahl, sondern auf einen Hauseinbruch (s. auch z.B. Raschi). Sehr deutlich ist dies auch der Fall in der Vulg.: *si effringens fur domum sive suffodiens*, 'wenn ein Dieb beim Einbrechen oder Untergraben eines Hauses'. *mṣ'* ni., s. 21,16. *nkh* ho., s. 5.0; Sam.Pent.: *wᵉhikkāhû*, 'und er schlägt', Subjekt ist der Besitzer, der Viehhüter; Objekt ist der Einbrecher; 'sterben', s. 5.0. *'ên*, s. 21,11. *dāmîm* (Sam.Pent.: Sing. *dām*, auch in 22,2 [s. auch Num. 35,27]; vgl. auch TO, TPsJ, TNf, SamT), Plur. (vgl. KöSynt § 259c, Ges-K § 124n) von *dām*, 'Blut', das sowohl im Zusammenhang mit Menschen als auch Tieren verwandt wird. Im Bundesbuch begegnet es im Plur. mit der Bedeutung 'Blutschuld' (22,1f.; vgl. Dtn. 19,10; 22,8; I Sam. 25,26.33) und im Sing. zur Bezeichnung des Blutes von Opfertieren (23,18). Hier muß es bei der Anmerkung belassen werden, daß Blut eine wichtige Rolle in der Erlebnis- und Vorstellungswelt des antiken Menschen spielt.[6]

Auf wen bezieht sich *lô* in 22,1b und 22,2a (vgl. auch *'ālâw* in 22,2a)? Auf denjenigen, der schlägt (den Viehbesitzer oder Hirten), oder auf den Dieb? Es ist gebräuchlich, *lô* auf erstgenannte Person zu beziehen. Bereits in den meisten alten Übersetzungen hatte man sich hierfür entschieden. Siehe den Schluß von 22,1 in LXX: οὐκ ἔστιν αὐτῷ φόνος, 'er ist nicht des Mordes schuldig'; Vulg.: *percussor non erit reus sanguinis*, 'wird der Totschläger keine Blutschuld haben'; TPsJ und TNf sagen explizit, daß die Person, die geschlagen hat, nicht schuldig ist am Vergießen von unschuldigem Blut. In PT[A] wird *lô* hingegen auf den Einbrecher bezogen: *lh tbw' 'dm*, 'für ihn ist ein Bluträcher'. Auch Raschi bezog *lô* auf den Dieb; er versteht 22,1b wie folgt: der Dieb ist ein Mensch ohne Blut und Seele, d.h. bereits ein toter Mann, weil er durch seinen mörderischen Plan das Recht auf Schutz von seiten der Gemeinschaft verloren hat (vgl. Leibowitz*, S. 373).

Die 'traditionelle' Auffassung, daß 22,1b; 22,2a in dem Sinne verstanden werden müssen: 'es ist (keine) Blut(schuld) auf ihm', d.h. er hat (k)einen Mord begangen, wurde in jüngster Zeit bestritten. *lô* wurde auf den Dieb bezogen. Ehrlich ist der Ansicht, daß − sollte der Viehhirte die gemeinte Person sein − die Präposition *'al* hätte gebraucht werden müssen (vgl. Dtn. 19,10), und interpretiert wie folgt: 'es wurde (k)ein Mord an ihm begangen'. Schoneveld, S. 330, 339f., bezieht *lô* ebenfalls auf den Dieb: der getötete Dieb hat (k)ein Blut, das um Rache schreit, d.h. der Dieb trägt (k)eine Verantwortung für seinen Tod. Ob man *lô* auf den Dieb oder auf den Totschläger bezieht, ist für die Tendenz unerheblich. Objektiv betrachtet, ist die traditionelle Auffassung am wahrscheinlichsten. Ich habe mich für eine Übersetzung *ad sensum* entschieden. Siehe ferner zu 22,2a.

22,2 *zār°ḥâ* (Sam.Pent.: *zāraḥ*; *šœmœš* wird offensichtlich als Maskulinum aufgefaßt [vgl. Gen. 19,23]), Perf. von *zrḥ* mit *šœmœš*, 'Sonne' (vgl. 22,25 und s. *THAT*, II, Sp. 987ff.; *ThWAT*, VIII, Sp. 306ff.), als Subjekt, 'aufgehen' (s. *THAT*, II, Sp. 993; *ThWAT*, II, Sp. 661ff.).

'ālâw beziehe ich auch den Viehhüter/Besitzer, und nicht auf das Geschehen (Brockelmann § 164bβ) oder den Dieb(stahl) (z.B. Baentsch). Die ersten Worte von 22,2 beinhalten eine Zeitangabe und Situationsbeschreibung: ein Fall, wie er in 22,1b beschrieben ist, findet nach Sonnenuntergang statt. Aus der Formulierung ist ersichtlich, daß 22,1b sich auf einen Totschlag eines nächtlichen Eindringlings bezieht; wird dieser tagsüber erschlagen, liegt ein Mord vor. Warum? Offensichtlich wird vorausgesetzt, daß jemand, der einen Dieb nachts erwischt, zu sehr gewalttätigem Handeln befugt ist, weil sein eigenes Leben unter diesen Umständen in Gefahr schwebt (vgl. Hi. 24,14.16b; Mt. 24,43). Tagsüber ist dies nicht der Fall, weil dann die Person, bei der eingebrochen wird, erheblich weniger wehrlos ist (er kann um Hilfe rufen usw.), während der Einbrecher dann der Schwächere ist (er kann erkannt werden und sich nicht so einfach davonmachen).

---

[6] Sie weiter z.B. *THAT*, I, Sp. 448ff.; *TRE*, VI, Sp. 727ff.; *ThWAT*, II, Sp. 248ff.; C.J. Bleeker, "Blut ist ein ganz besonderer Saft", in: ders., *The Sacred Bridge*, Leiden 1963, S. 206-219; Houtman*, *Exodus*, I, S. 400ff.

Doch stellt diese Interpretation den Exegeten vor die Frage: ist es nicht möglich, daß auch am hellichten Tage die Rede von notwendiger Selbstverteidigung, von Notwehr mit fatalem Ablauf für den Eindringling sein kann? Ein Totschlag von jemandem, der tagsüber eingedrungen ist, kann doch nicht generell als Mord bezeichnet werden? Und Totschlag bei Nacht kann doch nicht in allen Fällen als Notwehr gelten? Oder bezieht sich 22,2a gar nicht auf Einbruch bei Tage, sondern auf den Fall, daß der Besitzer tagsüber den Mann trifft, der nachts bei ihm eingebrochen ist? Ist er ein Mörder, wenn er den Dieb dann tötet?[7]

Erwähnenswert ist, daß 22,2a in TPsJ und TO nicht als Zeitbestimmung verstanden wurde. Mit der Konsequenz, daß 22,1 in TPsJ und TO nicht ein Fall von nächtlichem Einbruch, sondern von Einbruch im allgemeinen ist. In TPsJ wird 22,2a interpretiert als Bildsprache: 'wenn die Sache sonnenklar ist'; dieser Anmerkung folgt eine Erklärung, nämlich daß der Dieb nicht eingedrungen ist, um zu töten, der andere aber ihn doch tötet (dann sei unschuldiges Blut vergossen). Gemeint ist offensichtlich, daß der Totschläger nur dann frei ausgehen darf, wenn ein evidenter Fall von Notwehr vorliegt (vgl. auch Mek., III, 101ff.; bSan. 72a; Raschi). TO 22,2a lautet in der Übersetzung: 'Wenn das Auge von Zeugen auf ihn gefallen ist'. Die Zielsetzung liegt darin, daß, wenn Zeugen anwesend sind, der Dieb keine Neigung zum Totschlag haben wird. In jedem Fall hat auch TO Bezug auf eine Situation, in der eine Berufung auf Notwehr nicht möglich ist.[8]

In LXX und Vulg. wird 22,2a als Zeitangabe verstanden (vgl. auch TNf, Pesch. und z.B. Nachmanides), aber eine vom MT abweichende Interpretation gegeben. *šallēm j˓šallēm* ist zu 22,2a gezogen. In der LXX lautet der Nachsatz: ἔνοχός ἐστιν, ἀνταποθανεῖται, 'dann ist er schuldig, er muß mit seinem Tod bezahlen' (vgl. Frankel*, S. 81); Vulg.: *homicidium perpetravit et ipse morietur*, 'dann hat er einen Mord begangen und muß sterben'. Subjekt von *šallēm j˓šallēm* ist der Dieb und nicht der Besitzer (vgl. Jackson, S. 155). In TPsJ wird ein fließender Übergang zwischen 22,2a und 22,2b erreicht durch die Einfügung: 'und wenn er (der Dieb) seinen Händen zu entwischen weiß, ...'. Ist dies gemeint? Muß der Mann, der bei einem versuchten Einbruch lebend davongekommen ist, als Strafe für seine schnöde Tat eine Buße zahlen (vgl. CE §§ 12, 13; HG §§ 94-95), deren Höhe in Abhängigkeit zu dem Wert steht, den er stehlen wollte? Wahrscheinlicher ist, daß angeknüpft wird bei 21,37 und das implizite Objekt die dort genannte Vergütung ist (vgl. Schwienhorst-Schönberger*, S. 178ff.). Es ist möglich, daß auf *lô* im Fragment 2QEx^b (s. *DJD*, III, S. 53f.) *lšlm*, 'zur Vergütung', folgte; vgl. TPsJ: *mh dmšlm*; Vulg.: *quod pro furto reddat*, 'etwas, womit er den Diebstahl vergüten kann'.

bignēbātô (s. 21,16), 'als Kompensation für das Gestohlene', mit *b-pretii* (z.B. Williams § 246); vgl. Jackson, S. 139ff.; Schwienhorst-Schönberger*, S. 179f.

---

[7] Vgl. Schwienhorst-Schönberger*, S. 177, und s. Jer. 2,34. Fishbane*, S. 312ff., meint, daß in Jer. 2,26.34 Ex. 22,1.2a angewandt wird.

[8] Vgl. die unterschiedlichen Interpretationen bei Raschi und Nachmanides und s. Leibowitz*, S. 374ff.

Wenn der Dieb nicht in der Lage ist, die auferlegte Kompensation zu geben, kommt er in Schuldsklaverei, sei es beim Besitzer des gestohlenen Viehs, sei es bei einem anderen (s. 4.2.4). In TPsJ ist explizit eine Beziehung zu Ex. 21 gelegt durch die Zufügung: 'und bis zum Sabbatjahr' (vgl. Mek., III, 103). Josephus (*Ant.*, XVI, 3) macht überdies darauf aufmerksam, daß ein Verkauf an Ausländer verboten ist.

22,3 *himmāṣē' timmāṣē'* (s. Ges-K § 51k, 113o; Joüon § 123g, p; Brockelmann § 93b), '(falls das Gestohlene) angetroffen wird', TPsJ: + 'während Zeugen anwesend sind'; LXX: ἐὰν δὲ καταλημφθῇ καὶ εὑρεθῇ, 'wenn er (der Dieb) erwischt wird (vgl. 22,1) und das (Gestohlene) angetroffen wird' (vgl. Prijs*, S. 5f.). 'Rind', nicht in LXX. 'Esel' (s. 21,33), wird in 21,37 nicht genannt; nach Schwienhorst-Schönberger*, S. 172ff., braucht dies kein Grund zu sein, 22,3 ganz oder teilweise einer anderen Hand zuzuschreiben; er weist u.a. darauf hin, daß der Esel als unreines Tier als Objekt von schlachten (21,37) nicht passe. Sam.Pent.: nach Kleinvieh + *'ad kol bᶜhēmâ*.

ḥajjîm (s. 21,35), 'lebend', muß entsprechend der masoretischen Akzente auf das Vorhergehende bezogen werden; in Mek., III, 104 (vgl. Raschi), ist das 'lebend' auf das Folgende bezogen: die Vergütung muß in Form von lebenden Tieren stattfinden (vgl. auch LXX^A; s. Frankel*, S. 94). In Mek., III, 104, findet sich auch die Interpretation 'wilde Tiere'. *šᵉnajim*, 'zwei', 'beide', 'doppelt', 'zweimal' (vgl. 22,6.8.10 und s. Houtman*, *Exodus*, I, S. 61), in Sam.Pent. geht *'æḥad*, 'eins', vorab (eins + zwei; s.u.); vgl. TO, TPsJ, Pesch., SamT (vgl. 22,6.8); s. daneben PT^A: *bdyplh* (auch in 22,6.8) = διπλός.

Ebenso wie in 22,6 ist hier die Rede von einem Fall von Diebstahl, wobei das Gestohlene aufgespürt wird. In 22,6 geht es um wertvolle Objekte, hier um lebende Tiere. In beiden Fällen muß das Gestohlene doppelt vergütet werden. Auf diese Weise wird der Dieb bestraft. Undeutlich ist, wie das 'doppelt' verstanden werden muß. Muß zu jedem einzelnen gestohlenen Tier bei der Rückgabe ein oder zwei Exemplare hinzugegeben werden? Gewöhnlich denkt man an ersteres (Jackson, S. 131f.; vgl. auch Paul*, S. 186, Anm. 2) Der Dieb verspielt, was er einem anderen rauben wollte (vgl. Leibowitz*, S. 362).

6.2.4 *Kommentar*

6.2.4.1 Das Thema von 21,37-22,3 ist 'Viehdiebstahl'. Von den Problemen, vor die die Passage den Ausleger stellt, sind folgende zwei am bedeutendsten:

1. Für das gleiche Delikt werden in 21,37 und 22,3 unterschiedliche Strafen vorgeschrieben. Wie kann das erklärt werden? Wird der Umstand, daß der Dieb das Tier noch nicht geschlachtet hat oder noch keine Möglichkeit hatte, es zu verkaufen (vgl. 21,37), mit einer milderen Strafe 'belohnt'?

2. In 21,37; 22,2b.3 wird die Frage des Strafmaßes behandelt, in 22,1.2a die Frage, wann im Falle von Totschlag eines Diebes eine Blut-

schuld vorliegt und wann nicht. Wie ist das Verhältnis zwischen beiden
Textabschnitten geartet?

Ich möchte mit letzterer Frage beginnen: laut einer von vielen akzep-
tierten Auffassung ist 22.1.2a eine Einfügung und 21,2b der ursprüngliche
und natürliche Anschluß an 21,37. Im Zusammenhang mit dieser Auffassung läßt man manchmal in der Übersetzung 22,1.2a auf 22,3 folgen (s.
z.B. NEB). Angenommen wird, daß sich 22,1.2a nicht speziell auf
Viehdiebstahl beziehe, sondern auf Hauseinbruch (z.B. Paul*, S. 86f., und
schon Raschi). Dies ist zweifelhaft. Obwohl *bammaḥtæræt* und *hag-
gānnāb* in 22,1 mit 'bei *einem* Einbruch' bzw. '*ein* Dieb' übersetzt
werden können (vgl. Ges-K § 126q, r; Joüon § 137m, n), ist wahrscheinlicher, daß *der* Einbruch und *der* (in 21,37 gemeinte) Dieb in dem Haus
(vgl. II Sam. 12,3) oder dem Pferch, wo sich das Vieh befindet, gemeint
ist. 22,1 handelt nicht von einem eigenständigen Fall (dann stünde als
Einleitung *kî*), sondern von einer besonderen Fall − '*im* wird verwendet
−, der in der dargestellten Situation (21,37) eintreten kann. Für die
Schlußfolgerung, daß 22,1.2a eigenständig ist, liegen unzureichende
Argumente vor. 21,37; 22,1.2 bildet einen kohärenten Textabschnitt. Kann
dies auch von 21,37-22,3 gesagt werden? Ich komme hiermit auf die erste
Frage zu sprechen, die bereits die frühen Ausleger beschäftigte (vgl.
Leibowitz*, S. 363ff.).

6.2.4.2 Jackson, S. 40ff., 130ff., 154ff., meint im Anschluß an D. Daube, daß 21,37-22,2a ergänzt worden sei, erst durch 22,2b, später durch
22,3 (vgl. auch Fishbane*, S. 241ff.). Das Strafmaß sei milder geworden.
Otto*, *Wandel*, S. 19ff., nimmt gegenteiliges an; literarisch sei 21,37-22,3
in vier Phasen entstanden; hinter der Passage verbirgt sich seiner Meinung
nach eine Entwicklung in bezug auf die Festlegung des Strafmaßes, die
übrigens nicht parallel laufe mit der literarischen Entstehungsgeschichte:
anfänglich galt für Viehdiebstahl die allgemeine Strafe für Diebstahl (vgl.
22,6.8); die Strafe für Viehdiebstahl sei jedoch verschärft worden; nur im
Fall von Aufklärung des Diebstahls durch kultische Mittel oder wenn die
Tiere lebend gefunden wurden, konnte mit einer doppelten Vergütung
Genüge geleistet werden (22,3).

Von Westbrook*, S. 113ff., wurde die Kohärenz von 21,37-22,3 als
ganzes verteidigt anhand einer neuen Interpretation im Licht der Gesetzgebung des Alten Orients. Seiner Meinung nach beinhalte 21,37-22,3
drei verschiedene Vorschriften. 21,37 handle von der Vergütung, die der
ertappte Dieb bezahlen muß; 22,3 beziehe sich nicht auf die Schadensvergütung durch den Viehdieb. Das Subjekt von 22,3 sei der Mann, der
ein Stück Vieh vom Viehdieb gekauft habe: der Käufer sei zur Schadensvergütung verpflichtet, kann aber seinerseits den Schaden wieder auf den
Dieb abwälzen. 22,1-2 handle von einem versuchten Einbruch.

Westbrook* wird zu Recht von Schwienhorst-Schönberger* (S. 167, 182ff.) bestritten. Auch der Aufbau der Passage – Bestimmung mit *kî*, auf die zwei Bestimmungen mit *'im* folgen – spricht dagegen. Schwienhorst-Schönberger* selbst bietet zwei Interpretationsmöglichkeiten an (S. 168ff., 184ff.): (1) ursprünglich bildeten 21,37; 22,3 eine Einheit; 22,1-2 sei redaktionelle Einfügung; (2) 21,37-22,3 stammt aus *einer* Hand und hat die Form einer Inklusio. Für das unterschiedliche Strafmaß von 21,37 und 22,3 gibt er drei Argumente: (1) wenn eine Schlachtung oder ein Verkauf nicht vorgenommen wurde, dann ist die Chance größer, daß der Diebstahl aufgelöst wird, und daher kann das Strafmaß geringer sein; (2) bedacht muß werden, daß im Fall eines Verkaufs oder einer Schlachtung der Wert des gestohlenen Tieres nicht mehr genau ermittelt werden kann; der Besitzer darf nicht benachteiligt werden; (3) ein Fall wie der von 21,37 wird öfter vorgekommen sein; die Formulierung einer scharfen Sanktion ist so verständlich.

Wie dem auch sei,[9] es läßt sich denken, daß bei der Bestimmung des Strafmaßes berücksichtigt wird, was der Dieb mit dem Tier getan hat.[10] Wenn er es verkauft oder geschlachtet hat (vgl. HG § 73), dann ist überdeutlich, daß er ein Dieb ist. Jemand, der fremdes Vieh in seinem Besitz hat und die Eigentumsmarkierungen entfernt hat (vgl. HG §§ 60-62; MAG F § 1), ist, wenn auch kein Dieb, dann doch in jedem Fall ein betrügerischer Finder. Aus der Tatsache, daß sich ein Stück Vieh von jemandem im Besitz eines anderen befindet, kann nicht ohne weiteres geschlossen werden, daß es gestohlen wurde. Jemandes Vieh konnte unbemerkt in die Herde eines anderen geraten sein. Dann kann man den Besitzer der Herde nicht des Diebstahls bezichtigen (vgl. HG § 66). Vieh kann ausbrechen und von jemandem gefunden werden (vgl. HG § 71) und in dessen Besitz gehalten werden. Wer gefundenes Gut für sich behält, kann nicht auf eine Ebene mit einem Dieb gestellt werden.

Obwohl die Möglichkeit, daß die Bestimmungen über Diebstahl im Laufe der Zeit ausgeweitet wurden, nicht ausgeschlossen werden kann, muß dessen ungeachtet festgehalten werden, daß 21,37-22,3 als kohärente Passage verstanden werden kann.[11]

6.2.4.3 Ähnliche Vorschriften wie die in 22,6-14 finden sich auch in Gesetzestexten aus dem Alten Orient (vgl. auch Leemans [s. 2.1],

---

[9] Zu einer Diskussion der Problematik s. auch Levinson*, S. 48ff.

[10] Es geht zu weit, mit Sprinkle*, S. 139, zu schlußfolgern, daß der Gesetzgeber mit der geringen Strafe den Dieb anspornen will, Reue zu erweisen und zukünftig vom Diebstahl abzusehen.

[11] Auch Lev. 5,20-26 beinhaltet Vorschriften mit Bezug auf das Entwenden von fremdem Eigentum. Zu einem Vergleich mit 21,37-22,3.6-12 s. Marx, S. 186ff.

S. 429ff.).

Im CE §§ 12-13 wird ebenso wie in 22,1-2 bei der Beurteilung eines versuchten Diebstahls der Zeitpunkt der Tat berücksichtigt. § 12 handelt vom Diebstahl einer Getreidegarbe des Landes (vgl. LE § 9); § 13 vom Einbruch in ein Haus. In beiden Fällen muß der Dieb, wenn er tagsüber erwischt wird, eine Buße bezahlen; wird er nachts ertappt, dann muß er seine Tat mit dem Tod bezahlen (vgl. Sick*, S. 55, Anm. 275, 478; Yaron*, S. 273f.). In 22,1.2a steht im Unterschied zu CE §§ 12-13 die Frage nach dem Strafmaß nicht zur Diskussion. Es geht um die Frage, in welcher Situation Selbstverteidigung gerechtfertigt ist. Der mögliche Tod des Diebes ist nicht seine Strafe, sondern die Folge einer Konfrontation des Diebes mit dem Besitzer der Habe. Ihn trifft keine Schuld, wenn er nachts einen Dieb erschlägt. Auf ihm liegt ebenfalls nicht die Pflicht zum Totschlag.

CE § 13 ist nicht eigenständig. CH § 21 bestimmt, daß der Einbrecher vor dem Loch, durch das er versuchte, ins Haus zu gelangen, getötet und aufgehängt werden muß (vgl. Sick*, S. 144; Westbrook*, S. 122, 125, Anm. 53); CH § 25 schreibt vor, daß derjenige, der beim Löschen eines in Brand stehenden Hauses versucht, etwas zu stehlen, in eben dies Feuer geworfen werden muß (vgl. Westbrook*, S. 55, Anm. 72). Auch der Räuber muß seine Tat mit seinem Leben bezahlen; wird er nicht erwischt, obliegt der Stadtverwaltung die Pflicht, den Schaden zu vergüten (CH §§ 22-24; vgl. Sick*, S. 116f.; Walther [s. 2.1], S. 198f.; Westbrook*, S. 23f., 71).

Von einem (versuchten) Hauseinbruch handeln auch HG §§ 93-95. Eine Buße wird vorgeschrieben. Berücksichtigt wird bei der Festlegung der Höhe die Situation (ist der Einbruch gelungen oder nicht) und der soziale Status des Täters (ist es ein freier Mann oder ein Sklave [vgl. auch §§ 96f.]). Ein Unfreier wird überdies mit körperlicher Verstümmelung bestraft: die Nase und die Ohren werden abgeschnitten (§ 95).

Von Viehdiebstahl ist insbesonders in CH § 8 die Rede: der Dieb muß das aus dem Tempel oder Palast gestohlene Vieh dreißigfach vergüten, das Vieh einer Privatperson zehnfach; hat er nichts zu geben, muß er getötet werden. Stiehlt er aus dem Tempel oder Palast Sachgegenstände, gilt im Unterschied zum Viehdiebstahl ein anderes Strafmaß: die Todesstrafe (§ 6). In letztem Falle kann der Diebstahl überzeugend nachgewiesen werden. Befindet sich fremdes Vieh in jemandes Besitz, ist dies schwieriger zu beweisen (vgl. Westbrook*, S. 121f.). In MAG C+G § 8 und MAG F § 1 werden für Viehdiebstahl Buße, Stockschläge und Zwangsarbeit für den König vorgeschrieben.

Die HG schreiben die 15-fache (früher 30-fache) Vergütung bestimmter Stücke gestohlenen Viehs vor (§§ 57-59), für andere − der Wert spielt hierbei eine Rolle — die 10-fache (früher 15-fache) (§§ 63-65), 6-fache (früher 12-fache) (§§ 67-69) oder eine Buße (§§ 81-85, 120). In § 70 ist jedoch die Rede von einer doppelten Vergütung (vgl. 22,3) für ein gestohlenes Rind, Pferd, Maultier oder einen Esel, das vom Eigentümer als sein gestohlenes Tier erkannt wurde. Die gleiche Vergütung muß jemand leisten, auf dessen Grundstück das Rind einer anderen Person getötet wurde (§ 72). Wird nur doppelte Vergütung gefordert, weil der Dieb die Eigentumsmerkmale nicht beseitigt hat? (anders Westbrook*, S. 117f.). In jedem Fall muß ein betrügerischer Finder, d.h. jemand, der die Eigentumsmerkmale entfernt, eine 7-fache Vergütung geben (§§ 60-62). Der ehrliche Finder hingegen, d.h. der Mann, der den Fund bei den Autoritäten meldet, darf gefundene Tiere solange bei sich halten, bis der rechtmäßige Eigentümer sich meldet (§ 71).[12]

Die im Bundesbuch geforderte Strafe für Diebstahl ist mild im Vergleich zu dem, was z.B. CH und HG vorschreiben (s. aber auch Gen. 31,32; 44,9f.16f.). Die Todesstrafe sowie die Forderung nach unerschwinglich hohen Vergütungen fehlt (vgl. Yaron*, S. 269). Otto*, *Wandel*, S. 21f., bietet hierfür eine historische und soziologische Erklärung. Paul*, S. 86, will darin ein typisches Merkmal biblischer Vorschriften erkennen. In jedem Fall wird ein Zusammenhang vorliegen zwischen der Formulierung von schweren Strafen und dem Umstand, daß man in der Praxis den Diebesbanden oft machtlos gegenüberstand und sich daher nicht besser zu erwehren wußte, als schwere Strafen zu formulieren.

6.3 SCHADEN AN FREMDER FELDFRUCHT (22,4-5)

6.3.1 *Übersetzung*

22,4 '*Wenn jemand einen Acker oder einen Weinberg abgrasen läßt, indem er sein Vieh losläßt, und es vom Acker eines anderen frißt, dann muß er, gerechnet nach dem Ertrag des besten Teiles seines Ackers und gerechnet nach dem Ertrag des besten Teiles seines Weinberges, Vergütung geben.*

5 *Wenn Feuer um sich greift und auf Dorngestrüpp überspringt und einen Getreidehaufen verbrennt oder den Acker mit dem noch stehenden Korn, dann muß derjenige, der das Feuer anzündete, eine volle Vergütung geben'.*

---

[12] Zum Diebstahl siehe auch 6.4.

6.3.2 Exegetische Anmerkungen

22,4 *kî* (s. 4.2.1), Sam.Pent.: *wᶜkî*; vgl. LXX, Pesch. *jab'ær* (vgl. Ges-K § 53n, 109h; KöSynt § 192d, e), s.u. 6.3.3.2. 'jemand', ein israelitischer Bauer, eventuell eine zu seinem Haushalt gehörende Person, für die er verantwortlich ist. *śādæh* bezeichnet sowohl das Ackerland (22,4f.; 23,16) als auch die Weidegründe, das Steppengebiet (22,20), wo auch die wilden Tiere, die *hajjat haśśādæh* (23,11.29) hausen (vgl. ThWAT, VII, Sp. 710ff.; Houtman*, *Exodus*, I, S. 248f.); '*ô*, 'oder', s. 21,4; *kæræm* (vgl. ThWAT, IV, Sp. 334ff.), 'Weinberg' (auch 23,11). *wᶜšillaḥ* (s. 21,26) mit *wāw*-explikativum; Raschi bezieht es konkret auf das Zertreten von fremdem Boden; zur rabbinischen Auslegung s. bes. B.S. Jackson, *JJS* 25 (1974), S. 123-136. *bᶜ'îrōh*, zu Ketib (älteres Suffix der 3.Pers. sing.) und Qere (das spätere Suffix) s. Lit. zu 21,8. *biśdēh*, mit *b*-partitivum (Ges-K § 119m; Williams § 251). Für '*aḥēr* (Plur. in 23,23; fem. Sing. in 21,10; s. dort), 'jemand anders', wird öfter (z.B. 21,35) *rē'ēhû* gebraucht; B.S. Jackson, *JJS* 27 (1976), S. 140, schlägt vor, *bᶜśādæh* *ᵃḥēr*, 'auf einem anderen Acker', zu lesen.

mêṭab, St. cstr. von *mêṭāb* (Derivat von *jṭb*, s. THAT, I, Sp. 652ff.; ThWAT, III, Sp. 315ff.), 'das beste (Teil)' (Gen. 47,6.11; I Sam. 15,9.15); vgl. KöSynt § 309f. B.S. Jackson, *JJS* 27 (1976), S. 141, behauptet, daß *mêṭab* hier nicht mehr als 'Ertrag' bedeute. Achtet man auf den Kontext, kann mit *mêṭab* in jedem Fall nicht 'der beste Teil' des Ackers gemeint sein, sondern es muß an den Ertrag desselben gedacht werden; Pesch.: *mn ṭb'* (2×), 'von dem Guten'.

Der Schluß von 22,4 ist nicht ohne weiteres mehr deutlich. Auf wen bezieht sich das Suffix von *śādēhû* und *karmô*? Auf denjenigen, der den Schaden verursacht hat, oder auf die geschädigte Person? (vgl. bereits Mek., III, 110). Ferner kann man sich fragen, warum der Schuldige den besten Teil als Vergütung geben muß. Weil in 22,4 von Nachlässigkeit und in 22,5 von höherer Gewalt die Rede ist? (Baentsch). Oder weil in 22,4 von Absicht und in 22,5 von Unglück die Rede ist? (Paul*, S. 88; vgl. auch Otto*, *Wandel*, S. 22). 22,4 und 22,5 beschreiben jedoch wahrscheinlich verschiedene Fälle von gleicher Art (s.u. und vgl. Schwienhorst-Schönberger*, S. 189). Der Sam.Pent. hat einen ausführlicheren und verständlicheren Text; nach '*aḥēr* folgt: *šallēm jᵉšallēm miśśādēhû kitbû'ātōh wᶜ'im kol-haśśādæh jib'æh*, 'dann muß er von seinem Acker vergüten entsprechend seinem Ertrag; und wenn er den ganzen Acker abgrasen läßt, ...'. Die LXX-Lesart von 22,4 basiert auf der Textüberlieferung, wie sie vom Sam.Pent. geboten wird (vgl. Frankel*, S. 108f.) und die sich auch, wie es scheint, in Qm findet (s. Sanderson*, S. 76f.). Sanderson behauptet, daß *jib'æh* im Sam.Pent. korrupt sei und ursprünglich *jab'ir* gestanden habe. Seiner Meinung nach lasse sich der Textausfall im MT durch Abirren des Auges des Abschreibers von '*aḥēr* nach *jab'ir* erklären (Homoioteleuton).

Verschiedene Exegeten betrachten den Text von Sam.Pent. und LXX als ursprünglich (z.B. Strack, Beer, Childs). Als Übersetzung hat sie einen Platz in modernen Bibelausgaben gefunden (z.B. LV, NEB). Im Hinblick auf Sam.Pent. und LXX erhebt sich übrigens auch die Frage, auf wen sich das Suffix bezieht. Man kann an den Acker der zur Verantwortung gezogenen Person denken: soviel wie beim anderen abgeweidet wurde, soviel muß er vom Ertrag seines eigenen

Landes vergüten. Es kann aber auch der Acker der geschädigten Person sein: der erwartete Ertrag des kahlgefressenen Landes muß errechnet und vergütet werden, es sei in Naturalien, es sei in Geld. In jedem Fall bietet eine Interpretation des MT eine Perspektive, wenn das Suffix auf die benachteiligte Partei bezogen wird: eine Festlegung der Vergütung muß auf der Basis des erwarteten Ertrags vom besten Teil von dessen Acker oder Weinberg erfolgen (vgl. Dasberg). Auf diese Weise wird verhindert, daß der Betroffene trotz Schadensvergütung einen Nachteil davonträgt.

Übrigens ergibt sich auch eine sinnvolle Interpretation des MT, falls man das Suffix auf die zur Verantwortung gezogene Person bezieht, wenn angenommen wird, daß die Vergütung eine Schätzung des Schadens impliziert (ausdrücklich in Vulg.: *pro damni aestimatione*): der Schadensumfang wird geschätzt; für eine Vergütung kommt nur der beste Teil des Ertrags der verantwortlichen Person in Frage, damit die benachteiligte Partei in keinem Fall zu wenig erhält (vgl. Raschi). Alles in allem betrachtet besteht kein ausreichender Grund für die Meinung, daß LXX und Sam.Pent. die ursprüngliche Lesart repräsentieren.[13]

22,5 *jṣ'* (s. 4.2.1.), hier mit der Bedeutung (vgl. S. Esh, *VT* 4 [1954], S. 305f.) 'um sich greifen'. Zu *tiṣṣat* (von *jṣt*, 'verbrennen') als vorausgesetzter Text s. S. Talmon in: *Mélanges D. Barthélemy*, Fribourg/Göttingen 1981, S. 519. *'ēš* (s. *THAT*, I, Sp. 242ff.; *ThWAT*, I, Sp. 457ff.), 'Feuer', das von jemandem angezündet wurde (s. Schluß des Verses), offensichtlich für einen bestimmten Zweck. Man kann an das Abbrennen von Stoppeln oder Unkraut auf einem überwucherten Acker denken, eventuell auch an das unachtsame Verbrennen gesammelter Dornen (vgl. Ez. 15,2ff.; Joh. 15,6) oder daran, daß eine Dornenhecke um eine Parzelle aufgrund von Unachtsamkeit in Brand gerät (vgl. Jes. 5,5; Prov. 15,19; 22,5). Andere Vorschläge, wie z.B., daß es um ein Feuer gehe, das von Reisenden unterwegs entfacht wurde (Heinisch), liegen weniger auf der Hand. *mṣ'* qal (s. 21,16), hier mit der Bedeutung 'schlagen über auf'. *qōṣîm* Plur. von *qôṣ* (vgl. *ThWAT*, VII, Sp. 1ff.), 'Dorngestrüpp'; Dornen und Disteln waren die größten Feinde des Bauern. Sie sind gut für das Feuer, aber leicht entflammbar, wie sie sind, auch dann noch eine bedrohliche Macht, die ihre Umgebung schnell mit ins Verderben zieht (vgl. Jdc. 9,15; Jes. 9,17). *'kl* ni., 'verbrennen', s. 21,18. *gādîš*, 'Garben' (vgl. Jdc. 15,5; Hi. 5,26), und *qāmâ* (Derivat von *qwm*, s. 21,19), 'stehendes Korn'. In Mek., III, 111, werden die Begriffe in breiterem Sinne verstanden; *qāmâ* wird auch auf Bäume bezogen.

Der Gebrauch von *haśśādæh* als allgemeiner Begriff fällt nach den vorigen speziellen Begriffen auf. Man versucht dies damit zu erklären, daß man es als eine Verschärfung übersetzt: 'das ganze Feld' (LV, CV, NV) oder 'das Feld selbst' (Dasberg). Dabei muß dann (vgl. Dillmann, Baentsch) an andere Gewächse und Bäume gedacht werden (vgl. 9,25; 10,5; Lev. 26,4). In diesem Fall würde man

---

[13] Vgl. J.J. Rabinowitz, *VT* 9 (1959), S. 40-46; zu MT und LXX als Zeugen einer unterschiedlichen Entwicklung einer alten Vorschrift s. L. Malusa, *BeO* 111-112 (1977), S. 163-165; vgl. auch A. Aejmelaeus, *ZAW* 99 (1987), S. 82f.

aber eine konkrete Andeutung erwarten. Siehe besonders Jdc. 15,5, wo als Klimax steht: und die Weinberge (und) die Olivenhaine. Raschi merkt an: das Feuer verhärtet den gerade gepflügten Boden, so daß dieser aufs neue umgepflügt werden muß. Paul*, S. 88, denkt beim Feld an das aufkeimende Getreide (vgl. Cazelles*, S. 66). Schwienhorst-Schönberger*, S. 192, vermutet, daß *'ô haśśādæh* eine Erweiterung sei. Die genannten Erklärungen und Interpretationen zeugen von der Verlegenheit der Exegeten. Vielleicht muß *'ô haqqāmāh 'ô haśśādæh* als eine Art Hendiadys verstanden werden: der Acker mit dem noch stehenden Korn; vgl. Vulg.: *stantes segetes in agris*. In der LXX ist das triadische Subjekt übersetzt mit: ἅλωνα ἢ στάχυς ἢ πεδίον, 'die Dreschtenne, das gemähte und noch stehende Korn'. *hammab'ir 'æt-habb*^{e}*'ērâ*, 'der das Feuer anzündete', vgl. KöSynt § 329c; Ges-K § 117q.

6.3.3 *Kommentar*

6.3.3.1 In 22,4-5 werden zwei verschiedene Schadensfälle an fremder Feldfrucht beschrieben. In beiden Fällen ist Nachlässigkeit, Sorglosigkeit oder Unvorsichtigkeit die Schadensursache. Die geschilderten Situationen versetzen uns in das Alltagsleben einer agrarischen Gesellschaft. Jemand läßt sein Vieh auf seinem eigenen Grundstück frei umherlaufen, aber es vergreift sich, weil er es nicht gut hütete, auch am Besitz eines anderen. Jemand entfacht unvorsichtig ein Feuer, das auf das gemähte oder noch stehende Getreide eines anderen übergreift, so daß dieses vernichtet wird. In beiden Fällen muß der Verursacher des Schadens den geschädigten Volksgenossen entschädigen. Damit kann Genüge geleistet werden, da keine böse Absicht vorliegt (vgl. Jdc. 15,5; II Sam. 14,30; Mt. 13,25).

6.3.3.2 Auffallend in 22,4-5 ist der Gebrauch von Termen, die mit den Konsonanten *b'r* (in dieser Reihenfolge) gebildet sind. Es ist gebräuchlich, die betreffenden Terme von drei verschiedenen homonymen Wurzeln abzuleiten (vgl. *THAT*, I, Sp. 224; *ThWAT*, I, Sp. 727ff.; anders Sprinkle*, S. 140f.), von denen zwei in 22,4 zu finden seien, nämlich *b'r* II, 'abweiden' (*b'r* hi., 'grasen lassen', und *b'r* pi., 'grasen', werden verwandt) und *b'r* III, 'wie Vieh, dumm sein' (das Derivat *b*^{e}*'îr*, 'Tiere', 'Vieh' [vgl. z.B. Gen. 45,17; Num. 20,4.8.11] wird gebraucht) und in 22,5 die dritte, *b'r* I, 'brennen' (*b'r* hi., 'in Brand stecken' [vgl. Jdc. 15,5; Ez. 5,2] wird gebraucht mit dem Derivat *b*^{e}*'ērâ*, 'Brand'). Im Zusammenhang mit den genannten Interpretationen von *b'r* wird 'abgrasen fremder Feldfrucht' und 'Brand fremder Feldfrucht' als Thema betrachtet von 22,4 bzw. 22,5. Diese Betrachtungsweise ist alt und bereits formuliert in LXX, Pesch., Vulg., TO, TPsJ (vgl. Mek., III, 108) und SamT. In diesem Fall ist zu konstatieren, daß in 22,4-5 auf schöne Weise mit den gleichen Konsonanten gespielt wurde (Alliteration).

In TNf und PT^{A} hingegen sind die verschiedenen Formen von *b'r* alle in Beziehung mit *b'r* I, 'brennen', gebracht worden, wobei auch 22,4 interpretiert wird als Fall eines Schadens an fremdem Besitz infolge unvorsichtigen Gebrauchs von Feuer.[14] Auch verschiedene moderne Autoren haben sich für diese Auslegung entschieden (z.b. Baentsch, Ehrlich, McNeile, Scharbert; s. auch z.B. NEB). Baentsch z.b. behauptet, daß 22,4 von einem Fall handle, wo jemand Stoppeln oder Unkraut abbrennt und dabei Schaden an fremdem Besitz verursacht; für seine Unachtsamkeit wird er bestraft, indem er das Beste vom Ertrag seines Landes geben muß. 22,5 handle von einem Fall, wo jemand durch höhere Gewalt (Sturmwind) einen Brandschaden verursacht. Solch eine Person kann damit Genüge tun, ausschließlich den Fremdschaden zu vergüten. Andere moderne Exegeten (z.B. Beer, Noth, te Stroete, Childs) halten an der traditionellen Auslegung fest.

Es spricht mehr dafür, daß hier von zwei verschiedenen, durch *ki* eingeleitete Vorschriften die Rede ist. Baentsch merkt an, daß es unwahrscheinlich sei, daß Vieh in einem Weinberg zugelassen wurde (Jes. 5,5); aber daß Weinberge und Gärten mit Feuer gereinigt wurden, sei noch unwahrscheinlicher (vgl. Holzinger). Cazelles*, S. 65f., löst das Problem zu rigoros, indem er schlichtweg 'Weinberg' als Glosse erklärt. Zu Recht nun weist B.S. Jackson, *JJS* 27 (1976), S. 139, darauf hin, daß der antike Weinberg nicht bloß zum Weinbau gebraucht wurde und die hier geschilderte Situation nicht fremd ist (vgl. HG § 107). Diverse Gefahren bedrohen den Wohlstand des Weinbergs: Heuschrecken (Joel 1,4f.; Mal. 3,11), Krankheiten (Dtn. 28,39), Verwahrlosung (Prov. 24,30f.), aber auch Unachtsamkeit Dritter, z.B. von Hirten, die ihre Schafe und gefräßigen Ziegen darin loslassen (Jer. 12,10).

Alles in allem betrachtet scheint von einer Situation die Rede zu sein, in der jemand sein Vieh Futter auf seinem eigenen abgeernteten Feld suchen läßt, während das Getreide auf dem Feld seines Nachbarn noch steht (vgl. te Stroete). Ebenso könnte man daran denken, daß jemand sein Vieh in einem verwilderten Weinberg (Jes. 5,6) mit der Absicht losläßt, das Unkraut zu vertilgen, oder es auf Brachland weiden läßt (23,11). Durch seine Unachtsamkeit läßt es sich am Weinberg oder an anderer Bepflanzung auf einer nahe gelegenen Parzelle eines anderen gut gehen. Ferner beschreiben 22,4-5 offenkundig Situationen der gleichen Art (jemand ist nachlässig). 22,5 kann schwerlich als Fall von höherer Gewalt betrachtet werden. Wer Feuer anzündet, muß mit dem Wind rechnen. Sollte eine außergewöhnliche Situation im Blickfeld gewesen sein, dann ist eine explizite Erwähnung derselben notwendig. Zur Meinung, daß sich

---

[14] Vgl. J. Heinemann, *JJS* 25 (1974), S. 117ff.; G. Schelbert, *VT* 8 (1958), S. 253-263; A. Toeg, *Tarb* 39 (1970), S. 223-231.

die Vergütung in 22,4 von derjenigen in 22,5 in der Höhe unterscheidet, s. die Anmerkungen zu 22,4.

6.3.3.3 Ähnliche Vorschriften finden sich auch in der Umwelt Israels. CH §§ 57, 58 handeln vom Weiden des Viehs ohne Zustimmung auf fremdem Acker. Eine Vergütung in Naturalien wird vorgeschrieben. Von Flurschaden, der durch Vieh oder Feuer verursacht wurde, handeln – in der Reihenfolge Feuer-Vieh – HG §§ 105-107. Für Schäden an einer Plantage muß eine Vergütung in Geld gegeben werden. Im Fall von Brand muß der Schuldige für eine Neuanpflanzung Sorge tragen. Für Schäden am Acker muß der Schuldige dem Geschädigten einen guten Acker zur Verfügung stellen, so daß er dennoch ernten kann. Für einen Fall von Wasserschaden an einem Acker infolge von Nachlässigkeit s. NBG § 3.

6.4 ENTWENDUNG ODER SCHÄDIGUNG VON IN AUFBEWAHRUNG GEGE-BENEM, GELIEHENEM UND GEMIETETEM BESITZ (22,6-14)

6.4.1 *Literatur*

H. Seebass, "Noch einmal zum Depositenrecht Ex 22, 6-14", in: *Gottes Recht als Lebensraum* (FS H.J. Boecker), Neukirchen-Vluyn 1993, S. 21-31; R. Westbrook, "The Deposit Law of Exodus 22, 6-12", *ZAW* 106 (1994), S. 390-403.

6.4.2 *Übersetzung*

22,6 *'Wenn jemand einem anderen Silber oder Wertgegenstände zur Aufbewahrung gibt und es wird aus dem Haus dieses Mannes gestohlen, dann muß der Dieb, falls er erwischt wird, doppelt vergüten.*

7 Falls der Dieb nicht erwischt wird, dann muß der Herr dieses Hauses sich zu den Göttern wenden, so daß ans Licht kommen kann, daß er sich nicht den Besitz des anderen angeeignet hat.

8 In bezug auf irgendein Eigentumsdelikt, ob es nun um ein Rind, um einen Esel, um ein Stück Kleinvieh, um Kleidung oder irgendetwas Vermißtes geht, von dem jemand behauptet: "Da ist es!", muß die Angelegenheit der zwei betroffenen Personen vor die Götter gebracht werden. Derjenige, den die Götter schuldig erklären, muß dem anderen doppelt vergüten.

9 Wenn jemand einem anderen einen Esel oder ein Rind oder ein Stück Kleinvieh oder irgendein Tier in Obhut gibt und es stirbt oder wird schwer verwundet oder geraubt, ohne daß es jemand sieht,

10 *dann muß* (in der Rechtsangelegenheit) *zwischen den zwei betroffe-nen Personen der Eid vor JHWH abgelegt werden, so daß ans Licht kommen kann, ob der eine* (der Bewahrer) *sich nicht den Besitz des anderen angeeignet hat. Dessen Besitzer muß* (den Eid) *annehmen und er* (der Bewahrer) *braucht es nicht vergüten.*

11 *Aber falls es ihm einfach gestohlen wurde, dann muß er seinem Besitzer sehr wohl vergüten.*

12 *Falls es sicher von einem Raubtier zerrissen wurde, dann muß er es als Beweis herbeibringen. Das zerrissene Tier braucht er nicht zu ver-güten.*

13 *Aber wenn jemand von einem anderen ein Tier leiht und es in Abwesenheit seines Besitzers schwer verwundet wird oder stirbt, dann muß er* (der Entleiher) *es ganz bestimmt vergüten.*

14 *Falls sein Besitzer anwesend war, dann braucht er es nicht zu vergüten. Wenn es gemietet ist, dann ist das Risiko im Mietpreis ver-rechnet'.*

6.4.3 Exegetische Anmerkungen

22,6 *kî* (s. 4.2.1), Sam.Pent.: *wᵉkî*; vgl. LXX, Pesch. 'Silber', s. 20,23. *kēlîm*, 'Wertgegenstände', Plur. von *kᵉlî* (s. ThWAT, IV, Sp. 179ff.), bezeichnet verschie-denartige Gegenstände aus unterschiedlichem Material, Geschirr, Geräte usw. In 22,7 ist vielleicht (neben *kæsæf*) Zierat (vgl. 3,22; 11,2; 12,35; 35,22), aus Edelmetall verfertigte Gegenstände gemeint (vgl. Gen. 24,53; Num. 31,50f.; Jes. 61,10; Hi. 28,17). *šmr*, s. 21,29. TPsJ fügt hinzu: 'ohne Lohn für das Bewahren' (vgl. z.B. Mek., III, 113, und s. TPsJ 22,9.11). *wᵉgŭnnab* (s. 21,16), Sam.Pent.: *wᵉnignab* ni.; vgl. Qm. *bajit* (vgl. THAT, I, Sp. 308ff.; ThWAT, I, Sp. 629ff.), 'Haus', wird im AT sowohl zur Bezeichnung einer Wohnung (ungeachtet ihres Charakters) gebraucht als auch einer Gemeinschaft von Menschen; im Bundesbuch begegnet es allein mit der ersten Bedeutung, für die Wohnung des freien Israeliten (22,6f.) und die Wohnung JHWHs, das Heiligtum (23,19). *mṣ'* ni. (s. 21,16), vorausgesetzt wird, daß der Dieb im Besitz des Gestohlenen ist und so der Beweis für den Diebstahl geliefert ist. 'doppelt' (s. 22,3), Sam.Pent.: *'æḥād šᵉnajim*, 'für eines zwei' (vgl. 22,3 und s. auch TO, TPsJ, SamT, Pesch.). Nicht angedeutet wird, wer das vom Dieb als Buße geforderte Geld oder Gut empfängt. Der Eigentümer oder der Herr des Hauses? Oder beide?

22,7 *'im*, s. 4.2.1. *qrb* ni. (vgl. Jos. 7,14), 'sich wenden zu' (+ *'æl*); *qrb* (s. THAT, II, Sp. 674ff.; ThWAT, VII, Sp. 147ff.) wird häufig gebraucht im Zusammenhang mit dem Nähern an das Heilige, den Heiligen (z.B. 3,5; 12,48; 16,9; 40,32), auch im Zusammenhang mit der Rechtsprechung (z.B. Num. 27,5; Dtn. 1,17; Jos. 7,18; I Sam. 10,20f.; 14,36 [*qrb* qal + *'æl hā'ᵉlōhîm*]). *ba'al*, s. 21,3. *'æl-hā'ᵉlōhîm* ebenso wie in 21,6 wird *(hā)'ᵉlōhîm* in den Targumen und der Pesch. als 'Richter' interpretiert; vgl. auch z.B. Mek., III, 116, 119. LXX hat jedoch in 22,7.8a:

ἐνώπιον τοῦ θεοῦ; Sing. auch in 22,8b (s.u.); auch hier hat der Übersetzer 'Richter' im Sinn gehabt (vgl. Frankel*, S. 95f.; Prijs*, S. 6).

Zweite *'im-lō'*, in LXX geht καὶ ὀμεῖται, 'und er soll schwören', voran (so explizit TPsJ, Vulg. und s. z.B. Mek., III, 116; vgl. Prijs*, S. 2). Die Frage außer acht gelassen, ob die Handlung bei den *ᵉlōhîm* im Ablegen eines Eides besteht, ist es in jedem Fall unwahrscheinlich, daß vor *'im-lō'* ein 'um zu schwören, (daß)' hinzugedacht werden muß. *'im-lō'* hat bei Eidesleistungen die Bedeutung 'sicher' (vgl. Ges-K § 149a und s. Ehrlich, Cassuto). Der Satz ist elliptisch. Bei *'im* muß hinzugedacht werden '(um in Erfahrung zu bringen) ob er …'.

šlḥ + *jād*, 'sich zueignen', s. 21,26. *mᵉlā'kāh* (s. *ThWAT*, IV, Sp. 905ff.; vgl. A.G. Auld, *Henoch* 8 [1986], S. 273-280), 'Arbeit', 'Werk', hier und in 22,10 'Habe', 'Besitz' (das durch Arbeit Erworbene?; vgl. Gen. 33,14; I Sam. 15,9; II Chr. 7,13); die Versionen geben mehrheitlich eine Übersetzung *ad sensum*; LXX betont: 'nichts vom Depositum' (so auch in 22,10).

22,8 *'al*, s. Williams § 289. *dᵉbar-pæša'*, 'Eigentumsdelikt', anders L. Köhler, *ZAW* 46 (1928), S. 213-218: 'Eigentumsanfechtung'; der Inhalt von *dābār*, 'Wort', 'Sache', wird manchmal in starkem Maße durch den Kontext bestimmt; so kann *dābār* die Bedeutung 'Streit', 'Rechtssache' haben (z.B. 18,16.22.26; 22,8b; Plur. in 18,19; 23,8; 24,14); auch kann es in einer Genitivverbindung durch das nomen rectum näherbestimmt werden; letzteres ist z.B. in 22,8a der Fall (zu *pæša'*, 'Verbrechen' [auch in 23,21] s. *THAT*, II, Sp. 488ff.; *ThWAT*, VI, Sp. 791ff.) und in 23,7 der Fall. 'Rind' usw., s. 21,28.33.37; polysyndetische Auflistung in LXX, Pesch.: *śalmâ* (auch 22,25), Sam.Pent.: *śimlâ* (auch 22,25; vgl. auch Dtn. 24,13; 29,4). Häufiger als *śalmâ* (16× AT) begegnet *śimlâ* (30× AT [Ex. 22,26]). Die Begriffe (s. *ThWAT*, VII, Sp. 822ff.) haben dieselbe Bedeutung (*šlmh* ist wahrscheinlich aufgrund der Vertauschung des zweiten und dritten Konsonanten von *šmlh* entstanden). Sie bezeichnen das Oberkleid, den Mantel (bestehend aus einem großen Stofflappen, der über die Schulter geworfen werden kann und an der Seite den Armen Platz bietet), und Kleidung in allgemeinerem Sinn (z.B. 3,22; 12,35; 19,10.14). Das Kleid diente auch dazu, Dinge aufzubewahren und zu transportieren (12,34; vgl. Jdc. 8,25; I Sam. 21,10; Prov. 30,4 und auch II Reg. 4,39) und während des Schlafs vor Kälte zu schützen (22,26; vgl. Dtn. 22,17; 24,13 und auch Gen. 9,25; Dtn. 10,18; Jes. 3,6f.). Kleidung wird zusammen mit silbernen und goldenen Gegenständen als Geschenk und Beute genannt (z.B. Gen. 24,53; 45,22; Ex. 3,22; 12,35; Jos. 22,8; I Reg. 10,25; Sach. 14,14). *ᵃbēdâ*, 'etwas Vermißtes' (vgl. Lev. 5,22f.; Dtn. 22,3), Derivat von *'bd* (s. *THAT*, I, Sp. 17ff.; *ThWAT*, I, Sp. 20ff.), Sam.Pent.: *hāᵃbēdâ*. *ᵃśær* usw., LXX: 'worüber man eine Anklage eingereicht hat, was es auch immer ist' (vgl. Prijs*, S. 3f.). Wer ist Subjekt von *jō'mar* (vgl. 21,5)? 'ein Zeuge' (Raschi, Ibn Esra) oder 'der Depositar', der mitteilt, nicht mehr als das in Verwahrung Genommene erhalten zu haben (Nachmanides), oder 'der Besitzer'? *kî*, nach einem *verbum dicendi* (vgl. z.B. 1,19; 3,12; 2,10) mit emphatischer Kraft.

hû' zæh wird gewöhnlich auf die Identifikation des Besitzes durch den Eigentümer bezogen; u.a. Jackson (s. 6.2.1), S. 239f., bezieht die Formulierung ('der da ist es!') auf die Identifizierung der verdächtigen Person und versteht die Worte als Formulierung, mit der eine Beschuldigung ausgesprochen wird. *hā'ᵉlōhîm*, Sam.Pent.: *jhwh. bw'*, s. 20,24. 'der zwei betroffenen Personen' (s. 22,3), gemäß der im TPsJ gegebenen Interpretation sind die beiden Betroffenen der Herr des Hauses, der schwört, daß etwas (in fremder Hand) sein Eigentum sei, und der Dieb. *ªšær*, 'derjenige, der' (s. z.B. Ges-K § 138e, f; Joüon § 158l, m). Sam. Pent.: *'æḥād šᵉnajim*, vgl. 22,6. Die Vergütung ist dieselbe wie im Fall von Diebstahl.

jaršî'ūn, 3.Pers. plur. Impf. hi. (Waltke & O'Connor § 27.2e) von *rš'* hi., 'schuldig erklären' (s. THAT, II, Sp. 813ff.; ThWAT, VII, Sp. 675ff., und s. die Verwendung von *rāšā'*, 'Schuldige' in 23,1.7); zur Defektivschreibung und zum *nūn*-paragogicum s. Ges-K § 47m; Joüon § 44e. Sam.Pent. liest *jaršî'ænnû* (3.Pers. sing. Impf. hi. + Suff. 3.Pers. sing. masc.), auf das *hā'ᵉlōhîm* folgt, d.h. das Subjekt ist 'Gott' = JHWH (vgl. 22,10 und s. LXX: καὶ ὁ ἁλοὺς διὰ τοῦ θεοῦ, 'derjenige, der von Gott schuldig erklärt wird'; s. jedoch Vulg.: *et si illi iudicaverint*, wobei die vorher genannten *dei* Subjekt sind; s. auch Aq., Symm., Theod.). O. Loretz, *Bib* 41 (1960), S. 170, führt diverse Argumente für die These an, daß *ᵉlōhîm* kein anderer als JHWH sein könne (vgl. auch Brockelmann § 50f.). Da die Form *jᵉrîbūn* in 21,18 deutlich pluralisch ist, liegt kein Grund vor, *jaršî'ūn* in 22,8 nicht auch als echten Plural zu betrachten. Die Singularform *jaršî'ænnû* im Sam.Pent. beruht auf Harmonisierung; die Verwendung des Plur. im MT beruht auf der Interpretation von *(hā)'ᵉlōhîm* als Richter. Aus der Art und Weise, wie im AT *(hā)'ᵉlōhîm* als Subjekt einer pluralischen Verbalform verwendet werden kann, wird jedoch deutlich, daß *(hā)'ᵉlōhîm* − auf diese Weise gebraucht − nicht ohne weiteres mit JHWH austauschbar ist (s. 4.2.7). Dillmann behauptet, daß der Plur. gebraucht wird, da die Gottheit hier durch Menschen repräsentiert wird.

22,9 *kî*, in Sam.Pent.: *wᵉkî*; vgl. LXX, Pesch. *wᵉkol*, Sam.Pent.: *'ô kol*; vgl. LXX, Pesch. Fishbane*, S. 170f., meint, daß *wᵉkol* auf eine sekundäre Ausweitung deute; vgl. aber H. Avalos, *JBL* 109 (1990), S. 116f. *bᵉhēmā* (s. ThWAT, I, Sp. 523ff.), 'Tier' (auch 22,18), häufig kollektiv, wird vor allem zur Bezeichnung von Haustieren gebraucht. 'sterben' (s. 5.0), einen natürlichen Tod, z.B. durch Krankheit; zum Gebrauch des Perf. (*ûmēt*) s. KöSynt § 134. *šbr* pi. (s. ThWAT, VII, Sp. 1027ff.), 'in Stücke brechen' (in 23,24 für das Kurz-und-Klein-Schlagen von Masseben; vgl. 34,13; Dtn. 7,15; 12,3 usw.), wird im ni. hier und in 22,13 dafür gebraucht, daß ein Stück Vieh schwere Verletzungen (Bruch von Gliedmaßen) erleidet (z.B. dadurch, das es in die Klauen eines wilden Tieres gerät; vgl. Ez. 34,4.16; Sach. 11,16), so daß es dem Tode geweiht ist oder in jedem Fall ökonomisch wertlos ist (vgl. Osumi*, S. 172, Anm. 126); TPsJ: 'oder es wird von einem wilden Tier gerissen' (vgl. 22,12 und s. Mek., III, 121).

šbh (s. ThWAT, VII, Sp. 950ff.), 'gefangen nehmen', 'wegführen'; hier im ni. für das Rauben von Vieh (vgl. Jer. 13,17; Hi. 1,15.17; I Chr. 5,21; II Chr. 14,5). Raub als Tat einer Diebesbande muß unterschieden werden vom Diebstahl eines Individuums (s. 22,11). Der Vorschlag, daß *'ô-nišbâ* eine Glosse sei oder durch Dittographie entstand (*nišbar* und *nišbâ*, Assonanz) (z.B. Hyatt), ist unwahrscheinlich. Zur Wortfolge in der LXX s. 22,13 (vgl. Prijs*, S. 6). *'ên rō'æh* (s. 21,11

und 20,22), asyndetischer Umstandssatz (Joüon § 159b; Williams § 494); TPsJ
betont: ohne daß ein Augenzeuge da ist, der es bezeugen kann (vgl. Mek., III,
122); LXX: καὶ μηδεὶς γνῷ; zur Austauschbarkeit von 'sehen' und 'wissen' s.
S. Talmon, *ScrHie* 8 (1961), S. 340ff.

22,10 *š^ebū'at jhwh*, 'der Eid vor JHWH' (KöSynt § 336t; G. Giesen, *Die Wurzel*
šb', '*schwören*', Königstein/Ts-Bonn 1981, S. 15, 28f., 32), vgl. 22,7f.; *š^ebû'â* ist
ein Derivat von *šb'*, 'schwören', 'den Eid leisten' (vgl. *THAT*, II, Sp. 855ff.;
ThWAT, VII, Sp. 974ff.; *TRE*, IX, S. 373ff.). LXX: ὅρκος τοῦ θεοῦ, um jedes
Mißverständnis auszuschließen (in 21,7.13.14 ist κύριος die Bezeichnung für den
Eigentümer); in Vulg. ist *jhwh* unübersetzt geblieben. *jhwh* findet sich sporadisch
im ältesten Teil des Bundesbuches (vgl. auch 22,19). Dies braucht kein Grund zu
sein anzunehmen, daß hier ursprünglich *^ælōhîm* gestanden habe (z.B. Hyatt).
Siehe 6.4.4.4. *š^enêhæm*, vgl. 22,8. '*im-lō*' usw., vgl. 22,7b; TPsJ liest auch hier:
'er soll schwören'. *lqḥ* (s. 21,10), Sing. bei pluralischem Subjekt (KöSynt
§ 348e); das Objekt wird nicht explizit genannt; TO, TPsJ explizit: 'sein Schwur'
(vgl. Mek., III, 124; Raschi); anders Holzinger, Ehrlich, Cassuto: das tote oder
verkrüppelte Tier; vgl. Hyatt: das Fell ist wertvoll (diese Auffassung paßt nicht im
Fall von Raub); Beer: der erlittene Schaden.

22,11 Warum muß im Fall von Diebstahl aus dem Haus (22,7) keine Vergütung
geleistet werden und im Fall von 22,11 sehr wohl? Zwei Meinungen werden
vertreten: (1) Im ersten Fall wurde für den geleisteten Dienst nichts bezahlt, im
zweiten sehr wohl. (2) Die Situation ist anders: etwas, das in einem Haus ver-
wahrt ist, ist relativ sicher: im Fall von Diebstahl ist der Vorwurf von Nachlässigkeit nicht möglich; Vieh befindet sich auf freiem Feld; wird es gestohlen, kann
dem Hirten mangelnde Aufsichtspflicht vorgeworfen werden (vgl. Paul*, S. 93).
     gānōb jiggānēb (s. 21,16), zum Inf. abs. + verbum finitum s. Ges-K § 113o;
Joüon § 123p. *mē'immô*, TPsJ: 'bei dem, der Lohn für das Beaufsichtigen
empfangen hat' (vgl. 22,6.9). Sam.Pent.: *w^ešallēm*.

22,12 *tārōf jittārēf* Inf. abs. qal, auf das die 3.Pers. sing. ni. von *trp* folgt (s.
ThWAT, III, Sp. 375ff.), 'zerreißen' (durch ein Raubtier; so explizit TPsJ); vgl.
z.B. Gen. 37,33; 44,28; 49,27; in 22,12.30 findet sich das Derivat *t^erēfâ*, 'das
zerrissene (Tier)'.
     j^ebi'ēhû (von *bw'* hi.; s. 20,24), das Suffix bezieht sich auf das Tier; Sam.Pent.:
jābî', d.h. er muß einen Zeugen mitbringen; LXX: 'dann muß er ihn (den
Besitzer) zum zerrissenen Tier bringen (so wird der Beweis erbracht); Vulg.:
'dann muß er zu ihm bringen, was getötet wurde' ('*ēd* [Derivat von '*wd* (s.
21,29), wird im Bundesbuch zur Bezeichnung eines Zeugen à charge (23,1) und
des Beweisstückes à décharge (22,12) gebraucht; vgl. Bovati*, S. 262ff. u.a.]
wurde als '*ad* verstanden; F.C. Fensham, *VT* 12 [1962], S. 337-339, vertritt diese
Interpretation; der Besitzer erhält das zerrissene Tier als Entschädigung); TO:
'dann muß er Zeugen herbeibringen' ('Zeugen', Plur. auch in TNf; vgl. Dtn.
19,15 und s. z.B. Raschi); TPsJ beinhaltet sowohl die Interpretation der LXX wie
die von TO; vgl. auch Mek., III, 125f.; dort wird auch die Auffassung genannt,

daß das Fell als Beweisstück (vgl. Am. 3,12) vorgezeigt werden muß.[15] Gemeint ist wohl, daß das tote Tier oder dessen Körperteile als Beweis geliefert werden müssen (vgl. Gen. 37,31-33). Cassuto meint, daß ein Wortspiel von *'ēd* und *'ad*, 'Beute' (Gen. 49,27), vorliegt. *lō'*, Sam.Pent.: *w*ᵉ*lō'*.

22,13-14 *š'l* qal (s. *THAT*, II, Sp. 841ff.; *ThWAT*, VII, Sp. 910ff.), 'fragen', 'bitten', hier mit dem Ziel etwas für eine bestimmte Zeit gebrauchen zu dürfen: 'um Ausleihe bitten', 'leihen' (vgl. II Reg. 4,3; 6,5). Das Objekt wird nicht explizit genannt. TPsJ: *md'm*, 'etwas'; Vulg.: *quidquam horum*, 'etwas davon'. Im Lichte des Kontexts muß gemeint sein: ein Tier (vgl. 22,9 und s. Pesch.). Zu den Verbalformen s. 22,9; mit Blick auf die Wortfolge könnte man hier an ein Hendiadys denken: das Tier erliegt seinen Verwundungen; u.a. LXX[B]: + 'oder es weggeraubt wird' (vgl. 22,9). Das Subjekt wird nicht explizit genannt; TPsJ: 'und ein Bein gebrochen oder das Tier gestorben ist'. *'ēn 'immô*, asyndetischer Umstandssatz (vgl. 22,9).

Zwei Derivate von *śkr* (s. *ThWAT*, VII, Sp. 795ff.) werden in 22,14 gebraucht; das Adjektiv *śākîr*, 'gemietet', und das Substantiv *śākār*, 'Mietpreis'. Das Subjekt von *bā'* (s. 20,24) wird nicht expliziert; vorausgesetzt ist 'der Verlust' (vgl. TPsJ). Gemeint ist offensichtlich, daß der Verlust eines vermieteten Tieres durch den bezahlten Mietpreis kompensiert wird (vgl. auch FT, PT[T-S], Vulg. und z.B. Raschi, Keil, Dillmann, Cassuto). Anders LXX: 'Wenn es aber einen Lohnarbeiter betrifft (dem das Tier gegen Bezahlung in Verwahrung gegeben wurde), dann soll er (der Besitzer im Verlustfall) von dessen Lohn Vergütung erhalten'. Zu einer anderen Erklärung der LXX s. Prijs*, S. 8f. Die Auslegung von 22,14b ist übrigens umstritten. Auch andere Interpretationen werden vertreten: im Fall von Vermietung muß auch bei einem Unglück der Preis für die gesamte Mietdauer bezahlt werden (Ehrlich); der *śākîr* ist der Tagelöhner (s. z.B. 12,45; Lev. 22,10; 25,6.40), dem der Besitzer ein Tier anvertraut hat, um bestimmte Arbeiten zu verrichten; kommt es um oder trifft es ein Unglück, dann wird der Schaden vom Lohn des Arbeiters abgezogen (d.h. er erhält keinen Lohn) (z.B. Baentsch, Beer, Noth).[16] Im Blick auf die genannten Erklärungen erhebt sich die Frage: wiegt der Mietpreis oder der Lohn des Tagelöhners den verursachten Schaden auf? Dies dürfte nicht der Fall sein. Der Besitzer trägt ein großes Risiko. Kann dies gebilligt werden? In Mek., III, 128f., wird konkludiert, daß auch im Fall von Miete bei höherer Gewalt keine Vergütung gegeben werden braucht, sehr wohl aber, wenn der Mieter offenkundig nachlässig war (vgl. 22,9-12). Diese Problematik hat zu gegensätzlichen Vorschlägen geführt: der Mietpreis müsse auf den Schaden aufgerechnet werden (te Stroete); 22,14b bestimme, daß ein Tagelöhner, der mit einem geliehenen Tier arbeitet, vom Ausleiher bezahlt werden muß (Hyatt).

---

[15] Vgl. auch FT, PT[S] und s. Ibn Esra und Ehrlich (mit Textänderung). Siehe ferner Prijs*, S. 6ff.; R. Le Deaut, *VT* 22 (1972), S. 164-175.
[16] S. auch Crüsemann*, S. 194, der die sozialen Konsequenzen der Vorschrift für den Armen herausstellt.

6.4.4 *Kommentar*

6.4.4.1 22,6-14 beinhaltet eine Reihe Bestimmungen, die darauf abzielen, den Besitz eines Israeliten vor Verlust durch betrügerisches Verhalten oder Nachlässigkeit von seiten eines Mitbürgers (6× *rēʿēhû*, in 22,6-10.13)[17] im Falle von Deposition (22,6-12), Nießbrauch (22,13.14a) oder Vermietung (22,14b) zu schützen. Das betreffende Eigentum kann aus Wertgegenständen (22,6.8) oder Vieh (22,8-14) bestehen. Festgelegt wird, in welchen Fällen der geschädigte Eigentümer Recht auf Vergütung hat oder nicht (*šlm* pi. [s. 6.0] in 22,6.8.10-12.13[2×].14).

22,6-14 kann in Übereinstimmung mit der masoretischen Einleitung in drei Abschnitte unterteilt werden:

22,6-8; 22,6.7 handelt von *Deposition von Geld und Wertgegenständen*; in 22,8 werden die Vorschriften auf das in Verwahrung gegebene Vieh ausgeweitet.

Folgende Situation wird in 22,6 vorausgesetzt: jemand hat, um seinen Besitz zu schützen, z.B. weil er verreisen muß, Geld oder Wertgegenstände bei einem anderen in Verwahrung gegeben. Dieses Depositum wird entfremdet. Es entstehen allerdings keine Probleme. Der Dieb wird gefaßt und bestraft. Der Eigentümer erhält das Seine, wenn er seinen Besitz zurückholt, und wahrscheinlich mehr als das.

Folgende Situation wird in 22,7 vorausgesetzt: das in Verwahrung gegebene Gut ist verschwunden; der Dieb wird nicht erwischt und es gibt keine (unparteiischen) Zeugen (vgl. 22,9b); auf dem Depositar ruht der Verdacht der Veruntreuung; im Prozeß zwischen Eigentümer und Depositar wird von Gott bzw. den Göttern ein Urteil erfragt (s. 6.4.4.3,4).

22,8 spricht allgemein von Fällen, in denen jemand das Vertrauen eines anderen enttäuscht. Offensichtlich ist der Blick nicht gerichtet auf Veruntreuung von gefundenem Besitz (so Holzinger; vgl. Lev. 5,22), sondern wie im vorhergehenden auf Veruntreuung von Depositum. Hierzu wird sowohl lebendes (22,9-12) als nicht-lebender Besitz (vgl. 22,6.7) gerechnet (22,8 bildet die 'Brücke' zwischen 22,6.7 und 22,9-12). Man könnte geneigt sein, 22,8 als eine ganz allgemeine Vorschrift zu betrachten, die sich auf allerlei Konflikte über Eigentum, verlorenes oder gestohlenes Gut usw. bezieht, das bei jemandem gefunden wird; aber im Hinblick auf den Kontext ist dies nicht naheliegend. 22,8 setzt folgende Situation voraus: der Depositar behauptet, daß das in Verwahrung gegebene Gut entfremdet

---

[17] S. auch 21,14.18.35; 22,25. *rēʿa* (vgl. *THAT*, II, Sp. 786ff.; *ThWAT*, VII, Sp. 545ff.), 'Nächster', 'Mitmensch', bezeichnet im Bundesbuch stets den Volksgenossen, den freien Israeliten. In Zusammenhang mit *ʾîš* (s. 21,7) tendiert die Bedeutung in Richtung von 'einer/der andere'.

wurde; der geschädigte Eigentümer beschuldigt den Depositar der Veruntreuung und glaubt gar seinen Besitz unter dem des Depositars entdeckt
zu haben; im Prozeß wird ein Urteil von Gott bzw. von den Göttern
erwartet (vgl. 22,7).

22,9-12 handelt vom *in Verwahrung gegebenen Vieh.*

22,9 handelt von folgender Situation: jemand vertraut ein Stück Vieh
der Sorge eines anderen an, doch geht das Tier verloren aufgrund des
einen oder anderen Unglücks, gegen das der Hirte nichts ausrichten
konnte. Neben 22,9 s. 22,6a.8a. TPsJ hat auch hier die Zufügung 'ohne
Lohn für das Bewahren' (vgl. Mek., III, 121). Gemäß Raschi, Ibn Esra
und Nachmanides bezieht sich 22,9-12 im Unterschied zu 22,6-8 auf das
gegen Bezahlung In-Bewahrung-Geben (vgl. auch Cassuto). Das Hüten
von fremdem Vieh soll gegen Vergütung erfolgen.

In 22,10 wird vorausgesetzt, daß der Hirte des Viehs beschuldigt wird,
in grober Weise nachlässig gewesen zu sein (vgl. Ez. 34,4.16;
Sach. 11,16). Wenn Zeugen fehlen, kann er sich nur mit einem JHWH-
Schwur gegen die Anschuldigungen wehren, er habe das Tier so mißhan-
delt, daß es gestorben sei, er sei seiner Aufsichtspflicht nicht nachgekom-
men, so daß es verunglückte, oder er habe es schlichtweg veruntreut. Der
Eid muß seinen guten Namen schützen und ihn vor Ansprüchen auf
Vergütung bewahren. Rein sachlich betrachtet paßt der Eid nur für den
Fall des Verdachts der Veruntreuung (vgl. Schwienhorst-Schönberger*,
S. 199f.).

In 22,11 geht es um folgendes: Viehdiebstahl kann durch eine gute
Aufsicht der Tiere vermieden werden. In bewiesenen Fällen von Diebstahl, in denen der Dieb nicht erwischt wurde (vgl. 22,6f.), geht der
Depositar daher nicht frei aus,[18] wie in Fällen von höherer Gewalt,
natürlichem Tod des Tieres, Raub durch wilde Tiere oder Überfall durch
eine Bande von Banditen (vgl. 22,9.12 und s. Raschi).

22,12 hat Bezug auf die folgende Situation: Wenn ein Stück Vieh
einem Raubtier zum Opfer gefallen ist und der Hirte den Beweis erbringen kann, daß er seiner Aufsichtspflicht nachgekommen ist (vgl. I Sam.
17,34f.), dann kann er nicht für den Verlust des ihm anvertrauten Tieres
verantwortlich gemacht werden (die Praxis war allerdings oft anders [vgl.
Gen. 31,39]). Kann der Depositar den Beweis nicht erbringen, dann bleibt
ihm, sofern keine Schuld vorliegt, der JHWH-Schwur (22,10).

22,13-14 handelt vom *Ausleihen bzw. Mieten eines Tieres als Arbeitskraft.*

Folgende Situation wird in 22,13-14a vorausgesetzt: jemand borgt sich

---

[18] Crüsemann*, S. 194, weist auf die sozialen Konsequenzen für 'einen armen Hütejun-
gen'.

von einem anderen ein Tier, um es für sich auf dem Feld arbeiten zu
lassen, um Lasten zu transportieren oder es als Reittier zu gebrauchen; das
Tier wird verwundet oder kommt um. Wenn der Besitzer nicht zugegen
war, muß der Benutzer, ungeachtet der Umstände, unter denen das Tier
zusammenbrach — ob er es nun gut oder schlecht behandelt hat oder es
eines natürlichen Todes starb, oder es durch Nachlässigkeit oder ein
Unglück zugrunde ging —, den erlittenen Verlust vergüten. Der Entleiher
verrichtet keinen Dienst für den anderen (vgl. 22,9), sondern macht gratis
Gebrauch von fremdem Besitz. Darum ist er voll verantwortlich und hat
in allen Fällen eine Vergütungspflicht gegenüber dem Eigentümer; er
kann sich nicht durch einen JHWH-Schwur (22,10) auf höhere Gewalt
berufen. Obengenanntes gilt nur, wenn das Unglück erfolgte, ohne daß
der Besitzer zugegen war. Findet ein Betriebsunglück in seiner Gegenwart
statt, kann dem Benutzer keine Nachlässigkeit vorgeworfen werden. In
diesem Fall hätte der Eigentümer dem vorbeugen müssen, daß das
betreffende Tier überladen oder falsch behandelt wurde.

Offensichtlich beschreibt 22,14b einen andersartigen Fall: das Tier, das
zur Arbeit herangezogen wurde, ist nicht geborgt, sondern gemietet. In
diesem Fall ist die Frage, ob der Besitzer zugegen war oder nicht, bei
einem Unfall nicht von Bedeutung, so daß auch keine Vergütung geleistet
werden muß. Ein eventuelles Unglück ist bereits im Mietpreis einkalkuliert.

6.4.4.2 Ebenso wie in 21,6 (s. 4.2.5-8) ist die Interpretation von
(hā)ʷᵉlōhîm in 22,7f. umstritten. Für den Begriff werden die gleichen
Erklärungen wie in 21,6 geboten.

1. Mit *hāʷᵉlōhîm* sind die Richter gemeint. U.a. aufgrund des Kontextes
erscheint diese Interpretation unwahrscheinlich. Es geht um Rechtssi-
tuationen, in denen Aussage gegen Aussage steht und keine anderen
Hinweise zur Verfügung stehen. Eine Berufung auf die Gottheit(en) ist
die einzige Möglichkeit, um aus der komplizierten Angelegenheit heraus-
zukommen.

2. *hāʷᵉlōhîm*, 'Gott', ist eine Umschreibung für das (lokale) Heiligtum.
Diese Auffassung wird von vielen Exegeten vertreten. In diesem Fall
müßte man in 22,8 an ein Gottesurteil denken, wie es durch einen Repräsentanten Gottes, einen Priester oder sonstigen Kultfunktionär, herbei-
geführt wird.

3. Mit *hāʷᵉlōhîm* sind die Hausgötter, eventuell ein Hausgott, gemeint
(z.B. Eerdmans*, S. 128; Beer).

Auch in bezug auf *(hā)ʷᵉlōhîm* in 22,7f. wird manchmal angemerkt, daß
ein Unterschied gemacht werden müsse zwischen der ursprünglichen,
polytheistischen Bedeutung des Wortes und dessen Gebrauch in Israel.
Siehe z.B. Baentsch und te Stroete ('Gott' = das Heiligtum), Cassuto

(Richter). Bemerkenswert ist, daß sich verschiedene Ausleger in 22,7f. für
eine andere Interpretation entscheiden als in 21,6. Siehe z.B. Baentsch,
Noth, Michaeli (Hausgottheit[en], 21,6; Heiligtum, 22,7f.), Childs (Heiligtum, 21,6; Gericht, 22,7f.), Ehrlich (Richter, 21,6; Heiligtum, 22,7f.),
Sprinkle* (vorväterliche Figurinen, 21,6 [S. 57ff.]; 'Gott' = das Heiligtum, 22,7f. [S. 145ff.]).

Auch im Fall von 22,7f. muß konstatiert werden, daß die dritte Deutung
einen guten Sinn ergibt. Die Hausgötter sind prinzipiell die Instanz, um
ein Urteil darüber zu fällen, was sich im Haus abspielt. Sie wissen, was
dort vor sich geht (22,7), und wissen, was zum Haus gehört und was
nicht (22,8). Ein Hausherr, der betrügerisch handelt, ruft daher Unheil
über sich herauf. Er kann sich in seinem Haus nicht mehr sicher wähnen.
Auch hier stoßen wir auf ein Rudiment einer Volks- und Fami-
lienfrömmigkeit (s. 4.2.8). Insbesondere der Gebrauch des Plur. *jarši'ūn*
in 22,8 spricht hierfür. Die Form spricht dagegen, daß mit *ᵃᵉlōhîm* JHWH
bezeichnet werde (s. 4.2.7). Die Ansicht, daß selbstverständlich JHWH
gemeint sei,[19] ist nicht fundiert (s. 6.4.3; zu 22,8).

6.4.4.3 Wie erlangte man Klarheit in der Frage, wovon in 22,7f. die
Rede ist? Darüber bestehen verschiedene Auffassungen.

1. Sowohl in 22,7 als auch in 22,8 wird folgende Situation vorausgesetzt: vom Verdächtigten wird gefordert, daß er einen Reinigungseid
ablegt, d.h. schwört, daß er sich nichts von einem anderen angeeignet hat
(z.B. Dillmann, Hyatt).

2. Sowohl in 22,7 als auch in 22,8 wird eine Anspielung auf das
Erhalten eines Gottesurteils bzw. eines Gottesausspruchs gemacht (z.B.
Beer, Heinisch, Durham). Man kann an ein Orakel denken, das unter
Vermittlung eines Kultfunktionärs (vgl. 18,19) gegeben wird, wenn das
Heiligtum die Stätte der Handlung sein sollte, oder an einen durch
bestimmte Mittel eingeholten göttlichen Ausspruch. Letztere Möglichkeit
(Urim und Tummim) wurde bereits in Mek., III, 116, erwogen, aber
verworfen.

3. 22,7 handelt vom Ablegen eines Reinigungseides, 22,8 von der Frage
einer gerichtlichen Untersuchung und einer richterlichen Entscheidung
(z.B. Gispen, Cassuto, Childs) oder eines Gottesurteils bzw. Gottesausspruchs (z.B. Noth, Fensham, Michaeli).

Die Auffassungen 1 und 3 passen bei allen drei obengenannten Interpretationen von *hāᵃᵉlōhîm*. Die Auffassung 2 nur zur Interpretation 'Gott'
(Heiligtum) oder 'Hausgott' bzw. 'Hausgötter'.

Im Fall eines Schwurs hat man sich den Vorgang wie folgt zu denken:

---

[19] Siehe O. Loretz, *Bib* 41 (1969), S. 170; Loretz hat seinen Standpunkt später geändert
(s. 4.2.5).

der Angeklagte muß den Reinigungseid ablegen (vgl. auch 22,10); vorausgesetzt wird, daß er dies tut, indem er seine Unschuld beteuert oder Gott bzw. die Götter anruft — dessen bzw. deren Fluch soll ihn treffen, wenn er die Unwahrheit spricht (vgl. I Reg. 8,31) —, und daß er im Fall von Schuld den Eid nicht zu schwören wagt, da er göttliche Sanktionen befürchtet; weigert er sich, erfolgt eine Verurteilung (22,8 Schluß). Legt er den Eid ab, geht er frei aus (vgl. 22,10), wobei ein eventuelles Urteil nun in göttlicher Hand zu liegen kommt (vgl. I Reg. 8,32 und s. Giesen [s. 6.4.3; zu 22,10], S. 118ff.).

Zur Frage, wie ein eventuelles Gottesurteil mit mechanischen Mitteln eingeholt wurde, kann nur spekuliert werden. Es läßt sich denken, daß Lose geworfen wurden (vgl. Jos. 7,14ff.; I Sam. 14,40ff.; 28,26LXX; Act. 1,23ff.), inwendig wirksame Mittel verabreicht wurden (vgl. Num. 5,11ff.) oder daß der Schuldige durch ein Bild angewiesen wurde ('Winkorakel').[20] In diesem Zusammenhang sei erwähnt, daß mit Bezug auf t⁼rāfīm (s. 4.2.7) von Divination die Rede ist (Ez. 21,26; Sach. 10,2; vgl. Jdc. 18,5).[21] M.E. spricht vieles dafür, sowohl bei 22,7 als auch bei 22,8 an ein Gottesurteil zu denken, durch welches eine juristische Problematik geklärt werden konnte (neben 22,7 s. I Sam. 14,36).

6.4.4.4 Auffallenderweise wird in 22,10, einem ähnlichen Text wie 22,7f., der Gottesname JHWH gebraucht. Eerdmans*, S. 127f., findet darin eine Stütze für seine Auffassung, daß das alte Israel polytheistisch war und JHWH eben nur eine von Israels Gottheiten war[22]. Eerdmans interpretiert das Verhältnis von 22,7f. zu 22,10 wie folgt: im ersten Fall sei die Rede von einem Prozeß über Besitz, der in einem Haus in Verwahrung gegeben wurde; hierüber können die Hausgötter ein Urteil aussprechen, denn das Haus ist ihr Territorium; im zweiten Fall geht es um ein Ereignis, das sich auf freiem Feld abspielt, außerhalb des Zustän-

---

[20] Vgl. G. Hoffmann & H. Greßmann, *ZAW* 40 (1922), S. 110ff.

[21] Zum Gottesurteil s. ferner R. Preß, "Das Ordal im alten Israel. I", *ZAW* 51 (1933), S. 121-140; K. van der Toorn, "Ordeal Procedures in the Psalms and the Passover Meal", *VT* 38 (1988), S. 427-445; T. Frymer-Kensky, "The Strange Case of the Suspected Sotah (Numbers V 11-31)", *VT* 34 (1984), S. 11-26. Zum Gottesurteil im allgemeinen s. *ERE*, IX, S. 507ff.; *HWDA*, III, Sp. 994ff.; *TRE*, XIV, S. 100ff. Wenn Beweise und/oder Zeugen fehlten, wurde das Gottesurteil als letztes Mittel zur Ermittlung der Wahrheit, u.a. im Fall von Diebstahl und Meineid, auch im christlichen Europa bis zum 13.Jh. eingesetzt, bis es durch das Mittel der Folter abgelöst wurde. Siehe R. Bartlett, *Trial by Fire and Water. The Medieval Judicial Ordeal*, Oxford 1990. Auch die in 32,20 beschriebene Strafmaßregel wurde als Ordal interpretiert. Zu Urim und Tummim, oft als Orakelsteine interpretiert, s. Houtman*, *Exodus*, III, S. 480ff. Ferner kann konstatiert werden, daß von Folterung als Wahrheitsfindungsmittel kein Gebrauch gemacht wurde.

[22] Zu seinem Standpunkt s. z.B. seine *The Religion of Israel*, Leiden 1947, S. 22ff., 38, 85ff., 110f., 135, 286ff.

digkeitsbereichs der Hausgötter. Für ein Urteil müsse man sich nun an JHWH wenden, 'der Gott des öffentlichen Lebens, der beansprucht, der Israeliten höchster Gott zu sein, aber nicht ihr einziger' (S. 127). Hierbei darf allerdings nicht übersehen werden, daß auch in 22,8 unter dem in Verwahrung gegebenen Besitz lebendes Gut genannt wird, das sich außerhalb der direkten Nähe des Hauses bewegen kann. So liegt es mehr auf der Hand, 22,6-8 und 22,9-12 als mehr oder weniger parallele Passagen oder besser noch 22,9-12 als Auswirkung von 22,8 zu betrachten. Gemäß der ersten, d.h. der archaischen Passage, müßte eine Klärung der Angelegenheit mittels eines Gottesurteils im Rahmen des Hauskultes gesucht werden; gemäß der zweiten, d.h der jahwistischen Passage, indem ein Reinigungseid unter Anrufung von JHWH abgelegt wird, wodurch das Urteil in seine Hände gelegt wird (s. 6.4.4.3). Vielleicht muß 22,10 als Interpretation von 22,7f. verstanden werden: das Gerichtsverfahren muß durch einen JHWH-Schwur geklärt werden (abgelegt im Heiligtum? [z.B. Baentsch, Hyatt]; vor den Richtern?). In religionsgeschichtlicher Perspektive muß diese Interpretation als Neuinterpretation verstanden werden (vgl. Paul*, S. 93, Anm. 1; Schwienhorst-Schönberger*, S. 201, 205).

In bezug auf die Entstehung und Bearbeitung dieser Textpassage sei lediglich angemerkt, daß 22,8 offensichtlich im Hinblick auf eine breitere Anwendung von 22,6.7 formuliert ist (vgl. Fishbane*, S. 172ff., 248).[23] Neben 22,6-14 s. Lev. 5,20-26 (vgl. Fishbane*, S. 255).

6.4.4.5 Ähnliche Vorschriften, wie sie in 22,6-14 vorliegen, finden sich auch in Codices aus dem Alten Orient. CH §§ 120, 121 handeln vom Aufbewahren von Gerste im Haus eines anderen. Hierfür muß in Naturalien (Gerste) eine Vergütung entrichtet werden (§ 121). Geht Gerste verloren oder wird vom Depositar entwendet, dann muß der Besitzer der Gerste vor der Gottheit (*mahar ilim*) sein Eigentumsrecht beweisen. Der Depositar muß die Gerste doppelt vergüten. Das Doppelte muß vergütet werden, weil der Depositar darauf aus war, sich betrügerisch zu bereichern. Dies ist auch aus anderen Bestimmungen ersichtlich. CH § 122 schreibt vor, daß im Fall von Deposition von Silber oder Gold oder irgend etwas anderem die in Verwahrung gegebenen Güter Zeugen vorgelegt werden müssen und ein Vertrag geschlossen werden muß. Leugnet dessen ungeachtet der Bewahrer, daß ihm Besitz anvertraut wurde, dann muß er das Doppelte vergüten (CH § 124). Wurden die Güter ohne Zeugen und Vertrag in Deposition gegeben, hat der Besitzer keine Rechtsansprüche darauf (CH § 123). Eine doppelte Vergütung muß

---

[23] Zu unterschiedlichen Betrachtungen zur Entstehungsgeschichte von 22,6-14 s. Osumi*, S. 131f.; Otto*, *Rechtsgeschichte*, S. 83ff.; ders.*, *Wandel*, S. 14ff.; Schwienhorst-Schönberger*, S. 49f., 193ff., 237.

von jemandem erstattet werden, der zwar seinen Stadtbezirk (*bābtum*) am
Verlust seines Besitzes schuldig erklärt, aber der Stadtbezirk vor Gott
(*mahar ilim*) nachweist, daß der Betreffende seinen Besitz noch hat (CH
§ 126; vgl. Malul [s. 2.1], S. 434f.). Eine einfache Vergütung ist für den
Fall ausreichend, wo die verwahrten Güter infolge von Diebstahl abhan-
den gekommen sind (vgl. Gen. 31,39). Vergütung ist notwendig, weil der
Depositar nachlässig war. Er muß Anstrengungen unternehmen, um den
Dieb zu finden und den Besitz zurückzuerhalten (CH § 125).

CH §§ 9-11 beschreiben ein kompliziertes Eigentumsdelikt: jemand
erkennt sein Eigentum unter dem Besitz eines anderen und verfügt über
Zeugen, die erklären, daß er der rechtmäßige Eigentümer sei; der andere
läßt wissen, daß er das umstrittene Gut von einem Dritten unter Zeugen
gekauft habe; die Zeugen der beiden Rechtsparteien bekräftigen ihre
Aussage vor Gott (*mahar ilim*); der Verkäufer ist daher ein Dieb und muß
getötet werden; der Eigentümer erhält seinen Besitz zurück; der Käufer
wird aus dem Besitz des Verkäufers entschädigt (§ 9). Falls der Käufer
nicht in der Lage ist, den Verkäufer und Zeugen herbeizubringen, der
Eigentümer aber sehr wohl über Zeugen verfügt, dann ist 'der Käufer' ein
Dieb, der getötet werden muß (§ 10); ist aber der Eigentümer nicht in der
Lage, Zeugen herbeizubringen, dann ist er ein Lügner und Lästerer, der
getötet werden muß (§ 11).

Das Depositenrecht wird auch in CE behandelt: wenn das Depositum
verloren ging, ohne daß der Beweis von Einbruch (Entfernen der Türpfosten oder Fenster) geliefert werden kann, dann muß der Verwahrer das
Depositum vergüten (§ 36). Wenn die Rede von Einbruch ist und das
Depositum zusammen mit Besitz des Hausbesitzers verschwunden ist,
dann muß letzterer im Tempel bzw. Tor von Tišpak vor der Gottheit
schwören (*ina bīt/bāb Tišpak nīš ilim*), daß er keine Lügen erzählte oder
einen Betrug beging; der Eigentümer kann dann keine Ansprüche mehr
anmelden (§ 37).

In bezug auf in Verwahrung gegebenes Vieh werden im CH verschiedene Situationen unterschieden. Betrügerische Hirten, die Eigentumsmar-
ken des Viehs verändern oder Vieh verkaufen, müssen hierfür büßen
(§§ 264f.). Ist der Bewacher nachlässig, dann ist er verantwortlich. Ein
verlorengegangenes Stück Vieh muß vergütet werden (§ 263; vgl. Gen.
31,39). Ein Hirte, der in der Herde Krätze entstehen läßt, muß den
Schaden vergüten (§ 267), aber geht im Falle von höherer Gewalt frei
aus: Wenn eine Epidemie, eine von Gott verursachte Krankheit (*lipit ilim*)
oder ein Löwe die Herde schädigt, muß der Hirte einen Reinigungseid vor
der Gottheit (*mahar ilim*) ablegen, wobei der Eigentümer des Viehs den

Schaden zu tragen hat (§ 266).[24]

Vom Mieten von Tieren (Rind und Esel) ist in CH §§ 242-249 die Rede: der Mieter ist verantwortlich für das Gemietete und muß, wenn das Tier umkommt, z.B. infolge von Schlägen, oder unbrauchbar wird, indem es ein Bein bricht, den Verlust voll ausgleichen (§§ 245, 246; bei geringeren Verwundungen kann mit einer teilweisen Kompensation Genüge geleistet werden, §§ 247, 248; vgl. LE §§ 34-37). In Fall von höherer Gewalt, wenn das Tier auf dem Feld durch einen Löwen getötet wird (§ 244), eines rätselhaften Todes stirbt, indem die Gottheit es schlägt (§ 249), dann trägt der Besitzer den Schaden. In letzterem Fall erst, nachdem der Mieter vor Gott (*mahar ilim*) den Eid abgelegt hat.

Gemäß HG § 74 muß jemand, der ein Rind eines anderen in Gebrauch hat, dem Besitzer, sollte ein Horn oder ein Bein des Tieres brechen, ein gutes Tier geben, wobei er das blessierte Tier behalten darf — vorausgesetzt, der andere wünscht sein Tier nicht zurück; in letzterem Fall muß er zwei Schekel Silber als Kompensation geben. Wird jemandes Rind auf dem Land eines anderen getötet, dann muß der Eigentümer des Landes doppelt vergüten (HG § 72).

6.5 SCHADEN DURCH GEMEINSCHAFT MIT EINEM UNVERHEIRATETEN MÄDCHEN (22,15-16)

6.5.1 *Übersetzung*

22,15 '*Und wenn jemand ein Mädchen, das noch niemandem zur Ehe versprochen wurde, stark für sich einzunehmen weiß und mit ihr schläft, dann muß er sie durch volle Bezahlung des Brautpreises zur Frau nehmen.*

16 *Falls sich ihr Vater mit aller Entschiedenheit weigert, sie ihm zur Ehe zu geben, dann muß er doch soviel an Geld bezahlen, wie der Brautpreis der Mädchen beträgt*'.

6.5.2 *Exegetische Anmerkungen*

22,15 *j^efattæh* Impf. pi. von *pth* (s. THAT, II, Sp. 495ff.; ThWAT, VI, Sp. 820ff.), das traditionell in 22,15 mit 'verführen' übersetzt wird; gemeint ist, daß der Mann das Mädchen so stark für sich einzunehmen weiß, daß sie nachgiebig wird und seinem Charme erliegt (vgl. TO und Raschi; anders Nachmanides). In TR, LXVI, 8b-10a, ist in der dort präsentierten Version von Dtn. 22,28f. dieses Element aus Ex. 22,15 verarbeitet. 'jemand', ein freier israelitischer Mann.

---

[24] Zum Viehdiebstahl als Thema in Codices aus Israels Umwelt s. 6.2.4.3.

bᵉtûlâ, 'Mädchen' (in der Pubertät oder frühen Postpubertät); nach M. Tsevat, *ThWAT*, I, Sp. 875ff., ist mit *bᵉtûlâ* in drei Texten zweifelsfrei eine 'Jungfrau' gemeint (Lev. 21,13f.; Dtn. 22,19; Ez. 44,22). Aus 22,15f. kann seiner Meinung nach keine Schlußfolgerung in bezug auf eine eventuelle Jungfräulichkeit des Mädchens gezogen werden. M.E. ist ihre Jungfräulichkeit in 22,15 sehr wohl vorausgesetzt.[25] Es ist ein Mädchen, für das noch kein Brautpreis bezahlt wurde, also keine Witwe oder ein Mädchen, dessen 'Verlobter' gestorben ist, oder eine geschiedene Frau (vgl. die Diskussion in Mek., III, 130). In diesem Fall erleidet der Vater keinen Schaden, da er den Brautpreis bereits erhalten hat. Natürlich betrifft es die Tochter eines freien Israeliten und nicht (auch) die Tochter eines Sklaven (anders Childs, S. 476).

'ōrāśâ 3.Pers. fem. Perf. pu. von *'rś*, im pi. bezeichnet es das Erwerben des Rechtes, eine Frau zu heiraten, indem der Brautpreis bezahlt wird (II Sam. 3,14); das pu. (22,15; Dtn. 22,23.25.27.28) fungiert als Passiv des pi. und hat die betreffende Frau als Subjekt; im Unterschied zu der uns bekannten Verlobung ist solch eine Verbindung rechtskräftig (vgl. Dtn. 22,23f.); doch muß sie von der eigentlichen Ehe unterschieden werden (*lqḥ*, s. 21,10), die ebenso wie der Beischlaf (vgl. Dtn. 28,30) die logische Folge des Bezahlens des Brautpreises ist (Dtn. 20,7; 21,11; 22,29). Vgl. *THAT*, I, Sp. 240ff.; D.H. Weiss, *JBL* 81 (1962), S. 67-69.

'šr lō'-'rśh, man beachte das 'Spiel' mit den Konsonanten. *škb* (s. *ThWAT*, VII, Sp. 1306ff.) steht im Kontrast zu *qwm* (s. 21,19) und bezeichnet das Zu-Ende-Kommen/Sein jeglicher Aktivität; im qal: 'sich (zur Ruhe) niederlegen', 'liegen', 'schlafen' (22,26), (euphemistisch) 'schlafen mit' (+ *'im*) = 'sexuelle Gemeinschaft haben mit' (22,15.18; vgl. Gen. 30,15f.; 39,7.12.14). *māhōr jimhārænnâ* Inf. abs. qal, auf das die 3.Pers. sing. qal von *mhr* (nur in Ex. 22,15) folgt, verbum denominativum von *mōhar* (Gen. 34,12; Ex. 22,16; I Sam. 18,25), 'Brautpreis', 'Hochzeitspreis'. Der Brautpreis muß an den Vater des Mädchens bezahlt werden. Verheiratungen gehörten zur *patria potestas*. Der Brautpreis, dessen Höhe vom Status der Familie abhängig war (vgl. auch Gen. 34,12), darf nicht als Kaufbetrag verstanden werden, sondern war Kompensation für den Verlust, den die Familie des Mädchens erleidet, in bezug auf Arbeitskraft und die Fähigkeit zum Gebären (s. W. Plautz, *ZAW* 76 [1964], S. 298-318; Thiel*, S. 43). TO hat als Übersetzung: *qjm' jqjmjnh*, 'er muß sie (als Frau) behalten' (vgl. Dtn. 22,29); vgl. Pesch.: *msb nsbjh*; das Element der Bezahlung fehlt (Mek., III, 129f.); s. auch Nachmanides: wenn der Mann die Frau heiratet, bezahlt er keine Buße; *mhr* bezieht sich auf das Senden von Geschenken und für die Hochzeit notwendigen Dinge. *'iššâ*, s. 21,3.

22,16 *'im* (s. 4.2.1), *wᵉ'im* in Sam.Pent.; vgl. LXX, Pesch. *mā'ēn jᵉmā'ēn* Inf. abs. + 3.Pers. sing. (z.B. Ges-K § 113o; Joüon § 123g) von *m'n* pi. (s. *ThWAT*, IV, Sp. 616ff.), 'weigern', 'nicht wollen', auf das der Inf. cstr. + *lᵉ* folgt. *'āb*, 'Vater', s. 21,15. Die Wahl eines Ehegatten ist dem Vater vorbehalten. Er verfügt über sie (vgl. 21,7). Auf die Wünsche der Tochter braucht er keine Rücksicht zu

---

[25] Vgl. auch Engelken (s. 4.1.2), S. 6ff.; Locher (s. 4.1.2), S. 176ff.

nehmen, auch nicht in einem wie hier beschriebenen Fall, wo offensichtlich von
großer Verliebtheit die Rede ist. *f'tittāh* (s. 21,4), in LXX als selbständiger Satz
übersetzt: 'und wenn er sie nicht als *Frau* geben will'. *kæsæf*, 'Silber', 'Geld', s.
21,11.

šql qal, '(ab)wiegen' (von Silber = bezahlen; vgl. I Reg. 20,39; Jes. 55,2 u.a.).
Die Höhe des zu bezahlenden Betrags wird nicht genannt; TPsJ nennt in Übereinstimmung mit Dtn. 22,29 den Betrag von 50 Schekel (vgl. Mek., III, 133; Raschi)
und interpretiert den Betrag als Buße bzw. Strafe. Nach Osumi*, S. 139f., sei eine
solche Interpretation zwar in bezug auf Dtn. 22,29 korrekt, nicht aber in bezug
auf Ex. 22,16 (Schadensvergütung). In der LXX wurde *jišqōl* übersetzt mit
ἀποτείσει = *j'šallēm* (s. 21,34 usw.); explizit wird gesagt, daß die Vergütung 'am
Vater' stattfindet. Zur rabbinischen Diskussion über die Frage, ob der Vater oder
die Tochter das Geld erhalten müsse, s. D.H. Weiss, *JBL* 31 (1962), S. 68f.

6.5.3 *Kommentar*

6.5.3.1 Zum Vermögen eines freien Israeliten gehören auch seine Töchter.
Auch in dem Fall, wo sein Besitz an Töchtern angetastet wird, hat er
einen Anspruch auf Vergütung.

22,15-16 schließt eine Reihe von Bestimmungen ab, die durch die Verwendung von *šlm* pi. gekennzeichnet sind (s. 6.0), doch findet sich dieses
Stichwort selbst hier nicht. Inhaltlich handelt 22,1-16 ebenso wie die
vorhergehenden Bestimmungen von einem Fall von 'Eigentumsdelikt' und
nicht von einem Kasus aus dem Familienrecht (z.B. Heinisch). Die auf
einer Strukturanalyse gegründete Ansicht von Otto*, *Wandel*, S. 9ff., 43,
62, daß von einem redaktionellen Zusammenhang von 22,15f. und der
Rubrik 'Verletzung der körperlichen Integrität' (21,18-32) die Rede ist,[26]
wurde zu Recht bestritten von Osumi*, S. 88ff., 103, 132f., 139f., und
Schwienhorst-Schönberger*, S. 32f., 50, 211ff. Letztgenannter hält 22,15f.
für einen 'typischen Nachtrag' (S. 50).

In 22,15f. wird folgende Situation dargestellt: ein Mädchen, das noch
nicht vertraglich einem Mann versprochen ist, kann den Annäherungsver-
suchen eines Mannes nicht widerstehen, läßt sich von seinem Charme
einfangen und willigt so der Geschlechtsgemeinschaft ein – zumindest
widersetzt sie sich nicht dagegen (zur Lit. s. 4.1.2). Der Vorfall hat
Konsequenzen: der Mann ist verpflichtet, das Mädchen zu heiraten, und
muß hierfür den üblichen Brautpreis bezahlen. Eine Geschlechtsgemeinschaft mit Zustimmung des Mädchens gibt ihm nicht automatisch das
Recht zur Heirat, sie zu 'besitzen'. Das Recht muß auf regulärem Weg,

---

[26] S. ausführlich ders., "Körperverletzung oder Verletzung von Besitzrechten? Zur
Redaktion von Ex 22,15f. im Bundesbuch und §§ 55; 56 im Mittelassyrischen Kodex der
Tafel A", *ZAW* 105 (1993), S. 153-165.

d.h. durch Bezahlung des Brautpreises an den Vater, erworben werden. Die Position des Vaters, dem das Mädchen gehört, darf nicht angetastet werden. Dies ist auch aus 22,16 ersichtlich. Eine Ehe kann nur mit dessen Zugeständnis zustande kommen. Ein Mann kann nicht gegen den Willen des Vaters eine Ehe erzwingen, nachdem er Geschlechtsgemeinschaft mit dessen Tochter hatte. Wenn er z.B. glaubt, daß der Mann keine rechte Partei für seine Tochter ist, kann der Vater die Ehe verweigern. In diesem Fall hat er dessen ungeachtet das Recht auf Entschädigung in Höhe des Brautpreises.

Ist diese Vergütung keine Einladung an den Vater, sein Einverständnis zu verweigern, um danach seine Tochter einem anderen zur Frau zu geben? Offensichtlich geht es um ein Mädchen, für das noch kein Brautpreis bezahlt wurde, wobei vorausgesetzt wird, daß durch diese Affäre ihr Ruf verdorben ist (vgl. Dtn. 22,29). Der Vater läuft Gefahr, seine Tochter nicht mehr an den Mann bringen zu können oder keinen regulären Brautpreis mehr zu erhalten. Vor solch einer Schädigung wird er durch die Vorschrift von 22,16b geschützt. Ob es zu einer Heirat kommt oder nicht, der Vater darf keinen materiellen Schaden davontragen. Childs, S. 476f., interpretiert 22,15f. gänzlich ahistorisch, wenn er konkludiert: 'That the seduction of an unengaged maiden was no longer simply viewed as property damage is evident from the stipulation that the seducer must marry the girl. In the Old Testament – in distinction from the New Testament – the laws regulating sexual relationship focus, not so much on condemning pre-marital intercourse as such, but on requiring full responsibility from the male as a consequence of his act. Promiscuity is condemned for its failure to stand by the exploited person which is required in marriage'. Die Beziehung des Mannes zum Mädchen spielt keine Rolle. In 22,15f. geht es um das gestörte Verhältnis zwischen diesem Mann und dem Vater des Mädchens, wobei die Frage, wie letzterer Vergütung erhält, zentral steht (vgl. auch CE § 27).

6.5.3.2 Neben 22,15f. s. man Dtn. 22,28f.[27] In dem dort beschriebenen Fall wird die Option, daß der Vater die Eheverbindung verweigert, nicht erwähnt, so daß auf dem Mann die bedingungslose Pflicht ruht, das Mädchen zu ehelichen und sein Leben lang als Frau zu haben. Übrigens wird in Dtn. 22,28 der Mann zwar nicht als Vergewaltiger beschrieben,[28] aber doch als einer, der die Frau zur Geschlechtsgemeinschaft gezwungen

---

[27] Vgl. auch R.J.V. Hiebert, "Deuteronomy 22:28-29 and its Premishnaic Interpretation", *CBQ* 56 (1994), S. 203-220; Pressler (s. 4.1.2), S. 35ff.
[28] Vgl. Dtn. 22,25 und s. A. Phillips, *JSOT* 20 (1981), S. 13; A. Rofé, *Henoch* 9 (1987), S. 134.

hat (vgl. Gen. 34,2ff.; II Sam. 13,4), und nicht, wie in Ex. 22,15, als Charmeur. Wie man annehmen muß, stellte das Mädchen in beiden Fällen keine begehrte Partei mehr für einen anderen Mann dar.

Über die Wünsche des Mädchens schweigt der Text. Im Fall von 22,15 kann vermutet werden, daß sie der Eheverbindung einzuwilligen wünscht. Die Weigerung des Vaters kann bedeuten, daß sie dazu verurteilt war, ihr Leben lang als Unverheiratete im Haus ihres Vater bleiben zu müssen. Aber wie verhält es sich mit Dtn. 22,28f.? War für das Mädchen das Leben als verheiratete Frau eines Mannes, der sie zur Gemeinschaft gezwungen hatte, erstrebenswerter als das Leben als unverheiratete Arbeitskraft im Haus ihres Vaters? (siehe einerseits Gen. 34,3.8 und andererseits II Sam. 13,15ff.20). Werden in Dtn. 22 die Belange der Frau überhaupt berücksichtigt? Tatsächlich ist dies der Fall. Denn das Unverheiratetbleiben war offensichtlich in der israelitischen Gesellschaft — in der es die Bestimmung einer Frau war, Mutter zu sein, und ihr Status durch die Anzahl der Kinder bestimmt wurde (vgl. Gen. 30,1; Jes. 4,1; Prov. 30,23) — ein tragischeres Los als eine unfreiwillige Heirat.

Und was den Mann betrifft: weder in Ex. 22 noch in Dtn. 22 wird ihm die Möglichkeit geboten, sich seiner Heiratspflicht mittels einer Regelung zu entziehen. Selbst wenn er von einer Anwandlung befallen wurde, kann dann trotzdem von ihm verlangt werden, das Mädchen zu heiraten? Solche Fragen, die kulturbestimmt sind, werden zwar in Ex. 22 und Dtn. 22 nicht aufgegriffen, sind aber in der Auslegungsgeschichte immer wieder zur Sprache gebracht worden. So wird z.B. in TPsJ 22,16 explizit die Möglichkeit genannt, daß der Mann das Mädchen nicht heiraten will, wobei bestimmt wird, daß er auch in diesem Fall Vergütung zu zahlen hat. Auch Nachmanides ist der Auffassung, daß der Mann die Wahl zwischen Heirat und Bezahlung einer Vergütung habe. Er erachtet eine eventuelle Ablehnung der Ehe als Angelegenheit, die sowohl den Vater wie die Tochter betrifft, und behauptet, daß im Fall, wo keine Ehe geschlossen wird, mit einer Buße Genüge geleistet werden könne, weil auch das Mädchen Schuld an der Affäre trage.

22,15f. hat einen fragmentarischen Charakter. Zur Debatte steht nur der Fall einer Geschlechtsgemeinschaft zwischen einem noch ungebundenen Mädchen und einem Mann. Nicht behandelt wird die Frage, wie im Fall einer Geschlechtsgemeinschaft mit einem zur Ehe versprochenen Mädchen gehandelt werden muß (vgl. Dtn. 22,23-27). Übrigens bleiben auch Fälle von Ehebruch und Unzucht im Bundesbuch gänzlich außer Betracht (vgl. Lev. 18; 19,20; 20,10ff.; 21,9; Dtn. 22,13-30).

6.5.3.3 MAG §§ 55f. beinhalten ähnliche Vorschriften wie Ex. 22,15f.

und Dtn. 22,28f.:[29] es wird zwischen einer Situation unterschieden, wo
jemand ein im Hause ihres Vaters wohnendes Mädchen mit Gewalt zur
Geschlechtsgemeinschaft zwingt, und einer Situation, wo eine junge Frau
aus eigener Initiative mit einem Mann Gemeinschaft hat; in erstcrcm Fall
darf der Vater die Ehefrau des betreffenden Mannes nehmen und Geschlechtsgemeinschaft mit ihr haben (Talio); die Frau darf er für sich
behalten; der Vater darf seine Tochter dem Mann zur Ehe geben; hat der
Mann keine Frau, dann muß er dem Vater den Wert einer jungen Frau
dreifach bezahlen; der Vater kann ablehnen, ihm seine Tochter zur Ehe zu
geben, und sie geben, wem er möchte; auch in diesem Fall muß er den
dreifachen Preis einer jungen Frau bezahlen. In letztgenannter Situation
muß die Frau des betreffenden Mannes unangetastet bleiben und kann mit
einer Bezahlung des dreifachen Wertes Genüge geleistet werden; der
Vater darf nach Belieben mit seiner Tochter verfahren.

---

[29] Vgl. Paul*, S. 96ff., und besonders J.J. Finkelstein, "Sex Offenses in Sumerian Laws",
JAOS 86 (1966), S. 355-372 (auch zu Vorschriften über Geschlechtsgemeinschaft mit einer
einem anderen gehörenden Frau, sowie bei Ehebruch; z.B. CE §§ 26, 28, 31; CH §§ 129-
132; MAG §§ 14, 15, 23; HG §§ 197, 198); s. auch Otto*, *Rechtsgeschichte*, S. 36f.;
Yaron*, S. 200, 278ff.

KAPITEL VII

KULTISCHE UND SOZIALE VORSCHRIFTEN

7.1 GREULICHE, NICHT TOLERIERBARE PRAKTIKEN (22,17-19)

7.1.1 *Übersetzung*

22,17 *'Eine Frau, die zur Unzucht verführt, darfst du nicht am Leben lassen.*
18 *Jeder, der mit einem Stück Vieh Geschlechtsgemeinschaft hat, muß gewaltsam zu Tode gebracht werden.*
19 *Wer den Göttern Opfer bringt, muß vertilgt werden. Kein anderer als JHWH allein* (darf verehrt werden)'.

7.1.2 *Exegetische Anmerkungen*

22,17 *lō' tᵉhajjœh* (zur 2.Pers. sing. s. 21,2), TPsJ, TNf: Subjekt ist pluralisch 'ihr'. Zu *ḥjh* pi. 'am Leben lassen' (vgl. z.B. 1,17f.22) s. *THAT*, I, Sp. 549ff.; *ThWAT*, II, Sp. 874ff. Wenig glücklich ist Ehrlichs Meinung, wonach *lō' tᵉhajjœh* einem israelitischen Vater verbiete, seine Tochter als Verführerin zu erziehen (vgl. Lev. 19,29).

22,18 *môt jûmāt* (s. 5.0), durch Steinigen (so z.B. Mek., III, 134); LXX: θανάτῳ ἀποκτενεῖτε αὐτούς, das pluralische Subjekt 'ihr' der Handlung wird konkret genannt; da das Objekt im Plur. steht (nicht in u.a. LXX^A), ist eine Harmonisierung mit Lev. 20,15f. ersichtlich; sowohl der Täter als auch das betroffene Tier müssen exekutiert werden. Es ist zu bezweifeln, ob man hieraus den Schluß ziehen darf, daß auch das Tier verantwortlich gemacht wurde (vgl. Houtman*, *Exodus*, I, S. 147f.).

22,19 *zbḥ*, 'Opfer bringen' (s. 20,24), muß offensichtlich im weiteren Sinne auf jede Form von Verehrung (vgl. *'bd*, s. z.B. 23,24) bezogen werden; anders Mek., III, 135f.; Raschi, Nachmanides (hierbei wird differenziert zwischen einem Dienst an Götzen, der die Todesstrafe fordert oder nicht). Das vorausgesetzte Subjekt ist natürlich der Israelit. Ibn Esra (von Nachmanides bestritten) denkt an den Nichtisraeliten (vgl. 22,20). Dessen Aufenthaltsrecht in Israel ist an Bedingungen geknüpft. In jedem Fall gelte: in JHWHs Land erwartet den Verehrer anderer Götter die völlige Vernichtung (vgl. 23,23). *lā'ᵉlōhîm*, in Sam.Pent. explizit bezeichnet als *'ᵉlōhîm 'ᵃḥērîm* (s. 20,3; 23,13; Dtn. 6,14; 8,19 usw.); vgl. u.a. LXX^A, SamT und s. TO, TPsJ: *lṭ'wt 'mmj'*, 'den (Ab-)Göttern der Völker'; vgl. Pesch.; TNf: *qdm ṭ'wwn 'ḥrnjjn*, 'vor anderen (Ab-)Göttern' (sic!); TNf am Rand:

kl ṭ'wwtj', '(vor) welchen Abgöttern auch immer'; zur Identifikation der Abgötter
s. ferner z.B. Mek., III, 135f.; Raschi. Nachmanides bezieht *ᵃᵉlōhîm* auf die
Engel.[1]

johoram Impf. ho. von *ḥrm*; im hi · 'mit dem Bann schlagen'; *ḥrm* ist ein
vielbesprochener Begriff (s. *THAT*, I, Sp. 635ff.; *ThWAT*, III, Sp. 192ff.); er
beinhaltet den Gedanken von 'Absonderung', 'Weihung', in 22,19 als religiöse
Strafmaßregel: um getötet zu werden (vgl. Lev. 27,29). *johoram* im MT ist
spezifisch; vgl. TNf: *jštjṣ'*, LXX: ἐξολεθρευθήσεται, 'er muß ausgerottet
werden'; TO übersetzt allgemein: *jtqtjl*, 'er muß getötet werden'; vgl. Pesch.:
n'bd, 'er soll zugrunde gehen'; Vulg.: *occidetur*; TPsJ bietet eine konkrete
Explikation: 'er muß mit dem Schwert getötet werden (vgl. TPsJ zu 32,27) und
seine Besitztümer müssen vernichtet werden'. Behauptet wurde (z.B. von Noth,
Hyatt), daß *johoram* auf einer Textkorruption beruhe und auf ein *ᵃᵉḥērîm* zurück-
gehe (vgl. bereits Holzinger), dem ein *môt jûmāt* gefolgt sei (vgl. 22,18). Wahrscheinlicher ist, daß 22,19 in bezug auf die Sanktionen eine Klimax darstellt.

biltî, 'außer' (s. Ges-K § 163; Brockelmann § 118; Williams § 422), leitet einen
elliptischen Satz ein: außer JHWH allein (darf kein Gott verehrt werden). *lᵉjhwh*,
TO, TPsJ: *lšm' dh'*, 'dem Namen von JHWH'; TNf: *qdm jjj*, 'vor JHWH'.
lᵉbaddô, bad, 'Absonderung', Derivat von *bdd*, 'scheiden', 'absondern' (s.
ThWAT, I, Sp. 512ff.), begegnet häufig mit Präposition *lᵉ* und Suffix (s. auch
22,26) in der Funktion des Adverbs (Joüon § 102d): 'im Zustand der Absonderung', 'auf sich selbst', 'allein'.

7.1.3 *Kommentar*

7.1.3.1 In 22,17-19 werden drei greuliche Praktiken beschrieben: Unzucht,
Sodomie und Götzendienst. Diese drei Vorschriften sind in jedem Fall
formal miteinander verwandt. Eine jede beginnt mit einem Partizip.
22,18.19 stimmen in bezug auf ihre Konstruktion mit 21,12.15-17 überein; 22,18 auch inhaltlich in bezug auf den Nachsatz (vgl. 2.7). In 22,17
bezeichnet das Partizip nicht das Subjekt, sondern das Objekt, wobei die
Rede von einem apodiktisch formulierten Satz mit vorangestelltem Objekt
ist (vgl. 22,20 und s. 2.5).

In *BHS* findet sich eine Zäsur (*sᵉtûmâ*) vor 22,17, vor 22,18 (nicht in
*BHK*¹⁻²; vgl. Perrot*, S. 65) und vor 22,19-23. Weder formal noch
inhaltlich legt sich eine Kombination von 22,19 mit 22,20-23 nahe. Von
modernen Exegeten wird die Frage diskutiert, ob 22,17-19 noch zum
vorherigen Abschnitt gerechnet werden muß (so Osumi*, S. 24ff., 48,
133, 144f.; Otto*, *Wandel*, S. 9ff., 34, 42f.) oder besser als Beginn des
folgenden Teils betrachtet werden kann (vgl. z.B. Schwienhorst-Schönber-

---

[1] Zu *ᵃᵉlōhîm* als Bezeichnung für *ᵃᵉlōhîm ᵃᵉhērîm* (s. 20,3; 23,13; Dtn. 6,14; 8,19 usw.) s.
Y. Zakovitch, "Ancient Variants and Interpretations of Some Laws of the Book of the
Covenant as Reflected in Early Prophets' Narratives", *JLA* 11 (1994), S. 57-62.

ger*, S. 10, 25f., 27f., und s. 2.3). Wie dies des öfteren der Fall ist, liegt in einer Abgrenzung etwas Willkürliches. Man könnte der Ansicht sein, daß ein thematischer Zusammenhang zwischen 22,17.18 und 22,15f. besteht. Sexualität spielt eine Rolle in 22,15f., auch in 22,18 und wahrscheinlich auch in 22,17. Ein Zusammenhang zwischen 22,19 und 22,15f. ist allerdings nicht festzustellen. Ob dies auch für das Verhältnis von 22,19 zu 22,17.18 gilt, ist unklar.

22,19 richtet sich gegen Götzendienst. Gilt dies prinzipiell auch für 22,17.18? Handeln 22,17.18 von Praktiken mit religiösem Charakter? Diese Frage wird häufig positiv beantwortet. Schwienhorst-Schönberger*, S. 318ff., huldigt sogar der Ansicht, daß thematisch und kompositorisch ein Zusammenhang zwischen 22,17-19 und Dtn. 13 vorliege; es würden drei Formen von Apostasie beschrieben. Seine Auslegung ist nicht überzeugend. In 22,17.18 ist m.E. eine Beziehung zum Götzendienst nicht nachweisbar (s.u.).

Auf jedes der drei Vergehen steht die Todesstrafe (vgl. 2.21,22). Die Strafe wird stets unterschiedlich formuliert; in 22,17 auf euphemistische Weise. Welche Art der Todesstrafe gemeint ist, bleibt unklar. Wird in bezug auf die Bestrafung in 22,17-19 eine Klimax angestrebt, nämlich der Vollzug des Banns (22,19)? (vgl. Schwienhorst-Schönberger*, S. 318). In diesem Fall würde 22,17 eine weniger grausame Todesstrafe andeuten, aber welche?

7.1.3.2 Gängig ist die Auffassung, daß 22,17 die Praktiken einer Zauberin verurteilt, d.h. einer Frau, die sich mit geheimen Künsten beschäftigt. Läßt sich diese Behauptung vertreten? Wir wollen das Schlüsselwort solch einer Auslegung betrachten.

m^ekaššefâ (Ges-K § 94d)[2] wird in modernen Übersetzungen gewöhnlich mit 'Zauberin'[3] wiedergegeben (Luther faßte es als Kollektivbegriff auf). Der Gebrauch der weiblichen Form fällt auf und führt zu der Frage, ob ein Mann dann geheime Künste betreiben darf. Dtn. 18,10f. läßt hierüber keinen Zweifel: die Vorschrift hat allgemeinen Charakter. Aus diesem Grund entschied man sich in der LXX für die Übersetzung φαρμακούς (vgl. 7,11; Dtn. 18,10; Mal. 3,5; Dan. 2,2), 'Zauberer' (so auch Vulg.), in TPsJ für ein allgemeines Objekt 'wer Zauberei betreibt' und in TNf, PT^A für ein doppeltes Objekt '(k)ein einziger Zauberer und auch (k)eine einzige Zauberin'; vgl. bSan. 67a; Mek., III, 133: Frauen werden explizit genannt, weil sie sich insbesondere mit Magie beschäftigen, aber tatsäch-

---

[2] Part. fem. pi. von *kšp* (s. *ThWAT*, IV, Sp. 375ff.), 'Zauberei treiben', wobei mit Ausnahme von II Chr. 33,6 nur das Partizip in der Funktion eines Substantivs vorkommt (vgl. 7,11 [Plur. mask.]; Dtn. 18,10 [Sing. mask.]; Mal. 3,5; Dan. 2,2 [Plur. mask.]).

[3] Van der Palm: man könnte in 22,17 auch 'Hexe' erwägen.

lich geht es um ein allgemeines Verbot (vgl. Prijs*, S. 12). Auch unter
modernen Auslegern findet sich die Auffassung, daß die Wahl der
femininen Form durch die Praxis beeinflußt sei: Magie ist eine für Frauen
typische Aktivität (z.B. Dillmann, Baentsch, Cassuto und s. besonders van
der Toorn [s. 4.1.2], S. 107ff.). Dies führt uns zur Frage, um welche Art
von Magie es hier geht.

7,11; Dtn. 18,10; Mal. 3,5; Dan. 2,2 zufolge war Zauberei das 'Hand-
werk' einer institutionalisierten Zunft, die aus Männern bestand.[4] Wie
I Sam. 28,7 zeigt, konnte die Nekromantie[5] von einer Frau ausgeübt
werden, aber nach Lev. 19,31; 20,6.27 war eine Totenbefragung nicht
bloß eine typisch weibliche Beschäftigung. M.E. muß daher die Frage
gestellt werden, ob 'Zauberin' in 22,17 wirklich im Sinn von 'jemand,
der den "Beruf" einer Zauberin ausübt' gebraucht wird. Zweifel an dieser
Interpretation hat bereits Ehrlich vorgebracht. Unter Verweis auf II Reg.
9,22; Jes. 47,9; Nah. 3,4, wo $k^e\check{s}\bar{a}f\hat{i}m$ neben 'Hurereien' genannt wird,
konkludiert Ehrlich, daß der genannte Term zum Teil 'Buhlerkünste und
Koketterien' und zum Teil 'politische Intrigen und diplomatische Kniffe'
bezeichnet, so daß $m^e ka\check{s}\check{s}\bar{e}f\hat{a}$ als eine bösartige Frau umschrieben werden
kann, die Männer verführt; vgl. Mal. 3,5, wo 'Zauberer' gleichbedeutend
neben 'Ehebrechern' steht, d.h. 'Zauberer' = Charmeure. In bezug auf die
Interpretation von $m^e ka\check{s}\check{s}\bar{e}f\hat{a}$ hat Ehrlich den rechten Weg gewiesen: die
Frau ist keine Zauberin, sondern eine verführerische Frau, die einen Mann
oder Männer in ihren Bann schlagen will und der man − hier berührt
meine Deutung die traditionelle Auslegung − geheime Kräfte zuschreibt,
da sie offensichtlich eine unwiderstehliche Anziehungskraft ausübte; sie
ist die 'fremde Frau', die Unzüchtige, vor der die Weisheitslehrer warnen,
weil sie Männer zugrunde richtet (Prov. 6,20ff.).

Was ist mit 'darfst du nicht am Leben lassen' gemeint? Das gleiche wie
mit $m\hat{o}t \, j\hat{u}m\bar{a}t$ in 22,18? Eine Exekution durch Steinigung (vgl. Lev.
20,27) nach einem Gerichtsspruch? (s. TPsJ; Mek., III, 133f.; bSan. 67a;
Raschi). Oder muß der Bann vollstreckt werden, wie in 22,19? Siehe
Dtn. 20,16; Num. 31,15; I Sam. 27,9-11 (vgl. auch Gen. 31,32; Ex. 19,13
und s. Mek., III, 133; Jacob; Childs). Impliziert 22,17, daß die Frau
vogelfrei erklärt wird? So z.B. Holzinger, Heinisch. Ruhte auf jedem
Israeliten die heilige Pflicht, die Frau, ohne die Rechtspflege einzuschal-
ten, aus dem Weg zu räumen? Oder mußte sie verstoßen werden bzw. ihr

---

[4] Vgl. auch Gen. 41,8.24; Ex. 7,22; 8,3.14f.; 9,11; Dan. 1,20 (auch 2,10.27; 4,4.6; 5,11)
und s. Houtman*, *Exodus*, I, S. 533f.
[5] Vgl. Th.J. Lewis, *Cults of the Dead in Ancient Israel and Ugarit*, Atlanta 1989;
J. Tropper, *Nekromantie. Totenbefragung im Alten Orient und im Alten Testament*, Keve-
laer/Neukirchen-Vluyn 1989.

jegliche Form von Lebensunterhalt entzogen werden, so daß sie vor
Hunger umkommt? Oder – sollte die Formulierung allgemein sein – war
jede Form von Exekution zugestanden? 22,17 kann in gewissem Sinn als Pendant zu Lev. 20,10; Dtn. 22,22 (s.
2.11) betrachtet werden. Die Sanktion bleibt in 22,17 allerdings auf die
Frau beschränkt. Wie in 22,18 der Blick allein auf den Mann gerichtet ist
– Sodomie als typisches Männerdelikt –, so kommt in 22,17 allein die
Frau ins Visier. Die Verführung zur Unzucht wurde offensichtlich als
typisches Vergehen einer Frau bewertet (s. daneben Mal. 3,5). Siehe
jedoch auch 22,15f. Dort ist jedoch keine Rede von Unzucht.
     In der Kirchengeschichte wurde die Hexenverfolgung und -verbrennung
legitimiert, indem man sich auf 22,17 berief (s. 2.23).
     7.1.3.3 In 22,18 wird die Todesstrafe für Sodomie festgelegt. Sodomie
wird auch in Lev. 18,23; 20,15f.; Dtn. 27,21 verboten. In 22,18 wird das
maskuline Partizip *šōkēb* gebraucht (zu *škb*, 'Geschlechtsgemeinschaft
haben', s. 22,15). In Lev. 18,23; 20,15f. wird das Verbot explizit auch auf
die Frau bezogen. Durch den Gebrauch von *kol* erhält die Aussage in
22,18 jedoch einen allgemeinen Charakter. In Lev. 18,23; 20,16; Dtn.
27,21 wird *kol* auch gebraucht, aber in Verbindung mit *bᵉhēmâ*, dem Tier
(s. 22,19): mit *gar keinem* Tier ist Geschlechtsgemeinschaft zugestanden.
     Unter Exegeten besteht die Neigung, die in 22,17.18 beschriebenen
Praktiken mit Götzendienst zu verbinden. 22,17-19 als ganzes sei gegen
den Götzendienst von Israels Umwelt und den damit verbundenen Sitten
gerichtet (s. z.B. Cassuto). In der Meinung, daß sich 22,17 auf Zauberei
beziehe, behauptet man, daß Zauberei den Umgang mit fremden göttlichen Mächten voraussetze (z.B. Baentsch, Noth, Childs). Läßt man die
traditionelle Interpretation fallen, dann besteht kein Grund, 22,17 in
Zusammenhang mit Götzendienst zu bringen; dies gilt auch für die von
Schwienhorst-Schönberger*, S. 320ff., 329f., vorgeschlagene Interpretation: 22,17.19 beinhalten eine Neuinterpretation von 34,15f.; 22,17 bezieht
sich auf Unzucht bei Opfermahlzeiten. Das greuliche Verhalten der
unzüchtigen Frau setzt höchstens das Wissen um das Okkulte voraus, d.h.
das Vermögen, einen Mann zu 'bezaubern', aber impliziert keine Rolle
der Frau beim Götzendienst.
     Gewöhnlich versucht man Sodomie auf dem Hintergrund des Tier- und
Fruchtbarkeitskultes von Israels Umwelt zu verstehen.[6] So wird angenommen, daß Sodomie oft mit Magie verbunden war und auf den Erhalt
und die Steigerung der Fruchtbarkeit sowie auf die Überwindung des
Todes gerichtet war. Schwienhorst-Schönberger*, S. 325, behauptet, daß,

---

[6] Siehe W. Krebs, "Zur kultischen Kohabitation mit Tieren im Alten Orient", *FuF* 37
(1963), S. 19-21, und ferner Schwienhorst-Schönberger*, S. 322ff.

wenn Sodomie in irgendeiner Weise mit dem Kult in Zusammenhang steht, diese dann in der Verborgenheit eines 'Privatkultes' vollzogen wurde. M.E. läßt sich ein Zusammenhang zwischen Sodomie und Götzendienst nicht nachweisen. In Anbetracht des Strafmaßes wurde Sodomie als greuliche sexuelle Verirrung eingestuft. Sie wurde den vorisraelitischen Bewohnern Kanaans zugeschrieben (Lev. 18,24ff.). Nirgends in Lev. 18; 20 und Dtn. 27 gewinnt man den Eindruck, daß diese Praxis im Zusammenhang mit Religion steht. Daß Sodomie abgewiesen wird, resultiert aus der Anthropologie des AT, die vom Gottesbild geprägt ist (vgl. Houtman*, *Exodus*, I, S. 147f.). Das Tier ist kein passender Partner für den Menschen (vgl. Gen. 2,18-24). Sodomie impliziert Entmenschlichung, ein Vergehen gegen die Heiligkeit des Menschen (vgl. 22,30).

Sowohl die Vorstellung, daß Götter theriomorphe Gestalt annehmen können und in dieser sexuelle Gemeinschaft haben können, als auch die Vorstellung, daß sie mit Tieren kohabitieren, ist aus dem Alten Orient und der Antike bekannt (s. *IDBS*, S. 96f.; zu Ugarit s. Korpel*, S. 214, 524ff.). Hieraus und aus dem Umstand, daß sodomistische Phantasien in einem neuassyrischen Beschwörungstext bezeugt sind (*TUAT*, II, S. 273f.), kann man allerdings nicht den Schluß ziehen, daß Sodomie gesellschaftlich akzeptiert wurde. Über die Praktizierung ist sehr wenig bekannt. Herodot, *Hist.*, II, 46, nennt einen Fall von Sodomie. Daß Sodomie praktiziert wurde, ist unbestreitbar.

In den HG wird dieses Phänomen relativ ausführlich behandelt. Im Unterschied zum AT, in dem Geschlechtsgemeinschaft mit welchem Tier auch immer verteufelt wird, differenzieren die HG zwischen einer tolerierbaren und nicht tolerierbaren Gemeinschaft mit Tieren. Nicht toleriert und mit der Todesstrafe belegt wird der geschlechtliche Kontakt mit einer Kuh, einem Schaf, Schwein und einem Hund (§§ 187, 188, 199). Der König hat allerdings die Möglichkeit, den Täter zu begnadigen. Überdies bleibt der Mensch unbehelligt, wenn der Geschlechtsakt vom sexuell stimulierten Tier (Rind, Schwein) ausgegangen war (§ 199). Hingegen wird eine Geschlechtsgemeinschaft mit einem Pferd oder Maultier toleriert (§ 200 A-B). In allen Fällen gilt jedoch, daß Sodomie den Menschen besudelt. Stets wird hervorgehoben, daß der Betroffene, d.h. der vom König Begnadigte oder der mit einem Pferd oder Maultier Gemeinschaft hatte, keinen Zugang mehr zum König hat. § 200 A-B verbietet, daß solch ein Betroffener Priester wird. Wahrscheinlich wird in § 200 A-B Rücksicht auf Personen genommen, die für längere Zeit von Zuhause weg sind und somit keine Möglichkeit eines normalen sexuellen Umgangs haben.[7]

7.1.3.4 In 22,19[8] wird eine schwere Strafe für den Abfall von JHWH verhängt (vgl. 34,15f.; Dtn. 13; 17,2-5). Exklusive Verehrung von JHWH ist gefordert (vgl. 20,3; 23,24; 34,14 und s. z.B. I Sam. 7,3f.). Mit Götzendienst blockiert man die Verbindung mit JHWH und setzt seine Existenz aufs Spiel.

Durch wen die Strafe vollzogen werden mußte und ob der Bann auch die Familie und den Besitz des Betroffenen treffen mußte (vgl. Jos. 7,15.25), wird nicht angedeutet. Dtn. 17,5 nennt die Steinigung als Strafe für einen individuellen Fall von Götzendienst. Dieselbe Strafe trifft den, der zum Götzendienst verführt (Dtn. 13,10f.). Gemäß Dtn. 13,16ff. ist eine Stadt, die von JHWH abfällt, zum Bann verurteilt (vgl. Fishbane*, S. 204f.; Schwienhorst-Schönberger*, S. 318ff.). Der Bann dient dazu, das Übel mit der Wurzel auszurotten.

Bei 'den Göttern' in 22,19a erhebt sich die Frage: auch JHWH nicht? Er ist ja auch Gott. Das Adjektiv *ªḥērîm*, 'anderen', im Sam.Pent. bietet eine Antwort. Es geht um Götter mit Ausnahme von JHWH. Raschi ist der Meinung, daß dies durch die Punktuation *lā'ªlōhîm* (und nicht *lē'lōhîm*, vgl. auch Ps. 86,8) zum Ausdruck gebracht sei.[9] Interpretiert man *ªlōhîm* als andere Götter, dann ist implizit gesagt, daß eine Verehrung von JHWH sehr wohl zugestanden ist (vgl. 20,24; 23,18), wobei dann 22,19b eigentlich überflüssig ist (es fehlt im Sam.Pent. und SamT); 22,19b wiederholt dann explizit, was in 22,19a schon implizit gesagt wurde. Ist es nicht auch möglich, *ªlōhîm* auf andere Weise als 'andere Götter' zu verstehen? Eerdmans*, S. 128, beruft sich auch auf 22,19 für seine These, daß JHWH einer von den *ªlōhîm* war (s. 6.4.4.3): nur JHWH, der wichtigsten Gottheit, dürfen die kostbaren Tieropfer gebracht werden; andere Götter, wie z.B. die Hausgötter, können hierauf keinen Anspruch geltend machen, sind aber trotzdem Gegenstand des Kultes.[10] Eerdmans Interpretation ist spekulativ. In jedem Fall hat auch bei ihm *ªlōhîm* die Bedeutung von 'andere *ªlōhîm*'. Im Kontext des Bundesbuches als Teil der Sinai-Offenbarung JHWHs kann *ªlōhîm* (auch ohne

---

[7] Siehe ferner H.A. Hoffner, "Incest, Sodomy and Bestiality in the Ancient Near East", in: ders. (Hg.), *Orient and Occident*, Kevelaer/Neukirchen-Vluyn 1973, S. 81-90; J.C. Moyer, "Hittite and Israelite Cultic Practices. A Selected Comparison", in: H.W. Hallo u.a. (Hg.), *Scripture in Context II*, Winona Lake 1983, S. 19-38 (S. 25ff.).

[8] Siehe neben 22,19 insbesondere II Reg. 5,17: Naaman handelt konform der Vorschrift.

[9] Vgl. U. Cassuto, *A Commentary on the Book of Genesis. From Adam to Noah*, I, Jerusalem 1961, S. 167.

[10] Loretz, "Das 'Ahnen- und Götterstatuen-Verbot'" (s. 4.1.1), S. 498ff., 504ff., verteidigt die Auffassung, daß *ªlōhîm* verstanden werden muß als Bezeichnung von Ahnenfigur(in)en und die Vorschrift gegen den Ahnenkult gerichtet ist.

ªḥērîm) nur als 'andere Götter' verstanden werden. In 22,19b wird dies nochmals betont. Unterstellt wird, daß 22,19b eine spätere Texterweiterung sei (z.B. Baentsch, Noth und s. Fishbane*, S. 70f.). Zwingende Argumente für diese Auffassung fehlen allerdings.[11]

7.2 SORGE FÜR DIE SOZIAL SCHWÄCHEREN (22,20-26)

7.2.1 *Literatur*

Brin*, S. 74-89; M.L. Chaney, "Debt Easement in Israelite History and Tradition", in: D. Jobling u.a. (Hg.), *The Bible and the Politics of Exegesis* (FS N.K. Gottwald), Cleveland 1991, S. 127-139; H. Gamoran, "The Biblical Law against Loans on Interest", *JNES* 30 (1971), S. 127-134; ders., "Talmudic Controls on the Purchase of Futures", *HUCA* 64 (1973-74), S. 48-66; R. Kessler, "Das hebräische Schuldenwesen. Terminologie und Metaphorik", *WuD* 20 (1989), S. 181-195; E. Klingenberg, *Das israelitische Zinsverbot in Torah, Mišnah und Talmud*, Wiesbaden 1977; N. Lohfink, "Poverty in the Laws of the Ancient Near East and the Bible", *TS* 25 (1991), S. 34-50; R.P. Maloney, "Usury and Restrictions on Interest-Taking in the Ancient Near East", *CBQ* 36 (1974), S. 1-20; E. Neufeld, "The Prohibitions against Loans at Interest in Ancient Hebrew Laws", *HUCA* 26 (1955), S. 355-412; E. Otto, *ZAW* 98 (1986), S. 169-174; R.K. Sikkema, *De lening in het Oude Testament*, 's Gravenhage 1957; S. Stein, "The Laws on Interest in the Old Testament", *JThS* 4 (1953), S. 161-170; ders., "Interest Taken by Jews from Gentiles", *JSSt* 1 (1956), S. 141-164; Stol (s. 4.2.1); H. Strauss, "'Armut' und 'Reichtum' im Horizont biblischer, vor allem alttestamentlicher Aussagen", in: F. Crüsemann u.a. (Hg.), *Was ist der Mensch ...?* (FS H.W. Wolff), München 1992, S. 179-193; J.-L. Vesco, "Les lois sociales du Livre de l'Alliance", *RThom* 68 (1968), S. 241-264; R. Yaron, "Social Problems and Policies in the Ancient Near East", in: B. Halpern & D.W. Hobson (Hg.), *Law, Politics and Society in the Ancient Mediterranean World*, Sheffield 1993, S. 19-41.

---

[11] Siehe für eine (ausführliche) Besprechung von 22,19 C. Brekelmans, *De ḥerem in het Oude Testament*, Nijmegen 1959, S. 54ff.; Osumi*, S. 26, 48; Otto*, *Wandel*, S. 9, 32; C. Schäfer-Lichtenberger, "Bedeutung und Funktion von Ḥerem in biblisch-hebräischen Texten", *BZ* 38 (1994), S. 270-275; Schwienhorst-Schönberger*, S. 12ff., 26ff., 34, 284, 286, 316ff., und zum Bann allgemein W. Horbory, "Extirpation and Excommunication", *VT* 35 (1985), S. 13-28; J.P.U. Lilley, "Understanding the Herem", *TynB* 44 (1993), S. 169-177; S. Niditch, *War in the Hebrew Bible. A Study of the Ethics of Violence*, New York/Oxford 1993; P.D. Stern, *The Biblical Ḥerem. A Window on Israel's Religious Experience*, Atlanta 1991.

7.2.2 Übersetzung

22,20 *'Einen Fremden darfst du nicht bedrängen; du darfst ihm das Leben nicht schwer machen. Ihr wart doch selbst Fremde im Land Ägypten!*
21 *Keinerlei Witwe oder Waise dürft ihr unterdrücken.*
22 *Falls du sie doch unterdrückst, dann brauchen sie nur zu mir um Hilfe zu rufen, um für ihren Hilferuf Gehör zu finden.*
23 *Dann werde ich im Zorn entbrennen und euch mit dem Schwert töten, so daß eure Frauen zu Witwen werden und eure Kinder zu Waisen.*
24 *Wenn du meinem Volk Geld leihst, dem Armen in deiner Umgebung, dann darfst du dich ihm gegenüber nicht wie ein echter Geldverleiher verhalten. Ihr dürft ihm keinen Zins auferlegen.*
25 *Wenn du das Kleid eines anderen als Pfand nehmen willst, dann mußt du es ihm bei Sonnenuntergang zurückgeben.*
26 *Er hat doch nichts anderes, um sich zu bedecken. Es ist das Kleidungsstück für seinen nackten Leib. Worin soll er sonst schlafen? Er braucht nur zu mir zu rufen, so bekommt er schon Gehör. Ich bin doch voller Gunst'.*

7.2.3 Exegetische Anmerkungen

22,20 Neben 22,20 s. 23,9. Die Auffassung wurde vertreten, daß 22,20-23,9 eine zusammenhängende Texteinheit bildet und die Wiederholung als Inclusio eingestuft werden muß.[12] In jedem Fall ist 23,9 mehr als eine überflüssige redaktionelle Wiederholung (Baentsch). Weil das Thema 'Fremdling' mit 23,9 noch nicht abgeschlossen ist (s. Schluß 23,12), sollte man 23,9 lieber nicht als Abschluß betrachten, sondern als Überleitung zu 23,10-12, wo die Behandlung der sozial Schwächeren wieder von einer anderen Seite beleuchtet wird (auch der 'Bedürftige' wird wieder genannt [23,6.11]).
  gēr (s. 7.2.4.6), der allochtone Bewohner. *tônœh*, 2.Pers. sing. Impf. hi. von *jnh*, 'unterdrücken' (s. *ThWAT*, III, Sp. 663ff.); Sam.Pent.: *tônû* (2.Pers. plur.); vgl. LXX, Pesch., Targume und s. Lev. 19,33, wo die gleiche Satzhälfte ebenfalls im Plur. steht (zur gleichen Motivierung s. Lev. 19,34b). Auch für *tilḥāṣœnnû* (von *lḥṣ*, 'unterdrücken', 'bedrücken'; auch 23,9)[13] liest Sam.Pent. ein pluralisches *tilḥāṣû*; vgl. LXX, Pesch., Targume. Dieser Pluralgebrauch gründet in dem Versuch, 22,20a mit 22,20b.21 zu harmonisieren.
  22,20a besteht aus zwei parallelen Gliedern (synonymer Parallelismus); so wird

---

[12] Siehe C. van Houten, *The Alien in Israelite Law*, Sheffield 1991, S. 45, 55, im Anschluß an N. Lohfink; vgl. auch Schwienhorst-Schönberger*, S. 23, 29, 373.
[13] S. *ThWAT*, IV, Sp. 547ff.; J. Pons, *L'oppression dans l'Ancien Testament*, Paris 1981, S. 95ff.

die Vorschrift intensiviert. In der rabbinischen Auslegung wurde der *gēr* in 22,20a (im Gegensatz zum *gēr* in 22,20b) als 'Proselyt' interpretiert,[14] wobei beiden Vershälften ein je eigener Aussagegehalt gegeben wurde. Der Proselyt darf nicht verletzt werden *mit Worten* (die beleidigend sind, indem sie ihn an dessen Herkunft erinnern) und nicht unterdrückt werden, *indem man ihm seinen Besitz nimmt* (TPsJ, Mek., III, 137; Raschi).

kî setzt einen vorherigen Ansporn voraus (vgl. TPsJ): 'vergiß nicht, daß ...' (vgl. auch 23,9). Über die Interpretation der Motivierung und über das Verhältnis zu der Motivierung in 23,9 (ist in beiden Fällen das gleiche gemeint?) wurde bei jüdischen Auslegern eine Diskussion geführt (vgl. Leibowitz*, S. 379ff.). Zur Debatte steht die Frage, ob das Wissen um am eigenen Leibe erfahrene Unterdrückung den Menschen wirklich davon abhält, seinen Mitmenschen zu unterdrücken und sich ihm gegenüber unmoralisch zu verhalten. Die Erfahrung lehrt, daß dies nicht der Fall ist. Daher wurde die Motivierung nicht bloß als Ansporn für humanes Verhalten verstanden (vgl. Lev. 19,34), sondern auch als *Warnung*: im Falle einer Beleidigung kann der beleidigte Fremdling den Israeliten in Erinnerung rufen, daß ihm dasselbe Manko (nämlich von Fremdlingen abzustammen) anhaftet (Raschi; vgl. Mek., III, 138), im Sinne von 'kritisiere niemanden wegen eines Mankos, an dem du selbst leidest'; sie kann aber auch als *Drohung* verstanden werden: der mögliche Unterdrücker muß sich dessen bewußt sein, daß Israel in Ägypten nur scheinbar ohne Beistand war; in Wirklichkeit stand der Helfer par excellence den Unterdrückten bei (Nachmanides). Die zwei letztgenannten Erklärungen sind unbegründet. 22,20b ist nicht mehr als ein Ansporn zu menschlichem Verhalten gegenüber dem Allochtonen unter Verweis auf Israels eigene Vergangenheit; in 23,9 ist vielleicht die Rede von einer besonderen Zuspitzung auf deren ordentliche Behandlung in der Rechtspflege.[15]

22,21.22 22,21-23 wird durch den Gebrauch der Begriffe 'Witwe' und 'Waise' umrahmt. *kol* bezieht sich offenbar auch auf 'die Waise' ('double-duty'-Gebrauch); der Blick ist auf den sozial Schwachen gerichtet (s. jedoch Nachmanides: auch auf die reiche Witwe; vgl. auch KöSynt § 352s). Zu *'nh* II pi., 'unterdrücken', s. *THAT*, II, Sp. 341ff.; *ThWAT*, VI, Sp. 247ff.; S.B. Dawes, *VT* 41 (1991), S. 38-48; Pons, *L'oppression*, S. 99ff.

'im (s. 4.2.1), Sam.Pent.: *kî 'im. 'annēh tᵉ'annæh*, Inf. abs. + Verbum finitum; Sam.Pent.: *tᵉ'annî* Plur., vgl. LXX, Pesch., Vulg., TNf, PT^A und s. 22,21 und 22,23 (*'ætkæm* usw.); der Numeruswechsel Plur. (22,21.23) - Sing. (22,22) wird von modernen Exegeten gewöhnlich literarkritisch erklärt (vgl. z.B. Schwienhorst-Schönberger*, S. 332ff.). So wird behauptet, daß sich 22,20-23 in ursprünglicher Form nur auf den Fremdling bezogen habe (Formulierung in der 2.Pers. sing.; *'ōtō* in 22,22 habe ursprünglich den Fremdling bezeichnet). Ibn Esra erklärt den Numeruswechsel wie folgt: auch wer Zeuge einer Unterdrückung wird und nicht

---

[14] Die Wurzel *gwr* hat sich hinsichtlich der Bedeutung entwickelt zu 'Proselyt werden', 'sich bekehren'.

[15] Vgl. Holzinger; Strack; Heinisch; van Houten, *The Alien in Israelite Law*, S. 55, 97.

einschreitet, ist ein Unterdrücker; eine Gemeinschaft, in der Unterdrückung herrscht, trägt daher eine Kollektivschuld; das Urteil trifft sie als ganze.

Dreimal wird in 22,22 der Inf. abs., auf den ein Verbum finitum folgt, gebraucht; mit welcher Intention? (vgl. Ges-K §§ 113lff.; Joüon §§ 123dff.).[16] In letzterem Fall ist die Bedeutung klar: JHWH wird *sicher* hören. Aber was ist in ersterem Fall gemeint: eine Situation von schwerer, wiederholter Unterdrückung (ohne Zweifel ist nicht an ein zufälliges Fehlverhalten des Unterdrückers gedacht) oder ein leichter Fall, eine geringe Äußerung eines arroganten Machtbeweises? (vgl. Mek., III, 141f.).

'ōtô hat distributive Bedeutung und bezieht sich sowohl auf 'Witwe' als auch 'Waise'; in einer Übersetzung ist der Gebrauch eines pluralischen Personalpronomens unvermeidlich (vgl. LXX, Pesch., Vulg., TNf, PT^A). *kî 'im*, Raschi ist der Ansicht, daß der Nachsatz des vorangegangenen Satzes fehle (Ellipse) und vor *kî* hinzugedacht werden muß: 'dann wirst du deine Strafe erhalten'; *kî* hat seiner Meinung nach kausale Bedeutung ('denn'); Nachmanides widerspricht ihm und versteht *kî* konditional und meint, daß 'wenn' nachdruckshalber wiederholt werde. Besser läßt sich *kî* als emphatische Partikel verstehen und die durch *'im* eingeleiteten Sätze als zwei aufeinanderfolgende Vorsätze, denen ein von beiden Vorsätzen abhängiger Nachsatz folgt. Ich habe mich für eine flüssige Übersetzung entschieden.

ṣ'q (s. *THAT*, II, Sp. 568ff.; *ThWAT*, II, Sp. 628ff.; Derivat *ṣᵉ'āqâ* in 22,22), 'laut rufen', 'schreien', häufig mit einem Menschen als Subjekt, der sich in einer Notsituation befindet und Hilfe nötig hat; häufig ist der Hilferuf an ('æl) JHWH gerichtet (z.B. 8,8; 14,10.15; 15,25; 17,4; 22,26) und hat das Verb zugleich die Konnotation 'bitten'. *ṣā'ôq jiṣ'aq*, Subjekt ist das Objekt des vorigen Satzes ('ōtô), die Witwe und die Waise (vgl. Dtn. 15,9; 24,15); in LXX, Pesch., Vulg. wurde ad sensum übersetzt mit 'sie' als Subjekt. Für die Deutlichkeit ist dies nötig. Unwahrscheinlich ist, daß beim Subjekt insbesondere an das Kind gedacht werden muß (vgl. Gen. 21,17 und s. Ibn Esra) oder daß der Ausspruch in eingeschränktem Sinn verstanden werden muß (Bedingung für Gottes Reaktion ist, daß er um Hilfe angerufen wird; vgl. 2,23-25). Wird vorausgesetzt, daß, je mehr Menschen (lauter) zu JHWH rufen, er eher zum Hören geneigt ist? (vgl. Mek., III, 143)? Wahrscheinlicher ist, daß gemeint ist: die Witwe oder die Waise braucht nur einen Piepser von sich geben, dann ...

Mit Blick auf *'ēlaj* muß das Rufen hier als Gebet verstanden werden (so explizit TPsJ, TNf, PT^A, mit der Andeutung, daß das Gebet den Unterdrücker [du/ihr] betrifft). *šāmō'a 'æšma'*, von *šm'* (s. *THAT*, II, Sp. 629ff.; *ThWAT*, VIII, Sp. 255ff.), 'hören', 'horchen auf' (22,22.26; vgl. 23,23 [ni.]), 'gehorchen' (+ *bᵉqôl*; 23,21f.). Mit dem Hören von seiten JHWHs ist die Vorstellung verbunden, daß er die Ereignisse auf Erden aufmerksam verfolgt und auf entsprechende Weise auf das reagiert, was ihm zu Ohren kommt (s. Houtman*, *Himmel*, S. 346ff.,

---

[16] S. dazu R. Yaron, "Stylistics Conceits II. The Absolute Infinitive in Biblical Law", in: D.P. Wright u.a. (Hg.), *Pomegranates and Golden Bells* (FS J. Milgrom), Winona Lake 1995, S. 449-460.

352f., 361). *ṣaᶜᵃqātô*, das Suffix sing. ist in LXX, Pesch., Vulg. als Plur. übersetzt; TPsJ beinhaltet eine Erweiterung: 'sein Gebet erhören und ihn rächen'; bei
letzterem muß an Rache, wie in Dtn. 11,17 beschrieben, gedacht werden (vgl.
Mek., III, 141). In TNf, PT^A wird 22,22 abgeschlossen mit *'rwm hnn wrhmn 'nh*,
'denn ich bin gnädig und barmherzig' (in PT^A folgt noch 'sagt die Memra
JHWHs'); in gleicher Weise wird 22,26 abgeschlossen (vgl. Ps. 111,4; 112,4;
145,8).

22,23 In Form einer talionischen Unheilsankündigung wird die Reaktion JHWHs
auf den Hilferuf der Witwe und Waise beschrieben. Die Frauen und Kinder der
Unterdrücker sollen zu Rechtlosen werden. Dieses Bild muß die Unterdrücker zur
Umkehr und zur Verhaltensänderung führen. *'af* (s. *THAT*, I, Sp. 220ff.; *ThWAT*,
I, Sp. 376ff.; Dhorme*, S. 80ff.; Johnson*, S. 49f.) kommt im AT sowohl mit der
Bedeutung 'Nase' (ca. 25×) als auch mit der Bedeutung 'Zorn' (ca. 170× mit
Bezug auf Gott; ca. 40× mit Bezug auf den Menschen) vor (wenn der Atem durch
die Nase in Schnauben übergeht, bringt der Körper dadurch zum Ausdruck, daß er
voller Wut ist [z.B. 15,8; Ez. 38,18; Ps. 18,8f.16; Hi. 4,9]); hier ist der Begriff,
wie so häufig, Subjekt von *ḥrh* (s. *ThWAT*, III, Sp. 182ff.), 'glühen', 'brennen';
hier (vgl. z.B. 4,14; 32,10f.) mit Bezug auf JHWHs Zorn, der eine Reaktion ist
auf Ungehorsam, unfreundliches Verhalten, Untreue unter Menschen, seinem Volk
(z.B. 22,23; 32,10; Num. 11,1.10.33; 12,9; 25,3). In der Verlängerung liegt häufig
die Bestrafung. *hrg*, 'töten', s. 21,14.

hæræb (s. auch 20,25), 'Schwert', bezeichnet sowohl den Dolch als auch das
Schwert: der zweischneidige Dolch und das Kurzschwert (nicht länger als ca. 40
cm; vgl. Jdc. 3,16.21), das als Stichwaffe diente, und das längere einschneidige
Krumm- oder Schlagschwert, das in der Eisenzeit in großem Maß dem langen,
geraden zweischneidigen Schwert wich, das man sich auch nicht allzu groß
vorstellen darf (bis ca. 75 cm). Vor allem Bronze und Eisen, aber auch Kupfer,
Silber und Gold sind die Metalle, aus denen Schwerter verfertigt werden (s.
jedoch auch Jos. 5,2ff.).[17] Das Schwert wird im AT vor allem in Verbindung mit
dem Kampf, dem Krieg genannt (z.B. 15,9; 17,13; I Sam. 13,19; 17,45; 21,9).
Von daher wird verständlich, daß 'Schwert' metonymisch zur Bezeichnung von
Kampf, Krieg gebraucht werden kann (z.B. 15,9; 22,23; Lev. 26,25.33; Jes. 1,10;
3,25; Jer. 4,10; neben Ex. 22,23 s. I Sam. 15,33; Jer. 18,21; Thr. 1,20). Auch
wird das Schwert als Mittel zur Exekution von Verbrechern genannt (z.B. 5,21;
18,4; 32,27; I Reg. 2,8.30f.34). *bæḥæræb*, zum Gebrauch des Artikels s. z.B. Ges-
K § 126q,r; Joüon § 137m,n.

In der rabbinischen Auslegung wird eine Antwort auf die Frage geboten, warum
explizit gesagt wird, daß — was ja für sich selbst spricht — die Frauen zu Witwen
werden usw.: die Unterdrücker kommen im Krieg ums Leben, ohne daß ihr Tod

---

[17] S. *ANEP*, Register; *BHH*, I, Sp. 348; III, Sp. 1750f.; *BRL*, S. 57ff.; *IDB*, IV, S. 469f.;
O. Keel, *Wirkmächtige Siegeszeichen im Alten Testament*, Freiburg/Göttingen 1974, S. 27ff.
(über das Krummschwert); Y. Yadin, *The Art of Warfare in Biblical Lands*, London 1963,
S. 10f., 44f., 60f., 78ff.

erwiesen ist, was zur Folge hat, daß ihre Frauen für immer Witwen sein müssen (sie dürfen nicht wieder heiraten) und ihre Kinder nicht über das Erbe verfügen dürfen (Mek., III, 144; Raschi). Bei dieser Interpretation ist die Strafe mehr als eine Talio.

22,24 *'im*, 'wenn', in der jüdischen Auslegung ist die Bedeutung von *'im* Gegenstand der Diskussion. Weil die Barmherzigkeit gegenüber einem Volksgenossen zur Pflicht gehört (Dtn. 15,7f.), erhebt sich die Frage, ob *'im* konditional zu verstehen ist. In Mek., III, 147, wird behauptet, daß 22,24 einen von drei Fällen (s. auch 20,25) darstelle, wo *'im* diese Bedeutung nicht habe (vgl. auch Raschi). Andere verstanden die Kondition wie folgt: es steht nicht frei, die Vorschrift auszuführen oder nicht, sondern die Befolgung ist von der Situation abhängig; man muß reich sein, und der Kreditnehmer muß zuverlässig sein; die Vorschrift ist eine Pflicht, muß aber freiwillig und von Herzen befolgt werden (Dtn. 15,10; vgl. Leibowitz*, S. 402ff.). Es ist wenig wahrscheinlich, daß *'im* in 22,24 eine andere Bedeutung hat als in 22,25. Dort ist die Klassifizierung der Vorschrift als Pflicht unangebracht. 'Geld', s. 21,11.

talwæh 2.Pers. sing. Impf. hi. von *lwh* (s. *ThWAT*, IV, Sp. 492f.), im qal 'leihen' (z.B. Dtn. 28,12), im hi. 'verleihen'; Objekt in 22,24 ist *'æt-'ammî* (vgl. 21,8), in TO, Pesch., mit *b* anstelle von *'æt*, in TPsJ mit *l*. Das allgemeine 'mein Volk' ist wenig passend ('mein Volk' = JHWHs Volk ist in der Regel die Bezeichnung für Israel als ganzes [3,7.10; 5,1; 7,4.16.26 usw.]; s. aber Jes. 3,15) und wird eingegrenzt durch die Apposition *'æt-hæ'ānî* *'immāk* (zu *'ānî*, 'Arme', s.u., 7.2.4.6). In der LXX ist *'æt-'ammî* offensichtlich nach Gefühl (s. jedoch auch Lev. 24,35f.; Dtn. 23,20f.) übersetzt mit τῷ ἀδελφῷ, 'dem Bruder'; diese Übersetzung hat zum Vorschlag geführt, den Text in *'āḥîkā* zu ändern (s. z.B. LV); in der Vulg. ist das gesamte Objekt übersetzt mit *populo meo pauperi qui habitat tecum*, 'meinem armen Volk, das bei dir wohnt'. In modernen Übersetzungen findet sich die schwer zu verteidigende Wiedergabe von *'æt-'ammî* mit 'jemand aus meinem Volk' (z.B. WV, Dasberg) oder mit einer entsprechenden Übersetzung (z.B. NEB). Behauptet wurde, daß in der LXX nach Gefühl übersetzt wurde. Das Hebräische kenne einen Term *'ammî*, 'Volksgenosse', 'Verwandter'.[18] Jedenfalls findet eine Textänderung keine Stütze in Sam.Pent. (*'æt 'ānî 'immāk*) und Qm (vgl. Sanderson*, S. 122, 139). Eine eventuelle Textverderbnis müßte alt sein. Stand anstelle von *'ammî* ursprünglich ein *'ammît'kā* (Baentsch)? Oder ist *'ammî* eine Verschreibung von *'ānî*, wobei die Apposition als *'æt-hæ'ānî* *'ammœkā* vokalisiert werden muß (vgl. 23,11)? Ist die Apposition als Einschränkung gemeint: 'der Arme, nämlich der Arme von deinem Volk'? In der rabbinischen Auslegung wurden die drei Elemente (1) *'æt-'ammî* (2) *'immāk* (3) *'æt-hæ'ānî* als Prioritätsliste für die Gewährung eines Darlehens verstanden, für den Fall, daß unter den Interessenten eine Auswahl getroffen werden muß: der Jude kommt vor dem Nichtjuden (1), der Arme vor dem Reichen (2), der arme

---

[18] Siehe G. Jeshurun, "On the Meaning of the Silent Yod in a Certain Group of Passages in the M.T.", *JSOR* 16 (1932), S. 108-112.

Stadtgenosse vor dem Einwohner einer anderen Stadt (3) (Mek., III, 148;
MidrTanch. Ex., VI, 8; Raschi; vgl. Leibowitz*, S. 408ff.); vgl. auch Gal. 6,10.
Auch wird hervorgehoben, daß der Arme nicht verächtlich behandelt werden darf
(er gehört zu 'meinem Volk') und daß der Geldverleiher sich selbst in die
Position ('in deiner Umgebung') des Armen versetzen müsse (Raschi).

nōšæh (Sam.Pent.: *nōšæ'*; vgl. BL § 59c). Part. qal von *nšh / nš'* (s. *ThWAT*, V,
Sp. 658ff.), 'ausleihen', 'Geldverleiher, Gläubiger sein' (Dtn. 24,11; I Sam. 22,2;
II Reg. 4,1 u.a.); TNf, FT^V, PT^A: 'ein Gläubiger, der erpreßt' (vgl. auch Vulg.).
Jüdische Exegeten betonen, daß der Geldverleiher mild sein müsse, nicht ständig
auf die Rückzahlung drängen darf, sein Geld nicht zurückfordern darf, wenn der
Entleiher es nicht hat, usw. (Mek., III, 148; Raschi; Ibn Esra; Nachmanides).

Das zweite *lō'*, u.a. Pesch., TNf, PT^A: *w^elō'*. *t^esîmûn* (s. 21,1; Plur.), Sam.Pent.:
t^esîmēnû (Sing. + Suffix); LXX, Pesch., Vulg.: Sing. (vgl. 22,24a.25-29). TPsJ
beinhaltet eine Erweiterung: 'dem Ausleiher darf nicht die Verpflichtung auferlegt
werden, für Bürgen und Zeugen zu sorgen; offensichtlich ist gemeint: zwecks
eines Darlehens, wobei die Verpflichtung zur Zahlung von Zins festgelegt wird
(vgl. Mek., III, 149f.) Aus dem Gebrauch des Plur. in 22,24b ist der Schluß
gezogen worden, daß Zeugen usw. anwesend sind (vgl. Ibn Esra).

næšæk (s. *ThWAT*, V, Sp. 665ff.; Klingenberg, S. 38ff.; S.E. Loewenstamm,
JBL 88 [1969], S. 78-80), 'Zins'; TPsJ, TNf, FT^V, PT^A: 'keine Zinsen und keine
Wucherzinsen'; SamT: *kpwl*, 'Verdoppelung'. *næšæk* hat auch die Bedeutung
'Biß'; dies hat zu dem Vergleich des Zins mit einem Schlangenbiß geführt; erst
spürt man diesen nicht, aber auf einmal schwillt der ganze Körper an; so auch der
Zins: auf einmal hat er unbeherrschbare Formen angenommen (*ExR.*, XXX, 6;
Raschi).

22,24b wird aufgrund des Numeruswechsels oft als Zufügung betrachtet, in der
– 22,24a schließt an und für sich ordentliche Zinserhebung nicht aus – die
Erhebung von Zinsen von Armen ausgeschlossen werde (vgl. z.B. Baentsch,
Heinisch). Schwienhorst-Schönberger*, S. 357f., behauptet, daß es in 22,24a
überhaupt nicht um Zinsen gehe, sondern um den Gläubiger, der sein Geld
zurückhaben möchte. Ihm werde verboten, gegenüber dem Armen die Pfändung
als Mittel einzusetzen, um seine Schulden einzutreiben (vgl. Osumi*, S. 54f.,
198f.). Er betrachtet *'ammî* in 22,24a und 22,24b als deuteronomistische Erweiterungen, um den Text in Übereinstimmung mit Dtn. 23,20f. zu bringen. Durch die
Erweiterungen sei 22,24 zu einem Zinsverbot geworden. Ich beschränke mich nun
auf 22,24b (zu *'ammî* s.o.) und konstatiere, daß es tatsächlich möglich ist, daß
22,24b eine Texterweiterung ist (wenn man so will: eine zuspitzende Ausweitung
[Klingenberg, S. 29]). 22,25 konkretisiert das Verhalten des Geldverleihers (vgl.
auch Fishbane*, S. 174ff.).

22,25 *ḥābōl taḥbōl*, Inf. abs. + 2.Pers. sing. Impf. qal von *ḥbl* (s. *ThWAT*, II,
Sp. 707ff.), 'als Pfand nehmen' (Dtn. 24,6.17 usw.). Zur Bedeutung dieser
Konstruktion s. Ehrlich: 'Wenn du überhaupt abpfändest' (lieber verzichtet man
darauf). *śalmat* (s. 22,8), Sam.Pent.: *śimlat* (vgl. 22,26); die Lesart von Sam.Pent.
beruht auf Harmonisierung und wird nicht gestützt von Qm (vgl. Sanderson*,
S. 60f.). *'ad* (vgl. Brockelmann § 115a) hat die temporale Bedeutung 'gegen',

'bei', 'um'; vgl. L. Luciani, *RivBib* 34 (1986), S. 391-395, und s. II Sam. 17,22. *bō'*, s. 20,24. *haššœmœš*, s. 22,2. *tᵉšîbœnnû* (zu *šwb* hi. s. 21,34), vgl. Ges-K § 135o; Sam.Pent.: *tᵉšîbœnnāh* (das Suffix greift auf das feminine *śalmâ / śimlâ* zurück). In der jüdischen Auslegung wird das Recht, ein Pfand zu nehmen, zugestanden (z.B. Mek., III, 150). Eine Diskussion wird über die Frage geführt, um welche Kleidung es geht und welcher Art das Pfand ist. Ist es sinnvoll, auf die in 22,25 beschriebene Weise ein Pfand zu nehmen? Aus der Wiederholung der Vorschrift in Dtn. 24,12f. wurde der Schluß gezogen, daß für die Nacht das Tagesgewand als Pfand genommen werden durfte und für den Tag das Gewand für die Nacht (Mek., III, 150; Raschi); vermieden mußte werden, daß das Gewand für noch ein anderes Darlehen als Pfand gegeben wird (Ibn Esra; vgl. Leibowitz*, S. 414ff.).

22,26 *hi(w)'* (2×), Sam.Pent., Qm: *hî'* (greift zurück auf das feminine *śalmâ*; vgl. Sanderson*, S. 119). *kᵉsûtōh* (s. 21,10), ein Fall von Ketib/Qere (vgl. 22,4), Sam.Pent.: *kᵉsûtô* (= Q); Delitzsch*, S. 43, 45: lies *kᵉsût*. *lᵉbaddāh* (s. 22,19), Ehrlich: lies *lᵉbaddâw*, 'für seine Körperglieder' (vgl. Hi. 18,13). Delitzsch*, S. 135: *hî' śimlātô* sei Glosse.

'ōr, 'Haut', 'Fell', sowohl vom Menschen (22,26; 34,29.30.35) als auch vom Tier (25,5; 26,14; 29,14; 35,7 usw.). Hier ist 'der bloße Leib' gemeint; vgl. TNf, PTᴬ: 'das Kleid für die Haut seines Körpers'. LXX liest: (τὸ ἱμάτιον) ἀσχημοσύνης αὐτοῦ, '(das Kleid) für seine Schamteile'. In der rabbinischen Auslegung wurden die drei Aussagen (die zwei *hî'*-Sätze und der *bammœh*-Satz) jeweils auf verschiedene Kleider bezogen: Ober- und Unterkleid und Matratze (s. TPsJ; Mek., III, 151; Raschi).

škb, s. 22,15. *wᵉhājâ kî*, s. Houtman*, *Exodus*, I, S. 16f. *jiṣ'aq 'ēlaî* usw., vgl. 22,22b; in TPsJ, TNf, PTᴬ auch hier explizit als Gebet verstanden. *wᵉšama'tî*, TO: *w'jqbjl qbljtjh*, 'werde ich empfänglich sein für sein Rufen' (= Schluß 22,22). *ḥannûn* (Adjektiv und Derivat von *ḥnn*, 'gnädig sein' [s. *THAT*, I, Sp. 587ff.; *ThWAT*, III, Sp. 23ff.]; vgl. *ḥinnām* in 21,2.11), wird im AT (13×) stets mit Bezug auf Gott gebraucht; zu TNf, PTᴬ s. 22,22; TPsJ: 'ein ergebener Gott'. *'ānî*, Sam.Pent.: *'ānokî*.

Das Hören JHWHs bedeutet, daß er den hartherzigen Geldverleiher zur Verantwortung rufen wird (Ibn Esra). Nachmanides merkt an, daß Gott auch dann reagiert, wenn der Pfandgeber ein ungerechter Mensch sein sollte. Der Geldverleiher braucht nicht denken, daß er ungestraft einen ungerechten Menschen erbarmungslos behandeln kann.

7.2.4 *Kommentar*

7.2.4.1 22,20-26 beinhaltet eine Reihe von Regeln in bezug auf die Behandlung der gesellschaftlich Schwachen, den Menschen ohne irgendeinen gesellschaftlichen Status, was zur Folge hat, daß sie auf sich selbst geworfen sind und es anderen an Respekt ihnen gegenüber fehlt (vgl. Prov. 14,20; 18,23; 19,4). Von den angesprochenen Israeliten (s. 2.13)

wird verlangt, sich zu beherrschen, obwohl für sie als Machthaber die Versuchung groß ist, sich des Machtmißbrauchs schuldig zu machen. Von ihnen wird gefordert, auch gegenüber Menschen, die keinen Widerstand leisten können und ganz auf sich selbst angewiesen sind, den hohen Idealen von Gerechtigkeit und Barmherzigkeit nachzustreben. Ihnen wird ein sozial-ethischer Verhaltenskode vorgehalten.

Die Lösung der sozialen Frage, nämlich die Existenz Bedürftiger in der Gesellschaft, wird nicht in strukturellen Maßnahmen gesucht, sondern indem man an das individuelle Gewissen (z.B. Dtn. 15,7f.11) des besser situierten Israeliten appelliert. Auch die Realisierung institutioneller Formen von Barmherzigkeit (z.B. 23,11) ist abhängig von seinem Wohlwollen und dem Maß, in dem er sich durch den Verweis auf seine eigene Vergangenheit (22,20b)[19] oder den Gedanken 'Gott, der Beschützer der Bedürftigen (vgl. 22,26b), will es!' angesprochen fühlt (siehe ferner die Ausführungen unten).

Die sozial Schwächeren werden mit verschiedenen Begriffen bezeichnet: 'Fremder' (22,20), 'Witwe und Waise' (22,21.23) und mit dem allgemeineren Begriff 'Armer' (22,24) und 'Mitbürger' (22,25). Unter 7.2.4.6,7 werden sie näher vorgestellt.

Der Fremde, die Witwe und Waise sind die typischen Repräsentanten der Bedürftigen in der Gesellschaft. Was über sie gesagt wird, gilt für die Armen im allgemeinen. In 22,20-23 werden allgemeine Aussagen über ihre Behandlung gemacht. In 22,24-26 wird mittels zweier konkreter Vorschriften illustriert, wie ethisches Verhalten gegenüber den sozial Schwächeren in der Praxis verwirklicht werden muß.

7.2.4.2 Die Masoreten haben sich für folgende Einteilung entschieden: 22,19-23 (s^{e}tûmâ), 24-26 (p^{e}tûḥâ; so BHS; BHK$^{1-2}$: s^{e}tûmâ). Offensichtlich beruht die ungewöhnliche Abgrenzung auf der Ansicht, daß der 'Fremde' (22,20) ein Proselyt sei, der sich vom Götzendienst (22,19) abgewandt hat (vgl. dazu Leibowitz*, S. 380ff., 387ff.; s. auch 7.2.3 zu 22,20a).

Der Charakter der Vorschriften und deren Formulierung wurde bereits erörtert (s. 2.4-6,17,21-22). 22,22-26 wird gewöhnlich als literarisch nicht homogen betrachtet. Insbesondere der Numeruswechsel (2.Pers. sing. und 2.Pers. plur.) war Gegenstand des Interesses und Ausgangspunkt für eine Rekonstruktion der Entstehungsgeschichte.[20] Ich begnüge mich hier mit der Konstatierung, daß der Text das Werk von deuteronomi(sti)schen Schreibern ist.

---

[19] Siehe J. Pons, "La référence au séjour en Égypte et à la sortie d'Égypte dans les codes de loi de l'Ancien Testament", ETR 63 (1988), S. 169-182.

[20] Vgl. Osumi*, S. 31ff., 50ff., 183ff., 195ff., 209ff. u.a.; Schwienhorst-Schönberger*, S. 331ff.

7.2.4.3 Das Darlehen, von dem 22,24 handelt, ist ein sog. Konsumkredit und kein kommerzielles Darlehen zur Bildung von Handelskapital. Der Schuldner ist kein Geschäftsmann, sondern 'der Arme in deiner Umgebung'. Zu denken ist z.B. an jemanden in bedürftigen Umständen, weil seine Lebensmittel aufgebraucht sind (vgl. Neh. 5,10f.), während die neue Ernte noch auf sich warten läßt. Um die Zeit bis zur Ernte zu überbrücken, ist er gezwungen, Schulden zu machen.

In 22,24 wird bestimmt, daß dem bedürftigen Volksgenossen nur ein zinsloses Darlehen gegeben werden darf (vgl. auch Lev. 25,35ff.; Dtn. 23,20f.). Von kommerziellen Darlehen findet sich in den Gesetzestexten nichts. Wohl aber ist in Dtn. 23,21 die Rede von einem Kredit an einen Ausländer (*nokrî* [s. 21,8]). Von ihm darf sehr wohl Zins genommen werden. Offensichtlich geht es hier um ein kommerzielles Darlehen. Ex. 22,24 nennt im Zusammenhang mit dem Zinsverbot nur Geld. In Lev. 25,37 fällt auch Nahrung darunter, während in Dtn. 23,20 dem Verbot ein allgemeiner Charakter verliehen wurde.

So reich zu sein, daß man anderen leihen kann, war ein Zeichen, daß man gesegnet ist (vgl. Dtn. 28,44). Wenn ein Israelit anderen an seinem Wohlstand Anteil haben läßt, indem er 'günstige Darlehen' (zinslos) vergibt, bewies er vorbildliches Verhalten und zeigte, daß er ein vorzüglicher Mensch, ein Mann nach Gottes Herzen ist (vgl. Ez. 18,7f.17; Ps. 15,5; 37,26; 112,5; Prov. 19,17; s. auch Prov. 28,8; Mt. 5,42; Lk. 6,34). Das Ideal war erhaben, aber die Praxis oftmals ohne jeglichen Begriff für die Situation des Armen. Dieser kam durch ein Darlehen in eine Position der Abhängigkeit vom Gläubiger (Prov. 22,7), der in aller Regel kein nobler Philanthrop war, sondern ein Ausbeuter, der nur gegen Zins verleihen und den Besitz des anderen einkassieren wollte (vgl. Jer. 15,10; Ez. 22,17; Hab. 2,7; Ps. 109,11; Neh. 5,7.10f.), der ein verliehenes Pfand in seinem Besitz hielt (Ez. 18,7.12) und profitorientiert war (Jes. 3,14f.; Am. 5,11f.; 8,4; Mi. 2,1f.; 3,1ff., u.a.), so daß der Arme stets ärmer wurde und schlußendlich keinen anderen Ausweg wußte als den der Schuldsklaverei für sich und die Seinen (s. 4.2.2,4) oder klammheimlich verschwinden mußte (I Sam. 22,2; zur Asylflucht wegen Schulden s. 5.1.6).

Allerdings fanden sich unmoralische und charakterlose Typen nicht bloß unter den Geldverleihern. Auch unter den Schuldnern waren solche, die versuchten, sich der Rückzahlungspflicht zu entziehen (Ps. 37,21). Alles in allem betrachtet konnte wegen des Verhaltens des Gläubigers wie auch des Schuldners eine Darlehensaufnahme ein heikles und Zwietracht schürendes Unterfangen sein (vgl. Jer. 15,10).

7.2.4.4 Wer Geld verleiht, läuft Gefahr, das Verliehene nicht mehr zurückzuerhalten. Das Risiko kann eingedämmt werden, indem man u.a.

ein Pfand fordert (22,25). Das Pfandnehmen als solches wurde als legitim
erachtet (22,25; Dtn. 24,10f.; Prov. 20,16; 27,13; vgl. Hi. 22,6). Der
Verzicht auf ein Pfand galt als edelmütige Geste (Ez. 18,16). Als Pfand
fungierten u.a. Haustiere (Hi. 24,3) und Kleidung (22,25f.; Dtn.
24,12f.17; Am. 2,8; Prov. 20,16; 27,13; Hi. 22,6; 24,9f.). In 22,25;
Dtn. 24,6.12f. wird dem Pfänden eine Grenze gezogen. Der Pfandnehmer
darf nicht am Existenzminimum des Armen rütteln. Dies wird konkretisiert am Beispiel der Handmühle (Dtn. 24,6) und der Kleidung (22,25f.;
Dtn. 24,12f.17). Der Pfandgeber muß vor Entmenschlichung geschützt
werden. Er muß im Besitz seiner Handmühle sein, um menschenwürdig
eine Mahlzeit bereiten zu können, und seines Oberkleides, um in der
Nacht nicht vor Kälte sterben zu müssen (vgl. Hi. 24,7.10). Das Unbeklei-
detsein ist ein Zeichen des Würdeverlustes eines Menschen (vgl. 9,22f.;
Ez. 16,7.22.39; 23,29; Hab. 2,15; II Kor. 5,3; Apk. 16,15; 17,16). Jemanden kleiden ist gleichbedeutend mit jemanden befähigen, menschenwürdig
zu leben (Jes. 58,7; Ez. 16,8; 18,7.16; II Chr. 28,15; Mt. 25,36.
38.43f.).[21]
Ein Darlehen gegen Zins war entsprechend der durch Ausgrabungen
bekannt gewordenen Verträge und Codices ein weitverbreitetes Phänomen
in Mesopotamien (s. Maloney; Stol; Yaron*, S. 235ff.). Schutzbestimmungen und auch 'erträgliche Darlehen' und Darlehen gegen günstige
Bedingungen sind bezeugt.
7.2.4.5 Wie bereits angedeutet, wird dem Reichen zwar vorgehalten,
vom Armen keinen Zins zu verlangen, doch scherte er sich in der Praxis
nicht um diesen moralischen Appell. Im NT wird unbefangen davon
gesprochen, den Besitz zu vermehren, indem man Geld bei der Bank
anlegt (Mt. 25,27; Lk. 19,23). Auch im Koran findet sich das Zinsverbot
(2,275ff.; 3,130; 4,161 [in Reaktion auf die jüdische Lehre und Praxis];
30,39f.). Die Vorschrift, vom Armen keinen Zins zu verlangen, die im
AT den Charakter eines eindringlichen Appells besitzt, hat im Judentum

---

[21] Ein Fall von Beschlagnahme eines Mantels bildet das Thema eines Bittbriefes auf
einem Ostrakon aus Javne Jam (Ende 7.Jh. v.Chr.). Text u.a. in *KAI*, 200; Übersetzung u.a.
in *TUAT*, I, S. 249f.; von der Literatur zu diesem Ostrakon nenne ich hier M. Kleer &
M. Kröger, "Das gepfändete Gewand. Untersuchungen zum sozialen und rechtlichen Kontext
des im Ostrakon von Meṣad Ḥašavjahu dargestellten Konfliktfalles", *BN* 61 (1992), S. 38-
50; vgl. auch Th. Booij, *BiOr* 43 (1986), S. 642-647; Th. Krüger, *BN* 62 (1992), S. 32-37;
J. Hoftijzer, in: *Tradition and Re-Interpretation in Jewish and Early Christian Literature*
(FS J.C.H. Lebram), Leiden 1986, S. 1-6; und s. auch M.E. Vogelzang & W.J. van
Bekkum, "Meaning and Symbolism of Clothing in Ancient Near Eastern Texts", in: *Scripta
signa vocis* (FS J.H. Hospers), Groningen 1986, S. 265-284; J.H. Tigay, "A Talmudic
Parallel to the Petition from Yavneh-Yam", in: M. Brettler & M. Fishbane (Hg.), *Minhah le-
Naḥum* (FS N.M. Sarna), Sheffield 1993, S. 328-333. Der Bittsteller ficht in seinem Brief
die Rechtmäßigkeit der Beschlagnahme an.

die Kraft eines Gesetzes erhalten: ein Darlehen gegen Zins an einen Volksgenossen ist nicht erlaubt, ungeachtet dessen finanzieller Situation; nur von einem Nicht-Juden darf man Zins nehmen (vgl. Dtn. 23,20f.). In den Realitätszwängen des ökonomischen Lebens suchten jüdische Gelehrte nach Auswegen, das Gesetz so zu interpretieren, daß bei deren Anwendung das ökonomische Leben nicht geschädigt wird.[22]

In der Kirchengeschichte hat die Zinsfrage eine wichtige Rolle gespielt. Die Kritik an der Zinserhebung wurde in der Alten Kirche durch den Widerstand gegen Luxus und Geldsucht genährt und durch die Erfahrung, daß ein Darlehen gegen Zins oft die Ursache für den wirtschaftlichen Ruin vieler Menschen war. Der Geistlichkeit war es untersagt, gegen Zins ein Darlehen zu gewähren. Im 12.Jh. proklamierte die Kirche unter Berufung auf u.a. Lk. 6,35 (Vulg.) das Zinsverbot für Christen. Die Folge war, daß die Juden eine wichtige Position als Bankiers erhielten, u.a. aufgrund der Tatsache, daß man sie aus anderen Berufsbranchen verdrängt hatte. Perioden des Widerstandes der Kirche gegen jüdisches Auftreten als Geldleiher wurden abgelöst von Perioden der Toleranz, da man sich dem Diktat der harten ökonomischen Wirklichkeit beugen mußte. Daß die Juden die Rolle des Geldverleihers spielten, führte zu Auprägung des Feindbildes – der Jude als Wucherer – und war die Ursache für Antisemitismus. Sowohl in jüdischen als in christlichen Kreisen spielte in der Diskussion über Zins Dtn. 23,20f. eine wichtige Rolle, u.a. aufgrund folgender Frage: darf ein Jude von einem Christen Zins fordern oder ist er dazu sogar verpflichtet? Oder muß er ganz auf die Zinserhebung verzichten? Wer ist der *nokrî* in Dtn. 23,21? Gehört in diese Kategorie auch der Christ oder fällt er unter den Nenner 'Bruder' (Dtn. 23,21)?[23] In der korrekten Ortsbestimmung von Ex. 22,24; Dtn. 23,20f. – es geht nicht um ein allgemeines Zinsverbot, sondern um das Gebot, dem Armen zu helfen – hat Calvin eine wichtige Rolle gespielt. Allmählich verlor das Zinsverbot auch innerhalb des Judentums seine Bedeutung im ökonomischen Leben und erhielt den Ort, den es dem Kontext zufolge auch hat: im Bereich der Liebestätigkeit und Freundschaftshilfe.

7.2.4.6 Kehren wir zurück zu Ex. 22,20-26 um die darin handelnden Personen vorzustellen.

Der *gēr*, der 'Fremdling', ist der Mensch, der sich für eine bestimmte Zeit unter Nicht-Volksgenossen, Nicht-Stammesgenossen niederläßt. Er ist keine Sklave, sondern ein freier Mensch, hat jedoch nicht dieselben Chancen und Rechte wie die autochthonen Bewohner (umschrieben mit

---

[22] Siehe *EJ*, XVI, Sp. 27ff.; *JE*, XII, S. 388ff.; H. Gamoran, *HUCA* 64 (1974), S. 48-66; Klingenberg, S. 57ff.

[23] Siehe S. Stein, *JSSt* 1 (1956), S. 141-164.

dem Begriff *'æzrah*; s. z.B. 12,19.48f.; Lev. 16,29) des Ortes, wo er sich aufhält und von dem er stark abhängig ist. Er läuft Gefahr, der Armut zu verfallen und an den Rand der Gesellschaft zurechtzukommen (23,9). Häufig wird er mit anderen niedrig klassifizierten Personen genannt (z.B. Lev. 19,10; 23,22; Dtn. 24,17; 27,19). Zur Minderheit gehörig drohte er das Opfer von Unrecht und Feindschaft zu werden (z.B. Ez. 22,7.29; Mal. 3,5). In den Gesetzestexten wird Israel unter Verweis auf die Fremdlings-schaft in Ägypten angemahnt, derartigen Mißständen vorzubeugen (22,20; 23,9; Lev. 19,33f.; Dtn. 10,19; 24,14.17f.; 27,19). In religiöser Hinsicht muß der Fremdling sich an die Regeln halten, die die Gemeinschaft aufstellt. Er muß sich an den Sabbat halten (20,10; 23,12; Lev. 18,26; 20,2; Dtn. 5,14). Unter bestimmten Bedingungen darf er am Kultus teilnehmen. Vorausgesetzt, daß er beschnitten ist, darf er das Passa feiern (12,19.48f.; Lev. 16,29; 17,8.10-13.15). Verschiedene Gründe können einen Menschen dazu führen, außerhalb des vertrauten Kreises von Bluts- und Stammesverwandten sein Bestehen zu führen: Hungersnot (Gen. 12,10; 26,1.3; 47,4; I Reg. 17,20; II Reg. 8,1; Ruth 1,1), aber auch andere Ursachen (Jdc. 17,7ff.; 19,1.16). Im Fall des Mose war der Umstand, daß er sich seines Lebens nicht mehr sicher war (2,14f.), der Grund dafür, sein Heil in der Fremde zu suchen. Er ist das Vorbild dafür, daß nicht jeder Fremdling an den Rand der Gesellschaft abdriftet (2,15b-22).[24]

'ānî (Derivat von *'nh* II, s. 22,21), der 'Arme', ist eine Person, die gesellschaftlich gesehen zur unteren Schicht gehört, jemand, der keinen oder wenig Grundbesitz hat und so über keine gesicherte Einkommens-quelle verfügt; er hat keine Macht und keinen Einfluß und läuft ständig

---

[24] Zum Begriff *gēr* s. *THAT*, I, Sp. 409ff.; *ThWAT*, I, Sp. 979ff. S. ferner, auch zum Status des Fremdlings in Israel und dem Alten Orient, *RLA*, III, S. 88ff.; C.J. Bleeker, "Fremdling, Vogelfreier, Gottgesandter", in: ders., *The Sacred Bridge*, Leiden 1963, S. 147-158; C. Bultmann, *Der Fremde im antiken Juda*, Göttingen 1992; M. Cohen, "Le 'ger' biblique et son status socio-religieux", *RHR* 207 (1990), S. 131-158; Crüsemann*, S. 214ff.; M. Görg, "Der Fremde (*gēr*). Ein Fremdwort im Alten Testament", *BN* 25 (1984), S. 10-13; C. van Houten, *The Alien in Israelite Law*, Sheffield 1991; J. Renger, "Flucht als soziales Problem in der altbabylonischen Gesellschaft", in: D.O. Edzard (Hg.), *Gesellschaftsklassen im Alten Zweistromland und in den angrenzenden Gebieten*, ABAW.PH 75 (1972), S. 167-182; J.J. Stamm, "Fremde, Flüchtlinge und ihr Schutz im alten Israel und in seiner Um-welt", in: A. Mercier, *Der Flüchtling in der Weltgeschichte*, Bern 1974, S. 31-66. Die von C. Bultmann verteidigte Auffassung, daß *gēr* den entwurzelten Israeliten bezeichne (S. 212), erscheint im Lichte der zweiten Hälfte von 22,20 und 23,9 unwahrscheinlich. Bultmann ist der Ansicht, daß 22,20 und 23,9 aus nachdeuteronomistischer Hand stammt und in Phasen entstand (S. 166ff.); die Motivierung rechnet er zu den Erweiterungen. Einen ganz anderen Standpunkt nimmt van Houten ein (S. 13, 52ff., 62, 167, 175). Der Akzent fällt zweifellos auf das 'fremd sein' des *gēr*, auf die Tatsache, daß er jemand von außerhalb (des Klans, Gebietes usw.) ist. Trotzdem deutet der Term auch auf ethnische 'Fremdheit'.

Gefahr, das Opfer der gesellschaftlichen Oberschicht zu werden. Mit dem
Fremdling (z.B. Lev. 19,10) und der Witwe und der Waise (z.B. Jes.
10,2) gehört er zu den Menschen, die häufig rechtlos sind und zum
Objekt sozialer Unterdrückung werden (Jes. 3,14f.; 11,4; Am. 4,1; 5,12;
Ps. 35,10). Im Bundesbuch werden neben *'ānî* (22,24) noch zwei andere
Begriffe für den sozial schwachen Israeliten verwandt: *'æbjôn*, 'arm',
'bedürftig' (23,6.11), und *dal*, 'arm' (23,3).²⁵ Mit *rē'a*, der Mitbürger (s.
dazu 6.4.4.1), ist in 22,25 offensichtlich der arme Mitbürger gemeint.
Besondere Aufmerksamkeit werden wir der Witwe und Waise widmen.

7.2.4.7 *Witwe und Waise*

7.2.4.7.1 Literatur: *EJ*, XII, Sp. 1478f. (Waise); XVI, Sp. 487ff. (Witwe);
LÄ, VI, Sp. 1142f. (Waise), 1279ff. (Witwe); *THAT*, I, Sp. 169ff.;
ThWAT, I, Sp. 308ff. (Witwe); III, Sp. 1075ff. (Waise); *ThWNT*, V, S.
486ff. (ὀρφανός); IX, S. 428ff. (χήρα); B. Bowman Thurston, *The
Widows. A Women's Ministry in the Early Church*, Minneapolis 1989; L.
Epsztein, *La justice sociale dans le Proche - Orient Ancien et le peuple
de la Bible*, Paris 1983, S. 20ff., 185ff. u.a.; C.F. Fensham, "Widow,
Orphan, and the Poor in Ancient Near Eastern Legal and Wisdom Litera-
ture", *JNES* 21 (1962), S. 129-139; D.E. Gowan, "Wealth and Poverty in
the Old Testament. The Case of the Widow, the Orphan, and the Sojour-
ner", *Interp* 41 (1987), S. 341-353; P. Hiebert, "'Whence Shall Help
Come to Me?' The Biblical Widow", in: P.L. Day (Hg.), *Gender and
Difference in Ancient Israel*, Minneapolis 1989, S. 125-141; T. Krapf,
"Traditionsgeschichtliches zum deuteronomischen Fremdling-Waise-
Witwe-Gebot", *VT* 34 (1984), S. 87-91; M.T. Roth, "The Neo-Babylonian
Widow", *JCS* 43-45 (1991-93), S. 1-26; F. Scott Spencer, "Neglected
Widows in Acts 6:1-7", *CBQ* 56 (1994), S. 715-733; K. van der Toorn,
"Torn Between Vice and Virtue. Stereotypes of the Widow in Israel and
Mesopotamia", in: R. Kloppenborg & W.J. Hanegraaff (Hg.), *Female
Stereotypes in Religious Traditions*, Leiden usw. 1995, S. 1-13; I. Weiler,
"Zum Schicksal der Witwen und Waisen bei den Völkern der alten Welt",
Saec 31 (1980), S. 157-193; H.-J. Zobel, "Das Recht der Witwen und
Waisen", in: *Gottes Recht als Lebensraum* (FS H.J. Boecker), Neukir-
chen-Vluyn 1993, S. 33-38.

---

²⁵ S. *THAT*, I, Sp. 21, 23ff.; II, Sp. 344, 346f.; *ThWAT*, I, Sp. 28ff.; II, Sp. 221ff. *dal*
bezeichnet den kleinen Mann, den Bauern, der zwar nicht zum besitzlosen Proletariat gehört,
aber lediglich über wenig Besitz verfügt (vgl. Am. 5,11). Zur Position des Armen in Israel
s. ferner Crüsemann*, S. 217ff.; C. van Leeuwen, *Le développement du sens social en
Israël*, Assen 1954.

7.2.4.7.2 *'almānâ* / Plur. *'almānôt* (55×; s. *THAT*, I, Sp. 169ff.; *ThWAT*, I, Sp. 308ff.), 'Witwe', findet sich häufig (ca. 35× AT) in Kombination mit *jātôm* / Plur. *jᵉtômîm* (42× AT; s. *ThWAT*, III, Sp. 1075ff) , 'Waise'. Manchmal wird 'Witwe' zuerst genannt (22,21.23; Jes. 10,2; Sach. 7,10; Mal. 3,5; Ps. 94,6; Hi. 22,9; 31,16.21), öfter 'Waise' (Dtn. 10,18; 14,29 usw. 7×; Jes. 1,17.23; 9,16; Jer. 7,6 usw.; vgl. Krašovec*, S. 79, 111). In Auflistungen werden 'Witwe' und 'Waise' neben *'ānî, dal, 'æbjôn, gēr* (s.o.) und ähnlichen Begriffen genannt. *jātôm* findet sich auch neben oder in Parallele zu einem oder mehreren Begriffen für 'Arme' oder 'Unterdrückte', ohne daß die 'Witwe' explizit genannt wird (Jer. 5,28; Ps. 10,18; 82,3.4; Hi. 24,4.9). In diesen Fällen ist die Witwe ohne Zweifel in den allgemeinen Begriffen inbegriffen. Vieles, was über den *'ānî* usw. gesagt wird, gilt mutatis mutandis auch für die Witwe und Waise.[26] Aus der Verwendung der Begriffe 'Witwe' und 'Waise' ist ersichtlich, daß diese keine neutrale Bezeichnungen sind (vgl. L. Köhler, *ZAW* 40 [1922], S. 34), sondern eine negative Konnotation besitzen: obwohl sie freie Bürger sind, gehören sie zu den Bedürftigen oder den gesellschaftlich Schwächeren.

Daß 'Witwe' und 'Waise' zusammen genannt werden, ist nicht befremdlich. Sie gehören zueinander. Denn mit *jātôm* ist nämlich nicht die Vollwaise gemeint,[27] sondern das vaterlose Kind (so in jedem Fall in 22,23; Ps. 109,9; Hi. 24,9; Thr. 5,3 und s. auch I Reg. 7,14; 11,26; 17,17ff.; zum Vollwaisen s. Est. 2,7), und zwar offensichtlich männlichen Geschlechts (*jātôm* ist maskulin, vgl. KöSynt § 247f).

7.2.4.7.3 Die Witwenschaft ist ein beklagenswertes Schicksal (Ruth 1,20f.; vgl. Jes. 47,8f.; 54,4; Jer. 51,5; Thr. 1,1; 5,3 und s. auch Ps. 78,64; Hi. 27,15; Apk. 18,17).[28] Ihre Kleidung brachte ihre gesellschaftliche Position zum Ausdruck.[29] Wenn im Fall einer jungen Witwe die Rückkehr zum Haus des Vaters (Gen. 38,11; Lev. 22,13; vgl. Ez. 44,22 und s. auch Ruth 1,8.11) oder eine (Levirats-)Heirat[30] nicht möglich war oder wenn − im Fall einer älteren Witwe − kein Sohn vorhanden ist (vgl. II Sam. 14,5; I Reg. 17,9.10; Ruth 1,11ff.; Lk. 7,12), sieht ihre Zukunft düster aus, weil die Chance auf Versorgung (im Alter) sehr gering ist (vgl. Ruth 4,17: Obed = 'Versorger'; s. auch 4,15).

---

[26] Zur Armut als Schreckgespenst s. H. Bruppacher, *Die Beurteilung der Armut im Alten Testament*, Gotha/Stuttgart 1924.

[27] Anders, aber ohne stichhaltige Argumentation, J. Renkema, *VT* 45 (1995), S. 119-122.

[28] Übrigens ist nichts über Selbstmord der Frau oder Witwenverbrennung aus dem Alten Orient bekannt; vgl. *HDWA*, IX, Sp. 668ff.

[29] Gen. 38,14.19; Jdt. 8,5; 10,3; vgl. II Sam. 14,2; s. *AuS*, V, S. 305, 307f.

[30] Vgl. Gen. 38,6ff.; Dtn. 25,5ff.; Ruth 3,9; 4,1ff. und s. D.A. Leggett, *The Levirate and Goel Institutions in the Old Testament*, Cherry Hill (NJ) 1974.

Auch die Waise ist in einer beklagenswerten Situation (vgl. Joh. 14,18). Mit dem Verlust des pater familias und dessen Autorität waren Frau und Kinder schutzlos preisgegeben. Sie brauchen nicht unbedingt mittellos gewesen zu sein — Abigail (I Sam. 25) war eine reiche Frau, und es besteht kein Grund, mit Pedersen, I-II, S. 45, 'Waise' auf den Sohn eines Armen oder einer Hetäre zu beschränken —, aber sie waren wehrlos und daher ein leichte Beute für habsüchtige, skrupellose Familienmitglieder (vgl. II Sam. 14,7) und Volksgenossen. Hier ist an Besitzaneignung zu denken (Hi. 24,3; Prov. 23,10; vgl. Prov. 15,25) oder an Zwang zur Schuldsklaverei (vgl. Hi. 6,27; 24,9 und s. II Reg. 4,1ff.; vgl. 4.3.2.2, 4). Wie angenommen werden darf, war es nicht ungewöhnlich, daß beim Tod des Vaters zwischen den Söhnen — sicher wenn sie von verschiedenen Müttern abstammten — Erbstreitigkeiten ausbrachen.[31] Bereits zu Lebzeiten des pater familias konnten sich die Gemüter darüber erhitzen (Gen. 21,10).

Das AT beinhaltet keine Regel über die Position der Witwe im Hinblick auf den Besitz des pater familias. Dies bedeutet nicht, daß es keine gab. In Israels Umwelt sind sie erwähnt (s. z.B. CH §§ 150, 170, 171, 177 und Weiler, S. 150). Es ist daher sehr gut möglich, daß Witwen zwar kein Recht auf das Erbteil hatten, aber, solange der Sohn oder die Söhne unmündig waren, das Recht hatten, den Familienbesitz zu verwalten. In Hi. 24,3; Prov. 15,25 ist vorausgesetzt, daß die Witwe über Besitztümer verfügt (vgl. auch I Reg. 17,17ff.). Wenn der Sohn oder die Söhne erwachsen wurden, oblag ihnen die Versorgungspflicht für die Mutter. Die Einhaltung dieser Regel ließ in der Praxis wahrscheinlich sehr zu wünschen übrig. Und wenn der verstorbene Vater mehrere Frauen hatte, so war die Position der Witwe und ihrer Kinder sicher ungewiß.

Aus der Tatsache, daß die Problematik der Witwe und Waise verschiedenenorts im AT aufgegriffen wird, läßt sich ableiten, daß die Existenz von Witwen und Waisen in der polygamen Gesellschaft des alten Israels, insbesondere in Kriegszeiten, wenn deren Anzahl sprunghaft anstieg (vgl. 22,23; Jer. 15,8; 18,21), eine soziale Problematik großen Umfangs darstellte. Aus dem AT ist ebenfalls ersichtlich, daß man das Schicksal der Witwen und Waisen wahrgenommen hat. Es ist durchdrungen vom Wissen, daß deren Leid ein Symptom der gesellschaftlichen Zerrüttung ist und daß dies nicht in eine stabile und harmonische Gemeinschaft gehört. Es ist dem Willen von JHWH zuwider.

7.2.4.7.4 JHWH erachtet es als seine Aufgabe, für die Witwen und Waisen einzutreten (Dtn. 10,18; Ps. 68,6; 146,9; Prov. 15,25; 23,11; vgl.

---

[31] Vgl. Jdc. 11,2 und s. Lk. 12,13; zum Erbrecht s. Pedersen*, I-II, S. 89ff.; de Vaux*, I, S. 104ff.

auch Jes. 9,16 und s. Sir. 35,17f.; vgl. auch Gen. 16,7ff.; 21,17ff.).
Mittels Vorschriften fordert JHWH deren gerechte (22,21) und humane
Behandlung (Dtn. 14,29; 16,17; 24,20f.; 26,13; vgl. auch II Makk. 8,28
und s. Act. 6,1; 9,39.41; I Tim. 5,3ff.) und gibt ihnen einen vollwertigen
Platz im Gottesdienst (Dtn. 16,11.14). Er wird die Frau und Söhne des
Mannes, der keinen Respekt JHWHs Vorschrift gegenüber beweist, das
Schicksal einer Witwe und Waise erleben lassen (Talio) (22,23; vgl. auch
Ps. 109,9.12; Dtn. 27,19). Durch den Mund der Propheten kritisiert
JHWH das Verhalten der Aristokraten und Autoritäten in bezug auf die
Witwen und Waisen (Jes. 1,23; 10,2; Ez. 22,7; Mal. 3,5; vgl. auch
Ps. 94,6 und s. Mt. 23,14 par.; Lk. 18,3.5) und fordert eine gerechte und
humane Behandlung (Jes. 1,17; Jer. 7,6; 22,3; Sach. 7,10).
  In der Weisheitsliteratur wird die Respektlosigkeit und das inhumane
Verhalten gegenüber Witwen und Waisen als gesellschaftlich ungebührlich
und ethisch inakzeptabel dargestellt (Hi. 6,27; 22,9; 24,3.9.21). Vom
wahren Notablen wird erwartet, daß er für die Belange der Witwen und
Waisen eintritt und sie beschützt (Hi. 29,12f.; 31,16.21; vgl. Prov. 14,31;
19,17; 22,9.22 und s. Jak. 1,27).
  Witwen und Waisen wissen sich von JHWH abhängig (22,22). Sie
gehören zu den Frommen (vgl. I Reg. 17,9f.; Jdt. 8,31; Lk. 2,36ff.;
Mk. 12,42f.; Tob. 1,8). Witwen widmen sich manchmal ganz und gar
seinem Dienst (vgl. auch I Tim. 5,3ff.) und werden daher als solche
betrachtet, die eine besondere Beziehung zu JHWH haben.[32] Der Dienst
für JHWH gab ihrem Leben Erfüllung. Aufgrund ihrer Beziehung zu
JHWH genossen sie vielleicht besondere Sorge und Aufmerksamkeit (vgl.
Act. 6,1; 9,39).
  Wie aus Obengesagtem deutlich wird, ist die Sozialethik in bezug auf
die Witwen und Waisen im AT religiöser Art. Diese Moral gründet auf
besonderer Offenbarung (22,21-23 usw.) und auf allgemeiner Offenbarung
(Weisheitsliteratur; vgl. Prov. 1,7; 9,10; 15,33). Die Ethik trägt einen
idealistischen und utopischen Charakter. Ein Ideal wird verteidigt, dessen
Realisierung in der Praxis viel zu wünschen übrig ließ, da es nicht über
Sanktionen erzwungen werden konnte.[33]
  7.2.4.7.5 Die Position der Witwen und Waisen im alten Israel unterschied sich nicht von der im Alten Orient oder in der Antike im allgemeinen (s. Weiler). Die Aussagen darüber sind in der Literatur des Alten
Orients von gleicher Art wie im AT (s. Fensham). Sie können mit

---

[32] Vgl. Jdt. 8,31 (Fürsprache); Lk. 2,36 (Prophetin); andere Hinweise sprechen von der
Fähigkeit der Waisen zur Fürbitte und der Beherrschung der Zauberkunst; s. *HDWA*, IX,
Sp. 54.
[33] Vgl. H.A. Brongers, "Rijkdom en armoede in Israël", *NedThT* 29 (1975), S. 20-35.

göttlichem Schutz rechnen.[34] Die Sorge um die Witwen und Waisen ist Thema der Königsideologie.[35] Falls ein König das Schicksal einer Witwe oder Waise vernachlässigt, ist dies ein Zeichen von Schwäche und Unfähigkeit.[36] In Weisheitstexten werden Könige und Autoritäten auf ihre Pflicht den Witwen und Waisen gegenüber angesprochen.[37]

7.3 SORGE FÜR JHWH (22,27-30)

7.3.1 *Literatur zu 22,28b-29*

DBS, II, Sp. 482ff.; Brin*, S. 165-281; J. Day, *Molech. A God of Human Sacrifice in the Old Testament*, Cambridge usw. 1989; F.J. Dölger, "Menschenopfer und rituelle Kindertötung im heidnischen Zauber", *AuC* 4 (1934), S. 211ff.; K. Dronkert, *De Molochdienst in het OT*, Leiden 1953; Fishbane*, S. 181ff.; A. Gianto, "Some Notes on the Mulk Inscription from Nebi Yunis (*RES* 367)", *Bib* 68 (1987), S. 397-401; G.B. Gray, *Sacrifice in the Old Testament*, Oxford 1925, S. 33ff., 86ff.; A.R.W. Green, *The Role of Human Sacrifice in the Ancient Near East*, Montana 1975; G.C. Heider, *The Cult of Molek. A Reassessment*, Sheffield 1985 (cf. D. Edelman, *JAOS* 107 [1987], S. 727-731; J. Lust, *EThL* 63 [1987], 363-366); J. Henninger, *Les fêtes de printemps chez les Sémites et la pâque israélite*, Paris 1975, S. 158ff., 179ff.; O. Kaiser, "Den Erstgeborenen deiner Söhne sollst du mir geben", in: *Denkender Glaube* (FS C.H. Ratschow), Berlin/New York 1976, S. 24-48; J.D. Levenson, *The Death and Resurrection of the Beloved Son. The Transformation of Child Sacrifice in Judaism and Christianity*, New Haven/London 1993; E. Lipiński, "Syro-Fenicische wortels van de Karthaagse religie", *Phoe* 28.2 (1982), S. 51-84; F. Rashid, "Über die Tötung weiblicher Neugeborener zum Zwecke der Verminderung der Geburtenzahl in der 'Samarra-Tell

---

[34] Siehe z.B. den Amon-Hymnus (*RTAT*, S. 67) und den Schamasch-Hymnus (*RTAT*, S. 127).

[35] Siehe z.B. den Prolog des Gesetzbuches von Urnammu, 162-168 (*ANET*, S. 524a; *TUAT*, I, S. 19); den Epilog des Gesetzbuches von Hammurapi, XLVII, 59ff. (*ANET*, S. 178a; *TUAT*, I, S. 76); das Aqhat-Epos, *KTU* 1.17.V,8 (über König Danil) (*ANET*, S. 150a; *ARTU*, S. 233); vgl. Ps. 82,3.4 (an den Schutzpatron und den ihn repräsentierenden Fürsten gerichtet); Witwen und Waisen werden nicht explizit in den israelitischen Königstexten genannt (vgl. jedoch Ps. 72,2.4.12-14; Prov. 29,14).

[36] Siehe das Kirtu[nach Loretz: Keret]-Epos, *KTU* 1.16.VI,45ff. (*ANET*, S. 149a; *RTAT*, S. 242; *ARTU*, S. 222).

[37] Siehe die Klage des redsamen Bauern, B1.1.62 (*ANET*, S. 408b); die Lehre von König Merikare, 46f. (*ANET*, S. 415b; *RTAT*, S. 71); die Lehre von König Amenemhat, I, 5f. (*ANET*, S. 418b); die Weisheit von Amenemope, VII, 15 (*ANET*, S. 422b).

Halaf' Zeit", in: B. Alster (Hg.), *Death in Mesopotamia*, Copenhagen
1980, S. 255-258;; F. Schwenn, *Die Menschenopfer bei den Griechen und
Römern*, Gießen 1915; J.B. Segal, *The Hebrew Passover From the
Earliest Times to A.D. 70*, New York/Toronto 1963, S. 165, 181ff. J.A.
Soggin, "Child Sacrifice and the Cult of the Dead in the OT", in: ders.,
Old Testament and Oriental Studies, Rome 1975, S. 84-87; R. de Vaux,
Studies in Old Testament Sacrifice, Cardiff 1964, S. 52ff.; M. Weinfeld,
"The Worship of Molech and of the Queen of Heaven", *UF* 4 (1972), S.
133-154; W. Zimmerli, "Erstgeborene und Leviten," *Ges. Aufsätze*, II,
München 1974, S. 235-246. Zur Einhaltung der Vorschriften im Spätju-
dentum (ohne Tempel und Altar) s. z.B. *EJ*, VI, Sp. 1308f.; *JE*, V, S.
396f.

7.3.2 Übersetzung

22,27 *'Gott sollst du nicht verachten und einen Leiter unter deinem Volk
sollst du nicht schmählich behandeln.*

28 *Das Allerbeste deiner Ernte darfst du nicht zurückhalten. Den
Erstgeborenen deiner Söhne sollst du mir abtreten.*

29 *In gleicher Weise sollst du mit deinem Rind und deinem Kleinvieh
handeln. Sieben Tage darf es* (das erstgeborene Junge) *bei seiner Mutter
bleiben; am achten Tag sollst du es mir abtreten.*

30 *Ja, als mir hingegebene Menschen müßt ihr euch verhalten. Darum
dürft ihr das Fleisch eines in der Steppe gerissenen Tieres nicht essen.
Vor die Hunde sollt ihr es werfen'.*

7.3.3 Exegetische Anmerkungen

22,27 In TPsJ und TNf beginnt 22,27 mit der Anrede: 'mein Volk, Kinder
Israels'. So wird 22,27 als Beginn eines neuen Unterteils markiert (vgl. z.B.
22,17). *'ælōhîm*, in indirekt gesprochenen Worten JHWHs an Israel (20,22; 21,1);
vgl. z.B. 23,18f.; 34,19.23 und s. z.B. 9,3-5; 11,7; 16,29; 19,11.22.24 (JHWH in
Worten JHWHs). *qll* pi. (s. 21,17), hier parallel gebraucht mit *'rr* qal (s. *THAT*, I,
Sp. 235ff.; *ThWAT*, I, Sp. 437ff.); beide Begriffe deuten autoritätsuntergrabende
Aktivitäten an; oft übersetzt man hier mit 'verfluchen' bzw. 'verwünschen', aber
wahrscheinlich wird im allgemeineren Sinn gegen ein bestimmtes negatives
Verhalten gewarnt. In positivem Sinn wird in 22,27a gefordert, Gott zu ehren (*kbd*
pi., s. 5.2.1.4.2). An anderer Stelle steht *kbd* pi. mit Gott als Objekt gegenüber
bzh, 'verachten' (I Sam. 2,30), und *ḥrp*, 'schmähen' (Prov. 14,31). Gott verachten
und schmähen bedeutet, vor ihm keinen Respekt zu haben und sich an Praktiken
schuldig zu machen, die ihm nicht wohlgefällig sind und seine Autorität beein-
trächtigen. Eine solche Konnotation hat offensichtlich auch *qll* als Kontrastbegriff
zu *kbd*. *'rr* ist das Gegenteil von *brk* pi. (Gen. 9,25f.; 12,3 u.a.; s. Ex. 20,24). In
positivem Sinn wird in 22,27b gefordert, den Leiter 'zu segnen', d.h. ihn in Ehren

zu halten, ihm gegenüber loyal sein (vgl. Paul*, S. 44ff.).

In der LXX findet sich die Übersetzung οὐ κακολογήσεις (V. 27a) und οὐ κακῶς ἐρεῖς (V. 27b; vgl. Vulg.: *non maledices*). Der Vers wurde als Warnung vor Lästerung verstanden. Siehe daneben Aq.: οὐ καταράσῃ, 'du sollst nicht verfluchen' (V. 27a); Symm.: οὐκ ἀτιμάσεις, 'du sollst nicht respektlos behandeln' (V. 27a; vgl. Vulg.: *detrahes*); m.E. ist die Wiedergabe von Symm. korrekt.

nāśî' (s. *THAT*, II, Sp. 110, 115; *ThWAT*, V, Sp. 647ff.) wird gewöhlich von *nś'* abgeleitet und verstanden als 'jemand, der erhaben ist' oder 'jemand, der sich (über andere) erhebt'; in erster Linie Bezeichnung eines Stammeshauptes, eines Scheichs, desjenigen, der über einen Stamm, einen Klan, eventuell Grundbesitz Autorität ausübt (vgl. z.B. Gen. 17,20; 23,6; 25,16; 34,2; Ex. 16,22; 34,31; 35,27; Num. 25,18; Jos. 13,21; 16,22); welcher Funktionär in 22,27 mit *nāśî'* gemeint ist, ein Stammeshaupt oder der König (vgl. I Reg. 11,34), ist schwierig festzustellen; die Interpretation ist mitunter davon abhängig, wie der Vers datiert wird (vgl. Schwienhorst-Schönberger*, S. 361ff.). *'amm^ekā* (s. 21,8; 22,24), TNf: 'euer Volk'. Eine Beschreibung der Strafe fehlt; die Steinigung wird in Lev. 24,14.16.23 gefordert; vgl. I Reg. 21,10.13 und s. auch I Reg. 2,8f.

22,28.29 Die Bedeutung von *m^elē'āt^ekā w^edim^'ákā* ist unsicher (vgl. Fishbane*, S. 61). Gewöhnlich interpretiert man 22,28a im Licht von 22,28b. Die alten Übersetzer haben dies bereits getan. In der LXX sind die betreffenden Worte übersetzt mit ἀπαρχὰς ἅλωνος καὶ ληνοῦ σου, 'die Erstlinge deiner Tenne und deiner Kelter' (vgl. LXX Dtn. 16,13 und Num. 18,27); in TPsJ mit *bkwrj pjrk wbkwrj ḥmr n'wwk*, 'die Erstlinge deiner Früchte und die Erstlinge vom Wein deiner Kelter'; die Interpretation 'Erstlinge' findet sich auch in TO, Pesch. und s. Mek., III, 153 (vgl. Prijs*, S. 13). In TNf entschied man sich für die Übersetzung *m'śrtkwn wdm'kwn*, 'euren Zehnten und euer *dæma'*'; Vulg.: *decimas tuas et primitias*, 'deinen Zehnten und deine Erstlinge'.

Besonders der Term *dæma'* ist problematisch. In der rabbinischen Auslegung wurde er als Begriff für *t^erûmâ*, 'Hebe' (s. 20,25 und Houtman*, *Exodus*, III, S. 331f.), verstanden;[38] s. auch Raschi. Strack hat darauf hingewiesen, daß dem Samaritanischen und dem Mischnahebräischen zufolge *dæma'* mit *ḥælæb*, 'das Beste', gleichgestellt werden kann und daß in der Mischna ein Verb *dm'*, 'etwas zur *t^erûmâ* machen', begegnet. Strack übersetzt *dim^'ákā* mit 'deine Hebe'. Dem von der LXX gesetzten Trend sind viele moderne Übersetzungen gefolgt; daneben fand auch die Ansicht Anklang, daß *m^elē'â* und *dæma'* auf Wein bzw. Öl zu beziehen seien (bereits Ibn Esra und s. Heinisch, Noth, Fensham).[39] Cazelles*,

---

[38] Der Begriff wird in der LXX mit ἀφαίρεμα übersetzt, aber auch mit ἀπαρχή Sing. (z.B. 25,3) und Plur. (z.B. 25,2; 35,5; 36,6), 'Erstling(e)' (vgl. Vulg. *primitiae* [25,2; 35,5; 36,6] und *primitiva et initia* [29,28]), offensichtlich im Sinne von 'das Beste', 'das Auserlesene'.

[39] *m^elē'â* wird interpretiert als ein Derivat von *ml'* (s. *THAT*, I, Sp. 897ff.; *ThWAT*, IV, Sp. 876ff.), 'füllen', 'voll sein' (pi. in 23,26), mit der Bedeutung 'Fülle', 'das volle Aufkommen' (vgl. Num. 18,27; Dtn. 22,9); *dæma'*, ein hapax legomenon, wird als Derivat von *dm'*, 'weinen', betrachtet und als 'Tränen' verstanden; gemeint sei der Saft, der durch

S. 82, bezieht die Begriffe auf die frischen Trauben bzw. den jungen Wein (zur jüdischen Auslegung s. Jacob). Merkwürdig ist die Auslegung von Ehrlich: 'deine Fülle oder dein Tröpflein, das heisst, wie viel es immer ist, eine Menge oder ein Winziges'; zu wenig fundiert ist die Übersetzung von Fox: 'Your full fruit of your trickling-grapes'.

Im Licht von 22,28b.29 ist wahrscheinlich, daß 22,28a vom Ertrag des Kulturlandes handelt und zwar insbesondere vom ersten, dem besten Teil davon. Vielleicht muß $m^e l\bar{e}$'$\bar{a}t^e k\bar{a}$ $w^e dim$'$^a k\bar{a}$ als Hendiadys verstanden werden: 'das allerbeste deiner Ernte'. Wie groß der JHWH gehörige Teil ist, sagt der Text nicht (zu den Erstlingen s. ferner 8.4.3,4).

'hr, 'zurückhalten' (s. 21,10), wird oft im Anschluß an LXX (οὐ καθυστερήσεις) und Vulg. (*non tardabis*) verstanden als 'zögern', 'säumen'; gemeint ist wohl ein Aufschieben, das zu einem Aufheben wird: 'für sich selbst behalten'; es steht JHWH zu und muß ihm gegeben werden; vorausgesetzt ist offensichtlich, daß JHWHs Anteil ihm im Heiligtum dargebracht wird (vgl. TPsJ und s. 23,15-17); Raschi faßt $l\bar{o}$' t^e '$ah\bar{e}r$ als eine Vorschrift auf, die Reihenfolge der verschiedenen Opfergaben in acht zu nehmen (vgl. auch TPsJ und Mek., III, 153). Cazelles*, S. 82f., interpretiert $l\bar{o}$' t^e '$ah\bar{e}r$ als 'den fremden Göttern sollst du nicht opfern'. $b^e k\hat{o}r$ (s. *THAT*, II, Sp. 709; *ThWAT*, I, Sp. 643ff.), 'Erstgeborener', für das erste Kind von Menschen und auch von Tieren (z.B. 11,5; 12,29; 13,2.15); als Erstgeborener des Menschen kann der Begriff sowohl den Erstgeborenen des Vaters als auch der Mutter bezeichnen (z.B. 11,5). In Israel galt offensichtlich der Erstgeborene des Vaters als Erstgeborener der Familie (Gen. 49,3; Dtn. 21,17). Der erstgeborene Sohn nahm eine bevorzugte Position ein. Er war vorherbestimmt dem Vater als Haupt des Klans nachzufolgen. $b^e k\hat{o}r$ kann kollektiv gebraucht werden; das ist auch hier der Fall, vgl. LXX: Plur.; vgl. TPsJ, TNf; in TNf werden die Erstgeborenen explizit als 'männlich' qualifiziert. 'von deinen Söhnen', s. 21,4. ntn, 'geben' (s. 21,4), hier im Sinne von 'abtreten'; TO, TPsJ: 'absondern (*prš*) für mich (*qdmjj*)'; so auch am Schluß von 22,29; die Übersetzung ist expliziter und weniger anthropomorph; vgl. auch TNf: 'meinem Namen weihen' (22,28) und 'für meinen Namen absondern' (22,29). Das Abtreten an JHWH beinhaltet das Abtreten an das Heiligtum und die dort tätigen Kultusbeambten.

$k\bar{e}n$-ta'$^a śæh$ (auch 20,23), s. 20,23 und M.J. Mulder, "Die Partikel כן im Alten Testament", *OTS* 21 (1981), S. 201-227. 'Rind' (s. 21,28), gemeint ist das erstgeborene Junge des Rindes (und des Kleinviehs); so explizit TPsJ (vgl. Mek., III, 154). $l^e ṣ\bar{o}$'$næk\bar{a}$ (s. 21,37), Sam.Pent.: $\hat{u}l^e ṣ\bar{o}$'$næk\bar{a}$; vgl. u.a. LXX: + καὶ τὸ ὑποζύγιόν σου, 'und deines Esels' (vgl. 34,19.20 und s. auch 22,8). 'sieben Tage ... am achten Tag', 'sieben', womit Fülle und Vollkommenheit symbolisiert wird, wird häufig in Verbindung mit dem Kultus und kultischen Handlungen gebraucht (Gen. 17,12; 21,4; 12,15.19; 13,6f.; 23,15; 34,18; 29,30; Lev. 12,2ff.; 13,4ff.26f. 31f.; 22,27 usw.); 'achte' folgt auf die abgerundete, sakrale Periode, nach deren Vollendung kann eine neue Tätigkeit stattfinden (z.B. Lev. 9,1; 12,3; 14,10.23;

---

das Pressen von Trauben und (oder?) Oliven gewonnen wird.

15,14 usw.; vgl. Houtman*, *Exodus*, I, S. 66, 68). *'im-'immô* ('Mutter' [s. 5.2.1.4.2], hier und in 23,19 für das Muttertier), LXX: ὑπὸ τὴν μητέρα, 'unter der Mutter' (vgl. Lev. 22,27), nämlich um zu säugen (so explizit TPsJ; vgl. Mek., III, 155). *bajjôm* (Joüon § 176h), Sam.Pent.: *ûbajjôm*; vgl. u.a. LXX. *titt*ᵉ*nô*, s. Ges-K § 60d.

22,30 *w*ᵉ*'anšê-qōdæš*, TNf: *w'm qdjšjn* (vgl. Dtn. 14,21 und s. 19,6). TPsJ beinhaltet eine Explikation: es geht um Menschen, die reine Nahrung essen. *'ᵃnāšîm* (auch 21,18.22), 'Männer', 'Menschen', Plur. von *'îš* (2.13), wird hier in Gentivverbindung gebraucht mit *qōdæš* (s. THAT, II, Sp. 598ff.; ThWAT, VI, Sp. 1179ff.; nur hier im Bundesbuch), 'Heiligkeit', zur Bezeichnung des Adjektivs (vgl. Ges-K § 128p, 135n; Joüon § 129f). *qdš* bezeichnet primär, daß eine bestimmte Sache oder Person für die Gottheit abgesondert und ihr geweiht ist; so sind heilige Menschen (22,30) keine ethisch vollkommenen Menschen, sondern Menschen, die sich an bestimmte Speisevorschriften halten (vgl. Lev. 11,44f.; 19,2; 20,7.26; Num. 16,3), und so ist ein heiliges Volk (19,6) ein Volk, das der Gottheit völlig ergeben ist (vgl. Dtn. 7,6; 14,2.21; 26,19; 28,9). *bāśār*, 'Fleisch', s. 21,28. *śādæh*, 'Steppe', s. 22,4. *ṭᵉrēfâ* (s. 22,12) ist Apposition (KöSynt § 333s; Ges-K § 131k); die Targume bieten eine nähere Umschreibung TO, TPsJ: '(Fleisch) abgerissen vom lebenden Tier' (vgl. Gen. 9,4); TNf: '(Fleisch) abgerissen von einem getöteten Tier (in der Steppe)' (vgl. auch FTᵛ); s. auch LXX: κρέας θηριάλωτον, 'Fleisch, das von wilden Tieren in Besitz genommen wurde', und Vulg.: *carnem quae a bestiis fuerat praegustata*, 'das Fleisch, von dem zuvor wilde Tiere gefressen haben'.

ûbāśār baśśādæh ṭᵉrēfâ wird als problematische Redewendung betrachtet; *baśśādæh* fehlt in der LXX, Pesch., Vulg., TO, TPsJ (nicht aber in TNf, FTᵛ, SamT); daher wurde behauptet, *baśśādæh* sei eine Glosse, die durch Dittographie entstanden sei, und der Text ursprünglich *ûbaśār (hat)ṭᵉrēfâ* lautete (s. z.B. Holzinger, Baentsch, Ehrlich). Es ist allerdings möglich, daß das Fehlen von *baśśādæh* in den alten Übersetzungen auf einer bewußten Generalisierung beruht (vgl. auch Dtn. 14,21); man darf die Vorschrift nicht so lesen, daß ein in der Stadt oder in einem Haus angefressenes Tier sehr wohl konsumiert werden darf (vgl. Mek., III, 157, und s. Prijs*, S. 12).

'kl, 'essen', s. 21,28. *kælæb*, 'Hund', hier kollektiv, war ein verachtetes Tier (s. Houtman*, *Exodus*, I, S. 136) und wird hier in seiner Rolle als Beseitiger von Kadavern genannt (vgl. I Reg. 14,11; 16,4 u.a.; vgl. Ps. 22,17.21 u.a.). Anstelle von *lakkælæb* liest Sam.Pent. *hašlēk*; so hat im Sam.Pent. *šlk* hi. (THAT, II, Sp. 916ff.; ThWAT, VIII, Sp. 84ff.), 'werfen', die allgemeine Bedeutung von 'wegwerfen' (oder 'wegtun'; vgl. Dtn. 14,21?). TPsJ liest als Zufügung zu 22,30 die Anmerkung *bswṭrjh*, 'als Belohnung für ihn (den Hund)', weil er den Israeliten in der Passa-Nacht nicht aufgeschreckt hat (11,7) (vgl. Mek., III, 159; Raschi). In einer Ausweitung am Schluß von 22,30 in TNf und FT wird 'der Hund' als 'der Heide', der Nichtisraelit interpretiert (vgl. Mt. 15,26 und s. Dtn. 14,21); Raschi akzeptiert diese Auslegung; Ibn Esra verwirft sie: das Fleisch eines gerissenen Tieres ist ungesund. Muß bei Hunden an Hirtenhunde gedacht werden (Hi. 30,1)? Oder wird vorausgesetzt, daß das tote Tier in die Stadt mitgenommen wurde? In

jedem Fall wurde es nicht den Geiern oder Schakalen überlassen (vgl. z.B. Dtn. 28,26; I Sam. 17,44.46). Das 'für die Hunde' impliziert, daß das Fleisch für den menschlichen Verzehr völlig untauglich ist.

7.3.4 *Kommentar*

7.3.4.1 Im Anschluß an die Masoreten wird 22,27-30 gewöhnlich als kleine Einheit verstanden. Der Abschnitt sei eine Art Intermezzo inmitten von Sozialvorschriften (22,20-26; 23,1-9). Nicht die Sorge für den Mitmenschen, sondern die Sorge für JHWH steht zentral. Das Thema wird mittels einiger apodiktischer Vorschriften (s. 2.5) beleuchtet, die mit Ausnahme von 22,30 in der 2.Pers. plur. formuliert sind. Der Gebrauch der 2.Pers. plur. in 22,30 wurde als Argument verwendet, um 22,30 als spätere Zufügung zu identifizieren (vgl. Osumi*, S. 200ff., 210f. u.a.; Schwienhorst-Schönberger*, S. 360ff., 368ff.). Wie dem auch sei, 22,30a färbt die Passage und verbindet sie mit anderen Texteinheiten (vgl. 19,6; Lev. 19,2; 20,7; 20,26; Dtn. 14,21 u.a.) und macht die verschiedenen religiösen Vorschriften, die in 22,27-30 zusammengestellt sind, zu Äußerungen einer völligen Hingabe an JHWH. Was sich nicht (22,27.28a.30b) und was sehr wohl (22,28b.29) für Menschen in ihrer Gottesbeziehung ziemt, die zur 'Priesterschaft und heiligen Nation' gehören (19,6), wird Israel exemplarisch vorgehalten: Unterminierung der Autorität Gottes ist vom Bösen (22,27); als Herr des Volk und des Landes, auf welchem es lebt, muß ihm ohne Einschränkung der ihm gebührende Tribut gezollt werden (22,28.29); als Untertanen des Heiligen sollen sie nach Leib und Geist rein sein (22,30).

7.3.4.2 Die Interpretation von 22,27 bereitet Kopfzerbrechen.[40] Wir wollen uns zunächst mit *$^{\prime e}$lōhîm* beschäftigen. Einer alten Interpretation zufolge ist mit *$^{\prime e}$lōhîm* der/die 'Richter' gemeint (vgl. 4.2.6 und 6.4.4.2). Diese Ansicht findet sich in den Targumen; s. TO: *djjn'*, 'Richter' (vgl. Pesch.); TPsJ, TNf: *djjnjnwn*, 'eure Richter' (vgl. Mek., III, 151f.). 22,27a und 22,27b sind als zwei mehr oder weniger synonyme Aussagen verstanden worden: *nāśî'* wird in TO übersetzt mit *rb'*, 'Leiter', 'Herrscher' (vgl. TNf; Pesch.), in TPsJ mit 'die Herrscher' (*rbnjn*), die als Leiter (unter deinem Volk) angewiesen sind'. Diese Interpretation fand Eingang in die jüdische Exegese des Mittelalters (Raschi bezieht *$^{\prime e}$lōhîm* sowohl auf Gott als auch auf den Richter; vgl. Mek., III, 151). Nachmani-

---

[40] Zu frühen Interpretation s. P.W. van der Horst, "'Gij zult van de goden geen kwaad spreken'. De Septuaginta-vertaling van Exodus 22,27(28), haar achtergrond en invloed", *NedThT* 46 (1992), S. 192-198. Vgl. auch M.J. Bernstein, "'אלהים כי תלוי קללת' (Deut. 21,23). A Study in Early Jewish Exegesis", *JQR* 74 (1983-84), S. 21-45.

des z.B. versteht 22,27a wie folgt: wenn der Richter dich in einem Prozeß
für schuldig hält, darfst du ihm nicht fluchen. Von christlichen Auslegern
wurde der Vers auf kirchliche und weltliche Würdenträger bezogen; s.
z.B. Calmet und bereits Theodoret, *Quaest. in Ex.*, LI, und ferner z.B.
KJV ('the gods'), NV ('de goden'); Luther ('Götter').

Die Auffassung, daß mit *ᵉlōhîm* Menschen gemeint sind, findet unter
modernen Exegeten wenig Anhänger, wird aber nicht ganz aufgegeben.
Buber & Rosenzweig übersetzen mit 'Gottrichter'; Cazelles*, S. 81f.,
behauptet, daß der *nāśî'* auf einer Ebene mit den *śārîm* von 18,21f. stehe,
die mit der Rechtspflege betraut sind, und glaubt, daß mit *ᵉlōhîm* ungefähr das gleiche gemeint sei wie mit *nāśî'*. Dillman versteht *ᵉlōhîm* als
'Gott', kommt aber mit seiner Auslegung der klassischen Interpretation
recht nahe: 'Gott' ist das sich im Heiligtum niedergelassene Gericht (vgl.
4.2.5; 6.4.4.2); wer das Gericht schmäht, der schmäht Gott. Eine ähnliche
Deutung bietet Honeycutt. Seiner Meinung nach werden in 22,27 zwar
zwei Handlungen genannt, aber in Wirklichkeit gehe es einzig um die
Verwerfung von Gottes Repräsentanten und damit natürlich von Gott
selbst. Man beachte jedoch, daß *nāśî'* näher bestimmt wird durch *bᵉ'ammᵉkā*; bei *ᵉlōhîm* ist dies nicht der Fall. Dies spricht dagegen, *ᵉlōhîm*
und *nāśî'* auf eine Ebene zu stellen oder zu eng miteinander in Beziehung
zu setzen.

In der LXX ist *ᵉlōhîm* mit θεοὺς (Plur.) übersetzt (vgl. Vulg.) und
wᵉnāśî' bᵉ'ammᵉkā mit καὶ ἄρχοντας τοῦ λαοῦ σου, 'die Leiter deines
Volkes'. Unklar ist, in welcher Weise diese LXX-Übersetzung verstanden
werden muß. Sicher ist, daß im hellenistischen Milieu 'Götter' auf die
heidnischen Götter bezogen wurde und der Text zur Begründung der
Ansicht zitiert wurde, daß der Gesetzgeber der Juden aus Respekt vor
dem Wort 'Gott' verboten hatte, daß man sich spottend oder beleidigend
über die ausläßt, die von anderen als Götter anerkannt werden.[41] Heidni-
sche Bekämpfer des Monotheismus führten u.a. 22,27a als Beweis an, daß
der Polytheismus in der Heiligen Schrift der Juden und Christen anzutreffen sei.[42] 22,27b wird von Paulus in Act. 23,5 in bezug auf den Hohen-
priester zitiert, ἄρχοντα τοῦ λαοῦ σου, 'ein Leiter deines Volkes' (Sing.;
vgl. LXXᴬ und Vulg.) Josephus zufolge steht Ungehorsam dem Hohen-
priester gegenüber auf einer Ebene mit Ungehorsam gegenüber Gott
(*Contra Apionem*, II, 194). In bezug auf Act. 23,5 ist zu erwähnen, daß
auch in späteren Auslegungen *nāśî'* sowohl auf den politischen als auch
den geistlichen Leiter bezogen wurde (z.B. von Nachmanides).

---

[41] Siehe Josephus, *Ant.*, IV, 207; ders., *Contra Apionem*, II, 237; Philo, *Vita Mosis*, II,
205; ders., *Quaest. in Ex.*, II, 5.6.
[42] Siehe J. Rosenthal, *JQR* 38 (1947-48), S. 335.

Gängig ist momentan die Interpretation von *ᵉlōhîm* als 'Gott'.[43] Als Vergleich für die Parallele *ᵉlōhîm* / *nāśî'* kann verwiesen werden auf den Gebrauch von *ᵉlōhîm* in Kombination mit *mælæk* in I Reg. 21,10 und Jes. 8,21 (vgl. auch II Sam. 16,9; Hi. 2,9). *ᵉlōhîm* deutet die göttliche Autorität an, *mælæk/nāśî'* die menschliche. Bei dieser Interpretation bezieht sich 22,27 auf die Unterminierung jeglicher Form von geistlicher und politischer Autorität. In positivem Sinn wird Gott und der bürgerlichen Autorität Respekt gegenüber gefordert (vgl. Prov. 24,21; I Petr. 2,17) und gesellschaftliche Stabilität angestrebt.[44] Wo Gott verachtet wird und/oder Leiter schmählich behandelt werden, flackert das Feuer der Revolution auf (vgl. Jdc. 9,26ff.; I Reg. 12,12ff.25ff.; II Reg. 9,4ff.; 10,18ff.; vgl. Schwienhorst-Schönberger*, S. 364ff.).

Ist es relevant, daß in 22,27a *ᵉlōhîm* anstelle von *jhwh* gebraucht wird? In diesem Zusammenhang sei erneut die Meinung von B.D. Eerdmans ins Spiel gebracht (s. 6.4.4.4). Er führt auch 22,27 als Beweis für seine These an, daß zwischen *ᵉlōhîm*, den niederen göttlichen Wesen, und JHWH differenziert werde müsse. Als Beleg verweist er auf Lev. 24,15.16: die Lästerung des persönlichen Gottes (*ᵉlōhâw*, 'sein Gott') sei eine Privatangelegenheit, die vom persönlichen Gott mit Krankheit u.ä. bestraft werde; die Lästerung JHWHs sei eine öffentliche Angelegenheit, die mit Exekution bestraft werde.[45] Die Interpretation von Lev. 24,15f. ist umstritten. Es ist sehr gut möglich, daß sich *ᵉlōhâw* auf die Gottheit(en) des Nicht-Israeliten bezieht.[46] Wie dem auch sei, vielleicht muß man auch (vgl. 22,6; 22,7f.) in bezug auf 22,27 zwischen 22,27 als Rudiment einer archaischen Religion (*ᵉlōhîm* bezeichnet göttliche Wesen) und 22,27 als Element der JHWH-Offenbarung am Sinai (*ᵉlōhîm* = Gott = JHWH) einen Unterschied machen. Eine alte Vorschrift hat in einem jahwistischen Kontext einen neuen Inhalt bekommen. Der fragmentarische Charakter des Textes verpflichtet zur Behutsamkeit bei der Interpretation.

Dies alles in Betracht ziehend, entscheide ich mich für die Interpretation 'Gott' und interpretiere 22,27 als eine Warnung vor jeder Form von Untergrabung geistlicher und weltlicher Autorität.

Die Vorschrift HG § 173, die vom Widerstand gegen einen richterlichen Ausspruch des Königs oder eines anderen Würdenträgers handelt und die u.a. von Hyatt in Zusammenhang mit 22,27 zitiert wird, kann

---

[43] Siehe z.B. Baentsch, Noth, Hyatt, Cassuto; O. Calderini, "Note su Es. 22,27", *BeO* 22 (1980), S. 111-118.

[44] Vgl. die Bedeutung, die 20,12 in der Geschichte der Auslegung erfahren hat; s. 6.4.4.4.

[45] *The Religion of Israel*, Leiden 1947, S. 38, 85f.

[46] Vgl. Fishbane*, S. 101; s. jedoch auch J. Weingreen, *VT* 22 (1972), S. 118-123; J.B. Gabel & C.B. Wheeler, *VT* 30 (1980), S. 227-229.

nicht als Parallele betrachtet werden. In bezug auf die Datierung des
Textes gibt es recht uneinheitliche Meinungen (s. Paul*, S. 44f.; Schwienhorst-Schönberger*, S. 366f.).

7.3.4.2 Bestimmungen in bezug auf die Erstgeborenen, die JHWH
geweiht werden, finden sich auch an verschiedenen anderen Stellen im
Pentateuch (13,1-2.11-16;   34,19f.;   Lev. 27,26f.;   Num. 3,11ff.44ff.;
8,16ff.; 18,15ff.; Dtn. 15,19ff.). Diese Passagen lauten nicht alle gleich.
Ich führe einige Unterschiede an: Hinsichtlich der Frage, wer JHWH
geweiht werden muß, lautet die Antwort in 13,1f.; 22,28f.: der männliche
Erstgeborene vom Menschen und Tier, während in 13,12f. der Freikauf
des Erstgeborenen vom Esel und Menschen vorgeschrieben wird (vgl.
Num. 3,11.44f.: Freikauf des Menschen mittels der Absonderung der
Leviten). In Dtn. 15,19-23 wird nur das Vieh als Gegenstand der Weihe
erwähnt. Im Hinblick auf den Zeitpunkt der Weihe des Erstgeborenen
vom Vieh wird in 22,29 der achte Tag genannt. Dtn. 15,20 geht von einer
jährlichen Weihe aus. Explizit wird nur in Dtn. 15,20 das Heiligtum als
Ort der Weihe genannt. Auch in den anderen Abschnitten wird das
Heiligtum der vorausgesetzte Ort der Weihe sein. In Ex. 22,28f. wird
hinsichtlich der zeitlichen Bestimmung in 22,29 ein nahe gelegener
heiliger Ort vorausgesetzt sein (vgl. 21,13f.). Nur Dtn. 15,21 nennt
explizit Voraussetzungen, denen das zu weihende Tier Genüge leisten
muß. Die Unterschiede zwischen den Stellen haben ihre Ursache einerseits
in gegensätzlichen Vorstellungen in Israel hinsichtlich der geforderten
Handlungsweise in bezug auf die Erstgeborenen und andererseits in der
Neuinterpretation von Gebräuchen. Ich beschränke mich hier auf einige
allgemeine Fragen.

Zunächst wenden wir uns dem *religiösen Hintergrund der Weihung der
Erstgeborenen* zu. Die Erstgeborenen sind JHWHs Eigentum (13,2.12;
vgl. 34,19; Num. 3,13; vgl. 8,17). Warum? Im Pentateuch wird folgende
Antwort gegeben: Beim Auszug aus Ägypten schlug JHWH die Erstgebo-
renen Ägyptens und schonte die Erstgeborenen Israels. Darum erhebt
JHWH Anspruch auf Israels Erstgeborenen (Num. 3,13; 8,17ff.; vgl.
Ex. 13,15). Nach Ex. 13 und Num. 3,8 wurzelt der Anspruch JHWHs in
der Geschichte. Diesbezüglich werden jedoch unterschiedliche Einrichtun-
gen motiviert. In Ex. 13 die Praxis der Weihe und des Freikaufs der
Erstgeburt; in Num. 3,11ff.44ff.; 8,16ff. das Absondern der Leviten von
seiten JHWHs, um ihm dienstbar zu sein (vgl. Heb. 12,23). In anderen
Passagen wird der Gebrauch nicht motiviert.

In der Regel wird angenommen, daß der Brauch der Weihe der Erstgeborenen alt ist und die Beziehung zum Auszug aus Ägypten auf
sekundärer theologischer Reflexion beruht. In bezug auf die ursprüngliche
Motivierung gehen die Meinungen auseinander: Dankbarkeit der Gottheit

gegenüber[47] mit dem Gedanken, daß der Erstgeborene die folgenden
Geburten weiht und diese vom Menschen in Freiheit gebraucht werden
können (Dillmann); alle Haustiere haben eine gewisse innere Heiligkeit;
die Erstgeborenen in verstärktem Maße; die Idee eines Geschenkes war
ursprünglich nicht vorhanden; Erstlinge werden geopfert und gegessen,
um das Band zwischen Gottheit und den Mahlteilnehmern zu
verstärken;[48] die Weihe der Erstgeborenen impliziert die Weihe der
folgenden Jungen des Muttertieres; im allgemeinen bewirkt sie die
Stärkung und Erneuerung des Lebens und der Fruchtbarkeit der Art;
darum muß der geweihte Erstgeborene ein unversehrtes Männchen sein,
ein Repräsentant der Art par excellence; durch das Mahl im Heiligtum
partizipiert auch der Mensch an der durch das Opfer bewirkten Heiligung
(Dtn. 15); der Gebrauch erhält jedoch stets mehr den Charakter einer
priesterlichen Hebung (Num. 18) (Pedersen*, III-IV, S. 314ff.).

Es scheint glaubhaft, daß der Gebrauch ursprünglich eine Äußerung von
Dankbarkeit war (wenn man möchte: eine Tributleistung) und durch die
Weihe des Erstgeborenen als *pars pro toto* anerkannt wurde, daß Gott der
eigentliche Besitzer von Vieh und Land ist, daß er Fruchtbarkeit schenkt
und ihm eigentlich alle Früchte und Tiere zustehen. In z.B. Ex. 13 ist der
Gebrauch jedoch gänzlich auf die Geschichte bezogen. Die Weihe der
Erstgeborenen muß die Geschichte der Befreiung vergegenwärtigen
(13,16). Wir verweilen etwas bei der Weihe des Erstgeborenen des
Menschen.

7.3.4.3 Der als alt betrachtete Text 22,28f. (vgl. auch 13,2) beinhaltet
die Vorschrift, die männlichen Erstgeborenen von Mensch und Tier
JHWH abzugeben, sagt aber nichts von der Möglichkeit, den Jungen
freizukaufen (s. dazu 13,13.15). Darf hieraus der Schluß gezogen werden,
daß ursprünglich der erstgeborene Sohn geopfert wurde und die Praxis des
Freikaufs erst später entstand?[49] Verschiedene Ausleger sind dieser

---

[47] Siehe J. Wellhausen, *Prolegomena zur Geschichte Israels*, Berlin 1905[6], S. 85.

[48] Siehe W. Robertson Smith, *Lectures on the Religion of the Semites*, London 1894,
S. 463f.

[49] Zur Auffassung, daß der Ursprung der Überlieferung vom Tod der Erstgeburt im
Passaritual in Ägypten gesucht werden muß und deren Tod als Opfer für JHWH interpretiert
werden muß und die Schlachtung des Erstgeborenen, auch des Menschen, ursprünglich ein
Kennzeichen des Passa war, s. Houtman*, *Exodus*, II, S. 159f. Ich nenne hier als Beispiel
noch die Darlegung von Lipiński, der den Tod von Ägyptens Erstgeborenen im Kontext des
Kinderopfers in einer Krisensituation interpretiert: Um das Unheil von Israel abzuwehren
und den Auszug zu ermöglichen, mußte der Gottheit anscheinend ein massales Kinderopfer
gebracht werden. Die Überlieferung leistet dieser Forderung mittels zweier Substitute
Genüge: Ägyptens Erstgeborene werden anstelle von Israels Kindern geopfert. Überdies
ersetze bei den Israeliten das Opfer des Passalammes den Erstgeborenen (S. 78). Für solche
Interpretationen bietet der Text von Exodus keinerlei Anhaltspunkte. Dort ist der Tod ein

Ansicht.[50] Diese Meinung gründet u.a. auf Gen. 22 (das Kapitel spiegele
die Veränderung der Ansicht wider: erst wurde von JHWH das Kind
gefordert; später begnügt er sich mit einem Stier als Ersatz [Gen. 22,8.
13]); auf Mi. 6,7; Ez. 20,25f. und auf Texte, die im allgemeineren von
Kinderopfern sprechen (s.u.). Im Anschluß an H. Oort[51] wird sogar
behauptet, daß 13,13b.15b nachexilische Zufügungen seien und auch
Ex. 13 ursprünglich den Befehl beinhaltete, JHWH alle Erstgeburt ohne
Ausnahme zu opfern.

Die aufgeworfene Frage führt uns zu der komplexen Problematik,
nämlich dem Ort des Kinderopfers im Alten Orient und alten Israel, insbesondere in der offiziellen JHWH-Religion. Die Frage wurde aufs neue
aktuell durch O. Eißfeldts Publikation *Molk als Opferbegriff im Punischen
und Hebräischen und das Ende des Gottes Moloch* (Halle a.S. 1935).
Aufgrund von punischen Inschriften behauptete Eißfeldt, daß Moloch im
AT (Lev. 18,21; 20,2ff.; I Reg. 11,7; II Reg. 23,10; Jer. 32,35) zu
Unrecht als Gottheit betrachtet wird. *mōlœk* müsse als Begriff für ein
bestimmtes Opfer verstanden werden. Eißfeldt zog aus dieser Interpretation die Schlußfolgerung, daß vor der Josianischen Reform das Kinderopfer
als legitimer Bestandteil des JHWH-Kultes betrachtet wurde. Seine
Interpretation von *mōlœk* fand zwar Zustimmung (s. z.B. *ThWAT*, IV,
Sp. 957ff.; Lipiński), wurde aber mit guten Gründen bestritten (z.B.
Dronkert; Weinfeld). Plausibel ist, daß *mōlœk*, als Epitheton verstanden,
eine Gottheit bezeichnet. Ferner ist es kaum zu bestreiten, daß Israel das
Kinderopfer kannte.[52] In welchem Umfang und auf welche Weise es
durchgeführt wurde, ist schwer zu sagen. Archäologische Hinweise helfen
hier nicht weiter. Das AT ist in seiner Beschreibung tendenziös und als
Quelle, die Rituale präzise zu rekonstruieren, ungeeignet. Urteilt man
nach dem AT, muß man konstatieren, daß das Kinderopfer im 8./7.Jh. ein

---

Mittel, um den Pharao unter Druck zu setzen. Die Heiligung der Erstgeborenen wird in
Ex. 13 mit dem Hinweis auf den Tod der Erstgeborenen Ägyptens motiviert. Die Beziehung
zwischen Ex. 13 und dem Vorhergehenden (mittels *bᵉkôr*, 11,5[4×]; 12,12.29[4×]; 13,2.
13.15[4×]) ist jedoch nicht besonders eng.

[50] Siehe z.B. B.D. Eerdmans, *The Religion of Israel*, Leiden 1947, S. 38; L. Köhler,
Theologie des Alten Testaments, Tübingen 1966⁴.

[51] *Het menschenoffer in Israël*, Haarlem 1865, S. 42.

[52] S. jedoch Weinfeld: das Kinderopfer gehörte nicht zum Molek-Dienst; *'br* hi. + *bā'ēš*
(Dtn. 18,10; II Reg. 16,3; 17,17; 21,6; 23,10; Ez. 20,31 u.a.) weist nicht auf Kinderver-
brennung hin, sondern auf einen Initiationsritus; andere Texte über Kinderopfer (s.u.)
können wegen ihres Charakters (Poesie, Übertreibung) als historische Quelle nicht ernst
genommen werden; D. Plataroti, *VT* 28 (1978), S. 286-300: *'br* hi. + *bā'ēš* weise auf die
Zauberei und/oder das Gottesurteil im Zusammenhang mit dem Mlk-Kult hin, nicht aber auf
Kinderopfer; s. aber *ThWAT*, IV, Sp. 966; Kaiser, S. 33f.; M. Smith, *JAOS* 95 (1975),
S. 477-479, mit der Reaktion von Weinfeld, *UF* 10 (1978), S. 411-416.

besonderes Interesse genoß. Als dessen Ursprungsland wird oft das syro-
kanaanäische Gebiet angegeben (z.B. Lipiński). Dort sucht man auch die
Wiege dieser auch in punischen Niederlassungen, insbesondere in Karthago bezeugten Praktik.[53] Im AT wird das Kinderopfer verurteilt (s. z.B.
auch II Reg. 17,31; 21,6; Jer. 19,5; Ez. 23,37ff.; Ps. 106,37ff.). Wird
später kritisiert, was einst in der offiziellen Religion vollkommen akzeptiert war? Für solch eine Schlußfolgerung fehlen solide Anhaltspunkte.

7.3.4.4 Es ist unumgänglich, näher auf *die Art des Kinderopfers* einzugehen. Es muß differenziert werden zwischen dem Kinderopfer als
Institution und dem sporadischen Kinderopfer. Letztgenannte Art, die z.B.
wegen eines Versprechens praktiziert wurde oder um in einer Notsituation
den Zorn Gottes zu stillen, findet sich im AT (II Reg. 3,27; Mi. 6,7; vgl.
Jdc. 11,30ff.). Obwohl die Texte über Kinderverbrennung den Eindruck
erwecken, daß im Götzenkult diese Praxis mehr oder weniger institutiona-
lisiert war, wird man doch nicht daran zu denken haben, daß die Ausführung eine jedermann vorgeschriebene Pflicht war. Im Zusammenhang mit
unserem Thema muß überdies beachtet werden, daß die Texte über
Kinderopfer oft *Söhne und Töchter* (Dtn. 12,31; 18,10; II Reg. 17,17;
23,10; Jer. 7,31f.; 32,35; Ez. 16,20f.) nennen, aber mit Ausnahme von
II Reg. 3,27; Ez. 20,25; Mi. 6,7 den Erstgeborenen nicht erwähnen. Man
darf diese Stellen daher nicht einfach mit der Institution der Weihe der
Erstgeborenen in Beziehung bringen. Berücksichtigt man dies alles,
besteht wenig Grund zur Annahme, daß im alten Israel das Opfer des
erstgeborenen Sohnes jemals eine Institution war. Umstrittene Texte wie
Gen. 22 und Ez. 20,25f.[54] bieten hierfür ein unzureichende Grundlage.

Gelegentlich wird es vorgekommen sein, daß ein Erstgeborener geopfert
wurde – wie auch gelegentlich ein Erstgeborener an das Heiligtum
abgetreten wurde (I Sam. 1f.) –, nicht aber aufgrund einer allgemeinen
Vorschrift. Die vielen lebenden Erstgeborenen, die im AT auftreten, sind
an sich schon ein Indiz hierfür. Überdies wird in Ex. 22,28f. nicht der

---

[53] L.E. Stager verteidigt die Ansicht, daß ein Zusammenhang zwischen dem Kinderopfer
in Karthago und dem Bestreben bestehe, die Bevölkerungszahl aus ökonomischen Gründen
zu begrenzen; s. L.E. Stager & S. Wolff, "Child Sacrifice at Carthage-Religions. Rite of
Population Control?", *BArR* 10.1 (1984), S. 31-51; L.E. Stager, "Phoenicisch Karthago. De
handelshaven en de Tofet", *Phoe* 28.2 (1982), S. 84-113; zum Tofet (ein Urnenfeld) in
Karthago s. auch H. Benichou-Safar, *Les tombes puniques de Carthage*, Paris 1982.

[54] Gewöhnlich vertritt man die Auffassung, daß der Prophet das Auge auf die Vorschrift
richtet, den Erstgeborenen, auch vom Menschen, zu opfern; siehe dazu Th.C. Vriezen,
Hoofdlijnen der Theologie van het Oude Testament, Wageningen 1966³, S. 237, 331; zu
einer ausführlichen Besprechung s. J. Lust, *Traditie, redactie en kerygma bij Ezechiël*,
Brussel 1969, S. 134ff.; C. Patton, "'I Myself Gave Them Laws That Were Not Good'.
Ezekiel 20 and the Exodus Traditions", *JSOT* 69 (1996), S. 73-90.

Begriff 'opfern' gebraucht, sondern das allgemeine *ntn*, das hier die Bedeutung von '(jmdm.) weihen' trägt, ohne daß damit eine Aussage über die Art und Weise gemacht wird, wie dies zu erfolgen hat (vgl. Lev. 18,21; 20,2ff.; Num. 18,16.19; I Sam. 1,11; Ez. 20,26.31). In bezug auf Tiere kann man an ein Abtreten als Opfer oder Tribut ans Heiligtum denken. In bezug auf den Menschen kommt Freikauf (z.B. Cassuto) oder vielleicht eher eine besondere Weihe des Erstgeborenen für den JHWH-Dienst in Betracht.[55]

Eventuell kann erwogen werden, ob das völlige Schweigen über den erstgeborenen Menschen in Lev. 27 und Dtn. 15 nicht aus dem Wissen um das gelegentliche Kinderopfer erklärt werden muß: indem vom Menschen geschwiegen wird, wird der Ansicht jeder Anhaltspunkt entzogen, daß JHWH, genauso wie es beim Tier der Fall ist, das Leben des Erstgeborenen vor dem Freikauf oder einer anderen Form von Weihe bevorzuge (vgl. z.B. Eerdmans*, S. 120f.; Kaiser, S. 25). In bezug auf das Deuteronomium halte ich es für möglich, daß von dem Gedanken her, daß das *ganze* Volk JHWH hingegeben sein müsse (s. Dtn. 7,6; 14,2; 26,18f.; vgl. Ex. 19,6), über die Erstgeborenen vom Menschen hinweggegangen wird. Statt daß man das Opfer des Erstgeborenen als alte Praktik betrachtet, kann man es wohl besser als eine späte rigorose Interpretation (Mi. 6,7) der Vorschrift, den Erstgeborenen vom Menschen JHWH zu weihen, verstehen. Zu den Erstlingen der Ernte des Landes s. 23,16.19.

7.3.4.5 22,30a hat den Charakter einer Abschlußformel. Die genannten Vorschriften sind exemplarisch. Was JHWH fordert, ist ein ihm geweihtes Leben. In 22,30b wird im Anschluß an die allgemeine Vorschrift noch eine besondere Bestimmung gegeben und ein wichtiger Aspekt der geforderten Heiligkeit beleuchtet. Ein JHWH hingegebener Mensch muß nach Leib und Geist heilig sein und darf daher nur reine Speisen zu sich nehmen (vgl. Nachmanides).

22,30b bezieht sich offensichtlich auf folgende Situation: ein Raubtier greift in der Steppe ein Schaf oder eine Ziege aus der Herde an (vgl. 22,13). Ihm gelingt es, das Tier totzubeißen oder so zu verwunden, daß es daraufhin stirbt. Durch das Eingreifen des Hirten hat das Raubtier aber keine Chance, seine Beute zu verschlingen. Das Fleisch des gerissenen Tieres wird als unrein betrachtet. Bedingung für den Verzehr von Fleisch ist offensichtlich, daß es von einem ordnungsgemäß geschlachteten Tier stammt (vgl. Lev. 7,26f.; 17,10ff.; 19,26; Dtn. 12,15f.).

---

[55] Vgl. König*, *GAR*, S. 219f.; *IDBS*, S. 338; zum achten Tag als Tag der Weihe aller Jungen s. z.B. Lev. 12,31; gemäß jüdischer Auffassung erfüllten die Erstgeborenen die Funktion von Priestern (Ex. 24,5), als noch kein Zeltheiligtum bestand.

Menschlicher Verzehr von *Fett* (nicht von Fleisch) eines gerissenen Tieres wird in Lev. 7,24 verboten; in Leviticus wird mit der Möglichkeit des Verzehrs von unreinem Fleisch gerechnet und eine Vorschrift mit Bezug auf die dadurch verursachte Verunreinigung gegeben (11,39f.; 17,15f.). Die Vorschriften gelten sowohl für den Israeliten als auch für den Fremdling (Lev. 17,15f.). Ausdrücklich wird es nur dem Priester verboten, nicht rituell geschlachtetes Fleisch zu essen (22,8; vgl. Ez. 44,31).

In Dtn. 14,21 gilt das Gebot allen Israeliten − es ist ein Kennzeichen der Heiligkeit und Hingabe an JHWH (vgl. Ex. 19,6) −, aber nicht dem Fremdling. In Dtn. 14,21 fehlt die Unterscheidung, die in Leviticus zwischen gerissenen und auf natürliche Weise gestorbenen Tieren durchgeführt wird. Jegliches Kadaverfleisch ist für den Israeliten tabu. Im Unterschied zu Ex. 22,30 darf es allerdings nicht einfach weggeworfen werden. Es ist kein Hundefutter, sondern darf dem Fremdling geschenkt oder an den Ausländer verkauft werden.

Im Zusammenhang mit anderen Texten aus dem Bundesbuch und dem Pentateuch ruft 22,30b einige Fragen auf. Aus 21,34f. gewinnt man den Eindruck, daß das Fleisch eines verunglückten Tieres für menschlichen Verzehr verwandt wurde (vgl. auch Lev. 11,39f.; 17,15f.). Ferner erscheint 22,30b − was eigentlich gar nicht zu erwarten ist − in bezug auf die Bestimmung des Fleisches rigoroser als Dtn. 14,21.

Zunächst muß festgehalten werden, daß es sich beim toten Tier von 21,34f. nicht um ein gerissenes Tier, eine *ṭᵉrēfâ* handelt. Man könnte es in allgemeinem Sinn als *nᵉbēlâ*, 'Kadaver', bezeichnen. Dies Alles führt zu der Frage, ob in bezug auf 22,30b kein Unterschied zwischen einer späteren Bedeutung (ein Verbot, nicht rituell geschlachtetes Fleisch zu essen) und einer früheren Bedeutung gemacht werden muß: auf einem gerissenen Tier liegt ein Tabu; befürchtet wird, daß das wilde Tier seine Beute mit seiner bösen Art infiziert hatte, so daß der Mensch, der das gerissene Tier ißt, angesteckt werden kann (vgl. 21,28).[56] Da es von einem Vertreter der 'Nicht-Welt' (dem Raubtier) angetastet ist, ist das Stück Vieh nur noch für einen anderen Vertreter der 'Nicht-Welt' (den Hund) geeignet; es muß vermieden werden, daß Chaos und Kosmos vermengt werden. Die ursprünglich auf die Beute eines wilden Tieres beschränkte Vorschrift wurde in Leviticus und Deuteronomium zu einem Element eines allgemeinen Verbots, das Fleisch eines nicht rituell geschlachteten Tieres zu essen. Seine strigenteste Formulierung hat es in

---

[56] Zu modern ist die Interpretation von Sprinkle*, S. 176: der Verzehr des Fleisches bedeutet 'dehumanizing, reducing man to the level of vulture, or, to use the text's terminology, a scavenger dog'.

Dtn. 14,21 erhalten: unter keinen Umständen darf ein Israelit solch ein
Fleisch essen. Schwienhorst-Schönberger*, S. 375ff., verteidigt die
Ansicht, daß 22,30bβ als Korrektur zu Dtn. 14,21a gemeint sei: das
unreine Fleisch darf nicht an Menschen gegeben oder verkauft werden; es
sei nur noch für die Hunde gut genug. Es ist allerdings auch möglich, daß
der Schreiber von Dtn. 14,21, der um das alte Tabu nicht wußte, dem
erkannten Wert (vgl. Lev. 11,39f.; 17,15f.) des Fleisches eines umgekommenen Tieres recht tun wollte.[57]

7.4 DIVERSE SOZIALE VORSCHRIFTEN (23,1-12)

7.4.0 *Einleitung*

23,1-12 beinhaltet eine Reihe von sozialen Vorschriften und einige
kultische Vorschriften mit einem stark sozialen Akzent (23,10-12). Oft
behandelt man 23,1-9 als zusammenhängenden Abschnitt (z.B. Heinisch,
Hyatt, Cassuto, Childs). M.E. sollten 23,10-12 besser zu 23,1-9 gezogen
werden und nicht zu 23,13-19, das aus Vorschriften besteht, die sich
exklusiv auf den JHWH-Kult beziehen. Jedenfalls werden in 23,10-12 die
Sozialvorschriften in bezug auf u.a. den *gēr* (23,9.12) und den Bedürftigen (23,6.11) fortgeführt.[58]
  23,1.2a.2b.3 beinhaltet vier apodiktisch formulierte (*lō'* + Impf.) Vorschriften (s. 2.5,6), mit einem motivierenden Satz (23,1b) mit *'al* + Impf.
(vgl. 23,7b).
  23,4-5 besteht aus zwei kasuistisch formulierten (s. 2.5,6) und in
ähnlicher Weise konstruierten Vorschriften.
  23,6-9 beinhaltet vier apodiktisch formulierte (*lō'* + Impf. in 23,6.8.9)
Vorschriften, denen in 23,7-9 unterschiedlich formulierte Motivsätze
folgen (in 23,7 ein mit *wāw* und in 23,9 ein mit *kî* eingeleiteter Satz; in
23,8 ein mit *kî* und *wāw* eingeleiteter Satz).
  23,10-12 beinhaltet zwei positiv formulierte apodiktische Vorschriften,
die sich auf das Sabbatjahr (23,10) und den Sabbat (23,11) beziehen. Sie
tragen den Charakter von Doppelgeboten und haben einen ähnlichen
Aufbau. Sie bestehen jeweils aus zwei 'parallelen' Zeitangaben, denen ein

---

[57] Zu 22,30 s. auch M. Malul, *JSOT* 46 (1990), S. 101-106, und zu den Speisevorschriften im allgemeinen z.B. M. Douglas, "The Forbidden Animals in Leviticus", *JSOT* 59
(1993), S. 3-23; E. Firmage, "The Biblical Dietary Laws and the Concept of Holiness", *VTS*
41 (1990), S. 177-208; W. Houston, *Purity and Monotheism. Clean and Unclean Animals in
Biblical Law*, Sheffield 1993.
[58] Zur Abgrenzung (MT: 23,1-3 [*sᵉtûmâ*; BHS* auch 23,2-3 *sᵉtûmâ*]; 23,4 [*sᵉtûmâ*]. 5
[*sᵉtûmâ*]. 6-16 [*sᵉtûmâ*]) s. auch 22,20; 23,13 und 8.4.1.

oder zwei Imperfekte folgen, und münden in einen die Gebote motivierenden Finalsatz aus (in 23,11 mit *wāw*; in 23,12 mit *lᵉma'an*[59]).

Formal aber auch inhaltlich entsprechen sich 23,1-3 und 23,6-9. Beide
Teile thematisieren das in der Rechtspflege hochzuhaltende Ethos der
Zuverlässigkeit, Glaubwürdigkeit und Gerechtigkeit. 23,4-5 und 23,10-12
wollen zu einem humanen Verhalten dem Volksgenossen gegenüber
stimulieren, auch wenn dieser sozial schwach ist (23,10-12) oder ein
Mensch, vor dem man eine Abneigung hat.

23,4-5 unterbrechen 23,1-3 und 23,6-9 nicht bloß formal, sondern auch
inhaltlich. Schon Wellhausen betrachtete 23,4-5 als Einfügung.[60]

Im Text, so wie er uns vorliegt, erfüllen die verwandten Teile 23,1-3
und 23,6-9 eine umrahmende Funktion in bezug auf 23,4-5 (Inclusio). Ob
die Komposition zielbewußt gestaltet wurde (so z.B. Sprinkle*, S. 180),
ist unsicher. Jedenfalls ist es bisher noch nicht gelungen, glaubhaft zu
machen, daß zwischen 23,4.5 und dessen Kontext eine spezifische Beziehung besteht.[61] Ich selber betrachte 23,4.5 als selbständige Passage. Zum
Charakter von 23,1-12 (Sanktionen fehlen) s. 2.4.

7.4.1 *Gerechtigkeit und Glaubwürdigkeit in der Rechtspflege I (23,1-3)*

7.4.1.1 *Übersetzung*

23,1 *'Du sollst keine betrügerischen Aussagen machen. Du sollst keine
gemeinsame Sache mit einem Schurken machen, indem du eine böse
Beschuldigung aussprichst.*

2 *Du sollst die üblen Taten der Masse nicht nachahmen. Du sollst
dich z.B. in deinem Urteil in einer bestimmten Sache nicht nach der
Masse richten – sonst gerätst du auf die schiefe Bahn.*

3 *Du sollst den Armen nicht begünstigen, wenn er einen Rechtsstreit*

---

[59] S. dazu H.A. Brongers, "Die Partikel לְמַעַן in der biblisch-hebräischen Sprache", *OTS*
18 (1973), S. 84-96; E.F. Sutcliffe, "Effect as Purpose. A Study in Hebrew Thought
Patterns", *Bib* 35 (1954), S. 320-357.

[60] *Die Composition des Hexateuch und der historischen Bücher des Alten Testaments*,
Berlin 1899 (1963⁴), S. 92. Zu den diversen Ansichten in bezug auf die Entstehungsge-
schichte von 23,1-9 s. Schwienhorst-Schönberger*, S. 378ff. Vgl. auch C.M. Carmichael,
"A Singular Method of Codification of Law in the Mishpatim", *ZAW* 84 (1972), S. 19-25.
Siehe zu 23,1-9 ferner S. Herrmann, "Weisheit im Bundesbuch. Eine Miszelle zu Ex 23,1-
9", in: J. Hausmann & H.J. Zobel (Hg.), *Alttestamentlicher Glaube und biblische Theologie*
(FS H.D. Preuß), Stuttgart usw. 1992, S. 56-58.

[61] Vgl. Leibowitz*, S. 425ff. Zu einem rezenten Versuch, s. J. Magonet, "Ownership and
Autonomy. Elements of Composition in the 'Book of Covenant'", in: D. Cohn-Sherbok
(Hg.), *A Traditional Quest* (FS L. Jacobs), Sheffield 1991, S. 154-167.

(mit einem anderen) *hat'*.

7.4.1.2 *Exegetische Anmerkungen*

23,1 *nś'* (auch 23,21; s. *THAT*, II, Sp. 109ff.; *ThWAT*, V, Sp. 626ff.), 'aufheben',
'mitnehmen', 'tragen', begegnet hier mit *šema'* (Derivat von *šm'* [s.
22,22], 'was
man von jemandem hört', 'Gerücht') als Objekt (vgl. Ps. 15,3 und s. den Gebrauch von *šēm* als Objekt in 20,7; Dtn. 5,11) mit der Bedeutung 'aussprechen'
(so z.B. Ibn Esra, Cassuto); *lō' tiśśā'* muß offensichtlich verstanden werden als *lō'*
tiśśā' 'al-śᵉfatæjkā, 'du darfst nicht auf deine Lippen nehmen' (vgl. Ps. 16,4 und
s. auch Num. 23,7; II Reg. 9,25; Jes. 14,4; Ps. 50,16; 81,3);[62] weniger richtig ist
'verbreiten' (z.B. LV, NV, NEB); LXX: οὐ παραδέξῃ, 'du sollst nicht annehmen/
Gehör schenken' (vgl. TO, TPsJ, TNf, SamTᴶ, Vulg. und s. Mek., III, 160, und
z.B. Vredenburg, Dasberg, Fox). In diesem Fall würde die Vorschrift dem Richter
gelten (vgl. Raschi). *šāw'* is verwandt mit *šæqœr* (s. 23,7) und bedeutet 'Betrug',
'Falschheit', das, was keinen Gehalt hat, was schädigt und womit man betrogen
wird. Diskutiert wird, inwiefern beide Begriffe synonym sind.[63] An dieser Stelle
sind sie synonym (vgl. 20,16 neben Dtn. 5,2) und steht *šēma'* für 'Betrug' (vgl.
Jes. 59,4; Hos. 10,4; Ps. 139,20; 144,8.11; Prov. 30,8). Vorausgesetzt wird, daß
die betrügerischen Aussagen mit einem Eid JHWH gegenüber gepaart gehen.
šēma' šāw', TNf hat als Objekt 'falsche Zeugen'; TPsJ: 'Lügenworte des Mannes,
der bei dir Lästerreden gegen seinen Nächsten führt' (vgl. Mek., III, 160). *tāšæt*
jādᵉkā (Ges-K § 48f; Joüon § 81e), s. 21,22. *rāšā'* (auch 23,7), Derivat von *rš'* (s.
22,8) und das Gegenteil von *ṣaddîq* (s. 23,7) bezeichnet den Menschen, der bei
einem Streit oder einem Prozeß nicht im Recht ist. Auffallend ist der Gebrauch
einer großen Anzahl von S-Klängen (Alliteration). *lihjōt* + *'ēd* (s. 22,12), 'Zeuge',
wird als ein Fall von 'Verbalisierung' des Nomens interpretiert.
'ēd wird hier und in Dtn. 19,16; Ps. 35,11 in einer Genitivverbindung mit
ḥāmās[64] gebraucht, das in Dtn. 19 parallel zu *šæqœr* (s. Dtn. 19,16.18) erscheint
und den Zeugen als Belastungszeugen qualifiziert, der durch sein Zeugnis auf
Unrecht aus ist, auf den Tod eines Unschuldigen.[65] In der LXX wird sowohl
rāšā' als auch *ḥāmās* mit ἄδικος übersetzt, wobei sich ein Wortspiel ergibt: man
darf sich nicht mit 'dem Ungerechten' (= Bösewicht) einlassen, indem man 'ein
ungerechter (bösartiger) Zeuge' wird. Gewöhnlicherweise wird *'ēd ḥāmās* auf das
Subjekt des Verses bezogen; er darf sich nicht verleiten lassen, zugunsten eines
Bösewichts als Zeuge aufzutreten (so explizit TO, TNf, Pesch., SamT und s.

[62] Anders P. Joüon, *Bib* 7 (1926), S. 288ff.; er ist der Meinung, daß *nś'* in u.a. 23,1; Dtn.
33,3; Ps. 24,5 die Bedeutung 'recevoir' hat.
[63] S. *THAT*, II, Sp. 882ff.; *ThWAT*, VII, Sp. 1104ff.; F.-L. Hossfeld, *Der Dekalog*,
Freiburg/Göttingen 1982, S. 77ff.
[64] S. *THAT*, I, Sp. 583ff.; *ThWAT*, II, Sp. 1050ff.; I. Swart, "In Search of the Meaning of
ḥamas", *Journal for Semitics* 3 (1991), S. 156-166.
[65] Vgl. 23,7 und s. *ThWAT*, II, Sp. 1058; A. Phillips, *Ancient Israel's Criminal Law*,
Oxford 1970, S. 144f.; H.J. Stoebe, "Das achte Gebot (Exod. 20 V. 16)", in: *Geschichte,
Schicksal, Schuld und Glaube*, Frankfurt am Main 1989, S. 27-45 (S. 39ff.).

Mek., III, 160f.; Raschi). Weniger wahrscheinlich ist, daß der *rāšā'* und der *'ēd* ein und derselbe sind und die Vorschrift den Richter dazu aufrufe, dem Bösewicht keine Gelegenheit zu geben, als heimtückischer Zeuge aufzutreten (vgl. TPsJ).

23,2 *'aḥªrê*, St. cstr. plur. von *'aḥar* (Derivat von *'ḥr* [s. 22,10]) erfüllt die Funktion einer Präposition (vgl. Joüon § 103n; Brockelmann § 116c); *rabbîm*, Plur. von *rab*, Adjektiv und Derivat von *rbb* (s. *THAT*, II, Sp. 715ff.; *ThWAT*, VII, Sp. 294ff.), wird zur Bezeichnung einer großen Anzahl verwandt: 'zahlreich'. *'aḥªrê-rabbîm* (+ *hjh*, s. II Sam. 2,10; I Reg. 16,21) wird beidemal in der LXX mit μετὰ πλειόνων, 'mit der Mehrheit', übersetzt. Dem Kontext nach geht es nicht um eine 'moral majority'. Mit *rabbîm* ist wohl die Masse der Rechtsgemeinschaft einer Stadt oder eines Klans gemeint sein. Obwohl *rab* auch mit der Bedeutung 'der Mächtige' vorkommt (Hi. 35,9; II Chr. 14,10), muß daran hier nicht spezifisch gedacht werden (vgl. Childs).

lªrā'ot (vgl. KöSynt § 245a), Plur. + *lª* (s. z.B. Williams § 273) von *rā'â* (Femininum von *ra'* [s. 21,8], 'böse', 'schlecht', das häufig als Substantiv mit der Bedeutung 'Böses', 'Unheil' gebraucht wird), gemeint sind gemeinschaftsuntergrabende Aktivitäten (vgl. Jer. 2,13; 3,5; 44,9; Ez. 6,9; 20,43); TPsJ, TNf, FT: + wohl aber im Tun des Guten (vgl. Mek., III, 161).

Der MT ist problematisch und schwer zu verstehen (vgl. Baentsch, Ehrlich, Childs, S. 450). Es wurde der Vorschlag gemacht, *'al* als *'ōl*, 'Ungerechtigkeit' zu vokalisieren ('to spread the injustice of a suit') und *lªhaṭṭōt* als 'ruhen' zu verstehen ('to recline with the great'); s. R. Althann, *JNWSL* 11 (1983), S. 22f. *'nh* I (s. *THAT*, II, Sp. 335ff.; *ThWAT*, VI, Sp. 233ff.), 'antworten', hier mit der Bedeutung 'Zeugnis ablegen' (vgl. 20,16 + *bª*); vgl. Boecker*, S. 103; *THAT*, II, Sp. 339 (anders L. Delekat, *VT* 14 [1964], S. 39). *rib*, MT: Defektivschreibung (vgl. Hi. 29,16) für *rîb* (vgl. 23,3.6), Derivat von *rjb* (s. 21,18). *wªlō'-ta^ªnœh 'al-rib* (vgl. Hi. 9,3.14f.; 13,18-22; zu *'al* z.B. Williams § 289) wird in der LXX übersetzt mit οὐ προστεθήσῃ μετὰ πλήθους, 'du darfst dich nicht zur Masse gesellen' (u.a. LXX^B: προσθήσῃ, 'du sollst dich [nicht] entscheiden für'); die LXX setzt die Volkalisation von *rb* als *rab* oder *rob* voraus. Prijs*, S. 13, meint, daß die LXX eine talmudische Überlieferung repräsentiere mit der Zielsetzung, daß der Richter unter allen Umständen stets unabhängig urteilen muß. TO, TPsJ, TNf, FT bieten eine abweichende Version von 23,2b (*wªlō'* bis Schluß), die einer Ermahnung gleichkommt, sich in bezug auf eine Person oder Sache ein unabhängiges Urteil zu bilden und dieses zum Ausdruck zu bringen; auch die guten Seiten der Nächsten müssen bedacht werden; kritische Distanz ist in bezug auf die Ansicht notwendig, daß das Urteil der Mehrheit das rechte Urteil ist (s. ferner Y. Freund, *BetM* 26 [1981], S. 129-136).

linṭōt (Ges-K § 114o) und *lªhaṭṭōt* (von *nṭh* [s. *ThWAT*, V, Sp. 409ff.] qal + *'aḥªrê* [vgl. Jdc. 9,3; I Reg. 2,28 und auch I Sam. 8,3; 14,7], 'abbiegend gehen hinter', und hi. [auch 23,6]) werden beide in der LXX mit ἐκκλῖναι wiedergegeben, im zweiten Fall mit κρίσιν = *mišpāṭ* (vgl. 23,6) als Objekt. Dem MT fügt man manchmal u.a. aufgrund der LXX ein *(ham)mišpāṭ* hinzu (z.B. Baentsch; Beer). In der Vulg. ist 'Wahrheit' als Objekt eingefügt: *ut a vero devies*, 'so daß du von der Wahrheit abweichst'. *lªhaṭṭōt* verstehe ich als Konsekutivsatz (vgl.

LXX, Vulg. und s. KöSynt § 402z, 407a); und das hi. als ein innerlich transitives oder intensives hi. (s. z.B. Ges-K § 53d): 'mit der Folge, daß du ganz weit abbiegen wirst'). Böhl übersetzt konditional: 'wenn dies im Streit mit dem Recht ist'. Der Gebrauch von R-Klängen (Alliteration) im Vers ist auffällig.

23,3 *tæhdar* 2.Pers. Impf. von *hdr* (s. *ThWAT*, II, Sp. 363), Verbum denominativum von *hādār*, 'Glanz', 'Herrlichkeit' (s. *ThWAT*, II, Sp. 357ff.). In Lev. 19,32 wird *hdr* qal + *pᵉnê* gebraucht für 'Glanz verleihen', 'Ehre bekunden' (vgl. Prov. 25,6 hitp.; Thr. 5,12 ni. [+ *pᵉnê*]), in Lev. 19,15 in einem ähnlichen Kontext wie Ex. 23,3 mit der Bedeutung 'begünstigen', 'vorziehen' in dem Sinne, daß man ein zu positives, schöngefärbtes Bild von jemandem gibt. Offensichtlich hat *hdr* qal (ohne *pᵉnê*) in 23,3 auch diese Bedeutung. Objekt ist *dal*, der Arme (s. 7.2.4.6). *bᵉrîbô*, LXX: ἐν κρίσει, 'in einem Prozeß'; vgl. Vulg. und s. 23,6.

7.4.1.3 Kommentar

Die Qualifizierung von 23,1-3.6-8(9) als 'Richterspiegel'[66] ist nicht adäquat. Die Anregungen richten sich nicht an den (Berufs-)Richter, sondern an den freien Israeliten, der bei einer Rechtsangelegenheit beteiligt werden kann, sei es als Ankläger, Zeuge oder als Richter. Es ist kein Grund vorhanden, mit z.B. Cassuto 23,1-3 als Ermahnung an die Zeugen zu betrachten und 23,6-8 als Ermahnung an die Richter.

M.E. sind 23,1a und 23,1b eng aufeinander bezogen. 23,1a stellt keine allgemeine Aussage gegen Verleumdung dar, wie dies durch die Übersetzung '(kein) falsches Gerücht verbreiten' suggeriert wird (NV, vgl. z.B. LV, NEB). Mit Blick auf das Folgende (23,1b-3.6-9), wo die Rede von der Ethik in der Rechtsprechung ist, liegt dies nicht auf der Hand. Es geht um Verunglimpfung, die einen Gerichtsprozeß zur Folge hat (vgl. Lev. 19,16; Dtn. 22,13-19). Berücksichtigt muß werden, daß in der israelitischen Gesellschaft jemand, der um die Ungerechtigkeit eines Mitbürgers wußte, verpflichtet war, selber Schritte gegen den Betroffenen einzuleiten, indem er ihn anklagt und gegen ihn zeugt (vgl. 20,16). Die falsche Anschuldigung war ein großes gesellschaftliches Übel. Verschiedenen Angaben des AT zufolge war es nicht ungewöhnlich, daß der Israelit mit Mitbürgern konfrontiert wurde, die gegen Bezahlung oder um sich sonst zu verbessern (vgl. Jes. 1,23; 5,23; Mi. 3,9-11), sich nicht scheuten, einen Mitbürger fälschlich zu beschuldigen, seine Ehre und den guten Ruf zerstörten (vgl. Hi. 19,9), um ihn zugrunde zu richten (I Reg. 21,10.13;

---

[66] So z.B. A. Alt, *KS*, I, S. 316, Anm. 3; vgl. z.B. J.W. McKay, "Exodus XXIII 1-3, 6-8. A Decalogue for the Administration of Justice in the City Gate", *VT* 21 (1971), S. 311-325. Zu der in 23,1-9 vorausgesetzten Form der Rechtssprache s. z.B. F. Crüsemann, "Das Gericht im Tor - eine staatliche Rechtsinstanz", in: FS Preuß (s.o.), S. 69-79.

vgl. Mt. 26,59ff. par.; Act. 6,13 und s. Am. 3,10; 5,10.12; Mi. 3,1-3; Ps. 27,12; Prov. 6,19 u.a.; 25,18). Auch aus dem großen Raum, den die falsche Anschuldigung in den Vorschriften einnimmt, wird ersichtlich, wie sehr die Gesellschaft darunter leiden konnte. Man konnte sich nur schwer dagegen wappnen. Man suchte sich vor falscher Anschuldigung durch die Forderung zu schützen, daß vor dem Vollzug der Todesstrafe sich zumindest zwei Zeugen hinter die Anklage stellen mußten (Num. 35,30; Dtn. 17,6; vgl. auch Dtn. 19,15) und die Zeugen als erste die Exekution des Beschuldigten auf sich nehmen mußten (Dtn. 17,7). Ausreichend war dies nicht. Die Angst vor den Konsequenzen, unschuldiges Blut zu vergießen, und die Drohung mit der Todesstrafe für falsches Zeugnis (Dtn. 19,19f.) waren anscheinend unzureichend, die Bösartigkeit allerlei Leute im Zaum zu halten. Der Menschenschlag, der nicht vor Meineid zurückschreckte (vgl. 20,7), diese Art von Schurken, die, wie man annehmen muß, unter Anrufung des Namens Gottes ihre Anklage erhoben (anders Phillips [Anm. 65], S. 143), fürchtete offensichtlich nicht die Blutschuld und ebensowenig den Ausgang einer eventuellen gerichtlichen Untersuchung gegen sie. Der Nachdruck, mit dem der moralische Appell in 20,16 zum Ausdruck gebracht wird, illustriert die Wehrlosigkeit der Gesellschaft gegenüber denjengen, die das Recht mit Füßen treten. Ein ordentlicher Rechtsgang (Dtn. 19,16-21) war ein Ideal auf dem Papier. Man konnte nur hoffen, daß Gott das Böse nicht ungestraft lassen würde (vgl. z.B. Prov. 19,5.9; 21,28; Ps. 27,12.14; 35,1ff.; 69,2ff.; 94,20ff.).

Verleumdung ist daher niemals 'unschuldig'. So schließt 23,1b wie selbstverständlich an 23,1a an. 23,1a bezieht sich daher offensichtlich auf einen Menschen, der dazu angestiftet wurde, durch Lügenrede einen Unschuldigen zu diskreditieren, also auf den Intriganten, der durch falsches Zeugnis einer schlechten Sache dient (vgl. I Reg. 21). Daß 23,1a und 23,1b nicht zwei selbständige Vorschriften sind, ist auch aus der Wortwahl ersichtlich. In 23,1b wird nicht, wie in 23,1a, *lō'* + Impf. gebraucht (s. daneben 23,2a und 23,2b: 2× *lō'* + Impf.), sondern *'al* + Impf. (vgl. 23,7b, wo der Satz mit *'al* ebenfalls als Explikation fungiert). 23,1 berührt daher inhaltlich 23,7, das übrigens in weiterem Sinne verstanden werden kann und nicht auf das Vorbringen einer falschen Anklage bzw. das Ablegen eines falschen Zeugnisses begrenzt zu werden braucht.

23,2 richtet sich ganz allgemein gegen betrügerische Handlungen (in der Rechtspflege; vgl. z.B. 23,1.3.6.7), gegen Solidarität im Bösen. Die Tendenz, im Strom der Masse mitzuschwimmen, wird in der israelitischen Gesellschaft, die ja viel weniger als die moderne westliche Welt vom Individualismus durchdrungen war, groß gewesen sein. Sich von der

Masse abzuheben und einen Minderheitsstandpunkt zu vertreten, erfordert Mut und hohes ethisches Bewußtsein, weil diese Haltung für den Betroffenen leicht zur Isolierung mit einschneidenden Folgen führen kann (vgl. z.B. I Reg. 19,10; Jer. 11,19). Der zweite Satz mit *lō'* beinhaltet ein Beispiel (vgl. Strack) eines verwerflichen Verhaltensmusters in der Rechtspflege, das eingreifende Konsequenzen haben kann: aus Bequemlichkeit (man will sich kein eigenes Urteil bilden) oder aus Angst (eine Minderheitsposition verteidigen zu müssen) paßt man sich (als Zeuge oder Richter) der gängigen Meinung an, so daß ein zweifelhaftes Urteil dabei herauskommt.

In 23,3 wird von den Betroffenen (Zeugen oder Richter) in einer Verhandlung eine vollkommen unparteiische Haltung gefordert (vgl. Dtn. 1,17 und s. Dtn. 10,17f.; Act. 10,34f.).

Der Umstand, daß in 23,3 *der Arme* das Objekt ist, erscheint merkwürdig, weil anderenorts im AT der Arme gerade derjenige ist, der schutzbedürftig ist (vgl. 22,21-26; 23,6 und s. z.B. Am. 2,7; 4,1; 5,11; 8,6; Ps. 72,13; 82,4; 113,7; Prov. 14,31; Hi. 31,16; oft in Parallele mit *'æbjôn* [s. 23,6], der Bedürftige), und nicht so sehr die Begünstigung des Armen als vielmehr die Klassenjustiz, d.h. die Bevorzugung der Mächtigen, die große Bedrohung einer gerechten Rechtspflege zu sein scheint. Aus diesem Grund hat man vorgeschlagen, *gādol*, 'der Große', d.h. der angesehene und mächtige Mensch, anstelle von *wᵉdāl* zu lesen (z.B. Holzinger, Baentsch, Böhl, Heinisch). Da in Lev. 19,15 die Behandlung ohne Ansehen der Person sowohl in bezug auf den Armen (*dal*) als auch den Angesehenen (*gādôl*) gefordert wird und die alten Übersetzungen MT stützen, ist die vorgeschlagene Konjektur unwahrscheinlich. Dennoch fällt die Einseitigkeit der Vorschrift auf (nur die Begünstigung des Armen wird genannt), während in der Praxis vornehmlich Klassenjustiz eine Gefahr gewesen sein wird. Behauptet wurde, daß ein Versteil weggefallen sei (Dillmann, Strack). In Übereinstimmung damit weitet Beer das Objekt um *wᵉgādol* aus: der Arme *und der Angesehene* (vgl. Lev. 19,15).

Nicht nur in bezug auf das Objekt, sondern auch in bezug auf die genannte Handlungsweise könnte man 23,3 einseitig nennen. Führt nicht etwa der Akzent 'begünstige nicht' leicht zu einer unbarmherzigen Haltung? Behauptet wurde, daß 23,3 durch 23,6 in Balance gehalten wird, das ursprünglich an 23,3 angeschlossen habe: der Arme darf nicht zu barmherzig, aber auch nicht unangemessen behandelt werden (vgl. Cazelles*, S. 87, und s. auch Brin*, S. 88). Auch wurde suggeriert, daß das Befremden über 23,3 seinen Ursprung in einer falschen Interpretation von *hdr* habe. Cazelles*, S. 87f., verteidigt unter Berufung auf das Arabische, daß damit 'straflos Blut vergießen' gemeint sei: der Arme wird als lästiger Zeuge mißhandelt. Jedenfalls ist es möglich, daß Lev. 19,15 eine bewußte Korrektur und Verdeutlichung von Ex. 23,3 darstellt. 23,3 bleibt auf folgende Situation begrenzt: wenn ein Habenichts eine Steitsache mit einem anderen hat, dann muß der Zeuge oder Richter strikt unparteiisch urteilen. Hinsichtlich des Armen darf man sich nicht von Mitleid leiten lassen.

In den alten Übersetzungen wird expliziert, daß man kein Mitleid[67] mit dem Armen haben darf, der schuldig ist, weil es in der Rechtspflege kein Ansehen der Person geben darf (TPsJ, TNf). Im Gegensatz zur modernen Rechtsprechung werden in der Urteilsbildung die gesellschaftlichen Umstände des Schuldigen nicht berücksichtigt und die Frage, inwieweit jemand dadurch vermindert zurechnungsfähig war, nicht zur Diskussion gestellt.

7.4.2 Hilfsbereitschaft ungeachtet der Beziehung zum anderen (23,4-5)

7.4.2.1 Literatur

A. Cooper, "The Plain Sense of Exodus 23:5", *HUCA* 59 (1988), S. 1-22; H.B. Huffmon, "Exodus 23,4-5. A Comparative Study", in: H.N. Bream u.a. (Hg.), *A Light unto My Path* (FS J.M. Myers), Philadelphia 1974, S. 271-278; H.G.M. Williamson, "A Reconsideration of עזב II in Biblical Hebrew", *ZAW* 97 (1985), S. 74-85.

7.4.2.2 Übersetzung

23,4 *'Wenn du ein Rind oder einen Esel deines Feindes umherirrend antriffst, dann sollst du sie ohne Bedenken zu ihm zurückbringen.*

5 *Wenn du siehst, daß der Esel dessen, mit dem du im Unfrieden lebst, unter seiner Last darniederliegt, und du dich selbst zurückhalten willst, ihm behilflich zu sein, dann sollst du ihm trotzdem ohne Bedenken hilfreich zur Seite stehen'.*

7.4.2.3 Exegetische Anmerkungen

23,4 *pg'*, 'antreffen', das mit Blick auf Konfrontationen unterschiedlicher Art gebraucht werden kann (vgl. z.B. 5,3.20; Am. 5,19),[68] setzt 'sehen' voraus; daher

---

[67] LXX: οὐκ ἐλεήσεις; Vulg.: *non misereberis*; TO: *l' trjhm*; vgl. auch TPsJ und s. Pesch.; s. daneben Symm.: οὐ τιμήσεις ἐν δίκῃ αὐτοῦ (vgl. Salvesen*, S. 103f.).

[68] S. *ThWAT*, VI, Sp. 501ff.; R.L. Hubbard, "The Hebrew Root *PG'* as a Legal Term", *JETS* 27 (1984), S. 129-133.

also der Gebrauch der Partizipialkonstruktion mit Bezug auf das Objekt.[69] 'Rind', s. 21,28. *'ōjēb*, Part. qal von *'jb* (s. *THAT*, I, Sp. 38ff.; *ThWAT*, I, Sp. 78ff.), 'feindlich begegnen', das im AT mit Ausnahme von 23,22 nur als Part. begegnet (s. auch 23,22.27), gewöhnlich in der Funktion des Substantivs, zur Bezeichnung des persönlichen (23,4; Num. 35,23 usw.) und nationalen Feindes (23,22.27; Lev. 26,7f.; Num. 10,9; Jdc. 16,23f. usw.); TPsJ bietet eine nähere Explikation zu *'ōjēb*: 'den du wegen eines Fehltritts verabscheust, den nur du kennst' (dieselbe Qualifizierung findet sich auch in 23,5; vgl. Dtn. 19,15; es gibt nur einen einzigen Zeugen, darum kann die Sache nicht vor Gericht gebracht werden); vgl. die Diskussion in Mek., III, 163, zur Frage nach der Identität des Feindes: ein Heide, der Götzen verehrt?; ein Proselyt, der in seinen früheren Lebensstil zurückgefallen ist?; ein apostatischer Israelit oder ein gewöhnlicher? *'ōjēb* wird, wie auch häufiger (Lev. 26,19; Dtn. 30,7; Ps. 18,18; 21,9 usw.), parallel zu *śōnē'* gebraucht, Part. qal von *śn'* (s. *THAT*, II, Sp. 835ff.; *ThWAT*, VII, Sp. 828ff.), 'eine Abneigung haben vor', 'feindlich gegenüberstehen', das ebenfalls zur Bezeichnung des persönlichen (23,5; Dtn. 19,11; Prov. 27,6) und nationalen Feindes (Gen. 24,60; Ex. 1,10; Lev. 26,17 usw.) gebraucht werden kann. Damit wird zum Ausdruck gebracht, daß die Vorschriften für alle Formen von gespannten Verhältnissen gelten, ungeachtet deren Art und Intensität. Der Wechsel der Terminologie findet sich nicht in LXX (2× ἐχθρός σου), TO, TPsJ (2× *sn'k*), TNf (2× *śn'k*), Pesch. (2× *b'ldbb'*) (s. dagegen Vulg.: *inimicus* und *odiens*).

'Esel' (s. 21,33 und vgl. I Sam. 9,3-6.20), in Sam.Pent.: + *'ô kol b'hæmtô*, 'oder welches Stück Vieh auch immer'; zur Generalisierung s. auch 21,28.33.35; 23,12 und vgl. Dtn. 22,1.3. An sich ist es möglich, daß 'und sein Esel' eine Erweiterung ist (vgl. Fishbane*, S. 178).

tō'æh Part. qal von *t'h* (s. *THAT*, II, Sp. 1055ff.; *ThWAT*, VII, Sp. 720ff.), 'umherirren' (vgl. z.B. Jes. 53,6; Ps. 119,176; Hi. 38,41). Das Part. sing. (plur. in LXX, Pesch., Vulg., TNf; vgl. auch Dtn. 22,1 MT) bezieht sich auf jedes einzelne der beiden Tiere (vgl. Joüon § 148c Anm.). In TPsJ wird das Partizip nur auf den Esel bezogen, 'der vom Weg abgeirrt ist'. *hāšēb t'šîbænnû* (zu *šwb* hi. s. 21,34), zur Konstruktion, die in der LXX mit zwei verschiedenen Verben übersetzt wird (ἀποστρέψας ἀποδώσεις, 'zurückbringend sollst du zurückgeben'; vgl. Dtn. 22,1 LXX), s. z.B. Ges-K § 113n; Joüon § 123e; zum Suffix sing. (in u.a. LV, NV, CV als Plur. übersetzt) s.o.; in LXX und Vulg. blieb es unübersetzt.

23,5 *r'h*, 'sehen' (s. 20,22), zu Schlußfolgerungen, die aus der unterschiedlichen Terminologie in 23,4 ('antreffen') in der rabbinischen Auslegung gezogen wurden (die Vorschrift gelte auch, wenn man den Vorfall auf großem Abstand wahrnimmt), s. z.B. Mek., III, 165; Leibowitz*, S. 433. *śōna'ᵉkā*, s. 23,4. *rōbēṣ*, Part. qal von *rbṣ* (s. *ThWAT*, VII, Sp. 320ff.), 'niederliegen' (oft für das

---

[69] Vgl. 23,5; Dtn. 22,1 und s. M. Johannessohn, "Der Wahrnehmungssatz bei den Verben des Sehens in der hebräischen und griechischen Bibel", *ZVSF* 64 (1937), S. 145-250 (S. 146ff.).

Ruhen der Tiere), das wiederholt in Parallele zu *r'h* (s. *THAT*, II, Sp. 791ff.;
ThWAT, VII, Sp. 566ff.), 'hüten' (Vieh als Objekt), 'grasen' (Vieh als Subjekt),
gebraucht wird (Jes. 11,7; 14,30; 27,10; Ez. 34,14f.; Zeph. 2,7; 3,13; Cant. 1,7).
Mit dem Esel als Subjekt findet sich *rbṣ* in Gen. 49,14 und (+ *taḥat*) in Ex. 23,5;
Num. 22,27. Normalerweise denkt man bei 23,5 an folgende Situation: ein Esel
bricht unter seiner Last zusammen. Vielleicht ist jedoch gemeint, daß sich ein
(schwer) beladener Esel zu einem unpassenden Zeitpunkt oder an einer unpassenden Stelle niederlegt (vgl. Num. 22,27), ausruht und sich weigert weiterzugehen,
wobei es dem Besitzer allein nicht gelingt, das Tier zum Aufstehen zu bewegen
(vgl. Huffmon, S. 274; Williamson, S. 85; Cooper, S. 3, 14). *rōbēṣ* ist in der
LXX übersetzt mit πεπτωκὸς (vgl. Dtn. 22,4 LXX): das Tier ist gefallen und
kann nicht aus eigenen Kräften aufstehen. *maśśā'*, 'Last' (vgl. z.B. II Reg. 5,17;
8,9), Derivat von *nś'* (s. 23,1). *lô* und *'immô* beziehen sich auf den Besitzer; vgl.
lô in 23,4 (anders Cooper, S. 15f.: auf den Esel). Vorausgesetzt wird, daß er
seinen Esel begleitet und vorantreibt.

In der jüdischen Auslegung wird die Frage aufgegriffen, ob es Fälle gibt, wo
man dem Feind nicht zu helfen braucht (s. z.B. Mek., III, 166; vgl. Cooper,
S. 11f.).

7.4.2.4 *Kommentar*

7.4.2.4.1 23,4 setzt ein kleinbäuerliches Zusammenleben voraus; das Rind
oder der Esel von jemandem ist ausgebrochen und wird von einem
anderen umherirrend angetroffen; der Finder muß das Tier dem Besitzer
zurückbringen, ganz gleich, wie gut oder schlecht die Beziehung der
beiden zueinander ist. Wer dies nicht tut, läuft Gefahr, des Diebstahls
beschuldigt zu werden (vgl. 22,3 und CE § 50).

23,5 schildert folgende Situation: jemand transportiert eine Last mit
seinem Esel, der aber während des Transports plötzlich ausruht und damit
seinen Herrn schädigt; wer in der Nähe ist, muß ihm helfen, ganz egal,
welche Beziehung er zum Besitzer hat.

Wie müssen die Vorschriften von 23,4-5 bezeichnet werden? Als
Ausdruck der Anteilnahme über das Los eines in Not geratenen Tieres?
Als Ansporn zur Nächstenliebe, die soweit gehen muß, daß sie auch dem
Feind zukommt? Die Meinung, daß die Hilfe für ein in Not geratenes
Haustier zumindest ein wichtiges Thema von 23,4-5 ist (z.B. Crüsemann*,
S. 211, 223, 306), ist m.E. fraglich. Explizit wird jedenfalls nicht zum
Ausdruck gebracht, daß das Tier in Not ist, auch nicht in 23,5 (s. 7.4.2.3,
zu 23,5). 23,4-5 zielt nicht auf Tierschutz ab (vgl. Houtman*, *Exodus*, I,
S. 148ff.), sondern auf die Hilfeleistung am Volksgenossen. Oft findet
sich als Charakterisierung von 23,4-5 der Begriff 'Feindesliebe' (z.B.
Otto*, *Ethik*, S. 100ff.). In der Auslegungsgeschichte hat 23,4-5 seit alters
her eine wichtige Rolle im Plädoyer für Freundlichkeit und Vergebungs-
bereitschaft in bezug auf den Mitmenschen gespielt, auch wenn dies der

Feind ist.[70] Ebensowenig wie für Prov. 25,21f. (vgl. Prov. 24,17) die Bezeichnung 'Feindesliebe' (Mt. 5,44) adäquat ist, ist sie es in bezug auf 23,4-5.[71] 23,4-5 zielen darauf ab, die Existenzgrundlage des Volksgenossen zu schützen.

Die Nennung von 'der Feind' (23,4) und 'der Mensch, mit dem man im Unfrieden lebt' (23,5), ist nicht in einschränkendem Sinn zu verstehen, sondern wollen der Vorschrift eine maximale Reichweite verleihen: selbst die Existenzgrundlage von jemandem, mit dem man auf gespanntem Fuß lebt, darf nicht gefährdet werden, auch nicht, indem man (aus Schadenfreude; vgl. Hi. 31,29f.) passiv bleibt. Kurzum, die Vorschriften fordern den Schutz der Existenzmittel eines anderen, ganz gleich, wie gut oder schlecht die Beziehung zum anderen ist. 23,4-5 sind darauf gerichtet, einer offensichtlich kleinen Gemeinschaft das Überleben zu sichern. Der Hintergrund dieser Vorschriften liegt nicht im hohen Ideal einer Feindesliebe im persönlichen Sinn, sondern ist pragmatischer Natur, nämlich die Solidarität mit jedem Volksgenossen, insofern es dessen Existenzmittel betrifft.[72]

7.4.2.4.2 23,4-5 erfuhren eine Neuinterpretation in Dtn. 22,1-4 (vgl. Fishbane*, S. 177f.). Von dieser Aktualisierung sei lediglich ein einziges Element genannt: das Objekt der Hilfe bzw. des Schutzes ist in Dtn. 22 nicht 'der Feind', sondern 'der Bruder'. Objektiv gesehen bedeutet dies keinen Unterschied zu Ex. 23, weil ja der dort genannte 'Feind' ein Volksgenosse ist (vgl. auch Num. 35,23). Auf den Volksgenossen beziehen sich auch die Vorschriften von Dtn. 22,1-4, doch, wie angenommen werden darf, unabhängig, welcher Art die Beziehung zu diesem ist. Doch bestimmt der Gebrauch von 'Bruder' den Klang der Vorschriften. Der Akzent liegt weniger stark auf der Reichweite. Der Term hat restriktive Kraft. Obwohl auch 23,4-5 ausschließlich auf den Volksgenossen zu beziehen ist, werden die Vorschriften von Dtn. 22 durch den Begriff 'Bruder' nachdrücklich auf den Volksgenossen beschränkt. Damit explizieren die Vorschriften, daß sie nicht auf 'die Feinde' (Dtn. 20,1.3.4.14; 21,10; 23,10.14) bzw. Nicht-Israeliten zu beziehen sind.

In jedem Fall verschafft der Begriff 'Bruder' Deutlichkeit in bezug auf die Identität der Person, der Schutz zukommen soll. Der Gebrauch von 'Feind' war in der Auslegungsgeschichte Anlaß zur Frage, um welche

---

[70] S. die ausführlichen Informationen bei Cooper, S. 4ff.

[71] Vgl. Th.C. Vriezen, *Hoofdlijnen der Theologie van het Oude Testament*, Wageningen 1966³, S. 432f.

[72] Vgl. B. Lang, "Persönlicher Gott und Ortsgott. Über Elementarformen der Frömmigkeit im alten Israel", in: M. Görg (Hg.), *Fontes atque Pontes* (FS H. Brunner), Wiesbaden 1983, S. 271-301.

Identität es bei dem Betroffenen präzis geht. In der jüdischen Auslegung
wurde die Frage aufgeworfen, ob im Licht von Lev. 19,17 nicht etwa der
Volksgenosse gemeint sei (vgl. Leibowitz*, S. 427ff.). Mit Blick auf den
Kontext hat man 'Feind' zuweilen auf den Menschen beschränkt, mit dem
man einen Rechtsstreit (gehabt) hat oder haben wird (Noth; vgl. auch
Halbe*, S. 431). Gemeint wird jedoch der Mitbürger sein, mit dem man,
aus welchen Gründen auch immer, für längere oder kürzere Zeit ein
gespanntes Verhältnis hat.

Auffällig ist in Dtn. 22 das Interesse für Details sowie die Verallgemeinerung, d.h. die Ausweitung der Vorschriften auf andere Arten und
Kategorien (vgl. Brin*, S. 40). Dtn. 22,4 stellt die Situation des Esels
anders als Ex. 23,5 dar: das Tier hat sich nicht niedergelegt, sondern ist
(ohne Last?) gefallen und befindet sich in Not. In diesem Punkt bietet
Dtn. 22,4 eine abweichende Interpretation. Unwahrscheinlich ist (vgl.
Crüsemann*, S. 220) die These von Cooper, daß Dtn. 22,4 den Anfangs-
punkt einer langen Geschichte von Fehlinterpretationen von 23,5 bilde,
das kein Anreiz sei, dem Feind zu helfen, sondern im Gegenteil dazu
auffordere, dessen Esel seinem Schicksal zu überlassen.[73]

Die HG §§ 45, 60-62, 71 beinhalten Bestimmungen in bezug auf
gefundene Güter oder Tiere, wo auch das Verhältnis von Finder und
Eigentümer eine Rolle spielt. Bis zu einem gewissen Grad sind diese
Bestimmungen mit 23,4 vergleichbar.

7.4.2.4.3 Ab $w^e\underline{h}\bar{a}dalt\bar{a}$, 'und du dich selbst zurückhalten willst', treten
für den Interpreten von 23,5 große Probleme auf. Die wichtigsten sind:
(1) Das Verhältnis des mit $w^e\underline{h}\bar{a}dalt\bar{a}$ beginnenden Satzes zu den anderen
Satzteilen des Verses. Ist $w^e\underline{h}\bar{a}dalt\bar{a}$ auch von $k\hat{i}$, 'wenn', abhängig und
stellt den Beginn eines zweiten Vorsatzes dar oder leitet es den ersten der
zwei Nachsätze ein? (2) Der Inhalt von 'zb (s. THAT, II, Sp. 249ff.;
ThWAT, V, Sp. 1200ff.), 'verlassen', 'zurücklassen' usw., ist problematisch, dies um so mehr, weil die betreffende Aktivität zumindest bei der
normalen Auffassung von 23,5aβ ($w^e\underline{h}\bar{a}dalt\bar{a}$ usw.) offenbar nicht realisiert werden muß, hingegen 23,5b zufolge sehr wohl.

Bereits in den alten Übersetzungen sind Spuren erkennbar, daß mit dem
Text gerungen wurde. Die LXX bietet eine Übersetzung *ad sensum*: οὐ
παρελεύσῃ αὐτό, ἀλλὰ συνεγερεῖς αὐτὸ μετ' αὐτοῦ, 'dann sollst du an
ihm (dem Esel) nicht vorübergehen, sondern ihm zusammen mit ihm

---

[73] Freilich: 'The recumbent animal affords an excellent opportunity for the exercise of
revenge or malice. At best, there might be a hostile and litigious misunderstanding with the
owner of the animal; at worst, there might be an actual crime against his property, perhaps
leading to prosecution for attempted theft. It is unlikely that any good will come of the
encounter' (S. 16).

(dem Feind) aufstehen helfen'; vgl. Vulg.: *non pertransibus, sed subleva-bis cum eo* (vgl. auch 23,5 in SamT^A; anders SamT^J). In den Targumen wird eine Übersetzung mit Erläuterung geboten, wobei '*zb* in den zwei betreffenden Satzteilen nicht die gleiche Bedeutung gegeben wird. Das erste '*zb* ist in TO mit *šql* übersetzt: 'und du davon absehen willst, (ihn) für ihn hochzuziehen' (vgl. auch Pesch., wo auch im zweiten Satz *šql* gebraucht ist: 'dann sollst du ihm doch helfen, ihn hochzuziehen'); in TPsJ mit *qrb*: 'und du davon absehen willst, auf ihn zuzugehen'; in TNf mit *prq*: 'und du davon absehen willst, (ihn) mit ihm abzuladen'. In TO, TPsJ, TNf ist das zweite '*zb* mit *šbq*, 'loslassen', übersetzt und hat 'dann sollst du natürlich loslassen' als Objekt 'was du in deinem Herzen gegen ihn hast' erhalten (TO; ähnlich auch TPsJ, TNf), wobei der Vers mit der Aufforderung endet: 'und dann sollst du mit ihm (TO) (den Esel) abladen ([*prq*]; s. TO, TPsJ, TNf) und (ihn wieder) bepacken (*t'n*) mit ihm' (TPsJ, TNf). Der Auftrag, sowohl abzuladen als zu bepacken, gründet auf der rabbinischen Kombination von 23,5 mit Dtn. 22,4 (vgl. Mek., III, 166f., und s. auch Leibowitz*, S. 433ff.).

Im Laufe der Zeit wurden diverse Lösungen für diese Problematik vorgestellt. So behauptet Raschi (unter Berufung auf Dtn. 32,36; Neh. 3,8), daß '*zb* in 23,5 'helfen' bedeute und daß in 23,5aβ ein Ton der Verwunderung mitschwinge: 'würdest du dich dann davon abhalten, ihm zu helfen? Sicher würdest du...' (vgl. Leibowitz*, S. 429ff.). Auch in z.B. SV wird 23,5aβ als Frage aufgefaßt, allerdings unter Beibehaltung der normalen Bedeutung von '*zb*: 'zult gij dan nalatig zijn om het *uwe* te verlaten vor hem? Gij zult het in alle manier met hem verlaten' ('wirst du dann nachlässig sein, um für ihn das *Deine* zu verlassen? Du sollst es unter allen Umständen mit ihm verlassen'). Auch wurde die Ansicht vertreten, daß '*zb* in 23,5 mit zwei Bedeutungen gebraucht werde; in 23,5aβ mit der normalen Bedeutung ('dann sollst du dich zurückhalten, ihn seinem Los zu überlassen') und in 23,5b mit der Bedeutung 'helfen' (Mandelkern: *succurrere*), 'befreien' (*BDB*: 'to set free' ['aid him to set it free']), 'regeln' (Cassuto: 'arrange'). Manchmal wird angenommen, daß der Text in 23,5b verderbt ist und *'āzōr ta'"zor*[74] gelesen werden müsse.[75] Letzterer Vorschlag ist unbegründet. In bezug auf die anderen Vorschläge erhebt sich die Frage: kann '*zb* die Bedeutung 'helfen' usw. haben? Liegt es auf der Hand, daß '*zb* innerhalb eines Verses mit zwei verschiedenen Bedeutungen gebraucht wird?

Von verschiedenen Lexikologen wurde in der Vergangenheit die

---

[74] Zu '*zr*, 'helfen', s. *THAT*, II, Sp. 256ff.; *ThWAT*, VI, Sp. 14ff.
[75] S. z.B. Baentsch, Ehrlich (*mē'"zor* in 23,5aβ), Beer, *KBL*; andere Konjekturen bei Cooper, S. 21.

Existenz zweier homonymer Wurzeln *'zb* verteidigt (z.B. Ges-B; *BDB*, *KBL*). Manchmal wird zur zweiten Wurzel *'zb* auch *'zb* in 23,5 gerechnet (z.B. Mandelkern; vgl. auch Zo.). Seit einigen Jahrzehnten gewinnt unter Berufung auf das Ugaritische die These von der Existenz von *'zb* II großen Anhang, wobei stets mehr Texte mit *'zb* (auch 23,5) zu *'zb* II gerechnet werden (*THAT*, II, Sp. 249; *HAL*); dem Verb *'zb* in 23,5 wird in Nachfolge von Cassuto, der in 23,5 ein Wortspiel von *'zb* I und *'zb* II erkennen will, die Bedeutung 'arrange' gegeben.[76] Daß 23,5 ein Wortspiel beinhaltet, ist wenig wahrscheinlich. Überdies ist die Existenz von zwei homonymen Wurzeln im Hebräischen mit guten Gründen in Zweifel gezogen worden.[77]

Ich komme zum Abschluß. Bei der Interpretation von 23,5aβ als Fragesatz ist es möglich, *'zb* in 23,5a-b dieselbe Bedeutung zu geben. Die Möglichkeit besteht auch, wenn man 23,5aβ als einen zweiten von *kî*, 'wenn', abhängigen Vorsatz betrachtet. Diese Interpretation von 23,5aβ ist m.E. korrekt (vgl. Williamson, S. 82f.) und ist gegenüber der gängigen Auffassung vorzuziehen, wonach 23,5aβ der erste von zwei Nachsätzen sei. Versuche, 23,5 mit Hilfe der üblichen Bedeutung von *'zb* einen Sinn zu geben, führen zu keinem befriedigenden Resultat. Siehe z.B. Buber & Rosenzweig: 'enthalte dich, ihms zu überlassen − herunter, herunterlassen sollst du zusammen mit ihm'; 'lassen' wird in zweierlei Sinn gebraucht.[78] Ein konsistenter Gebrauch von *'zb* im gewöhnlichen Sinn resultiert in einer unwahrscheinlichen Vorstellung in bezug auf die Absicht von 23,5.[79] Unter Bezugnahme auf Dtn. 32,36; Hi. 10,1; 20,13 behauptet Williams, daß *'zb* auch 'befreien' ('release') im Sinn von loslassen, freilassen bedeuten kann (S. 82f.; vgl. Cooper, S. 20). Auf diese Weise kommt man wieder in die Nähe der früher (schon Raschi) verteidigten Auffassung von 'helfen'. Vielleicht ist es das Beste anzunehmen, daß *'zb* diese Konnotation besitzen kann. Dem Besitzer des Esels muß Hilfe geleistet werden. Erhält er Hilfe, dann gelingt es ihm eher, den Esel wieder auf die Beine und zum Weiterlaufen zu bringen. Ob die Hilfe auch das Be- und Entladen des Esels einschließt, ist schwer zu sagen.

---

[76] S. *HAL* (Lit.); S. Talmon & W.W. Fields, *ZAW* 101 (1989), S. 108; vgl. auch B. Margalit, *ZAW* 99 (1987), S. 395f.

[77] S. besonders die Diskussion bei Williams; vgl. auch *ThWAT*, V, Sp. 1200f.; M. Dietrich & O. Loretz, *UF* 17 (1985), S. 105-116; Cooper, S. 20, 22.

[78] Vgl. schon Keil: 'überlassen' und 'loslassen (losmachen)'.

[79] S. bei Cooper, S. 20; das gilt auch für Coopers eigene Interpretation; er übersetzt: 'And you would refrain from leaving it [den Esel], you must leave the animal alone' (S. 15f.); Cooper bestreitet, daß 23,5 von Feindesliebe handelt (s.o.).

7.4.3 Gerechtigkeit und Glaubwürdigkeit in der Rechtspflege II (23,6-9)

7.4.3.1 Übersetzung

23,6 'Du sollst, wenn ein bedürftiger Mensch, der von dir abhängig ist, einen Rechtsstreit (mit dir) hat, dem Recht keine Gewalt antun.

7 Von einer Lügensache sollst du dich fernhalten, ja, wer unschuldig ist und das Recht auf seiner Seite hat, den sollst du nicht zu Tode bringen. Ich jedenfalls lasse den Schuldigen nicht frei ausgehen.

8 Ein Geschenk sollst du nicht annehmen. Geschenke machen ja Sehende blind und sind die Ursache davon, daß Rechtssachen von Leuten, die das Recht auf ihrer Seite haben, verkehrt ablaufen.

9 Einem Fremden sollst du das Leben nicht schwer machen. Ihr kennt doch die Gefühle des Fremden. Ihr wart doch selbst Fremde im Land Ägypten!'

7.4.3.2 Exegetische Anmerkungen

23,6 *nṭh* hi. + *mišpāṭ* (s. 23,2 und 21,1), vgl. Dtn. 16,19; 24,17; 27,19; I Sam. 8,3; Prov. 17,23; 18,5; Thr. 3,35. Ehrlich meint, daß sich der Ausdruck auf die Weigerung des Richters beziehe, eine Sache zu behandeln (vgl. Jes. 1,23b; Lk. 18,1-5). In der Vulg. sind die drei ersten Worte von 23,6 (*lō' taṭṭœh mišpaṭ*) *ad sensum* übersetzt mit *non declinabis*, 'du sollst nicht krumm (heimtückisch) handeln mit'; in der LXX ist für *nṭh* (nun mit Objekt) ein anderer Begriff (διαστρέψεις) gebraucht als in 23,2.

'œbjōnᵉkā (s. 7.2.4.6), vgl. Dtn. 15,11. Wer ist mit 'dein Bedürftiger' gemeint? Der bedürftige Volksgenosse oder der Bedürftige, der in deinem Land wohnt (vgl. 22,24a und s. 23,11a; Ps. 132,15)? Appelliert 'dein' an das Gemeinschaftsgefühl, oder ist, stärker zugespitzt, 'dein Bedürftiger' der Mensch, der in einer spezifischen Abhängigkeitssituation verkehrt (s. Hi. 31,13 und vgl. Ps. 72,2)? Ich entscheide mich für letztere Interpretation. Das ein wenig auffällige Suffix (in 23,3 fehlt es), das schon in LXX, Pesch., TPsJ, Vulg. (vgl. z.B. LV, CV, WV) unübersetzt blieb, hat zu dem Vorschlag geführt, daß *'ōjibkā*, 'dein Feind', gelesen werden müsse und daß eine Beziehung zu 23,4 (*'ōjibkā*) und 23,5 (*śōnaᵃkā*) bestehe, wobei 23,6 vielleicht ursprünglich vor 23,4 angeordnet gewesen sei (vgl. Holzinger; Böhl). Cassuto erachtet eine Textänderung für unnötig und behauptet, daß *'œbjōn* in 23,6 die Bedeutung 'Widersacher' hat.

bᵉrîbô (vgl. 23,3), offensichtlich der Prozeß des Bedürftigen mit der Person, von der er abhängig ist. Wenn meine Interpretation von *'œbjōnᵉkā* korrekt ist, kann gefolgert werden, daß die spezifischere Bestimmung von 23,6 im Deuteronomium zu einer allgemeinen Bestimmung gegen Rechtsverletzungen geworden ist (Dtn. 16,19a), die in der Praxis besonders in bezug auf die sozial Schwachen Aktualität besaß (vgl. Dtn. 24,17; 27,19). Die drei ersten Worte von Dtn. 16,19a (*lō'-taṭṭœh mišpāṭ*) sind identisch mit den drei ersten von Ex. 23,6. Die Worte *'œbjōnᵉkā bᵉrîbô* fehlen jedoch in Dtn. 16,19. Hingegen folgt als Plus gegenüber

Ex. 23,6-8 nach *lō'-taṭṭœh mišpāṭ* in Dtn. 16,19 das allgemeine *lō' takkîr pānîm*, 'du sollst die Person nicht ansehen'.

23,7 Zu *dābār* in Genitivverhältnis s. 22,8. *šœqœr* (s. *THAT*, II, Sp. 1010ff.; *ThWAT*, VIII, Sp. 466ff.) bezeichnet, was keinen Gehalt hat, was untauglich ist, worauf man nicht vertrauen kann, und hat denselben Inhalt wie *šāw* in 23,1; *dᵉbar-šœqœr* kann man als einen Rechtsstreit auffassen, in dem jemand durch einen falschen Zeugen versucht, eine Sache zu seinem Vorteil zu entscheiden (vgl. I Reg. 21), aber es ist auch möglich, 23,7 als einen Aufruf an Richter zu verstehen, sich nicht durch Lügenrede beeinflussen zu lassen, oder als einen Aufruf an Zeugen, von falschem Zeugnis Abstand zu nehmen. *middᵉbar-šœqœr* erhält als vorangestelltes Objekt (KöSynt § 339m) den Nachdruck; LXX: 'von *jedem* ungerechten Wort'; Vulg.: *mendacium (fugies)*, '(du sollst) die Lügen (meiden)'. *rḥq* qal (s. *ThWAT*, VII, Sp. 490ff.), 'sich fernhalten'.

Das *wāw* am Beginn von 23,7a (nicht übersetzt in LXX, Vulg.) verstehe ich als *wāw*-explikativum. 23,7b stellt in Form eines Verbots die Konsequenzen des in 23,7a verurteilten verwerflichen Verhaltens konkret vor Augen; man macht sich dadurch des Justizmordes schuldig (vgl. I Reg. 21 und s. 20,13; vgl. daneben Prov. 14,25). Eventuell kann man 23,7b auch als Finalsatz verstehen: 'um vorzubeugen, daß du (dadurch) ... tötest', oder als Kausalsatz: 'denn du sollst ... nicht töten'.

nāqî, 'unschuldig', s. 21,28; *ṣaddîq*, Derivat von der viel diskutierten Wurzel *ṣdq* (s. *THAT*, II, Sp. 507ff.; *ThWAT*, VI, Sp. 898ff.),[80] wird in 23,7 im juridischen Sinn zur Bezeichnung desjenigen gebraucht, der in seinem Recht steht; vgl. die Verwendung von *ṣdq* hi. in 23,7 mit der Bedeutung 'Recht geben', 'als unschuldig behandeln'. *wᵉnāqî wᵉṣaddîq*, Hendiadys; vgl. TNf: *wkl mn dmzkj bdjn'*, 'jeder, der vom Gericht für unschuldig erklärt wurde'. Sam.Pent.: *nāqî'* (vgl. Ges-K § 23i; BL § 71x). *hrg* (s. 21,14), hier für Exekution aufgrund eines Gerichtsurteils (vgl. Lev. 20,15f.; Dtn. 13,10 und z.B. Ex. 21,12.14-17; I Reg. 21,13).

Der Subjektwechsel in 23,7c ist recht überraschend. Sam.Pent. liest *hiṣdîq* (anstelle von *'aṣdîq*): *man* wird (den Schuldigen) nicht frei ausgehen lassen. In der LXX wurde *kî* mit καὶ übersetzt und an der 2.Pers. sing. festgehalten: 'und du darfst den gottlosen (Schuldigen) nicht frei ausgehen lassen *für Geschenke*'. Mit der Zufügung ἕνεκεν δώρων wird 23,8 antipiziert (vgl. Frankel*, S. 105; Prijs*, S. 13f.). Wie sich zeigt, bietet die LXX eine Übersetzung mit zwei schön kontrastierenden Vershälften, so daß es nicht verwundert, daß man sich unter Änderung des MT für die Übersetzung 'und wer schuldig ist, darfst du nicht frei ausgehen lassen' entschieden hat (vgl. Prov. 17,15 und s. z.B. Baentsch, Beer; vgl. Noth); gegenüber *ṣaddîq* steht *rāšā'* (vgl. 23,1) im Sinne von 'schuldig' (*ḥjjb'* in TO; vgl. TPsJ, TNf, Pesch., SamT^J). In der Vulg. ist 23,7c als Motivierung ohne die Negation, aber mit negativem Tenor übersetzt: *quia aversor*

---

[80] Vgl. H. Gossai, "*ṣaddîq* in Theological, Forensic and Economic Perspectives", *SEÅ* 53 (1988), S. 7-13.

impium, 'denn vom Gottlosen wende ich mich ab'.

23,8 *šōḥad* (s. *ThWAT*, VIII, Sp. 1208ff.), 'Geschenk', immer eine Gabe, um einen anderen günstig zu stimmen (z.B. I Reg. 15,19; II Reg. 16,8; Jes. 45,13) mit der Hoffnung auf eine Gegenleistung des anderen, oft als eine Art Schmiergeld mit der Absicht, jemanden zu bestechen und zu Mißtaten zu bewegen (Dtn. 10,17; 16,19; 27,25; I Sam. 8,3; Jes. 1,23; Ez. 22,12; Ps. 15,5; Prov. 17,23 u.a.). *šōḥad* als Objekt wird durch die Voranstellung akzentuiert. Im Paralleltext Dtn. 16,19b folgt das Objekt auf das Verbum.[81] *lō'*, Sam.Pent.: *'al. lqḥ*, 'annehmen', s. 21,10. *haššōḥad*, zum Artikel s. Ges-K § 126m; Joüon § 137i. *kî* leitet zwei parallele Sätze ein, die an die Weisheitsliteratur erinnern (vgl. Sir. 20,29). *'wr* (s. *ThWAT*, V, Sp. 1190ff.) pi.,[82] 'blind machen' (II Reg. 25,7; Jer. 39,7; 52,11), hier und in Dtn. 16,19 in übertragenem Sinn (s. auch zu 21,26); zum Impf. s. Ges-K § 107g; Joüon § 113c.

piqḥîm, Plur. von *piqēaḥ*, Adjektiv von der Wurzel *pqḥ* (s. *ThWAT*, VI, Sp. 723ff.) mit der Bedeutung 'Sehender' (das Gegenteil von *'iwwēr*, 'blind'; vgl. 4,11; Jes. 35,5); in Sam.Pent. geht *'ênê*, 'die Augen von', voran; vgl. LXX, Pesch., TO, TPsJ, TNf, SamT^J (SamT^A: *ḥzbh*); *'ênê* findet sich auch in der Parallele Dtn. 16,19b, dort folgt aber das gängigere Nomen rectum *ḥᵃkāmîm*, 'Weise' (vgl. Sir. 20,29); in TO ist in Ex. 23,8 konform zu Dtn. 16,19b übersetzt; vgl. auch Aq. (σοφῶν); Pesch. (*ḥkjm' bdn'*), 'Weise in der Rechtspflege'; Vulg. (*prudentes*). TNf bietet die Interpretation *'jjn[j] nsbwy*, 'die Augen derer, die [das Geschenk] annehmen'; auch TPsJ beinhaltet diese Interpretation, aber daneben noch die Interpretation 'Weise' ('[das Geschenk] stößt die Weisen von ihren Stühlen').

wîsallēf Impf. (mit *wāw*-copulativum) pi. von *slp* (7× AT), das hier und in Dtn. 16,19 gewöhnlich als 'verdrehen' aufgefaßt wird. Erwägenswert ist auch die Interpretation 'verderben', 'ins Unglück stürzen' (vgl. Prov. 13,6; 21,12; 22,12; Hi. 12,19). Die Art und Weise, wie man *slp* verstehen möchte, hängt mitunter davon ab, wie man *dᵉbārîm* (s. 22,8) und *ṣaddîqîm* (vgl. 23,7) interpretiert: (1) Sind 'Worte' gemeint und liegt die Stoßrichtung darin, daß Geschenke die Worte eines 'ehrlichen Menschen' (Richter oder Zeugen) krümmen und ihn dazu verleiten, der Wahrheit Gewalt anzutun? (vgl. z.B. Buber & Rosenzweig, Fox, WV, GNB, NEB und s. bereits Vulg.: *et subvertunt verba instorum*). Schon in der LXX wurde *dᵉbārîm* als 'Worte' verstanden und *ṣaddîqîm* als Adjektiv interpretiert (vgl. z.B. Ges-K § 128w): ῥήματα δίκαια, 'gerechte Worte'; die gleiche Übersetzung findet sich in TO (*ptgmjn trjsjn*) und setzt eine exegetische Tradition voraus, die explizit in TPsJ und Mek., III, 172, formuliert ist: die gerechten Worte sind die Worte der Tora vom Sinai; sie werden verdorben, weil die bestochenen

---

[81] Vgl. auch TR, LVII, 19-20a, wo Dtn. 16,19 und Ex. 23,8 auf den gerechten König bezogen werden. Siehe D.D. Swanson, *The Temple Scroll and the Bible*, Leiden usw. 1995, S. 139f.

[82] Ehrlich liest *jā'ir* (hi. von *'wr*) und meint, daß *piqḥîm* hier schlaue Menschen bezeichne, die durch die Gewohnheit, Geschenke zu geben, dazu gereizt werden, die Richter zu beeinflussen.

Personen darin Anknüpfungspunkte suchen, um dem Recht Gewalt anzutun (vgl. Prijs*, S. 65f., und s. Raschi). TPsJ bietet noch eine zweite Interpretation: (das Geschenk) verwirrt die Worte des Unschuldigen in ihrem Mund in der Stunde des Urteils. Auch in TNf wird *dᵉbārîm* als 'Worte' verstanden: (das Geschenk) setzt die Worte des gerechten Urteils im Prozeß außer Kraft.[83] (2) Oder sind '(Rechts-)Sachen' gemeint, wobei der Gedanke der ist, daß Geschenke einen negativen Einfluß auf die Situation von Menschen haben, die im Recht sind, weil durch Bestechung von Zeugen und/oder Richtern der Wahrheit Gewalt angetan wird und der Unschuldige kein Gehör findet? (vgl. z.B. LV, NV, Dasberg und s. z.B. Beer, Heinisch, Childs, Durham). Im Zusammenhang mit meiner Auslegung von 23,7 entscheide ich mich für letztere Interpretation.

23,9 Neben 23,9 s. 22,20 und die dort gemachten Anmerkungen. *tilḥāṣ*, Sam.Pent. liest 2.Pers. plur. *tilḥāṣû* (so auch in 22,20); vgl. LXX, Pesch., TO, TPsJ. *wᵉ'attæm* (Übergang zur 2.Pers. plur.), *wāw*-copulativum leitet einen Kausalsatz ein (vgl. LXX, TNf); s. Ges-K § 158a; Joüon § 170c (anders KöSynt § 360a,e). *jd'*, 'kennen', s. 21,36. *næfæš*, 'Gefühle' (s. 21,23), TPsJ: *'njq npš*, 'Angst der Seele'. Zu dem mit *kî* eingeleiteten Satz s. 22,20.

7.4.3.3. *Kommentar*

23,6 richtet sich nicht gegen die Vergewaltigung der Rechte eines Armen im allgemeinen, wie man gewöhnlich annimmt, sondern gegen Machtmißbrauch in einer besonderen Situation. Die vorausgesetzte Situation ist folgende: ein der Armut verfallener Mensch (vgl. z.B. 22,24a) hat einen Streit mit einem Mitbürger, von dem er abhängig geworden ist. Letztgenannter muß der Versuchung widerstehen, seine Machtposition einzusetzen, um den Menschen, der sich nicht wehren kann, unter Druck zu setzen, um auf eventuelle Ansprüche ihm gegenüber zu verzichten oder um andererseits dessen Rechte (vgl. z.B. 22,25f.) zu schänden. Auch wehrlose Menschen haben ein Recht darauf, daß man ihre Rechte respektiert (vgl Hi. 31,13).

23,7a richtet sich gegen die Schändung des Rechts durch Täuschung. Es ist nicht ganz deutlich, an welches verwerfliche Verhalten genau gedacht werden muß: das Ablegen eines falschen Zeugnisses (vgl. 20,16), an das Einschalten falscher Zeugen oder an das Aussprechen einer Verurteilung aufgrund eines offensichtlich falschen Zeugnisses (vgl. Dtn. 19,18f.) oder unzureichenden Beweises (vgl. Leibowitz*, S. 441ff.). Siehe auch 23,1 und ZusDan. 1,53.

Das Gebot, keinen Unschuldigen zum Tode zu verurteilen (23,7b), erscheint so selbstverständlich, daß die Frage aufgeworfen wurde, ob

---

[83] Zur Diskussion unter den jüdischen Auslegern s. Leibowitz*, S. 453ff.

damit nicht noch mehr oder etwas anderes gemeint sei. Schon in der frühen Auslegung ist dies der Fall. In TO wurde *ṣaddîq* auf jemanden bezogen, der freigesprochen wurde (sich aber später als schuldig erwies); so jemand dürfe nicht getötet werden, bzw. gegen ihn dürfe der Prozeß nicht mehr aufgerollt werden; in TPsJ wird *wᵉnāqî* als ein zu Unrecht Freigesprochener identifiziert und der *ṣaddîq* als derjenige, der verurteilt wurde, aber später sich als unschuldig erwies (in diesem Fall muß der Prozeß wiedereröffnet werden; vgl. Mek., III, 171f.; bSan. 33b und s. Raschi). Cassuto verteidigt eine bildhafte Bedeutung von *hrg*: 'jmdm. großen Schaden zufügen' (vgl. Durham). Ein Hinweis auf Prov. 7,26 (Bildsprache) ist hierfür allerdings unzureichend.

23,7c beinhaltet eine Begründung, deren Reichweite man nicht auf 23,7a.b zu begrenzen braucht, sondern die man auch auf die vorangegangenen Verse ausweiten und daher als allgemeine Warnung verstehen kann. Gott verpflichtet sich, die Rechtsschänder, die für menschliche Rechtsverfolgung nicht greifbar sind, zu bestrafen. Er ist der Garant dafür, daß das Recht seinen Lauf nimmt. Wichtig für die Interpretation von 23,7c ist die Antwort auf die Frage, wer mit *rāšā'* gemeint ist. Bei der eben genannten Interpretation ist dies das Subjekt von 23,7a.b, d.h. der Mensch, der es nicht so genau mit der Wahrheit nimmt. Dieser wird von Gott verurteilt (vgl. z.B. Cassuto). Betrachtet man 23,7a.b als Ermahnung an die Richter, dann kann man den *rāšā'* auch auf das Objekt von 23,7a.b beziehen und 23,7a.b als Aufruf an die Richter betrachten, beim Aussprechen einer Verurteilung zurückhaltend zu sein und nicht davor zurückzuschrecken, einen Verdächtigen aufgrund unzureichenden Beweismaterials aus der Rechtsverfolgung zu entlassen; sie dürfen dies im Vertrauen tun, daß Gott den wirklich Schuldigen nicht ungestraft lassen wird (Ehrlich, Jacob).[84] Auch in TO und TPsJ (s.o.) fungiert 23,7c als Motivierung von 23,7b: der Freigesprochene, der doch schuldig ist, geht nicht frei vor Gott aus; ebensowenig geht vor Gott derjenige frei aus, der den Gerichtsspruch eines zu Unrecht Verurteilten nicht revidiert.

23,8 wendet sich gegen Korruption in der Rechtspflege. Durch Bestechung wird eine Rechtsangelegenheit zu einem Lügenprozeß (vgl. 23,7a). Nur die Leute, die sich nicht bestechen lassen (vgl. 18,21), können Recht und Unrecht noch sauber und klar voneinander trennen (vgl. II Chr. 19,7). Wer dem Eigeninteresse die Priorität gibt und auf Verbesserung der

---

[84] F.C. Fensham, *VT* 26 (1976), S. 270, bezieht *rāšā'* ebenfalls auf das Objekt der Rechtsprechung von 23,7a.b und versteht 23,7c wie folgt: JHWH läßt den Menschen, der von bestochenen Richtern freigesprochen wurde, nicht frei ausgehen. Diese Interpretation schließt weniger gut an das Vorhergehende an und setzt eigentlich die Version der LXX voraus (s.o., 7.4.3.2).

eigenen Position aus ist, wird leicht in Versuchung kommen können, Geschenke anzunehmen und zu erpressen, und wird es mit dem Recht nicht ernst nehmen. Die Erhaltung einer gerechten Gesellschaft ist bei ihm in keinen guten Händen (vgl. I Sam. 8,3; Jes. 56,11; Jer. 22,17; Hab. 2,9 u.a.). Das Recht ist bei dem in guten Händen, dem Eigeninteresse und Eigennutz fremd ist (vgl. Jes. 33,15; Ps. 119,36; Prov. 1;19; 15,27; 28,16).

Das Annehmen von Geschenken war, wie eine ganze Reihe von Texten bezeugen (Mi. 7,3; Prov. 18,16 und s.o., 7.4.3.3 zu 23,8), ein weitverbreitetes Übel, das die israelitische Gesellschaft destabilisierte. Gegen Bestechung gerichtete Warnungen finden sich auch in Israels Umwelt (s. *LÄ*, I, S. 765 [*ANET*, S. 415b, 424a]; *RLA*, II, S. 19). Der Textabschnitt genießt große Aufmerksamkeit in der rabbinischen Literatur. Betont wird, daß ein Richter niemals Geschenke annehmen darf, auch dann nicht, wenn er unparteiisch ist. Nicht den geringsten Dienst darf er annehmen, um so dem Vorwurf der Parteilichkeit vorzubeugen (s. Leibowitz*, S. 448ff.).

7.4.4   *Sabbatjahr und Sabbat als soziale Einrichtungen (23,10-12)*

7.4.4.1.1 *Literatur zum Sabbatjahr*

ABD, V, S. 857ff.; *DB(H)*, IV, S. 323ff.; *IDB*, IV, S. 142ff.; *IDBS*, S. 762f.; *TRE*, XVII, S. 280-285; Y. Amit, "The Jubilee Law - An Attempt at Instituting Social Justice", in: Reventlow & Hoffman (s. 2.1), S. 47-59; W. Dietrich, "'... den Armen das Evangelium zu verkünden'", *ThZ* 41 (1985), S. 31-43 (S. 36-41); J.A. Fager, *Land Tenure and the Biblical Jubilee*, Sheffield 1993; Hamilton (s. 4.1.1); U. Gleßmer, "Der 364-Tage-Kalender und die Sabbatstruktur seiner Schaltungen in ihrer Bedeutungen für den Kult", in: D.R. Daniels u.a. (Hg.), *Ernten, was man sät* (FS K. Koch), Neukirchen-Vluyn 1991, S. 379-398; A. Phillips, *Ancient Israel's Criminal Law*, Oxford 1970, S. 75ff.; G. Robinson, "Das Jobel-Jahr", in: FS Koch (s.o.), S. 471-494; Schwienhorst-Schönberger*, S. 389ff.; de Vaux*, I, 307ff.; M. Weinfeld, "Sabbatical Year and Jubilee in the Pentateuchal Laws and the Ancient Near Eastern Background", in: T. Veijola (Hg.), *The Law in the Bible and its Environment*, Helsinki/Göttingen 1990, S. 39-62; R. Westbrook, "Jubilee Laws", in: ders., *Property and the Family in Biblical Law*, Sheffield 1991, S. 36-57; C.J.H. Wright, "What Happened Every Seven Years in Israel? I", *EvQ* 56 (1984), S. 129-138; vgl. ders., *God's People in God's Land*, Grand Rapids/Exeter 1990, S. 142-148.

7.4.4.1.2 *Literatur zum Sabbat*

(Eine Auswahl, vornehmlich neueren Datums) *ABD*, V, S. 849ff.; *IDBS*, S. 760ff.; *ThWAT*, VII, Sp. 1047ff.; *ThWNT*, VII, S. 1ff.; N.-E. Andreasen, *The Old Testament Sabbath. A Tradition-Historical Investigation*, Missoula 1972; ders., "Recent Studies of the Old Testament Sabbath. Some Observations", *ZAW* 86 (1974), S. 453-469; J. Briend, "Sabbat", in: *DBS*, X, Sp. 1132-1170; F. Hahn, "Schabbat und Sonntag", *EvTh* 46 (1986), S. 495-507; W.W. Hallo, "New Moons and Sabbaths. A Case Study in the Contrastive Approach", *HUCA* 48 (1977), S. 1-18; J. Hehn, *Siebenzahl und Sabbat bei den Babyloniern und im Alten Testament*, Leipzig 1907; E. Kutsch, "Der Sabbat - ursprünglich Vollmondstag?", in: ders., *Kleine Schriften zum Alten Testament*, Berlin/New York 1986, S. 71-77; F. Mathys, "Sabbatruhe und Sabbatfest. Überlegungen zur Entwicklung und Bedeutung des Sabbat im Alten Testament", *ThLZ* 28 (1972), Sp. 241-262; J.H. Meesters, *Op zoek naar de oorsprong van de sabbat*, Assen 1964; G. Robinson, *The Origin and Development of the Old Testament Sabbath*, Frankfurt am Main usw. 1988; E. Spier, *Der Sabbat*, Berlin 1989; T. Veijola, "Die Propheten und das Alter des Sabbatgebots", in: *Prophet und Prophetenbuch* (FS O. Kaiser), Berlin/New York 1989, S. 246-264; Th.C. Vriezen, "Kalender en Sabbat", *NThS* 23 (1940), S. 172-195.

7.4.4.2 *Übersetzung*

23,10 *'Und sechs Jahre lang sollst du dein Land besäen und dessen Ertrag ernten.*
11 *Aber während des siebten (Jahres) sollst du es seinem Schicksal überlassen und brach liegen lassen, so daß deine bedürftigen Volksgenossen davon essen können, und was von ihnen übriggelassen wird, können dann die wilden Tiere essen. Mit deinem Weinberg und Olivengarten sollst du das gleiche tun.*
12 *Sechs Tage lang sollst du deine Arbeit verrichten, aber am siebten Tag sollst du ruhen, daß dein Rind zur Ruhe kommt sowie dein Esel und dein Leibeigener wieder zum Atem kommen kann und ebenso der Fremde'.*

7.4.4.3 *Exegetische Anmerkungen*

23,10-11 'sechs' ... 'sieben', s. 21,2. w⁽ᵉ⁾*šēš*, Kopula ist nicht übersetzt in LXX, Pesch., Vulg. *šānâ*, s. 21,2. *zr'* qal, 'säen' ([auch 23,16]; s. *ThWAT*, II, Sp. 663ff.), vgl. Gen. 47,23. *'arṣækā*, 'dein Land' (s. 22,20), aus 23,11 ist ersichtlich, daß der Besitz relativ ist. *'sp* qal, 'zusammenbringen', hier und in 23,16 mit der

Bedeutung 'hereinholen', 'ernten' (vgl. Dtn. 16,13; Hi. 39,12); vgl. den Gebrauch
der Wurzel in der Genitivverbindung *ḥag hā'āsif*, 'das Erntefest', in 23,16. *t^ebû'â*,
Derivat von *bw'* (s. 20,24) mit der Bedeutung 'Ertrag' (vgl. Lev. 23,39; 25,7.22
u.a.). 'säen' und 'ernten' stehen hier Pars pro toto für alle Feldarbeiten während
der jeweiligen Saisons (vgl. 34,21).

w^eḥašš^ebî'it, accusativus temporis (z.B. KöSynt § 331a; Ges-K § 118k; Joüon §
126i; anders Cassuto: *casus pendens*); TNf: explizit 'siebte *Jahr*'.

tišm^etænnâ, 2.Pers. sing. Impf. + Suff. von *šmṭ* (s. *ThWAT*, VIII, Sp. 198ff.),
auf das *ûn^eṭaštāh*, 2.Pers. sing. Perf. cons. von *nṭš* (s. *ThWAT*, V, Sp. 436ff.),
folgt; beide Verbformen, die formale Übereinstimmung aufweisen (fünf Konsonanten, teils in chiastischer Reihenfolge, sind gleich) und im Kontrast zu 'säen'
und 'ernten' von 23,10 stehen, besitzen hier eine ähnliche Bedeutung: ('freige-
ben', 'sich selbst überlassen'), so daß deshalb die Begriffe als Hendiadys gebraucht werden können: keine Hand darf das Land anrühren, es muß vollkommen
in Ruhe gelassen werden. Feldfrüchte, die auf Brachland gewachsen sind (vgl.
AuS, II, S. 203ff.), galten offensichtlich nicht als Kulturprodukte, sondern als
Naturprodukte, die frei zur Verfügung standen.

'kl, 'essen' (s. 21,28), natürlich nach Ernte und Zubereitung. *tišm^etænnâ* wird in
der LXX übersetzt mit ἄφεσιν ποιήσεις (ἄφεσις = *š^emiṭṭâ*; vgl. Dtn. 15,1-3.9;
31,10) und vielleicht auf das Erlaßjahr (vgl. Dtn. 15) bezogen; in TPsJ folgt als
Erläuterung *mpwlḥn'*, 'ohne es zu bearbeiten' (vgl. Mek., III, 175), und wird
ûn^eṭaštāh übersetzt mit *wtpqr pjrh'*, 'und du sollst ihre Früchte freilassen' (vgl.
TNf, FT^P: *wtbqrwn*, 'und ihr sollt frei erklären' [nach Glosse FT^P ist *bqr = pqr*]).

Die Suffixe der Verbformen von 23,11a wurden sowohl auf 'das Land' bezogen
(alte Übersetzungen und z.B. Dillmann, Baentsch, Cassuto) als auch auf 'den
Ertrag' (z.B. Holzinger, McNeile, Durham) und sogar auf beides (das erste auf
'Land', das zweite auf 'Ertrag' [Ehrlich]); 'Land' liegt aller Wahrscheinlichkeit
nach am meisten auf der Hand. Die Unsicherheit resultiert aus einer mangelnden
Kenntnis der genauen Bedeutung der beiden Verben an dieser Stelle. Siehe in
diesem Zusammenhang die Diskussion über die Bedeutung bei jüdischen Exegeten
des Mittelalters: *šmṭ* wird von Raschi und Nachmanides auf die Nichtbearbeitung
des Bodens bezogen; von Ibn Esra auf den Schuldenerlaß im Sabbatjahr (Dtn.
15,1ff.); *nṭš* wird von Raschi auf das Nicht-Essen des Ertrages des siebten Jahres
bezogen[85] und auch auf das Unterlassen von Arbeiten, wie Mist Düngen oder
Umgraben; von Ibn Esra auf das Nicht-Sähen und von Nachmanides auf das
Nicht-Bearbeiten des Bodens; Nachmanides bietet eine restriktive Interpretation:
alle Arbeiten außer Pflügen und Säen (vgl. 34,21) sind erlaubt. Ferner wird von
einigen modernen Exegeten bestritten, daß 23,11 das Brachlegen des Landes
vorschreibe. J. Wellhausen[86] behauptet, daß zwar die Preisgabe der Ernte (*šmṭ*)
gefordert sei, nicht aber das Unterlassen des Säens. Cazelles*, S. 92, vertritt die
Ansicht, daß *šmṭ* 'abmähen' bedeute und gefordert sei, die Ernte für die Armen

---

[85] Man behält den Ertrag, den man noch im Haus hat, nicht mehr für sich selbst (Lev.
25,6f.); wenn auf dem Feld nichts mehr steht, ist es für jedermann (vgl. Mek., III, 175f.).

[86] *Prolegomena zur Geschichte Israels*, Berlin 1905⁶, S. 111.

liegenzulassen. In diesem Zusammenhang ist es erwähnenswert, daß dargelegt wurde, daß unbearbeitetes Land keinen Ertrag abwirft (Holzinger; vgl. auch *AuS*, II, S. 203ff.).

ʿæbjōnê ʿammækā, 'bedürftige Volksgenossen', s. 21,8; 22,27 und 7.2.4.6. *wᵉjitrām* (*jætær*, Derivat von *jtr* [s. *THAT*, II, Sp. 846; *ThWAT*, III, Sp. 1079ff.], 'was überbleibt', 'Rest'), mit Suffix zur Bezeichnung des *genitivus subjectivus*, wird in der LXX übersetzt mit τὰ ὑπολειπόμενα, nämlich von der Ernte (τὰ γενήματα; s. 23,10). *hajjat haśśādæh*, 'wilde Tiere' (s. 22,4.17), in der LXX ist *haśśādæh* als Adjektiv übersetzt worden: τὰ θηρία τὰ ἄγρια (Aq.: τὰ ζῶα τῆς χώρας). *kēn-taᵃśæh* (s. 22,29) greift zurück auf das in 23,10-11 Genannte und bezieht sich auf die Feldarbeit. Genau genommen ist dies nicht vergleichbar mit der Arbeit im Weinberg oder dem Olivengarten, so daß sich die Frage erhebt (vgl. Fishbane*, S. 179f., und s. auch Brin*, S. 39), welche Arbeiten im Sabbatjahr unterlassen werden müssen (Schneiden u.ä.? vgl. Lev. 25,3.5.). Zu denken sind an all die üblichen Arbeiten, die Jahr für Jahr durchgeführt werden müssen (die Verben in 23,10 sind Pars pro toto; s.o.) und zu denen auch die Aufsichtstätigkeiten gehören.

'Weinberg' (s. 22,4) und *zajit*, 'Oliven', 'Ölbaum', in 23,11 Bezeichnung für 'Olivengarten' (zum Sing. s. KöSynt § 256; vgl. Jdc. 15,5 und s. den Gebrauch von *zêtîm* nach *kᵉrāmîm* in Dtn. 6,11; Jos. 24,13 u.a.), die mit 'Land' (23,10) alle Kulturböden umschreiben, sind hier asyndetisch verbunden (vgl. Jdc. 15,5 und s. Brockelmann § 128); siehe daneben Sam.Pent.: *ûlᵉzêtækā* (vgl. LXX, Pesch., SamT, Vulg.) und s. auch Dtn. 6,11; Neh. 9,25; in der Übersetzung kann man ein Bindewort kaum entbehren.

23,12 'Tag(e)', s. 21,21. *ʿśh* (s. 20,23) mit dem Derivat *maᵃśæh* als Objekt (*figura etymologica*),'deine Arbeit verrichten'; vgl. die Verwendung von *maᵃśæh* in 23,16 (das Resultat der Arbeit) und 23,24 (die Tat, die Art des Tuns). *šbt* (s. 7.4.4.4.6), in TO, TPsJ, TNf, Pesch. mit Verwendung von *nwḥ* (s. *THAT*, II, Sp. 43ff.; *ThWAT*, V, Sp. 298ff.; vgl. den Gebrauch von *nwḥ* qal in 23,12b mit der Bedeutung 'Ruhe genießen') übersetzt, so daß abweichend vom MT die Rede von einer Wiederholung des Verbs ist (in Pesch. sogar dreifacher Gebrauch); vgl. auch LXX (2× ἀναπαύομαι). 'dein Rind und dein Esel', vgl. 23,4. *npš* ni., 'zu Atem kommen' (vgl. 31,17; II Sam. 16,14), Ehrlich schlägt vor, *wajjinpōš* (qal) zu lesen. Drei Verben mit der Bedeutung 'ruhen' stehen in Kontrast zu 'Arbeit verrichten' (der Sabbat fordert eine vollkommene Ruhe; zu 'drei' s. 21,11).

bæn-ʾāmâ (s. 4.2.1 und Holzinger), TPsJ: 'den unbeschnittenen Sohn deiner Sklavin' (vgl. Mek., III, 178); TNf: 'den Sohn deiner jüdischen Sklavin'. Der Sam.Pent. bietet nach *jānûaḥ* bis *wᵉhaggēr* einen abweichenden Text: *ʿabdᵉkā waᵃmātᵉkā kāmôkā wᵉkol bᵉhæmtᵉkā* ist eine Verallgemeinerung (vgl. auch SamT), die aus 20,10 entlehnt ist. Natürlich ist die Auflistung in 23,12 nicht restriktiv, sondern exemplarisch gemeint. Dennoch muß bedacht werden, daß Rind und Esel typische Arbeitstiere sind und daher eine explizite Erwähnung von z.B. Schafen oder Ziegen in diesem Kontext nicht sinnvoll ist. *haggēr* (s. 7.2.4.6), LXX: 'der Proselyt'; Pesch.: 'der Fremdling in deinen Städten' (vgl. 20,10).

Als Subjekt nach *lᵉmaʿan* (s. 7.4.0) werden in poetisch formulierten Sätzen

(Parallelismus) erst die Tiere und danach die Menschen genannt (Chiasmus in bezug auf 23,11aβ). In Dtn. 5,14 werden in dem *lᵉma'an*-Satz nur Menschen genannt. Die Auflistung von Subjekten im *lᵉma'an*-Satz ist natürlich nicht einschränkend (vgl. die Diskussion darüber, daß der Besitzer selbst nicht erwähnt wird, bei Nachmanides und Jacob); die Wehrlosen, die Tiere und sozial Schwachen werden genannt, um zum Ausdruck zu bringen, daß sogar denjenigen, von denen kein Protest zu erwarten ist, keine Arbeiten am Ruhetag aufgelastet werden darf.

7.4.4.4 *Kommentar*

7.4.4.4.1 23,10-11 beinhalten Vorschriften in bezug auf das Sabbatjahr (s. zu diesem Begriff Lev. 25,2-7). Jedes siebte Jahr müssen ein Naturjahr lang die üblichen Saisonarbeiten auf dem Acker, Weinberg und Olivengarten unterbrochen werden. Was diese Böden 'in Ruhe', d.h. ohne menschliche Eingriffe an Korn, Trauben (Wein) und Oliven(-öl) hervorbringen, ist für den Bedürftigen bestimmt; was hiervon eventuell noch übrigbleibt, darf das Wild fressen.

Die zweifellos als soziale Bestimmungen konzipierten Vorschriften rufen eine Reihe von Fragen auf. Als erstes ist zu fragen, wie *realistisch* die Verwirklichung solcher Bestimmung ist.[87]

Ist es ökonomisch möglich, ein Jahr lang den gesamten landwirtschaftlichen Anbau zu unterbrechen? Behauptet wird, daß solch eine Forderung gar nicht erhoben werde. Es gehe nicht um den gleichzeitigen kollektiven Stillstand aller Landarbeit, sondern darum, daß von den Bauern gefordert wird, dafür zu sorgen, daß ihre Äcker, Weinberge und Olivenhaine Stück für Stück, parzellenweise, auf jeden Fall einmal alle sieben Jahre unbearbeitet bleiben. Der Gedanke eines für alle geltenden, gleichzeitigen Sabbatjahres sei erst in späterer Zeit entstanden und in Lev. 25 und Dtn. 15 ausformuliert worden.[88] Entscheidet man sich für diese Auffassung, dann wäre zugleich ein anderes Problem gelöst, nämlich daß 23,10-11 als Sozialvorschrift eingeschränkt wird. Mit einer einmaligen 'Sozialhilfe' alle sieben Jahre ist den Bedürftigen nicht wirklich geholfen. Erhalten sie aber eine jährliche Zuwendung von einem Teil des Landes,

---

[87] S. dazu bereits Reimarus*, I, S. 420ff.

[88] S. z.B. Wellhausen, *Prolegomena*, S. 111; A. Bertholet, *Kulturgeschichte Israels*, Göttingen 1919, S. 145f.; I. Benzinger, *Hebräische Archäologie*, Leipzig 1927³, S. 390; Holzinger, Baentsch. Als Vergleich wird auf 21,2f. verwiesen; der Zeitpunkt der Freilassung eines Sklaven ist relativ, d.h. abhängig von dem Zeitpunkt, wo er in Dienst trat (s. 4.2.11). In 23,10-11 wird der agrarische Besitz als *'arṣᵉkā*, *karmᵉkā* und *zêtᵉkā* bezeichnet. Betrachtet man den Text als solchen, würde man bei dieser Auffassung noch eher daran denken können, daß Ackerland usw. sukzessive und individuell unbearbeitet gelassen wird oder daß turnusmäßig bäuerliche Betriebe geschlossen werden.

dann wäre 23,10-11 eine wirklich humane Vorschrift. Es ist allerdings zu
bezweifeln, ob 23,10-11 die eben skizzierte Interpretation erlaubt. Der
parallele Aufbau von 23,10-11 und 23,12 macht dies unwahrscheinlich.
Der Sabbat ist als Ruhetag eine Einrichtung, die von allen gleichzeitig
beachtet werden muß. Das gleiche gilt offensichtlich für das Sabbatjahr
(z.B. McNeile, Beer, Heinisch, Noth). Sollte eine individuelle, parzellenweise Ausführung gemeint sein, dann wäre dies auf die eine oder
andere Weise zum Ausdruck gebracht worden.

Die Frage nach dem Wirklichkeitsgehalt bleibt ein erstes Problem. Hat
man anzunehmen, daß israelitische Bauern dafür Sorge zu tragen hatten,
genügend Vorräte anzulegen, um durchs siebte Jahr kommen zu können?
(vgl. Lev. 25,20-22). Konnte ihnen dies gelingen, weil sie auch noch
Viehzucht betrieben haben und der Ertrag ihrer Herden eine willkommene
Ergänzung auf ihrem Speiseplan darstellte? (vgl. Heinisch). Auch die
Frage, wie sozial die Vorschrift ist, bleibt ein Problem. Wird das 'soziale
Problem' durch das Sabbatjahr nicht sogar vergrößert? Die Armen
erhalten zwar die Möglichkeit, die Felder abzuernten, weil aber der
Landbau keine Arbeit mehr bietet, wird die Anzahl der arbeitslosen
Tagelöhner stark zugenommen haben, wobei die Viehzucht kaum ausrei-
chenden Ersatz hierfür bieten konnte. Oder stellt 23,11 nicht gerade eine
Sozialregelung für das Sabbatjahr dar, um u.a. Tagelöhnern zu ernähren,
die im siebten Jahr ohne Arbeit sind (vgl. Heinisch), wobei diese Rege-
lung eine willkommene Ergänzung zur 'normalen Regelung' von
Lev. 19,9f.; 23,22; Dtn. 23,24f.; 24,19ff. bildete?[89]

7.4.4.4.2 Dies führt uns wie von selbst zur Frage nach dem Grundtenor
und der Zielsetzung der Vorschrift. Sie könnte als Sozialvorschrift
bezeichnet werden, aber, so könnte gefragt werden, ist der soziale Charakter vielleicht sekundär und ist dies vielleicht die Ursache des problematischen Charakters von 23,11 als Sozialvorschrift?

In bezug auf die ursprüngliche Bedeutung des Sabbatjahres wurden
verschiedene Vorschläge unterbreitet. (1) Ursprünglich sei nicht das Säen,
sondern das Ernten einmal in sieben Jahren (pro Parzelle; s.o.) verboten
gewesen; die betreffende Ernte war für die Gemeinschaft als ganze
bestimmt, d.h. eigentlich für die Besitzlosen (McNeile; vgl. Wellhausen,
Prolegomena, S. 111, 113). (2) In der Vorschrift spiegeln sich praktische
Erfahrungen und religiöse Motive wider; sie beugt Ausbeutung der
landwirtschaftlichen Nutzfläche vor und gewährleistet deren Qualität; die
Gunst und Wirksamkeit der Vegetationsgeister werde hierdurch sicherge-

---

[89] Zur rabbinischen Auslegung dieser Abschnitte s. R. Brooks, *Support for the Poor in the Mishnaic Law of Agriculture. Tractate Peah*, Chico 1983.

stellt.[90] (3) Gedacht wird auch an eine *restitutio in integrum*, ein Herstellen des ursprünglichen Zustands, eine Rückkehr zur ursprünglichen, durch Menschenhand nicht gestörten 'Ruhe' (Noth; vgl. auch Hyatt, Clements).

Bevor ich näher auf die gemachten Vorschläge eingehe, sei noch darauf verwiesen, daß in Lev. 25,4 das Sabbatjahr als 'ein Sabbat zur Ehre von JHWH' bezeichnet wird und daß in Lev. 25,23 betont wird, daß JHWH der Besitzer des Bodens ist. Lev. 25 beinhaltet eine Interpretation von Ex. 23,10-11. In bezug auf die genannten Elemente expliziert Lev. 25, was in Ex. 23,10-11 implizit formuliert war. Das Bundesbuch beinhaltet Vorschriften von JHWH. Deren Ausführung impliziert, daß man JHWH ehrt und ihn als denjenigen anerkennt, der die Verfügungsgewalt über Israels Grundbesitz hat. Deutlich ist ferner, daß die Vorschrift im Zusammenhang damit steht, die Zeit in heilige, durch die Sieben-Zahl bestimmte Zyklen einzuteilen (vgl. auch 23,12). Im Anschluß an diese These von Noth erachtete ich es als möglich, daß der Hintergrund der Vorschrift der Glaube bildete, daß auf dem permanenten Bestellen des Feldes ein Tabu ruht, so daß man einmal in sieben Jahren den Ackerboden sich selbst überläßt, damit an die Stelle der Kultur die Natur treten kann. Bei dieser Interpretation wird die Erwähnung der wilden Tiere in 23,11 verständlich. Sie werden nicht genannt, um zum Ausdruck zu bringen, daß Gott auch die wilden Tiere erschaffen hat und für sie sorgt (Gispen, Cassuto, Cole),[91] sondern sie treten auf als Repräsentanten der Wüstenei, der 'Gegenwelt', die vom Kulturland Besitz nimmt. Zur 'Gegenwelt' gehören auch die Armen, Ausgestoßenen der Gesellschaft, d.h. die Repräsentanten einer Welt, wie sie eben nicht sein sollte.[92] Auch sie werden vom Land, das der Verwilderung preisgegeben ist, angezogen, vom dem die Repräsentanten der 'Kulturwelt', d.h. der Landbesitzer und dessen Haushalt, worunter sich auch seine Haustiere befinden (vgl. 23,12), ein Jahr lang nicht profitieren dürfen.[93] In Ex. 23 ist das alte Tabu noch zu erkennen (in der Nennung der wilden Tiere), doch hat die Vorschrift eine soziale Funktion erhalten, wobei der ganze Akzent auf den Bedürftigen zu liegen kommt und das Wild nur noch eine Nebenrolle spielt. Andere Vorschläge, 23,10-11 zu erklären, befriedigen nicht. So ist es z.B. zu bezweifeln, ob

---

[90] Siehe Beer; vgl. auch J. Morgenstern, *IDB*, IV, S. 142.

[91] Vgl. Ps. 36,6; 104,21.27f.; Mt. 6,26.28-30; 10,29-31; Lk. 12,24 und s. C. Houtman, *Wereld en tegenwereld*, Baarn 1982, S. 32ff.

[92] Vgl. Houtman, *Wereld*, S. 37ff.

[93] Implizit findet sich in 23,11 auf dem Hintergrund von 23,12 folgender Kontrast: während die 'Kulturwelt' von der Sabbatruhe genießt, arbeiten die Repräsentanten der 'Gegenwelt'. Diejenigen, denen man sonst den Zutritt verwehrte, haben nun freies Spiel. Rabbinischer Auslegung zufolge obliegt ihnen nicht die Verpflichtung, den Zehnten abzusondern (Mek., III, 176f.; Raschi).

man im alten Israel darum wußte, daß Brachzeiten für den Ackerboden
gut sind.[94] Eher darf angenommen werden, daß man eine Verwilderung
infolge des Brachliegens befürchtet haben wird.

7.4.4.4.3 Lev. 25,1-7.18-22 bietet eine Neuversion von Ex. 23,10-11
(vgl. Fishbane*, S. 180, 253). So hat z.B. in der Formulierung der
Weinberg neben dem Acker einen gleichen Stellenwert erhalten
(Lev. 25,3f.). Der Ertrag des Landes im Sabbatjahr ist nicht mehr exklu-
siv für die Armen und wilden Tiere bestimmt, sondern insbesondere für
den Besitzer und seinen Haushalt, worunter sich auch sein Vieh befindet.
Explizit werden die Bedürftigen sogar insgesamt nicht mehr genannt
(Lev. 25,6-7).[95] Auf Probleme, die aus einer kollektiven, gleichzeitigen
Befolgung der Vorschrift resultieren, wird in Lev. 25,20-22 eingegangen.
Aus der Vorschrift Ex. 23,10-11 mit ihrer *sozialen* Akzentuierung wurde
in Lev. 25 eine Vorschrift, die die Konsequenzen regelt, die auftreten,
wenn man eine *religiöse* Forderung JHWHs ausführt.

Eine radikale Neuinterpretation von 23,10-11 findet sich in Dtn. 15,1-
11 (vgl. 31,10).[96] Angeknüpft wird beim Gebrauch von šmṭ in 23,11
(šᵉmiṭṭâ ist Stichwort in Dtn. 15,1.2.9). Die Verbindung mit dem Naturjahr ist abgetrennt. Der Bedürftige ist nicht der Mensch, der einmal in
sieben Jahren auf dem 'ruhenden' Land seinen Lebensunterhalt zusam-
menverdienen kann, sondern – und dies ist ein viel effizienteres Mittel,
um das soziale Problem zu lösen – der Mensch, der stets nach einem
Zeitraum von sechs Jahren im siebten Jahr einen neuen Anfang machen
kann. In Dtn. 15 ist das Sabbatjahr ein Schuldenerlaßjahr.[97]

7.4.4.4.4 Inwieweit das Sabbatjahr in der Praxis realisiert worden ist,
darüber bietet das AT keine Informationen. Wohl aber über dessen Ver-
nachlässigung (Lev. 26,34f.; II Chr. 36,21) und über das Eingehen einer
Verpflichtung, die Vorschrift entsprechend zu befolgen (Neh. 10,32;
gründet auf Ex. 23,11 und Dtn. 15,1-2; vgl. Fishbane*, S. 135, 251). In
späterer Zeit hing man in orthodoxen Kreisen sehr an der Befolgung
dieser Vorschrift (z.B. Jub. 50,2f.; vgl. 7,37). Von einer Befolgung der
Sabbatjahrsvorschrift (seit dem 2.Jh. v.Chr.) berichtet I Makk. 6,49.53
und Josephus (*Ant.*, XI, 343; XII, 378; XIII, 234; XIV, 202, 475; XV, 7;

---

[94] S. jedoch D.C. Hopkins, "Life on the Land. The Subsistance Struggles of Early
Israel", *BA* 50 (1987), S. 178-191 (S. 185).

[95] Auch die wilden Tiere nicht? Muß ḥajjā in Lev. 25,7 nicht als 'lebende Habe'
verstanden werden? (vgl. Num. 35,3).

[96] Vgl. z.B. S. Springer, *Neuinterpretation im Alten Testament*, Stuttgart 1979, S. 63f.

[97] Die umstrittene Interpretation von Dtn. 15 (Schuldenerlaß, Zahlungsaufschub,
Pfandfreigabe usw.?) braucht uns hier nicht näher zu beschäftigen. S. hierzu z.B. Wright,
EvQ 56 (1984), S. 134ff.; ders., *ABD*, V, S. 858f. Wird in Dtn. 14,28; 26,12 das Sabbatjahr
(nach 2× 3 Jahren) vorausgesetzt? (vgl. *IDBS*, S. 762).

Bell.Jud., I, 60).[98] Aus der zu Verfügung stehenden Information ist ersichtlich, daß durch die Befolgung der Vorschrift der Lauf der Geschichte beeinflußt werden kann; während einer Trockenheit oder eines Krieges machte es die Juden besonders verwundbar. Bis zur Zeit der Kreuzzüge wurde die Vorschrift in Palästina praktiziert. U.a. aufgrund dessen, was dem jüdischen Volke im Laufe seiner bewegten Geschichte widerfuhr, geriet die Befolgung der Vorschrift außer Gebrauch. Nach der Niederlassung der Juden in Palästina am Ende des 19.Jh. wurde die Frage der Befolgung dieser Vorschrift aufs neue aktuell (vgl. *EJ*, XIV, Sp. 582ff.; Spier, S. 72ff.). Auch antike Autoren berichten vom Sabbatjahr. Tacitus, *Historiae*, V, 4, 4f., teilt mit, daß die Juden nicht bloß den Sabbat hielten, sondern von Faulheit verführt, auch jedes siebte Jahr fürs Nichtstun reservierten; auch erwähnt er, daß das Sabbatjahr zu Ehren von Saturn gehalten wurde. In der Suda (ein byzantinisches Lexikon, 10.Jh.) wird unter dem Lemma Damocritus (der Schreiber [1.Jh. n.Chr.] von *De Iudaeis*) die Auffassung angeführt, daß die Juden jedes siebte Jahr einen Fremdling gefangennahmen und opferten. Vielleicht beinhaltet Suetons *Tiberius*, 32,2, eine Anspielung auf den Sabbat und das Sabbatjahr.

7.4.4.4.5 Eine Vorschrift wie die von 23,10-11 ist aus der Umwelt Israels nicht bekannt. Wohl finden sich königliche Bestimmungen, die darauf abzielen, Situationen von Unfreiheit zu beenden oder zu begrenzen und Schuldverpflichtungen für verfallen zu erklären. Sie sind vergleichbar mit den alttestamentlichen Vorschriften zur Freilassung von Sklaven (s. bereits 4.2.12) und den Vorschriften zum Jubeljahr (Lev. 25,8-28). Typisch für das AT ist, daß die sozialen Vorkehrungen an sakrale Zyklen, die von der Siebener-Zahl bestimmt sind, gebunden sind.[99]

7.4.4.4.6 23,12 beinhaltet eine Vorschrift in bezug auf den Ruhetag, den Sabbat. In unseren Ausführungen hierzu beziehen wir das Sabbatgebot des Dekalogs ein, das in Ex. 20 und Dtn. 5 in verschiedenen Versionen überliefert ist.

Exodus
20,8 *'Feiere den Tag der Ruhe und weihe ihn dadurch.*

Deuteronomium
5,12 'Halte den Tag der Ruhe in Ehren und weihe ihn dadurch, wie JHWH, dein Gott, dir aufgetragen hat.

---

[98] Vgl. J. Jeremias, "Sabbathjahr und neutestamentliche Chronologie", *ZNW* 27 (1928), S. 98-103; R. North, "Maccabean Sabbath Years", *Bib* 34 (1955), S. 501-515.

[99] S. ferner Robinson, S. 489ff.; Weinfeld, S. 42ff.; Westbrook, S. 45ff., und auch N.P. Lemche, "Andurārum and Mišarum. Comments on the Problem of Social Edicts and their Application in the Ancient Near East", *JNES* 38 (1979), S. 11-22.

9 *Sechs Tage darfst du Arbeit verrichten und all dein Werk tun,*

10 *aber der siebte Tag muß ein Ruhetag sein zu Ehren von JHWH, deinem Gott. Dann darfst du kein einziges Werk tun, du nicht und dein Sohn und deine Tochter nicht, ebensowenig dein Sklave oder deine Sklavin oder dein Vieh und der Fremde, der bei dir in deinen Städten verkehrt.*

11 *Dadurch, daß JHWH in sechs Tagen den Himmel und die Erde, das Meer und alles, was in der Welt ist, gemacht hat und am siebten Tag Ruhe hielt, machte JHWH den Tag der Ruhe zu einem segensreichen und geweihten Tag'.*

13 Sechs Tage darfst du Arbeit verrichten und all dein Werk tun,

14 aber der siebte Tag muß ein Ruhetag sein zu Ehren von JHWH, deinem Gott. Dann darfst du kein einziges Werk tun, du nicht und dein Sohn und deine Tochter nicht und ebensowenig dein Sklave oder deine Sklavin oder dein Rind oder dein Esel oder welches Stück Vieh auch immer und der Fremde, der bei dir in deinen Städten verkehrt, auf daß dein Sklave und deine Sklavin genauso wie du selbst Ruhe halten können.

15 Du sollst daran denken, daß dir JHWH, dein Gott, weil du Sklave in Ägypten warst und JHWH, dein Gott, dich von dort unter schwerem Druck und mittels unwiderstehbarer Kraft herausgeführt hat, aufträgt, den Tag der Ruhe zu halten'.

Das Sabbatgebot fordert, einmal pro Woche und zwar am siebten Tag für die Zeit von 24 Stunden vom Sonnenuntergang bis Sonnenuntergang (vgl. Lev. 23,22; Neh. 13,19) die Alltagsgeschäfte zu unterbrechen und dadurch dem siebten Tag einen besonderen Platz in der Woche einzuräumen und ihn JHWH zu weihen. Die Vorschrift ist positiv formuliert (vgl. auch Lev. 19,3; 26,2) und nimmt u.a. aufgrund seines Umfangs im Dekalog einen zentralen Platz ein. Die Version von Ex. 20 unterscheidet sich von der von Dtn. 5 insbesondere in bezug auf die Motivierung des Gebotes.

Der siebte Tag wird im Dekalog *jôm haššabbāt* oder *šabbāt* genannt. Das Verhältnis vom Nomen *šabbāt* zum Verb *šbt*, 'aufhören', 'zu einem Ende kommen' (u.a. gebraucht für das Unterbrechen der Arbeit [z.B. 16,30; 23,12; 31,17; 34,21]), ist umstritten. Manche nehmen an, daß das Nomen vom Verb abgeleitet ist, andere, daß das Verb ein Verbum denominativum ist, doch werden beide Auffassungen bestritten. So wird die Ansicht vertreten, daß *šabbāt* vom akkadischen *šab/pattu(m)*, 'Vollmond', abgeleitet werden müsse oder daß 'Sabbat' von der Zahl Sieben (*šæbaʿ*) erklärt werden kann.[100] Wie man auch immer über die Etymologie urteilen mag, feststeht, daß im AT Nomen und Verb zumindest aufgrund einer Klangassoziation miteinander in Beziehung gebracht werden können (Hos. 2,13). Dies spricht dafür, daß Nomen und Verb auch inhaltlich als verwandt betrachtet werden und daß beim Gebrauch des Verbs *šbt* das Nomen *šabbāt*, 'Ruhetag', mitklang (vgl. Gen. 2,2f.; Ex. 23,12; 34,21).

7.4.4.4.7 Mit dem Aufkommen der religionsgeschichtlichen Erforschung des AT erhielt in der Debatte über den Sabbat die Frage nach dem *Ursprung des Sabbats* einen bedeutenden Platz. Schon mehr als hundert Jahre lang ist diese Frage Gegenstand einer recht intensiven Diskussion. Ich begnüge mich, einen unvollständigen Eindruck über die verteidigten Positionen zu geben.[101]

Die Erschließung des alten Mesopotamien durch Ausgrabungen in der zweiten Hälfte des 19.Jh. und danach führte verschiedene Forscher zu der Schlußfolgerung, daß der Sabbat seinen Ursprung in Babylonien habe. Man identifizierte den Sabbat mit dem akkadischen *šab/pattu(m)* und brachte ihn in Verbindung mit den *umē lemnūti*, den Tabu-Tagen, d.h. Tage, an denen man bestimmte Aktivitäten unterließ, weil, so glaubte man, ein Fluch darauf ruhe. Von dieser Auffassung wurde Abstand genommen, als evident wurde, daß *šab/pattu(m)* eine Bezeichnung für Vollmond ist und die Tabu-Tage nicht (ganz) in ein Sieben-Tage-Schema passen. Eine große Diskussion löste in den ersten Jahrzehnten dieses Jahrhunderts die These von J. Meinhold aus. Er behauptete, daß der Sabbat in Israel ursprünglich nicht der siebte Tag der Woche war, sondern der Tag des Vollmonds (vgl. das akkadische *šab/pattu[m]*). Frühestens im Exil, aber wahrscheinlich erst in nachexilischer Zeit sei der monatliche Sabbat zu einem wöchentlichen Sabbat geworden. Diese Auffassung geriet in Vergessenheit, wurde aber seit den 70er Jahren mit Beifall wieder

---

[100] Zur Diskussion s. *ThWAT*, VII, Sp. 1048f.; Andreasen 1972, S. 9ff., 100ff.; Briend, Sp. 1133ff.; Hehn, S. 91ff.; Meesters, S. 6ff.; Robinson, S. 27f.

[101] S. ferner bes. Andreasen 1972, S. 8ff., 117ff.; Briend, Sp. 1135ff.; Meesters, S. 28ff.; Robinson, S. 28ff.

aufgegriffen[102] und fand in der Gestalt von G. Robinson einen feurigen
Verfechter; seiner Meinung nach stelle der Sabbat des Dekalog eine nachexilische Kreation von P dar (S. 256, 270, 313f.).

Zur Untermauerung dieser These wird u.a. darauf hingewiesen, daß
'Neumond' und 'Sabbat' oft zusammen genannt werden (Am. 8,4-7;
Hos. 2,11-15; Jes. 1,10-14; II Reg. 4,22ff.; vgl. auch Ez. 45,17). An den
genannten Stellen und in den Passagen, wo beide Festtage in der Reihenfolge 'Sabbat' - 'Neumond' genannt werden (Ez. 46,1.3.9; I Chr. 23,31;
II Chr. 2,3; 3,3; vgl. Esra 3,5), werden sie aber wahrscheinlich nicht
deshalb genannt, weil sie beide in Beziehung zum Mond stehen, sondern
weil beide das Kennzeichen aufweisen, daß sie mit einer festen Re-
gelmäßigkeit im Laufe des Jahres gefeiert wurden, und die tägliche Arbeit
dann unterbrochen wurde.

Die Auffassung, daß der Sabbat ursprünglich der Tag des Vollmondes
gewesen sei, geht bei Briend, Robinson und Veijola Hand in Hand mit
der Meinung, daß zumindest für die vorexilische Zeit 'der siebte Tag' als
'Tag der Unterbrechung der Arbeit' vom Sabbat unterschieden und als
Einrichtung an sich behandelt werden müsse. Die Untersuchung, die
Robinson hierzu vornahm, führte ihn zu der Schlußfolgerung, daß ur-
sprünglich auch 'der siebte Tag' kein wöchentlicher, das Jahr hindurch in
Ehren gehaltener freier Tag war; als Einrichtung erwuchs er aus dem
Brauch, die Arbeit während der Erntezeit als Bestandteil des Festkalenders
am siebten Tag zu unterbrechen, wobei dieser Brauch später auf die Zeit
des Pflügens erweitert wurde (vgl. 34,21) und schlußendlich das ganze
Jahr hindurch gepflegt wurde (S. 109ff.).

Die Argumentation für diese These ist nur für denjenigen schlüssig, für
den die These zugleich eine unerschütterlich richtige Prämisse darstellt.[103] Wer diese Prämisse nicht teilt, für den stellt die gängige Auffassung, der zufolge der siebte Tag mit dem Sabbat gleichzusetzen ist und
'Sabbat' im ganzen AT eine Bezeichnung für den siebten Tag der Woche
ist, d.h. der Tag, an dem die tägliche Arbeit unterbrochen wurde, noch
stets die plausibelste Auffassung dar (vgl. Andreasen 1972, S. 121, 266).
Mit dieser Auffassung als Ausgangspunkt wurden verschiedene Thesen
über den Ursprung des Sabbats verteidigt.

So wurde von Anhängern der sog. Kenitenhypothese, der zufolge
JHWH ursprünglich ein kenitischer Gott ist, behauptet, daß der Sabbat
(der Tag des Saturn [vgl. Am. 5,26]) mit dem Tabu-Tag der Keniter
gleichzusetzen sei. So durften die Keniter, die ja von Beruf Schmiede
waren, an diesem Tag kein Schmiedefeuer entfachen (vgl. 35,2;

---

[102] U.a. von Briend, Sp. 1141, 1147, 1157 u.a.; Veijola, S. 263f.
[103] Zu Gegenargumenten s. z.B. Meesters, S. 33f.; Kutsch.

Num. 15,32). Andere wiederum vertraten die Ansicht, daß der Ursprung des Sabbats im periodischen Markttag, einem freien Tag für den Großteil der Bevölkerung, zu suchen sei. Ich begnüge mich an dieser Stelle mit der bloßen Erwähnung dieser Ansichten und der Konstatierung, daß die Zahl Sieben nicht nur im AT, sondern auch in der Literatur von Israels Umwelt, auch innerhalb der Periodisierung der Zeit, eine wichtige Rolle spielt (vgl. Houtman*, *Exodus*, I, S. 65ff.), aber daß es dennoch nicht gelungen ist, einen außerisraelitischen Ursprung des Sabbats glaubhaft zu machen. Dies hat manche Autoren dazu geführt, den einzigartigen Charakter des israelitischen Sabbats hervorzuheben (z.B. Hallo, S. 15; Meesters, S. 33f.). Eine außerbiblische Herkunft braucht an sich jedoch nicht ausgeschlossen werden. Es darf angenommen werden, daß in diesem Falle, ebenso wie dies bei anderen Einrichtungen erfolgte, der Sabbat seine Prägung durch den JHWH-Glauben erfuhr. Dem AT zufolge hat JHWH dem siebten Tag seine besondere Stellung verliehen (Gen. 2,2-3; Ex. 20,11; 31,17) und fordert von Israel die Einhaltung des Sabbats (16,29f.; 20,8-11; 23,12; 31,15; 34,21; 35,2; Lev. 19,3; 26,2; Dtn. 5,12-15).

7.4.4.4.8 Die Sabbatvorschrift nimmt im Dekalog einen breiten Raum ein. Der Sabbat als solcher wird darin nicht als etwas Neues vorgestellt, sondern als eine Israel bekannte Einrichtung präsentiert (20,8). In dem Bild, das das AT von Israels Geschichte zeichnet, wußte das Volk bereits vor der Offenbarung JHWHs auf dem Sinai vom Sabbat als Rahmen des gesellschaftlichen Lebens (Ex. 16,4-5.22-30), wobei JHWH schon bei der Schöpfung dem siebten Tag eine besondere Stellung in der Abfolge der Tage gab (Gen. 2,2-3; 20,11; 31,17). Die Existenz des Sabbats und die Forderung nach der Sabbatfeier wurde in den zwei Dekalogversionen unterschiedlich motiviert. In Ex. 20 mit dem Verweis auf die Ordnung, die JHWH bei der Schöpfung in der Zeit anbrachte und aus der ersichtlich ist, daß zu der von JHWH geschaffenen Wirklichkeit auch die Zeit und ihre Rhythmen gehört. JHWH ist auch der Herr der Zeit. Er hat den siebten Tag abgesondert. Die Anerkennung des besonderen Charakters dieses Tages durch die Sabbatfeier bedeutet die Anerkennung von JHWHs Herrschaft über die Zeit und die Relativität der Autonomie des Menschen. Vom Israeliten wird erwartet, daß er diese Anerkennung durch eine *imitatio Dei* zum Ausdruck bringt, indem er den siebten Tag als Sabbattag reserviert. Da der Sabbat in Gottes Schöpfungswerk von Himmel und Erde verankert ist, hat der Appell, den Sabbat zu halten, eigentlich eine universelle Dimension (vgl. auch Jes. 56,3-8;[104] 66,23).

---

[104] Vgl. M.A. Beek, "De vreemdeling krijgt toegang (Jesaja 56:1-8)", in: *De knecht. Studies rondom Deutero-Jesaja* (FS J.L. Koole), Kampen 1978, S. 17-22.

In der stark theozentrischen Motivierung von 20,11 ist der Sabbat der Wochentag, der im Zeichen von JHWH als Schöpfer und Erhalter der Welt steht. Warum der siebte Tag ein geweihter Tag ist, wird hervorgehoben. In Dtn. 5,15 wird betont, warum der Tag gefeiert werden muß. Die Motivierung ist soteriologisch. Der Sabbat steht im Zeichen von JHWH als Befreier, als der Gott, der Israel aus der Sklaverei in Ägypten herausgeführt hat. Die Präambel (20,1-2; Dtn. 5,6), die den gesamten Dekalog prägt, wird hier mit Nachdruck auf den Sabbat bezogen. Die dahinterstehende Absicht ist, daß das Heilsgeschehen par excellence am Sabbat, also wöchentlich, lebendig gehalten wird (vgl. Dtn. 16,3). In Dtn. 5 ist daher das Ziel des Sabbats nicht, wie oft behauptet,[105] primär sozial und humanitär – dies ist der Fall in 23,12 –, sondern religiös. Es zielt darauf ab, das Wissen um JHWH und sein Engagement für Israel nicht untergehen zu lassen. Der soziale und humanitäre ('segensreich'; vgl. 20,11) Charakter des Sabbats resultiert aus der primären Zielsetzung des siebten Tages.

Der Ruhetag ist *zu Ehren von JHWH* (20,10; Dtn. 5,14), damit nicht in Vergessenheit gerät, daß JHWH Herr der Zeit (20,11) und Israels Befreier ist (Dtn. 5,15). Die Konzentration auf Gottes Tun und Lassen am siebten Tag (20,11; 31,17; vgl. Gen. 2,3) lädt zur *imitatio Dei* ein, zur Feier des Ruhetages mit dem ganzen Haushalt; hieraus folgt, daß der Sabbat zugleich ein Tag mit einer besonderen sozialen und humanitären Ausstrahlung wird. Die Konzentration auf JHWH als Befreier vergegenwärtigt die eigene Vergangenheit, wo man noch Sklave war, und stimuliert ebenfalls die *imitatio Dei*, die humane Behandlung des Mitmenschen (vgl. z.B. 22,20; 23,9; Dtn. 15,15; 24,18.22) und die Feier des Ruhetages mit dem ganzen Haushalt; hieraus folgt, daß der Sabbat zugleich ein Tag mit einem besonderen sozialen und humanitären Charakter wird.

7.4.4.4.9 Wir gehen noch etwas näher auf den Charakter des Sabbats ein und wollen in diesem Zusammenhang der Frage nachgehen, ob die Grundzüge der Geschichte des Sabbats als Einrichtung des alten Israel nachgezeichnet werden können. Für letzteres ist eine Kenntnis der Datierung von Textstellen über den Sabbat notwendig. Doch besteht hierüber keine Einstimmigkeit. Die Standpunkte sind starken Veränderungen unterworfen. Vor einigen Jahrzehnten herrschte die Tendenz vor, viele Passagen – und damit die Einrichtung des Sabbats – als alt zu betrachten. So behauptete z.B. Vriezen, S. 191, daß der Sabbat so alt wie die

---

[105] S. z.B. M. Greenberg, "The Decalogue Tradition Critically Examined", in: B.Z. Segal (Hg.), *The Ten Commandments in History and Tradition*, Jerusalem 1990, S. 83-119 (S. 103); W.H. Schmidt u.a., *Die zehn Gebote im Rahmen alttestamentlicher Ethik*, Darmstadt 1993, S. 93, 96; vgl. Andreasen 1974, S. 460ff.

Religion Israels sei.[106] Inzwischen hat sich das Blatt gewendet und ist gebräuchlich geworden, viele Texte als '(sehr) jung' zu etikettieren.[107] Trotz aller Unsicherheit können dennoch eine Reihe von Aussagen mit einem beträchtlichen Maß an Zuverlässigkeit gemacht werden.

Ein Kennzeichen für den siebten Tag der Woche war bereits im alten Israel die Unterbrechung der Arbeit, die sechs Tage lang das Leben bestimmt hat (23,12; 34,21; vgl. 20,10; Dtn. 5,14). Der Verzicht zu arbeiten, die Ruhe, war durch die Geschichte hindurch für den Sabbat wesentlich. In der für die Sabbatvorschrift stereotypen Formulierung 'sechs Tage ..., aber der siebte Tag' (16,16; 20,9.11; 23,12; 31,15.17; 35,2 usw.) liegt der ganze Nachdruck auf der Forderung in bezug auf den siebten Tag. Für diesen Tag haben die Vorschriften den Charakter eines Gesetzes: ohne Ausnahme muß die Arbeit ruhen; JHWH fordert den Tag für sich. Die vorangegangenen Tage sind für den Menschen. Für diese Tage haben die Gebote keinen imperativen Charakter, sondern sie bezeichnen in Übereinstimmung mit der Praxis im alten Israel (vgl. Gen. 3,17ff.) die erlaubte, maximale Arbeitsdauer pro Woche.

Die Sabbatfeier gehört zur zivilisierten Gesellschaft. Sabbat und Kultur gehören zusammen. Der Sabbat wird den Vertretern einer geordneten Gesellschaft vorgeschrieben, nämlich den Menschen und Haustieren, und ist als periodischer Ruhepunkt in der Zeit eine Ausdrucksform dessen, was den Namen 'Schöpfung' tragen darf. Die Vertreter der Nicht-Welt, des Chaos, haben keine Bindung an den Sabbat. Für sie sind alle Tage der Woche gleich (vgl. 23,10-11).

Was die Unterbrechung der Arbeit im alten Israel genau beinhaltete, läßt sich nicht präzise feststellen. Doch gab es offensichtlich seit alters her eine starke Tendenz, am Sabbat auf Berufsarbeit nicht (ganz) zu verzichten (34,21; Am. 8,5; vgl. Jes. 58,13-14; Jer. 17,21-27; Ez. 20,13.16. 21.24; 22,8.26; 23,38; Neh. 10,32; 13,15-22), und ist der Sabbat in stets stärkerem Ausmaß ein auch in bezug auf das häusliche und soziale Leben stringent reglementierter Tag geworden. Auch z.B. die Zubereitung der Mahlzeit wurde als Arbeit verstanden (16,23.24; 35,3; Num. 15,32-36). Besonders in exilischer und nachexilischer Zeit nahm offensichtlich eine strikte Befolgung und eine deutliche Ausgestaltung des Sabbats einen zunehmenden Stellenwert ein. Der Sabbat wurde zu einer der Einrichtungen, von denen die Juden ihre Identität entlehnten.[108] Die Befolgung

---

[106] Vgl. ferner z.B. Andreasen 1972, S. 87, 92 u.a.; ders. 1974, S. 455f., 458, 460f.; Meesters, S. 162.

[107] S. z.B. Robinson, S. 235 u.a.; Veijola, S. 248, 255, 258, 261.

[108] Vgl. K. Grünwaldt, *Exil und Identität. Beschneidung, Passa und Sabbat in der Priesterschrift*, Frankfurt a.M. 1992.

war für sie eines der Kennzeichen der Verbundenheit mit JHWH, ein Prüfstein der Treue JHWH gegenüber (31,13.17; Jes. 56,1-8; Ez. 20,12.20; vgl. auch z.B. Jdt. 8,6; 10,2; II Makk. 6,26; 8,26-28). Mag noch in Erzählungen aus der Geschichte des alten Israel unbefangen von einem Reisen am Sabbat (II Reg. 4,22f.) berichtet werden oder von einem Staatsstreich am Sabbat unter Führung des Hohenpriesters (II Reg. 11,4-12), so schränkt ein wahrscheinlich jüngerer Text (Ex. 16,29) die Bewegungsfreiheit am Sabbat ein, während in I Makk. 2,32-38 erzählt wird, daß gesetzestreue Juden es am Sabbat nicht wagten, sich selbst zu verteidigen.[109]

Die Einhaltung des Sabbatgebots wurde als absolute Bedingung für Gelingen und Wohlstand betrachtet (Jer. 17,24-25); eine Übertretung galt als Ursache des Unheils (Jer. 17,27; Ez. 22,8.15; Neh. 13,18). Der Dekalog und 23,12 nennen keine Sanktionen bei Übertretung. Anderenorts wird durch die Forderung nach Todesstrafe dessen Ernst hervorgehoben (31,14; 35,2; Num. 15,32-36; vgl. 2.4-8,21).

Obwohl in den als alt betrachteten Texten 23,12 und 34,21 nicht expliziert wird, daß der siebte Tag einen sakralen Charakter hat, ist die Schlußfolgerung, daß der Sabbat anfänglich nur eine soziale Einrichtung war (z.B. Mathys, S. 244ff.; vgl. bes. 23,12), nicht gerechtfertigt. Was im Dekalog ausdrücklich formuliert ist, nämlich daß der Sabbat 'der Tag des Herrn' ist, der Tag, der JHWH geweiht ist (20,10; Dtn. 5,14; vgl. Ex. 16,25; 31,15; 35,2 und Lev. 19,3.30; 26,2), wird in 23,12; 34,21 vorausgesetzt. Die Sabbatvorschrift stammt ja von JHWH. Dadurch, daß er den siebten Tag, der als Tag der Fülle und Vollendung (vgl. Houtman*, *Exodus*, I, S. 66) an sich schon eine besondere Stellung in der Woche einnimmt, zum Ruhetag bestimmt, macht JHWH ihn zu einem *ganz besonderen* Tag, zu *seinem* Tag. Der sakrale und religiöse Charakter ist ein Kennzeichen des Sabbats durch die Zeiten hindurch.

Der Dekalog beinhaltet keine Vorschriften über den Gottesdienst, auch nicht in bezug auf die Sabbatfeier. Doch besteht kein Zweifel darüber, daß der Dienst für JHWH und die Sabbatfeier stets unlösbar miteinander verbunden gewesen sind (vgl. II Reg. 4,22f.; 16,17f.; Jes. 1,13; Hos. 2,13). Es ist wohl anzunehmen, daß sich der Sabbatkult (vgl. Lev. 23,3; 24,8-9; Num. 28,9f.; Ez. 45,17; 46,1-4.12; Thr. 2,6; I Chr. 9,32; 23,31;

---

[109] Vgl. allerdings I Makk. 2,41; 9,43. Die Sabbatfeier konnte die Juden militärisch in heikle Situationen bringen (vgl. II Makk. 8,26; 12,38 und bes. II Makk. 5,25; 15,1-5). Auch in vorexilischer Zeit dürfte der Feind Israel wiederholt am schwachen Punkt seiner Verteidigung getroffen haben (s. *ABD*, V, S. 853a, 854b). Die jüngste Geschichte Israels beinhaltet ebenfalls Beispiele, wo mit Absicht am Sabbat gegen Juden Aktionen unternommen wurden (vgl. Spier, S. 63).

II Chr. 2,4; Neh. 10,34 usw.; vgl. auch Ps. 92) im Laufe der Geschichte einem Wandel unterzog.

7.4.4.4.10 Auch im NT wird der Sabbat erwähnt,[110] insbesondere in den Streitgesprächen Jesu mit den Juden (Mt. 12,1ff.9ff. par.; Lk. 13,10ff.; 14,1ff.; Joh. 5,1ff.; 9,13ff.). Im rabbinischen Judentum, in der Gemeinschaft von Qumran und bei den Samaritanern erhielt die Sabbat-feier den Charakter eines *status confessionis* und führte zur Notwendigkeit einer strikten Observation bis hin zu einer exakten Ausformulierung von Regeln, was eigentlich am Sabbat erlaubt ist und was nicht.[111] Bei der Übernahme des AT durch die Kirche wurde der Dekalog als auch für sie bestimmtes Wort Gottes verstanden. Die Reservierung des siebten Tages für den Herrn hat allerdings in der christlichen Kirche keinen Eingang gefunden, abgesehen davon, daß im Laufe der Jahrhunderte bis heute – man denke u.a. an die Sieben-Tage-Adventisten und Sieben-Tage-Baptis-ten – am Rande des Christentums Bewegungen entstanden (Sabbatisten), die den Sabbat als den von Gott verordneten Ruhetag praktizierten (vgl. Spier, S. 109ff.). In der Kirche trat der erste Tag der Woche (vgl. Mk. 16,2 par.; Act. 20,7; I Kor. 16,2; Apk. 1,10), der Tag der Auferste-hung Jesu Christi, an die Stelle des Sabbats. Strittig ist, welche Rolle der Sabbat in der Kirche der ersten Jahrhunderte einnahm. So ist undeutlich, inwieweit und mit welchem Inhalt die Sabbatfeier anfänglich einen Platz im gottesdienstlichen Leben *neben* der Feier des ersten Tages der Woche (der nicht als Ruhetag praktiziert wurde) behielt.[112] Sicher ist jedoch, daß der Sabbat als Ruhetag am Ende der Woche innerhalb der Kirche schon bald keine Rolle mehr spielte, nachdem im 4.Jh. Konstantin der Große den Sonntag zum offiziellen Ruhetag des römischen Reiches erklärt hatte. In bestimmtem Sinn blieb er allerdings bestehen: durch die Über-nahme der für den Sabbat typischen Kennzeichen (Gottesdienst und

---

[110] Vgl. z.B. *ABD*, V, S. 854ff.; *ThWNT*, VII, S. 20ff.; Robinson, S. 347ff.; S. Pancaro, *The Law in the Fourth Gospel*, Leiden 1975, S. 7ff., 158ff.

[111] Siehe Spier, S. 21ff. (der Autor biete eine kurze Geschichte des Sabbats im Judentum; zur Sabbatfeier bei anderen als den genannten Kreisen, wie z.B. den äthiopischen Falaschas, s. S. 77ff.); L.H. Schiffman, *The Halakhah at Qumran*, Leiden 1975, S. 77ff.; R. Pummer, "Samaritan Rituals and Customs", in: A.D. Crown (Hg.), *The Samaritans*, Tübingen 1989, S. 650-690 (S. 676-678); H. Weiss, "The Sabbath among the Samaritans", *JSJ* 25 (1994), S. 252-273. Vgl. auch S.B. Hoenig, "The Designated Number of Kinds of Labor Prohibited on the Sabbath", *JQR* 68 (1977-78), S. 193-208. Zur Praxis und den Gebräuchen der jüdischen Sabbatfeier in Synagoge und Haus während der Jahrhunderte s. A.P. Bloch, *The Biblical and Historical Background of Jewish Customs*, New York 1980; I. Elbogen, *Der jüdische Gottesdienst in seiner geschichtlichen Entwicklung*, Frankfurt a.M. 1931³, S. 107-122; B.S. Jacobsen, *The Sabbath Service*, Tel-Aviv 1981; Spier, S. 81ff.

[112] Jesus und die Apostel hielten den Sabbat in Ehren (Mk. 1,21.29; Lk. 4,16 usw.; Act. 15,21; 17,1.2 usw.).

Arbeitsunterbrechung) war der Sonntag zum Sabbat in neuer Gestalt geworden.[113] Der Begriff Sabbat erhielt einen Platz in dem ominös klingenden 'Hexensabbat' als Bezeichnung der Festzeit des Teufels und den ihm Ergebenen (vgl. *HDWA*, III, Sp. 1839f.).

Für die Reformatoren war das Sabbatgebot des Dekalogs insofern relevant, als es der christlichen Gemeinde die Notwendigkeit vor Augen hielt, sich einen Tag pro Woche die Zeit für den Gottesdienst zu nehmen, für den Dienst an Wort und Sakrament, für Gebet und Almosendienst.[114] Alle Tage der Woche werden von ihnen als prinzipiell gleich betrachtet. Zwar hielten sie am Sonntag als Ruhetag fest, doch nicht aus theologischen Gründen. Die Stellung des Sonntags als Ruhetag gründete ihrer Meinung nach auf der freien Entscheidung der Kirche.[115]

Innerhalb der Reformation hielt der englische Puritanismus im Anschluß an den mittelalterlichen Semi-Sabbatismus den Sabbat mittels einer sehr strikten Sonntagsheiligung in hohen Ehren,[116] die im 17.Jh. auch in den Niederlanden Eingang in den zur 'Nadere Reformatie' gehörenden Kreisen fand, was bei den Reformierten der Anlaß für den 'Sabbatstreit' war, d.h. der Widerstand gegen Gesetzlichkeit und die Einführung eines unverkürzten Judentums einerseits und das Plädoyer für christliche Freiheit bei der Sonntagsfeier andererseits.[117] Die Frage nach der Sonntagsheiligung und dem christlichen Lebensstil ist seither eine kontroverse Problematik bei den niederländischen und z.T. auch deutschen Reformierten geblieben.

7.4.4.4.11 Wie sich gezeigt hat, besitzt der Sabbat verschiedene Aspekte. Der Sabbat ist ein Tag der Ruhe oder eigentlich: der Freiheit; nicht ein

---

[113] Zum Sabbat und Sonntag in der Alten Kirche s. S. Bacchiocchi, *From Sabbath to Sunday*, Rom 1977; W. Rordorf, *Der Sonntag. Geschichte des Ruhe- und Gottesdiensttages im ältesten Christentum*, Zürich 1962; ders., *Sabbat und Sonntag in der Alten Kirche*, Zürich 1972 (mit Texten der verfügbaren Quellen); Spier, S. 114ff., und diverse Beiträge in D.A. Carson (Hg.), *From Sabbath to Lord's Day*, Grand Rapids 1982. In christlichen Bibelübersetzungen wurde seit der Vulg. in Nachfolge der LXX in der Regel das hebräische *šabbāt* in Transliteration wiedergegeben. In der Auslegung wurde jedoch der Sabbat als Ruhetag interpretiert und auf den Sonntag bezogen. Vgl. Hahn, S. 496, und s. z.B. Heidelberger Katechismus, Frage 103.

[114] Vgl. auch Heidelberger Katechismus, Frage 103.

[115] Vgl. R.J. Bauckham, "Sabbath and Sunday in the Protestant Tradition", in: Carson, S. 311-341; Spier, S. 123ff.

[116] Vgl. D.S. Katz, *Sabbath and Sectarianism in Seventeenth-Century England*, Leiden 1988; K.L. Parker, *The English Sabbath. A Study of Doctrine and Discipline from the Reformation to the Civil Wars*, Cambridge u.a. 1988; J.H. Primus, *Holy Time. Moderate Puritanism and the Sabbath*, Macon 1989; Spier, S. 127ff.

[117] Vgl. z.B. G.P. van Itterzon, *Franciscus Gomarus*, 's-Gravenhage 1930, S. 301ff.; C. Steenblok, *Voetius en de sabbat*, Hoorn 1941.

Tag des Nichtstuns, sondern ein Tag, an dem die Alltagsgeschäfte ruhen, und damit ein Tag der Freude (vgl. Jes. 58,13f.). Der Mensch, ob er nun Sklave oder Herr ist, aber auch die Last- und Zugtiere, sind ihren Arbeitsverpflichtungen entbunden. Am Sabbat fallen die hierarchischen Verhältnisse weg, und alle partizipieren in gleicher Weise an der von Gott geschenkten Freiheit. So überrascht es nicht, daß Sabbat und Eschatologie miteinander verbunden sind und der Sabbat als Vorgeschmack der Heilszeit bezeichnet werden kann.[118]

Der Sabbat ist kein Tag der Inaktivität, sondern ein Tag, der sich grundsätzlich von den anderen Tagen unterscheidet, ein Tag, der dem Dienst für JHWH geweiht ist. Indem ihm Ehre erwiesen und seiner Taten gedacht wird und die Vorschriften für 'den Tag des Herrn' strikt eingehalten werden, verleihen die Gläubigen ihrer Identität als 'Volk JHWHs' konkrete Gestalt. Dies kann ihnen, wenn sie sich in der Minderheit befinden, Spott und Verfolgung einbringen (vgl. Spier, S. 29, 50f., 61ff.).

Der Sabbat ist ein Tag der Freiheit und zugleich ein Tag religiöser Verpflichtungen, die die Identität bestimmen; beide Aspekte stehen in Spannung zueinander. Die religiösen Pflichten können solch ein schweres Gewicht erhalten, daß die Einhaltung des Sabbats zu einer Sklavenarbeit wird, zu einem Tabu-Tag, ein Tag der Beklemmung, da man ein Strafgericht fürchtet, weil der religiöse Eifer mangelhaft ist.[119] Doch wird der Sabbat nicht allein von einer Gesetzlichkeit bedroht.[120] Die Freiheit des Sabbats kann absolut gesetzt werden, so daß der Ruhetag zu einem Tag wird, dessen Bedeutung man eigenwillig bestimmt. Geschieht dies,[121] dann verliert der Sabbat seine Prägung als 'gottgeweihter Tag' und damit zugleich seinen die Identität bestimmenden Charakter.

Ähnliche Anmerkungen können auch über den christlichen Sonntag gemacht werden. Er ist ein Tag der Freiheit und ein Tag für den Herrn. Er steht im Zeichen von Gottes Heilshandeln in Jesus Christus, aus dem ebenso wie bei der Befreiung aus Ägypten soziale Konsequenzen folgen müssen (vgl. Gal. 3,28; Kol. 3,11). Er steht in der Spannung des für die christliche Existenz bezeichnenden 'in der Welt', aber 'nicht von der

---

[118] Vgl. Str-B, IV/2, S. 989ff.; Spier, S. 105. Zum NT s. Hebr. 3,7-4,11. Zur späteren Auslegung s. z.B. Heidelberger Katechismus, Frage 103, und ferner Andreasen 1974, S. 468f.

[119] So wurde z.B. von ultra-orthodoxen Juden die Ursache der Intifada in der Entweihung des Sabbats im modernen Israel gesucht.

[120] Auch in der rabbinischen Literatur fehlen warnende Stimmen vor einer Gesetzlichkeit nicht. So beinhaltet Mek., III, 198, die folgende Auslegung zu Ex. 31,14: "Der Sabbat ist euch gegeben, und ihr seid nicht dem Sabbat ausgeliefert" (vgl. Mk. 2,27).

[121] Z.B. wenn die jüdische Minderheit sich emanzipiert und in der nichtjüdischen Mehrheit einer bestimmten Gesellschaft aufgeht (vgl. Spier, S. 51ff.).

Welt'. Beide, die Sabbats- und Sonntagsfeier, sind den Gefahren der Gesetzlichkeit und des Identitätsverlustes ausgesetzt.

In einer säkularisierten Gesellschaft hat der Sonntag für viele seinen Charakter als göttliche oder zumindest religiöse Einrichtung mit sozialer Bedeutung verloren. U.a. aufgrund der sozialen Bewegung ist der Sonntag dennoch eine akzeptierte soziale Einrichtung, ein Tag der Freiheit und Entspannung. Als rein gesellschaftliche Einrichtung steht der Sonntag allerdings unter dem Druck profitorientierter Arbeitgeber, die eine wöchentliche Arbeitsunterbrechung als finanziell nachteilig und belastend betrachten. Obwohl diese in der Regel für sich selbst die Freiheit abgesichert haben, den Sonntag nach eigenem Gutdünken gestalten zu können, befürworten sie einen ununterbrochenen Arbeitsprozeß, der keine von der Mehrheit der Bevölkerung geteilte gemeinsame Zäsur mehr kennt. Aus der Sichtweise des AT setzt eine Gesellschaft, in der alle Tage der Woche einander gleich sind, ihre Zivilisation aufs Spiel. Weil in ihr kein Raum mehr für den Ruhetag ist, kein im Zeichen der *imitatio Dei* stehender 'Tag des Herrn', findet eine Art Rückfall von der Schöpfung ins Chaos statt (vgl. 7.4.4.4.9).

Zusammenfassend kann gesagt werden: der Sabbat des ATs ist der Ruhetag als Ausdrucksform einer gesunden und gerechten Gesellschaft, die mit Gott und seinem Willen ernst macht.

KAPITEL VIII

VORSCHRIFTEN FÜR DEN JHWH-DIENST

8.1.1 Literatur zu 23,15-18; 34,18-25

(Eine Auswahl, vornehmlich neueren Datums) G. Beer, *Die Mischna, II/3. Pesachim*, Gießen 1912; A. Cooper & R. Goldstein, "Exodus and *Maṣṣôt* in History and Tradition", *Maarav* 8 (1992), S. 15-37; M. Delcor, "Réflexions sur la Pâque du temps de Josias d'après 2 Rois 23, 21-23", *Hen* 4 (1982), S. 205-219; ders., "Le récit de la célébration de la Pâque au temps d'Ézéchias d'après 2 Chr et ses problèmes", in: A. Schenker (Hg.), *Studien zu Opfer und Kult im Alten Testament*, Tübingen 1992, S. 93-106; O. Eißfeldt, *Erstlinge und Zehnten im Alten Testament*, Leipzig 1917; G. Fohrer, *Überlieferung und Geschichte des Exodus*, Berlin 1964; W.H. Gispen, "De oorsprong van het pascha en het massoth-feest", *GThT* 44 (1943), S. 33-64; K. Grünwaldt, *Exil und Identität. Beschneidung, Passa und Sabbat in der Priesterschrift*, Frankfurt a.M. 1992; H. Haag, "Das Mazzenfest des Hiskia", in: *Wort und Geschichte* (FS K. Elliger), Kevelaer/Neukirchen-Vluyn 1973, S. 87-94; J. Halbe, "Passa-Massot im deuteronomischen Festkalender", *ZAW* 87 (1975), S. 147-168; ders., "Erwägungen zu Ursprung und Wesen des Massotfestes", *ZAW* 87 (1975), S. 324-346; M. Haran, "The Passover Sacrifice", in: *Studies in the Religion of Ancient Israel*, Leiden 1972, S. 86-116; J. Henninger, *Les fêtes de printemps chez les Sémites et la pâque israélite*, Paris 1975; S. Herner, *Vegetabilische Erstlingsopfer im Pentateuch*, Lund 1918; J. Hofbauer, "Die Pascha-, Maṣṣôt- und Erstgeburtgesetze des Auszugberichtes Ex 12 und 13", *ZThK* 60 (1936), S. 188-210; P. Laaf, *Die Pascha-Feier Israels*, Bonn 1970; E. Otto, *Das Mazzotfest in Gilgal*, Stuttgart usw. 1975; ders., "Erwägungen zum überlieferungsgeschichlichen Ursprung und 'Sitz im Leben' des jahwistischen Plagenzyklus", *VT* 26 (1976), S. 3-27; S. Ros Garmendia, *La Pascua en el Antiguo Testamento*, Vitoria 1978; J. Scharbert, "Das Pascha als Fest der Erlösung im Alten Testament", in: J. Schreiner (Hg.), *Freude am Gottesdienst* (FS G. Plöger), Stuttgart 1983, S. 21-30; R. Schmitt, *Exodus und Passah*, Freiburg/Göttingen 1975 (1982²); J. Schreiner, "Exodus 12, 21-23 und das israelitische Pascha", in: *Studien zum Pentateuch* (FS W. Kornfeld), Wien usw. 1977, S. 69-90; J.B. Segal, *The Hebrew Passover from the Earliest Times to A.D. 70*, New York/Toronto 1963; J. van Seters, "The Place of the Yahwist in the History of Passover and Massot", *ZAW* 95 (1983), S.

167-182;[1] R. de Vaux, *Studies in Old Testament Sacrifice*, Cardiff 1964; B.N. Wambacq, "Les origines de la *Pesaḥ* Israélite", *Bib* 57 (1976), S. 206-224, 301-326; ders., "Les Maṣṣôt", *Bib* 61 (1980), S. 31-54; ders., "Pesaḥ-Maṣṣôt", *Bib* 62 (1981), S. 499-518; P. Weimar, "Zum Problem der Entstehungsgeschichte von Ex 12,1-14", *ZAW* 107 (1995), S. 1-17; ders., "Ex 12,1-14 und die priesterschriftliche Geschichtsdarstellung", *ZAW* 107 (1995), S. 196-214.

8.1.2 *Literatur zu 23,19b; 34,26b*

O. Keel, *Das Böcklein in der Milch seiner Mutter und Verwandtes im Lichte eines altorientalischen Bildmotivs*, Freiburg/Göttingen 1980 (s. daneben *Jud* 37 [1981], S. 161-165, 234-235); E.A. Knauf, "Zur Herkunft und Sozialgeschichte Israels. 'Das Böckchen in der Milch seiner Mutter'", *Bib* 69 (1988), S. 153-169; C.J. Labuschagne, "'You Shall Not Boil a Kid in Its Mother's Milk'. A New Proposal for the Origin of the Prohibition", *VTS* 49 (1992), S. 6-17.

8.2 *Übersetzung*

23,13 *'Ja, allem, was ich euch geboten habe, müßt ihr Achtung entgegenbringen. Darum dürft ihr den Namen anderer Götter nicht gebrauchen; über deine Lippen darf er nicht kommen.*
23,14 *Dreimal pro Jahr sollst du mir zu Ehren ein Fest feiern.*

23,15 *Das Fest der ungesäuerten Brote sollst du in Ehren halten. Sieben Tage lang sollst du ungesäuertes Brot essen, sowie ich dir aufgetragen habe, zur festgesetzten Zeit im Ährenmonat, denn da bist du aus Ägypten ausgezogen*	**34,18** Das Fest der ungesäuerten Brote sollst du in Ehren halten. Sieben Tage lang sollst du ungesäuertes Brot essen, wie ich dir aufgetragen habe, zur festgesetzten Zeit im Ährenmonat, denn im Ährenmonat bist du aus Ägypten ausgezogen.
Vgl. 13.2,12 und auch 22,29.	**34,19** Alle Ersten aus dem Mutterschoß gehören mir, ja, von deinem ganzen Viehbestand, insofern es männlich ist; die ersten Jungen von einem Rind oder einem Stück Kleinvieh.

---

[1] Vgl. ders., *The Life of Moses. The Yahwist as Historian in Exodus-Numbers*, Kampen 1994, S. 113-127.

Vgl. 13,13 und auch 22,28b.

− *niemand soll mich mit leeren Händen aufsuchen.*

Vgl. 23,12.

23,16 *So auch das Mähfest, das von den Erstlingen, dem Ertrag deiner Aussaat auf dem Acker, und das Erntefest am Ende des Jahres, wenn du den Ertrag deiner Feldarbeit einsammelst.*
23,17 *Dreimal im Jahr sollen alle deine Männer den Herrn JHWH aufsuchen.*

Vgl. 23,14.

23,18 *Wenn du mir opferst, darf das Blut nichts Gesäuertes berühren; das Fett meines Festes darf nicht bis zum Morgen aufbewahrt bleiben.*
23,19 *Das Erste, die Erstlinge deines Bodens, sollst du zum Hause deines Gottes JHWH*

34,20 Und die ersten Jungen deiner Esel darfst du freikaufen mit einem Stück Kleinvieh. Willst du sie nicht freikaufen, dann sollst du ihnen das Genick brechen. Alle Erstgeborenen unter deinen Söhnen mußt du freikaufen;
niemand soll mich mit leeren Händen aufsuchen.
34,21 Sechs Tage darfst du arbeiten, aber am siebten Tag sollst du Ruhe halten. Auch in der Zeit des Pflügens und Mähens mußt du den Ruhetag halten.
34,22 Das Wochenfest, das der Erstlinge des Weizenmähens, sollst du feiern. Ebenso das Erntefest bei der Jahreswende.

34,23 Dreimal im Jahr sollen alle deine Männer den Herrn JHWH, den Gott Israels, aufsuchen.
34,24 Wenn ich die Nationen vor dir vertilgt und ich dir einen ausgedehnten Grundbesitz gegeben habe, wird niemand dein Land begehren, während du, dreimal im Jahr, auf Reisen bist, um deinen Gott JHWH aufzusuchen.
34,25 Wenn du mir schlachtest, darf das Blut nichts Gesäuertes berühren; das Opfer des Passafestes darf nicht bis zum Morgen aufbewahrt bleiben.
34,26 Das Erste, die Erstlinge deines Bodens, sollst du zum Hause deines Gottes JHWH

bringen. Ein Böcklein darfst du nicht in der Milch seiner Mutter kochen'.	bringen. Ein Böcklein darfst du nicht in der Milch seiner Mutter kochen'.

8.3 *Exegetische Anmerkungen*

23,13 *ûbᵉkol*, Sam.Pent.: *bᵉkol*; vgl. LXX und Vulg., wo das *wāw* unübersetzt blieb (weniger enger Anschluß an das Vorhergehende). 'was ich geboten habe' (*'mr* qal [s. 20,22] hier mit der Kraft von 'befehlen'), gemeint ist nicht der Dekalog (Jacob), sondern die Vorschriften des Bundesbuches (so man möchte: samt denen des Dekalogs). Nachmanides meint, daß 23,13a ausschließlich auf den Inhalt von 23,13b zu beziehen ist. *šmr* ni., s. 21,29. 'Name', s. 20,24. 'andere Götter', Götter neben JHWH, vgl. 20,3; Dtn. 6,14; 8,19; Jos. 24,2.16 (63× AT) und s. auch 22,19. Ebenso wie in 22,19 betrachtet O. Loretz *'ᵃlōhîm* hier als eine Bezeichnung von Ahnenfigur(in)en (s. zu 22,19). *'ᵃhērîm* betrachtet er als eine Zufügung eines Kommentators. *zkr* hi. (vgl. 20,24), 'machen, das jemand an etwas denkt': 'verkündigen', 'preisen', mit dem Namen anderer Götter als Objekt (vgl. Jos. 23,7) bezeichnet die Teilnahme am Kult fremder Götter, u.a. das lobende Reden über sie (vgl. Ps. 16,4), so wie man JHWH um seiner Taten willen preist (vgl. Jes. 12,4; 26,13; 20,8 u.a.); Sam.Pent.: *tazkîr. lō'*, Sam.Pent.: *wᵉlō'*, vgl. z.B. LXX, Vulg., Pesch., TPsJ, TNf und s. Delitzsch*, S. 2. *šm'* ni. (s. 22,22), Sam.Pent.: *jiššāmᵉ'û. pîkā* (zu *pæh*, 'Mund', s. *THAT*, II, Sp. 406ff.; *ThWAT*, VI, Sp. 522ff., und vgl. Ps. 50,16; Koh. 5,1), Plur. ('euer') in LXX, Vulg., Pesch., TO, TPsJ usw.

23,14 Neben 23,14 s. 23,17; 34,23-24. *šālōš rᵉgālîm* (Joüon § 125t, 142q; Brockelmann § 88, 93h), *rægæl* (s. 21,24), hier Plur. mit der Bedeutung 'Mal'; zu 'drei' s. 21,11. In Mek., III, 182f., entfaltet sich anläßlich dieses Ausdrucks eine Diskussion über die Frage, wer für die Wallfahrt in Frage kommt; 'sie, die zu Fuß gehen können' (Wortspiel mit *rgl*), 'nicht die Blinden' (Wortspiel mit *r'h*, s. 23,15), usw.² *tāhōg* (von *hgg* qal, 'Fest feiern' [s. *ThWAT*, II, Sp. 730ff., und vgl. z.B. 5,1; 12,14), Plur. (vgl. 23,13) in LXX, Vulg., Pesch., TPsJ. *šānâ*, s. 21,2.

23,15; 34,18 In 23,15-16 und 34,18.22 werden die drei Feste mit Namen genannt (vgl. Dtn. 16,16). Das erste Fest, das genannt wird, ist das Fest der ungesäuerten Brote (s. hierzu unten, 8.5). In bezug auf die Formulierung sind 23,15 und 34,18 nahezu identisch.
maṣṣôt, Plur. von *maṣṣâ* (s. *ThWAT*, IV, Sp. 1074ff.; Lehnwort aus dem Griechischen?; vgl. *ThWAT*, IV, Sp. 1075; Beer, *Pes.*, S. 2, 21f.), 'ungesäuertes Gebackenes', nicht aufgegangener platter und runder Kuchen oder Brot (näher bestimmt in z.B. 12,39; 29,2), Bestandteil einer in Eile (unerwartet) bereiteten Mahlzeit (Gen. 19,3; Ex. 12,39; I Sam. 28,24; vgl. auch Gen. 18,6; Jdc. 6,19ff. [s.

---

² Siehe S.I. Feigin, "Haggārîm, 'The Castrated One'", *HUCA* 21 (1948), S. 355-364.

jedoch *ThWAT*, IV, Sp. 1076: in Gen. 18,6; 19,3; I Sam. 28,24 stehe im Hintergrund vielleicht die Vorstellung, daß ungesäuertes Brot Götternahrung sei]);
abgesehen von Gen. 18,6; 19,3; I Sam. 28,24 wird das ungesäuerte Brot nur im
Zusammenhang mit dem Kultus und kultischen Vorschriften (häufig als Objekt
von *'kl*, 'essen' [z.B. in 12,8.15.18.20; 13,6f.; 23,15; 34,18], und in der Genitivverbindung *ḥag hammaṣṣôt* [23,15; 34,18; Lev. 23,6; Dtn. 16,16]) genannt.
Sauerteig entsteht durch Gärung, Fäulnis und ist deshalb unsauber, unrein. Darum
muß alles, was damit in Berührung gekommen ist, vom heiligen Gott ferngehalten
werden (vgl. 23,18; Lev. 2,11). Während heiliger Zeiten kann auch von Menschen
gefordert werden, es von sich fernzuhalten und ungesäuertes Brot zu essen (vgl.
auch I Kor. 5,6ff.; Gal. 5,9). Zu Erklärungen für die Verwendung von ungesäuertem Brot s. 12,34.39. In Dtn. 16,3 wird es 'Brot der Unterdrückung' genannt und
wird der Eindruck erweckt, daß Israel in Ägypten gezwungen war, solches Brot
zu essen (s. dagegen Beer, S. 36: 'Elendsbrot' = 'Fastenspeise'); nach jüdischer
Auslegung war dies der Fall (s. z.B. die Pascha Haggada). *šmr* qal (s. 21,29),
LXX: Plur. in 23,15; Sing. in 34,18. 'sieben Tage' (s. 22,29), Akkusativ der Zeit
(z.B. Joüon § 126i; Williams § 56). *'kl* qal, 'essen' (s. 21,28), LXX: Plur. in
23,15; Sing. in 34,18. *ka'ªšær* (23,15, Sam.Pent. auch in 34,18), in 34,18 *'ªšær*
mit der Bedeutung von *ka'ªšær* (vgl. z.B. 10,6 und s. KöSynt § 388a). *ṣwh* pi. (s.
THAT, II, Sp. 530ff.; *ThWAT*, IV, Sp. 1085ff.), 'auftragen' (hier, wie so häufig
[aber nicht im Bundesbuch] mit JHWH als Subjekt), s. dazu 12,14ff.; 13,3ff.
mô'ēd (s. *ThWAT*, IV, Sp. 744ff.), Derivat von *j'd* (s. 21,8), '(festgesetzte) Zeit'
(s. z.B. 9,5; II Sam. 24,15); hier die aufgrund des Laufes der Himmelskörper (vgl.
Gen. 1,14; Ps. 104,19) festgesetzte Zeit der Feier des Festes der ungesäuerten
Brote (vgl. z.B. 13,10); mit *lᵉ* zur Zeitangabe (z.B. Brockelmann § 107b; Williams
§ 268). *ḥôdæš hā'ābîb* (13,4; 23,15; 34,18; Dtn. 16,1), 'der Ährenmonat',
Genitivverbindung von *ḥôdæš* (s. *ThWAT*, II, Sp. 759ff.), 'Neumond', '(Mond)-
monat' (z.B. 12,2f.6.18; 13,4f.), und *hā'ābîb*, 'die Ähren' (SS), 'die reifenden
Ähren' (Ges-B), 'fresh, young ears of barley' (*BDB*), 'das Getreide im Zustand
der "Weichreife", da die Körner entwickelt, aber noch nicht völlig reif sind':[3]
Monat der Weichreife (Rüthy, S. 75). *bô* (23,15, Sam.Pent. auch in 34,18), umschrieben in 34,18: *bᵉḥôdæš hā'ābîb*. *jṣ'* qal, 'ausziehen' (s. 4.2.1.), wird häufig
gebraucht in Zusammenhang mit dem Auszug aus Ägypten (z.B. 12,41; 13,3.8;
16,1; 19,1; vgl. auch 13,4; 14,8), dem Land der Unterdrückung (s. 22,10 und
23,13). Der Schluß von 23,15 bildet in Kap. 34 den Schluß von V.20. *jērā'û*
pānaj (s. 20,22 und 21,1; u.a. Holzinger, Ehrlich: *pānaj* ist Subjekt) mit unbe-
stimmtem Subjekt (Ges-K § 144f; Joüon § 155b); LXX, Vulg.: 2.Pers. sing.; TNf:
2.Pers. plur. (vgl. auch FT 34,20 + Erweiterung). *rêqām* (s. *ThWAT*, VII, Sp.
501ff.) erfüllt die Funktion eines Adverbs und hat in 23,15; 34,20 die Bedeutung
'mit leeren Händen' (vgl. 3,21; Dtn. 16,16b.17).

Muß der Schluß auf die drei Feste bezogen werden? In Dtn. 16,16 ist dies der
Fall. Sowohl in Ex. 23 als auch in 34 steht die Aussage etwas isoliert. Dadurch

---

[3] Siehe A.E. Rüthy, *Die Pflanze und ihre Teile im biblisch-hebräischen Sprachgebrauch*,
Bern 1942, S. 74; vgl. *AuS*, II, S. 245, 305; *KBL*; *HAL*.

erhält sie einen allgemeinen Charakter: jedesmal, wenn man JHWH aufsucht, muß man ihn mit einem Geschenk ehren.

34,19-20 Alle männlichen Erstgeborenen des Viehs, des reinen Groß- und Kleinviehs, gehören JHWH. Hinsichtlich des männlichen Erstgeborenen der Esel und der Menschen gelten besondere Bestimmungen. Sie dürfen JHWH nicht geweiht werden. Eselfohlen dürfen freigekauft werden. Erstgeborene Söhne müssen freigekauft werden (vgl. 13,2.12f.).

pætær (s. *ThWAT*, VI, Sp. 564ff.), 'Durchbruch', 'Spaltung', wird in Genitivverbindung (13,2.12a.15; 34,19a u.a.) mit *ræhæm* (s. *THAT*, II, Sp. 761ff.; *ThWAT*, VII, Sp. 477ff.), 'Gebärmutter', 'Mutterschoß', aber auch elliptisch (ohne *ræhæm*, sowohl absolut [13,12b]) als auch in Genitivverbindung [13,13; 34,19b. 20]) im Sinn von 'Durchbruch (der Gebärmutter)' gebraucht oder auf metonymische Weise für das erste Junge, den ersten Wurf von Tieren (13,12b.13.15; 34,19b.20), aber auch für das Erstgeborene von (Tieren und) Menschen (13,2.12a; 34,19a; Num. 3,12; 18,15). *wᵉkol-miqnᵉkā* (*miqnæh* [s. *ThWAT*, VII, Sp. 70ff.], 'das Erworbene', der Grundbesitz [Gen. 49,32], aber besonders vom Vieh: 'Viehbestand', 'Herde' [9,3; 10,26; 12,38 usw.]; Sam.Pent.: *wᵉkol miqnæjkā*), fehlt in LXX (vgl. Hexapla: καὶ πάντων τῶν κτηνῶν σου); s. auch Vulg., wo allerdings die zweite Vershälfte beginnt mit: *de cunctis animantibus*, 'von allen Tieren'. Delitzsch*, S. 140, zufolge gehört der Ausdruck an das Ende des Verses. *tizzākār*, 2.Pers. sing. ni. von *zkr* (s. 20,24 und 23,13) ergibt hier keinen Sinn. Versuche, die Form als Verbalform zu interpretieren, befriedigen nicht. Die Verbalform ist in Zusammenhang mit dem Adjektiv *zākār*, 'männlich/Männchen' (vgl. z.B. 12,5.48; 13,12.15 und s. zu *zakûr* in 23,17), gebracht worden und wurde verstanden als '(das) ein Männchen hervorbringt'. Z.B. Raschi interpretiert *tizzākār* als 3.Pers. sing. femininum mit 'das Vieh' als Subjekt, d.h. das Muttertier (vgl. Fox: 'that your herd drops-as-male'). In den alten Übersetzungen wurde in der Regel eine Interpretation auf der Basis von *zākār*, 'männlich', gesucht; LXX: τὰ ἀρσενικά, 'die männlichen'; Vulg.: *generis masculini*, 'von männlichem Geschlecht'; TO: *tqdjš dkrjn*, 'du sollst die Männchen weihen' (vgl. auch TPsJ und s. 13,12), TNf: *djkrjjh*, '(eure) männlichen (Tiere)' (vgl. auch FTᵛ). In Pesch. fehlt eine Übersetzung. Gängig ist die Auffassung, daß MT auf einem Schreibfehler beruhe und *hazzākār* gelesen werden müsse (z.B. Ges-K § 51g; Delitzsch*, S. 108). Siehe ferner R. Althann, *JNWSL* 11 (1983), S. 25f. *šôr*, 'Rind', s. 21,28; *śæh*, 'ein Stück Kleinvieh', s. 21,37.

Zu *hᵃmôr*, 'Esel' (s. 21,33), s. auch LXX 22,29. *pdh*, 'befreien' (vgl. 21,8.30), wird hier in einer kultischen Vorschrift gebraucht (vgl. 13,13.15; Lev. 27,27) mit *bᵉ* des Preises und der Bedeutung 'freikaufen' im Sinn der Befreiung von Besitzansprüchen durch das Liefern einer Gegenleistung, eines Gegenwertes, einer Abkaufsumme; *tifdæh*, Sam.Pent.: *tifdænnû*, mit expliziter Objektangabe; vgl. LXX, Vulg., Pesch. *waᶜᵃraftô* Impf. cons. qal + Suff. von *'rp*, denominativ (s. z.B. *HAL*, Zo.; anders *KBL*) von *'öræf* (s. *ThWAT*, VI, Sp. 392ff.), 'Genick': 'das Genick brechen von' (13,13; 34,20; Dtn. 21,4.6; Jes. 66,3); LXX: τιμὴν δώσεις, 'dann sollst du den Wert bezahlen'; LXX 13,13 und LXX 34,20 unterscheiden sich in bezug auf die Übersetzung auch in diesem Punkt; die Vorstellung, daß das

Genick gebrochen wird, wird ausgeschlossen (s. dazu Brin*, S. 208; Frankel*, S. 98f.); s. daneben Aq.: τενοντοκήσεις αὐτό, 'du sollst seine Sehnen durchschneiden'; Symm.: τραχηλοκοπήσεις αὐτό, 'du sollst seinen Hals durchschneiden'; Theod.: νωτοκοπήσεις αὐτό, 'du sollst seinen Rücken brechen'. 'rp wird in TNf übersetzt mit qṭl, 'töten'; eine allgemeine Terminologie ('vernichten') wird auch in TO und TPsJ gebraucht. TPsJ nennt hier das Beil als Gegenstand, um das Tier zu töten. kol, Sam.Pent.: wᵉkol (vgl. 13,13). bᵉkôr (s. 22,28), auf das in Sam.Pent. 'ādām, 'der Menschen', folgt (vgl. 13,13).

Durch den Freikauf des Eselfohlens konnte der Bauer den wertvollen Esel für sich behalten. Nach W. Robertson Smith[4] ist die Vorschrift, das Genick des Esels zu brechen, eine Frage des Tabus. Brin*, S. 205ff., meint, daß der Brauch erst später entstanden sei, da man der Vorschrift, den Esel mit einem Stück Kleinvieh freizukaufen, nicht nachkam und so (angenommen, daß das Lamm Eigentum der Priester wird) den Priestern Schaden zufügte (vgl. Mek., I, 162f.; bBekh. 10b; Raschi). Das Tier darf nicht geschlachtet werden und für einen profanen Gebrauch verwendet werden (vgl. Lev. 11,1ff.; Dtn. 14,3ff.). Durch das Genickbrechen muß vielleicht einem Verzehr vorgebeugt werden (vgl. II Reg. 6,25). Das Blut bleibt im Tier, und deshalb kann es nicht gegessen werden.

34,21 Vgl. 23,12. Zu 'bd, 'arbeiten', s. 4.2.1. bæhārîš usw. (s. 23,16), LXX: τῷ σπόρῳ; TO: bzrw'', 'in der Säzeit' (vgl. Pesch. und TO, TNf, Pesch. zu Gen. 45,6); vgl. Gen. 8,22; Lev. 25,4. Pflügen und Säen sind eng miteinander verbunden. Sie stehen Pars pro toto für den ganzen Komplex von Feldarbeiten, um eine neue Ernte einzufahren (vgl. M. Dahood, Bib 62 [1981], S. 414f., der übersetzt: 'from (ba) plowing and from (ba) harvesting shall you rest'). TNf liest, 34,22 antizipierend: 'am Fest des Einsammelns und am Fest des Mähens'. Der Vorschlag von Cazelles, "Ex. XXXIV, 21 Traite-t-il du sabbat?", CBQ 23 (1961), daß 34,21 auf das Fest der ungesäuerten Brote zu beziehen sei, hat keine Zustimmung gefunden.

23,16; 34,22 Die miteinander verwandten, aber nicht ganz parallelen Verse 23,16 und 34,22 beinhalten die Vorschrift zur Feier zweier Erntefeste. 23,16 ist abhängig von tišmōr in 23,15.

In LXX ist 23,16 zu einem selbständigen Satz gemacht worden, indem ποιήσεις (vgl. 34,22) hinzugefügt wurde. In 34,22 wird für 'halten' des Festes der Begriff ta⁽ᵃśæh (zu 'śh [s. 20,23] in dieser Bedeutung s. z.B. 12,47f.; 31,16) gebraucht, auf das lᵉkā folgt; s. daneben LXX: μοι, 'für mich'; explizit wird angedeutet, daß das Fest zu Ehren von JHWH stattfindet (vgl. 23,14).

qāṣîr (s. ThWAT, VII, Sp. 106ff.), 'die Ernte', 'das Ernten' (23,16; 34,21f.). Ich habe mich für die Übersetzung 'das Mähen' entschieden, um in der Übersetzung den Unterschied zwischen ḥag haqqāṣîr und ḥag hā'āsîf (zu 'sp s. 23,10), 'Erntefest', zum Ausdruck zu bringen. qāṣîr bezeichnet die Ernte der auf dem Feld stehenden Gewächse, wie Gerste (z.B. II Sam. 21,9) und Weizen (z.B. 34,22).

---

[4] Lectures on the Religion of the Semites, London 1894, S. 450, 463ff.

Ernten und Mähen setzen ein vorangegangenes Pflügen und Säen voraus. Wiederholt findet sich 'mähen' in Zusammenhang mit 'säen' (s. 23,10) in 23,16 und z.B.
Gen. 8,22; Lev. 25,11; Jes. 23,3; Jer. 12,13; 50,16 und 'pflügen' in 34,21 (ḥārîš
[s. *ThWAT*, III, Sp. 235f.], auch in Gen. 45,6; I Sam. 8,12) und Hos. 10,13;
Am. 9,13; Hi. 4,8; Prov. 20,4.[5]

ḥag haqqāṣîr in 23,16 hat als Pendant in 34,22: ḥag šābu'ōt (zu šābûa',
'Woche', s. *ThWAT*, VII, Sp. 1021ff., und *HAL* s.v.); offensichtlich wurde diese
Benennung als Verdeutlichung aufgenommen, um die Identität des Mähfestes mit
dem Fest von Dtn. 16,10.16 anzuzeigen. In TNf wird das Fest näher angedeutet
mit dem Namen Asarta (traditioneller Name für Pfingsten; vgl. Josephus, *Ant.*, III,
252).

bikkûrê, St. cstr. von bikkûrîm (s. *ThWAT*, I, Sp. 644f.; plurale tantum),
'Erstlinge' (23,16.19; 34,22.26). In der LXX wird bikkûrê in 34,22 übersetzt mit
dem Akkusativ ἀρχὴν, einer Zeitangabe: 'während des Beginns von'; in TPsJ
34,22 ist durch die Einfügung von bzmn vor bkwrj in 34,22 der Satzteil zu einer
Zeitangabe geworden: 'in der Zeit der Erstlinge'.

ma'⁴śæh in 23,16 gibt man zwar die Bedeutung 'Ertrag', 'Früchte' des Ackers
(vgl. Hab. 3,17 und s. z.B. SS; L. Kopf, *VT* 9 [1959], S. 270). Wahrscheinlich
bezeichnet der Begriff jedoch die Arbeit des Bauern (vgl. 23,12 und s. z.B. *BDB*;
KBL): 'das Resultat der Arbeit' (konkret ist das die Ernte, nicht verstanden als
Erzeugnis der Erde, sondern als Produkt menschlicher Arbeit; zu beiden Aspekten
s. Dtn. 16,15); vgl. z.B. Dtn. 28,12; Jes. 65,22; Hag. 2,17. ma'⁴śæjkā, LXX: deine
Arbeiten'; TNf: 'das Werk eurer Hände' (2×). śādæh (s. 22,4), LXX: 'dein Acker'
(2×). wᵉḥag hā'āsif, in LXX 23,16 übersetzt mit καὶ ἑορτὴν συντελείας, 'und
(das) Abschlußfest' (vgl. LXX Lev. 23,39), in 34,22 mit καὶ ἑορτὴν συναγωγῆς,
'und (das) Fest des Einsammelns'; vgl. den Gebrauch von ἐν τῇ συναγωγῇ zur
Übersetzung von bᵉ'ospᵉkā in 23,16.

bᵉṣē't haššānâ (vgl. W. Riedel, *ZAW* 20 [1900], S. 329-332), umstritten ist, ob
mit bᵉṣē't haššānâ 'am Ende des Jahres' (der 'Ausgang' des alten Jahres) oder
'am Anfang des neuen Jahres' (der 'Herausgang' des neuen Jahres) gemeint ist;
zur letzteren Auffassung s. z.B. M. Noth, *ZDPV* 74 (1958), S. 142f., und *HAL*; s.
jedoch E. Auerbach, *VT* 3 (1953), S. 186f.; E. Kutsch, *ZAW* 83 (1971), S. 15ff.;
die erste, traditionelle Auffassung verdient den Vorzug; bᵉṣē't haššānâ in 23,16
hat als Pendant in 34,22 tᵉqûfat haššānâ (Akkusativ der Zeit; zu tᵉqûfâ s. *HAL*
s.v.). Die Targume übersetzen unter Verwendung derselben Terminologie wie in
23,16 'am Ende des Jahres'. Auffallend ist die Übersetzung von tᵉqûfat haššānâ in
der LXX: μεσοῦντος τοῦ ἐνιαυτοῦ, 'in der Mitte des Jahres' (vorausgesetzt wird,
daß das neue Jahr im Frühjahr beginnt).

23,17; 34,23 Neben 23,17 siehe 23,14. 23,17 ist nahezu identisch mit 34,23.
pᵉ'āmîm, Plur. von pa'am (s. *THAT*, II, Sp. 378; *ThWAT*, VI, Sp. 703ff.), 'Tritt',

---

[5] Zu pflügen und säen s. *AuS*, II, S. 64ff., 147ff. u.a.; O. Borowski, *Agriculture in Iron
Age Israel*, Winona Lake 1987, S. 47ff. Zu den bäuerlichen Arbeiten während des Jahres s.
den sog. Kalender von Geser (Übersetzung z.B. in *TUAT*, I, S. 247f.).

'Fuß', 'Mal'. *zākûr* (s. *ThWAT*, II, Sp. 593ff.; vgl. 34,19), Kollektivum, 'was männlich ist' (vgl. Dtn. 16,16; 20,13). *'æl-p^enê*, Sam.Pent.: *'æt-p^enê* (vgl. 34,24 MT). *hā'ādōn* (s. 4.2.1), Sam.Pent., SamT: *'rwn*, '(Bundes)lade'; in den Targumen ist *hā'ādōn* unter Verwendung gängiger Titulaturen übersetzt: TO: *rbwn 'lmj'*, 'der Herr der Welt' (vgl. TPsJ in 23,17; TPsJ 34,23: *rbwn 'lmjj'*, 'Herr der Ewigkeiten'); TNf: *rbwn kl 'lmj'*, 'der Herr aller Ewigkeiten/ des ganzen Universums'; vgl. auch Vulg. 34,23: *(in conspectu) omnipotentis (Domini Dei Israhel)*. In der LXX wurde *hā'ādōn jhwh*, um einen doppelten Gebrauch von κύριος zu vermeiden, in 34,23 durch ein einfaches κύριος wiedergegeben; in 23,17 durch (ἐνώπιον) κυρίου τοῦ θεοῦ σου (= *jhwh 'ælōhæjkā*), '(vor) JHWH, deinen Gott' (vgl. auch Pesch. und s. Dtn. 16,16). 'JHWH', in 34,23 + 'der Gott Israels', wird hier im Munde JHWHs gebraucht (vgl. aber 23,14).

34,24 Hat man sich einmal im Land niedergelassen, wird man keine Entschuldigung haben, der Wallfahrtspflicht nicht nachkommen zu können. Beruhigt wird man längere Zeit seinen Besitz verlassen können, weil es keine Feinde mehr gibt (vgl. aber auch 23,29f.). Daß ein Volksgenosse jemandes Besitz begehrt, ist offensichtlich ausgeschlossen, da auch er auf Wallfahrt ist.

jrš hi. (s. *THAT*, I, Sp. 778ff.; *ThWAT*, III, Sp. 954ff.), 'vertilgen', d.h. jemanden als Besitzer aus dem Weg räumen, so daß sein Eigentum übernommen werden kann (vgl. 15,9). In 34,24 ist JHWH Subjekt (vgl. Num. 32,21; Dtn. 4,38; 9,4f.). *jrš* hi. wird oft zu Unrecht als 'verjagen' interpretiert (s. z.B. schon LXX, TO, TPsJ; s. daneben TNf: *'šjsj*, 'ich werde vertilgen'). So wird der Eindruck erweckt, daß die Völker ihren Wohnort abtreten müssen und sich woanders niederlassen müssen. Aber das ist nicht gemeint. Sie werden ausgerottet.

gôjim (zu *gôj* s. *THAT*, II, Sp. 290ff.; *ThWAT*, I, Sp. 965ff.), 'Nationen', zur Bezeichnung der präisraelitischen Bewohner Kanaans (s. 23,23.27ff.; 34,11ff.; vgl. Dtn. 4,38; 7,1.17.22 u.a.; in 23,27 ist *'am*, 'Volk', gebraucht); MSS: *gôjim g^edôlîm*, 'große Völker'; Sam.Pent.: *gôjim rabbîm*, 'viele Völker'. *mippānæjkā*, 'vor dir', s. 21,1. *rḥb* hi. (s. *ThWAT*, VII, Sp. 449ff.), hier mit *g^ebûl* als Objekt (s. *ThWAT*, I, Sp. 896ff.), 'Grenze', auf metonymische Weise gebraucht zur Bezeichnung von '(Grund)gebiet', 'Land' (auch 23,31 und s. z.B. 7,27; 10,4.14.19; 13,7). Im Hinblick auf 1,7-9; 12,37 (vgl. Gen. 15,18) kann man sagen, daß die Israeliten ein ausgedehntes Land (vgl. 3,8) nötig haben.

ḥmd qal (s. *THAT*, I, Sp. 579ff.; *ThWAT*, II, Sp. 1020ff.), das traditionell mit 'begehren' übersetzt wird (vgl. 20,17). Die Verwendung des Verbs in u.a. 34,24, wo in etwa die Bedeutung 'seine Hände ausstrecken nach' vorliegt und nahezu mit 'in Besitz nehmen' zusammenfällt, war Anlaß zur Schlußfolgerung, daß auch im Dekalog (20,17; Dtn. 5,21) *ḥmd* 'seine Hände ausstrecken nach', 'sich aneignen' bedeutet[6] und im Verbot auf jeden Fall auch − neben der Gesinnung,

---

[6] Siehe B.D. Eerdmans, "Oorsprong en betekenis van de 'Tien Woorden'", *ThT* 37 (1903), S. 19-35 (S. 26f.). Das Verb habe Bezug auf die tatsächliche Inbesitznahme der unbewachten Habe des anderen. B. Lang, "Du sollst nicht nach der Frau eines anderen verlangen", *ZAW* 93 (1981), S. 216-224, schließt sich Eerdmans' Interpretation an (S. 219)

sofern man damit rechnen will − die konstatierbare, konkrete, durch die bösartige Gesinnung erweckte Tat unter Kritik gestellt wird. Diese Interpretation ist nicht zu halten.[7] In 34,24 (vgl. auch Ps. 68,17) macht die Bedeutung 'seine Sinne richten auf', 'lauern auf' einen guten Sinn. Vorausgesetzt wird, daß die Begierde zur Tat führt bzw. geführt hat. *'iš*, 'jemand', TNf expliziert: 'König oder Fürst'. *'arṣᵉkā*, vgl. 23,10. *'lh* (s. 20,26), hier mit der Bedeutung 'auf Reisen sein'. In der LXX finden sich die beiden Vorsätze in 34,24a in nahezu derselben Form auch am Beginn von 23,18.

23,18; 34,25 *zbḥ*, 'opfern' (23,18), s. 20,24; *šḥṭ* qal (s. *ThWAT*, VII, Sp. 1214ff.), 'schlachten' (34,25; zum Wechsel s. S. Talmon, *ScrHie* 8 [1961], S. 363), wird gewöhnlich im Zusammenhang mit Opfertieren gebraucht (vgl. z.B. 29,11.16.20 und s. 12,6.21, wo es für das Passaopfer gebraucht wird). Abbildungen aus dem Alten Vorderen Orient zufolge werden Tiere auf dem Rücken liegend und mit zusammengebundenen oder zusammengehaltenen Pfoten geschlachtet;[8] das Tier stirbt (wie bei der späteren rituellen Schlachtung; s. z.B. *EJ*, XIV, Sp. 1337ff.) infolge dessen, daß die Luftröhre und Halsschlagader durchgeschnitten werden. Durch diese Art der Schlachtung kann das Blut aus dem Körper wegfließen. Zu den Handlungen werden des weiteren das Abziehen der Haut, das Häuten usw., gehört haben (Lev. 1,6; II Chr. 29,34; 35,11). *'al*, 'in Verbindung mit' (vgl. 12,8f.). *ḥāmēṣ* (s. *ThWAT*, II, Sp. 1061ff.), 'das Gesäuerte' (vgl. 12,15; 13,3.7), macht unrein und durfte nicht geopfert werden (29,2.23; Lev. 2,11; 6,16f.; 7,12 u.a.). *dām*, 'Blut', s. 22,1. *zæbaḥ* (Derivat von *zbḥ*), 'Schlachtopfer', wird sowohl vom Opfertier als auch vom Opferfleisch verwendet (vgl. z.B. 24,5; 34,15) und im allgemeineren für das sakrale Ritual (z.B. 12,27), wozu u.a. das Töten und Opfern des Tieres und die Opfermahlzeit gehören. Das Geschehen stand im Zeichen der Danksagung und hatte vor allem auch durch die Mahlzeit einen festlichen Charakter (vgl. Gen. 31,54; Jdc. 16,23ff.; I Sam. 9,12.22ff.; 20,5f.; I Reg. 8,5 usw.). Dillmann schlägt vor, in 23,18 *zᵉbāḥaj* und *ḥaggaj* zu lesen, wodurch die Vorschriften sehr allgemein werden.

jālîn Impf. von *ljn* (s. *ThWAT*, IV, Sp. 562ff.), 'die Nacht verbringen' (Gen. 19,21; 24,23 usw.). *ḥēlæb ḥaggî* (23,18), *ḥēlæb* (s. *ThWAT*, II, Sp. 951ff.; vgl. 29,13[2×].22[3×]), 'Fett', galt als Köstlichkeit und war als Teil des Opfertiers für JHWH bestimmt (vgl. Lev. 13,16f.; 7,22ff.). *ḥaggî* wird zwar als 'mein Festopfer' (Metonymie) verstanden (s. z.B. KöW unter Verweis auf Mal. 2,3; Ps. 118,27; s. jedoch Ges-B unter Verweis auf 34,25). In 34,25 ist *zæbaḥ ḥag happāsaḥ* Subjekt, findet sich dort aber am Ende des Verses nach der Zeitangabe

---

und betrachtet 20,17 als eine Vorschrift, die den Mann beschirmt, der während längerer Zeit außer Haus ist und dessen Frau und Besitz Gefahr laufen, von einem anderen übernommen zu werden (vgl. 34,24), und bezieht es spezifisch auf die in Juda in den ersten Jahrzehnten des 6.Jh.s vorliegende Situation: viele Männer wurden deportiert; man hoffte auf ihre Rückkehr (S. 219ff.).

[7] Zur Diskussion s. Houtman*, *Exodus*, III, S. 76ff.

[8] S. z.B. O. Keel, *Die Welt der altorientalischen Bildsymbolik und das Alte Testament*, Göttingen 1996⁵, Abb. 438-439a.

(*pæsaḥ* [s. *ThWAT*, VI, Sp. 659ff.; welche Bedeutung die Wurzel *psḥ* präzise hat, ist unsicher; s. dazu Houtman*, *Exodus*, II, S. 183], zur Bezeichnung der Mahlzeit, der Passafeier; vgl. z.B. 12,11.27.43.48; Lev. 23,5 usw.). *ḥēlæb* paßt nicht zum Passa; *zæbaḥ* jedoch wohl (vgl. 12,27). *'ad-bōqær* in 23,18 (zu *bōqær* s. *ThWAT*, I, Sp. 743ff.), 'bis zum (nächsten) Morgen/Tag', d.h. bis es hell wird (vgl. z.B. 12,10.22; 16,19f.23f.; 29,34); *labbōqær* in 34,25 (vgl. Dtn. 16,4).[9] In 23,18 lag die (ursprüngliche) Intention der Vorschrift offensichtlich darin, ein Verderben und Verunreinigen des Opferfleisches zu verhindern.

23,19; 34,26 *rē'šît* (s. *THAT*, II, Sp. 709f.; *ThWAT*, VII, Sp. 291ff.), 'Beginn', 'Erstling(e)', 'das Beste'; nicht immer ist deutlich, ob *rē'šît* eine Zeit- oder eine Qualitätsangabe ist. Dies ist auch der Fall in 23,19; 34,26, wo *rē'šît* in einer Genitivverbindung mit *bikkûrê 'admāṯᵉkā* (s. 23,16) steht, und daher mehrere Interpretationen möglich sind: (1) 'die ersten der Erstlinge (die allerersten Erstlinge) deines Landes'; (2) 'das Beste der Erstlinge ...'. Die erste Interpretation wird gestützt durch LXX 23,19 (τὰς ἀπαρχὰς τῶν πρωτογενημάτων [34,26: τὰ πρωτογενήματα]), wo der Ausdruck auf die Früchte bezogen wird, die als erste reif sind und geerntet werden. Bei diesen Interpretationen wird der Genitiv als ein Genitivus partitivus verstanden. Doch kann auch ein Genitivus epexegeticus gemeint sein: (1) 'das Erste, die Erstlinge ...'; (2) 'das Beste, die Erstlinge ...'. M.E. ist es sehr gut möglich, daß *rē'šît* und *bikkûrîm* hier nichts weiter als Synomyme sind und *rē'šît* zugefügt wurde, um zum Ausdruck zu bringen, daß mit *rē'šît* in Deuteronomium (z.B. 18,4; 26,2.10), wo der Term *bikkûrîm* nicht begegnet, dasselbe gemeint ist wie mit *bikkûrîm* in anderen Texten.[10]

ᵃdāmâ (vgl. 20,24 und s. *THAT*, I, Sp. 57ff.; *ThWAT*, I, Sp. 95ff.), hier zur Bezeichnung von 'Land/Ländereien', das fruchtbare Kulturland; TPsJ: 'von den Früchten deines Landes' (in 34,26 'eures Landes'; vgl. FTᴾ 23,19); TNf 23,19: 'von den Früchten eurer Ernte' (vgl. FTⱽ 23,19). *bw'* hi., 'bringen', s. 20,24.

bajit, 'Haus' (s. 22,6), Sam.Pent.: *bajtâ*; TPsJ, TNf, FTᴾ (23,19), FTⱽ (34,26): 'der heilige Tempel'.

bšl pi., 'kochen' (vgl. z.B. 12,9; 16,23; 29,31). *gᵉdî* (s. *ThWAT*, I, Sp. 922ff.), ein junges männliches Tier der Herde (vgl. Dtn. 14,21; Jdc. 14,6; Jes. 11,6), sei es ein Ziegenböckchen (Gen. 27,9.16 u.a.), sei es ein junger Widder. Im Hinblick auf die letzte Möglichkeit ist die gebräuchliche Übersetzung 'Böcklein' in 23,19; 34,26 weniger genau. Die Anzahl männlicher Tiere wird begrenzt. Sie werden

---

[9] In 12,10 wird vorgeschrieben, wie mit einem eventuellen Rest verfahren werden muß. Es muß verbrannt werden. Eine Profanation, die Verwendung des Fleisches für eine gewöhnliche Mahlzeit oder für Hunde, muß ausgeschlossen werden (vgl. 29,34; Lev. 7,15.17; 8,31f.; 22,29f.; Dtn. 16,4). Die Vernichtung muß vor Sonnenaufgang stattfinden. Nicht um der Verwendung von verdorbenem Fleisch zuvorzukommen (vgl. Lev. 7,17; 22,29f.), sondern weil die heilige Kraft des Fleisches offensichtlich an das Etmal gebunden ist und sich nicht bis in den neuen Tag erstrecken darf (vgl. Houtman*, *Exodus*, II, S. 181f.).

[10] Zur masoretischen Schreibweise von *rē'šît* (mit einem kleinen *r*), s. K. Albrecht, *ZAW* 39 (1921), S. 167.

aufgegessen (Gen. 27,9.16; Jdc. 6,19; 13,15) oder als Geschenk gegeben (Gen. 38,17.20.23 u.a.); LXX: ἄρνα, 'ein Lamm' (wegen des Gebrauchs von ἀρήν in 12,5?). Siehe daneben Symm.: οὐ σκευάσεις ἔριφον διὰ γάλακτος μητρὸς αὐτοῦ, 'du sollst einen Bock nicht zubereiten in der Milch seiner Mutter' (vgl. Salvesen*, S. 104). ḥālāb (s. ThWAT, II, Sp. 945ff.), 'Milch' (zur Verwendung der Milch s. z.B. AuS, VI, S. 288ff.). 'ēm, 'Mutter', s. 22,29.

In den Targumen ist 23,19b = 34,26b in Übereinstimmung mit der Halacha übersetzt; TO: 'ihr sollt kein Fleisch in/mit der Milch essen'; TPsJ, TNf, FT: '... kein Fleisch und Milch zusammen als ein Gemenge kochen und essen'. Dem Verbot folgt in TPsJ, TNf, FT^V eine Beschreibung der Konsequenzen, wenn das Gebot negiert wird; der Zorn JHWHs wird entbrennen und dies hat zur Folge, daß die Ernte unbrauchbar wird (vgl. Mek., III, 187ff.). Auch der Sam.Pent. schließt 23,19 mit einer im MT nicht begegnenden Aussage, einer Motivation, ab: kî 'āśâ zō't kazzæbaḥ škḥ wᵉ'æbrâ hî' lē'lōhê ja'ᵃqob, 'denn wer dies tut, es ist wie ein škḥ-Opfer, der erregt den Zorn von Jakobs Gott'; die samaritanische Überlieferung findet sich auch in MSS der LXX (vgl. Frankel*, S. 109; E. Nestle, ZAW 33 [1913], S. 75f.).

8.4 *Kommentar*

8.4.1 Wie öfter ist die Stoffabgrenzung diskutabel. Im MT sind die Grenzen vor 23,6 (sᵉtûmâ) und nach 23,19 (sᵉtûmâ oder pᵉtûhâ) gezogen. Einige Ausleger (Jacob, Cassuto, Childs) entscheiden sich dafür, 23,10-19 als zusammenhängenden Textabschnitt zu betrachten. Problematisch bei solch einer Abgrenzung ist, daß 23,13a in diesem Fall deplaciert ist. Illustrativ ist, daß Heinisch 23,10-19 als Einheit nimmt, aber 23,13a als Schluß des Bundesbuches betrachtet. Für eine Textumstellung besteht kein Anlaß. Besser könnte man 23,13a als Schluß auffassen (vgl. Osumi*, S. 61, 200, der übrigens 23,13a als sekundär betrachtet und 23,10-17 als strukturelle Einheit versteht) oder als Beginn eines neuen Abschnitts. Ich entscheide mich für letzteres.

8.4.2 23,13 besteht aus zwei Teilen: eine allgemeine Ermahnung (23,13a) und ein zweigliedriges konkretes Gebot (23,13b). Diskutabel ist, ob man 23,13 als Schluß des vorhergehenden Teils zu betrachten hat oder als Beginn einer neuen Passage. Es ist evident, daß in 23,13 auf die vorangegangenen Vorschriften angespielt wird. Aus diesem Grund könnte man 23,13a als Abschlußsatz betrachten. Nach 23,13a wird allerdings kein Punkt gesetzt, sondern es folgt ein konkretes Gebot. Wollte man 23,13 als Abschluß betrachten, dann muß angenommen werden, daß der Forderung der exklusiven JHWH-Verehrung (23,13b) soviel Gewicht zukommt, daß nach der allgemeinen Ermahnung die konkrete Forderung als definitives Schlußstück gewählt wurde. Ich bevorzuge, 23,13 als Beginn von 23,13-19 zu betrachten. Die allgemeine Ermahnung ist der Anlaß, eine Reihe von Vorschriften herauszustellen, und formt so das Bindeglied zwischen dem Vorherigen und dem Folgenden. Als erstes (vgl. 20,23) folgt das Gebot, JHWH exklusiv zu verehren, das aus zwei parallelen Gliedern besteht, wobei das zweite das erste konkretisiert.

JHWH fordert von Israel exklusive Verehrung (vgl. 20,23). Israel darf nur ihm hingegeben sein. Der Gebrauch des Namens anderer Götter (vgl. Hos. 2,19; Sach. 13,2; Ps. 16,4) ist damit in Streit und bedeutet den Abfall von JHWH. Wenn solch ein Name ausgesprochen wird, z.B. bei der Teilnahme an deren Kultfeier (vgl. 23,24; 34,14f.), bedeutet dies die Anerkennung deren Göttlichkeit. Beim Gebrauch des Namens kann auch an das Anrufen der betreffenden Götter beim Eidesschwur gedacht werden (vgl. Jos. 23,7; Jer. 5,7; 12,16; Am. 8,14; Zeph. 1,5; s. daneben Dtn. 6,13; 10,20),[11] sowie an ein Gelöbnis oder das Aussprechen eines Fluches oder einer Beschwörung.

8.4.3 Das Zentrum von 23,13-19 wird von einem *Festkalender* (23,14-17) gebildet. Diesem geht das Verbot, den Namen anderer Götter zu gebrauchen (23,13b), vorab; es folgt eine Art Appendix mit vier verschiedenen Vorschriften (23,18-19). Gegenstand der Diskussion ist die Beziehung zwischen dem Appendix und dem Festkalender. Die Frage ist, ob der Appendix aus einer Reihe selbständiger kultischer Vorschriften besteht, ohne eine enge Beziehung mit den drei jährlichen Festen, oder aus für die Feste bestehenden Vorschriften. Letztere Meinung vertritt Labuschagne. Er verbindet 23,18 mit dem Fest von 23,15; 23,19a mit dem Fest von 23,16a (Wochenfest); 23,19b mit dem Fest von 23,16b (Laubhüttenfest); doch hält er es für möglich, daß 23,19b auch auf das Wochenfest und ganz allgemein auf den Brauch, den Erstgeborenen zu opfern, angewandt wurde (S. 13-15). Wenn letzteres der Fall ist, muß geschlossen werden, daß 23,19b = 34,26b eine ursprünglich für eine bestimmte Gelegenheit geltende Vorschrift war, die später (Dtn. 14,21b) zu einer allgemeinen Speisevorschrift geworden ist (vgl. z.B. Fishbane*, S. 229f.; Labuschagne, S. 16f.).

Der Festkalender wird in variierter Form in 34,18-23 wiederholt. Um einen Vergleich zu vereinfachen, werden beide Versionen im Zusammenhang miteinander besprochen. In Kap. 34 folgen auf die Nennung des ersten Festes Vorschriften mit Bezug auf die Weihe des Erstgeborenen (34,19f.) und die Sabbatfeier. Zu diesen Themen s. 7.3.4.2-4; 7.4.4.4.6-11.

Oft meint man, daß 23,13-19 das Resultat eines Wachstumsprozesses sei. In diesem Zusammenhang wird u.a. auf den Übergang von der 2.Pers. plur. zur 2.Pers. sing. (23,13.14) aufmerksam gemacht. Ich begnüge mich hier damit, auf relevante Literatur zu verweisen (s. Schwienhorst-Schön-

---

[11] In Vulg. (*non iurabitis*) ist das Gebot darauf begrenzt.

berger*, S. 394ff.; Osumi*, S. 61ff. u.a.).

8.4.4 23,14-17 beinhaltet den von JHWH vorgeschriebenen Festkalender. JHWH fordert von Israel, dreimal pro Jahr der besonderen Beziehung, die es mit ihm hat, Ausdruck zu verleihen, indem es ein Fest zu seiner Ehre feiert. Drei (s. zu 21,11) Höhepunkte soll das liturgische Jahr kennen. Durch die variierte Wiederholung dieser Vorschrift in den umrahmenden Versen 23,14 und 23,17 fällt der ganze Nachdruck darauf. Die drei Feste sind: das Fest der ungesäuerten Brote, das Mähfest nach der Kornernte im Frühsommer und das Pflückfest im Herbst, nachdem die Trauben und Oliven geerntet wurden (vgl. Dtn. 16,16).

Festkalender finden sich auch anderenorts im Pentateuch; in der 'Wiederholung' des Bundesbuches in Kap. 34 (s. 34,18-23) und in Lev. 23,4-44; Num. 28,16-29,39; Dtn. 16,1-17 (vgl. auch Ez. 45,21-25).[12] Die verschiedenen Versionen mit ihren unterschiedlichen Beleuchtungen der Feste haben eine wichtige Rolle in der Diskussion über die Entwicklung von Israels Gottesdienst gespielt. So gründete Julius Wellhausen seine Auffassung, daß Israels Kultgeschichte durch einen Historisierungs- und Ritualisierungsprozeß gekennzeichnet sei, u.a. auf die Gesetzgebung der Feste.[13] Es ist nicht möglich, alle verfügbaren Quellenbefunde ausführlich zu besprechen und eine Entwicklung der Feste nachzuzeichnen.[14] An dieser Stelle muß mit einer Reihe von Fragen und Randbemerkungen zu Ex. 23; 34 im Licht der anderen Festkalender Genüge geleistet werden.

8.4.5 Die drei Feste haben unterschiedlichen Charakter. Das erste, das Fest der ungesäuerten Brote (23,15; 34,18), wird in Erinnerung an den Auszug aus Ägypten gefeiert und hat keinen Bezug zum Naturjahr. In anderen Textabschnitten ist es eng mit dem Passa verbunden. Hier nicht. Außerhalb des Festkalenders wird (am Rande) auf das Passa Bezug genommen, explizit in 34,25 und vielleicht implizit in 23,18.

23,18 und 34,25 beinhalten je zwei Vorschriften in teilweise gleichlautender Formulierung. Wie gesagt, bezieht sich 34,25b explizit auf das Passafest und muß auch 34,25a wahrscheinlich darauf bezogen werden.

---

[12] Die TR kennt einen Festkalender mit im AT nicht genannten Festen. S. z.B. J.C. Reevers, "The Feast of the First Fruits of Wine and the Ancient Canaanite Calendar", *VT* 42 (1992), S. 350-361. Zu den außerbiblischen Festkalendern s. z.B. *ABD*, I, S. 817ff.

[13] *Prolegomena zur Geschichte Israels*, Berlin 1905⁶, S. 80ff.; vgl. Houtman*, *Pentateuch*, S. 109.

[14] S. z.B. de Vaux*, II, S. 409ff.; M. Haran, *Temples and Temple-Service in Ancient Israel*, Oxford 1978, S. 290ff.; B.R. Goldstein & A. Cooper, "The Festivals of Israel and Judah and the Literary History of the Pentateuch", *JAOS* 110 (1990), S. 19-31; R. Rendtorff, "Die Entwicklung des altisraelitischen Festkalenders", in: J. Assmann (Hg.), *Das Fest und das Heilige*, Gütersloh 1991, S. 185-205. Zum Laubhüttenfest s. J.L. Rubinstein, *The History of Sukkot in the Second Temple and Rabbinic Periods*, Atlanta 1995.

Bezüglich des Verhältnisses von 34,25 zu 23,18 bestehen zwei Positionen. Entweder ist 34,25 eine Verdeutlichung oder eine Interpretation 23,18. Im ersten Fall beinhaltet 23,18 ursprüngliche Vorschriften mit Bezug auf das Passa. Im zweiten Fall sind die Bestimmungen von 23,18 auf das Passafest bezogen worden, hatten aber ursprünglich einen allgemeinen Charakter. In der rabbinischen Auslegung wurden beide Verse als ganze auf das Passa bezogen.[15] 23,18a und 34,25a auf die Vorschrift, daß das Passaopfer nicht geschlachtet werden darf, solange etwas Gesäuertes im Haus ist (vgl. Ex. 12,15; 13,7), 23,18b und 34,25b auf die Vorschrift, daß nichts vom Passaopfer bis zum nächsten Morgen übrigbleiben darf (vgl. Ex. 12,10), ausgenommen das, was sich auf dem Altar befindet (vgl. Lev. 6,2) (s. TO, TPsJ, TNf am Rand, FT^V zu 34,25; Mek., III, 185f.; Raschi). M.E. ist es am wahrscheinlichsten, daß 34,25 eine Interpretation von 23,18 darstellt, die zwei selbständige kultische Vorschriften beinhaltet. Damit ist der Festkalender um das Passafest erweitert (vgl. z.B. Dtn. 16,1-6). Auf Passa und Mazzot gehen wir unten näher ein (s. 8.5).

Die identischen Verse 23,19 und 34,26 beinhalten zwei Vorschriften. Die erste bezieht sich auf den Anspruch von JHWH über die Erstlinge des Gewächses. Die Vorschrift trägt einen allgemeinen Charakter. Es besteht kein Grund, sie in besonderer Weise auf ein bestimmtes Fest zu beziehen. Die zweite Vorschrift ist ein Speisegebot. Auf die Interpretation wird unten unter 8.6 eingegangen.

8.4.6 Das erste Fest des Kalenders, das Fest der ungesäuerten Brote (23,15; 34,18), ist, wie angedeutet, mit der Geschichte verbunden. Die zwei anderen Feste sind Erntefeste und ans Naturjahr gebunden. Sie wurden offensichtlich nach Beendigung der Ernte gefeiert. Das erste Fest wird in 34,22, in Übereinstimmung mit der anderenorts im Pentateuch gebrauchten Terminologie, 'Wochenfest' genannt (vgl. Dtn. 16,10; Num. 28,26) (später als 'Pfingstfest' bekannt [II Makk. 12,31f.; Tob. 2,1]). Es wurde wahrscheinlich im Frühsommer gefeiert. Eine Zeitangabe für das Feiern des Festes findet sich auf jeden Fall nicht (s. daneben Dtn. 16,9; Lev. 23,15f.).

In bezug auf das zweite Erntefest, das anderenorts 'Laubhüttenfest' genannt wird (Dtn. 16,13; Lev. 23,34), findet sich sehr wohl, wenn auch mit unterschiedlichen Begriffen, ein Termin für das Fest (im Herbst), doch fehlt eine genaue Zeitangabe (vgl. Dtn. 16,13; s. daneben Lev. 23,39). Über die *Dauer* der Erntefeste beinhalten die Kalender von Ex. 23; 34 keine Information (s. daneben Lev. 23,39-42; Dtn. 16,13.15 und auch Ex. 23,15; 34,18).

Für die Feste mußte man auf Reisen, um JHWH an dem ihm zugehöri-

---

[15] S. auch M. Haran, "The Passover Sacrifice", *VTS* 23 (1972), S. 86-116 (S. 96f.).

gen Ort, der heiligen Stätte aufzusuchen (23,15b.17.19a; 34,20b.23.26).
Ist das örtliche Heiligtum (vgl. 21,13f.; 22,28f.) oder ein bevorzugtes
Heiligtum in der weiteren Umgebung (vgl. z.B. Am. 5,5) oder das Zen-
tralheiligtum (vgl. Dtn. 16,2.6.11.15f.) gemeint? Ex. 34,24 setzt in jedem
Fall voraus, daß die Feste eine Wallfahrt längerer Dauer erfordern
machen. Konstatiert kann werden, daß Ex. 34, aber auch Ex. 23 in diesem
Punkt im Geiste von Dtn. 16 interpretiert werden kann.
      Die Verpflichtung zur Wallfahrt obliegt den israelitischen Männern
(23,17; 34,23; vgl. Dtn. 16). Damit ist nicht gesagt, daß das Feiern der
Feste reine Männersache war (vgl. Dtn. 16,11.14; 26,11 und s. z.B.
I Sam. 1,1ff.) (s. Emmerson [s. 4.1.2], S. 378ff.).
      8.4.7 Die Feste werden als Erntefeste charakterisiert, aber Konturen
lassen sich kaum erkennen. Konkret ist die Rede von *Erstlingen*.[16] Diese
mußten offensichtlich zum Heiligtum gebracht werden. Um welche
Gewächse es sich handelte, wird in 23,16 überhaupt nicht angedeutet; in
34,22 findet sich der Begriff 'Weizen' (vgl. Lev. 23,17.20), doch ist nicht
deutlich, ob der Begriff beispielhaft gebraucht wird, um das für menschlichen Verzehr bestimmte Korn (vgl. Dtn. 26,2) zu bezeichnen, oder im
exklusiven Sinn.[17] Ob die Erstlinge unbearbeitet sein mußten (Garben,
Trauben, Oliven [vgl. z.B. Lev. 23,10; Dtn. 26,2]), oder bearbeitet
(Getreidekörner, Mehl, Brot, Most, Olivenöl [vgl. z.B. Lev. 23,17;
Num. 15,20f.; Dtn. 18,4]), darüber wird nichts berichtet; ebensowenig
findet sich eine Quantitätsangabe (s. daneben Lev. 23,10.17), zumindest
nicht konkret. Offensichtlich müssen 23,15b und 34,20b auch auf die
Feste von 23,16 und 34,22 bezogen werden (vgl. Dtn. 16,10.16b.17) und
erwartete man, daß man sich bei der Bestimmung der Erstlinge von der
Größe des Ernteertrags leiten ließ.
      Auch ist einigermaßen unsicher, ob man 'Erstlinge' im strikten Sinne
als ersten Ernteertrag verstehen muß oder im Sinne von Ernteprodukte,
die nach der Ernte zum Gebrauch verarbeitet ins Heiligtum gebracht
wurden, um dort, nachdem sie Gott aufgetragen wurden, zum ersten Mal
verzehrt zu werden (vgl. Lev. 23,14 und s. auch I Sam. 2,15). Es hat den
Anschein, daß eine Beziehung zwischen der Form der Erstlinge und deren
Funktion beim Fest vorliegt. Angaben in bezug auf Liturgie, Rituale oder
wie die Feste abzuhalten sind, fehlen allerdings völlig (s. daneben
Lev. 23,15ff.39ff.; Num. 28,26ff.; 29,12ff.; Dtn. 26,1-11), so daß man
darüber nur spekulieren kann. Es liegt auf der Hand, daß die Erstlinge für
JHWH bestimmt waren. Wurden sie ihm auf dem Altar dargebracht? (vgl.

---

[16] S. *ABD*, II, S. 796f.; *DBS*, VIII, Sp. 446ff.; *IDBS*, S. 336f.; Eißfeldt; Herner.
[17] Oft verbindet man die Gerstenernte, die der Weizenernte vorausgeht (9,31f.), mit
Mazzot; vgl. 8.5.4.

Lev. 2,14-16). Oder bildeten sie das Einkommen der Priesterschaft? (vgl. Lev. 2,3.10; 23,20; Num. 18,12f.; Dtn. 18,4). In letzterem Falle müßte an Erstlinge in verarbeiteter Form gedacht werden. Auch muß mit der Möglichkeit gerechnet werden, daß die Erstlinge zumindest teilweise von denen, die sie anboten, während eines im Heiligtum abgehaltenen Mahles verzehrt wurden (vgl. Dtn. 16,11.14; 26,11). Die Erstlinge werden in diesem Fall aus Brot, Wein und Olivenöl bestanden haben.

Daß die Erstlinge als Geschenk für JHWH galten, wurde bereits ange-deutet. Die Klassifizierung beruht auf einer Interpretation der Erstlinge als Tribut für JHWH als dem Herrn des Landes (vgl. 7.3.4.2), oder, wenn man so will, als Dankbekundung JHWH gegenüber (vgl. Gen. 4,3f.; Prov. 3,9f. und s. Dtn. 26,10f.; auf die Geschichte bezogen; vgl. auch Dtn. 16,12), um das gute Verhältnis aufrechtzuerhalten und seinen Segen zu erlangen.

8.4.8 Außerhalb des Kontextes des Festkalenders werden die Erstlinge in einer allgemein formulierten Vorschrift nochmals genannt (23,19a; 34,26a). Im Lichte dessen, was dieser Vorschrift vorausgeht, liegt es auf der Hand, an die Erstlinge der 23,16; 34,22 betreffenden Feste zu denken (mit Blick auf 23,19b; 34,26b wäre allerdings eine nicht an einen spezifi-schen Zeitpunkt gebundene Vorschrift plausibel; vgl. 22,28f.; s. jedoch auch 8.4.3). Explizit wird, was in 23,15b; 34,20b; 23,17; 34,23 implizit geschieht, das Heiligtum als Bestimmungsort genannt. Übrigens wurden die Erstlinge bereits in 22,28a erwähnt. Der Begriff 'Erstlinge' findet sich dort nicht. So hat Eißfeldt, S. 28ff., 155ff., behauptet, daß die Zehnten das Thema der Vorschrift bilden. Seine Argumentation ist allerdings nicht befriedigend (s. Herner, S. 9ff.).[18] Auch anderenorts im Pentateuch werden Erstlinge außerhalb des Festkalender-Kontextes genannt und selbständige Vorschriften mit Bezug darauf gegeben. So muß Lev. 19,23-25 zufolge in einem bestimmten Jahr, wenn die Fruchtbäume vierjährig sind, deren *ganzer* Ernteertrag JHWH geweiht werden. Historisch gesehen bestanden offensichtlich eine große Reihe verschiedener religiöser Ge-bräuche, um die Erntezeit abzuschließen.

Im Festkalender von Ex. 34 wird die Beschreibung der drei Feste unterbrochen durch Vorschriften in bezug auf den Erstgeborenen und den Sabbat (34,19-21). Offensichtlich sind sie in Ex. 34 aufgenommen worden, um der Repräsentativität von Ex. 34 willen als 'Wiederholung' des Bundesbuches (s. Kap. I, Anm. 8). Die Stellung der Vorschrift über

---

[18] Zum Zehnten s. H. Jagersma, "The Tithes in the Old Testament", *OTS* 21 (1981), S. 116-128; M. Herman, *Tithe as Gift. The Institution in the Pentateuch and in Light of Manss's Prestation Theory*, San Francisco 1991. Die Zehnten werden jedenfalls im Bundesbuch nicht explizit erwähnt.

den Erstgeborenen inmitten von Vorschriften zu den jährlichen Festen
verstärkt den Eindruck, daß die Weihe des Erstgeborenen (s. 7.3.4.2-4)
einmal per Jahr stattfand (konform zu Dtn. 15,19-23).

Zum Schluß sei noch hervorgehoben, daß der Festkalender von Ex. 23
und 34, wie schon angedeutet wurde, wenig Details enthält. Dadurch läßt
er sich leicht in Zusammenhang mit den stärker ausgearbeiteten Festkalendern lesen.

8.4.9 Ein vielbesprochenes Thema ist die Frage nach dem Verhältnis
von 23,14-19(33) zu 34,(11)18-26. Gründet letztgenannter Abschnitt auf
ersterem oder umgekehrt? Oder gehen beide auf eine gemeinsame Quelle
zurück? Oder ist die Rede von nebeneinander bestehenden Überlieferungen, die aufeinander Einfluß ausgeübt haben? Die Forschungsgeschichte
zu Ex. 34 ist ausführlich beschrieben.[19] Die seit Wellhausen oft verteidigte Ansicht,[20] daß 34,11-26 älter als Ex. 23 sei, ist m.E. unwahrscheinlich. 34,11-26 ist spezifischer als Ex. 23 und kann am besten als Interpretation und Konkretisierung des Paralleltextes aus dem Bundesbuch
betrachtet werden (vgl. Fishbane*, S. 194ff., und s. bereits Eerdmans*,
S. 88ff.).

8.5 Das Passa und das Fest der ungesäuerten Brote (Mazzot)

8.5.1 Vorschriften mit Bezug auf die Passafeier und Mazzot finden sich
an verschiedenen Orten im Pentateuch. Auch in den historischen Büchern
wird die Feier erwähnt. Folgende Tabelle bietet eine Übersicht zu den
jeweiligen Passagen, wobei eine Reihe von Gemeinsamkeiten und Unterschieden in der Beschreibung der Feier festgehalten wird.

	Passa	I	II	Da-tum	III	IV	V	VI
Ex. 12,1-14	×	×	×	14/1	×			
Ex. 12,15-20						×	×	×
Ex. 12,21-27	×	×	×					

---

[19] Siehe F.-E. Wilms, *Das jahwistische Bundesbuch in Exodus 34*, München 1973, S. 16-
135; Halbe*, S. 13-55; vgl. auch Laaf, S. 39ff.
[20] Auch von z.B. Wilms, S. 189; Halbe*, S. 440ff. (vgl. die Kritik von E. Blum*,
S. 69f., 369ff.; ders., "Das sog. 'Privilegrecht' in Exodus 34,11-26. Ein Fixpunkt der
Komposition des Exodusbuches?", in: Vervenne*, S. 347-366); Osumi*, S. 69ff., und
Crüsemann*, S. 138ff.

Ex. 12,29-42			×			×
Ex. 12,43-51	×					
Ex. 13,3-10		Abib			×	×
Ex. 23,15; 34,18		Abib		×	×	×
Ex. 34,25; 23,18	×		×			
Lev. 23,5-8	×	14/1		×	×	
Num. 9,1-14	×	14/1	×			
Num. 28,16-25	×	14/1			×	
Dtn. 16,1-8	×	Abib			×	×
Dtn. 16,16				×		
Jos. 5,10-12	×	14/1	×			
II Reg. 23,21-23	×					
II Chr. 8,12-13				×		
II Chr. 30,1-27	×	14/2		×	×	
II Chr. 35,1-19	×	14/1		×	×	
Esra 6,19-22	×	14/1		×	×	

I   = Blutritus bei den Häusern
II   = Zusammenhang mit der zehnten Plage
III = Essen von ungesäuertem Brot (ohne Angabe der Dauer)
IV = Fest der ungesäuerten Brote/Mazzot (explizit genannt)
V   = sieben Tage ungesäuertes Brot
VI = Erwähnung des Auszuges

Die Übersicht verdeutlicht, daß die Aussagen über Passa und Mazzot von

Diversität gekennzeichnet sind. Betrachtet man die betreffenden Passagen
im einzelnen, zeigt sich, daß die Unterschiede noch größer sind und man
davon auszugehen hat, daß in Israel einerseits unterschiedliche Auffassungen über die Art und Weise der Feier existierten und andererseits, daß die
Gebräuche eine Neuinterpretation, Veränderung und Ausweitung erfuhren.
Es ist unbestreitbar, daß das Passa/Mazzot eine variierte Geschichte hinter
sich hat. Wie diese Geschichte in alttestamentlicher Zeit verlief, ist
umstritten.

Es ist nicht möglich hier auf alle aus dem AT verfügbaren Informationen über die Feier zu weisen. Elemente, die im Festkalender des Bundesbuches weiter keine Rolle spielen, wie Lobgesang und Musik als Bestandteil der Feier (II Chr. 30,21; 35,15; vgl. Esra 6,22 und s. Jub. 49,6; MPes
V, 7; IX, 3; X, 5ff.) bleiben außer Betracht. Weil ein Kommentar nicht
der Ort ist, um eine Geschichte des Kultus nachzuzeichnen, muß ich mich
auf eine Besprechung der Fragen beschränken, die für 23,15.18; 34,18.25
relevant sind.

8.5.2 *Der Ursprung und der Charakter von Passa/Mazzot* ist Gegenstand der Diskussion. Ex. 12-13 zufolge sind Passa und Mazzot im
Auftrag von JHWH durch Mose eingerichtet. Von Alttestamentlern wurde
überwiegend die Auffassung akzeptiert, daß beide Feste einen nichtisraelitischen Ursprung haben, ursprünglich keine Beziehung zueinander hatten
und sekundär mit der JHWH-Religion und dem Auszug in Verbindung
gebracht wurden. Der hier skizzierte Rahmen der Geschichte der Feste
wird auf unterschiedliche Weise ausgefüllt. Ich begnüge mich damit, die
gemäßigt kritische Position von R. de Vaux[21] mit einigen Randbemerkungen nachzuzeichnen:[22] das Passa war ursprünglich ein Opferfest von
(Halb-)Nomaden, das am ersten Vollmond im Frühjahr gefeiert wurde,
wenn die Tiere ihre Jungen werfen, die Milchproduktion zunimmt und die
Hirten ihr Winterquartier verlassen, um zu den Sommerweideplätzen zu
ziehen.[23] Es ist eine gefährliche Zeit, die für das Wohl der Herde entscheidend ist. Niemand weiß, welche Gefahren (personifiziert im Verderber von 12,23)[24] auf den Nomaden und seine Herde lauern. Gegen
solche Gefahren schützt man sich, indem man die 'Häuser' (= Zelte) und

[21] Siehe de Vaux*, II, S. 429ff.; ders., *Sacrifice*, S. 1ff.; ders.*, *HAI*, I, S. 345ff.
[22] Zur Interpretationsgeschichte s. Gispen, *GThT* (1943), S. 33ff.; Laaf, S. 148ff.;
Schmitt, S. 25ff.; Segal, S. 78ff.
[23] S. besonders L. Rost, "Weidewechsel und altisraelitischer Festkalender", *ZDPV* 66
(1943), S. 205-215 = *Das kleine Credo* usw., Heidelberg 1965, S. 101-112, und z.B. Laaf,
S. 154ff.
[24] O. Keel, *ZAW* 84 (1972), S. 414ff.: die Macht, die im Frühjahr, wenn der heiße
Ostwind aufkommt, die Vegetation verdorren läßt, Brunnen austrocknet und Krankheiten
mitbringt.

vielleicht auch das Vieh mit Blut bestreicht. Dieses alte Ritual, das in die Nomadenzeit Israels zurückreicht und von Israels Vorvätern und anderen Semiten (s. hierzu bes. Henninger) praktiziert wurde und auf das Wohlergehen der Herde gerichtet war, wurde mit der Geschichte Israels in Ägypten in Beziehung gebracht: der Blutritus sollte die Israeliten vor der gegen die Erstgeborenen gerichtete Plage schützen (12,12f.23).[25] Durch diese 'Historisierung', die alt sein muß, erhielten der Blutritus und andere Gebräuche des Passa eine neue Bedeutung. So wurden z.B. die Nomadenkleidung und das ungesäuerte Brot zum Symbol für den eiligen Auszug aus Ägypten (12,11.39).

Mazzot ist ein Bauernfest, das im Frühjahr ungefähr zur gleichen Zeit wie das Nomadenfest gefeiert wurde, anläßlich der Erneuerung der Vegetation auf dem Land. Sieben Tage lang wurden die ersten Früchte der Gerstenernte genossen, ohne daß irgendein Bestandteil der vorigen Ernte verwendet wurde. Israel übernahm dieses Fest nach der Landnahme von den Kanaanäern. Schon früh wurde es in Beziehung mit der Geschichte der Befreiung aus Ägypten gebracht (23,15; 34,18). Nach der Josianischen Reform (621) wurden Passa und Mazzot miteinander verbunden (Ez. 45,18ff.). Eine Kombination war gut möglich, da beide Feste in Zusammenhang mit dem Auszug aus Ägypten gebracht waren, den Gebrauch von ungesäuertem Brot gemeinsam hatten und in derselben Zeit gefeiert wurden.[26] Die Kombination hatte zur Folge, daß das Datum des Mazzot nicht mehr von der Jahreszeit abhing, sondern feststand.

Der Grundriß des skizzierten Bildes wurde von vielen akzeptiert. Daneben findet sich eine gänzlich andere Darstellung, die von der Existenz eines allgemeinen 'cult pattern' im Alten Orient ausgeht.[27] Nach-

---

[25] Andere betonen, daß die Übereinstimmung zwischen der Situation, in der Passa gefeiert wurde — die Nomaden sind im Begriff weiterzuziehen —, und der entsprechenden Situation von Israel in Ägypten wesentlich dazu beigetragen hat, daß das Passa mit dem Auszug in Verbindung gebracht wurde; zu den verbindenden Elementen s. Laaf, S. 117f.; Schmitt, S. 58ff.

[26] Nach anderen war anfänglich nur das Mazzot mit dem Auszug verbunden; erst später (Dtn. 16) auch das Passa; so z.B. Fohrer, S. 92f. S.I.L. Norin, *Er spaltete das Meer. Die Auszugsüberlieferung in Psalmen und Kult des alten Israel*, Lund 1977, S. 184, 189, glaubt, daß die Beziehung von Passa und Mazzot mit dem Auszug deuteronomistischen Ursprungs sei, obwohl des Auszugs schon vorher gedacht wurde (S. 189f.).

[27] Zum kultischen 'Sitz im Leben' von Ex. 1-15 mit der damit verbundenen Vorstellung, daß der Auszug in einem Kultdrama repräsentiert wurde, s. J. Pedersen, "Passahfest und Passahlegende", *ZAW* 52 (1934), S. 161-175; I. Engnell, "The Exodus from Egypt", in: *A Rigid Scrutiny*, Nashville 1969, S. 197-206; vgl. auch z.B. Henton Davies, S. 90ff.; Otto, *VT* 26 (1976), S. 3-27; S.O. Steingrimsson, *Vom Zeichen zur Geschichte*, Lund 1979; zur Kritik s. z.B. de Vaux*, *HAI*, I, S. 306ff.; Schmitt, S. 89ff.

dem früher schon von u.a. I. Engnell[28] die These verteidigt wurde, daß Passa/Mazzot ein ursprünglich kanaanäisches Neujahrsfest gewesen sei, hat Segal, S. 114ff., in Weiterführung dieser These sich dafür eingesetzt, diesem Frühjahrsfest scharfe Konturen zu verleihen, das neben spezifisch israelitischen Charakteristika Übereinstimmungen mit den Neujahrsfesten anderer Völker im Alten Orient aufweise und das seit frühen Zeiten von den Israeliten als ein Wallfahrtsfest gefeiert worden sei. Zustimmung hat Segal nicht gefunden. Ich lasse daher diese Auffassung auf sich beruhen und kehre zurück zur ersten Meinung und ihren Ort in der alttestamentlichen Wissenschaft.

8.5.3 *War das Passa ursprünglich ein Nomadenfest?* Nachdem schon früher die herrschende Auffassung von Verteidigern des Passa/Mazzot als Neujahrsfest kritisiert wurde,[29] wurde sie mit guten Gründen von Wambacq, der dieser Theorie nicht anhängt, bestritten.[30] So gibt es keine hinreichenden Argumente für die Behauptung, daß die in Ex. 12 beschriebenen Gebräuche (das Braten des Opfertieres, das Essen von ungesäuertem Brot und Kräutern), die Kleidungsvorschrift und der Blutritus am besten oder nur im Lichte der unter Nomaden üblichen Bräuche erklärt werden können.[31] So rechnet Wambacq damit, daß Israel in der Lage war, religiöse Riten zu schaffen, in diesem Fall für das Auszugsgedächtnisfest.[32] Wambacq versteht 12,1-23 auf dem Hintergrund von Israels Aufenthalt im Exil: weil das Heiligtum fehlte, wurde das Passa zu einem Familienfest.[33] Wambacqs These ist weniger anfechtbar als der Standpunkt von z.B. Laaf, S. 131ff., 161f. Er liest 12,1-20 auf dem Hintergrund des Exils,[34] hält aber trotzdem an einem nomadischen Ursprung des Passa fest. In diesem Fall muß man annehmen, daß P in später Zeit die Praxis einer sehr alten Zeit erneut aufnimmt. Diese Auffassung ist weit verbreitet (z.B. Noth; Hyatt; Schmitt, S. 79), aber ziemlich zweifelhaft. Wambacqs Auslegung ist übrigens auch spekulativ.

In Hinsicht auf Ex. 12-13 darf nicht übersehen werden, daß der Schrei-

---

[28] "The Passover", in: *A Rigid Scrutiny*, S. 185-196.

[29] Vgl. auch die methodologische Kritik von J.W. Rogerson, *Anthropology and the Old Testament*, Oxford 1978, S. 38f.

[30] S. *Bib* 57 (1976), S. 206ff., 301ff.

[31] Vgl. auch Schreiner, S. 70ff., 82; van Seters, S. 172.

[32] Van Seters, S. 170, 172, 177f., betont, daß die Schreiber nicht nur in der Lage waren, bestehenden religiösen Bräuchen eine neue Bedeutung zu verleihen, sondern auch neue zu schaffen und zu legitimieren.

[33] Vgl. van Seters, S. 180f.; seiner Meinung nach widerspiegelt auch 13,3-16 die Exilssituation.

[34] S. auch z.B. Schmitt, S. 80ff.; Schreiner, S. 89 (Passa ist ein Zeichen der Erwartung, daß JHWH, wie einst in Ägypten, durchs Land gehen und die Feinde erschlagen werde); u.a. Fohrer, S. 88, bezieht den P-Abschnitt auf die nachexilische Situation.

ber über die Situation in Ägypten erzählen möchte. Obwohl außer Frage
steht, daß fortwährend, wenn von Israel in Ägypten die Rede ist, das
spätere Israel angesprochen wird, verhält es sich nicht so, daß der Schreiber jegliche historische Perspektive aus den Augen verliert.[35] Ich möchte
auf folgendes hinweisen: abgesehen von Ex. 12 wird das Passa im AT
stets als ein Fest beschrieben, das beim Heiligtum (lokal oder zentral)
gefeiert wurde. Daß es Ex. 12 zufolge zu Hause gefeiert werden muß
(*bajit* in 12,7.13.15.19.22.23.27.46), hängt mit der Situation in Ägypten
zusammen: Israel verfügt noch nicht über ein Heiligtum. Der Schreiber
berücksichtigt das globale Bild der Kultgeschichte im Pentateuch. Darum
schweigt er auch über die Rolle des Kultpersonals bei der Feier (s. 12,6f.)
und ebenso über Opfer während des Mazzot (explizit genannt in Lev.
23,18; Num. 28,19ff.) und erwähnt, daß auch die Stücke gebraten und
gegessen werden müssen, die sonst auf den Altar gebracht wurden (12,9f.;
vgl. Lev. 1,8f. u.a.).[36]

8.5.4 *War das Mazzot ursprünglich ein Erntefest?* Schon Holzinger
und Beer, *Pesachim*, S. 19f., 29, wiesen die gängige Auffassung ab. Beer
glaubt allerdings, daß das Fest kanaanitischen Ursprungs sei. Auch bezog
er es auf das Naturjahr: ungesäuertes Brot wird mit Blick auf die bevorstehende Ernte gegessen; man glaubte, daß die Ährenreife durch Sauerteig
negativ beeinflußt werden könnte, weil man dachte, die Seele des Korns
könnte dadurch erschreckt und verjagt werden. Von anderen wurde erneut
– mit guten Gründen – glaubhaft gemacht, daß das Fest nicht das Fest
der Erstlinge der Gerstenernte sein kann.[37] Es kann deshalb kein Erntefest sein, weil es an einem bestimmten Tag gefeiert werden muß (im
Unterschied zum Wochen- und Laubhüttenfest) und nie in Beziehung mit
der Ernte steht. Im Monat Abib ist die Gerste noch nicht reif zur Ernte.

Wie kann der Brauch der ungesäuerten Brote dann erklärt werden?
Segal meint, daß der Sauerteig beseitigt werden muß, um zu verhindern,
daß die kommende Ernte verdorben wird. Wambacq konkludiert, daß das
Fest, wenn nicht schon von Anfang an, so doch sicher sehr früh mit dem
Auszug verbunden war; die eintägige Feier beschreibt er wie folgt: ein
Tier wurde geopfert; bei der Mahlzeit war nur ungesäuertes Brot (23,18;
34,25) erlaubt; man aß zum Gedächtnis an den Auszug (12,8.34.39).[38]
Halbe hält am nomadischen Ursprung des Passa fest und behauptet, daß

---

[35] Anderenorts werden Vorschriften gegeben, die der Situation in der Wüste Rechnung
tragen (Lev. 16,10.21f.; 24,10-23 u.a.); vgl. Houtman*, *Pentateuch*, S. 353ff.

[36] Anders Haran, S. 114ff.: auch Ex. 12 setzt voraus, daß das Passa ein Fest beim
Heiligtum ist.

[37] Siehe Segal, S. 108ff., 115f., 128f., 178ff., 194ff.; Halbe, *ZAW* 87 (1975), S. 325ff.;
Wambacq, *Bib* 61 (1980), S. 31ff.; vgl. auch Otto, *Mazzenfest*, S. 183; van Seters, S. 171f.

[38] S. *Bib* 62 (1981), S. 505.

das Essen von ungesäuertem Brot typisch für das Reisen, für die nomadische Existenz sei. Nach dem Einzug, als die Nomaden Bauern geworden waren, erhielt das Essen von ungesäuertem Brot eine andere Bedeutung. Anfänglich noch im Rahmen des Passa (Jos. 5,10-12) übt es beim Feierteilnehmer nicht mehr bei Aufbruch und Reise eine prägende Wirkung aus, sondern beim ersten Gebrauch des Ertrags des Kulturlandes nach dem Auszug und der Reise. Später wurde die Verwendung von ungesäuertem Brot zu einem selbständigen Fest von sieben Tagen. Es ist allerdings kein Landbaufest — während der Feier steht das Getreide noch unreif auf dem Feld —, sondern ein Fest, das die Bauern daran erinnert, daß der Empfang von Feldfrüchten die Erfüllung der Auszugsverheißung ist: 'das Massothfest gilt dem Heilsgeschehen, das allem Wirtschaften *voraus* ist und dem sich aller Reichtum verdankt' (S. 345). Das Fest hat sich einen solch festen Platz erworben, daß der Versuch, das außer Brauch geratene Passa zu restaurieren, zu einem Kompromiß geführt hat: Passa/Mazzot als Doppelfest (Dtn. 16). Kurz: Halbe versucht das Passa als Gedächtnisfest der Geschichte mit der agrarischen Existenz zu verbinden. Van Seters, S. 179, lehnt den nomadischen Ursprung des Passa ab und stuft Dtn. 16 als frühestes Zeugnis dessen Feier ein. Mazzot sei noch jünger: als während des Exils der Tempel in Schutt und Asche lag und ein rituelles Schlachten unmöglich war, wurde der Brauch der ungesäuerten Brote beim Passa zu einem eigenständigen siebentägigen Fest. Diese These gründet konstitutiv auf einer Spätdatierung von J.[39] Van Seters scheint allerdings nicht zu berücksichtigen, daß 13,11-16, das eng mit 13,3-10 verbunden ist, sehr wohl die Existenz eines Heiligtums voraussetzt.

8.5.5 *Das Verhältnis von Passa und Mazzot*: Wurden zwei verschiedene Feste miteinander kombiniert? Wurde *ein* aus zwei Komponenten bestehendes Fest in Ex. 12 zerteilt, weil nur die Zeremonie des Passa seine volle Bedeutung beim Auszug hatte (Mazzot wurde nicht beachtet) und in der Zeit, als der Pentateuch 'zusammengestellt' wurde, nur die Mazzot-Bestimmungen von den Israeliten außerhalb Jerusalems eingehalten wurden? (Segal, S. 174ff.; vgl. S. 92ff.). Entwickelte sich ein Element aus der Passafeier zu einem selbständigen Fest, das sich später mit dem Passa zu einem Doppelfest vereint hat? (Halbe, van Seters). Wambacq vertritt einen noch anderen Standpunkt: das ursprünglich eintägige Mazzot werde in Dtn. 16 mit einem neuen Namen, Passa, vorgestellt. Passa/Mazzot müsse scharf vom Brauch unterschieden werden, sieben Tage lang ungesäuerte Brote zu essen. Dieser Brauch wurde erst nach dem Exil (*vor* 419; Passa-Papyrus von Elephantine; s.u.) mit dem Passa verbunden.[40]

---

[39] S. dazu Houtman*, *Pentateuch*, S. 226ff.
[40] S. *Bib* 62 (1981), S. 499ff.; vgl. *Bib* 57 (1976), S. 308ff.

Wie hat man zu urteilen? Haran, S. 110, ist der Ansicht, daß ein
Studium der biblischen Quellen zeigt, daß sie alle die Existenz einer
Beziehung zwischen Passa und Mazzot belegen. Aus der Erwähnung der
als alt betrachteten Texte 23,18; 34,25, daß gesäuertes Brot beim Passa
tabu ist, konkludiert er, daß die Beziehung zwischen beiden kein Novum
sei, das erst in Dtn. 16,1-8 oder Ez. 45,21 begegnet. Ein Problem bleibt
allerdings, daß das Fest in Ex. 23 und 34 zwar explizit Mazzot genannt
wird (23,15; 34,18), aber nicht explizit mit dem Passa (23,18; 34,25) in
Verbindung gebracht wird. Mazzot wird ausdrücklich als Gedächtnis des
Auszugs beschrieben. Das Passa nicht. Die Bedeutung wird als bekannt
vorausgesetzt. Ob die in 23,18; 34,25 unterstellte Bedeutung mit der
zusammenfällt, die in Ex. 12 dem Passa gegeben wird, oder ob Ex. 12
eine Neuinterpretation eines bestimmten nächtlichen Rituals beinhaltet,
bleibt unsicher. Wie dem auch sei, die Art und Weise, wie Passa und
Mazzot im AT erwähnt werden, macht es wahrscheinlich, daß die Bezie-
hung zwischen den beiden nicht ursprünglich ist. Eine Beschreibung der
Geschichte der Feste ist jedoch ein äußerst problematisches Unterfangen.
Die Puzzelstücke der jeweiligen Texte lassen offensichtlich eine Kombi-
nierung in allerlei Variationen zu, die in stets neuen Theorien ausmünden.
Betrachtet man die Fakten, dann muß man m.E. feststellen, daß die
Auffassung, daß vorisraelitische Feste von Israel übernommen und
historisiert wurden, nicht nachzuweisen ist. Sie ist eine Frucht von
Wellhausens allzu einfacher, evolutionistischer Sicht der Religionsgeschichte Israels. Wohl aber ist glaubhaft zu machen, daß Israel sich
bestehende religiöse Gebräuche und Symbole dienstbar gemacht hat, um
der großen Heilstaten in seiner Geschichte zu gedenken, und sie einsetzte,
um seine Feste zu gestalten. Wie das ein oder andere vonstatten ging, läßt
sich nicht mehr transparent machen.

Deutlich ist, daß ab einem bestimmten Zeitpunkt Passa/Mazzot gehalten
wurden. Aber ab wann genau? Eine Antwort ist nicht einfach. Dies hängt
mit den Problemen zusammen, vor die uns eine Textdatierung stellt,
sowie u.a. damit, daß die Schreiber durchaus die historische Perspektive
im Auge behielten (s.o.) und zudem, daß unsere Kenntnis der Kultgeschichte Israels gering ist.[41] Daß dies bereits vor dem Exil stattfand, läßt
sich nicht ausschließen. Ein Lesen der Abschnitte auf dem Hintergrund
des Exils befriedigt in jedem Fall nicht.

8.5.6 Aber wie sah Passa/Mazzot dann aus? Vorher schon wurde auf
den divergierenden Charakter der alttestamentlichen Stellen aufmerksam
gemacht. Sie verdeutlichen, daß Passa/Mazzot in verschiedenen und
wechselnden Gestalten/Formen bestanden haben mußte und den Um-

---

[41] Vgl. Houtman*, *Pentateuch*, S. 360ff.

ständen entsprechend der Charakter der Feier eine Veränderung erfuhr. Verschiedene Fragen tauchen an dieser Stelle auf. Dauerte das Fest ursprünglich nur einen Tag? (Wambacq).

Es muß eingeräumt werden, daß man zuweilen den Eindruck erhält, daß gesäuertes Brot nur einen Tag lang tabu war (12,17; 13,3). Andererseits ist die Periode von sieben Tage so stark in den Texten verankert, daß man bei einer Akzeptanz von Wambacqs These gezwungen ist, mit einer eingreifenden Bearbeitung zu rechnen. Nimmt man überdies an, daß Passa/Mazzot anfänglich bei einem (Lokal-)Heiligtum gefeiert wurde, brauchen die sieben Tage kein Problem darzustellen – das Brot aß man nach dem Passa-Ritual im Heiligtum auf dem Heimweg, als Erinnerung an den Auszug, an das Unterwegs-Sein (Dtn. 16,5ff.);[42] 12,16 (vgl. Lev. 23,6-8) und 13,5 (vgl. Dtn. 16,8) scheinen allerdings je eine andere Situation vorauszusetzen. Ferner muß mit Veränderungen in der Interpretation der Bräuche gerechnet werden. In diesem Zusammenhang gilt es, einige Anmerkungen zum Essen von ungesäuertem Brot zu machen.

In den Texten, die die Feier von Mazzot vorschreiben, wird stets auf den Auszug aus Ägypten verwiesen, außer in Dtn. 16,3, wo der Brauch der ungesäuerten Brote nicht erklärt wird. In den erzählenden Textabschnitten wird allerdings eine Erläuterung des Brauchs geboten (12,34.39), doch stimmt diese nicht (nur teilweise?) mit der Erläuterung von Dtn. 16,3 überein (s. auch 8.2 zu 23,15).[43] Der Brauch ist im Laufe der Zeit offensichtlich unterschiedlich erklärt worden.[44] Vielleicht ist das Essen von ungesäuertem Brot und das Beseitigen von Gesäuertem ursprünglich ein Säuberungs- und Erneuerungsritus gewesen. So ist es nicht unbegründet, daß ungesäuertes Brot als Sinnbild für Reinheit verstanden wird.[45] Der Auszug aus Ägypten ist der Übergang in eine neue Existenz. Durch das Feiern des Passa/Mazzot ziehen die Israeliten in der Neuheit des Lebens aus, befreit, vor dem Tod bewahrt und gereinigt. Entsprechend der Feier des Passa und dem Essen von ungesäuertem Brot beim Einzug

---

[42] Vgl. Halbe, *ZAW* 87 (1975), S. 165ff.

[43] De Vaux*, *HAI*, I, S. 348, sieht einen Zusammenhang zwischen 12,34.39 und dem Essen von ungesäuertem Brot beim Passa (Nomadenspeise); vgl. Halbe (s.o.); gemäß Otto, *VT* 26 (1976), S. 15ff., gehören 12,34.39 zur Ätiologie des Mazzot; so auch van Seters, S. 176, und schon Eerdmans*, S. 39, 120; W. Fuss, *Die deuteronomistische Pentateuchredaktion in Exodus 3-17*, Berlin/New York 1972, S. 283f.

[44] Josephus, *Ant.*, II, 316f., berichtet, daß ungesäuertes Brot zur Erinnerung an die Zeit, wo Mangel herrschte, gegessen wurde.

[45] Z.B. Keil, S. 424, 433f.: Passa/Mazzot bezeichnet die innerliche Trennung vom Heidentum, den Eintritt in das neue Leben der Gemeinschaft mit Gott; Heinisch, S. 101: dieses Essen ermahnt Israel, ein heiliges Leben zu führen; Gispen, S. 124, 126f., 128: es deutet den Bruch mit der Sünde an.

in Kanaan (Jos. 5,10ff.) ist auch der Einzug als Übergang in eine neue
Existenz zu verstehen. Zäsuren in der Heilsgeschichte werden durch
Passa/Mazzot markiert.

8.5.7 *Das Verhältnis zwischen Passa und der zehnten Plage*, dem Tod
des Erstgeborenen (12,29f.), die oft als Urplage betrachtet wird,[46] ist
Gegenstand der Diskussion. Um folgende Frage geht es: ist die Erzählung
vom Tod der Erstgeborenen, die in 12,11-13 mit dem Passa verbunden
wird, aus dem Passaritual entstanden oder ist das Passaritual in bezug auf
die Überlieferung der zehnten Plage sekundär? In erstem Fall behauptet
man, daß der auffällige Umstand, daß nur die Erstgeborenen betroffen
sind, einzig auf der Grundlage der Priorität des Passarituals erklärt werden
kann. In bezug auf die Erfaltung dieser Meinung werden unterschiedliche
Wege beschritten.[47] So wurde z.B. die Ansicht vertreten, daß das Passa
ursprünglich das Opfer der menschlichen Erstgeburt gewesen sei. Weil
Pharao Israel das Opfern verweigerte (Passa = Fest in der Wüste von
3,18; 5,1.3 usw.),[48] darum hat JHWH die Erstgeborenen Ägyptens –
entsprechend einer älteren Version: Pharaos erstgeborenen Sohn (4,23) –
getötet. Der Tod der erstgeborenen Tiere sei eine spätere Zufügung. Im
Passaritual nahm später ein Tier als Substitut den Platz der menschlichen
Erstgeburt ein (vgl. Gen. 22) (Greßmann*, S. 100ff.). Mehr Zustimmung
fand die Auffassung, daß die zehnte Plage aus dem Brauch entstanden sei,
beim Passa erstgeborene Tiere zu schlachten.[49] Pharao wollte dies verhindern, was zur Folge hatte, daß auch die menschliche Erstgeburt
starb.[50] Mit einem neuen Akzent wurde die Auffassung der Priorität des

---

[46] S. z.B. Greßmann*, S. 82, 101; M. Noth, *Überlieferungsgeschichte des Pentateuch*,
Stuttgart 1948, S. 73f.; Fohrer, S. 72ff.

[47] Siehe Schmitt, S. 37ff.

[48] Von Autoren, die Passa und Erstgeburtsopfer miteinander verbinden, aber auch von
anderen (z.B. de Vaux, *Sacrifice*, S. 18) wird das Fest in der Wüste mit dem Passa
identifiziert. Daß in Ex. 12 die Rede von der Passafeier in Ägypten ist und nicht in der
Wüste, wird von Greßmann*, S. 103, literarisch erklärt: ein jüngerer Erzähler hat das zum
Sinai gehörende Passa in die Zeit des Auszugs verlagert (vgl. E. Meyer, *Die Israeliten und
ihre Nachbarstämme*, Halle a.S. 1906, S. 40); Henton Davies, S. 101ff., erklärt dies
historisch: durch den Widerstand des Pharao war es unmöglich, das Fest pünktlich in der
Wüste zu feiern; darum beschloß Mose, es in Ägypten zu feiern. S. zu dieser Frage Schmitt,
S. 25f.; Segal, S. 152f. (der Hintergrund von 3,18 usw. sei der rituelle Exodus während des
Neujahrsfestes; vgl. S. 179, 209f.); Wambacq, *Bib* 57 (1976), S. 213ff., und Houtman*,
Exodus, I, S. 375ff.

[49] S. z.B. J. Wellhausen (Anm. 12), S. 84f.; Beer, *Pesachim*, S. 11f.; Pedersen*, III-IV,
S. 398f.

[50] Laaf, S. 119ff., sieht ebenfalls eine Beziehung zwischen dem Fest in der Wüste und
dem Tod der Erstgeborenen, glaubt aber, daß eine Identifizierung dieses Festes mit dem
Passa unrichtig sei; übrigens: die Ansicht, daß das Passa die Keimzelle der zehnten Plage
sei, impliziert nicht, daß man 12,21ff., das gewöhnlich als die älteste Version des Passaritu-

Passarituals von Noth vorgetragen.[51] Er betont den Blutritus als wesentliches Element: das Passa ist ein apotropäischer, Unheil abwehrender Ritus, der insbesondere den Erstgeborenen galt. Noth versucht dem Vorwurf entgegenzutreten, daß die Passa-Texte über die erstgeborenen Tiere schweigen.

Die Theorie von der Priorität steht und fällt mit der Richtigkeit der Prämisse, daß beim Passa die Erstgeburt geschlachtet wurde. Diese Auffassung hat noch stets Anhänger,[52] findet aber keinen Anhaltspunkt im AT und wurde zu Recht abgewiesen.[53] Eine Konsequenz der Abweisung ist die Meinung, daß das Passaritual nur das Mittel gewesen sei, womit sich die Israeliten gegen den Verderber schützen. In diesem Fall ist das Passaritual 'überlieferungsgeschichtlich' sekundär, jedenfalls nicht primär,[54] wobei man z.B. annehmen muß, daß das Thema der Erstgeborenen als Schlachtopfer ein erzählerisches Motiv ist, das seinen Ursprung in der herausragenden Position hat, oder daß es einen historischen Hintergrund hat.[55] M.E. wurde das Passa sekundär mit der zehnten Plage in Beziehung gesetzt. Es sei darauf hingewiesen, daß in den Psalmen das Passa zumindest nicht explizit (vgl. Ps. 81,6a; 111,4) genannt wird und das Ritual nicht gänzlich mit der zehnten Plage kongruent ist: die ganze Familie ist beim Passa einbezogen und erhält Schutz, während die Plage sich nur gegen den Erstgeborenen richtet.

Otto, *VT* 26 (1976), S. 3-27, lehnt eine Ableitung der zehnten Plage aus dem Passa ab und verbindet die zehnte Plage eng mit Mazzot: die zehnte Plage ist die Ätiologie der Weihe der Erstgeburt, die während des Festes

---

als betrachtet wird, literarische Priorität zuschreibt; dies ist erst recht nicht nötig, wenn man das Fest in der Wüste mit dem Passa gleichsetzt; z.B. J. Wellhausen, *Die Composition des Hexateuch und der historischen Bücher des Alten Testaments*, Berlin 1899 (1963⁴), S. 73ff., betrachtet 12,21-27 als Zufügung zu JE oder als Anhang von Q [= P]; s. ferner Otto, *VT* 26 (1976), S. 3ff.

[51] *Überlieferungsgeschichte des Pentateuch*, S. 71ff.; *Exodus*, S. 68ff.

[52] Siehe Henninger, S. 39ff., 127.

[53] Siehe Fohrer, S. 91; Segal, S. 104f.; de Vaux, *Sacrifice*, S. 6, 17, 21; Wambacq, *Bib* 57 (1976), S. 212ff.; vgl. Schmitt, S. 42ff.

[54] Vgl. z.B. Fohrer, S. 89ff.; Laaf, S. 18ff., 119ff.; Otto, *VT* 26 (1976), S. 18ff.; H. Schmid, *Mose. Überlieferung und Geschichte*, Berlin 1968, S. 43ff.; van Seters, S. 177ff.; de Vaux*, *HAI*, I, S. 347f.

[55] S. dazu z.B. Beer, S. 59; Fohrer, S. 90, 96f.; Henton Davies, S. 112; Schmid, *Mose*, S. 46f.; Schmitt, S. 55ff. (vgl. auch Hyatt, S. 144ff.; Segal, S. 188, und s. Houtman*, *Exodus*, I, S. 185; ders.*, *Exodus*, II, S. 21ff.); anders M. Gilula, "The Smiting of the First-Born — an Egyptian myth?", *Tel Aviv* 4 (1977), S. 94f.; wieder anders Otto, van Seters (s.u.).

stattfindet.[56]

8.5.8 Die *Geschichte des Passa* ging auch in der nachalttestamentlichen Periode weiter. Gemäß dem sog. Passa-Papyrus aus Elephantine (419 v.Chr.) fand die Feier unter den Juden in Ägypten im 5.Jh. statt[57] und TR XVII zufolge gehörten Passa/Mazzot zu den Feiern, die von der Gemeinschaft in Qumran in Ehren gehalten wurden. Außerbiblische Quellen bieten Informationen über aus dem AT unbekannte Bräuche, wie z.B. das Trinken von Wein beim Passa (zuerst in Jub. 49,6 genannt),[58] Zulassung zur Feier ab dem 20. Lebensjahr (Jub. 49,17; TR XVII, 8) usw.,[59] und verdeutlichen, daß sich das Passa in der Zeit des NT zu einem Fest entwickelt hat, das aus zwei Teilen bestand: (1) Schlachtung durch Laien und Blutbesprengung durch den Klerus im Jerusalemer Tempel (MPes. V, 2ff.); (2) nächtliches Mahl in den Häusern der Stadt (MPes. X, 1ff.). In diesem Zusammenhang sei darauf aufmerksam gemacht, daß in der jüdischen Auslegung ein Unterschied zwischen 'dem Passa von Ägypten' und dem 'Passa der Geschlechter' gemacht wird: das Auswählen des Tieres am 10. des Monats (12,3), der Blutritus und das eilige Essen (12,7.11) galten für Israel in Ägypten, nicht aber für spätere Generationen.[60] Der Unterschied zielt darauf ab, die Diskrepanz zwischen der Praxis der Passafeier und den biblischen Vorschriften zu rechtfertigen, stellt aber vor die Frage nach dem Anspruch von 12,14.24.28.51.

Auch nach dem Fall von Jerusalem und der Verwüstung des Tempels (70 n.Chr.) blieben Passa und Mazzot bestehen, wenn auch in modifizierter Form, da in Ermangelung eines Heiligtums das Schlachten und der Brauch des Passalammes nicht mehr möglich war. Die Feier findet in der Synagoge statt und insbesondere im häuslichen Kreise, entsprechend der Liturgie der Passa Haggada, deren feste Punkte bereits in MPes. X (2.Jh.)

---

[56] In gleicher Weise van Seters, S. 176ff.; vgl. auch Wambacq, *Bib* 61 (1980), S. 42ff.; 62 (1981), S. 513ff.; anders Laaf, S. 124f.: zuerst wurde der Auszug mit dem Tod der Erstgeburt verbunden; im folgenden wurde Mazzot, das als Fest der Erstlinge der Ernte eng mit der Weihe der erstgeborenen Tiere verbunden ist, mit dem Auszug in Verbindung gebracht.

[57] S. z.B. B. Porten, *Archives from Elephantine*, Berkeley/Los Angeles 1968, S. 122ff.; P. Grelot, "Sur le 'Papyrus Pascal' d'Éléphantine", in: *Mélanges Bibliques* usw. (FS H. Cazelles), Kevelaer/Neukirchen-Vluyn 1981, S. 163-172; Segal, S. 8ff., 221ff.

[58] Vgl. G. Beer, *ZAW* 31 (1931), S. 153.

[59] Details über das Feiern in späterer Zeit müssen unberücksichtigt bleiben; zu Informationen über Jub. 49; Josephus; Philo; MPes. s. z.B. Str-B, IV, S. 41ff.; Beer, *Pesachim*, S. 46ff.; Segal, S. 19ff., 231ff.

[60] Z.B. TPsJ zu 12,3.11; Mek., I, 25, 40, 117f.; MPes. IX, 5; bPes. 96a; Raschi, Ibn Esra, Nachmanides und auch z.B. Cassuto; was genau zum ersten Passa gehört, darüber besteht keine Einigkeit.

zutage treten.[61] Das Passaritual wurde die Jahrhunderte hindurch von den Samaritanern praktiziert. Ihre Feier hat eine strikte Beachtung der Vorschriften von Ex. 12 im Auge.[62] Die Passafeier ist auch bei den Falaschas bekannt. Auch bei ihnen sind Schlachtung und Mahlzeit Teil des Rituals.[63] Die Passafeier im NT ist eng mit dem Tod Jesu verbunden und wirft u.a. aufgrund der Divergenzen zwischen den Synoptikern und Johannes Probleme auf, u.a. in bezug auf das Datum und die Art des letzten Mahles Jesu mit seinen Jüngern (Mk. 14,12ff. par.; Joh. 13ff.). Ich weise lediglich darauf hin, daß die Ansicht, der zufolge kein direkter Bezug zwischen dem Abendmahl und dem Passa bestehe,[64] nicht überzeugen kann und das Abendmahl auf dem Hintergrund des Passa Profil erhält.[65]

8.6 Das Böcklein in der Milch seiner Mutter

Schwer verständlich ist die Bestimmung, daß ein Böcklein nicht in der Milch seiner Mutter gekocht werden darf (23,19; 34,26; Dtn. 14,21). Die Bestimmung wird gewöhnlich im Zusammenhang mit zwei anderen Bestimmungen besprochen: ein Rind oder ein Schaf darf nicht am gleichen Tag wie sein Junges geschlachtet werden (Lev. 22,28); aus einem Vogelnest dürfen die Jungen genommen werden, die Mutter soll man fliegen lassen (Dtn. 22,6f.). In letzterem Fall geht es nicht um eine Form von Tierschutz oder Mitleid mit dem Tier. Der Mutter werden ihre Jungen weggenommen (die Jagd auf Vögel war im alten Israel vollkommen akzeptiert; vgl. z.B. Jer. 5,26; Hos. 9,8; Am. 3,5). Die Vorschrift von Lev. 22,28 richtet sich nur gegen das gleichzeitige Schlachten und verlangt z.B. nicht, daß eines der beiden nicht vor den Augen des anderen geschlachtet wird.[66] Der jüdische Brauch, keine mit Milch zubereiteten Gerichte und Fleisch während derselben Mahlzeit zu servieren, gründet auf der rabbinischen Interpretation von 23,19; 34,26; Dtn. 14,21.

---

[61] Siehe B.M. Bokser, *The Origin of the Seder*, Berkeley 1984.

[62] Siehe J. Jeremias, *Die Passahfeier der Samaritaner*, Gießen 1932 (mit Fotos); Segal, S. 251ff.

[63] Siehe W. Leslau, *Coutumes et croyances des Falachas*, Paris 1957, S. 70f., 79f.; Segal, S. 255f.

[64] S. z.B. Beer, *Pesachim*, S. 92ff.

[65] Zum NT s. z.B. *ThWNT*, V, Sp. 895ff.; F. Chenderlin, *Bib* 56 (1975), S. 369-393; 57 (1976), S. 1-24; R. Le Déaut, *La nuit pascale*, Rome 1963; N. Füglister, *Die Heilsbedeutung des Pascha*, München 1963; J. Jeremias, *Die Abendmahlsworte Jesu*, Göttingen 1960³. G.B. Gray, *Sacrifice in the Old Testament*, Oxford 1925, S. 383ff.; Segal, S. 33ff., 242ff.

[66] Keel, *Böcklein*, bietet einen Überblick zur Auslegungsgeschichte der fraglichen Texte. S. auch *ThWAT*, I, Sp. 924ff.; Gaster*, S. 250ff.

Philo (*De virtutibus*, § 124-144) behauptet, daß 22,29; Lev. 22,27 vom Respekt gegenüber dem Tier zeugen: der Mensch darf das eben geborene Tier nicht von der Mutter wegholen, um sich selbst daran gütlich zu tun, oder unter dem Vorwand, es opfern zu wollen; der Mutter darf kein unnötiger Schmerz zugefügt werden; so muß verhindert werden, daß sie an Euter und Zitzen leidet, weil sie nicht säugt; auch 23,19; Lev. 22,28 tragen den Gefühlen des Tieres Rechnung und beinhalten überdies eine Lektion für den Menschen: wenn der Gesetzgeber bereits in bezug auf unverständige Tiere soviel Humanität verlangt, wieviel mehr verlangt er dies dann nicht von den Menschen im Umgang miteinander![67] Von Josephus (*Contra Apionem*, II, 213f.) wurde Dtn. 22,6f. als ein Humangebot interpretiert; von Pseudo-Phocylides als ein pragmatisches Gebot: '... laß die Mutter zurück, damit du von ihr wieder Junge erhältst' (84f.). Maimonides (12.Jh.) gibt dem pragmatischen Prinzip auch einen Ort in der Interpretation von 23,19 usw.: ein Böcklein, das in der Milch seiner Mutter gekocht wird, ist eine zu fette Speise, die das Blut erstarren läßt. Betrachtungen à la Philo hielten sich die Jahrhunderte hindurch.

Seit der zweiten Hälfte des 19.Jh. (aber auch schon bei Maimonides), insbesondere nach dem Fund ugaritischer Texte, gewann die Auffassung breiten Raum, daß 23,19; 34,26; Dtn. 14,21 gegen solch einen Brauch gerichtet sei, der außerhalb von Israel im Rahmen eines Götzenkultes ausgeübt wurde.[68] Keel weist diese Auffassung ab und behauptet unter Verweis auf die vielen aus dem Alten Orient bekannten Abbildungen einer säugenden Kuh oder Ziege mit ihrem Jungen, daß mit einem kanaanäischen Hintergrund des betreffenden Abschnitts gerechnet werden muß: die säugende Kuh/Ziege war Symbol für gottgeschenkte Fruchtbarkeit und göttliche Sorge und Liebe, die vor allem durch Muttergottheiten repräsentiert wurden; aus diesem Grund war die säugende Kuh/Ziehe in der Opfergesetzgebung mit Tabus umringt; man wollte die durch die Tiere symbolisierten Göttinnen nicht kränken; solche Tabus wurden von Israel hin und wieder übernommen, ohne daß man um die genaue Bedeutung gewußt habe; bei Israel sind sie zu allgemeinen Speisevorschriften geworden; in zumindest einem Fall werde Respekt vor einer fundamentalen Schöpfungsordnung, der Mutter-Kind-Beziehung, zum Ausdruck gebracht (Dtn. 22,6f.). Kurzum: Keel signalisiert eine Entwicklung vom Opfertabu zur Forderung nach einer respektvollen Haltung in bezug auf eine besonders auffällige Schöpfungsordnung, die Mutter-Kind-Beziehung,

---

[67] In der rabbinischen Auslegung und von Philo sind die Gebote auf jeweils ein junges Tier bezogen worden; *gᵉdi* in 23,19 hat eine engere Bedeutung; s. 8.3 zu 23,19.

[68] S. jedoch R. Ratner & B. Zuckerman, "'A Kid in Milk'? New Photographs of *KTU* 1.23, Line 14," *HUCA* 57 (1986), S. 15-60.

in der sich die Sorge der Natur um den Fortgang des Lebens widerspiegele (S. 40ff., 142ff.).

Keels Darlegung überzeugt mich nicht.[69] M.E. kann man nur schwer behaupten, daß in Dtn. 22,6f. von Pietät gegenüber dem Tier die Rede ist. Die von Keel gesammelten Abbildungen verdeutlichen, daß der Mensch im Alten Orient von der liebevollen Beziehung von Kühen und Ziegen zu ihren Jungen beeindruckt war (vgl. auch I Sam. 6,7ff.). Zu bezweifeln ist m.E., daß 22,29 usw. hiervon Zeugnis ablegen. In bezug auf 22,29; Lev. 22,28 könnte vorausgesetzt werden, daß das Junge sieben Tage bei der Mutter bleiben darf, weil es einigermaßen entwickelt sein muß, um als Opfergabe geeignet zu sein. Von Pietät gegenüber dem Tier scheint keine Rede zu sein. Siehe 22,28: das Opfer darf nicht hinausgezögert werden; JHWH muß das erhalten, worauf er ein Anrecht hat. In 23,19; 34,26; Dtn. 14,21; 22,6f. ist m.E. von Tabus die Rede, doch läßt sich deren Sinn nicht mehr rekonstruieren. Genannte Bräuche mußten offensichtlich unterlassen werden, da man sonst ein Unheil heraufbeschwor (siehe Schluß von Dtn. 22,7).

Gemäß C.M. Carmichael, *HThR* 69 (1976), S. 1-7, richtet sich das Gebot von 23,19; 34,26; Dtn. 14,21 gegen eine Vermengung von Tod und Leben: das tote Böcklein wird in der Mich seiner Mutter gekocht, die ihm das Leben schenkte. Labuschagne meint, daß mit 'Milch' rötliche Biestmilch gemeint sei und das Kochen damit deshalb verboten war, weil man aufgrund der Farbe glaubte, daß die Milch Blut enthalte[70]. Um Labuschagnes Auffassung zu akzeptieren, ist es notwendig, daß man bereit ist, mit ihm eine enge Beziehung zwischen 23,19b und dem Brauch, Erstgeborene während des Wochen- bzw. Laubhüttenfestes zu opfern, anzunehmen. Da nach meinem Urteil keine enge Beziehung zu 23,18 und den vorhergehenden Versen besteht, bin ich geneigt, 23,19b als eigenständiges Speiseverbot zu betrachten, das ursprünglich nur auf das Opfermahl bezogen war und nicht die Funktion eines allgemeinen Speiseverbotes (Dtn. 14,21) erfüllte (s. auch 8.4.3).

---

[69] Vgl. M. Haran, *Tarb* 52 (1982-83), S. 371-392; ders., *ThZ* 41 (1985), S. 135-159; die Erwiderung von Keel in: O. Keel & S. Schroer, *Studien zu den Stempelsiegeln aus Palästina/Israel*, I, Freiburg/Göttingen 1985, S. 25-38.

[70] S. 14f.; zum Tabu des Blutgenusses s. Gen. 9,4; Lev. 3,17; 7,26; 17,10ff. (vgl. I Sam. 14,32ff.; Ez. 33,25; s. jedoch auch Num. 23,24) und Houtman*, *Exodus*, I, S. 40ff.

KAPITEL IX

EPILOG
EIN BLICK IN DIE ZUKUNFT

9.1 Übersetzung

23,20 '*Bald werde ich einen Boten vor dir aussenden, um dich unterwegs zu beschützen und um dich an den von mir bestimmten Ort zu bringen.*

21 *Bring ihm Achtung entgegen, indem du auf ihn hörst und dich ihm nicht widersetzt. Eure Vergehen kann er nämlich nicht vergeben, obschon er mein Repräsentant ist.*

22 *Wenn du aber auf ihn hörst und alles tust, was ich dir befehle, dann werde ich der Feind deiner Feinde sein und der Widersacher deiner Widersacher.*

23 *Mein Bote geht nun vor dir aus, um dich zu den Amoritern, Hetitern, Perisitern, Kanaanitern, Hewitern und Jebusitern zu bringen, und ich werde sie auslöschen.*

24 *Du sollst vor ihren Göttern nicht niederknien, du sollst dich nicht dazu verführen lassen, ihnen zu dienen, du sollst es ihnen (den Bewohnern des Landes) nicht gleichtun. Im Gegenteil, du sollst sie (die Götzenbilder) niederreißen und ihre Mazzeben kurz und klein schlagen.*

25 *Wenn ihr dann euren Gott JHWH verehrt, dann wird er dein Brot und dein Wasser segnen. Ja, Krankheiten werde ich dann von dir fernhalten.*

26 *In deinem Land wird keine Frau mehr eine Fehlgeburt haben oder unfruchtbar sein. Ein erfülltes Leben werde ich dir schenken.*

27 *Den Schrecken, der vor mir ausgeht, werde ich vor dir hersenden, ja, alle Völker, zu denen du kommst, werde ich in Panik versetzen. Alle deine Feinde werde ich für dich in die Flucht schlagen.*

28 *Ich werde nämlich Wespen vor dir hersenden und die werden die Hewiter, Kanaaniter und Hetiter vor dir verjagen.*

29 *Ich werde sie nicht in einem einzigen Jahr vor dir verjagen; sonst würde das Land zur Öde werden und die wilden Tiere die Oberhand über dich bekommen.*

30 *Nach und nach werde ich sie vor dir verjagen, bis daß du so angewachsen bist, daß du das Land in Besitz nehmen kannst.*

31 *Dein Grundgebiet werde ich wie folgt festsetzen: vom Meer Suf bis zum Meer der Philister und von der Wüste bis zum Strom (soll es sich*

erstrecken). *Ja, ich werde die Bewohner des Landes in eure Macht geben, so daß du sie vor dir hinausjagen kannst.*
32 *Mit ihnen und mit ihren Göttern sollst du keine Verbindung eingehen.*
33 *Sie sollen nicht in deinem Land wohnen bleiben; sonst würden sie dich zu Fehlverhalten mir gegenüber verleiten. Solltest du nämlich ihre Götter verehren, dann schnappt die Falle über dir zu'.*

9.2 Exegetische Anmerkungen

23,20 *hinnê 'ānōkî*, zur Einleitung eines Nominalsatzes mit einem Partizip zur Umschreibung eines bevorstehenden Ereignisses (vgl. z.b. Ges-K § 116p,q; Joüon § 119n). *mal'āk* (s. *THAT*, I, Sp. 900ff.; *ThWAT*, IV, Sp. 877ff.), 'Bote', ist die Person, die im Auftrag eines Meisters, eines Fürsten oder Leiters, oder einer Gemeinschaft zu einem anderen Fürsten oder Leiter oder einer anderen Genmeinschaft gesandt wird, um eine Botschaft, einen Befehl oder eine Bitte zu überbringen. Der Bote überbrückt den räumlichen Abstand. Zwischen ihm und dem Auftraggeber besteht eine enge Beziehung. S. dazu und im besonderen zur engen Beziehung zwischen JHWH und seinem Boten Houtman*, *Exodus*, I, S. 335ff. Sam.Pent.: *mal'ākî*, 'mein Bote' (vgl. 23,23 MT); vgl. LXX (auch 33,2), Vulg. *lᵉfānæjkā*, Symm.: προάγοντά σε; Vulg.: *qui praecedat te*, 'der vor dir ausgeht'. *šmr*, s. 21,29. *baddāræk*, 'unterwegs', 'während der Reise' (vgl. Gen. 48,7; Ex. 4,24; 18,8; Dtn. 6,7 usw.; zu *dæræk*, 'Weg', 'das Reisen', 'der Zug', s. *THAT*, I, Sp. 456ff.; *ThWAT*, II, Sp. 288ff.). Wer durch unbekanntes und unwirtliches Gebiet reist, muß, wenn er die Reise überleben will, über einen guten Führer verfügen, der weiß, wo Brunnen sind, wo man Futter für die Tiere finden kann usw. *bw'* hi. (s. 20,24), vgl. Dtn. 7,1. Die zweifache Aufgabe, beschützen und leiten, sind in Wirklichkeit zwei Aspekte eines einzigen Auftrages: unter Schutz geleiten nach (vgl. LXX); zu anderen Vorstellungen in bezug auf JHWHs Begleitung von Israel s. z.B. 13,21f. u.a.; Num. 10,29ff. (vgl. auch Ex. 32,1.4). *hammāqôm* (s. 20,24), hier zur Bezeichnung des 'Land(striches)'; vgl. LXX; τὴν γῆν (vgl. Pesch.). Nachmanides bezieht 'den Ort' auf das Jerusalemer Heiligtum (vgl. Raschi: der Ort, dem gegenüber sich das himmlische Heiligtum befindet); s. aber z.B. Ex. 3,8 und Dtn. 26,9. Neuerdings hat Crüsemann*, S. 210f., der Interpretation 'Heiligtum', 'Tempel' neues Leben eingeblasen.[1] *kwn* hi. (s. *THAT*, I, Sp. 812ff.; *ThWAT*, IV, Sp. 95ff.), 'in Bereitschaft versetzen', 'bestimmen' (vgl. I Chr. 15,3.12; II Chr. 1,4; 3,1); LXX + 'für dich'. Gemeint ist das den Erzvätern zugesagte Land (6,8; 13,5.11).

23,21 In 23,21-22 wird die in bezug auf den Boten (nicht) gewünschte Haltung und deren Konsequenzen beschrieben.

---

[1] Zu Unrecht, s. H. Ausloos, "Deuteronomi(sti)c Elements in Exod 23,20-33?", in: M. Vervenne (Hg.), *Studies in the Book of Exodus*, Leuven 1996, S. 481-500 (S. 490ff.).

hiššāmær (vgl. Ges-K § 51n und s. 21,29 [*šmr* ni.]), zur Einleitung von Finalsätzen (KöSynt § 364a); in LXX (πρόσεχε σεαυτῷ, 'hüte dich'; vgl. 34,12) blieb *mippānâw* unübersetzt. *šm'* qal + *b'qôl*, 'hören auf' (s. 22,22), gemeint ist auf die Vorschriften, die er erteilt, natürlich im Namen von JHWH (vgl. z.B. 15,26).

'al-tammēr (Sam.Pent.: *'al tamm'rî*; so auch SamT[J]), Prohibitiv hi. sing. von *mrr* (s. ThWAT, V, Sp. 16ff.), 'verbittere nicht' (s. Symm.: μὴ παραπίκραινε [s. Salvesen*, S. 104f.]; vgl. z.B. SV, Dasberg). Gängig ist momentan (Ges-K § 67y) die Ansicht, daß *tæmær* (hi. von *mrh*) vokalisiert werden müßte; s. schon LXX: ἀπείθει; Aq.: προσερίσῃς; Pesch.: *tthr'*, und z.B. TO: *wl' tsrjb lqbljh*, 'und weigere dich nicht, auf ihn zu hören' (vgl. Pesch., TPsJ, TNf [in TPsJ und TNf mit 'seine Worte' als Objekt]); Vulg.: *nec contemnendum putes*, 'und meine nicht, ihn verachten zu können'. *mrh* (s. THAT, I, Sp. 928ff.; ThWAT, V, Sp. 6ff.), 'sich widersetzen', 'aufständig sein', wird oft mit Blick auf die Beziehung JHWH-Israel gebraucht, unter anderem in bezug auf die Wüstenwanderung (z.B. Dtn. 9,7.23f.; 31,27; Jes. 63,10; Ps. 78,8.17; 106,7.33.43), und kommt 'nicht hören wollen' (z.B. Dtn. 9,23), 'verwegen handeln' (Dtn. 1,43) usw. gleich. 'Widerstand' hat hier einen nomistischen Charakter; es ist das Negieren von Vorschriften.

nś' l, 'wegtragen von' (bes. der Ungerechtigkeit und ihrer fatalen Folgen; vgl. z.B. 10,17; 28,38; 30,32; 34,7) = 'vergeben', mit *pæša'* (s. 22,8) als Objekt; LXX: μὴ ὑποστείληταί σε, 'er wird dir gegenüber nicht zurückhaltend sein'; gemeint ist offensichtlich in bezug auf die Bestrafung bei Ungehorsam; vgl. Vulg.: *non dimittet cum peccaveritis*, 'er wird es nicht ungestraft lassen, wenn du sündigst'. In der Überzeugung, daß nur Gott Sünden vergeben kann, wird sogar der Gedanke, daß dies der Bote tun könnte, vermieden; vgl. MSS TPsJ: *l' 'šbwq*, 'ich (JHWH) werde nicht vergeben'. *šēm* (s. 20,24), 'Name', ist hier Bezeichnung für JHWH, wie er sich offenbart; JHWH ist im Boten gegenwärtig; der Bote tritt im Namen JHWHs auf. *qæræb*, 'das Inwendige' (des Körpers), 'die Mitte', dient mit vorangehender Präposition (auch 23,25) nur zur Verstärkung der Präposition; vgl. Brockelmann § 106i; H.J. van Dijk, *VT* 18 (1968), S. 17f.; *b'qirbô*, LXX: ἐπ' αὐτῷ, 'auf ihm' (vgl. Pesch.: *'lwhj*); der hebräische Text wird abgeschwächt (vgl. Frankel*, S. 87); vgl. auch TO: *'rj bšmj mjmrjh*, 'denn seine Memra ist in meinem Namen' (so auch TPsJ), d.h. 'er spricht in meinem Namen'; TNf: *'rwm šmj qdjš' 't qrj 'ljw*, 'denn mein heiliger Name wird über ihm ausgerufen sein' (am Rande: *wlm'lh šm mjmrj mjjqrj*, 'der Name meiner Memra ist über ihm ausgerufen').

Der Schluß von 23,21 ist rätselhaft.[2] Muß *kî* kausal oder konzessiv verstanden werden? Kann der Bote keine Vergebung schenken, weil er JHWH repräsentiert, der die Sünde so ernst nimmt, daß er sie nicht erlassen will (vgl. 32,32-34), oder kann er das nicht, weil Vergebung schlußendlich nur JHWH selber vorbehalten ist? (vgl. 34,9 und s. 33,3.5). Letzteres ist wahrscheinlich gemeint. Antizipiert wird der Götzenkult mit dem goldenen Kalb (Ex. 32). Israel wurde gewarnt, war aber dennoch ungehorsam. Die Barmherzigkeit JHWHs erweist sich dadurch als

---

[2] Vgl. auch H.-D. Neef, "'Ich selber bin mit ihm' (Ex 23,21)", *BZ* 39 (1995), S. 54-75.

groß, indem er, obwohl Israel um die Konsequenzen des Götzendienstes genau Bescheid wußte und eine Vergebung nicht in Aussicht gestellt wurde, schlußendlich dennoch mit Israel einen neuen Anfang machen wollte (34,10-35).

23,22 LXX bietet zu Beginn von 23,22 eine Wiederholung von 19,5-6 mit einer Erweiterung (nach dem ersten Satz von 19,5) 'und wenn du alles tust, was ich dir auftragen werde'. *kî 'im* bildet keine logische Einheit, wie so häufig der Fall ist; *'im* leitet einen konditionalen Satz ein; *kî* hat adversative Kraft. *šāmōa' tišma'* (vgl. 23,21 und s. Ges-K § 113o; Joüon § 123g), Sam.Pent.: 2.Pers. plur.; so auch LXX^B. *b^eqōlô*, Sam.Pent.: *b^eqōlî*, 'meiner Stimme'; vgl. LXX, TNf und den Gebrauch der 1.Pers. sing. im folgenden. Dem Boten zu gehorchen, ist gleichbedeutend damit, JHWH zu gehorchen. *w^e 'āśîtā* (zu *'śh* s. 20,23), Sam.Pent.: 2.Pers. plur. Es wird mehr als nur Gehorsam dem Boten gegenüber gefordert; für ein gesegnetes Leben ist es notwendig, alle Vorschriften JHWHs treu zu befolgen. *dbr* pi. (s. *THAT*, I, Sp. 433ff.; *ThWAT*, II, Sp. 89ff.), 'sprechen', 'sagen' (vgl. 20,20), wird hier mit der Kraft von 'befehlen' verwendet (vgl. 1,17; 11,2; 16,23; 19,8 usw.); LXX, Pesch.: + 'dir'. *w^e 'ājabtî 'æt-'ōj^ebæjkā* (Paronomasie); zu *'jb*, s. 23,4. *w^e ṣartî 'æt-ṣōr^eræjkā* (Paronomasie); zu *ṣwr* (verwandt mit *ṣrr* II), 'feindlich sein', s. *THAT*, II, Sp. 582f.; *ThWAT*, VI, Sp. 1122ff., hier mit *ṣor^eræjkā* als Objekt, dem als Substantiv gebrauchten Partizip qal.

23,22b hat poetischen Charakter. 'Feinde' und 'Widersacher' sind Synonyme und finden sich öfter in Parallele zueinander (Jes. 1,24; 59,18; Nah. 1,2; Ps. 69,19.20; 143,12). Zu JHWH und seinen Widersachern s. z.B. Dtn. 32,41.43. In 23,22 wird in allgemeinem Sinn von Israels Feinden gesprochen (vgl. auch 23,27). In 23,23.28 werden sie namentlich genannt.

23,23 In 23,23 wird nach einer Reihe von marginalen Anmerkungen (23,21-22) auf 23,20 zurückgegriffen (vgl. 3,8, wo *māqôm* [23,20] verbunden ist mit 'Amoriter' usw.). *kî* akzentuiert den Satz und hat in jedem Fall keine kausale oder temporale Bedeutung; zu letzterem s. z.B. Dasberg, der 23,23 mit 23,24 verbindet: 'Wenn mein Bote ... (23,23), dann sollst du dich nicht niederbeugen ... (23,24)' (mit 23,22 bestehe folgende Beziehung: was JHWH verheißt, wird man gut gebrauchen können, weil der Bestimmungsort für Israel ein Land voller Feinde ist; so schon Ehrlich). *hlk* qal, 'gehen', s. 21,19. *l^efānæjkā*, in LXX übersetzt mit ἡγούμενός σου (vgl. 23,27), 'dich leitend'. 'Amoriter' usw., Sam.Pent. und LXX haben hier, wie anderenorts (z.B. 3,8 und s. auch 33,2), eine sieben-gliedrige Reihe (s. dazu Houtman*, *Exodus*, I, S. 104; zu den Namen der Einwohner des Landes s. S. 103ff., 107ff., 125). Erwägenswert ist, ob mit der Bezeichnung Kanaaniter, Hetiter usw. in Wirklichkeit nicht auf die Bewohner des Landes in der frühen Geschichte angespielt wird, sondern auf Bevölkerungsgruppen aus der Zeit der Schreiber.[3] *w^ehikhadtîw* (von *khd* hi. [s. *THAT*, II, Sp. 177; *ThWAT*, IV, Sp. 137ff.], 'auslöschen', 'austilgen' [vgl. I Reg. 13,34; II Chr. 32,21 u.a.]), das Suffix sing.

---

[3] Vgl. G. Hoekveld-Meijer, *Esau. Salvation in Disguise*, Kampen 1993, S. 19f.

(jedes einzelne Volk ist Objekt [Strack], oder alle zusammen werden als Einheit gesehen [Cassuto]) wurde in den alten Übersetzungen bereits als Plur. wiedergegeben. Der Schluß von 23,23 korreliert mit 23,22b; Objekt sind die Völker, die Feinde. Der Schluß wird näher ausgearbeitet in 23,27-30 (vgl. auch 23,33a)

23,24 Am Beginn von 23,24 muß hinzugedacht werden: wenn du in das Land der Amoriter usw. gekommen bist. Aus 23,24 ist schon ersichtlich, was erst im folgenden konkret mitgeteilt wird (23,29f.), nämlich daß die Völker längere Zeit mit Israel das Land zu teilen haben (vgl. auch 23,32f.) und daß die Liquidation von seiten JHWHs (23,23 Schluß) ein längerer Prozeß ist.
    Zu 23,24a s. 3,2 und vgl. 34,14.16b; Dtn. 7,4; 11,16. Zur Zerschlagung von Götzenkultgegenständen vgl. 32,20; Lev. 26,30; Num. 33,52; Dtn. 7,5.25; I Reg. 15,13; II Reg. 10,26f.; 23,4.15 u.a. Neben 23,24b s. 34,13; Dtn. 7,5; 12,3.
    hšthwh (s. *THAT*, I, Sp. 530ff.; *ThWAT*, II, Sp. 784ff.; J.A. Emerton, *OTS* 20 [1977], S. 41-55; G.I. Davies, *VT* 29 [1979], S. 493-495; J. Tropper, *ZAH* 4 [1991], S. 46-54), 'sich tief niederbeugen vor', 'sich niederwerfen vor', eine Gebärde der Ehrerbietung und Anerkennung, der Unterwerfung und des Sichanvertrauens (vgl. 20,5; 34,14; Dtn. 4,19; 5,9; 8,19; 11,16). 'Götter' = Götzenbilder, s. 20,23. *tāʿābdēm* ho. (Ges-K § 60b; Joüon § 63b) von 'bd (s. 4.2.1), das im Bundesbuch mit der Bedeutung 'kultisch dienen', 'verehren' ausschließlich im Hinblick auf den Götzendienst verwandt wird (auch 23,25.33 [ʿbd qal]). Auch 'bd impliziert völlige Unterwerfung unter die Götzen und ihre Anerkennung als Herrn. *taʿśæh* (zu 'śh s. 20,23) + *kemaʿaśêhæm* (Paronomasie; vgl. Lev. 18,3), gemeint sind offensichtlich Kultpraktiken (vgl. 34,15; Dtn. 12,30f.). Das Suffix kann man auf die Völker beziehen, aber eventuell auch auf die Götter (die Handlungen ihnen zu Ehren). Eventuell kann man bei *maʿaśêhæm* auch an Objekte denken (Tempel, Altäre, Bilder usw.). Ehrlich bezieht das Suffix auf die Götter und meint, daß die Herstellung von Götzenbildern als bloße Kunstwerke verboten werde. *hārēs tehārᵉsēm* Inf. abs. + Impf. mit Suff. (s. z.B. Brockelmann § 93a) pi. von hrs (s. *ThWAT*, II, Sp. 499ff.), 'niederreißen', 'zerstören' (vgl. Jes. 49,17). In TPsJ ist *bjt sgwdhwn*, 'ihre Götzentempel', Objekt. *wᵉšabbēr tᵉšabbēr*, zu šbr pi. s. 22,9. *maṣṣēbōtêhæm*, Sam.Pent.: *maṣṣēbōtām* (vgl. 34,13 MT [anders Sam.Pent.] und s. Joüon § 94g). In TPsJ ist *qmt sjlmhwn*, 'ihre aufgestellten Bilder', Objekt.
    maṣṣēbâ (ca. 35× AT), Derivat von nṣb (s.5,20), bezeichnet einen aufgerichteten Stein.[4] Form und Funktion der Mazzebe werden im AT nicht beschrieben. Die Funktion muß aufgrund von Interpretationen ermittelt werden. Aus dem Alten Orient sind rauhe, unbehauene und stärker behauene aufgerichtete Steine von unterschiedlicher Form und Größe bekannt. Sie können mit Inschriften und

---

[4] Zur Mazzebe siehe *BRL*, S. 206ff.; *ThWAT*, IV, Sp. 1064ff.; U. Avner, "Ancient Agricultural Settlement and Religion in the Uvda Valley in Southern Israel", *BA* 53 (1990), S. 125-141; M. Hutter, "Kultstellen und Baityloi", in: B. Janowski u.a. (Hg.), *Religionsgeschichtliche Beziehungen zwischen Kleinasien und dem Alten Testament*, Freiburg/Göttingen 1993, S. 86-108; T.N.D. Mettinger, *No Graven Image? Israelite Aniconism in Its Ancient Near Eastern Context*, Stockholm 1995, S. 140ff.; J.C. de Moor, "Standing Stones and Ancestor Worship", *UF* 27 (1995), S. 1-20.

Abbildungen versehen sein. Aus Palästina sind nahezu nur Mazzeben ohne Text und Abbildungen bekannt. Ein aufgerichteter Stein lenkt die Aufmerksamkeit auf sich. Da er aus dauerhaftem Material besteht, kann er die Erinnerung an Personen und Ereignisse lebendig halten (Gen. 35,20; I Sam. 7,12; II Sam. 18,18), das Numinose, die Gottheit, repräsentieren (z.B. Gen. 28,18; s. C. Houtman, *VT* 27 [1977], S. 342f.) und die Funktion eines Zeugen für einen Bundesschluß erfüllen (Jos. 24,25ff.; vgl. auch Gen. 31,45ff.51f.). Als Plur. wird *maṣṣēbâ* wiederholt mit Ascheren (z.B. 34,13; I Reg. 14,23; II Reg. 17,10; 18,4; 23,14) und Altären (34,13; Dtn. 7,5; 12,3) genannt. Sie stellen die Requisiten des kanaanitischen Kultplatzes dar (so auch in 23,24; vgl. Dtn. 16,22). Wahrscheinlich hatte die Mazzebe am heiligen Ort die Funktion, die Gottheit zu repräsentieren (vgl. z.B. II Reg. 3,2; 10,27; Mi. 5,12).

23,25 Ebenso wie 23,24 beziehen sich 23,25-26 auf die Situation nach der Ankunft in Kanaan. Eine reine JHWH-Verehrung wird Hand in Hand gehen mit einem gesegneten, erfüllten Leben (vgl. z.B. Dtn. 7,12-15; 28,1-14), quasi als Belohnung.

wa"badtœm, ein Numeruswechsel findet von der 2.Pers. sing. zur 2.Pers. plur. statt; siehe auch '*euer* Gott'; im Verlauf des Verses kehrt der Sing. wieder zurück; LXX hält am Sing. auch in 23,25a fest. 'JHWH' im Mund von JHWH, wie öfter; s. z.B. 9,3-5; 11,7; 19,11.21f.24. *brk* pi. (s. 20,24), 'segnen' (vgl. Gen. 27,27; Dtn. 7,13; 26,15; 33,11; Ps. 65,11; 132,15 u.a.); LXX, Vulg.: 1.Pers. sing., wie am Versende. *lœhœm* (s. *ThWAT*, IV, Sp. 538ff.), 'Brot', wird zur Bezeichnung für feste (pflanzliche) Nahrung häufig zusammen mit *majim* (s. *ThWAT*, IV, Sp. 843ff.), 'Wasser', genannt (Gen. 18,4f.; 21,14; Dtn. 23,4; I Reg. 13,8f. u.a.; vgl. Krašovec*, S. 116) zur Bezeichnung der elementaren Lebensbedürfnisse; Pesch.: '*euer* Brot usw.'. In TO sind die allgemeineren Begriffe 'Nahrung' und 'Trank' gebraucht (vgl. TPsJ). In der LXX steht vor 'dein Wasser' noch 'dein Wein' (vgl. Dtn. 7,13). *wah"sirōtî* (von *swr* hi. [s. *THAT*, II, Sp. 148ff.; *ThWAT*, V, Sp. 803ff.], 'entfernen', 'wegnehmen'; vgl. z.B. 8,4; 10,17), Pesch., TNf: 3.Pers. sing., wie im Vorhergehenden. *mah"lâ*, Derivat von *ḥlh* (s. *THAT*, I, Sp. 567ff.; *ThWAT*, II, Sp. 960ff.), 'schwach/krank sein': Krankheit, Erkrankung (vgl. 15,26; I Reg. 8,37 u.a.); TO: 'böse Krankheiten'; TPsJ: die Plage der Gelbsucht (*mht mrjrt*').

miqqirbœkā (vgl. 23,21), LXX: ἀφ' ὑμῶν (Plur.), offensichtlich um zu betonen: von einem jeden von euch; Pesch.: 'aus euren Häusern'.

In 23,25 Schluß und 23,26 werden die Folgen von JHWHs Segen über die Nahrung und das Trinken Israels beschrieben. Gesundes Essen und Trinken hält den Menschen gesund und fördert seine Lebensdauer. Zu Wasser, das Krankheit und Tod bringt, s. 15,23; II Reg. 2,19ff.; zu JHWH als Arzt s. 15,26. Er ist derjenige, der das Wohl in allerlei Hinsicht schafft und erhält (vgl. Dtn. 7,12ff.; 8,1ff.; 28,1ff. und als Kontrast Dtn. 28,15ff.; 29,18ff.).

23,26 *m"šakkēlâ* Part. fem. pi. (Ges-K § 94d) von *škl* (s. *ThWAT*, VII, Sp. 1323ff.), 'kinderlos werden'; pi. hier: 'eine Fehlgeburt haben' (vgl. II Reg.

2,19.21).[5] LXX: ἄγονος, 'unfruchtbar', 'kinderlos' (vgl. Aq.: ἄτεκνος), ist Synonym zu στεῖρα (vgl. Vulg.: *infecunda* und *sterilis*), das zur Übersetzung von *ʿaqārâ*, fem. des Adjektivs *ʿāqār* (s. *ThWAT*, VI, Sp. 343ff.), 'unfruchtbar', gebraucht wird.[6] Zu *wāw* mit der Bedeutung 'oder' s. Joüon § 175a. *mispār* (vgl. *THAT*, II, Sp. 162ff.; *ThWAT*, V, Sp. 910ff.), 'Anzahl'. *jāmæjkā* (zu *jôm* s. 21,21), 'deine Tage', im Sinn von der Dauer deines Lebens (vgl. Gen. 5,4; 6,3 usw.). *ʿmallē* (*ml'* pi., 'erfüllen'; vgl. 22,28), in TNf mit 'ihr' als Subjekt: 'in Frieden werdet ihr erfüllen ...'.

Aus dem AT, das in dieser Hinsicht in der Literatur des Alten Orient verwurzelt ist, läßt sich erkennen, daß der Israelit, ungeachtet der Sorgen und Mühen, die das Alter brachte (s. 5.2.1.4.4), am Leben hing.[7] Sein Ideal lag darin, nach einem erfüllten Leben als Hochbetagter, umringt von Kindern und Enkelkindern (z.B. Gen. 15,15; 25,8; 35,29; Jdc. 8,32; Hi. 42,17; I Chr. 29,28), im Frieden den Tod des Aufrechten (Num. 23,20) zu sterben, im Wissen, daß sein 'Name' auf Erden bestehen bleibt (vgl. Dtn. 25,5ff.). Frühzeitig sterben zu müssen, in der Kraft seines Lebens, bevor man zur Blüte gekommen ist, galt als Fluch und beklagenswertes Los (z.B. Jes. 38,10; Jer. 17,11; Ps. 102,24f.). Nur in äußerster Verzweiflung und vollkommener Zerrüttung konnte der Tod als Befreiung betrachtet werden (z.B. Jer. 8,3; Hi. 3,21ff.; 6,9f.; 7,15 u.a.; Sir. 30,17; 41,2). Das Fehlen von Betagten, insbesondere von Männern, war ein Zeichen des Gerichts und Fluches (I Sam. 2,31f.). Das Erreichen eines sehr hohen Alters (z.B. Gen. 50,22.26; Dtn. 34,7; Jos. 24,29; Jdc. 2,8; vgl. Jos. 13,1; 23,2), unter Bewahrung der Vitalität (Dtn. 34,7; Jos. 14,10f.; Ps. 92,15), und Präsenz zahlreicher Männer in höherem Alter ist ein Zeichen des Segens und Kennzeichen der Heilszeit (vgl. Jes. 65,20.22; Jer. 31,13; Sach. 8,4; s. auch I Hen. 5,9; 10,17; Jub. 23,27ff.).[8]

Es besteht ein gewisser Zusammenhang zwischen 23,26a und 23,26b. Dank des Zugegenseins von Kindern kann das Alter eine sorglose und freudenvolle Zeit sein (vgl. 20,12). Zur Korrelation zwischen dem Tun von JHWHs Willen und dem Erhalt von Segen, langer Lebensdauer, s. z.B. Dtn. 5,33; 8,1; 16,20 usw. Vgl. die Korrelation zwischen dem Tun der 'Weisheit' und Segen und langer Lebensdauer (Prov. 3,2.16; 4,4.10.22; 9,10f.; 13,14 usw.; s. auch Prov. 16,31).

Die Wirklichkeit sah oft anders aus. Eine kritische Reflexion findet sich z.B. in

---

[5] Vgl. M. Stol, *Zwangerschap en geboorte bij de Babyloniërs en in de Bijbel*, Leiden 1983, S. 9ff.

[6] Vgl. Stol, S. 17f.

[7] Vgl. Dürr (s. 5.2.1.1). Zu den vielen Klagen über die Vergänglichkeit des menschlichen Lebens s. B. van 't Veld, *De klacht over de vergankelijkheid van het menselijk leven in het Oude Testament*, Harderwijk 1985.

[8] Siehe H. Gross, *Die Idee des ewigen und allgemeinen Weltfriedens im Alten Orient und im Alten Testament*, Trier 1956, S. 166ff.; A. Malamat, "Longevity. Biblical Concepts and Some Ancient Near Eastern Parallels", *AfO* Beiheft 19 (1982), S. 215-224; J. Klein, "The 'Bane' of Humanity. A Lifespan of One Hundred Twenty Years", *ASJ* (Acta Sumerologica) 12 (1990), S. 57-70 (Gen. 6,3 deute die ideale, maximale Lebensspanne an).

Weish. 2,17f.; 4,7-11.16; 5,15; I Hen. 102,6ff.⁹

23,27 In 23,27-31 wird an den Schluß von 23,23 angeknüpft und dargelegt, wie JHWH in Kanaan den Lebensraum für Israel bereitet (vgl. 34,11b). *'ēmâ* (s. *ThWAT*, I, Sp. 235ff., und vgl. z.B. 15,16; Jos. 2,9), 'Schrecken'; *'ēmātî*, 'mein Schrecken' (Genitivus subjectivus; anders z.B. *HAL*: 'Schrecken vor mir'), 'der Schrecken, der von mir (JHWH) ausgeht'; der Schrecken ist personifiziert;¹⁰ LXX: τὸν φόβον (ohne Possesivpronomen); Aq., Symm.: τὴν κατάπληξίν μου; *l'fānœjkā*, zu LXX s. 23,23. Ist 'der Schrecken' identisch mit dem Boten (23,23), dem Repräsentanten JHWHs (vgl. 14,19.24), oder hat er die Gestalt einer Heeresmacht von Wespen? (23,28). *hmm* qal (s. *THAT*, I, Sp. 502ff.; *ThWAT*, II, Sp. 419ff.), 'in Verwirrung/Panik bringen'; häufig ist JHWH Subjekt und wird das Verb im Kontext des JHWH-Krieges¹¹ oder einer Ankündigung dessen gebraucht (vgl. 14,24; Dtn. 7,23; Jos. 10,10; Jdc. 4,15; I Sam. 7,10; vgl. Dtn. 11,25; Sir. 48,21); JHWH verursacht bei den Feinden einen panischen Schrecken, so daß sie zu einem koordinierten Auftreten nicht mehr in der Lage sind und eine schmähliche Niederlage erleiden; *wᵉhammōtî*, TO: *w'tbr*, 'und ich werde zerschmettern'; TNf am Rand: *w'šjsj*, 'und ich werde ausrotten'; Pesch.: *w'hrwb*, 'und ich werde vernichten'; SamT: *w'qtl*, 'und ich werde töten'. *kolhā'ām*, *am* (s. *THAT*, II, Sp. 290ff.; *ThWAT*, VI, Sp. 177ff.), 'Volk', wird hier als Kollektiv für die im Land lebenden Bevölkerungsgruppen gebraucht (hier offensichtlich unter dem Aspekt gesehen, was sie gemeinschaftlich haben, ihren verwerflichen Gottesdienst und Kultur; vgl. den Gebrauch von *'am* in 33,16 für die gesamte Weltbevölkerung); LXX, Pesch.: Plur. Sowohl in TO wie in TPsJ wird der Kampf mit den Völkern als Ziel von Israels Kommen genannt. *bāhœm*, Suffix plur. bezieht sich auf *'am* (vgl. KöSynt § 346g). Die Feinde (vgl. 23,22) sind die Bewohner Kanaans (s. 23,23.28). *ntn* (s. 21,4) + *'ōrœf* (s. 8,3 zu 34,20; vgl. auch KöSynt § 328h; Ges-K § 117ii, Anm. 1; Brockelmann § 94c), '(die Feinde) vor (+ *'œl*) jemandem zu einem Rücken machen', d.h. machen, daß sie ihren Rücken zeigen, oder auch in die Flucht schlagen (vgl. Ps. 18,41). In TNf ist *'ōrœf* auf folgende Situation bezogen: JHWH gibt den Feinden 'mit gebrochenem Nacken' (*tbjrj qdl*) an Israel.

23,28 Wie JHWH die Feinde in die Flucht schlägt (23,27), wird aus 23,28 ersichtlich. *haṣṣir'â* ([zum Artikel s. Ges-K § 126t] 23,28; Dtn. 7,20; Jos. 24,12) ist ein umstrittener Begriff; nach einer alten Interpretation ist er ein Kollektivum mit der Bedeutung 'Wespen', 'Hornissen' (s. LXX: αἱ σφηκίαι; Vulg.: *crabrones*); TO:

---

⁹ Die Verheißung eines langen Lebens als Belohnung für Gerechtigkeit findet sich auch in der Umwelt Israels; s. Dürr (s. 5.2.1.1); Malamat und z.B. den Schamasch-Hymnus (ii, 43f.; s. *ANET*, S. 388b).

¹⁰ In Ägypten ist eine vergleichbare Vorstellung mit dem Pharao verbunden. Siehe S. Morenz, "Der Schrecken Pharaos", in: *Liber amicorum* (FS C.J. Bleeker), Leiden 1969, S. 113-125.

¹¹ S. dazu z.B. S.-M. Kang, *Divine War in the Old Testament and in the Ancient Near East*, Berlin/New York 1989; A. van der Lingen, *Les guerres de Yahvé*, Paris 1990.

'r'jt'; TPsJ und TNf: 'wr't'); sie findet immer noch Anhang.[12] Die Hornisse, die
größere Wespe (Vespa orientalis), ist aus Palästina bekannt. Mehrere tausend
Artgenossen wohnen in einem Nest zusammen. Wenn sie sich bedroht fühlen,
gehen sie in Angriff über und fügen ihren Belagerern schmerzhafte Stiche zu, die
selbst den Tod zur Folge haben können. Können sie auch bewirken, daß sich
Feinde in die Flucht schlagen lassen? Es gibt Berichte über militärische Operatio-
nen, in denen das Ungeziefer sich in den Kampf einmischte, Panik verursachte
und den Kampf entschied. Man bedenke auch, daß Bienen und Fliegen als Bild
für die Feinde gebraucht werden können (Dtn. 1,44; Jes. 7,18; Ps. 118,12) und in
Kriegszeiten, wenn das Land brachliegt, das Ungeziefer stark zunimmt. E.
Neufeld[13] meint selbst, daß im Alten Orient mit Vorbedacht von Ungeziefer im
Kampf Gebrauch gemacht wird; so konnte z.B. ein auf geschickte Weise verpack-
tes Wespennest als eine 'Bombe' ins feindliche Lager geworfen werden. Der
rabbinischen Auslegung zufolge stachen die Hornissen den Feinden in die Augen.
Sie wurden blind und starben durch das Gift.[14] Ehrlich betrachtet in Nachfolge
von Ibn Esra *ḥaṣṣirʾâ* als Synonym zu *ṣāraʾat*, 'Aussatz': eine Krankheit schwächt
den Körper. Die Ableitung von *ṣrʾ*, 'schlagen', hat auch zur Interpretation
'Schlag', 'Plage'[15] und 'Niedergeschlagenheit', 'Entmutigung'[16] geführt. Cassuto vertritt die Ansicht, daß *ṣirʾâ* zwar die Bedeutung 'Hornisse' hat, aber in
übertragenem Sinn zugleich 'panischer Schrecken' bedeutet.[17] Für die Interpretation 'Bestürzung' spricht, daß die Erzählungen über die Eroberung Kanaans nicht
von einer Offensive der Hornissen reden, wohl aber über die Angst, die die
Bewohner ergriff (Jos. 2,9ff.; 5,1; vgl. auch Ex. 15,14ff.). Dem steht wiederum
gegenüber, daß 'Bestürzung' weniger gut als Subjekt von 'vertreiben' (23,28; Jos.
24,12) paßt, während 'Hornissen' besser in Dtn. 7,20 paßt (sie sind imstande, bis
in verborgene Verstecke vorzudringen).[18] Aus diesen Gründen halte ich an der

[12] S. Ges-B; *BDB*; KöW; es wird ein Zusammenhang mit *ṣrʾ*, 'schlagen' gesehen: das
Tier, das schlägt, sticht und verwundet.

[13] "Insects as Warfare Agents in the Ancient Near East", *Or* 49 (1980), S. 30-57.

[14] Siehe Ginzberg*, III, S. 347; VI, S. 120f., und auch Raschi; s. hingegen Weish. 12,8.

[15] S. z.B. die niederländische lutherische Übersetzung (Ausgabe 1896): 'Landplagen'.

[16] Siehe L. Koehler, *ZAW* 54 (1936), S. 291; ders., *Kleine Lichter*, Zürich 1945, S. 17ff.;
vgl. Noth: 'Schrecken'; Te Stroete: 'Mutlosigkeit'; WV: 'Bestürzung'; usw.

[17] Cassuto beruft sich dabei auf das heutige Arabische; schon eher wurde auf das griechische ὁ οἶστρος, 'Hornisse', 'Pferdefliege' und 'heftiger Schmerz', 'Raserei' hingewiesen; s.
bei Dillmann; nach letzterem ist die Wespenplage eine Umschreibung für Naturplagen im
allgemeinen Sinne.

[18] Unter Verweis auf die ägyptische Hieroglyphenschrift, in der die Biene das Königtum
von Unterägypten bezeichnet, hat J. Garstang die Auffassung verteidigt, daß die Hornisse
das Symbol (der Herrschaft) Ägyptens ist: die Völker Kanaans sollen vor dem Kommen
Israels durch Expeditionen des ägyptischen Heeres beträchtlich geschwächt werden. S.
Joshua, Judges, London 1931, S. 112, 258ff.; vgl. auch F.S. Bodenheimer, *Animal and Man
in Bible Lands*, Leiden 1960, S. 74f.

traditionellen Interpretation fest.[19]

wᵉgērᵉšâ, LXXᴬ, Pesch.: '*ich* werde verjagen'; LXXᴮ: '*du* sollst ...'. Als Repräsentanten der Bewohner Kanaans werden drei Völker genannt, in LXX vier (+ Amoriter an erster Stelle), in Sam.Pent. alle sieben (vgl. 23,23) und in Pesch. nur zwei (Kanaaniter und Hetiter).

23,29-30 In 23,29-30 werden nähere Details über die Vertreibung der Bewohner Kanaans mitgeteilt (vgl. Dtn. 7,22).

ᵃgārᵉšænnû (auch in 23,20), das Suffix sing. wurde bereits in den Versionen als Plur. übersetzt (vgl. 23,23 Schluß). Subjekt ist JHWH; er gebraucht die Wespen (23,28) als seine Heeresmacht. In LXX blieb *mippānæjkā* in 23,29 unübersetzt. *šānâ*, s. 21,2. *'æhāt*, Pausaform von *'ahat*, Femininum von *'æhād* (s. *THAT*, I, Sp. 104ff.; *ThWAT*, I, Sp. 210ff.), 'ein'. *pæn* (auch 23,33), Konjunktion zur Einleitung eines Finalsatzes (s. z.B. Ges-K § 107q, 152w; Joüon § 168g,h). *šᵉmāmâ* (s. *THAT*, II, Sp. 970ff.; *ThWAT*, VIII, Sp. 241ff.), 'Wüste' (vgl. z.B. Lev. 26,33). *rbb* (vgl. 23,2), 'zahlreich sein/werden'. *'al*, s. Brockelmann § 110b. 'wilde Tiere', s. 22,4. In einer Erweiterung in TPsJ wird das Auftreten der wilden Tiere erklärt: sie kommen, um die Leichen der Bewohner Kanaans zu fressen, und würden dann auch die Israeliten schädigen. *mᵉ'at* (s. *ThWAT*, IV, Sp. 1030ff.), 'das Geringe', 'das Kleine', wird hier als Akk. adverbialis (z.B. Meyer § 86.7) mit lokalem Aspekt verwandt: 'Stück für Stück', 'ganz allmählich' (vgl. Dtn. 7,22). Zur Wiederholung s. z.B. KöSynt § 318f; Ges-K § 133k. *prh* (s. *ThWAT*, VI, Sp. 740ff.), 'Frucht tragen', 'fruchtbar sein', wird sowohl bezüglich von Pflanzen (z.B. Dtn. 29,17) und Tieren (z.B. Gen. 1,22) als auch Menschen (z.B. Gen. 1,28) gebraucht. *nhl* qal (s. *THAT*, II, Sp. 55ff.; *ThWAT*, V, Sp. 342ff.), 'in (Erb)besitz erhalten/haben/nehmen' (vgl. Jos. 19,49; Jes. 57,13; Ez. 47,14).

23,31-33 Im Anschluß an die Aussage, daß Israel das Land in Besitz nehmen kann (23,30b), informiert JHWH über den Umfang von Israels Grundbesitz (23,31a).

wᵉšattî (von *šjt*, s. 21,22), Qm liest wahrscheinlich: *wśjmtj* (von *śjm*); vgl. Sanderson*, S. 88. *gᵉbûl*, s. 8.3 (zu 34,24). *jam-sûf*, 'Meer Suf', das Rote Meer im antiken Sinn, umfaßt auch das Arabische Meer und den Persischen Golf (vgl. Houtman*, *Exodus*, I, S. 109f.); hier muß insbesondere an den Golf von Aqaba gedacht werden. *jām pᵉlištîm* (ohne Artikel, s. KöSynt § 295f), 'Meer der Philister' = das Mittelmeer; vgl. Houtman*, *Exodus*, I, S. 125; ders.*, *Himmel*, S. 270f.; M. Sæbø, *VT* 28 (1978), S. 83-91, und s. Sach. 9,10; Ps. 72,8. *midbār* (s. *ThWAT*, IV, Sp. 660ff.), 'Wüste'; hier das Wüstengebiet südlich von Palästina (vgl. Dtn. 11,24; Jos. 1,4 und s. Num. 13,21). *hannāhār* (s. *ThWAT*, V, Sp. 281ff.), 'der Strom'; hier zur Bezeichnung des Flusses slechthin, dem Euphrat (vgl. Gen. 31,21; Num. 22,5; Dtn. 11,24; II Sam. 8,3 u.a.), LXX: 'der große

---

[19] S. des weiteren *AuS*, I, S. 530; O. Borowski, in: *The Word of the Lord Shall Go Forth* (FS D.N. Freedman), Winona Lake 1983, S. 315-319; G. Cansdale, *Animals of Bible Lands*, Exeter Devon 1970, S. 246f.; J.A. Emerton, *VT* 34 (1984), S. 504f.

Euphratstrom' (vgl. Gen. 15,19; Dtn. 1,7; Jos. 1,4); TNf: 'der große Strom'; TO,
TPsJ: 'der Euphrat'. Zur hier gegebenen Beschreibung der Grenzen des Landes
Kanaan s. z.B. Gen. 15,18; Dtn. 1,7; 11,24; Jos. 1,4; I Reg. 1,5; Jes. 27,12; Mi.
7,12; Sach. 9,10.[20]
23,31b-33 beinhaltet eine Reihe abschließender Anmerkungen, die das bisher
Gesagte weiterentfalten. In aller Deutlichkeit wird formuliert, welche Haltung
Israel in bezug auf die Bewohner Kanaans einzunehmen hat und warum diese
nicht im Land bleiben dürfen.

In 23,31b bezeugt JHWH nochmals, daß die Völker von Kanaan vor Israel zu
weichen haben. Bisher war die Vertreibung als Aktion JHWHs gekennzeichnet
(23,29.30). Nun übergibt er diese Aufgabe (auch) in die Hände Israels.

Zum Paseq nach $k\hat{\imath}$ s. z.B. Joüon § 15m; Meyer § 16.3. 'in die Macht von ...
geben', s. 21,4; vgl. Dtn. 7,2. $j\bar{o}s^e b\hat{e}$ St. cstr. Part. plur. qal von $j\check{s}b$ (s. ThWAT,
III, Sp. 1012ff.), '(sich) setzen', 'wohnen' (vgl. 23,33), das hier und an anderer
Stelle die Funktion des Substantivs erfüllt (vgl. z.B. 15,14f.; 34,12.15); TNf,
TPsJ: 'alle Bewohner'. $w^e g\bar{e}ra\check{s}t\bar{a}m\hat{o}$ (mit Suffix sing.; vgl. Ges-K § 58g und s.
23,23.29.30), Sam.Pent.: $w^e g\bar{e}ra\check{s}t\hat{\imath}m$, 'und ich werde sie verjagen'; vgl. LXX,
Vulg., TNf und s. 23,30.

Neben 23,32f. siehe 34,12.15f.; Dtn. 7,2.4.16. krt (s. THAT, I, Sp. 857ff.;
ThWAT, IV, Sp. 355ff.) + $b^er\hat{\imath}t$ (s. THAT, I, Sp. 339ff.; ThWAT, I, Sp. 781ff.),
'eine Verbindung eingehen', 'einen Bund schließen', im Sinn von gegenseitige
Beziehungen anknüpfen (mit dem Beitrag beider Parteien); vgl. z.B. 34,12.15;
Dtn. 7,2; Jos. 9,6f.11. 'ihre Götter', vgl. 23,24. $l\bar{a}h\alpha m$ $w^el\bar{e}'l\bar{o}h\hat{e}h\alpha m$ ist eine Art
Hendiadys; gemeint ist 'mit ihnen als Verehrer anderer Götter'; das Verbot setzt
voraus, daß die Bewohner Kanaans ihre Identität als Verehrer anderer Götter
bewahren wollen; als solche stellen sie eine Gefahr für Israel dar und dürfen daher
nicht im Lande wohnen bleiben. Das Buch Josua berichtet über individuelle
autochtone Bewohner, die sich einen Platz in Israel zu erwerben wußten (Jos. 2,9-
14; 6,22-25), und über eine kanaanitische Bevölkerungsgruppe, die mit List einen
Bund mit Israel schloß (Jos. 9). In beiden Fällen ist die Rede von deren Iden-
titätsverlust (Jos. 9,21.23.27) und daß die Nicht-Israeliten keine Gefahr für die
Identität Israels als Volk JHWHs darstellten (vgl. auch II Sam. 21).

In TPsJ ist die 2.Pers. sing. Subjekt von 23,33a: 'du sollst ihnen keine Wohnor-
te übriglassen'. $p\alpha n$, vgl. 23,29. $h\underset{.}{t}$' hi. (s. THAT, I, Sp. 541ff.; ThWAT, II, Sp.
857ff.), 'ansetzen zum Fehlverhalten gegenüber' (+ l^e) (vgl. Neh. 13,26). Neben
23,33b s. 23,24a. Das erste $k\hat{\imath}$ leitet einen Konditionalsatz ein; das zweit $k\hat{\imath}$
akzentuiert den Nachsatz; vgl. LXX, Vulg. $jihj\alpha h$, Sam.Pent.: $jihj\hat{u}$ (die Bewohner
des Landes sind Subjekt); vgl. LXX, Pesch., TO, TPsJ, TNf. Im MT ist die Handlung des vorherigen Satzes (Götzendienst) oder das Zugegensein der Völker im
Land das vorausgesetzte Subjekt. Die Bedeutung von $m\hat{o}q\bar{e}\check{s}$ (s. dazu AuS, VI, S.
335f., 339; Ausloos [Anm. 1], S. 495ff.) ist nicht ganz sicher: 'Köder' (z.B. BDB;
s. Am. 3,5) oder 'Stellholz' (der Vogelfalle, auf dem der Köder sitzt [z.B. KöW;

---

[20] Vgl. M. Sæbø, "Grenzbeschreibung und Landideal im Alten Testament mit besonderer
Berücksichtigung der min-'ad-Formel", ZDPV 90 (1974), S. 14-37.

HAL]) und so Bezeichnung für die Vogelfalle als ganze; es wurde geäußert, daß der Begriff auch 'Wurfholz' bedeuten kann; die Form stimmt mit der des Stellholzes überein (vgl. Ges-B und vor allem G.R. Driver, *JBL* 73 [1954], S. 131-136, und s. Am. 3,5 und Hi. 40,24 ['Harpune']). In der Regel wird der Begriff metaphorisch gebraucht: 'Fallstrick', 'Verderben', 'Unglück' (10,7; 34,12; Dtn. 7,16; Jos. 23,13; Jdc. 2,3 u.a.).

9.3 *Kommentar*

9.3.1 Mit seinen Ermahnungen und Verheißungen und seinem paränetischen Stil verrät 23,20-33 Affinität mit dem Deuteronomium und der deuteronomisch-deuteronomistischen Literatur.[21] Unten wird der Beziehung zu Dtn. 7 Aufmerksamkeit geschenkt werden. Der in Deuteronomium häufig anzutreffende Numeruswechsel von der 2.Pers. sing. und plur. findet sich auch in 23,20-33 (2.Pers. plur. in 23,21b.25a.31b). U.a. aus diesem Grund genießt die Auffassung, daß diese Passage das Resultat eines Entwicklungsprozesses darstellt, breite Zustimmung.[22]

In zumindest einem Teil der Textüberlieferung ist vor 23,26 eine Zäsur (s^etûmâ) angebracht worden (s. Perrot*, S. 58; nicht in *BHS*). Warum gerade dort, ist nicht deutlich. 23,20-33 kann als Einheit betrachtet werden. Der Zusammenhang wurde oben in den exegetischen Anmerkungen dargelegt.[23]

23,20-33 kann als JHWHs Epilog gekennzeichnet werden. Der Abschnitt ist eigenständig und hat keine enge Beziehung zu den vorangegangenen Vorschriften. Die Ermahnungen beziehen sich nicht auf das, was JHWH gesagt hat, sondern auf das, was er noch bekanntmachen wird (23,20-22; s. daneben Lev. 26,3ff.; Dtn. 26,16ff.). Im Epilog richtet JHWH den Blick auf die Zukunft (s. 2.2). Die Vorschriften von 20,22-23,19 laden dazu ein. Sie setzen das Leben im Kulturland voraus (s. 2.13), so daß sich die Gedanken wie von selbst auf die Zukunft hin bewegen und die Frage sich erhebt, wie Israel ins Kulturland, das verheißene Land (3,8; 13,5.11), kommt und wie es in den Besitz des Landes gelangt. Diese Fragen werden im Epilog beantwortet. Eigentlich wird damit schon vorweggenommen, daß Israel in den Bund mit JHWH einwilligt (24,3.7). Was hinsichtlich 19,8 als Intentionserklärung zu erwarten war. Gemeint ist offensichtlich, daß zu den Worten, die Mose im Namen von JHWH Israel ausrichtete (24,3), auch die Worte von 23,20-33 gehörten. Bei der

---

[21] Zur Diskussion s. Ausloos (Anm. 1).

[22] Zur Diskussion hierüber s. z.B. Schwienhorst-Schönberger*, S. 407ff.; vgl. z.B. Osumi*, S. 212ff. u.a.

[23] Am Rande mache ich darauf aufmerksam, daß zu Beginn der Tempelrolle (TR) aus 23,20-33 (vgl. 34,10-16) geschöpft wurde.

Einwilligung hatte Israel daher auch ein deutliches Bild von der Zukunft und wußte sehr genau, wie es sich im Land zu verhalten hat (23,24f.32f.).

9.3.2 'Land' (*'æræṣ* [s. 22,20]), das Element aus den Verheißungen an die Patriarchen, dessen Erfüllung noch in Aussicht stand,[24] nimmt im Epilog einen zentralen Ort ein (5×; 23,26.29.30f.33; vgl. auch 23,20.23). Den riesigen Umfang des Landes stellt JHWH vor Augen (23,31). Auch teilt er mit, wie Israel dorthin gelangen wird: ein Bote JHWHs wird als Führer und Beschützer vor Israel hergehen; der Bote repräsentiert JHWH.

Wenn der Bote in Kanaan angekommen ist, wird er die Gestalt des Schreckens annehmen, der die Bewohner in Panik versetzt (23,27), wird zu einem Wespenschwarm, der die Völker in die Flucht schlägt (23,28).[25]

JHWH betont, daß er für sein Volk ein Land bestimmt hat, das bereits bewohnt ist (23,20.23). Für Israel wird er es bewohnbar machen, indem er die ursprünglichen Bewohner verjagt (23,28-30) und vernichtet (23,23). Warum müssen die ursprünglichen Bewohner vertilgt werden? War das Land nicht groß genug, um auch Israel einen Lebensraum zu bieten (vgl. Gen. 34,21)? Eine klare Antwort auf diese Fragen findet sich in 23,33. Die Bewohner Kanaans bilden eine Gefahr für Israel, nicht etwa weil eine Überbevölkerung drohte (vgl. 23,29) oder weil sie Israel nach dem Leben trachteten. Sie bedrohen die Reinheit von Israels Religion. Ihre Anwesenheit könnte dazu führen, daß Beziehungen zwischen ihnen und den Israeliten geknüpft werden, daß gemischte Ehen mit der Folge geschlossen werden (23,32), daß die Religion der Kanaaniter von den Israeliten geduldet oder sogar praktiziert werden könnte (23,24a). Dies muß um jeden Preis vermieden werden. Götzendiener und ihre Kultgegenstände müssen vernichtet werden (23,24b). Ja, durch Götzendienst beschwört man Katastrophen über sich herauf (z.B. Dtn. 28,15-66; II Reg. 17,7-23), während man durch eine reine JHWH-Verehrung sich einer gesegneten Existenz gewiß sein darf (23,25f.; Dtn. 7,12-15; 28,2-14).

9.3.3 Aber wenn die Bewohner Kanaans doch solch eine große Gefahr für Israel darstellen (vgl. Jdc. 2,1-5), warum hat JHWH, so könnte man fragen, sie dann nicht in kurzer Zeit mit Stumpf und Stiel ausgerottet? (s. Jos. 13,1-7). Die Antwort lautet: JHWH schont die Bewohner des Landes, weil er sie nötig hat; er will vermeiden, daß das Land unbewohnbar wird, solange Israel noch nicht zahlreich genug ist (andere Sicht in 12,37), um

---

[24] Die Verheißung eines großen Volk war bereits in Erfüllung gegangen (1,7.9; 12,37f.; vgl. Gen. 12,2; 13,16 usw.).

[25] Häufig gebrauchte Begriffe sind *šlḥ* (s. 21,26), s. 23,20.27f.; *l*fānæjkā (s. 21,1), s. 23,20.23.27f.; *grš* pi. (s. *ThWAT*, II, Sp. 72ff.), 'verjagen', 'vertreiben', s. 23,28-31; *mipp*e*nê* (s. 21,1), s. 23,21.28f.30f.

selber das Kulturland gegen die permanente Gefahr der Verödung (vgl.
II Reg. 17,25f.; Jes. 34,13ff.; Jer. 50,39; 51,37) zu verteidigen (23,29f.;
Dtn. 7,22).[26] Dies bedeutet, daß sich Israel in Selbstdisziplin gegenüber
den Bewohnern der Landes üben muß und daß um der Reinheit der
Religion willen[27] eine *Absonderung und Antithese* erforderlich ist. Nur
so kann Israel ein heiliges Volk sein, in Übereinstimmung mit JHWHs
erklärtem Willen (19,6).

Spezifischer als Ex. 23,20-33 beschreibt Dtn. 7, was es für die Beziehung Israels zu den Bewohnern Kanaans bedeutet, JHWHs Volk zu sein.
Jeden Kontakt mit ihnen zu vermeiden (23,32; Dtn. 7,2), bedeutet konkret, daß insbesondere die Ehegemeinschaft mit ihnen verboten ist
(Dtn. 7,3f.; vgl. Jos. 23,12f.; Mal. 2,11ff.; Esra 9-10; Neh. 10,31; 13,23-
27). Ferner fordert JHWH in Ex. 23 von Israel eine aktive Rolle bei der
Vernichtung der Kultgegenstände der Götzenkulte (23,24b; Dtn. 7,5.25).
Die Vertreibung der Bewohner Kanaans (23,27-30) und deren Vertilgung
(23,23b) beschreibt JHWH als vornehmlich seine Aufgabe. Nur marginal
wird auf die Rolle Israels gewiesen (23,31b). In Dtn. 7 aber wird Israel
eine recht aktive Rolle bei der Liquidierung der ursprünglichen Bewohner
zugedacht (Dtn. 7,2.16.22.24; vgl. auch z.B. Num. 33,52.55), wobei
JHWH derjenige ist, der es Israel durch seine Nähe und seinen Beistand
gelingen läßt, die Völker auszurotten (Dtn. 7,17-24). Zusammenfassend
kann gesagt werden, daß es Dtn. 7 zufolge Israel selbst ist, das die
'ethnische Säuberung' Kanaans durchzuführen hat. Die Realisierung
dieses Auftrags findet sich im Buch Josua beschrieben (Jos. 6,21; 8,21ff.;
10,23ff.28ff.40f.; 11,14f.16ff.).[28] Das Ziel, daß nämlich die Identität
Israels als heilige Nation erhalten bleibt, heiligt, wie uns insbesondere
Deuteronomium verdeutlicht, die rigorosesten Mittel im Kampf gegen die
drohende Ansteckung durch den Götzendienst, ob diese nun von außen
her (z.B. Num. 25,1-18) oder von innen her kommt (Dtn. 13,5.8f.12-17;
vgl. z.B. Ex. 32,25-29; I Reg. 18,40; II Reg. 9,22-24.30-33; 10,7-28).

9.3.4 Angesichts des barbarischen Charakters des Auftrags an Israel, die
Bewohner Kanaans auszurotten (vgl. auch Dtn. 9,4f.; 18,12; 20,16-18), ist
es nicht unbegreiflich, daß Dtn. 7 Anlaß zu scharfer Kritik am Gottesbild
und dem ethischen Niveau des AT bot, sowie Wasser auf die Mühlen

---

[26] Vgl. C. Houtman, *Wereld en tegenwereld*, Baarn 1982, S. 27ff., 50ff.; zu anderen Erklärungen der Geduld JHWHs mit den Bewohnern Kanaans s. Jdc. 13,1-4; Weish. 12,3-10.
[27] S. 23,24.25a.32f.; vgl. auch 34,11-17; zum Verhältnis von 34,11-17 zu Ex. 23 s. 8.4.9.
[28] S. zur Thematik G. Schmitt, *Du sollst keinen Frieden schließen mit den Bewohnern
des Landes*, Stuttgart usw. 1970.

antisemitischer Stimmungen war.[29] In jedem Fall muß der Schluß gezogen werden, daß Ex. 23,20-33 und Dtn. 7, sowie viele andere Stellen im AT, in einer Welt voll Tod und Gewalt verwurzelt sind, wo gegenüber dem Ernst des Bösen Tod und Vernichtung als ein probates, in jedem Fall unvermeidliches Bekämpfungsmittel betrachtet wurde und das Schwert als adäquates Mittel, die Reinheit der Religion zu bewahren. Mancher Bibelleser wird damit so seine Schwierigkeiten haben. Ex. 23,20-33; 34,11-17; Dtn. 7 sind von der Sorge beherrscht, die Identität Israels als Volk JHWHs sicherzustellen. Die Bewohner Kanaans tauchen nur als große Verführer auf. Damit ist nicht alles über sie gesagt. Genesis beleuchtet sie ganz anders: die Patriarchen leben in friedlicher Koexistenz mit ihnen; sie kommen als Menschen von Fleisch und Blut ins Bild und sind in mancherlei Hinsicht ein Vorbild für die Erzväter Israels. Kurz: in bezug auf die Beziehung zwischen Israel und den Bewohnern Kanaans ist der Tenor von Dtn. 7 im AT sehr dominant; exklusiv ist er jedoch nicht.[30]

9.3.5 Ex. 23,20-33 wird vom Gedanken beherrscht, daß Israels Zukunft davon abhängt, dem Willen JHWHs zu gehorchen (23,21f.) und ihm kompromißlos ergeben zu sein (23,24f.32f.). Auch wenn die Konditionen bei den Verheißungen JHWHs nicht erwähnt werden (z.B. 23,27-31), so werden sie dennoch vorausgesetzt. Wie schon bereits *vor* der Sinai-Offenbarung die Rede von der Proklamation von JHWHs Willen war (15,25b), so ist hier die Rede von der Proklamation von JHWHs Willen *nach* dem Sinai-Aufenthalt (23,21f.). Der Gedanke, daß die Offenbarung JHWHs sich nicht auf den Sinai begrenzte, tritt auch an anderen Stellen deutlich ans Licht (s. 2.24).

---

[29] S. zu letzterem z.B. F. Delitzsch, *Die große Täuschung*, Stuttgart/Berlin 1920; vgl. K. Johanning, *Der Babel-Bibel-Streit*, Frankfurt a.M. usw. 1988, S. 76-81; R.G. Lehmann, *Friedrich Delitzsch und der Babel-Bibel Streit*, Freiburg/Göttingen 1994, S. 59, 182, 244ff., 268ff.

[30] Für eine Besprechung von Ex. 23,20-33 und Dtn. 7 siehe C. Houtman, "Zwei Sichtweisen von Israel als Minderheit inmitten der Bewohner Kanaans", in: FS C. Brekelmans, Leuven 1997 (im Erscheinen). Dort wird näher auf neuere Literatur eingegangen, die dieser Problematik gewidmet ist, so wie Crüsemann*, S. 153ff., M. Weinfeld, "The Ban on the Canaanites in the Biblical Codes and Its Historical Development", in: A. Lemaire & B. Otzen (Hg.), *History and Tradition of Early Israel* (FS E. Nielsen), Leiden 1993, S. 142-160; N.K. Gottwald, "Theological Education as a Theory-Praxis Loop. Situating the Book of Joshua in a Cultural, Social Ethical, and Theological Matrix", in: J.W. Rogerson u.a. (Hg.), *The Bible in Ethics*, Sheffield 1995, S. 107-118.

LITERATUR UND REGISTER

Die folgende Literaturliste führt lediglich die Literatur an, die in der Arbeit nur mittels Autorenname (mit einem * markiert) und eventuell Kurztitel angegeben wird. Wird in dem Text lediglich der Autorenname (und eventuell Kurztitel) mit Seitenangabe genannt, finden sich die vollständigen Angaben in der Literaturliste am Anfang des betreffenden Kapitels oder des betreffenden Paragraphen. Zur Art und Weise, wie Exodus-Kommentare und Exodus-Übersetzungen angegeben werden, siehe die Bemerkung am Anfang der Kommentarliste zum Buch Exodus, die die Literaturliste aufschließt.

Baentsch, B.	*Das Bundesbuch Ex. XX 22 - XXIII 33. Seine ursprüngliche Gestalt, sein Verhältniss zu den es umgebenden Quellenschriften und seine Stellung in der alt-testamentlichen Gesetzgebung*, Halle a.S. 1892
Blum, E.	*Studien zur Komposition des Pentateuch*, Berlin/New York 1990
Beyerlin, W.	*Herkunft und Geschichte der ältesten Sinaitraditionen*, Tübingen 1961
Boecker, H.J.	*Recht und Gesetz im Alten Testament und im Alten Orient*, Neukirchen-Vluyn 1984²
Brin, G.	*Studies in Biblical Law. From the Hebrew Bible to the Dead Sea Scrolls*, Sheffield 1994
Bovati, P.	*Re-Establishing Justice. Legal Terms, Concepts and Procedures in the Hebrew Bible*, Sheffield 1994
Cazelles, H.	*Études sur le Code de l'Alliance*, Paris 1946
Charlesworth, J.H. (Hg.)	*The Old Testament Pseudepigrapha*, London 1983, 1985
Crüsemann, F.	*Die Tora. Theologie und Sozialgeschichte des alttestamentlichen Gesetzes*, München 1992
Daube, D.	*Studies in Biblical Law*, Cambridge 1947
Delitzsch, F.	*Die Lese- und Schreibfehler im Alten Testament*, Berlin/Leipzig 1920
Dhorme, E.	*L'emploi métaphorique des noms de parties du corps en Hébreu et en Akkadien*, Paris 1923
Eerdmans, B.D.	*Alttestamentliche Studien III: Das Buch Exodus*, Gießen 1910
Fishbane, M.	*Biblical Interpretation in Ancient Israel*, Oxford 1985
Forbes, R.J.	*Studies in Ancient Technology*, I-IX, Leiden 1964-72²
Frankel, T.	*Ueber den Einfluss der palästinischen Exegese auf die alexandrinische Hermeneutik*, Leipzig 1831
Gaster, T.H.	*Myth, Legend and Custom in the Old Testament*, New York 1969
Ginzberg, L.	*The Legends of the Jews*, I-VII, Philadelphia 1909-38
Greßmann, H.	*Mose und seine Zeit*, Göttingen 1913
Halbe, J.	*Das Privilegrecht Jahwes Ex 34,10-26. Gestalt und Wesen, Herkunft und Wirken in vordeuteronomistischer Zeit*, Göttingen 1975
Houtman, C.	*Der Himmel im Alten Testament. Israels Weltbild und Weltanschauung*, Leiden 1993
———.	*Der Pentateuch. Die Geschichte seiner Erforschung neben einer*

	Auswertung, Kampen 1994
———.	*Exodus*, I (HCOT), Kampen 1993
———.	*Exodus*, II (HCOT), Kampen 1996
———.	*Exodus*, III (COT), Kampen 1996 (englische Übersetzung in Vorb.)
Jepsen, A.	*Untersuchungen zum Bundesbuch*, Stuttgart 1927
Johnson, A.R.	*The Vitality of the Individual in the Thought of Ancient Israel*, Cardiff 1964[2]
Kaiser, W.C.	*Toward Old Testament Ethics*, Grand Rapids 1983
Klostermann, A.	*Der Pentateuch. Neue Folge*, Leipzig 1907
König, E.	*Geschichte der alttestamentlichen Religion*, Gütersloh 1924[3+4]
Korpel, M.C.A.	*A Rift in the Clouds. Ugaritic and Hebrew Descriptions of the Divine*, Münster 1990
Krašovec, J.	*Der Merismus im Biblisch-Hebräischen und Nordwestsemitischen*, Rom 1977
Laserre, G.	*Synopse des lois du Pentateuque*, Leiden usw. 1994
Leibowitz, N.	*Studies in Shemot*, Jerusalem 1976
Levinson, B.M. (Hg.)	*Theory and Method in Biblical and Cuneiform Law. Revision, Interpolation and Development*, Sheffield 1994
Marshall, J.W.	*Israel and the Book of the Covenant. An Anthropological Approach to Biblical Law*, Atlanta 1993
Menes, A.	*Die vorexilischen Gesetze Israels im Zusammenhang seiner kulturgeschichtlichen Entwicklung*, Giessen 1928
Meyer, E.	*Die Israeliten und ihre Nachbarstämme*, Halle a.S. 1906
O'Connell, K.G.	*The Theodotionic Revision of the Book of Exodus*, Cambridge, Mass. 1972
Otto, E.	*Wandel der Rechtsbegründungen in der Gesellschaftsgeschichte des antiken Israel. Eine Rechtsgeschichte des 'Bundesbuches' Ex XX 22 - XXIII 13*, Leiden usw. 1988
———.	*Rechtsgeschichte der Redaktionen im Kodex Ešnunna und im 'Bundesbuch'. Eine redaktionsgeschichtliche und rechtsvergleichende Studie zu altbabylonischen und altisraelitischen Rechtsüberlieferungen*, Freiburg/Göttingen 1989
———.	*Körperverletzungen in den Keilschriftrechten und im Alten Testament. Studien zum Rechtstransfer im Alten Orient*, Kevelaer/Neukirchen-Vluyn 1991
———.	*Theologische Ethik des Alten Testaments*, Stuttgart usw. 1994
Osumi, Y.	*Die Kompositionsgeschichte des Bundesbuches Exodus 20,22b-23,33*, Freiburg/Göttingen 1991
Paul, S.M.	*Studies in the Book of the Covenant in the Light of Cuneiform and Biblical Law*, Leiden 1970
Pedersen, J.	*Israel. Its Life and Culture*, London/Copenhagen, I-II, 1926, III-IV, 1940
Perrot, C.	"Petuhot et Setumot. Étude sur les alinéas du Pentateuque," *RB* 76 (1969), S. 50-91
Prijs, L.	*Jüdische Tradition in der Septuaginta*, Leiden 1948
Reimarus, H.S.	*Apologie oder Schutzschrift für die vernünftigen Verehrer Gottes*, Ausgabe Frankfurt am Main 1972
Salvesen, A.	*Symmachus in the Pentateuch*, Manchester 1991
Sanderson, J.E.	*An Exodus Scroll from Qumran. 4QpaleoExod^m and the Samaritan Tradition*, Atlanta 1986

Sarna, N.M.	*Exploring Exodus. The Heritage of Biblical Israel*, New York 1986
Schäfer-Lichtenberger, C.	*Stadt und Eidgenossenschaft im Alten Testament*, Berlin/NewYork 1983
Schenker, A.	*Versöhnung und Widerstand. Bibeltheologische Untersuchung zum Strafen Gottes und der Menschen, besonders im Lichte von Exodus 21-22*, Stuttgart 1990
Schwienhorst-Schön- berger, L.	*Das Bundesbuch (Ex 20,22-23,33)*, Berlin/New York 1990
Schroer, S.	*In Israel gab es Bilder*, Freiburg/Göttingen 1987
Sick, U.	*Die Tötung eines Menschen und ihre Ahndung in den keilschriftlichen Rechtssammlungen unter Berücksichtigung rechtsvergleichender Aspekte*, Ostfildern 1984
Sprinkle, J.M.	*'The Book of the Covenant'. A Literary Approach*, Sheffield 1994
Thiel, W.	*Die soziale Entwicklung Israels in vorstaatlicher Zeit*, Neukirchen-Vluyn 1980
Toorn, K. van der	*Sin and Sanction in Israel and Mesopotamia*, Assen/Maastricht 1985
Vaux, R. de	*Hoe het Oude Israël leefde*,[1] Roermond/Maaseik, I, 1961, II, 1962
———.	*Histoire ancienne d'Israël*,[2] Paris, I, 1971, II, 1973
Vervenne, M. (Hg.)	*Studies in the Book of Exodus*, Leuven 1996
Weippert, H.	*Palästina in vorhellenistischer Zeit*, München 1988
Westbrook, R.	*Studies in Biblical and Cuneiform Law*, Paris 1988
Wette, W.M.L. de	*Beiträge zur Einleitung in das Alte Testament*, Halle 1806, 1807
Wevers, J.W.	*Notes on the Greek Text of Exodus*, Atlanta 1990
———.	*Text History of the Greek Exodus*, Göttingen 1992
Wolff, H.W.	*Anthropologie des Alten Testaments*, München 1973
Yaron, R.	*The Laws of Eshnunna*, Jerusalem/Leiden 1988[2]
Zenger, E.	*Die Sinaitheophanie. Untersuchungen zum jahwistischen und elohistischen Geschichtswerk*, Würzburg 1971
———.	*Israel am Sinai. Analysen und Interpretationen zu Exodus 17-34*, Altenberge 1985[2]

Kommentare und Übersetzungen vom Buch Exodus

In der Regel werden Kommentare und Übersetzungen von Exodus nur mit dem Autorennamen angeführt. Die Verweise beziehen sich in diesem Fall auf die Auslegung oder Übersetzung des Textabschnittes, der an der betreffenden Stelle besprochen wird.

| Baentsch, B. | *Exodus-Leviticus* (HK), Göttingen 1903 |
| Beer, G. | *Exodus mit einem Beitrag von K. Galling* (HAT), Tübingen 1939 |

[1] Niederländische Übersetzung von *Les institutions de l'Ancien Testament*, Paris, I, 1958, II, 1960; englische Übersetzung: *Ancient Israel. Its Life and Institutions*, New York 1961.
[2] Englische Übersetzung: *Early History of Israel*, I-II, London 1978.

344   LITERATUR

Böhl, F.M.Th.	*Exodus* (TeU), Groningen/Den Haag 1928
Buber & Rosenzweig	M. Buber, F. Rosenzweig, *Die fünf Bücher der Weisung*, Heidelberg 1976⁹
Calmet, A.	*Commentaire litteral sur tous les livres de l'Ancien et du Nouveau Testament*, I, Paris 1724
Calvin	*Commentarii Joannis Calvini in quinque libros Mosis: Genesis seorsum/reliqui quatuor in formam harmoniae digesti*, Genevae 1573
Cassuto, U.	*A Commentary on the Book of Exodus*, Jerusalem 1967
Childs, B.S.	*Exodus. A Commentary* (OTL), London 1974
Clamer, A.	*l'Exode* (SBPC), Paris 1956
Clements, R.E.	*Exodus* (CBCNEB), Cambridge 1972
Cole, A.	*Exodus* (TOTC), London 1973
Couroyer, B.	*l'Exode* (SBJ), Paris 1968
Dasberg, J.	*De Pentateuch met Haftaroth in het Nederlands vertaald*, Amsterdam 1970-71
Davies, G.H.	*Exodus* (TBC), London 1967
Dillmann, A.	*Exodus und Leviticus* (KEH), Leipzig 1880²
Durham, J.I.	*Exodus* (WBC), Waco 1987
Ehrlich, A.B.	*Randglossen zur hebräischen Bibel*, I, Leipzig 1908
Fensham, F.C.	*Exodus* (POT), Nijkerk 1970
Fox, E.	*Now These Are the Names. A New English Rendition of the Book of Exodus*, New York 1986
Fretheim, T.E.	*Exodus* (Interpretation), Louisville 1991
Gispen, W.H.	*Het boek Exodus* (KVHS),³ I, Kampen 1964³, II, Kampen 1951²
Goldman, S.	*From Slavery to Freedom*, London/New York 1958
Heinisch, P.	*Das Buch Exodus* (HSchAT), Bonn 1934
Hertz, J.H.	*Pentateuch und Haftaroth*, Berlin 1937-38
Hirsch, S.R.	*Der Pentateuch, II. Exodus*, Frankfurt am Main 1920⁶
Holzinger, H.	*Exodus* (KHC), Tübingen usw. 1900
Honeycutt, R.L.	*Exodus* (The Broadman Bible Commentary), Nashville 1973
Hummelauer, F. de	*Commentarius in Exodum et Leviticum*, Parisiis 1897
Hyatt, J.P.	*Commentary on Exodus* (NCeB), London 1971
Ibn Esra	Abraham ben Meir ibn Esra, *Pjršj htwrh*; Ausgabe A. Weiser, Jerusalem 1976
Jacob, B.	*The Second Book of the Bible. Exodus*, Hoboken, NY 1992
Keil, C.F.	*Genesis und Exodus* (BC), Leipzig 1878
McNeile, A.H.	*The Book of Exodus* (WC), London 1931³
Michaeli, F.	*Le livre d l'Exode* (CAT), Neuchâtel 1974
Nachmanides	Mose ben Nachman, *Pjršj htwrh*, Ausgabe Ch.B. Chavel, Jerusalem 1959-60; Übersetzung: Ch.B. Chavel, *Ramban (Nachmanides) Commentary on the Torah*, New York 1971-76
Noth, M.	*Das zweite Buch Mose Exodus* (ATD), Göttingen 1973⁵
Palm, J.H. van der	*Bijbel uitgegeven door J.H.van der Palm*, Leiden 1818-30
Raschi	Salomo ben Isaak, Kommentar zum Pentateuch; Text und Übersetzung: A.S. Onderwijzer, *Nederlandsche Vertaling van den Pentateuch benevens eene Nederlandsche verklarende*

---

³ Englische Übersetzung: *Exodus*, Grand Rapids 1982.

	vertaling van Rashie's Pentateuch-Commentaar, Amsterdam 1895-1901
Rylaarsdam, J.C.	*The Book of Exodus* (IB), Nashville 1952
Scharbert, J.	*Exodus* (Die Neue Echter Bibel), Würzburg 1989
Strack, H.L.	*Die Bücher Genesis, Exodus, Leviticus und Numeri* (Kurzgefaßter Kommentar zu den heiligen Schriften Alten und Neuen Testamentes), München 1894
Stroete, G. te	*Exodus* (BOT), Roermond/Maaseik 1966
Theodoret von Kyros	*Quaestiones et Solutiones in Exodum*, Ausgabe: *PG*, LXXX, Sp. 225ff.
Vredenburg, J.	*De Pentateuch en de haphtaroth met Nederlandsche vertaling*, Amsterdam 1899-1903

SACHREGISTER

Man beachte die Hinweise im Vorwort.

STELLENREGISTER

Biblische Belege in Auswahl[1]

Genesis

2 2f.	284, 286
22	251ff., 320
31	32 193
39	205, 210
44 9f.	193
16f.	193

Exodus

12 1ff.	298, 311ff.
14ff.	298, 311ff.
13 2	249f.
3ff.	298, 311ff.
12f.	249f., 317
16 23f.	288
29f.	286
18 13-26	31
20 3-6	58ff.
3	223, 297
7	260
8ff.	282ff.
12	131ff., 332
13	108ff.
15	142
16	259f., 260
24	223
21 2-11	11
2f.	278
2	45
6	45
12	152
17	44
20f.	40, 44
24f.	40
29	108
33f.	115
22 17	44

19	45
22-25	45
27	45
29	324f.
23 4	44
18	223
24	223
24 3	8
7	8
31 13ff.	286, 289
34 14	223
15f.	221
21	276, 286, 288
27f.	5
35 2f.	286, 288

Leviticus

5 20ff.	191, 209
7 24	254
11 39f.	254f.
17 15f.	254f.
18 23	221f.
19 2	246
3	131f., 286
9f.	137
14	137
15	259, 261f.
17	266
23ff.	310
33f.	236
20 7	246
9	130f., 135
10	19f., 41, 221
15f.	217, 221f.
26	246
22 8	254
27f.	323ff.
23 4ff.	307ff.

---

[1] Man beachte die Hinweise im Vorwort.

Altorientalische Texte

GENERAL THEOLOGICAL SEMINARY
NEW YORK

DATE DUE

			Printed in USA

HIGHSMITH #45230